U0596513

中国当代史民间资料集刊 24

林明生活账本（1976—2020）

刘建平 / 主编

华东师范大学社会主义历史与文献研究院中国当代史研究中心 / 编

中国出版集团 東方出版中心

图书在版编目(CIP)数据

林明生活账本：1976—2020 / 华东师范大学社会主义历史与文献研究院中国当代史研究中心，刘建平主编. 上海：东方出版中心，2024. 12. -- (中国当代民间史料集刊). -- ISBN 978-7-5473-2614-5

Ⅰ. D669. 3

中国国家版本馆 CIP 数据核字第 20240XK977 号

林明生活账本(1976—2020)

主　　编　刘建平
策划编辑　王欢欢
责任编辑　王欢欢
封面设计　丫　头　余佳佳

出 版 人　陈义望
出版发行　东方出版中心
地　　址　上海市仙霞路 345 号
邮政编码　200336
电　　话　021-62417400
印 刷 者　上海万卷印刷股份有限公司

开　　本　710mm × 1000mm　1/16
印　　张　29
字　　数　530 千字
版　　次　2025 年 1 月第 1 版
印　　次　2025 年 1 月第 1 次印刷
定　　价　150.00 元

出版说明

“中国当代民间史料集刊”是一套记录1949年以来中国历史的资料丛书，由本中心组织编辑。这套丛书收录的是流散于社会的各种民间文献，包括日记、笔记、记录、信函、小报、表格、账册、课本等。与已经出版的许多中国当代史资料不同，这套丛书反映社会底层的政治、经济、文化状况和日常生活、人际交往、家庭关系、个人境遇等内容，为读者提供记录底层历史变迁的原始资料。

相对于中国古代和近代各种民间史料，中国当代民间史料数量更大，种类更多，抢救、发掘的难度理当比前者要小得多，但实际的情况却颇不乐观。由于在相当一段时间里政治运动频发，特别是“文化大革命”中，许多私人记录性史料被大量抄没、毁坏或遗失。而各种运动过后，尤其是改革开放初期“拨乱反正”，也曾将大量个人材料交还个人处理，或由组织代为销毁。再加上单位变动频繁，过去曾经保存在单位里的各种油印资料或个人记录材料，也不断地被处理或销毁。所有这些都使得原本应该浩如烟海、取之不尽的当代民间史料，如今竟成急需抢救的“国宝”。

近十几年来，意识到并重视当代史料搜集和抢救工作的民间人士和专业研究者，已不在少数。但十分遗憾的是，这方面的工作迄今为止仍处于一种分散游击、割据自守的状况。由于收藏者多将自己搜集到的史料藏诸深山、秘不示人，从而使得原本就显得十分稀少的民间史料愈显稀缺。

历史研究，关键在史料。当代史料通常有几类，一是官方档案文献，二是口述或回忆,三是影像或录音,四就是民间记录的各种文字材料了。在所有这些史料当中,官方档案的形成、留存和开放,难免会受到时政的极大影响,因而具有很大的片面性。口述、回忆史料因时过境迁,加之当事人的主观意向和记忆误差,也极易造成对历史的误读。至于影像、录音之类的史料价值,局限性自然更为明显。因此,当代史料当中最大量的,也是最能够真切反映社会当时各种情况的,恰恰是这些民间史料。如今,当代中国历史的研究方兴未艾,已有越来越多的学者和学生开始关心和研究当代历史的问题了,但因为民间史料查找不易,除极少数近水楼台者外,真正能够利用民间史料来做研究的学者和学生,寥寥无几。

本中心成立不久,但深信应该在这方面有所建树,因而不惜大家动手,不取分文,费时费力并以极为有限的财力资源,编辑出版这样一套丛书,以推动民间史料的整理与出版,进而逐渐打破现在史料收藏过于分散、难以利用的情况。

必须说明的是,本中心在民间史料搜集上着手较晚,故我们所推出的史料无论从面上还是从点上,都不成系统。同时,由于整个当代史料的整理和出版工作在全国范围内也只是处于起步阶段,无论编辑还是出版工作都还有一个摸索适应和逐渐规范的过程,因此,在许多方面都难免存在着缺失甚或不当之处。凡此种种,还有望各方读者、原文作者及时提醒和指正。

华东师范大学中国当代史研究中心

2010 年 7 月

编者说明

2009年，华东师范大学中国当代史研究中心编辑出版了“中国当代民间史料集刊”（以下简称“集刊”）第一集。自那以后，又分几批陆续出版数集，迄今已经编辑出版了23集。“集刊”陆续出版后，引起学界的关注，得到不少研究者的肯定和好评。为了中国当代史研究的持续推进和深入，我们除了继续编辑出版“中国当代史民间资料集刊”，今年开始还新推出“中国当代地方和基层史料丛刊”和“改革开放史料丛刊”。从今年起，“中国当代史民间资料集刊”主要编辑出版个人和家庭的资料，如工作笔记、日记、家书、家计等。“中国当代地方和基层史料丛刊”主要编辑出版地方或企业、乡村、学校、街道等基层单位的资料，如报告、总结、计划、公函、会议记录、报表、账册等。“改革开放史料丛刊”编辑出版有关改革开放的史料，包括地方、基层单位和有关部门的考察报告、调查汇报、经验总结等。上述资料整理编辑出版过程中，难免存在缺点乃至错误，诚挚欢迎学界和社会各界人士予以批评和指正。

华东师范大学社会主义历史与文献研究院

中国当代史研究中心、当代文献史料中心

2024年8月1日

编校说明

本丛书的编辑，以尽可能反映历史原貌为原则，但因各种史料形式庞杂，编排格式不一，文字记录方式千差万别，再加以许多日常记录文字错漏、衍字及病句甚多，不少因年代久远、字迹模糊，或记录者笔迹难以辨认等，故录入时不得不有所补校或说明。为此，特统一制定如下办法一体执行：

（一）统一按简体字排版。原件为繁体字者，均改为简体字。

（二）统一按小16开页面格式排版。原件页面无论大小，格式无论为分栏、多栏或其他形式，均统一改为通栏（账本除外）。

（三）为统一各书形式，对原件标题有按需要改订之必要，但以尊重原文含义为前提。

（四）正文原文一律照旧，病句亦保持原状。

（五）原文中的错别字以〈 〉符号订正，错别字在符号内，正确字置于错别字符号之后。

（六）漏字以[ ]符号填补，漏字在符号内，置原位。

（七）衍字以□符号标明，衍字在符号内，置原位。

（八）辨认不清的字以■符号标明，一字一符，置原位。

（九）有需要解释处，用脚注说明。

（十）当加标点而未标点处一般仍依原文。

编　者

2024年8月1日

目 录

林明生活账本

1976年

8月10日

林明工资52.70元。

还7月份借互助金25.00元。

还7月12日借出购表钱15.00元。

8月11日

给大方购电影票、零用1.60元。

扫帚一把0.40元。

大成零用0.10元。

大庆［零用］0.30元。结存10.30元。

还大方7月份购粮借10.00元。结存0.30元。

8月12日

张美俊还回20.00元。

支还购表钱(7月12日借出)20.00元。结存0.30元。

借互助金15.00元。结存15.30元。

8月14日

馍二斤0.50元。

大方买菜1.00元。

大洋葱1.00元。

茄子0.70元。结存12.10元。

大辣子、小辣子0.50元。

油饼十五个0.75元。

给大方0.25元。

给大成0.30元。结存10.30元。

8月17日

支家中购粮10.00元。结存0.30元。

收二狗购手表钱(分卡10张)125.00元。

给顾连堂代购表(分卡10张)110.00元。结存15.30元。

家中借出购表款5.00元。结存10.30元。

8月19日

茄子、西红柿0.50元。①

挂号证明0.10元。结存9.70元。

给大庆0.50元。结存9.20元。

8月20日

苹果酱一瓶1.58元。

馍二斤0.50元。

白糖二斤1.60元。

茴子白②五个0.50元。结存5.02元。

8月21日

给大方零用1.00元。结存4.02元。

西瓜两个，送林家一个2.44元。结存1.58元。

茄子0.50元。结存1.08元。

---

① 前为购买物品，后为购物总价，全书同。

② 茴子白，山西方言，即卷心菜。

8月23日

洗衣粉二袋0.58元。

大成买油饼0.30元。结存0.20元。

大方买铜铁路扣子一副0.20元。结存0元。

收吕［新］给2.00元。结存2.00元。

8月24日

猪肉一斤1.00元。

8月25日

黑鞋油三支只付（其余大方付）1.00元。结存0元。

又给零用1.00元。结存1.00元。

8月30日

酱油二斤0.24元。

大庆买果子0.40元。结存0.36元。

火柴0.10元。结存0.26元。

磨面后吕［新］给家用2.10元。结存2.36元。

借裴瑞昌买果子0.4元。结存1.96元。

9月2日

申主任药0.05元。

挂号0.05元。

咸菜、辣椒、山药蛋1.07元。

小白菜0.10元。

香皂0.35元。结存0.34元。

证明0.05元。结存0.29元。

大方0.21元。结存0.08元。

9月3日

借入互助金10.00元。结存10.08元。

大葱二十斤0.80元。

大辣子五斤0.30元。

玉茭七个1.05元。

苹果五斤、小果子五斤2.60元。

看病挂号0.05元。结存4.68元。

申文魁买黄芩、存车0.07元。

9月5日

月饼二斤2.04元。结存2.57元。

午饭0.15元。结存2.42元。

9月7日

冬瓜二个0.30元。结存2.12元。

9月10日

林明工资50.70元。结存52.82元。

还8月借互助金25.00元。

又借出9月份互助金20.00元。结存47.82元。

补过节买猪肉3.00元。

看病挂号、存车0.07元。结存44.12元。

西红柿0.30元。结存43.82元。

给吕［新］过家30.00元。结存13.82元。

9月11日

白糖二斤1.60元。

五香粉二袋（0.12），白胡椒粉三袋（0.19）0.59元。结存11.63元。

9月12日

西红柿二十斤1.40元。

山药蛋1.00元。结存9.23元。

肥皂、牙膏、余钱给大方2.00元。结存7.23元。

大方皮带一条1.00元。结存6.23元。

9月13日

林明8、9二个月工会费0.20元。结存6.03元。

午饭、油饼、饼子各一斤0.78元。结存5.25元。

食盐0.50元。结存4.75元。

9月14日

咸菜三斤1.08元。

豆角二斤半0.40元。

西红柿五斤0.40元。

饼子一斤0.28元。结存2.59元。

9月19日

粗白线二支0.30元。

洗头膏二袋0.18元。

大庆0.20元。结存1.91元。

9月21日

线鞋带三副0.12元。

蝶霜一袋0.44元。

皮筋0.10元。结存1.25元。

9月23日

吕[新]给家用2.84元。

挂号0.05元。结存4.04元。

林[明]来吃饭共二人,0.60元。

小梨0.30元。结存3.14元。

大豆十袋2.90元。

收万买二袋0.58元。

给大方0.20元。结存0.62元。

茄子、西红柿0.50元。结存0.12元。

9月25日

吕新给借公8.00元。结存8.12元。①

支出[购]红薯[费]1.00元。

暂垫药费1.01元。结存6.11元。

存车、挂号0.07元。

9月26日

玉茭五穗0.55元。结存5.49元。

山药〈旦〉蛋十五斤1.50元。

再生座安二个2.20元。结存1.79元。

小皮〈代〉带一条0.86元。

小白菜0.10元。结存0.83元。

9月29日

又收[回]吕[新]借5.00元。结存5.83元。

大葱1.10元。

小辣椒0.10元。结存4.63元。

白菜、冬瓜、油菜0.65元。

蒸馍四斤1.00元。结存2.98元。

鸡蛋二斤五两2.27元。结存0.71元。

给奶奶汇款汇费、邮票0.31元。结存0.40元。

收报药费1.01元。结存1.41元。

大葱二十六斤1.15元。结存0.26元。

9月30日

借入大方2.00元。结存2.26元。

10月3日

洗衣粉一公斤0.80元。

茴子白八个0.70元。

10月5日

菠菜0.10元。

饼子五个0.55元。

买电影票、存车费0.04元。结存0.07元。

借入大方(10月8日收)10.00元。结存10.07元。

扣国庆节肉款(4.4斤)4.13元。

酒半斤0.65元。

醋一斤0.10元。结存5.18元。

10月6日

购红薯1.00元。结存4.18元。

10月7日

退回第四季度《太原报》1.50元。结存5.68元。

午饭面二碗0.30元。结存5.38元。

10月8日

茴子白1.50元。

购茴子白时张守仁妻借去1.00元。结存2.88元。

点心二种共1.30元。结存1.58元。

收赵建成托购庆大霉素4.00元。结存5.58元。

大成去学农带零用2.00元。结存3.58元。

10月9日

林明工资、车补、粮补、福利共52.70元。

扣还8月借互助金20.00元。

又借入9月份互助金15.00元。结存51.28元。

买粮八十斤,议价共13.64元。

林熹竺来二人用饭1.52元。

---

① 原文如此。

工会费0.10元。结存36.02元。

收回电影票0.20元。结存36.22元。

补婚礼0.50元。结存35.72元。

味精一袋1.00元。

给吕[新]买生活用款5.00元。结存29.72元。

借给大方1.00元。

大方买饭票5.00元。结存23.72元。

洗澡0.10元。

看病挂号二科0.10元。结存23.52元。

茶叶一两0.25元。结存23.27元。

10月13日

不锈钢勺一把0.95元。

蝴蝶牌黑鞋油三袋1.10元。

10月14日

茴子白0.70元。结存20.52元。

白萝卜0.25元。结存20.27元。

油菜0.30元。

辣子0.10元。

垫药费0.18元。

肉2.00元。结存17.69元。

10月15日

大刀烟一盒0.21元。

10月16日

玉茭四个(0.15元)0.60元。

豆瓣酱0.20元。

花椒0.32元。

午饭二次0.60元。

新华香皂0.57元。

四环素50号2.50元。

油擦手用一支0.18元。

挂号证明0.15元。

存车0.04元。结存12.32元。

黄豆十斤(0.60元)6.00元。结存6.32元。

借白素清购中药二盒1.40元。结存4.92元。

10月17日

擦手油一支0.18元。

买菜0.40元。

菠菜0.11元。

白糖二斤1.60元。结存2.63元。

收回黑鞋油三支,错支出1.10元。结存3.73元。

10月20日

收报回垫药费2.68元。结存6.41元。

收白素清还药费1.40元。结存7.87元。

存车0.06元。

10月21日

林[明]来二人午饭1.25元。

借去买肉2.00元。

挂号、存车0.07元。结存4.43元。

钉皮鞋后底0.30元。结存4.13元。

10月22日

馍二斤0.50元。结存3.63元。

油菜0.34元。

胡芹0.50元。

裤口一副0.35元。

咸菜0.20元。

豆瓣酱0.40元。

挂号存车0.07元。结存1.77元。

10月23日

午饭面二碗0.30元。结存1.47元。

10月24日

馍八个0.40元。结存1.07元。

菠菜0.14元。结存0.93元。

10月25日

收张守仁妻买药还回1.00元。结存1.93元。

借入购电影票2.00元。结存3.93元。

油菜五十斤1.75元。结存2.18元。

食盐五斤、小锥子1元。结存1.18元。

张文买回胡芹借去0.36元。结存0.82元。

10月27日

收大方给1.75元。结存2.57元。

10月28日

还借购电影票2.00元。结存0.57元。

收大方给捎物13.3元。结存13.87元。

代公社购电影票收15元。结存28.87元。

41张《山花》票共应支出12.30元。结存16.57元。

汽车厂购电影票预收借公款35.00元。结存51.57元。

交票钱110张33.00元。结存18.57元。

10月29日

猪肉2.00元。结存16.57元。

借吕新(其中5元系借体检费)10.00元。结存26.57元。

托秦根林北京购物预〈代〉带20.00元。结存6.57元。

退还刘巧英垫票钱2.70元。

退还郭仙玲垫票钱2.00元。结存1.27元。

10月30日

蜡烛二支0.20元。

茴子白0.50元。

电影票(《山花》)0.30元。结存0.27元。

不锈钢圈二十一个0.27元。结存0元。

11月3日

收存李静轩买中药10.00元。结存10.00元。

给大方买饭票5元。结存5.00元。

小吴代购红薯二十斤1.42元。结存3.58元。

《巴布什卡历险记》[1]5张1.00元。结存2.58元。

大方去西安给2.00元。结存0.58元。

金塔烟一盒0.30元。结存0.28元。

11月5日

大方给2.00元。结存2.28元。

白菜补前购0.50元。

小吴未找回红薯钱借去0.88元。结存0.70元。

雪里蕻又二十一斤0.76元。结存—0.06元。

紫心〈罗〉萝卜0.36元。结存—0.42元。

11月9日

豆瓣酱二斤0.40元。

梳子一把0.28元。

猪肉一斤1.00元。结存—2.10元。

五香粉一袋0.11元。结存—2.21元。

猪肉二斤2.00元。结存—4.21元。

干菜笋五袋0.75元。结存—4.96元。

借英兰10.00元。结存5.04元。

11月11日

林明工资、车补、福利、粮补、烤火费共68.70元。结存73.74元。

还英兰10.00元。

还李静轩购药款10.00元。

工会费0.10元。结存53.64元。

烙饼0.20元。结存53.44元。

扣还前月借互助金15.00元。结存38.44元。

垫药费2.46元。结存35.98元。

11月13日

购粮一百斤17.19元。

托白师傅购饼子四斤1.10元。

给大庆购白线钱1.50元。结存16.19元。

大方去西安欠张庆元(购袜子四双)5.00元。

大方零用1.00元。结存10.19元。

10月14日

大方退回饭票2.00元。结存12.19元。

退还赵建成购药款4.00元。

花生米1.00元。

洗衣粉一袋0.92元。

猪肉二斤2.00元。

又给大方零用1.00元。结存3.27元。

11月16日

吕新给家用15.00

---

① 长春电影制片厂译制的一部罗马尼亚电影。

元。结存 18.27 元。

吕新上山劳动拿去 5.00 元。结存 13.27 元。

支前购张英俊代购山药蛋一百斤 6.50 元。结存 6.77 元。

大庆购大盐二斤 0.28 元。

大成购醋一斤 0.10 元。结存 6.39 元。

10 月 17 日

糖精 0.20 元。

猪肉二斤 2.00 元。

醋二斤 0.20 元。结存 3.99 元。

11 月 18 日

蜡六支 0.60 元。结存 3.39 元。

11 月 20 日

红灯护肤霜二袋 0.40 元。

袖套一副 0.35 元。结存 2.64 元。

白师傅代购饼子四斤 1.10 元。

公社购来馍四斤 1 元。结存 0.54 元。

报回前垫药费 2.46 元。

报回前存车票 0.66 元。结存 3.66 元。

11 月 22 日

秦振林捎物退款 20.00 元。结存 23.66 元。

秦从北京买裤子一条 13.20 元。结存 10.46 元。

大庆裤手工一条 2.45 元。结存 8.04 元。

11 月 23 日

钉鞋 0.20 元。

食油六两 0.48 元。结存 7.33 元。

白布一尺 0.34 元。结存 6.99 元。

给大方买饭 0.50 元。结存 6.49 元。

黄金叶[①]二条 5.20 元。结存 1.29 元。

11 月 24 日

大方修车零件 0.40 元。结存 0.89 元。

11 月 25 日

借入林[明]互助金 20.00元。结存 20.89元。

给大方 10.00 元。结存 10.89 元。

瓜子 0.20 元。

食盐三斤 0.45 元。

干菜笋六包(0.13元) 0.78 元。结存 9.46 元。

11 月 26 日

螃蟹 0.70 元。

11 月 27 日

羊肉 0.60 元。

天坛香皂一块 0.51 元。

庆丰牙膏 0.31 元。

白糖二斤 1.60 元。结存 5.74 元。

11 月 29 日

猪肝 1.50 元。

猪头肉 0.90 元。

羊肉饺子一顿 0.50 元。

11 月 30 日

大成电影 0.20 元。

大方、大成零用各 0.30 元。结存 2.04 元。

12 月 1 日

〈代〉带鱼 1.00 元。结存 1.04 元。

食油 0.68 元。

爆米花二次 0.30 元。结存 0.06 元。

12 月 3 日

收吕新给 10.00 元。

收转售黄金叶一条 2.60 元。结存 12.66 元。

电影票三张 0.60 元。结存 12.06 元。

处理出口转内售枕套 2 对 4.90 元。

洗头粉 0.11 元。

看电影存车 0.10 元。

12 月 8 日

猪肉一斤 1.00 元。结存 5.95 元。

腐干二斤 0.70 元。

醋二斤 0.20 元。

付给大方修表 1.50 元。

付给大方表带 1.57 元。

蒸馍四斤 1.00 元。

---

① 香烟品牌。

结存0.98元。

12月9日

收退回秦根林捎物（大庆裤子）13.20元。结存14.18元。

收林明工资车补福利等52.70元。结存66.88元。

还前月借互助金20.00元。

又借回互助金20.00元。

政才捎上衣〈代〉带款50.00元。

交徐士谔捎物50.00元。结存66.88元。

徐士谔给大庆捎物〈代〉带款10.00元。

猪头肉等4.20元。

茶叶五两2.50元。

羊肉1.20元。结存48.98元。

12月10日

转给吕新付二狗表款40.00元。结存48.98元。

大方修车挡0.48元。

退给大方前给大庆捎物13.30元。

收大方还11.25元，借去10.00元。结存5.20元。

借任碧琏互助金20.00元。结存25.20元。

徐士谔出差，代捎裤子20.00元。结存5.20元。

12月12日

工会费0.10元。结存5.10元。

12月14日

猪肉二斤五两2.40元。

〈按〉安装电灯（1元、五两粮票）1.00元。结存1.70元。

收吕［新］给家用3.00元。结存4.70元。

12月20日

梨1.50元。

猪肉二斤1.88元。结存1.32元。

12月24日

洋蜡二支0.20元。

花生一斤1.00元。结存0.12元。

1977年

1月4日

借入3.00元。结存3.12元。

馅饼十三个1.30元。结存1.82元。

1月10日

林明工资等52.70元。

会费0.10元。结存54.42元。

还前月借互助金20.00元。

又借本月互助金20.00元。结存54.42元。

林明三天饭钱0.60元。

猪肉二斤2.00元。

〈交〉缴大方学费6.00元。

一月份伙食费11.50元。

肉菜二个1.00元。

猪肉一斤1.00元。结存32.32元。

还大庆垫家用2.14元。

馍、白菜1.30元。

大庆去城里吃饭等0.95元。结存27.93元。

大成用0.10元。结存27.83元。

电影票0.30元。结存27.53元。

还前借仙玲3.00元。结存24.53元。

1月13日

饼子四斤1.10元。结存24.43元。

电池一对0.39元。

蜡二支0.20元。结存23.84元。

垫公社派出所电影票24张3.60元。结存20.24元。

徐士谔退回捎物款70.00元。

还任碧琏20.00元。

退回正才捎衣款50.00元。结存20.24元。

1月16日

午饭0.30元。

甜菜五斤（0.32元）1.60元。结存18.34元。

1月18日

猪肉二斤2.00元。

酱油四斤、醋一斤0.58元。

大方秋裤一条4.72元。结存11.04元。

花椒一两0.32元。结存10.72元。

1月19日

小刷子0.34元。

小手0.20元。

小铁锅0.89元。

馅饼0.40元。结存8.89元。

1月20日

收大庆所余款35.00元。

大庆购饭票4.00元。结存39.89元。

收借王二狗预购表钱60.00元。结存99.89元。

购大庆小上海表一只90.00元。结存9.89元。

预垫药费3.15元。结存6.74元。

1月21日

洗脸小毛巾二条0.82元。

碧琏婚礼出〈分〉份1.27元。

大庆花布7尺3.05元。

油饼二斤1.00元。结存0.60元。

萝卜0.30元。结存0.30元。

1月22日

收回大庆买饭票款3.00元。

支油六两0.48元。

花卷0.22元。结存2.60元。

1月24日

收徐士谔退回给大庆捎衣款10.00元。结存12.60元。

糖精0.20元。结存12.40元。

香皂一块0.62元。

牙刷四把0.80元。

给大成0.30元。结存10.68元。

1月28日

卫生纸五包(0.16元)0.90元。

白线十支0.40元。结存9.38元。

报回前垫药费3.15元。结存12.53元。

大成购处理军衣一套补差0.62元。结存11.91元。

又卫生纸十包1.60元。

蝶霜一袋0.44元。结存9.87元。

2月1日

盖拍二个0.90元。

大成看电影0.20元。

大庆购卫生纸余给他0.60元。

猪肉四斤半4.32元。结存3.85元。

2月2日

林明午饭0.30元。

林明〈兰〉蓝布7尺(0.41元/尺)2.87元。结存0.68元。

2月3日

栓香婚礼(31人购花瓶一对)0.30元。结存0.38元。

借入大方10.00元。

借入二狗20.00元。结存30.38元。

支〈兰〉蓝短袖衫一件5.14元。

支白短袖衫一件2.93元。

白维棉布三丈15.6元。结存6.71元。

排骨五斤1.50元。结存5.21元。

2月5日

公社报回购物20.00元。

还借二狗20.00元。结存5.21元。

2月7日

蒸馍四斤1.00元。

支借吕新家用10.00元。

收回栓香婚礼0.30元。

支栓香婚礼3.00元。

收回公社《朝阳沟》票三张1.20元。

收吕[新]还家用10.00元。

林明工资、车补、福利、粮差，共52.70元。结存54.81元。

还上月借互助金20.00元。结存34.81元。

又借回本月互助金25.00元。结存59.81元。

支吕新的卡灰帽子一顶2.03元。结存57.78元。

鸭梨十斤2.80元。结存54.98元。

姜0.10元。

午饭0.30元。结存54.58元。

还大方购衣10.00元。结存44.58元。

给大成买早点0.20元。结存44.38元。

2月9日

白糖三斤2.40元。

柿饼五斤1.95元。

咸菜0.30元。

五香粉0.10元。

大庆又[买]花布6.5尺2.96元。

关东糖块1.00元。结存35.67元。

工会费0.10元。结存35.57元。

2月10日

收大庆发工资24.00元。

给大庆兑菜票3.00元。

干菜1.11元。

酱豆腐十二块0.36元。

白菜0.78元。

酱油六斤0.72元。

支还前借二狗购表24.00元。结存30.38元。

2月11日

大成布鞋3.77元。结存26.61元。

大方照〈像〉相等用2.10元。

馍二斤0.50元。结存24.01元。

还大方代购大成〈兰〉蓝上衣一件16.00元。结存8.01元。

借任碧琏互助金30.00元。结存38.01元。

还欠二狗购表钱(券10张已还)36.00元。结存2.01元。

糖精一包0.20元。

茶叶一两0.38元。结存1.43元。

白菜、萝卜1.75元。

饭碗十个2.00元。

2月15日

菠菜二斤0.3一元。结存一2.62元。

又白菜0.50元。

麻〈页〉叶0.60元。结存一3.72元。

2月27日

收吕[新]给家用1.00元。结存一2.72元。

3月3日

收回垫公社电影票24张3.60元。结存0.88元。

牙膏一支0.31元。结存0.57元。

百〈花〉雀〈玲〉羚一盒0.57元。结存0元。

3月10日

林明工资等52.70元。结存52.70元。

馍四斤1.00元。

会费0.10元。结存51.60元。

还前借互助金25.00元。结存26.60元。

本月借回互助24.00元。结存50.60元。

还借任碧琏互助金30.00元。结存20.60元。

支大庆花上衣4.38元。

大方买牙膏、面油、香皂共1.20元。

收泡沫塑料鞋转售杜秀芳5.70元。结存20.72元。

托徐士谔捎物〈代〉带10.00元。结存30.72元。

3月11日

面二碗加啤酒等1.40元。

紫菜调味五袋(0.15)0.75元。结存8.67元。

咸菜一斤0.30元。

钉鞋0.70元。结存7.67元。

笋干0.83元。

蘑菇半斤0.65元。

二股筋[①]二件(1.61元)3.22元。结存3.02元。

猪肉二斤2元。结存1.02元。

油饼十个0.5元。结存0.52元。

3月17日

看病存车0.07元。

白萝卜、姜0.30元。结存0.15元。

大庆发工资给10.00元。结存10.15元。

馍三斤0.75元。

吃饺子摊0.50元。

大方回家买猪肉二斤2.00元。结存6.90元。

3月20日

白菜2.50元。结存4.40元。

茶叶末一两0.32元。结存4.08元。

吕[新]给家用3.00元。结存7.08元。

3月23日

磨麦子四十斤0.80元。结存6.28元。

看病0.07元。结存6.21元。

油饼四个0.20元。结存6.01元。

3月26日

又油饼十五个0.75元。结存5.26元。

午饭0.30元。结存4.96元。

3月28日

汽车0.15元。结存4.85元。

菠菜0.10元。结存4.71元。

3月29日

与大庆午饭0.30元。结存4.41元。

收吕[新]给大成购鞋2.00元。结存6.41元。

4月1日

鸡一〈支〉只1.51元。

猪肉二斤1.60元。

再生布袋五个1.25元。结存2.05元。

午饭两次0.60元。结存1.45元。

4月2日

挂号等,菠菜0.20元。结存1.25元。

4月4日

饼干、蒸馍0.69元。

补雪花膏0.36元。

给大成0.10元。结存0.10元。

4月9日

林明工资52.70元。

〈交〉缴会费0.10元。结存52.70元。

毛线染色二袋0.74元。

■■0.11元。结存51.85元。

还上月互助金24.00元。结存27.85元。

羊毛线一斤零半两8.40元。结存19.45元。

苹果1.00元。

茶叶三两1.00元。

擦手油二支0.20元。结存17.25元。

雪花膏一袋0.44元。

给大方零用1.00元。

给大方老师代购利血平100#,1.50元。结存14.31元。

收吕[新]给0.70元。结存15.01元。

小酒杯五个0.50元。结存14.51元。

交夏荣娟捎袋色2.00元。结存12.51元。

猪头肉1.25元。

菠菜、大葱0.40元。结存10.86元。

大成85〈公分〉厘米汗衫一件1.75元。结存9.11元。

4月10日

红灯烟五盒1.20元。

酱油四斤、盐一斤0.62元。结存7.29元。

菠菜二捆0.36元。

又菠菜韭菜0.71元。

橙子2.01元。

给大成0.68元。结存3.53元。

---

① 山西方言,指背心。

4月14日

蒸馍0.50元。

菠菜0.15元。

4月15日

买五卷[①]一本0.78元。

挂号存车0.20元。结存1.90元。

收大成工资23.00元。结存24.90元。

给大庆购饭票5.00元。结存19.90元。

4月18日

收代大方老师购药1.50元。

给大方零用0.50元。

馍四斤1.00元。

线0.59元。结存19.31元。

挂号存车0.07元。结存19.24元。

还春节老曹代购猪肉4.20元。

大成布鞋3.76元。

猪肉1.00元。结存10.28元。

4月20日

收托徐士谔捎物款10.00元。结存20.28元。

大庆纱巾一条3.40元。

大方衬领一条加运费3.05元。

牙膏一支0.39元。

香辣粉0.19元。

花椒0.30元。

五香粉0.10元。

直接煮青一〈代〉袋0.11元。结存12.74元。

菠菜0.20元。结存12.54元。

4月22日

馍四斤1.00元。结存11.54元。

4月23日

又馍四斤1.00元。结存10.54元。

开封烟六盒1.56元。

菠菜0.36元。结存8.62元。

林[明]午饭0.30元。

看电影五人存车0.10元。结存8.22元。

4月26日

猪肉一斤0.90元。结存7.22元。

4月27日

咸菜一斤0.24元。

红糖1.26元。结存5.72元。

4月28日

〈付〉腐干二斤0.60元。

黄瓜0.40元。

菠菜0.35元。

午饭购菜0.30元。结存4.07元。

4月29日

借入互助金10.00元。结存14.07元。

糖三角二十个1.00元。

猪肉二斤2.00元。

黄瓜0.49元。结存10.58元。

4月30日

小油菜0.20元。

给大方0.20元。结存10.18元。

肥皂、香皂等1.00元。结存9.18元。

5月1日

大庆奖金给4.00元。结存13.18元。

馍1.00元。

猪肉二斤2.00元。结存10.18元。

甜酱0.42元。

5月3日

交吕[新]付大方5月伙食费8.00元。结存1.76元。

5月4日

小葱0.20元。

咸菜二斤0.48元。结存1.08元。

黄瓜一斤0.35元。结存0.73元。

5月7日

菠菜0.40元。

黄瓜0.33元。结存0.00元。

借入购粮款(由吕[新]处)20.00元。

购粮一百一十斤

① 指《毛泽东选集》第五卷。

19.08元。结存0.92元。

5月9日

林明26天出勤工资补助共56.58元。

扣车税2.40元。

会费0.10元。

还上月借互助金10.00元。结存44.08元。

借入本月互助金20.00元。结存64.08元。

枕套一对2.27元。

鲜姜0.30元。

自行车小零件0.07元。

林[明]午饭0.30元。结存61.14元。

云岗[烟]五盒1.25元。

白皮一盒0.16元。

小饭叉0.37元。

林[明]午饭凉粉0.60元。

大庆背心一件1.47元。

皮带头一个0.08元。结存57.21元。

还前借吕[新]购粮用20.00元。结存37.21元。

存入银行10.00元。结存27.21元。

还吕[新]肉1.00元。

给大方〈另〉零用1.40元。

菠菜0.40元。

5月10日

韭〈苔〉薹0.30元。结存24.11元。

5月11日

不锈钢盆0.93元。

馍四斤1.00元。

可可麦乳精一袋1.75元。

猪头肉1.00元。结存19.43元。

5月13日

大庆的确〈凉〉良上衣10.00元。结存9.43元。

大庆、大成布袄料14尺7.56元。

蝇拍0.11元。

花茶棍0.35元。

存车0.04元。结存1.37元。

蒸馍四斤1.00元。

油六两0.45元。

醋0.10元。

5月15日

收大庆给7.00元。结存6.82元。

给大方零用1.00元。结存5.82元。

梳子一把0.28元。

鞋油一小袋0.29元。结存5.25元。

糖块0.10元。

午饭买菜0.40元。结存4.75元。

吕[新]给购饭票5.00元。

购市政食堂粮、菜票5.00元。结存4.75元。

小葱0.10元。结存4.65元。

5月17日

给大庆买饭0.45元。

大成做裤一条手工[费]0.80元。结存3.40元。

电影《斯特凡大公》五张1.50元。结存1.90元。

给大成零用0.30元。结存1.60元。

5月18日

小葱0.20元。结存1.40元。

5月19日

馍四斤1.00元。结存0.40元。

麻花0.80元。

菠菜0.20元。结存—0.60元。

收吕[新]给生活用5.00元。结存4.40元。

5月20日

油菜0.10元。结存4.30元。

5月23日

给大方零用0.50元。结存3.80元。

绿豆五斤3.00元。结存0.80元。

收吕[新]给生活用5.00元。结存5.80元。

馍三斤0.75元。

全脂奶粉一斤3.16元。

各种菜0.80元。结

存1.09元。

杏仁霜、可可茶各一袋0.17元。结存0.92元。

醋一斤0.10元。结存0.82元。

5月24日

黄瓜0.30元。

5月25日

菜花三斤0.54元。

油菜0.14元。结存—0.16元。

豆包1.00元。结存—1.16元。

吕[新]给生活费5.00元。结存3.84元。

大葱0.20元。

5月26日

染油粉三瓶1.52元。结存2.12元。

收吕[新]给生活费0.53元。结存2.65元。

5月31日

西〈胡〉葫[芦]、茴子白、葱0.58元。结存0.07元。

6月1日

报回存车款0.40元。结存0.47元。

买边角料0.12元。结存0.35元。

菜0.35元。结存0元。

6月10日

林明工资、补助费53.67元。

还前月借互助金20.00元。结存33.67元。

又借入互助金20.00元。结存53.67元。

工会[会]费0.10元。

前购猪肉借款1.00元。

馍二次八斤借款2.00元。

还购菜1.00元。

购63# 猪肉二斤2.00元。

茴子白0.28元。结存47.29元。

气门皮0.09元。结存47.20元。

购盐等0.20元。结存47.00元。

大庆购饭票5.00元。

林明购饭票5.00元。结存37.00元。

6月11日

白糖1.60元。结存35.32元。

香皂0.58元。结存34.74元。

茶叶0.35元。

咸菜0.30元。结存34.09元。

馍0.75元。

菠菜0.10元。结存33.24元。

白有机扣0.55元。结存32.69元。

6月13日

帽〈丁〉钉一百个0.70元。

小饼子0.20元。

凉鞋0.20元。

西〈胡〉葫[芦]二个0.24元。

豆角0.24元。结存31.11元。

进口洗衣皂十九块4.37元。

托人捎香皂预〈代〉带5.4元。结存21.34元。

白涤棉线一支0.29元。结存21.05元。

粽叶五斤0.60元。结存20.45元。

6月14日

白〈代〉带十五尺0.23元。

西〈胡〉葫[芦]0.16元。

给大方2.00元。结存18.06元。

6月16日

收大庆给20.00元。结存38.06元。

馍三斤0.75元。

茴子白0.28元。

〈付〉腐干0.35元。结存36.68元。

白糖八两0.70元。结存35.98元。

马〈连〉莲一支0.10元。结存35.88元。

6月17日

馍四斤1.00元。

咸菜0.36元。

黄瓜0.20元。结存34.32元。

6月18日

马〈连〉莲0.10元。

饭0.30元。

馍三斤0.75元。

莴笋0.30元。结存32.87元。

6月20日

馍四斤1.00元。

味精0.20元。结存31.67元。

猪肉二斤2.00元。

豆角0.30元。

黄瓜0.30元。

蒜0.50元。结存30.37元。

染发露一盒0.76元。结存29.61元。

6月21日

大成购茴子白、黄瓜、胶水共0.60元。

6月22日

大庆购豆角、黄瓜0.50元。结存28.51元。

洋葱0.40元。

6月23日

西红柿0.20元。

西〈胡〉葫[芦]0.18元。

黄瓜0.34元。

茴子白0.45元。

馍四斤1.00元。

上海香皂三块1.86元。

大庆皮鞋8.10元。结存15.98元。

6月24日

又馍四斤1.00元。结存14.98元。

大葱0.20元。

6月26日

又馍三斤0.75元。

黄瓜0.25元。

豆角三斤0.45元。

醋一斤0.10元。

茴子白0.48元。

胡芹0.20元。

大成背心1.75元。结存10.80元。

看病存车0.07元。

西〈胡〉葫[芦]0.15元。

吕新布鞋3.19元。结存7.39元。

6月27日

猪肉二斤2.00元。

6月28日

馍四斤1.00元。

黄瓜0.17元。

莴笋、西红柿0.30元。

豆角三斤0.27元。结存3.65元。

6月30日

鸡蛋二斤1.80元。

豆角三斤0.24元。

西红柿二斤0.20元。

西〈胡〉葫[芦]0.10元。结存1.31元。

代孟凤莲垫香皂一块0.62元。结存0.69元。

7月1日

茴子白0.20元。结存0.49元。

饼子0.50元。

借入大成1.00元。结存0.99元。

大庆购牙膏、醋0.45元。结存0.54元。

茴子白0.18元。结存0.36元。

再生布〈代〉袋两个0.50元。

收回大庆垫0.54元。结存0.40元。

借栓香2.00元。结存2.40元。

7月7日

豆角0.30元。

茴子白0.20元。结存1.90元。

7月9日

林明7月份工资福补等共53.67元。结存55.57元。

〈交〉缴会费0.10元。

还栓香2.00元。

还大成1.00元。

还大方购鞋等5.00元。

还6月份借互助金20.00元。结存26.47元。

收孟凤莲还香皂代垫0.62元。结存27.09元。

还碧琏借给家里菜[钱]2.00元。结存25.09元。

豆角五斤0.40元。

茴子白0.12元。

肉0.90元。结存23.67元。

给吕新家用0.50元。结存23.17元。

又借入7月份互助金20.00元。结存43.17元。

7月10日

给大庆购饭票十斤等5.00元。

大葱0.35元。

樟脑球0.20元。

饼干二斤1.36元。结存36.26元。

山纺钟师傅代捎飞月香烟一条3.20元。

馍二斤0.50元。

豆角0.50元。

莴笋0.40元。

大成进城午饭、肉〈另〉零用,1.60元。结存29.06元。

7月13日

大豆0.26元。

西红柿0.16元。

林明7月份午餐证6.00元。结存22.64元。

7月14日

现场会午餐0.20元。结存22.44元。

换林明自行车中轴等共4.54元。结存17.90元。

汽车来回0.30元。

猪肉两斤2.00元。

西红柿十斤0.70元。

7月15日

馍四斤1.00元。

蘑菇半斤0.65元。结存13.25元。

收大庆7月份工资20.00元。结存33.25元。

7月16日

牙刷三把0.72元。

蝶霜一袋0.24元。结存32.29元。

7月17日

馍二斤0.50元。

给大方2.00元。

给大庆捎物3.00元。结存26.79元。

7月18日

桃儿0.50元。

茄子二次0.54元。

蛋卷1.00元。结存24.75元。

7月19日

西红柿0.60元。

辣椒0.20元。

洋葱0.56元。

7月20日

馍四斤1.00元。结存22.39元。

补给大庆捎物2.00元。

给大庆再购食堂饭票3.00元。结存17.39元。

7月23日

五香粉0.10元。

糖精0.20元。

西〈胡〉葫[芦]十五斤0.31元。

黄瓜十斤0.50元。

猪肉二斤2.00元。

馍四斤1.00元。

又给大方2.00元。结存11.28元。

收回给大庆托人捎物5.00元。结存16.28元。

鲜姜0.30元。结存15.98元。

7月24日

馍四斤1.00元。

西红柿二十斤1.00元。结存13.98元。

猪肉二斤2.00元。结存11.98元。

大盐一斤0.20元。结存11.78元。

7月26日

林[明]三人来家购馍四斤1.00元。

猪肉二斤2.00元。

山药蛋三斤0.24元。

南上庄送来菜2.00元。结存7.54元。

云岗二盒0.50元。

给吕新购苹果等1.00元。

酱油大成0.20元。结存5.84元。

7月27日

糖三角两斤1.00元。

云岗两盒0.50元。

林[明]三人午饭1.20元。结存3.14元。

7月28日

小辣椒0.24元。结存2.80元。

大辣椒0.30元。

茄子十斤0.60元。结存1.90元。

午饭肉0.40元。结

存1.50元。

借入任碧琏互助金20.00元。结存21.50元。

大庆入伙4.00元。

8月2日

买8月份粮一百一十斤18.07元。

酱油四斤0.48元。结存—1.05元。

收吕[新]给上灶3.00元。结存—4.05元。

茴子白0.30元。

洋葱0.70元。结存—5.05元。

卫生香0.13元。

虾片0.88元。

酒0.65元。

生猪肉又一斤1.00元。

给大方0.20元。结存—7.26元。

8月3日

《铁证如山》《风暴》①0.30元。

给大庆看电影坐车0.30元。结存—7.86元。

收大众代购苹果五十斤借入9.30元。结存1.44元。

茄子十斤0.60元。结存0.84元。

小花卷二斤0.60元。结存0.24元。

8月6日

馍窝窝0.30元。

8月10日

林明工资等57.55元。结存57.25元。

小辣椒0.20元。

牙膏0.52元。

食油0.56元。

给大庆看电影0.20元。

会费0.10元。

馍四斤1.00元。

洋葱0.20元。

小西瓜0.44元。结存54.07元。

还借碧琏20.00元。

扣还上月借互助金20.00元。结存14.07元。

又借回本月互助金25.00元。结存39.03元。

8月11日

茴子白0.15元。

毛线三两(14.40元)4.32元。

染毛线色二袋(0.37元)0.74元。结存33.82元。

食盐、酱油等给留洋葱十斤1.00元。结存32.82元。

8月12日

馍二斤0.50元。

黄瓜0.50元。

茴子白0.40元。结存31.42元。

取出大庆存款并退户利息11.40元。结存42.82元。

交大方去津41.40元。结存1.42元。

8月13日

又借入任互[助金]20.00元。结存21.42元。

林明布鞋一双3.06元。

茄子十斤0.30元。结存18.06元。

大蒜四辫子(0.70元)2.80元。

林明午饭(小笼包)1.38元。结存13.88元。

馍三斤0.75元。

8月15日

茄子0.60元。

猪肉二斤2.00元。

云岗二盒0.50元。结存10.03元。

大成0.20元。结存9.83元。

收大庆给生活费20.00元。结存29.83元。

又给大庆零用1.00元。结存28.83元。

又交大方去津给大庆购衣20.00元。结存8.83元。

8月18日

馍三斤0.75元。

食堂菜票2.00元。

① 均为电影名。

结存6.08元。

东海①、云岗各一盒0.60元。结存5.48元。

8月19日

饼子四斤1.10元。结存4.38元。

交白素清代购猪肉三斤3.00元。结存1.38元。

8月20日

五香咸菜0.40元。结存0.98元。

8月22日

金瓜二个0.61元。结存0.37元。

8月25日

吕[新]给家用3.00元。结存3.37元。

食油六两0.30元。

茄子0.35元。

又茄子0.49元。

给大庆0.50元。结存1.73元。

游行给大成0.40元。结存1.33元。

收回留给大方去津(大庆衣)61.40元。结存62.73元。

支给大方4.50元。

馍四斤1.00元。

盐菜两斤0.44元。

二旦借去4.00元。结存48.79元。

支大方买鞋4.00元。结存48.31元。

8月28日

咸菜0.48元。结存48.31元。

猪肉1.00元。结存47.31元。

〈代〉袋色0.37元。结存46.94元。

豆子两〈代〉袋0.60元。结存46.34元。

还借碧琏20.00元。结存26.34元。

黄瓜十二斤1.20元。结存25.14元。

8月30日

大方上灶9月份12.00元。结存13.14元。

大成皮鞋13.10元。结存0.04元。

9月1日

又借入互助金10.00元。

大庆上灶2.50元。

转给吕[新]家用4.00元。结存3.54元。

9月4日

馍四斤1.00元。

饼子一斤0.30元。

醋0.10元。

猪肉一斤1.00元。结存1.14元。

咸菜一斤0.26元。结存0.88元。

9月7日

借入任碧琏30.00元。

交曲贵秀代购麦子30.00元。

9月8日

茄子0.50元。结存0.38元。

9月9日

林明工资等53.67元。结存54.05元。

会费0.10元。结存53.95元。

还上月借互助金35.00元。

借回本月互助金30.00元。结存48.95元。

馍三斤0.75元。结存48.20元。

借入同志们互助金150.00元。结存198.20元。

交购永久车一辆180.00元。结存18.20元。

红灯烟0.24元。

9月10日

茶叶一两0.53元。

糖精0.20元。

酱油四斤0.48元。

五香粉、花椒0.30元。结存16.45元。

9月12日

西红柿29斤×0.09元,2.61元。结存13.84元。

转吕[新]家用10.00元。结存3.84元。

---

① 香烟品牌。

退回购车款 3.00 元。结存 6.84 元。

取车[乘坐]汽车费三次 0.30 元。结存 6.54 元。

茄子二十个 1.00 元。结存 5.54 元。

9 月 15 日

收大庆转给家中 10.60 元。

收吕新给 10.00 元。结存 26.14 元。

9 月 16 日

还另借杜秀芳购自行车 20.00 元。结存 6.14 元。

9 月 20 日

丸子一斤 1.00 元。

酱油一斤 1.00 元。结存 4.14 元。

鱼二斤多 0.80 元。结存 3.34 元。

叉烧肉 0.50 元。结存 2.84 元。

自行车〈肖〉销子 0.12 元。结存 2.72 元。

9 月 21 日

酒 0.65 元。结存 2.07 元。

生肉半斤 0.50 元。结存 1.57 元。

9 月 22 日

吕[新]给买白糖款 5.00 元。结存 6.57 元。

白糖四斤 3.48 元。

白菜(0.39 元),皮筋(0.10 元),0.49 元。

给大方零用 1.20 元。结存 1.40 元。

高英俊结婚 0.50 元。结存 0.40 元。

9 月 24 日

小糖饼一斤 0.50 元。结存 0.40 元。

9 月 25 日

吕[新]给买月饼、纸烟款 8.00 元。结存 8.04 元。

退回吕[新]2.00 元。结存 6.04 元。

月饼五斤(0.68 元),3.40 元。结存 1.64 元。

垫大方药费待报 1.10 元。结存 0.54 元。

报回药[费]1.10 元。结存 1.64 元。

收吕[新]给家 4.00 元。

老白月饼二斤 1.36 元。结存 7.00 元。

9 月 30 日

给大方 2.00 元。结存 5.00 元。

猪肉四斤 4.00 元。结存 1.00 元。

〈代〉带鱼四人 1.00 元。结存 0.00 元。

借电影票 5.00 元。结存 5.00 元。

豆角四斤 0.72 元。

茄子 0.20 元。

白萝卜 0.20 元。

油菜 0.07 元。

午饭购肉平摊 0.20 元。

〈卢〉庐山[①] 一盒 0.31 元。结存 1.32 元。

10 月 1 日

茴子白 1.00 元。结存 0.32 元。

又借电影票 5.00 元。结存 5.32 元。

香皂三块(0.58 元)1.74 元。

自行车锁一把 2.50 元。结存 1.08 元。

蒸馍四斤 1.00 元。结存 0.08 元。

10 月 7 日

白菜、茄子 0.50 元。结存−0.42 元。

馍二斤 0.50 元。结存−0.92 元。

10 月 10 日

林明工资(28[天]出勤及补助)57.55 元。结存 57.55 元。

会费 0.10 元。

还上月借入互助金 30.00 元。

借入互助金 30.00 元。结存 57.45 元。

还借电影票款 10.00 元。结存 47.45 元。

还前购自行车李育

---

① 香烟品牌。

英互助金 40.00 元。结存 7.45 元。

金叶二盒给吕[新]0.52 元。

馍两斤 0.50 元。结存 6.43 元。

10 月 11 日

猪肉两斤 2.00 元。

鸡蛋两斤 2.00 元。结存 2.43 元。

味精 0.50 元。

虾片 0.73 元。结存 1.20 元。

10 月 12 日

擦手管油二支(0.16 元)0.32 元。

大众护肤〈箱〉霜一袋0.20元。结存0.68元。

烟一盒 0.31 元。结存 0.37 元。

吕[新]给家用(购粮用)10.00 元。结存 9.63 元。

大衣有机扣四个(0.26 元)1.04 元。

〈兰〉蓝中山服上衣扣七大、二小,共(0.14 元)大 0.98 元、(0.04 元)小 0.08 元。结存 7.53 元。

10 月 15 日

山药蛋代购〈予〉预支王栓和共计■斤 10.00 元。结存—2.47 元。

茴子白七颗1.20元。

购粮五十斤7.32元。

修车 0.50 元。

玉兰烟、火柴五盒 0.41 元。

10 月 16 日

大庆给家用 16.00 元。结存 4.10 元。

购食堂饭票 5.00 元。结存—0.90 元。

五台山[①]一盒、黄金叶一盒 0.76 元。结存—1.66元。

五台山一条 2.50 元。结存—4.16 元。

10 月 17 日

白塔[②]二盒 0.48 元。

给大成车钱 0.10 元。结存—4.74 元。

10 月 19 日

〈付〉腐干二斤 0.72 元。结存—5.46 元。

大庆上婚礼3.00元。

肥皂二条 0.92 元。结存—9.38 元。

10 月 20 日

馍二斤 0.50 元。结存—9.88 元。

五台山又一条 2.50 元。

小月饼五个(0.14 元)0.60 元。[③]

白菜 0.26 元。结存—13.24 元。

白菜又 0.54 元。

给吕新 2.00 元。

10 月 26 日

五台山二盒0.50元。

馍四斤 1.00 元。结存—17.28 元。

借入任碧琏又20.00 元。结存 2.72 元。

10 月 29 日

给大方还用别人修表款2.00元。结存1.42 元。

家用等 1.42 元。结存 0 元。

借入老李 10.00 元。

给大方修车(乔直 5.00 元、李义 3.00 元、边勇 1.00 元),[共]10.00 元。结存 0 元。

10 月 30 日

吕新给 1.51 元。结存 4.23 元。

借入大庆 0.44 元。结存 4.67 元。

10 月 31 日

补前两次买馍馍 1.25 元。结存 3.42 元。

11 月 10 日

林明工资 27 天出勤补助等及烤火费共71.61 元。结存 71.61 元。

〈交〉缴会费0.10元。

还上月借互助金

---

① 香烟品牌。

② 同上。

③ 在核对账本时,发现个别账目有误,为了保持历史资料的真实性,并未做修订,全书同。

30.00元。

又借入本月互助金30.00元。

还朱元济、张秀元各20元,40.00元。结存31.51元。

馍二斤0.50元。

给大方还修自行车借同学及零用(前叉6.00元,脚蹬0.80元,零件及尾灯)10.00元。结存21.51元。

购粮八十斤加议价粮共14.46元。

饼子八个0.44元。结存6.61元。

11月11日

食盐一斤0.15元。

黄金叶一条2.60元。结存3.86元。

给大成0.02元。结存3.84元。

白鹭[①]一盒0.25元。结存3.59元。

11月12日

馍一斤0.25元。结存3.34元。

林明午饭0.60元。结存2.74元。

11月13日

收吕[新]给做衣补款10.00元。结存12.74元。

交大衣补款8.89元。

五台山四盒1.00元。结存2.85元。

给大成补鞋0.26元。结存2.59元。

11月15日

收大庆给家用30.00元。结存32.59元。

还徐光杰衣票一张25.00元。结存7.59元。

馍一斤(在厂吃)0.25元。

白鹭0.25元。

咸菜0.47元。结存6.62元。

11月16日

蝶霜一袋0.44元。结存6.18元。

11月17日

黑鞋〈代〉带二双0.08元。

细盐0.18元。

老豆腐0.10元。

黑轴线一支0.26元。结存5.56元。

猪肉二斤2.00元。结存3.56元。

给大方0.50元。结存3.00元。

市政食堂菜票2.00元。结存1.00元。

收吕[新]给3.00元。结存4.00元。

猪肉二斤2.00元。结存2.00元。

开封烟四盒1.08元。结存0.92元。

大光烟一盒0.31元。

饼子二个0.12元。结存0.49元。

11月27日

蝴蝶黑皮鞋油一盒0.48元。结存0.01元。

11月30日

吕[新]又给2.00元。结存2.01元。

12月5日

85号白糖四个二斤1.60元。结存0.41元。

吕[新]又给1.00元。结存1.41元。

给大成0.20元。

五台山二盒0.50元。结存0.71元。

12月8日

麻叶、豆浆二份0.60元。结存0.11元。

老豆腐饼、酱肉0.45元。

蒸馍二斤0.50元。

12月10日

林明工资等57.55元。

东山补助下余4.21元。结存60.92元。

还前借高秀兰衣票一张25.00元。

还前借高、任30.00中之任20.00元。结存15.92元。

补蒸馍四斤1.00元。

---

① 香烟品牌。

大方修车大盘借同学 5.00 元。结存 9.92 元。

工会［会］费 0.10 元。结存 9.82 元。

交吕新购电表 7.00 元。结存 2.82 元。

12 月 13 日

茶叶 0.30 元。

五香粉 0.10 元。

花椒 0.32 元。

早点二份 0.44 元。

又借回任碧琏 20.00 元。结存 21.66 元。

还给大方借同学修车(少锋 13.00 元,至此借修车款全部还清) 13.00 元。结存 8.66 元。

酱油三斤 0.36 元。

咸菜一斤 0.27 元。

给大方零用 1.00 元。结存 7.03 元。

12 月 15 日

大庆给家 10.00 元。结存 17.03 元。

吃饺子共平摊 0.40 元。

〈卢〉庐山一盒 0.29 元。

挂号 0.05 元。

存车 0.03 元。结存 16.26 元。

12 月 17 日

扫帚一把 0.50 元。

味精一包 0.45 元。结存 15.31 元。

面包五个 0.70 元。

松紧〈代〉带 0.45 元。

给大方 0.47 元。

林明早点老豆腐饼子 0.44 元。

猪肉一斤 0.80 元。结存 12.45 元。

五台山四盒 1.00 元。结存 11.45 元。

12 月 21 日

绞肉二斤 2.10 元。

桔子 1.00 元。结存 7.35 元。

洗澡 0.10 元。结存 7.25 元。

12 月 22 日

茴子白、菠菜 0.84 元。

金桔 0.30 元。结存 6.11 元。

宫灯一对 1.90 元。结存 4.21 元。

12 月 25 日

洗衣膏二袋(0.29 元)0.58 元。

饼子、老豆腐 0.22 元。结存 3.41 元。

12 月 28 日

猪油 1.40 元。

猪肉 1.00 元。

午饭买菜 0.20 元。结存 0.81 元。

给大方 0.20 元。结存 0.61 元。

12 月 30 日

又借李静轩 20.00 元。结存 20.61 元。

交大方元月伙食费 12.00 元。结存 8.61 元。

肉馅 2.10 元。

鲜肉 1.00 元。

鸡 1.36 元。结存 4.15 元。

大成 0.20 元。结存 3.95 元。

收大庆奖金 10 元。结存 13.95 元。

购粮十二斤垫出 10 元。结存 3.95 元。

1978 年

1 月 1 日

支给吕新 3.00 元。结存 0.95 元。

给大成 0.20 元。结存 0.75 元。

买饭菜等 0.75 元。结存 0 元。

1 月 10 日

林明 27 天工资福补、自行车等共计 55.61 元。结存 55.61 元。[①]

还 12 月 30 日借李静轩 20.00 元。结存 35.61 元。

白糖二斤五两 2.18 元。

会费 0.10 元。

苹果 0.57 元。

① 原文如此。

还上月借互助金30.00元。

又借回元月互助金30.00元。

从元月份存入小额储蓄10.00元。结存22.76元。

给吕新5.00元。结存17.76元。

1月11日

给大方买围巾等8.00元。结存9.76元。

云岗四盒1.00元。结存8.76元。

黑鞋〈代〉带一副0.04元。结存8.72元。

馅饼十个0.60元。结存8.66元。

1月12日

玻璃杯二个0.82元。

蝶霜一袋、管油一支共0.53元。结存7.31元。

1月13日

大庆工资12.00元。结存19.31元。

陈淑革婚礼0.50元。结存18.81元。

猪油三两多0.40元。结存18.41元。

1月15日

黑白牙膏一支0.43元。

大庆花布七尺3.26元。

苹果0.30元。

空心豆七袋共1.98元。

香皂五块3.05元。结存9.39元。

1月16日

肉馅二斤2.08元。

韭黄0.20元。

1月17日

大庆上衣手工1.20元。结存5.91元。

早点饹饼0.38元。结存5.53元。

1月18日

收大庆互助金存款40.00元。结存45.53元。

油菜二斤1.60元。

青红丝、青梅共0.50元。

水果糖二斤(1.33元)2.66元。

大方、大成隐条的确良9.5尺19.67元。结存21.10元。

1月19日

柿饼三斤(0.39元)1.17元。

红枣二斤(0.45元)0.90元。

香蕉三斤(0.38元)1.14元。

鸡三〈支〉只(0.88斤)6.40元。结存11.49元。

1月20日

借入吕新20.00元。结存31.49元。

交任碧琏给大庆捎裤10.00元。结存21.49元。

红薯22.5斤1.23元。

茶叶一两0.35元。

白糖一斤0.87元。

油瓶四个0.20元。结存18.84元。

五台山烟一盒0.25元。结存17.59元。

1月21日

〈兰〉蓝白格床单布12.5尺5.81元。

红花布四尺1.82元。

咸菜二斤0.54元。结存9.42元。

炝锅面0.27元。

辣酱0.10元。结存9.05元。

1月22日

肉馅二斤2.10元。

〈艽〉韭黄0.20元。结存6.75元。

伊小英捎香皂1.40元。

大方、大成裤手工2.90元。结存2.45元。

王风英女结婚0.30元。结存2.15元。

1月28日

公社代购猪肉(刨骨头)13.1斤×0.90元,11.79元。

购2月份粮出部分款(90斤)10.00元。结存－19.64元。

鸡蛋四斤3.60元。

辣酱0.40元。结存－23.64元。

小粉面半斤 0.43 元。结存—24.07 元。

收回碧琏捎物10.00 元。结存—14.07 元。

大庆裤一条 12.70 元。结存—26.77 元。

核桃一斤 0.64 元。结存—27.41 元。

2 月 2 日

林[明]2 月份工资福补等(26 天)53.67 元。结存 26.26 元。

补大庆钱 2.70 元。结存 22.56 元。

大方看电影(《刘三姐，远去》)票共六张 1.20 元。

给大成退票垫出 1.00 元。结存 20.36 元。

存入互助金 10.00 元。结存 10.36 元。

碧琏从上海捎物、运费8.63元。结存1.73元。

大庆工资等给家 13.00元。结存14.73元。

红糖一斤 0.63 元。

味精 0.50 元。

软糖一斤 1.80 元。结存 11.80 元。

饼子两斤 0.60 元。

烟九盒 2.84 元。

茴子白 1.13 元。结存 7.23 元。

〈付〉腐乳十二块 0.36 元。

又味精 0.68 元。

红辣椒一斤 0.66 元。

垫大方电影票又 6 张 1.20 元。结存 4.33 元。

2 月 4 日

肉馅三斤 3.12 元。

韭菜 0.70 元。

带鱼 1.10 元。

白瓜子 1.00 元。

借入吕新 10.00 元。结存 8.41 元。

2 月 6 日

林明补发工资五个月(10—2 月)35.00 元。结存 43.41 元。

馍十四斤 3.50 元。

饼干 0.68 元。结存 39.23 元。

红茅酒一瓶 1.22 元。结存 38.04 元。

粉条一斤 0.68 元。

咸菜二斤 0.54 元。

虾片两袋 1.46 元。结存 25.33 元。

饮料十袋 1.05 元。

大辣椒 0.70 元。

莲菜 1.20 元。结存 32.38 元。

林明午饭补三碗面 0.30 元。

还吕新 10.00 元。

林明理发吹风共 0.64 元。

汽车票 0.20 元。

洗澡二人 0.10 元。

手油 0.10 元。结存 21.04 元。

2 月 13 日

看病、挂号、存车 0.07 元。结存 20.34 元。

2 月 14 日

大庆裤子手工 1.30 元。结存 19.04 元。

送给任、杜各饼干、豆子 2.00 元。

馍二斤 0.50 元。

麻花五〈支〉根 0.45 元。

豆腐七斤 0.70 元。

大方看《白卷先生》[1]票二张 0.80 元。结存 14.19 元。

麻花九〈支〉根 0.90 元。

2 月 18 日

馍六斤 1.50 元。结存 11.79 元。

2 月 20 日

板油 3 个号 1.02 元。

藕根 1.00 元。

大成书费 1.40 元。结存 6.87 元。

酱油、食盐 0.50 元。

2 月 23 日

又购莲菜 1.00 元。结存 5.37 元。

红布三尺四寸 1.19 元。结存 4.18 元。

---

① 话剧。

又购馍五斤1.25元。

茶叶一两0.30元。结存2.63元。

收任碧琏托购红旗自行车款(2月23日收任托购自行车)150.00元。结存152.63元。

还上年10月26日借李静轩和任碧琏家用30.00元。

还9月份购自行车借任碧琏互助金20.00元,及购表借任碧琏30.00元。

还9月份借李静轩互助金40.00元。结存32.62元。

〈交〉缴大成学费3.00元。结存29.62元。

2月25日

蒸馍六斤1.50元。

给大方1.00元。结存27.12元。

2月26日

馍二斤0.50元。

猪肉三斤3.00元。结存23.62元。

收回代任碧琏购山药蛋一百斤,5.00元。结存28.60元。

2月27日

馍六斤1.50元。结存27.10元。

2月28日

花布七尺2.91元。结存24.19元。

〈交〉缴大方3月份伙食费11.00元。结存12.19元。

3月3日

[购]白菜二次1.30元。

油酥饼二十七个1.35元。

紫菜0.50元。结存9.04元。

给吕新购粮5.00元。结存4.04元。

3月5日

梨五斤1.75元。

油饼0.55元。结存1.74元。

白菜0.70元。结存1.04元。

3月9日

又白菜0.77元。

麻花0.18元。结存0.09元。

3月10日

林明三月份工资补助共55.37元。结存55.46元。

〈交〉缴三辆自行车税7.2元。

存互助金10元。结存38.26元。

二、三月会费0.20元。结存38.06元。

飞马烟一条2.90元。

还回任碧琏自行车预付款30.00元。结存5.16元。

收回自行车税三辆7.20元。结存12.36元。

扣上月借互助金30.00元。

又借回本月互助金30.00元。结存12.36元。

给大庆买盐、油等1.00元。

大成本0.10元。

大油一斤二两1.40元。结存9.80元。

3月12日

菜一斤0.50元。

白菜0.90元。

猪肝1.00元。

韭菜0.45元。

给吕新买棉套5.00元。

又给吕新买饭票1.00元。结存0.95元。

粉条四斤1.84元。结存—0.89元。

蝶霜二袋0.46元。结存—1.35元。

3月15日

收大庆交来20.00元。结存18.65元。

白菜两棵0.94元。

胡芹0.20元。

生猪肉2.50元。

肉馅1.04元。

吃午饭三次0.80元。结存13.17元。

果〈铺〉脯类0.57元。

虾片一袋0.74元。

给雄雄买盒饭1.00元。

挂号0.20元。

腐干一斤 0.40 元。结存 10.26 元。

3 月 17 日

卤鸡一〈支〉只 2.30 元。

猪肉一斤 1.00 元。结存 6.96 元。

给大庆〈另〉零用 1.00 元。结存 5.96 元。

大方洗〈像〉相 1.30 元。

白菜 0.56 元。

生肉馅 1.04 元。结存 2.35 元。

大方请杨同志买茶叶、糖等 4.00 元。结存 —1.65 元。

3 月 20 日

林明午饭烙饼 0.20 元。

洗衣粉、肥皂 2.70 元。

肉菜二人 0.84 元。

给大方理发 0.50 元。

买烟三盒 0.86 元。

白菜 0.40 元。结存 —7.15 元。

3 月 21 日

毛豆一包 0.10 元。

针 0.03 元。结存 —7.28 元。

3 月 23 日

白菜 0.70 元。

牙膏 0.30 元。结存 —8.28 元。

骨胶一斤 1.20 元。结存—9.48 元。

3 月 25 日

猪肉 1.00 元。

白菜 0.62 元。结存 —11.10 元。

绿花布 3.2 尺 1.24 元。

腐干二斤 0.86 元。

白菜 0.60 元。

午饭 0.40 元。结存 —14.20 元。

3 月 27 日

云岗二盒 0.50 元。结存—14.70 元。

3 月 28 日

五台山一盒 0.25 元。

白菜 0.70 元。结存 —15.65 元。

醋一斤、盐一斤 0.25 元。

麻花 11〈条〉根 1.00 元。结存—16.90 元。

3 月 31 日

给吕新购粮 10.00 元。结存—26.90 元。

4 月 1 日

家用 3.10 元。结存 —30.00 元。

4 月 10 日

林明工资补助等共 63.62 元。结存 33.62 元。

扣〈贮〉储蓄 10.00 元。结存 23.62 元。

棉花七个人共四斤九两 3.78 元。

会费 0.10 元。

扣上月借互助金 30.00 元。

又借回本月互助金 30.00 元。结存 19.74 元。

辣椒酱 0.30 元。

糖精 0.20 元。

酱肉 2.00 元。

菠菜 0.15 元。

有机扣子四个 0.38 元。

给大成 1.00 元。结存 15.71 元。

还借购菜、饭、烟等 1.50 元。结存 14.21 元。

给大方〈另〉零用 1.00 元。结存 13.21 元。

4 月 11 日

肥皂 1.38 元。

牙膏 0.38 元。

牙刷 0.23 元。

友谊香脂 0.48 元。

葱 0.14 元。

蒜〈苔〉薹 0.55 元。

韭菜 0.60 元。

乙级烟三盒 0.84 元。结存 8.61 元。

咸菜 0.24 元。

大成广播英语上册 0.27 元。结存 8.1 元。

4 月 12 日

猪肉、菠菜 1.15 元。结存 6.95 元。

4 月 13 日

大成参加书法 3.50 元。

花卷二斤、麻花五根,[共]1.10 元。结存 2.35 元。

菠菜 0.15 元。结存

2.20元。

4月15日

油酱三人午饭烟共3.10元。结存—0.90元。

大庆工资补家[用]18.00元。结存17.10元。

林明午饭0.30元。结存16.80元。

代还购自行车10.00元。结存6.80元。

小饼子十个0.40元。

猪肉1.00元。结存5.40元。

4月16日

菠菜0.20元。

梨0.80元。

大方〈兰〉蓝条布1.32元。

松紧〈代〉带十尺0.25元。结存2.83元。

林明午饭点心0.68元。

烙饼半斤丸子汤0.34元。结存1.81元。

4月20日

猪肉一斤1.00元。

收吕[新]给1.00元。结存1.81元。

面包五个0.70元。

吃饭0.30元。结存0.81元。

午饭吃饺子共分摊0.40元。结存0.41元。

醋0.10元。结存0.31元。

借入购自行车存款(4月15日)10.00元。结存9.69元。

加工麦子五十斤1.00元。结存8.69元。

4月22日

给大方买一条内胎等4.00元。

花卷、蒸馍、[糖]三角1.10元。结存3.59元。

菠菜、小葱0.25元。

林明午饭0.30元。

麻花0.50元。结存2.54元。

4月23日

林明午饭0.30元。结存2.24元。

开封烟一条2.60元。

4月25日

猪肉馅1.10元。

韭菜、菠菜0.37元。

又菠菜0.30元。结存—2.10元。

修书包〈代〉带二个0.80元。结存—2.90元。

4月28日

菠菜0.20元。

午饭0.30元。

面包五个0.70元。结存—4.10元。

菠菜、黄瓜、胡芹0.66元。结存—4.76元。

4月30日

白糖二斤1.74元。

饼干0.68元。

猪肉2.00元。

蒜〈苔〉薹0.45元。

小葱、菠菜0.46元。

爆米花0.20元。结存—10.29元。

大方买煤等2.14元。结存—12.43元。

5月1日

给大方〈另〉零用0.30元。结存—12.73元。

借购自行车装卸支出,家用30.00元。结存17.27元。

给家购粮支出15.00元。结存2.27元。

5月2日

猪肉1.00元。结存1.27元。

5月3日

小油菜等1.27元。结存0元。

5月10日

林明工资福补等共63.13元。结存63.13元。

存入互助金10.00元。结存53.13元。

会费0.10元。

三辆自行车税7.20元。结存45.83元。

〈代〉袋茶二袋0.80元。

茶叶一两0.54元。

背心一个90〈公分〉厘米[给]大成,圆领衫一个105[厘米给]吕[新],共3.30元。

大庆花布六尺2.49元。

大庆白手套0.49元。结存38.21元。

菠菜0.20元。结存38.01元。

猪肉1.00元。

线共0.68元。

猪肉二斤0.40元。结存35.93元。

5月11日

尼龙窗纱六尺2.19元。结存33.74元。

五香粉一袋0.17元。

小勺二把0.14元。

小葱0.02元。结存33.41元。

购粮票一百斤20.00元。结存13.41元。

再生布袋十个2.50元。结存10.91元。

菠菜0.10元。

黄瓜0.35元。结存10.46元。

5月13日

收大庆给家15.00元。结存25.46元。

又收大庆退回互助金15.00元。结存40.46元。

存自行车款30.00元。结存10.46元。

付煤六块0.48元。

菠菜、黄瓜、水萝卜等0.80元。

点心、面包1.56元。结存8.42元。

5月17日

看病、证明0.15元。

大庆拔牙费、药共2.34元。结存5.93元。

收吕[新]给0.50元。

给大方0.50元。

买肉、菜,午饭,[共]0.30元。结存5.63元。

收吕[新]给5.00元。

麦乳精一袋2.87元。

味精一袋0.69元。

猪油1.2斤1.40元。结存5.67元。

〈代〉带大庆看牙、存车0.08元。结存5.59元。

5月18日

小葱0.10元。

水萝卜0.40元。

胡芹0.30元。

黄瓜0.52元。

粮食加工面粉费1.00元。结存3.27元。

给大方0.20元。结存2.77元。

缝鞋0.30元。

5月19日

菠菜0.30元。

麻花八个0.80元。

炝锅面0.27元。结存1.10元。

5月23日

借入(4月15日还的又借出)10.00元。结存11.10元。

收卖破布1.67元。结存12.77元。

换布10.9尺支出4.52元。

酸枣面0.20元。

黄瓜0.30元。

午饭平摊0.45元。结存7.30元。

菠菜0.21元。

给大庆补牙0.50元。

挂号、存车0.19元。

冰糕0.10元。结存6.30元。

给大庆0.20元。结存6.10元。

大庆照〈像〉相等(小袁代2.34元)5.00元。结存1.10元。

5月26日

小白菜0.10元。

酱油二斤0.36元。

盐一斤0.15元。

醋一斤0.10元。

天坛①一盒0.29元。

小茴香0.24元。结存0.06元。

肉馅1.04元。

黄瓜、水萝卜0.30元。结存—1.28元。

5月27日

卫生纸四包0.64元。

西〈胡〉葫[芦]、韭菜0.88元。结存—2.70元。

小花卷四斤1.20元。

黄瓜0.32元。结存—4.22元。

红枣二斤0.90元。

① 香烟品牌。

结存－5.02元。

5月29日

大庆给家(人家还的)5.00元。结存0.02元。

5月30日

茴子白、油、酸枣面1.00元。结存－1.02元。

醋一斤0.10元。

小芳买糖前收0.15元。结存－1.27元。

5月31日

莴笋、西〈胡〉葫[芦]0.62元。

天坛、火柴0.89元。结存－2.78元。

6月2日

茴子白0.45元。

核桃1.00元。

给大方1.00元。

挂号、证明、存车0.12元。

白糖二斤五两2.18元。结存－7.53元。

面油0.29元。结存－7.82元。

6月3日

买菜给大方0.90元。

洗澡0.10元。

乙级二盒0.56元。结存－9.38元。

6月4日

酱油三斤半0.42元。

食0.17元。

黄瓜0.30元。结存－10.27元。

给大庆等购菜0.40元。

黄瓜0.32元。

花卷0.50元。

挂号、存车0.07元。结存－11.56元。

6月7日

花卷八个0.40元。

西〈胡〉葫[芦]1.00元。

大庆0.20元。

午饭0.30元。结存－13.46元。

黄瓜、西红柿共0.38元。

豆角三斤0.75元。

洗衣粉一斤0.56元。

金钟[①]四、火柴一[盒]1.06元。结存－16.21元。

又借入20.00元。结存3.79元。

买菜1.80元。

午饭0.30元。

西〈胡〉葫[芦]0.77元。结存0.92元。

6月10日

林明6月份25天工资、福补、车补、粮补57.59元。

存入互助金10.00元。

会费0.10元。结存46.57元。

扣还4月借互助金(本月未借已清)30.00元。结存16.57元。

大方6月份伙食费12.00元。结存4.57元。

洗衣粉、肥皂共2.08元。

酱油、油三两,卖破布头0.60元。

给大成购书0.60元。结存2.49元。

6月11日

茴子白0.40元。

午饭0.15元。结存1.94元。

6月12日

西葫[芦]、黄瓜、桃2.00元。

吕新给家用10.00元。结存9.94元。

碱面二斤0.28元。

豆角1.00元。

麻花0.60元。

西红柿0.30元。结存8.04元。

6月15日

大庆总工资给家25.70元。结存33.74元。

白糖二斤半2.18元。

小葱0.05元。

莴笋0.20元。

午饭0.30元。

茴子白0.20元。

---

① 香烟品牌。

存入互助金(大庆)5.00元。

购饭票十斤5.00元。

大庆小塑料包0.77元。结存35.93元。

给大庆〈另〉零用0.70元。结存19.34元。

给大方〈另〉零用1.00元。结存18.34元。

猪肉一斤1.00元。

小饼子0.50元。

给大方买菜〈另〉零用0.60元。结存16.24元。

6月17日

西〈胡〉葫[芦]0.40元。

莴笋0.20元。结存15.64元。

6月18日

馍四斤1.00元。

黄瓜、茴子白0.40元。

给大方〈另〉零用1.00元。结存13.24元。

6月19日

豆角五斤0.80元。

麻花二个0.18元。结存12.26元。

6月20日

洗澡二人0.10元。

西〈胡〉葫[芦]、小葱0.35元。

给大庆1.00元。结存10.81元。

馍二斤0.50元。

茴子白0.72元。

给大庆买饼干等1.00元。

给大方购菜等1.00元。结存6.59元。

果仁0.40元。结存6.19元。

6月22日

西红柿0.50元。结存5.69元。

6月23日

馍二斤0.50元。

西红柿0.15元。结存5.08元。

100〈公分〉厘米背心一件1.27元。结存3.81元。

6月24日

味精一袋0.69元。

茴子白0.35元。

酱肉1.80元。

又100〈公分〉厘米背心一件1.27元。

毛〈兰〉蓝布一尺0.42元。

馍0.50元。结存—1.22元。

黄瓜、西红柿0.52元。结存—1.74元。

市政食堂菜票1.00元。结存—2.74元。

6月25日

西红柿二斤0.26元。

茴子白0.35元。结存—3.35元。

6月26日

豆角二斤0.32元。

黄瓜0.18元。

茴子白0.30元。结存—4.15元。

6月27日

西红柿五斤0.55元。

茴子白二个0.22元。

给大方买菜0.27元。结存—5.19元。

6月28日

馍三斤0.75元。

茴子白0.30元。

西红柿三斤0.33元。

大庆白的确良三尺(1.42)4.26元。结存—10.83元。

黄瓜0.20元。结存—11.03元。

6月30日

给大庆代购乙级二盒等1.00元。

酱猪肚1.00元。

西红柿五斤0.50元。

豆角三斤0.33元。

茴子白0.26元。

手工1.50元。结存—15.62元。

7月1日

花生仁0.50元。

食盐0.15元。

酒0.26元。结存—16.53元。

7月2日

黄瓜0.30元。

豆角0.26元。

西红柿十斤0.90元。

馍四斤1.00元。

给大成买书0.60元。

给大方师傅买西红柿(12.6)1.00元。结存—21.19元。

7月4日

借入互助金40.00元。

交吕新购粮一百二十六斤20.00元。

吕新给家用5.00元。结存3.81元。

林明午饭(星期日)0.30元。结存2.57元。

茴子白0.36元。

乙级0.28元。

午饭面二碗。结存2.57元。

7月6日

馍二斤0.50元。

西红柿0.50元。

辣子0.10元。结存1.47元。

饼干一斤0.80元。

挂号、冰糕0.10元。

烟0.28元。

补黄瓜0.30元。

又豆角十斤0.80元。结存—1.81元。

7月10日

林明工资等61.12元。结存59.31元。

会费0.10元。

扣还互助金(7月4日借购粮)40.00元。

存入互助金10.00元。结存9.21元。

白糖(125#、131#)共四斤3.48元。

给吕新2.60元。结存3.13元。

7月11日

酒四两0.52元。

咸菜0.20元。

给大成0.20元。

又给吕新家用2.00元。结存0.21元。

收吕新给5.00元。结存5.21元。

西红柿0.40元。结存4.81元。

又西红柿0.60元。

食堂粮票二天1.20元。

洗澡0.05元。结存2.96元。

7月13日

又食堂饭票四天2.40元。结存0.56元。

西红柿、茄子0.75元。

洋葱、大葱0.45元。结存—0.64元。

7月17日

大庆给10.00元。结存9.36元。

给大成1.00元。

给大方1.00元。结存7.36元。

7月18日

茴子白0.30元。

洗衣粉、肥皂1.25元。结存5.81元。

牛奶三斤0.78元。

酸[奶]0.10元。结存4.93元。

7月19日

西红柿十斤0.55元。

麻叶二斤1.20元。

给大庆1.00元。结存2.18元。

食油、盐、花椒共0.80元。结存1.38元。

7月21日

给大方购菜1.00元。结存0.38元。

从吕新处取原购粮存款10.00元。结存10.38元。

给吕[新]购烟卷0.54元。

小枣馍二斤0.80元。

冰糕0.30元。

西红柿0.35元。

7月22日

豆角0.80元。

小西瓜三个1.08元。结存6.51元。

洋葱0.20元。

张宝丰借去购洋葱0.30元。结存6.01元。

7月24日

馍二斤0.50元。

凉粉0.20元。

午饭面二碗0.30元。

生肝0.90元。

猪肉1.00元。

黄瓜0.26元。结存2.55元。

榨菜0.52元。

大方与同学照〈像〉相用2.00元。结存0.03元。

又从白雅娟处借入互助金40.00元。

还前6月7日借入家用20.00元。结存20.03元。

鸡蛋二斤1.80元。

大辣椒二斤0.20元。

7月25日

小西瓜1.18元。结存16.82元。

茄子0.40元。

胡芹0.10元。

午饭二次0.45元。结存12.87元。

7月26日

西红柿六十三斤3.00元。

馍二斤0.50元。结存9.37元。

凉粉0.20元。

馍三斤0.75元。

补大庆拔牙药费2.17元。结存6.25元。

7月28日

染发〈路〉露二〈并〉瓶(0.57元)1.14元。

午饭0.30元。

馍二斤0.52元。

7月30日

午饭0.30元。结存4.01元。

茄子0.22元。

洋葱、大辣椒0.22元。

小花卷三斤0.90元。

卫生纸二包0.32元。结存2.55元。

7月31日

白砂糖三斤2.40元。结存0.15元。

借入老任30.00元。结存30.15元。

茴子白、洋葱0.42元。

馍二个0.10元。

补全家吃麻叶一顿2.00元。

买油六两,给大庆〈另〉零用0.60元。

洋葱、茄子、西瓜1.52元。结存25.51元。

8月4日

小花卷二斤0.60元。

大方会餐2.00元。

粮食面包两个0.12元。

西红柿0.50元。

给大成0.50元。结存21.79元。

大葱、茄[子]0.32元。

烟一盒0.28元。

酒0.50元。结存20.67元。

8月6日

给吕新家用2.00元。结存18.67元。

小花卷五个0.15元。

8月7日

吃饭、早点共(看电影)0.60元。

给大庆1.00元。结存16.92元。

8月10日

林明工资共61.02元。结存77.94元。

扣7月14日借出互助金40.00元。

又借出本月互助金40.00元。结存77.94元。

存入小互助金10.00元。结存67.94元。

会费0.10元。

扫帚一把0.40元。

林明布鞋一双3.06元。结存64.38元。

食堂菜票1.00元。

面二碗0.30元。

黑鞋油一盒0.39元。结存62.69元。

吕新布鞋3.31元。

洗衣膏五袋2.85元。

咸菜0.24元。

给大成洗〈像〉相1.00元。

买菜、山药蛋0.50元。结存54.79元。

8月11日

大方7月份购回粮票及油证10.00元。结存44.79元。

茄子0.18元。

老花眼镜一副2.40元。结存42.21元。

8 月 12 日

午饭 0.30 元。

盐、油六两 0.70 元。

西红柿 0.65 元。

给吕新买烟 0.50 元。

外胎一条(永久车)12.40元。结存28.16元。

生肉一斤 2.00 元。

熟肉一斤 1.00 元。

8 月 14 日

茄子 0.20 元。

给大方修车 1.00 元。结存 23.96 元。

大方托同学去京购鞋捎去 24.00 元。

8 月 15 日

大庆工资补助奖金共 32.40 元。

奖金 7.40 元给大庆自己处理。

奖金交予大庆。结存 19.96 元。

大庆存入互助金 5.00 元。

茄子 0.10 元。

桃子 0.20 元。

大庆食堂菜票 2.00 元。

林明食堂菜票 2.00 元。结存 15.73 元。

8 月 17 日

看病存车、挂号 0.07 元。结存 15.66 元。

肉松一袋 1.58 元。

辣椒酱一瓶 0.93 元。

咸菜 0.24 元。结存 12.91 元。

8 月 20 日

茄子 0.32 元。

粮食面包十个 0.60 元。结存 11.99 元。

大方退回同学捎物(8 月 14 日)24.00 元。

支大方〈另〉零用 4.00 元。结存 31.99 元。

8 月 21 日

西红柿 0.83 元。

金瓜 0.28 元。

大辣椒 0.05 元。

猪肉 1.00 元。结存 29.83 元。

8 月 23 日

面包十个 0.60 元。

早点 0.15 元。结存 29.08 元。

取出 1—8 月份互助金 80.00 元。

借入白雅娟互助金 50.00 元。结存 159.08 元。

还任碧〈连〉琏2月23交代购自行车款 150.00 元。结存 9.08 元。

8 月 24 日

金瓜 0.36 元。

小白菜 0.05 元。

果仁 0.60 元。结存 8.07 元。

8 月 26 日

小花卷四个 0.12 元。

小金瓜 0.30 元。

面包二十个 1.20 元。结存 6.40 元。

卫生纸 0.32 元。结存 6.08 元。

8 月 28 日

针 0.02 元。结存 6.06 元。

破鸡蛋 0.50 元。

榨菜一斤 0.52 元。

洋葱 1.00 元。

平绒鞋面一尺 1.78 元。

猪肉 2.00 元。

西红柿 0.70 元。

云岗一盒 0.25 元。结存—0.69 元。

8 月 30 日

茄子四个 0.10 元。

小白菜 0.05 元。结存—0.84 元。

黑色代色二袋 0.22 元。

广播电视报二次四〈分〉份 0.08 元。结存—1.14 元。

9 月 1 日

馍二斤,饼子二斤 1.10 元。

盐、鸡蛋 0.60 元。

〈作〉坐汽车二次 0.60元。结存—3.44 元。

白砂糖一斤半 1.20 元。结存—4.64 元。

9 月 2 日

小白菜 0.10 元。

红辣椒五斤 1.65 元。

给大方购食油、酱油及牙膏等共 2.00 元。

给吕新 2.00 元。结存－10.39 元。

收大庆给 3 元。

大庆秋裤 90〈公分〉厘米 3.92 元。结存－11.31 元。

9 月 3 日

又借入互助金(李静轩)30.00 元。结存 18.69 元。

9 月 4 日

小饼子四斤 1.60 元。

小花卷四斤 1.20 元。结存 15.89 元。

9 月 6 日

支大方车锁垫 2.00 元。

金瓜一个 0.38 元。结存 13.59 元。

咸菜等 0.80 元。结存 12.79 元。

9 月 7 日

给大成补书费 1.20 元。

茄子 0.20 元。结存 11.39 元。

大腿〈肖〉销子 0.20 元。结存 11.19 元。

午饭面二碗 0.30 元。结存 10.89 元。

9 月 8 日

茄子 0.24 元。

大葱 0.10 元。结存 10.55 元。

9 月 9 日

林明工资二十六天 58.81 元。结存 69.36 元。

扣还 8 月 10 日借互助金 40.00 元。结存 29.36 元。

会费 0.10 元。结存 29.26 元。

支给吕新购粮 10.00 元。结存 19.26 元。

香皂一块 0.41 元。

午饭 0.30 元。结存 18.55 元。

补大方前购菜等及〈另〉零用 2.00 元。结存 16.55 元。

给吕新 5.00 元。结存 11.55 元。

冬瓜一个 0.55 元。

给大庆 1.00 元。结存 10 元。

9 月 12 日

小白菜 0.10 元。

小花卷三斤 0.90 元。

茄子 1.50 元。

乙级 0.28 元。

垫雨衣 0.48 元。

面包二个 0.40 元。

五斤葡萄 1.30 元。

雨衣二件 5.00 元。

收回吕新给 2.00 元。结存 2.04 元。

9 月 14 日

松花蛋五个 1.05 元。

退回雨衣一件 2.74 元。

小瓶子二斤 0.80 元。

葡萄 1.00 元。

还大方垫 0.66 元。

大庆工资给家 27.40 元。结存 28.67 元。

支林明雨鞋一双 7.20 元。

月饼四斤 2.72 元。

白糖五斤 4.35 元。

苹果八斤 2.50 元。

给大庆买菜票 4.00 元。结存 7.9 元。

9 月 16 日

收回〈兰〉蓝的卡上衣款 14.25 元。结存 22.15 元。

11# 烟四盒 1.40 元。

虾片 0.72 元。

酱豆腐十块 0.60 元。

藕根 1.00 元。

生肉 3.00 元。

排骨 1.40 元。

西红柿 0.30 元。

茴子白 0.30 元。结存 13.43 元。

议价月饼三斤 2.70 元。结存 10.73 元。

9 月 17 日

粉面一斤 0.85 元。

味精一袋 1.36 元。

卫生纸二包 0.32 元。

存车三次 0.06 元。

洗头粉 0.11 元。结存 8.03 元。

大成去新城汽车票 0.60 元。结存 7.43 元。

9 月 18 日

收雨衣一件 2.74 元。结存 10.17 元。

给大方〈另〉零用2.00元。结存8.17元。

馍二斤0.50元。结存7.67元。

9月20日

挂号0.05元。

午饭0.30元。结存7.32元。

9月21日

收报回汽车费1.30元。

馍二斤0.50元。结存8.12元。

9月22日

又馍二斤加四个0.60元。结存7.52元。

午饭0.35元。结存7.17元。

给吕新5.00元。

大成买车0.30元。结存1.87元。

自行车钢印0.60元。结存1.27元。

粮食面包四斤(20个)1.20元。结存0.07元。

9月23日

借入杜秀芳互助金30.00元。结存30.07元。

9月24日

茴子白0.42元。

果子罐头三瓶3.35元。结存26.30元。

9月25日

带鱼1.35元。

午饭二次0.70元。

罐头三瓶4.72元。

海米1.00元。结存19.38元。

9月26日

盐0.15元。结存18.53元。

栗子0.50元。结存17.88元。

莲菜1.50元。结存16.38元。

苹果二十斤(0.23元)4.60元。结存11.78元。

给大庆买饭菜0.60元。结11.18元。

9月27日

馍二斤0.50元。

酱杂拌一斤1.20元。

罐头等二人9.04元。结存0.44元。

林[明]午饭(大米、菜)0.33元。结存0.11元。

9月28日

午饭0.33元。结存—0.22元。

9月29日

午饭0.33元。

茄子、茴子白各七斤0.50元。

白萝卜七斤0.35元。结存—1.40元。

吕新给2.00元。结存0.60元。

猪肉二斤2.00元。

酱杂拌二斤2.40元。

猪油一斤二两1.40元。

大葱0.10元。结存—5.30元。

9月30日

带鱼五斤2.25元。

猪肉二斤2.00元。结存—9.55元。

10月1日

借入大庆互助金30.00元。结存20.45元。

大方住院饭票5.00元。

给吕新5.00元。结存10.45元。

买煤四百斤2.88元。

10月5日

猪肉二斤1.60元。

大庆买粮票、菜票等4.00元。

醋一斤0.10元。结存1.87元。

收回赔偿大方生活费等60.00元。结存61.87元。

住院十三天10.40元。

药费5.71元。

糖水杨梅0.92元。

小白鸡0.75元。

林明针织品上衣〈乙〉一件28.00元。结存16.09元。

补9月30日林明午饭一顿0.30元。

退回大方住院伙食费1.38元。结存17.17元。

大葱0.20元。

花哔叽十二尺(0.465元)5.58元。结存11.39元。

10月6日

午饭0.30元。结存11.09元。

林明食堂菜票2.00元。

小扣子六个(0.04元)0.24元。

咸菜一斤0.36元。结存8.53元。

小油菜0.10元。结存8.43元。

10月7日

粉条二斤0.92元。

胡芹0.12元。

小花卷十五个0.15元。结存7.24元。

补〈交〉缴大方住院费药费7.92元。结存−0.68元。

林明照〈像〉相送华连云走0.16元。

林明一寸0.46元。结存−1.30元。

10月9日

林明工资二十七天半粮补61.02元。结存59.72元。

还9月借互助金(8月借白雅娟的)50.00元。

又借回本月互助金50.00元。

还9月23日杜秀芳30.00元。结存29.72元。

〈交〉缴工会费0.10元。

给大方购油等0.34元。

猪肉2.00元。

大庆〈兰〉蓝的卡六尺(2.26元)13.68元。结存14.28元。

洗衣〈兰〉膏五〈代〉袋(0.29元)1.45元。

蒜二〈变〉辫2.40元。

还李静轩9月3日借的其中10.00元。结存0.43元。

10月10日

大庆〈另〉零用0.50元。

西红柿酱30盒(0.14元)4.20元。

苹果二斤0.25元。

给大庆0.50元。

子母扣五个0.05元。

林明钉鞋0.50元。结存−6.00元。

10月13日

收售皮鞋6.12元。

前叉子3.50元。结存3.62元。

白菜0.40元。

榨菜二斤1.04元。结存2.18元。

黑布二尺0.89元。结存1.29元。

大方〈另〉零用等，给家买东西2.00元。

给大成钉鞋0.10元。结存−0.61元。

10月16日

借入李育英互助金20.00元。

白糖、红糖共四斤八两3.84元。

午饭0.33元。结存14.86元。

林明云岗一盒0.25元。结存14.61元。

收大庆工资27.90元。

扣还大庆借互助5.00元。

还刘秀娟购裤17.30元。

借大庆父子衣裤4.25元。

吃饭、存车1.21元。

莲芳差0.08元。

大庆〈另〉零用1.40元。结存13.57元。

10月20日

海〈代〉带0.60元。

白菜0.30元。

酱油0.12元。

午饭0.33元。

小饼子、早点0.46元。结存11.36元。

10月24日

给吕新1.00元。

大庆买油等1.00元。结存9.36元。

大桶西红柿酱二桶3.08元。

肉1.00元。

咸菜0.27元。结存

5.01元。

炝锅面一碗 0.33元。结存4.68元。

又给吕新 0.50 元。结存4.18元。

子母〈机〉扣二〈付〉副0.10元。结存4.08元。

10月25日

给大庆2.00元。

买午饭0.33元。

云岗0.25元。

豆包七个 0.35 元。结存1.15元。

10月31日

收吕新给 3.00 元。结存4.15元。

饼子七个0.39元。

苤〈兰〉蓝二个 0.14元。

醋二斤0.20元。

肉一斤1.00元。结存2.42元。

给大庆0.20元。

给大成0.60元。结存1.62元。

11月2日

又借入杜秀芳互助金10.00元。结存11.62元。

白糖三斤七两3.26元。

午饭0.30元。

云岗0.25元。

给吕新家用 4.00元。结存3.81元。

11月5日

补鞋0.10元。

子母扣0.10元。

猪肉1.00元。

午饭0.30元。

给大方1.00元。结存1.31元。

五香粉0.10元。结存1.21元。

11月10日

林明工资粮补、烤火费共72.59元。

会费0.10元。结存71.18元。

给大庆买醋、盐等1.00元。

还李静轩20.00元。

还任碧琏20.00元。

还李秀英20.00元。

还杜秀芳10.00元。结存0.18元。

收刘军慧还裤子17.00元。结存17.18元。

茶叶0.70元。

羊肉一斤1.30元。

麻叶一份0.26元。

吃饺子平摊 0.50元。结存14.42元。

扣还上月借互助金50.00元。

又借回本月互助金30.00元。

又借回任碧琏互助金10.00元。结存4.42元。

11月12日

馍四斤四两1.10元。

午饭平均0.40元。结存2.90元。

九月份购苹果十斤1.70元。

给吕新1.00元。结存0.22元。

11月15日

大庆开工资总额35.90元。结存36.12元。

染〈洁〉发露一瓶0.75元。

■■■代购肉等欠0.20元。结存35.17元。

收吕[新]给 5.00元。结存40.17元。

香皂一块0.62元。

糖二斤0.80元。结存38.75元。

补豆腐二斤 0.26元。

日语一本0.72元。

给大方〈另〉零用1.00元。

午饭0.40元。结存36.37元。

11月19日

茶叶一两0.56元。结存35.81元。

大成与我午饭等1.20元。

花生米1.00元。

给大方午饭等2.00元。

小花〈挌〉格布2.5尺1.66元。

又日语书一本送0.71元。结存29.24元。

11月20日

猪肉1.00元。

林明购粮、菜票4.01元。

〈江〉姜一斤0.51元。结存23.72元。

安阳[①]一盒0.31元。

小花卷二十个(0.025元)0.50元。结存22.91元。

购粮五十斤折(39.5斤白面,五斤玉米面)6.20元。结存16.91元。

盐三斤0.45元。

牙膏二〈代〉袋0.74元。

给大方买鞋油款0.60元。

给大庆0.50元。结存14.62元。

11月22日

给张购物及〈另〉零用2.60元。

午饭0.40元。结存11.62元。

又购食堂菜票2.00元。结存9.62元。

给大庆0.50元。

鞋油二盒0.70元。结存8.42元。

11月25日

味精一袋0.45元。

猪肉一斤1.00元。

莲菜0.35元。结存6.62元。

11月27日

又猪肉一斤1.00元。

五香粉二袋0.20元。

豆腐粉一袋0.90元。结存4.52元。

金钟一盒0.26元。

收大方10、11月工资(33.50元)67.00元。

给大方〈另〉零用2.00元。

托王观宁捎鞋一双带去25.00元。结存42.26元。

11月28日

给吕新用5.00元。结存37.26元。

11月29日

交11月份牛奶一斤8.40元。结存28.86元。

又给大方1.00元。

大成0.50元。

菜二个0.14元。

洗澡票0.20元。

白糖二斤半2.18元。结存24.84元。

12月2日

交给吕新购12月份粮20.00元。结存4.84元。

针0.02元。

白菜0.26元。

小糖饼十四个0.56元。

云岗二盒0.50元。

大方买牙刷等1.30元。结存2.20元。

猪肉一斤1.00元。

补给大方购羊油1.10元。结存0.10元。

12月9日

林明工资福补等共55.49元。结存55.59元。

还11月借互助金30.00元。

还11月及10月共借任碧琏20.00元。结存5.59元。

〈交〉缴会费0.10元。

又借回互助金20.00元。结存25.49元。

香皂一块0.72元。

洗衣膏五袋1.15元。

茶叶二袋1.04元。

■■■上礼1.53元。

果酱二瓶1.20元。

花生米0.20元。结存19.65元。

给吕新10.00元。结存9.65元。

给大庆前购[糖]三角及油饼2.00元。

酱油及盐等家用1.00元。

油条等、烟、花椒3.00元。结存3.66元。

12月12日

白菜1.00元。

馍二斤0.50元。

上光〈腊〉蜡、香皂等

① 香烟品牌。

2.12元。

〈另〉零用0.88元。

收王观宁捎鞋还款25.00元。

吕新工资69.20元。结存93.36元。

12月13日

扣除一年参考6.00元。结存87.36元。

扣除房租1.62元。

水电1.56元。

面包五个0.70元。

水果糖0.40元。结存83.08元。

六份煎饼〈果〉馃子1.44元。

网兜0.60元。

修钢笔一支1.40元。

手绢二条0.50元。结存79.14元。

12月14日

给天津寄去10.10元。结存69.04元。

给大成讲义费1.00元。结存68.04元。

交大方捎鞋25.00元。结存43.04元。

香油一斤3.00元。

给吕新2.00元。结存38.04元。

花生米1.00元。

白菜1.00元。

95[厘米]秋裤一条4.42元。结存31.62元。

12月15日

孔雀烟一条3.10元。结存28.52元。

90〈公分〉厘米秋裤1条1.26元。结存24.26元。

12月份牛奶一瓶8.40元。结存15.86元。

12月17日

肉一斤1.00元。

馍四斤1.00元。

豆腐粉二袋1.80元。结存12.36元。

大庆工资全数24.90元。结存37.26元。

补交牛奶一斤0.28元。

焦粉3.8吨及运费13.60元。

修车〈付〉辐丝及〈正〉整圈0.62元。结存22.76元。

12月20日

给大方购白糖等3.00元。

给大庆2.50元。结存17.26元。

饼子夹肉五个(0.15元)0.75元。

白菜0.70元。结存16.01元。

12月22日

又白菜0.57元。

给吕[新]买点心一斤0.67元。

猪肉馅二斤2.08元。

议〈假〉价麻花五根0.45元。

味精一袋1.15元。

油六两、醋二斤0.79元。

给大成0.40元。

给吕新买饭票3.00元。结存6.90元。

12月21日

〈交〉缴去电控厂五天伙食(粮2.5)1.00元。

〈交〉缴吕新家用5.00元。结存0.90元。

12月25日

大方12月工资、奖金、岗位[津贴]等,烤火62.00元。结存62.90元。

洋〈腊〉蜡0.48元。

给大方〈另〉零用吃饭1.00元。

大成验光配镜共12.44元。

大成〈交〉缴补习费11.00元。结存37.98元。

12月26日

白糖九斤7.83元。

茴子白0.40元。结存29.75元。

大成〈另〉零用0.10元。

给大方存用5.00元。

交吕新购粮用五十斤10.00元。

给大方〈交〉缴团费〈另〉零用1.00元。结存13.65元。

12月29日

猪油一斤五两1.74元。

〈交〉缴一机床伙食九天1.80元。结存10.11元。

12月30日

〈交〉缴元月份奶一次(31斤)8.68元。

茴子白0.29元。

茶叶一袋0.74元。结存0.40元。

大庆奖金共10.00元。结存10.40元。

猪肉二斤2.00元。结存8.40元。

12月31日

给吕新买物款2.00元。

给大庆自己用5.00元。

给大方醋、食盐等1.00元。

〈交〉缴二机床饭钱0.20元。结存0.20元。

收大方给我(原购鞋款)5.00元。结存5.20元。

给吕新打酱油及酒1.00元。

筷子一把十双0.57元。结存3.63元。

1979年

我从1979年元月起无外债,净存互助金24.00元,退回4.00,实存互助金20.00。

1月4日

油饼十个0.50元。

给吕新1.00元。结存2.13元。

给大成0.30元,〈交〉缴锅炉厂五天伙食共1.80元。结存0.33元。

1月10日

林明6月份工资福补等共58.20元。结存58.53元。

扣还12月借互助金20.00元。结存38.53元。

〈交〉缴会费0.10元。

苹果五斤1.00元。

报回存车、汽车票2.25元。结存35.18元。

发奖金2.00元。

退回存互助金4.00元。

退回存入小互助金利息0.88元。结存42.06元。

从1979年元月每月扣小互助存款10.00元。结存32.06元。

从1979年起会费每人〈交〉缴工资的0.05%补0.15元。

大庆的确〈凉〉良上衣布六尺9.43元。

公安〈兰〉蓝布九尺518.35元。

又借入互助金20.00元。结存24.13元。

交吕新购元月份粮24.00元。结存0.13元。

给大庆1.00元。结存一0.87元。

1月12日

发去验收工作补助费(每日0.40,共26天)10.40元。结存9.53元。

大庆卫生纸五包1.00元。结存8.53元。

交栓香购买议价粉条3.00元。结存5.53元。

林明二日午饭0.33元。结存5.20元。

白的确〈凉〉良二尺(0.55元)1.10元。结存4.10元。

收吕[新]给回买粮的款5.00元。结存9.10元。

大庆工资等27.90元。结存37.00元。

1月14日

给大方〈另〉零用2.00元。

给猪肉二斤2.00元。

熟肉1.84元。

又白的确〈凉〉良二尺1.10元。结存30.06元。

大方皮暖鞋一双19.90元。结存10.16元。

收吕新给10.00元。结存20.16元。

大庆裤一条13.40元。结存6.76元。

给大成买眼镜盒2.00元。结存4.76元。

腐干二斤0.80元。

腐乳 0.45 元。结存 3.51 元。

1月16日

红枣二斤(0.39 元) 0.78 元。

午饭 0.30 元。结存 2.43 元。

白菜 0.26 元。结存 2.17 元。

大方工资、粮差等 33.50元。结存35.67元。

鸡蛋二斤半 2.25 元。

肉糕 1.80 元。

金纸大光八盒 2.72 元。结存 28.90 元。

1月19日

大庆发福利及奖金 13.00 元。

给大庆 3.00 元。

给吕新 10.00 元。结存 28.90 元。

收回大方处理靴子 20.00元。结存48.90元。

1月20日

给大方〈另〉零用吃饭 5.00 元。结存 43.90 元。

大方岗位津贴 4.40 元。

奖金 11.10 元。

夜餐补助 3.00 元。结存 62.40 元。

给奶奶寄去过年 10.00元。结存52.40元。

白糖二斤半1.32元。

水果杂拌糖二斤 2.49 元。

生肉五斤 5.00 元。

猪油 1.74 元。结存 41.85 元。

食堂菜票 3.00 元。结存 38.85 元。

〈汽〉气球、小马共 0.64元。结存38.21元。

茶叶一两 0.88 元。结存 37.33 元。

寄钱邮票费 0.10 元。结存 37.23 元。

花生五斤 5.50 元。结存 31.73 元。

1月23日

发林明 2 月份工资 58.20 元。

还上月借互助金 20.00 元。

〈交〉缴会费 0.25 元。结存 69.08 元。

扣小〈贮〉储蓄每月扣10.00元。结存59.08 元。

海带 1.00 元。

虾片二盒 1.76 元。

味精 1.37 元。

胡辣粉 0.12 元。

白菜 0.70 元。

海〈蛰〉蜇头 0.50 元。

瓜子五斤 3.35 元。结存 50.28 元。

1月25日

三个背心共4.35元。

姜 0.25 元。

菠菜 0.60 元。

孔雀烟一条半 4.95 元。结存 40.13 元。

榨菜 0.40 元。

24〈公分〉厘米钢精锅一个 4.86元。结存 34.87 元。

鸡二〈支〉只 3.10元。

肉馅八斤 8.32 元。结存 23.45 元。

胡芹、胡萝卜 0.20 元。

核桃、〈挂〉松子等 5.00 元。

小马一个 0.20 元。

香脂一两 0.57 元。结存 17.48 元。

梁桂年借去 1.00 元。结存 16.48 元。

粉面一斤 0.85 元。结存 15.63 元。

1月26日

给大庆买盐及牙膏等1.70 元。

给大成买炮等节用 3.00 元。结存 10.93 元。

1月27日

糖精一袋 0.66 元。

胡芹 0.80 元。

又酱豆腐 0.52 元。结存 8.95 元。

2月4日

茶叶一两 0.52 元。

花馍十个 0.40 元。

2 月牛奶费 7.84 元。结存 0.19 元。

2月5日

借入互助金 10.00

元。结存10.19元。

腐干五个号共(0.16元)0.80元。

给大庆0.50元。

白菜0.48元。

蔓〈茎〉菁0.14元。

松子0.10元。

给大成〈交〉缴寒假补习费0.30元。结存7.87元。

2月8日

白菜0.45元。

鞋带、花边、辫绳等0.60元。

挂号0.05元。

机白线一支0.26元。结存6.51元。

孔雀烟五盒1.15元。结存5.36元。

2月10日

元宵二包2.00元。

红枣二斤1.14元。

给大庆1.00元。结存1.22元。

2月13日

收吕给5.00元。结存6.22元。

饼子五个0.30元。

腐干二斤0.80元。结存5.12元。

猪肉1.00元。

茶叶一两0.52元。结存3.6元。

2月15日

花卷三斤0.75元。

豆腐四斤0.40元。结存2.45元。

收大庆工资、〈资〉奖金25.00元。结存27.45元。

给大成书费1.00元。结存26.45元。

2月17日

茴子白三样0.44元。

给大方5.00元。

栓香借去2.00元。结存19.01元。

2月19日

苹果五斤1.45元。

午饭0.25元。结存17.31元。

2月20日

茴子白二个0.35元。

麻花十条0.70元。

猪肉一斤1.00元。

小扣子六个0.24元。

挂号0.05元。结存14.97元。

胡芹0.40元。

面包十五个0.90元。结存13.67元。

2月22日

又面包二十个1.20元。

〈雪〉血肠1.20元。结存11.27元。

2月24日

胡芹0.50元。

烤饼十个1.80元。

苹果、〈黎〉梨等0.70元。结存8.27元。

午饭菜0.30元。结存7.97元。

2月25日

收大方工资48.00元。结存55.97元。

麻叶1.50元。结存54.47元。

2月26日

收林明奖金4.00元。结存58.47元。

西红柿〈浆〉酱二桶2.12元。

面包二十个1.20元。

白糖二斤半2.00元。

韭菜0.40元。

裤〈叉〉衩一条1.01元。结存51.74元。

2月27日

醋、盐等1.00元。

猪肉二斤2.00元。

给大方〈另〉零用1.00元。

梨0.15元。

三月份奶钱8.68元。

给大成照〈像〉相1.00元。结存37.91元。

桃酱一瓶0.70元。结存37.21元。

3月1日

95[厘米]男背心1.30元。

90[厘米]女背心1.27元。

肥皂五条2.20元。

洗衣膏二袋1.14

元。结存30.16元。

手绢二条0.68元。

给大成买本0.80元。结存28.68元。

3月2日

麻花0.50元。结存28.18元。

3月4日

麻叶白菜1.00元。

馅饼六个0.72元。

粉条十斤(0.60元)6.00元。结存21.46元。

3月7日

馍五斤共给大方3.00元。

给吕新2.00元。

面包五个1.00元。

梨五斤1.50元。结存13.96元。

3月8日

林明三月份工资、津补共62.02元。结存75.98元。

扣存每月小储蓄10.00元。

扣还元月份借互助金20.00元。结存45.98元。

扣年前苹果三十五斤8.05元。

大成补鞋0.20元。

大成1979年参考资料3.00元。

梨1.00元。

收文艺奖金3.00元。

购粮一百斤17.70元。

26.5布鞋一双3.77元。

漏勺一把0.70元。

小碗五个(0.19元)0.95元。

吕新购酱油、酸菜1.00元。结存12.61元。

3月10日

孔雀金纸一条3.40元。

白菜及蒜苗1.20元。结存8.01元。

地下餐厅午饭及花卷1.35元。结存6.66元。

3月11日

红薯0.60元。

菠菜0.20元。结存5.86元。

收售出公安〈兰〉蓝褥一条12.00元。结存17.86元。

交王仲琪购鞋15.00元。结存2.86元。

3月12日

苹果1.00元。结存1.86元。

3月15日

收大庆给家28.30元。结存30.16元。

刘秀娟代北京购鞋25.00元。结存5.16元。

猪肉一斤1.00元。

鸡一只1.90元。

蒜苗0.20元。

给大方〈另〉零用1.00元。结存1.06元。

3月16日

王仲琪捎回购鞋款15.00元。

白菜1.50元。

给大方、大庆各一元,2.00元。结存12.56元。

3月18日

洗澡皂三块(0.30元)0.90元。结存11.66元。

3月19日

茶叶一两0.47元。

白糖二斤四两2.00元。

菊花一条3.10元。结存5.19元。

3月20日

收吕新给10.00元。结存15.19元。

3月21日

仁成来,买酱肉、杂拌2.00元。

蒜〈苔〉薹0.80元。

生猪肉1.00元。结存11.39元。

3月23日

酱肉1.20元。

冷菜0.50元。

饼子、小花卷1.20元。

生猪肉1.50元。结存6.99元。

售给王英山药蛋3.00元。结存9.99元。

豆腐0.30元。

给仁成买点心、苹果

2.57元。结存7.12元。

白菜0.88元。

酒0.30元。结存6.02元。

3月24日

收大方工资总共42.00元。结存48.02元。

给大庆1.00元。

大方给家买肉5.00元。结存42.02元。

收第一季度卫生费1.50元。结存43.52元。

白菜0.72元。结存42.80元。

3月26日

韭菜0.25元。结存42.55元。

3月27日

给大方存入40.00元。结存2.55元。

3月28日

苹果1.00元。

小饼子0.80元。结存0.75元。

吕新给5.00元。结存5.75元。

给大庆又买菜票1.00元。结存4.75元。

3月30日

给大庆买布鞋一双3.48元。结存1.27元。

大成语文复习书一本1.05元。结存0.23元。

给大方〈另〉零用0.22元。结存0元。

3月31日

借入大方10.00元。

〈交〉缴四月份奶费8.40元。

鸡蛋一斤0.90元。结存0.70元。

4月1日

又借入大方10.00元。

茶叶一袋0.52元。

太原饭菜一本0.67元。

日语一本0.51元。结存9元。

4月2日

松子0.10元。

又茶叶一斤6.20元。结存2.70元。

丸子、肉2.00元。结存0.70元。

韭菜0.25元。

挂号、存车0.10元。结存0.35元。

又借入大方20.00元。结存20.35元。

吕新开会去〈代〉带10.00元。结存10.35元。

4月4日

醋一斤0.10元。

菠菜0.10元。

豆腐二斤0.24元。

油饼二斤1.00元。

给大庆0.20元。结存8.69元。

4月7日

小米十斤3.50元。

菠菜0.40元。

大成买本0.30元。结存4.49元。

大庆头巾一条2.55元。结存1.94元。

丝袜一双1.86元。结存0.08元。

4月9日

林明工资等共62.80元。结存62.88元。

皮鞋油五盒(0.29元)1.45元。

友谊[①]一盒0.48元。

扣还互助金20.00元。

小储蓄每月10.00元。结存30.95元。

〈交〉缴会费0.25元。结存30.70元。

大庆买油、花卷等2.00元。

大成买书0.20元。

鸡蛋五斤4.00元。

给吕新垫烟钱给大方1.25元。

花卷〈另〉零用0.75元。

猪肉一斤1.00元。结存21.50元。

又借回互助金20.00

---

① 香烟品牌。

元。结存41.50元。

交张山海去石家庄给大方〈代〉带汗衫预支款15.00元。结存26.50元。

午饭0.30元。

大方午饭0.30元。

油饼、花卷1.00元。结存24.90元。

4月10日

购粮一百三十斤共21.74元。结存3.16元。

菠菜0.18元。结存2.98元。

乙级0.28元。结存2.70元。

4月11日

烙饼五个(0.18元)0.90元。

苹果0.50元。

菠菜0.10元。结存1.20元。

4月12日

挂号、存车0.07元。

炝锅面0.33元。结存0.80元。

4月13日

大成数学答题一本0.80元。结存0元。

4月15日

大庆工资共(加奖金)32.90元。

存入互助金5.00元。结存27.90元。

给大庆1.00元。结存26.90元。

买菜0.10元。结存26.80元。

白菜二斤半2.18元。

大庆改鞋、38#高跟13.70元。结存10.92元。

菠菜0.30元。

给大方〈另〉零用5.00元。结存5.62元。

4月16日

苹果1.00元。结存4.62元。

收二月份林明奖金6.20元。结存10.82元。

生肉二斤2.00元。

辣椒油0.30元。

馍二斤0.50元。结存8.02元。

4月17日

卫生纸二包0.32元。结存7.70元。

收回刘秀娟捎鞋款25.00元。结存32.70元。

林明皮鞋一双8.40元。结存24.30元。

大方〈兰〉蓝丝袜1.29元。结存23.01元。

小红灯二个0.32元。结存22.69元。

4月19日

猪肝一斤1.20元。

菠菜0.18元。结存21.21元。

补林明尼龙衣0.89元。

林明午饭面0.33元。

菠菜0.04元。结存19.95元。

4月21日

馍一斤0.25元。

胡芹、菠菜共0.67元。

给大庆让黄敬捎雨鞋7.00元。结存12.03元。

臭豆腐18块0.98元。结存11.05元。

4月24日

豆芽三斤0.58元。

给大庆0.60元。

菠菜0.10元。结存9.77元。

吕新给5.00元。结存14.77元。

给大方买菜等0.50元。

收张山海退回捎物款15.00元。结存41.27元。

飞马烟一条3.30元。结存38.47元。

4月26日

猪血二斤0.40元。

猪肉一斤1.00元。

盐0.15元。

菠菜0.14元。

油瓶0.50元。

小馍0.48元。

豆腐一斤0.32元。结存35.44元。

4月27日

158#鸡蛋二斤半2.25元。

碱面及菠菜0.58元。

给大庆 0.50 元。

白雅娟上礼 1.00 元。结存 31.11 元。

4 月 28 日

豆芽二斤 0.40 元。

猪血二斤 0.40 元。

豆腐二斤 0.20 元。

油六两 0.48 元。

小葱 0.10 元。

乙级二盒 0.56 元。

杂拌 1.30 元。结存 27.67 元。

粉皮 0.39 元。

韭菜 0.30 元。

生肉二斤 2.00 元。结存 24.98 元。

4 月 29 日

胡芹 0.40 元。

大方五一节〈另〉零用 2.00 元。

大庆五一节〈另〉零用 1.20 元。

大成五一节〈另〉零用 1.10 元。

买各种菜 1.00 元。

酱油 0.48 元。

豆芽等 1.00 元。结存 17.80 元。

5 月 3 日

油饼一斤 0.50 元。

菠菜 0.10 元。

猪肉一斤 1.00 元。结存 16.20 元。

5 月 4 日

韭菜 0.12 元。

白糖二斤 1.75 元。结存 14.33 元。

5 月 5 日

黄瓜 0.20 元。结存 14.13 元。

5 月 6 日

辣酱 0.20 元。结存 13.93 元。

面包二十个 1.40 元。

菠菜 0.32 元。

猪肉一斤 1.00 元。

小葱 0.07 元。结存 11.04 元。

给大庆 0.50 元。结存 10.54 元。

5 月 7 日

收吕[新]给借购粮 8.00 元。结存 18.54 元。

购粮七十斤议十斤 14.46 元。结存 4.08 元。

猪血二斤 0.40 元。

豆腐一斤 0.30 元。

韭菜 0.10 元。结存 3.28 元。

5 月 10 日

借入任碧琏 20.00 元。结存 23.28 元。

〈交〉缴五月份奶费 8.68 元。

面包五个 0.35 元。结存 14.25 元。

菠菜 0.22 元。

给大庆买菜等共 0.50 元。结存 13.53 元。

退回互助金 20.00 元。

扣还 4 月 9 日借互助 20.00 元。

馍五个 0.25 元。结存 13.28 元。

5 月 11 日

猪肉一斤 0.96 元。

番茄酱一桶 0.67 元。

豆瓣酱 0.20 元。

蒜〈苔〉薹 0.20 元。

小油菜 0.28 元。

黄瓜 0.20 元。

卫生纸五包 0.80 元。结存 9.97 元。

给吕新垫烟 0.13 元。结存 9.84 元。

压面三斤 0.45 元。结存 9.39 元。

5 月 12 日

姜、五香粉 0.20 元。结存 9.19 元。

紫罗兰香脂 0.28 元。

菠菜 0.12 元。

线 0.48 元。

辣酱一斤 0.38 元。

香皂 0.46 元。

洗衣皂 0.32 元。

洗衣粉 0.54 元。

开封、乙级各一盒 0.54 元。

又开封 0.26 元。结存 5.81 元。

臭豆腐二十块 1.10 元。

面包十五个 1.05 元。结存 3.66 元。

去晋祠,冰糕、凉粉、瓜子 0.50 元。

大庆丝袜 1.89 元。

菠菜 0.10 元。

萝卜 0.30 元。结存 0.87 元。

5 月 13 日

食油六两 0.51 元。结存 0.36 元。

5 月 14 日

收吕新工资共65.62 元。结存 65.98 元。

给奶奶寄生活费 10.11 元。

还借购粮 8.00 元。

鸡蛋二斤半 2.25 元。

小白菜 0.23 元。

豆腐一斤 0.30 元。

乙级一盒 0.28 元。结存 44.81 元。

5 月 15 日

绿豆六斤 1.80 元。

黄瓜 0.33 元。

小油菜 0.25 元。

醋 0.10 元。

大庆洗〈像〉相片 0.85 元。

大成补鞋 0.30 元。

给吕新 1.20 元。结存 40.31 元。

收大庆工资、补助共 27.90 元。结存 68.21 元。

5 月 16 日

补带 0.30 元。

午饭面二碗 0.30 元。

肉 1.00 元。

味精一袋 1.37 元。

红枣二斤 1.02 元。

水萝卜、菠菜 0.20 元。

牙膏一支 0.41 元。结存 63.61 元。

给大庆〈另〉零用 1.00 元。结存 62.61 元。

5 月 17 日

染发水一瓶 0.80 元。

小葱 0.20 元。

豆腐 0.32 元。

黄瓜 0.34 元。

油饼 0.50 元。结存 60.45 元。

5 月 19 日

给大庆买菜 0.50 元。结存 59.95 元。

〈关〉官地矿煤半吨 4.80 元。

花哔叽十二尺 5.58 元。

午饭 0.30 元。

菠菜 0.13 元。结存 49.14 元。

黑〈腊〉蜡一支 0.24 元。结存 48.90 元。

小花卷三斤 0.90 元。

小米五斤 1.90 元。

小豆芽 0.20 元。

猪血 0.20 元。

胡芹 0.24 元。

黄瓜 0.31 元。

肥皂五条 2.30 元。结存 42.85 元。

给吕新 0.20 元。

大方慰问李广 2.50 元。结存 40.15 元。

购棉花十三个号 9.1 斤〈代〉带去 10.00 元。结存 30.15 元。

冰糕六支 0.30 元。

小花卷三斤 0.90 元。

给大成 0.20 元。

胡芹 0.22 元。结存 28.53 元。

食盐 0.15 元。

莴笋、水萝卜 0.20 元。结存 28.18 元。

5 月 21 日

油饼 0.50 元。

韭菜、小白菜、莴笋共 0.43 元。

醋一斤 0.10 元。结存 27.15 元。

给大方〈另〉零用 1.10 元。

大成运动裤一条 1.33 元。

小花卷二斤 0.60 元。

存车费 0.10 元。

食油六两 0.51 元。结存 24.51 元。

菠菜 0.15 元。结存 24.36 元。

5 月 22 日

辣椒酱 0.40 元。

馍、饼子共三斤 0.85 元。

给吕新买烟 1.00 元。结存 22.11 元。

西红柿酱一桶(中)

1.06元。

大方的确〈凉〉良上衣一件12.50元。结存8.55元。

5月23日

豆芽一斤0.20元。

豆腐一斤0.30元。

乙级二盒0.56元。

菠菜0.10元。

冰糕三支0.15元。

大成〈像〉相0.58元。结存6.66元。

5月24日

大方五月份工资实发42.00元。

师傅还30.00元。

大方存40.00元。

给大方〈另〉零用1.00元。结存35.66元。

5月25日

大米二十斤(0.30元)6.00元。结存29.66元。

大庆捎衣服借去2.00元。结存27.66元。

胡芦0.70元。

生肉0.50元。

蒜〈苔〉薹0.20元。

菠菜0.10元。

茴香0.10元。结存26.00元。

5月26日

购粮七十斤9.69元。

面包四斤1.40元。结存15.91元。

交大方买肉2.00元。

交大庆买话剧票及猪蹄2.00元。

给吕新买烟1.00元。结存10.91元。

酱油、盐、花椒等0.99元。

小葱0.20元。

洗衣粉一袋0.76元。结存8.96元。

5月28日

给大庆0.30元。结存8.66元。

酱油一斤0.12元。

菠菜0.10元。

西〈胡〉葫[芦]0.40元。

油饼、麻花0.95元。结存7.09元。

5月29日

收大方借10.00元。结存17.09元。

鸡蛋五斤4.50元。

白糖二斤、红糖一斤共3.73元。

酱油一斤、醋一斤,油六两共0.73元。结存8.13元。

5月30日

西〈胡〉葫[芦]0.40元。

交大方0.60元。

订广播电视报半年0.54元。结存6.59元。

5月31日

大庆住院饭票2.00元。

西红柿酱五小桶0.85元。

西〈胡〉葫[芦]、黄瓜0.53元。结存3.21元。

馍三斤0.75元。结存2.46元。

6月2日

茴子白、西〈胡〉葫[芦]、胡芦共0.82元。

墨鱼二斤0.74元。

补医院菜票0.23元。

给吕新买烟0.56元。结存0.11元。

6月4日

借入吕新5.00元。结存5.11元。

酱油、醋各一斤0.22元。

大庆三天饭票、菜票共2.00元。

大成报高考费0.50元。

给大成买杂志等0.50元。

安阳[烟]一盒0.31元。结存1.47元。

6月5日

买菜及安阳一盒1.00元。结存0.47元。

借入大方10.00元。结存10.47元。

6月6日

大方买胡芦0.34元。

〈另〉零用0.36元。结存9.77元。

6月7日

又给大庆买医院饭票二斤等票共2.00元。结存7.77元。

馍八个 0.40 元。

给大庆看电影 0.50 元。

油菜、黄瓜 0.30 元。

给吕新买烟 1.00 元。

还吕新 5.00 元。结存 0.57 元。

6 月 8 日

借入大方 1.80 元。结存 2.37 元。

6 月 9 日

油六两 0.51 元。

馍三斤 0.75 元。

给吕新开会买烟、吃饭 0.80 元。结存 -0.10 元。

扫把一把 0.40 元。

安阳二盒 0.62 元。

醋一斤 0.10 元。

盐一斤 0.16 元。结存 -1.38 元。

黄瓜 0.22 元。

凉粉 0.40 元。结存 -2.00 元。

6 月 10 日

油饼十个 0.50 元。

豆角、茴子白 0.42 元。

小葱 0.04 元。

吕新乙级二盒 0.56 元。

洗澡 0.10 元。

冰糕 0.10 元。结存 -3.72 元。

6 月 13 日

吕新工资扣除各种费后共 66.12 元。结存 62.70 元。

馍四斤 1.00 元。

莴笋 1.12 元。

乙级四盒 1.12 元。

大方〈另〉零用 0.50 元。结存 58.96 元。

吕新上月〈另〉零用、大米款 6.00 元。结存 52.96 元。

给奶奶寄生活费 10.11 元。结存 42.85 元。

6 月 14 日

醋、酱油各 0.22 元。

茴子白、西红柿、洋葱等 0.86 元。

油饼一斤 0.50 元。结存 41.27 元。

购粮 100+议价 10,共 18.87 元。结存 22.40 元。

吕新去和平检查〈代〉带 0.80 元。结存 21.60 元。

6 月 15 日

油饼 0.50 元。

鸡蛋十斤 9.00 元。结存 12.10 元。

6 月 16 日

馍四斤 1.00 元。

菜 0.50 元。

大方同学来家,菜等 0.80 元。结存 9.80 元。

6 月 17 日

西〈胡〉葫[芦]、辣子共 0.51 元。

给大成 0.60 元。结存 8.69 元。

给大方买牙刷、牙膏等 1.00 元。

磨刀等 0.70 元。结存 6.99 元。

给大庆 0.10 元。结存 6.89 元。

洗澡 0.10 元。结存 6.79 元。

给吕新买烟 1.00 元。结存 5.79 元。

6 月 18 日

收大庆给家 9.80 元。结存 15.59 元。

猪肉一斤 1.00 元。

馍三斤 0.75 元。

西红柿 0.40 元。

油饼一斤 0.50 元。结存 12.94 元。

松紧带四尺 0.20 元。结存 12.74 元。

6 月 19 日

乙级二盒 0.56 元。

菜等 0.74 元。

白糖二斤 1.74 元。结存 9.70 元。

6 月 20 日

看球赛 0.20 元。

红枣三斤 1.71 元。

菜黄瓜等 0.90 元。

香油一斤 2.60 元。结存 4.29 元。

给吕新买烟 1.00 元。结存 3.29 元。

6 月 22 日

借入吕新救济费 8.00 元。结存 11.29 元。

买香油找回给吕新0.40元。结存10.89元。

蒸馍二斤0.50元。

黄瓜、茴子白、西红柿共0.82元。

乙级一盒0.28元。

林明午饭0.30元。结存8.99元。

交单位拉大米五十斤(0.30元)15.00元。

借回王队长大米二十斤6.00元。

借栓香3.00元。

智慧贞儿子结婚1.00元。结存1.99元。

西红柿、洋葱0.35元。结存1.64元。

6月25日

醋、西〈胡〉葫[芦]、油六两0.69元。结存0.95元。

6月26日

大方六月份工资42.00元。

交大方42.00元。结存0.95元。

给大方外甥0.50元。结存0.45元。

西红柿、黄瓜0.45元。结存0元。

退回猪皮半高〈根〉跟鞋一双13.90元。结存13.90元。

还大庆垫用1.80元。结存12.10元。

吕新买烟等1.00元。结存11.10元。

香皂一块0.61元。

洗衣粉一斤袋0.56元。

豆角五斤0.65元。

蒜一〈辨〉辫1.70元。

又豆角0.39元。

买海河[①]五盒1.55元。结存5.64元。

酱油0.12元。

肝0.30元。

盐0.15元。结存5.07元。

6月27日

茴子白0.24元。结存4.83元。

给大方〈交〉缴工会费1.00元。结存3.83元。

西红柿五斤0.60元。结存3.23元。

给大庆0.20元。结存3.03元。

6月29日

菜、辣子、油饼、豆角共1.70元。结存1.33元。

借入大方10.00元。结存11.33元。

鸡蛋七斤半6.75元。

油二两0.16元。

酱油、醋各一斤0.22元。结存4.20元。

大葱、黄瓜、西红柿、豆角共1.10元。结存3.10元。

茴子白三个0.30元。结存2.80元。

7月2日

食油二两，酒0.80元。结存2.00元。

茴子白、西〈胡〉葫[芦]0.52元。结存1.48元。

借入大庆10.00元。结存11.48元。

鸡蛋五斤4.50元。

馍三斤0.75元。结存6.23元。

7月3日

卫生纸二包0.32元。结存5.91元。

7月4日

茴子白、黄瓜0.60元。

麻花三条0.27元。结存5.04元。

西红柿0.70元。结存4.34元。

7月6日

猪肉一斤1.00元。

豆角五斤0.50元。

黄瓜0.30元。

西红柿0.40元。

馍二斤0.50元。

冰糕六支0.30元。

醋、酱油各一斤0.22元。

---

① 香烟品牌。

给大成0.50元。结存0.62元。

皮筋(给大庆用)0.10元。结存0.52元。

酱油、醋各一斤0.22元。

冰糕六支0.30元。结存0元。

7月8日

给大成买垫板0.30元。

借大方给3.00元。结存2.70元。

给妈妈用1.00元。结存3.70元。

黄瓜0.25元。

馍三斤0.75元。结存2.70元。

7月9日

西红柿十斤1.10元。结存1.60元。

7月10日

辣椒、茴子白共0.40元。

馍三斤0.75元。结存0.45元。

借入大庆1.50元。结存1.95元。

酱油、食盐、醋、冰糕1.00元。结存0.95元。

7月12日

吕新工资共67.18元。结存68.13元。

还6月22日借吕[新]救济费8.00元。

还借王队长买大米6.00元。

大成0.50元。结存53.63元。

给奶奶寄去生活费10.11元。结存43.52元。

还回大庆1.50元。结存42.02元。

大辣椒0.30元。

还6月22日借栓香3.00元。结存38.72元。

鸡蛋十斤(0.75元)7.50元。

茴子白0.20元。

馍二斤0.50元。

吕新开会〈代〉带去10.00元。结存20.52元。

7月15日

豆角二十五斤2.50元。

猪肉二斤2.00元。

西红柿二斤0.20元。

香皂一块0.62元。

肥皂二条半1.15元。

洗衣粉一袋0.56元。

松紧带四尺0.12元。

蝇拍一〈拍〉个0.11元。

女背心一件1.32元。结存11.94元。

大辣椒二斤0.40元。结存11.54元。

收大庆开7月份工资12.50元。

还7月2日借大庆互助金10.00元。

大庆给〈另〉零用钱0.35元。结存14.39元。

7月16日

买7月份口粮加议价粮共一百一十五斤20.05元。

酱油、醋各一斤0.30元。

大成去晋祠给1.00元。

黄瓜五斤0.60元。

馍二斤0.50元。

榨菜0.40元。结存−8.46元。

7月18日

大辣椒二斤0.30元。

馍二斤0.50元。

大葱0.10元。

打火[机]二个0.96元。结存−10.32元。

7月19日

馍0.60元。

给大庆买菠菜2.00元。

林明[买]馍二斤0.50元。

西红柿二十斤1.50元。

黄瓜0.24元。结存−15.16元。

林明早点0.25元。

借赵桂荣互助金20.00元。结存4.59元。

香脂一袋0.42元。

馍二斤0.50元。

西红柿十斤多0.70元。结存2.97元。

7月25日

收大方交〈朱〉来工资等12.00元。结存14.97元。

七月份牛奶二十斤5.60元。

洋葱、豆角、西〈胡〉葫[芦]共0.40元。

给大成、大方各(0.30元)0.60元。

大辣椒五斤(0.12元)0.60元。结存7.77元。

给大成玩2.00元。

给大方〈另〉零用2.00元。结存3.77元。

馍一斤0.25元。

大葱、茴子白、西〈胡〉葫[芦]0.20元。结存3.32元。

7月26日

小梨五斤0.80元。结存2.52元。

茴子白0.30元。

馍一斤0.25元。

林明午饭二次0.40元。

西红柿十斤0.60元。

山药蛋0.40元。

黄瓜0.24元。

大庆塑料凉鞋一双3.00元。

馍二斤0.50元。结存－1.17元。

7月27日

芝麻一斤六两2.23元。

金瓜一个0.38元。结存－3.78元。

7月28日

豆角五斤0.50元。

黄瓜二斤0.20元。

酱油、油四两等0.50元。结存－4.78元。

7月29日

食盐一斤0.15元。结存－4.93元。

馍二斤0.50元。结存－5.43元。

黄瓜0.30元。

染发露0.53元。结存－6.26元。

7月31日

西红柿十斤0.60元。

茄子0.25元。结存－7.11元。

食油二两,大成〈另〉零用0.30元。

馍一斤0.25元。

食油六两0.48元。

给大庆0.05元。结存－8.19元。

8月2日

西红柿十斤0.50元。

馍二斤0.50元。结存－9.19元。

8月3日

黑白面五十斤6.00元。

黄瓜汤、豆角五斤0.80元。

馍二斤0.50元。结存－16.49元。

8月5日

林明午饭二天0.30元。

馍二斤0.50元。

茄子、茴子白共0.30元。

给大庆1.00元,酱油、醋1.00元。结存－18.59元。

挂面0.50元。结存－19.09元。

西红柿0.30元。

食盐0.20元。

西瓜一个1.80元。

林明午饭二天0.30元。

林明早点0.20元。结存－21.89元。

洗衣粉一袋0.56元。结存－22.45元。

收大方4月份工资交来30.00元。结存7.55元。

8月9日

给大方吃饭1.00元。结存6.55元。

菜等1.00元。

馍二斤0.50元。

油饼十个0.50元。结存4.55元。

8月10日

酱油一斤0.12元。

馍七个0.35元。结

存4.08元。

8月11日

猪油 1.5 斤 1.74 元。

西红柿二十斤1.00元。

茄子、葱头0.40元。

冰糕0.20元。

黄瓜三斤0.30元。

午饭0.10元。

给大方0.50元。结存—0.16元。

大成高考得分230.5分,达中专录取线(225分)。填志愿:① 太原卫校;② 太原农校;③ 天津铁路工程学校。

8月12日

猪头肉1.00元。

给大成去新城1.00元。结存—2.16元。

馍一斤0.25元。

鸡蛋二斤1.70元。

大成体检1.00元。

〈另〉零用0.30元。结存—5.41元。

8月14日

林明8月份工资等共58.20元。

还7月19日借赵桂荣互助金20.00元。结存32.79元。

西红柿、大辣椒共1.10元。结存31.69元。

8月15日

大庆交来39.19元。

还5月10日借任碧琏互助金20.00元。结存50.88元。

购生活用10.00元。结存40.88元。

西红柿三十斤1.50元。

林明午饭0.30元。结存39.08元。

8月16日

得象新信,又获电报,18日晨抵太原,全家四口。乃回津探亲,返咸阳途经太原小住。

8月17日

肉麻辣酱二瓶1.12元。

花椒0.32元。

茄子、辣椒、洋葱等共1.20元。

馍二个0.10元。

补酱油一斤0.12元。

黄瓜四斤0.40元。结存35.82元。

捎衣服一件预支(大庆)15.00元。结存20.82元。

8月18日

馍二斤0.50元。

大成去新城照〈像〉相共2.00元。

大葱0.18元。

鸡蛋二斤1.60元。

生肉一斤1.00元。

胡芹0.10元。

洗澡四人0.20元。结存15.24元。

给大方二次(购■及游玩共)10.00元。结存5.24元。

8月20日

黄瓜0.20元。

酱肉、丸子各一斤2.40元。

小果子0.30元。结存2.34元。

铅笔盒及笔、刀、橡皮2.48元。

送囡囡及陶陶小衣各一件共6.32元。

小食品二种四袋共1.00元。

筹备吃饭给吕新5.00元。结存—12.46元。

8月21日

收:售出旧上海表一只30.00元。

支大庆军上衣一件15.00元。

大成布鞋等6.00元。

给大成洗〈像〉相一卷0.20元。结存—2.46元。

补麻叶二斤1.20元。

醋一斤0.10元。

馍一斤0.25元。结存—4.01元。

8月22日

油饼及给大成洗〈像〉相1.00元。

西红柿十二斤0.84元。结存—5.85元。

南瓜二个 0.40 元。

馍三个 0.15 元。结存—6.40 元。

8 月 23 日

香皂、牙膏、肥皂、洗衣粉、鞋刷共 4.48 元。结存—10.88 元。

尾灯一个 0.38 元。

尼龙袜一双 1.70 元。

大成送小鸿参军礼品 2.00 元。结存—14.96 元。

借入李静轩互助金 20.00 元。结存 5.04 元。

茄子 0.25 元。

乙级烟五盒 1.40 元。结存 3.39 元。

8 月 25 日

茄子、馍共 0.35 元。结存 3.04 元。

8 月 26 日

吕新上衣一件 12.75 元。

退回捎衣款(大庆)15.00 元。结存 5.29 元。

8 月 27 日

馍一斤 0.25 元。

酱油、油、大葱等共 0.74 元。

大方午饭 0.30 元。结存 4.00 元。

莔子白 0.90 元。

大庆买卫生纸等 1.00 元。结存 2.10 元。

8 月 30 日

林明午饭二天 0.40 元。

洗澡 0.05 元。

收大庆退回买大米款给家 20.00 元。结存 21.65 元。

油饼 0.50 元。

大辣椒 0.13 元。

酱油一斤 0.12 元。

白糖三斤 2.69 元。结存 18.21 元。

9 月 1 日

馍二斤 0.50 元。

麻叶 0.30 元。结存 17.41 元。

9 月 2 日

茄子五个 0.35 元。结存 17.06 元。

大成修眼镜等 2.00 元。

报名费 1.00 元。结存 14.06 元。

9 月 4 日

酱油一斤 0.12 元。

安阳烟二盒 0.62 元。

咸菜一斤 0.31 元。结存 13.01 元。

猪肉 1.00 元。

洗澡二人 0.10 元。

大葱 0.10 元。

林明午饭馍二个 0.10 元。结存 11.71 元。

借入互助金杜秀芳 40.00 元。

给大方借小杨购录音机用 44.00 元。结存 7.71 元。

垫陈醋五瓶(0.84 元)4.20 元。结存 3.51 元。

9 月 6 日

交小赵购猪肉 3.00 元。结存 0.51 元。

小白菜 0.03 元。

食盐 0.15 元。结存 0.33 元。

9 月 7 日

西红柿 1.20 元。

收回垫陈醋五瓶 4.20 元。结存 3.33 元。

给大方吃饭 1.00 元。结存 2.33 元。

9 月 8 日

林明午饭二次 0.30 元。结存 2.03 元。

收李千秋还大方 40.00 元。结存 42.03 元。

购议价面五十斤 20.00 元。

豆角一斤 0.20 元。

葡萄 0.44 元。

食油六两 0.55 元。结存 20.84 元。

给大方〈另〉零用、吃饭等 5.00 元。

馍二斤 0.50 元。

酱油一斤 0.12 元。

咸菜一斤 0.24 元。

土豆五斤 0.50 元。

挂号、存车共 0.07 元。结存 14.41 元。

9 月 9 日

给大成 0.30 元。结存 14.11 元。

馍一斤 0.25 元。

茴子白 0.50 元。结存 13.36 元。

9 月 11 日

豆角二斤 0.40 元。

大辣椒一斤 0.17 元。结存 12.49 元。

9 月 12 日

大庆花布六尺五 2.99 元。

茄子十斤 0.55 元。

墨菊[①]一条 2.90 元。

吃饭 0.20 元。

收大庆九月工资 32.30 元。结存 38.15 元。

电热梳 6.00 元。

南瓜 1.45 元。

玉米 0.30 元。

还大方买馍 0.25 元。

杂志 0.35 元。结存 29.80 元。

给大方〈另〉零用 0.05 元。

给大庆买菜票 2.00 元。结存 27.75 元。

午饭 0.20 元。

西红柿二十斤 2.00 元。结存 25.55 元。

9 月 13 日

林明午饭一次 0.25 元。

鱼 1.40 元。结存 23.90 元。

酱油一斤 0.12 元。结存 25.43 元。

9 月 14 日

发林明 5、6、7、9 四个月的工资及车补、粮补等共 233.12 元。

存入河西银行定期一年户头 200 元。结存 56.90 元。

9 月 15 日

林明食堂菜票 1.00 元。

冬菇四斤(0.35 元)1.40 元。

猪肉一斤 1.00 元。

酱油、食盐、酒共 0.77 元。结存 52.73 元。

孔雀一盒 0.31 元。

茄子 0.50 元。

馍二斤 0.50 元。

大成去榆〈次〉林 2.00 元。结存 48.62 元。

桃 0.67 元。结存 47.95 元。

有〈扣〉机小扣 0.11 元。

麻叶一份 0.20 元。结存 47.64 元。

9 月 16 日

茴子白二个 0.50 元。

鲜蘑菇六盒 2.10 元。结存 45.04 元。

9 月 17 日

大成上衣一件 20.60 元。

打火[机]一个 0.48 元。

林明吃饭 0.40 元。

姜 0.11 元。结存 21.90 元。

9 月 18 日

吕新给生活费 30.00 元。结存 51.90 元。

给大庆垫苹果十斤 3.00 元。

收林明涤卡上衣手工 2.60 元。结存 46.30 元。

大方午饭 0.30 元。结存 46.00 元。

9 月 19 日

麻叶 1.25 元。

茄子 0.40 元。

莲菜 0.20 元。

林明饭菜 0.20 元。

梨十五斤 1.52 元。结存 42.43 元。

小扣子一个 0.08 元。结存 42.35 元。

9 月 20 日

早点麻叶、〈另〉零用 1.45 元。

大庆买油等 1.00 元。

馍二个 0.10 元。

豆角三斤(0.18 元)0.54 元。结存 39.26 元。

咸菜一斤 0.36 元。

馍一斤、香菜,共 0.27 元。结存 38.63 元。

---

① 香烟品牌。

9月22日

豆浆0.15元。结存38.48元。

9月23日

鸡蛋二斤1.80元。

酱油一斤0.12元，酒烟0.40元，共0.52元。

乙级三盒0.84元，火柴0.06元，共0.90元。

大葱0.20元。结存35.06元。

茄子0.60元。结存35.66元。

9月24日

梨四斤（0.15元）0.60元。

馍二个0.10元。

麻叶等1.50元。结存32.26元。

给大成1.20元。结存31.06元。

9月26日

豆角三斤0.48元。

茴子白0.80元。

石榴0.70元。

猪肉1.00元。

馍二斤0.50元。结存27.58元。

小圈0.02元。

补30中报告费0.50元。

大成洗〈像〉相片0.40元。结存26.66元。

收大方八月份工资40.00元。结存66.66元。

林明早点0.20元。结存66.46元。

9月27日

西红柿五斤0.70元。

早点0.20元。

〈托〉拖鞋一双，〈付〉腐乳共2.00元。

大庆〈另〉零用1.00元。

眼科书二本共3.20元。结存59.36元。

9月29日

林明三天早午饭0.90元。

豆角三斤0.51元。

胡芹0.27元。

大葱0.44元。结存57.24元。

9月30日

铁锅一个1.20元。

猪肉二斤2.00元。

莲菜1.00元。

馍二个0.10元。

食油、酱油0.60元。

豆腐二斤0.46元。结存51.88元。

10月1日

议价月饼二斤2.40元。

月饼五斤3.40元。

鸡蛋三斤2.70元。

酒半斤0.65元。

给大成过节1.00元。结存41.73元。

味精0.60元。

又豆腐二斤0.46元。

水果糖二斤2.00元。结存37.87元。

〈法〉发油一瓶1.26元。结存36.61元。

香脂一盒0.39元。结存36.22元。

给大方过节4.45元。结存31.77元。

卫生纸0.50元。结存31.27元。

10月2日

猪肉1.00元。

酱油、醋各一斤0.22元。

咸菜0.36元。结存29.69元。

10月3日

叉烧排骨一斤1.50元。

细皮月饼一斤0.90元。

豆腐一斤二两0.30元。

林明菜票1.00元。

给大成买〈像〉相纸1.00元。

汽车、存车0.38元。结存24.61元。

又细皮月饼一斤0.90元。结存23.71元。

10月4日

生肉二斤2.00元。

杂拌一斤1.20元。

莲菜0.42元。

茴子白0.71元。

豆角三斤0.50元。结存18.78元。

大光烟一条3.10

元。结存 15.68 元。

馍二个 0.10 元。结存 15.58 元。

10 月 5 日

豆腐二斤 0.46 元。

给大庆洗衣粉等 1.00 元。结存 14.12 元。

给大方、大成磨面 0.50 元。

油、酱油、醋、食盐、咸菜共 1.10 元。结存 12.52 元。

10 月 6 日

铝锅一〈支〉只 2.00 元。

馍二斤 0.50 元。结存 10.02 元。

10 月 9 日

给吕新开会〈代〉带 4.00 元。结存 6.02 元。

馍二斤 0.50 元。结存 5.52 元。

10 月 10 日

菜、冬瓜、茄子共 0.58 元。结存 4.94 元。

三天早点 0.60 元。结存 4.34 元。

10 月 12 日

梨、苹果共 1.40 元。结存 2.94 元。

莲菜 1.40 元。结存 1.54 元。

给大庆打油等 1.00 元。

卫生纸二包 0.32 元。结存 0.22 元。

10 月 15 日

林明工资等共(27 出勤)61.52 元。结存 61.74 元。

补馍一斤 0.25 元。

补早点二次 0.40 元。

李慧枝结婚上礼 0.53 元。

支购 G〈U〉ITA 琴一支 39.60 元。

给大成〈另〉零用 0.40 元。

酱油、醋各一斤 0.22 元。

红薯三十五斤(0.06 元)2.10 元。结存 17.44 元。

给大方〈另〉零用 0.60 元。结存 16.84 元。

大庆交 10 月份工资 15.00 元。结存 31.84 元。

借杜秀英 9 月 4 日(40.00 元)25.00 元。结存 6.84 元。

10 月 16 日

酱油二斤 0.22 元。

香菇罐头十盒 3.50 元。

给大成洗〈像〉相片 0.70 元。结存 2.42 元。

豆腐二斤 0.53 元。

食盐一斤 0.15 元。结存 1.74 元。

10 月 17 日

馍二斤 0.50 元。结存 1.24 元。

馍二斤 0.50 元。结存 0.44 元。

油五两 0.40 元。结存 0.04 元。

10 月 18 日

又借回杜秀芳互助金 20.00 元。结存 20.04 元。

和大庆上街吃饭 1.20 元。

修笔 0.20 元。

给大庆 5.00 元。

吕新棉衣面[料]八尺(0.75 元)6.00 元。

梨、茴子白 0.60 元。结存 7.04 元。

酱油、醋各一斤 0.22 元。结存 6.82 元。

10 月 19 日

胡芹 0.30 元。

馍一斤 0.25 元。

给大成 0.08 元。结存 6.19 元。

10 月 20 日

酱豆腐 0.45 元。

猪肉二斤 2.00 元。结存 3.74 元。

10 月 22 日

馍二斤 0.50 元。

早点一份 0.20 元。

胡芹 0.20 元。

芒果[1]一盒及〈另〉

---

① 香烟品牌。

零用0.35元。结存2.49元。

10月24日

馍二斤0.50元。

林明早点二次0.40元。结存1.59元。

10月25日

大方10月份工资及烤火费56.00元。

给大方买手电、油等5.00元。结存52.59元。

10月26日

白糖二斤、红糖二斤，酒 3.52 元。结存49.07元。

10月27日

大葱十一斤 0.75元。结存48.32元。

油饼0.50元。

生肉五斤三两5.00元。

茴子白0.80元。

吃早午饭0.30元。

给大庆买酱油、醋1.00元。结存40.72元。

又给大方打〈把〉靶吃饭等 2.00 元。结存38.72元。

10月28日

送胡芝娟礼3.00元。

小肚2.00元。

馍二斤0.50元。结存33.20元。

黑扣、线一支0.26元。结存32.94元。

10月29日

购粮七十斤12.99元。

刘巧英家礼3.00元。

馍二斤0.50元。

林明午饭0.30元。结存15.15元。

补前8月份购上衣一件 10.10 元。结存5.05元。

林明奖金12.17元。结存17.22元。

借入吕新10.00元。结存27.22元。

购议价白面五十斤20.00元。结存7.22元。

11月1日

给大成1.00元。结存6.22元。

馍二斤0.50元。

饼子三个0.18元。结存5.54元。

11月2日

瓜子五斤(0.55元)2.75元。

给大庆买酱油、醋各一斤等 1.00 元。结存1.79元。

11月3日

茴子白四棵 0.78元。结存1.01元。

借入互助金 10.00元。结存11.01元。

〈兰〉蓝市布七尺3.05元。结存7.96元。

日语第二册及快速计算法0.73元。

馍二斤0.50元。结存6.73元。

11月5日

大碗一个0.74元。

牙膏二支0.60元。结存5.39元。

牙刷一把0.27元。

双喜香皂一块0.57元。结存4.55元。

香脂一盒0.39元。结存4.16元。

给大成1.00元。

林明午饭早点菜1.00元。结存2.16元。

林明11月工资粮补、附食补、车补、烤火费共78.09元。结存75.93元。

还9月4日借杜秀芳、任碧琏共40.00元。结存35.93元。

猪肉1.21元。

茶叶一袋0.47元。

馍二斤0.50元。结存33.73元。

收大庆给家用47.70元。结存81.43元。

会费0.25元。

苹果1.00元。

鞋油一盒0.48元。结存79.70元。

香脂一盒0.48元。

香皂一块0.62元。

馍二个0.10元。结存78.50元。

11月17日

给大庆买洗衣粉及梨共1.00元。

《体育报》80本一年

共6.25元。

给大方3.75元。

吃饺子共(二人)1.00元。

早点、馍0.40元。

给大庆买馍及梨1.00元。结存65.10元。

11月19日

林明看病0.10元。结存65.00元。

大成买白球鞋一双8.05元。

酱豆腐0.60元。

饼子二十个0.80元。

〈另〉零用2.00元。结存50.55元。

梨、酱油二斤0.78元。结存49.77元。

11月22日

退回体育报6.24元。

化石三册0.24元。

支馍二斤0.50元。

熟肉2.10元。

猪油1.82元。结存51.35元。

收大方45.00元。

酱油、醋各一斤0.20元。结存96.15元。

11月24日

馍二斤0.50元。

生肉二斤及〈另〉零用2.42元。

臭豆腐、大成手电、〈另〉零用2.00元。

盘子二个0.62元。结存90.61元。

11月26日

馍一斤0.25元。

茶叶一两0.64元。

〈付〉腐乳五块0.35元。结存89.37元。

葵瓜子0.20元。结存89.17元。

11月28日

馍二斤0.50元。

早点麻叶0.20元。结存88.47元。

11月29日

桔子、梨共2.30元。结存86.17元。

12月1日

购粮70+27面票17.54元。结存68.63元。

收吕新给3.00元。

生肉一斤1.21元。

丸子一斤1.30元。

姜0.20元。

粉丝0.40元。

牙膏一支0.30元。

早点、午饭共0.30元。结存67.92元。

肥皂、洗[衣]粉共2.00元。

前轴一支1.20元。

桔子3.40元。结存61.32元。

新华字典0.40元。结存60.92元。

12月2日

馍三斤0.75元。

麻花五条0.50元。

酱豆腐10块0.70元。

盐0.20元。

茴子白0.20元。

大米四十斤11.20元。结存47.37元。

12月3日

王改花结婚礼3.00元。结存44.37元。

电影票二张0.40元。

梨十斤1.40元。结存42.97元。

豆腐一斤0.25元。

林明早点0.20元。结存42.52元。

12月6日

猪肉一斤1.21元。

豆腐一斤0.30元。

酱油二斤,醋一斤0.34元。结存40.67元。

12月7日

给大方预存(托小范捎衣)35.00元。结存5.67元。

12月8日

猪肉一斤1.21元。

胡芹0.30元。

吃饭0.30元。

收吕新2.00元。结存5.86元。

12月10日

给大成洗澡理发0.50元。结存5.36元。

豆腐、腐干0.78元。结存4.58元。

辣椒1.00元。结存3.58元。

12月13日

吕[新]给5.00元。

结存8.58元。

油、酱油、菜、盐、麻花共1.55元。结存7.03元。

12月15日

林明工资64.31元。结存71.34元。

会费0.25元。

猪肉5.00元。

吃饭摊钱0.75元。

还11月3日借互助金10.00元。结存55.34元。

还借李静轩8月23日互助金20.00元。

又借回互助金(李静轩)20.00元。结存55.34元。

大庆给工资33.80元。结存89.14元。

收吕新给〈另〉零用1.00元。结存90.14元。

早点三次0.60元。结存89.54元。

小食品五袋1.00元。

小瓶子及千层饼(大方买)3.00元。结存85.54元。

林明快〈像〉相0.46元。结存85.08元。

补花生米0.70元。

小饼子二斤1.20元。

小毛巾二条1.00元。结存82.18元。

12月17日

给大方〈另〉零用1.00元。

西红柿酱十桶(0.29元)2.90元。

猪肉1.20元。

白糖二斤1.76元。结存75.38元。

12月22日

《大众电影》半年2.00元。结存73.38元。

孔雀烟一条3.10元。结存70.28元。

12月24日

大成裤子一条14.60元。

梨二斤0.50元。

饼子二十个1.00元。

手电池一副0.30元。

歌曲一本0.10元。

存车、门票0.10元。

给大成车钱2.00元。

给大方买物差额及〈另〉零用2.00元。结存50.18元。

12月25日

五香粉一袋0.11元。

大庆红涤棉布七尺2.45元。

馍二个0.10元。

午饭摊0.30元。

豆芽菜0.18元。结存47.04元。

卫生纸二包0.32元。

豆腐、豆芽、大方早点0.80元。

食油五两，酱油一斤，酒，共0.83元。

牙膏一支1.17元。

收大方工资等共给家28.00元。结存71.92元。

给喜喜买小衣服一件4.95元。

馍二斤0.50元。

蘑菇一斤1.26元。

盖被子方巾二块(2.28元)4.56元。

给大方1.00元。结存59.67元。

又给大方4.00元。

白菜及羊肉0.52元。

馍二个0.10元。结存55.05元。

香脂一盒0.75元。结存54.30元。

冻豆腐二块0.30元。结存54.00元。

12月28日

前页[①]转54.00元。

12月31日

鸡一〈支〉只2.00元。

猪肉2.60元。

胡芹0.36元。

白萝卜0.20元。

食堂菜票2.00元。

① 原账本在此处翻页。

菜花 0.35 元。

粉丝半斤 0.90 元。结存 45.59 元。

借给栓香 2.50 元。结存 43.09 元。

给大庆 1.50 元。

应收回退桌布二块(2.28 元)4.56 元。结存 46.15 元。

1980 年

1 月 3 日

花布五尺半 2.06 元。

早点一份 0.20 元。结存 43.89 元。

1 月 4 日

鸡蛋二斤 2.30 元。

牛肉一斤 1.80 元。结存 39.79 元。

腐干 0.50 元。

花生米 2.80 元。

饼子 1.80 元。

黄豆二斤 1.00 元。结存 33.69 元。

麻叶四份 0.80 元。

给大方〈另〉零用 3.00 元。结存 30.69 元。

1 月 6 日

大成买东西、本钱共 3.00 元。结存 27.69 元。

给大方买棉鞋 6.00 元。结存 21.69 元。

白菜 1.00 元。结存 20.69 元。

1 月 8 日

油、酱油、羊肉等 1.20 元。

豆腐 0.22 元。

香菜 0.05 元。结存 19.22 元。

酱油、醋、咸菜 0.46 元。

给大方 1.00 元。结存 17.77 元。

馍三斤 0.75 元。结存 17.02 元。

1 月 10 日

茶叶 0.64 元。

油炸花生仁一斤 1.50 元。

面包 0.20 元。结存 14.68 元。

1 月 11 日

给大方买肥皂盒及早点 1.00 元。结存 13.68 元。

1 月 12 日

吕新 1980 年元月份工资 68.50 元。

粮补、福利补 0.70 元。

副食差〈假〉价补 5.00 元。

扣除房费 1.62 元。

扣除水费 0.40 元。

扣除电费 3.10 元。结存 82.76 元。

1 月 13 日

大米三十斤给大方 10.00 元。

大成看病 0.27 元。

炸花生米 1.50 元。

庆丰牙膏 0.30 元。

白轴线 0.26 元。

松紧带十尺 0.25 元。

香皂一块 0.40 元。

生肉一斤 1.21 元。结存 68.57 元。

乙级二盒 0.51 元。

给大成生活费 1.50 元。结存 66.51 元。

1 月 14 日

又玫瑰香皂一块 0.40 元。

午饭买菜 0.20 元。

收回王金爱山药蛋三十斤 1.80 元。

给奶奶寄生活费 10.11 元。结存 54.00 元。

林明工资补助等共 66.52 元。结存 120.52 元。

还 12 月借李静轩 20.00 元。

扣储蓄(每月存)30.00 元。结存 70.52 元。

豆腐 0.30 元。

生花生米二斤(1.10 元/斤)2.20 元。

油饼十个 0.50 元。结存 67.52 元。

1 月 15 日

给大方〈另〉零用 2.00 元。结存 65.52 元。

白萝卜 0.12 元。

梨 0.62 元。

大庆工资、补助等共 35.70 元。

给大方捎裤子、军大衣预支(千秋)15.00 元。

结存 85.48 元。

早点、午饭共 0.50 元。结存 85.98 元。

1 月 17 日

子母扣 0.05 元。

染发露 0.65 元。

馍二斤 0.50 元。

欢庆[1]二盒 0.68 元。结存 83.10 元。

面包二个 0.40 元。结存 82.70 元。

白菜 1.00 元。结存 81.70 元。

1 月 18 日

棉花五人 3.5 斤 3.85 元。

麻叶一份 0.20 元。结存 77.65 元。

核桃三斤(0.60 元) 1.80 元。结存 75.85 元。

咸菜 0.30 元。结存 75.55 元。

1 月 19 日

麻叶、白菜 0.90 元。

床单 1.26 尺 7.18 元。

味精 0.38 元。

丸子、肠 2.50 元。

馍 0.50 元。

豆腐四斤 0.40 元。结存 63.69 元。

给大方〈另〉零用 2.00 元。结存 61.69 元。

1 月 20 日

小碗六个(0.28 元) 1.64 元。

小饼子三十个(0.04 元)1.20 元。结存 58.85 元。

给大成车费等 2.00 元。结存 56.85 元。

1 月 21 日

白糖二斤 1.74 元。

染发露一瓶 0.57 元。

豆腐 0.40 元。结存 54.14 元。

1 月 22 日

酱油二斤、食盐一斤 0.39 元。结存 53.75 元。

馍一斤 0.25 元。

给大方 2.00 元。结存 51.50 元。

1 月 23 日

豆芽 0.20 元。

腐干 0.50 元。

酒、碱面二斤 0.88 元。结存 49.92 元。

大料、花椒一袋 0.30 元。结存 49.62 元。

1 月 24 日

油饼一斤 0.50 元。

理发 0.20 元。结存 48.92 元。

1 月 25 日

收大庆奖金 6.00 元。结存 54.92 元。

1 月 26 日

毛线一斤一两 14.41 元。结存 40.51 元。

购粮九十三斤 18.64 元。结存 21.87 元。

1 月 27 日

白菜、胡芹 0.85 元。

饼子二斤 0.60 元。

豆腐 0.20 元。结存 20.22 元。

白菜 0.65 元。

维尔肤一盒 0.41 元。结存 19.16 元。

油饼一斤 0.50 元。结存 18.66 元。

1 月 28 日

馍、丸子各一斤 1.55 元。结存 17.11 元。

1 月 30 日

猪肉二斤 2.00 元。

猪油 1.45 元。

早、午饭 0.50 元。

牛奶三斤 0.96 元。结存 12.20 元。

1 月 31 日

豆包、油饼共 1.00 元。

又褥单六尺四寸 3.65 元。结存 7.55 元。

2 月 1 日

大庆买小饼子 0.40 元。结存 7.15 元。

2 月 2 日

牛奶二斤 0.68 元。结存 6.37 元。

2 月 7 日

林明 26 天工资、补助等共 64.31 元。结存 70.68 元。

---

① 香烟品牌。

存入互助金 30.00 元。结存 40.68 元。

会费 0.25 元。结存 40.43 元。

给大方、大成去天津 35.00 元。结存 5.68 元。

大方预购(天鹅)油、〈另〉零用 2.00 元。

补大成车费、油饼共 1.60 元。

林明风镜一副 0.68 元。结存 1.40 元。

收吕新给购猪肉 10.00 元。结存 11.40 元。

2 月 10 日

收大庆工资 47.80 元。结存 59.20 元。

购猪肉十四斤,骨头 1.5 斤共 14.15 元。结存 45.05 元。

牛奶二斤 0.68 元。

花生一斤半 0.98 元。

红枣十八斤 6.75 元。

侯美珍婚礼 3.00 元。结存 33.64 元。

收智慧贞买山药蛋六斤 3.60 元。结存 37.24 元。

2 月 11 日

收吕新给家生活费 30.00 元。结存 67.24 元。

腐干三斤 1.50 元。

鸡蛋四斤 4.46 元。结存 61.28 元。

酱油五斤,盐一斤共 0.75 元。

花椒、大料一袋 0.30 元。结存 60.23 元。

2 月 8 日

豆腐十二斤 1.20 元,油一斤 0.85 元,白菜 0.40 元,2.45 元。

红、白糖各一斤 1.50 元。

毛豆一斤 1.00 元。

味精二袋 0.76 元。结存 54.52 元。

2 月 9 日

生花生米二斤(1.30)2.60 元。

红小豆三斤(0.5)1.50 元。

大庆上衣手工一件 1.30 元。结存 49.12 元。

2 月 10 日

梨三十斤 6.70 元。结存 42.42 元。

鸡二〈支〉只 3.80 元。

白菜三十三斤半 2.10 元。

丸子一斤 1.30 元。结存 35.22 元。

茶叶二袋(0.73 元)1.44 元。

金针[菇]半斤 1.00 元。结存 32.78 元。

2 月 12 日

大辣椒 0.80 元。

胡芹 0.60 元。

姜 0.16 元。

韭菜 0.60 元。

蛋松糕二斤 2.60 元。

酱肉 2.30 元。结存 25.72 元。

2 月 14 日

大青豆二斤 1.10 元。

丸子二斤 2.60 元。

猪肉二斤,猪油共 3.87 元。结存 18.15 元。

图钉一盒 0.18 元。

卫生纸 0.11 元。结存 17.86 元。

2 月 15 日

勺子一把 0.57 元。结存 17.40 元。

食油一斤、醋、酒一斤、给林[明买]牙膏共 2.30 元。

炮 0.30 元。

玫瑰酒一瓶 1.78 元。结存 13.02 元。

2 月 16 日

油饼、豆芽共 0.90 元。结存 12.12 元。

田田、楠楠拜年压岁钱 2.00 元。结存 10.12 元。

给大庆压岁 2.00 元。

挂号、卫生纸、炮 0.55 元。结存 7.57 元。

韭菜 0.30 元。

给大方 5.00 元。

给大庆 0.50 元。结

存1.77元。

2月28日

白菜0.80元。

梨0.80元。结存0.17元。

大方给二月份工资26.00元。结存26.17元。

元宵2.00元。

绿宝香皂二块1.00元。

小炮一包0.30元。结存22.87元。

3月3日

麻叶四份0.80元。结存22.07元。

木耳、大料0.60元。结存21.47元。

3月8日

林明裤子一条16.30元。

给大庆看电影、买香脂2.00元。

给大方1.20元。结存1.97元。

给大方吃早点0.80元。

茶叶一包0.54元。结存0.63元。

3月15日

林明三月份工资64.39元。结存64.94元。

存入〈贮〉储蓄30.00元。结存34.94元。

会费0.25元。

韭菜0.40元。结存34.29元。

大成裤一条、大庆皮鞋二双、大油十斤、给奶奶生活费,花销共30元。结存4.29元。

白菜1.50元。结存2.79元。

小米二十五斤(0.35元)8.75元。

蒸馍三个0.15元。

《山西青年》一本0.20元。

大成买牙刷一把0.30元。

〈兰〉蓝尼龙袜一双1.90元。结存-8.51元。

3月16日

粉条二斤(0.46元)0.92元。

林明五天早点1.00元。

午饭馍三天0.30元。

丸子一斤1.00元。

梨0.71元。

扫把0.35元。结存-15.58元。

给大成生活〈另〉零用1.50元。

大庆三月份工资、副补共37.30元。结存20.22元。

给大庆〈另〉零用4.00元。结存16.22元。

3月20日

买肉垫0.15元。

豆芽菜二斤0.40元。结存15.67元。

褥单布1.08尺5.13元。

收吕新给购物余0.65元。结存11.19元。

3月23日

背心一个(95[厘米])1.48元。

豆芽四斤0.80元。

红果品1.30元。

茶叶0.70元。

给大成补食及车费等4.00元。结存3.71元。

肠子0.90元。

食盐0.15元。

吃饭摊0.20元。结存2.46元。

咸菜0.20元。

早点0.20元。结存2.06元。

大庆买纸、菜等共1.00元。结存1.06元。

3月29日

生肉馅一斤1.27元。

收林明卫生费1.50元。结存1.29元。

收大方给5.00元。结存6.29元。

茴子白0.78元。

鸡蛋二斤2.30元。

豆芽菜二斤0.40元。

点心0.78元。结存2.03元。

大成去学校2.00元。结存0.03元。

4月2日

借入吕新12.87元。

梨1.00元。

胡芹、葱0.64元。

香皂、肥皂1.53元。

拔牙、挂号二人0.10元。

又点心一斤,豆芽菜等1.00元。结存8.62元。

还民政10.00元。结存−1.38元。

4月4日

借入吕新10.00元。

点心一斤0.66元。

吃饭二人共1.71元。

胡刷一把0.51元。

林明〈另〉零星买饭、菜0.30元。

豆芽、韭菜0.60元。

电影票一张0.20元。结存4.29元。

4月6日

奶粉一袋3.27元。

给大庆10.00元。

鸡蛋2.30元。

油、豆芽2.00元。

点心大庆2.15元。

肉馅1.21元。

苹果0.65元。

面包0.40元。

梳子一把0.30元。

牙膏二支0.86元。

珍珠霜1.16元。

杂志0.27元。

烧饼、[甜]面酱4.20元。

4月8日

生花生米半斤0.70元。

菠菜0.16元。

早点二次0.40元。结存3.09元。

烟一盒0.31元。结存2.72元。

红薯0.40元。结存2.32元。

给大成车费及〈另〉零用3.00元。

又菠菜0.18元。结存−0.86元。

4月14日

林明工资等(28天,卫生费1.00元、生补5.20元、车补1.50元)共69.74元。

存入互助金30.00元。结存38.88元。

会费0.25元。

吕新给2.00元。结存40.63元。

六味斋杂拌1.40元。结存39.23元。

还前欠互助金李静轩的20.00元。结存19.23元。

4月15日

吕新给10.00元。

梨及大米、腐干共8.00元。

修盆及勺2.00元。结存19.23元。

4月16日

大庆买豆芽及腐干等1.00元。结存18.23元。

吕新给奶奶寄钱10.11元。

购粮一百三十斤共21.82元。

给奶奶寄生活费10.11元。结存−3.59元。

4月17日

大庆给生活费27.30元。

油菜0.10元。结存23.71元。

买菜、豆腐等交大庆1.00元。结存22.71元。

白糖二斤、红糖一斤2.33元。结存20.37元。

林明买食堂饭菜票共5.00元。结存15.37元。

4月19日

生肉、豆腐、榨菜共1.74元。

大成车费及买秋衣共〈代〉付5.00元。

酱杂拌、丸子各一斤2.60元。

麻酱一斤、干菜一袋1.88元。结存4.15元。

鸡蛋二斤2.00元。结存2.15元。

4月22日

药皂一条0.56元。

豆芽二斤0.32元。结存1.27元。

4月23日

菠菜0.24元。

买香脂、卫生香等、

豆芽菜等，1.00 元。结存 1.03 元。

4 月 26 日

肉馅二斤 2.20 元。

二次早点 0.40 元。结存－0.57 元。

任慧卿结婚之事 3.00 元。

早点二次 0.40 元。结存－3.97 元。

早点、榨菜 0.34 元。

菠菜 0.13 元。

豆芽 0.40 元。

给吕新垫烟一条 3.00 元。

平〈荣〉绒 0.30 元。

借入互助金 20.00 元。结存 11.86 元。

5 月 3 日

给大成生活费 2.00 元。

工人馒头、酱补 1.40 元。

肉韭菜 2.00 元。

去晋祠共用 2.20 元。结存 4.26 元。

鸡蛋一斤、菠菜 1.10 元。结存 3.16 元。

5 月 4 日

领取职称证书 0.50 元。结存 2.66 元。

大方给 3.00 元。结存 5.66 元。

5 月 5 日

给吕新开会 2.00 元。

咸菜、豆芽、豆腐等 1.00 元。

早点二次 0.40 元。结存 2.26 元。

给大成同事垫衣服手工 1.10 元。结存 1.16 元。

醋 0.10 元。

任碧琏买东西共 2.00 元。结存－0.84 元。

5 月 14 日

吕新工资共 74.20 元。

扣房、水、电共 3.93 元。

冬季取暖费 13.23 元。结存 56.20 元。

给奶奶生活费 10.11 元。

洗衣粉二袋、肥皂四条共 2.96 元。

酱油一斤 0.12 元。

陈醋一瓶 0.84 元。

味精一袋 0.42 元。结存 41.85 元。

给吕新买烟等 5.00 元。结存 36.85 元。

购粮一百斤 15.20 元。

议价大米二十斤(0.42 元)8.40 元。结存 13.25 元。

给大庆〈另〉零用 1.00 元。结存 12.25 元。

还大方代家垫购肉等共 10.00 元。结存 2.25 元。

5 月 15 日

林明工资福补共 65.31 元。

还 4 月 25 日借互助金 20.00 元。结存 47.56 元。

又借回互助金 20.00 元。

吕新上衣一件 15.60 元。结存 32.56 元。

纱窗布一尺半 0.40 元。结存 32.16 元。

扣每月储蓄 30.00 元。结存 2.16 元。

收大庆工资 37.60 元。结存 39.76 元。

给大庆买布鞋等 7.00 元。结存 32.76 元。

5 月 17 日

给吕新买肉 2.00 元。

林明买肉馅一斤半 1.50 元。

胡芹等 0.60 元。

冰糕 0.10 元。

给大成生活费二周 4.00 元。

大方预购衣服 10.00 元。结存 14.56 元。

5 月 18 日

大方退回 6.00 元。结存 20.56 元。

5 月 20 日

给吕新 5.00 元。结存 15.56 元。

大方买菜 0.60 元。

鸡蛋二斤 2.00 元。

海狮烟二盒 0.62 元。结存 12.34 元。

5月22日

菠菜0.10元。

黄瓜0.80元。

林明理发、存车共1.02元。

冰糕0.30元。结存10.12元。

5月24日

西〈胡〉葫[芦]、水萝卜0.60元。

给大庆1.00元。

冰糕0.30元。

菜、凉粉等1.00元。

肉1.60元。

药1.04元。结存4.58元。

5月25日

给大成生活费2.00元。

给吕新2.58元。结存0元。

林明〈代〉带大庆出差去北京,继去天津,身上除去〈代〉带公款200.00元,借大方定期50.00元,代人捎物85元,唐部长60.00元,共计395.00元。

吕新欠2.42元,大方欠2.00元,共欠4.42元。

去天津共〈代〉带家中40.00元。

支大庆往返车票25.60元。

大床单10.30元。

林明上衣一件(特利灵)7.90元。结存-3.8元。

6月15日

林明工资27天67.53元。

迟到一分扣0.20元。

存入互助金30.00元。结存33.53元。

大庆工资31.00元。

给大庆5.00元。

大方工资给家50.10元。结存109.63元。

大庆花布2.18元。

小白背心2.20元。结存105.25元。

梳子一把0.34元。

《科学与杂志》一本0.38元。

信封0.10元。

古代笑话0.70元。

胶卷1.80元。

铁梳子一把1.54元。结存100.39元。

大庆住店二天3.20元。

〈法〉发卡0.88元。

点心送姑姑15.06元。结存81.25元。

给奶奶生活费20.00元。

给奶奶买裤子12.60元。

小莹见面礼20.00元。结存28.65元。

浴〈膜〉皂一块0.32元。

大方点心2.20元。

小〈另〉零装3.70元。结存22.43元。

林明皮鞋一双13.00元。

奶奶点心一斤1.31元。

梨二斤1.22元。结存6.90元。

墨菊四条11.20元。

牙膏、香皂各一块1.00元。

大方上衣11.90元。

《老残游记》0.68元。

〈兰〉蓝色小书包共1.30元。

过生日三家共平摊8.73元。

■脂胶领子一条0.30元。

扣还4月份林[明]借互助金15.00元。

吕新裤子一条1.1米18.40元。结存-61.61元。

6月27日

奶奶6月份生活费10.00元。

会费0.11元。

各种菜、酱油、醋3.00元。结存-74.72元。

6月28日

白糖一斤0.88元。

丝袜一双1.63元。

牛奶1.70元。

豆角三斤0.50元。

黄瓜 0.40 元。结存 —79.83 元。

6 月 29 日

大米十斤 1.75 元。

收回墨菊二条 5.60 元。结存—75.98 元。

借入大方 46 元。

支林明、大庆去津、冰糕、菜、纸、吃饭等共〈另〉零用 22.64 元。结存—52.62 元。

肉半斤 0.50 元。

鸡蛋一斤 1.00 元。结存—54.12 元。

6 月 30 日

给大成生活费 2.00 元。

大成买牙膏、香皂等 1.00 元。

林明去祁县，吃点心、茶水，共 0.34 元。

吕新布鞋一双 3.70 元。结存—61.16 元。

7 月 1 日

黄瓜 0.24 元。

大庆买菜等 1.00 元。

面包五人 0.45 元。

肉半斤 0.50 元。结存—63.35 元。

7 月 3 日

豆角 0.20 元。结存—63.55 元。

7 月 4 日

鸡蛋三斤 3.00 元。

油八两 0.64 元。

酱油、醋、盐各一斤 0.37 元。

黄瓜、西红柿 0.55 元。

油饼五个 0.30 元。结存—68.41 元。

出差补助 25.60 元。结存—42.81 元。

给大庆买菜 1.00 元。

林明买菜、蒜等 1.00 元。

给大成买饼干 1.00 元。结存—45.81 元。

7 月 7 日

收回吕新布鞋退款 3.70 元。结存—42.11 元。

高级〈兰〉蓝色洗衣粉二袋 1.74 元。结存—24.71 元。

7 月 15 日

林明工资（29 天）补助等 71.96 元。

存入互助小〈贮〉储蓄 30.00 元。

补〈交〉缴三个月会费 0.75 元。结存 16.50 元。

7 月 29 日

大方工资交回 52.50 元。

扣煤 12.50 元。

大成〈兰〉蓝筒裤 15.30 元。

买东西等共支出 7.00 元。

买西瓜等 3.70 元。结存 30.50 元。

大庆工资交回（7 月份）33.96 元。

〈兰〉蓝裤一条 15.30 元。

垫药费还秀娟 4.00 元。

大方买西瓜等借去 7.00 元。

药费等 7.66 元。结存 30.50 元。

给奶奶家吃饭 10.00 元。

给姐姐家 10.00 元。

奶奶过生日给留 5.00 元。

仁成住院买点心及西瓜 3.00 元。

给吕新买丝袜一双 1.80 元。结存 0.70 元。

7 月 30 日

吃饭一天 0.70 元。结存 0 元。

靠色的确良九尺 12.53 元。

肉色女丝袜三双 5.36 元。

白色弹力秋衣二件 3.40 元。

男女筒裤各一条 25.70 元。

绿色的确良上衣布 4.5 尺 6.57 元。

尼龙绿色上衣一件 18.00 元。结存—68.16 元。

送人饮食类、自食饮

食类 34.36 元。结存—102.52元。

8月3日

其他 10.24 元。结存—112.76 元。

丢失大方给 12.00 元。结存—124.76 元。

收回熹竺衣裤20.30元。

白素〈清〉青黑色十包1.60元。结存—102.86元。

几天来给家生活垫买菜 4.00 元。

给大庆换药 1.00 元。

早点二次 1.00 元。

给大成 1.50 元。

收回大方借师傅 5.00 元。结存—105.86元。

8月4日

面包十个 1.30 元。结存—107.46 元。

8月8日

西红柿、茄子 0.60 元。

早点二次 0.96 元。结存—109.02 元。

8月10日

去孔廉家西瓜二个 2.13 元。

西红柿十斤 0.60 元。结存—111.55 元。

8月11日

西瓜一个 1.20 元。结存—112.75 元。

8月12日

给大成 3.40 元。

茄子 0.48 元。

猪肉 0.50 元。结存—117.13 元。

8月15日

林明八月份工资等(26 天)65.31 元。

存入储蓄每月扣 30.00 元。

西瓜 0.90 元。结存—82.72 元。

大庆工资 30.00 元。

给吕新 30.00 元。

大方八月份工资 54.00 元。

给吕新过日子20.00 元。结存—58.72 元。

9月1日

茶叶十一袋 1.10 元。

茶叶二两 0.90 元。

中华牙膏二支 1.28 元。

绿玉香皂一块 0.50 元。

小毛巾二条1.20元。

肥皂一块 0.21 元。

给家留买鸡蛋 5.00 元。

肥皂盒一个0.35元。

口罩一个 0.23 元。

白线一轴 0.22 元。

邮小包邮费 0.50 元。

陶然亭门票 0.05 元。

大料一包 0.20 元。

丝〈棉〉绵套一个 2.70 元。

虾皮、紫菜等 2.80 元。

大庆连衣裙花布八尺 3.36 元。

林明的确〈凉〉良六尺 6.18 元。

两件衣服手工 5.10 元。

又肥皂、洗衣粉 0.30 元。

给林熹竺邮布毛巾 0.92 元。

小白扣七个 0.14 元。

去家买西瓜、去吕家买菜 5.00 元。

口蘑一斤 2.30 元。

黄花一斤 1.53 元。

吉他弹奏二本 0.60 元。

粉丝二袋 3.00 元。

干黄酱一袋1.00元。

姜 0.14 元。

梨五斤 1.80 元。

林明裤料一米16.50 元。

试学日语一本 0.40 元。

杯套一个 0.80 元。结存—125.03 元。

林明吃饭、电影等杂用，从 8 月 16 日至 9 月 1 日共计 11.00 元。结存—136.03 元。

9月3日

猪肉一斤1.12元。

白糖一斤0.87元。

咸菜一斤0.36元。

酱油、盐各一斤0.27元。

茄子二次0.35元。

茶叶一袋0.79元。

面条三斤0.38元。

大庆照〈像〉相1.50元。

挂号二人0.10元。

林明药费3.90元。

二人烫头5.00元。

存车0.04元。

林明做裤子手工[费]2.34元。

西红柿0.45元。结存—151.70元。

9月5日

给大庆看电影，买茴子白菜1.00元。结存—152.70元。

9月7日

给大方〈另〉零用2.00元。

收回退灰条男筒裤一条13.40元。

给大成1.40元。结存—142.70元。

9月15日

大庆9月份工资等共47.50元。

林明9月份工资等共27日67.52元。结存—26.70元。

支熟肉1.00元。

面包三个0.27元。

豆角0.40元。

大庆团费0.40元。

扣还5月份前借互助金30.00元。

存入小〈贮〉储蓄30.00元。

给大庆5.00元。

染发露一瓶0.65元。结存—94.42元。

借回互助金20.00元。结存—74.42元。

9月17日

去忻县购梨二十斤3.00元。

大豆二斤1.30元。

大料0.30元。

木耳四两2.50元。

面包一个0.20元。

麻叶、老豆腐0.80元。

菠菜、葱0.20元。结存—82.72元。

9月18日

给大庆买菜等1.00元。

茄子、胡芹、冬瓜共1.07元。结存—84.79元。

9月19日

去繁峙吃饭0.30元。

瓜子五斤(0.70元)3.50元。

西瓜一个0.96元。结存—89.55元。

9月20日

花生米半斤0.80元。

腐干一斤0.48元。

猪油一斤1.15元。结存—91.98元。

9月21日

大成看病1.05元。

大成平〈荣〉绒及生活费4.00元。

大方表〈代〉带一支3.31元。

猪肉一斤1.15元。

花生米半斤0.80元。

腐干一斤0.48元。

大葱0.20元。

酱油一斤0.12元。

收回存款利息7.26元。

月饼四斤2.72元。

表把二个0.40元。

取出存款200.00元。

买梅花表一块(大方)200.00元。结存—99.75元。

9月23日

猪肉二斤2.30元。

虾片0.76元。

白糖半斤0.42元。

茴子白0.70元。

油八两0.69元。

味精0.37元。

西红柿十五斤1.88元。

照〈像〉相一张0.46元。结存—107.33元。

9月25日

大方工资47元。

给吕新家生活20.00

元。

给大方 26.00 元。结存—106.33 元。

9 月 27 日

给大庆买菜等 1.00 元。结存—107.33 元。

10 月 1 日

买菜等 2.00 元。

西红柿、豆腐 1.00 元。

油饼二次 1.00 元。结存—111.33 元。

10 月 15 日

林明 27 天出勤，工资补等共 67.52 元。

小〈贮〉储蓄 30.00 元。结存—80.81 元。

10 月 16 日

大庆裤料 1.1 米，10.93 元。

林明裤料 1.0 米，9.94 元。

紫菜 2.60 元。

牙膏二支 0.94 元。

干黄酱 1.00 元。

电影票共 0.50 元。

香油一瓶 3.30 元。结存—110.01 元。

10 月 18 日

大庆工资 42.20 元。

给大庆存入〈另〉零用 10.00 元。

饭票 2.00 元。

丸子 1.00 元。

油饼二次 1.00 元。

白菜 0.32 元。结存—82.13 元。

10 月 19 日

师傅借去(1981 年 2 月 2 日还)20.00 元。结存—42.13 元。

日语第三册 0.50 元。

老樊婚礼 3.00 元。

花生十斤 6.50 元。

油瓶一斤 0.50 元。

《阿里巴巴和四十大盗》0.73 元。

大庆买食品、小缸菜、油饼等共 7.20 元。结存—60.56 元。

10 月 24 日

大方工资 66.00 元。结存—22.13 元。

10 月 30 日

给吕新留家用 10.00 元。结存—70.56 元。

奶粉二袋 4.80 元。

大豆十斤 4.50 元。

油大豆二斤 1.60 元。

大梨十二斤 3.00 元。

苹果十三斤 3.25 元。

桔子五斤 1.75 元。

栗子四斤 2.00 元。结存—91.46 元。

11 月 1 日

大成〈兰〉蓝尼[龙]袜一双 2.20 元。结存—93.66 元。

书 0.37 元。

■■传 0.32 元。

大方买军大衣一件 30.00 元。

大成皮鞋一双 14.10 元。

垫家用 3.00 元。结存—141.45 元。

11 月 15 日

大庆 11 月份工资 42.20 元。

给大庆存及〈另〉零用 10.00 元。结存—109.25 元。

去兰州购物如下，奶粉二袋 6.00 元。

东郭大梨十二斤 3.18 元。结存—118.43 元。

11 月 16 日

苹果八斤 1.75 元。

炒大豆八斤 3.78 元。

油大豆二斤 1.60 元。

栗子 2.00 元。

香蕉、苹果五斤 1.60 元。

小桔子五斤 2.00 元。

大成尼龙袜一双 2.20 元。结存—132.18 元。

11 月 25 日

大方 11 月工资 49.00 元。

麦乳精二袋 2.30 元。

会费 0.60 元。

〈另〉零用 2.00 元。

结存－88.08元。

12月13日

从兰州回来至12月13日共花出购粮及生活等总数81.75元。结存－169.83元。

大庆12月工资及烤火费共59.20元。

〈交〉缴会费0.20元。结存－109.93元。

给大庆存入及〈另〉零用10.00元。结存－119.93元。

金鸡闹钟一只9.00元。

大成上衣一件19.80元。

大成裤料一件15.41元。

吕新裤料一件25.99元。

大庆的确〈凉〉良布一件7.30元。

水果糖7.50元。

广柑5.00元。

林明照〈像〉相四份3.00元。

奶粉二袋5.24元。

飞马烟十一盒3.08元。

枕套二对16.00元。结存－237.25元。

1981年

1月13日

吕新元月份工资等共81.70元。结存－149.81元。

给大庆买副食等1.00元。

白糖二斤1.72元。

酒四两0.44元。

豆芽0.20元。

酱油0.12元。

给奶奶寄10.00元。生活费及5元,共15.16元。

还欠公社10.00元。

肉馅二斤2.02元。

口袋布2.96元。

酱油、醋各一斤0.32元。结存－183.75元。

梨四个0.44元。

每袋一斤0.80元。结存－186.01元。

1—3季度奖金共31.50元。

四季度卫生费1.50元。

元月份工资(28天)69.68元。

〈交〉缴会费0.25元。

小〈贮〉储蓄30.00元。

12月份(30天)74.17元。

会费0.25元。

小储蓄30.00元。

会费二个0.50元。

小储蓄30.00元。

还前欠互助金30.00元。结存－69.29元。

1月14日

配眼镜一副14.70元。

白菜1.30元。

酒0.26元。

盐0.15元。

《山西青年》0.25元。结存－252.61元。

吕新给22.00元。

切面、豆芽1.00元。结存－231.61元。

1月15日

大庆工资43.20元。

给大庆上婚礼等15.00元。结存－41.09元。

取出1980年1—12月份储蓄360.00元。

利息8.31元。结存326.22元。

1月17日

发林明1980年烤火费16.00元。

〈交〉缴1978年4—12月共9个月房租21.93元。结存320.29元。

1月19日

给大成生活费2.00元。

钉子0.23元。

1月20日

辣酱二瓶1.20元。

油1.78元。

白菜等、豆芽1.30元。

油瓶一斤0.50元。

1月21日

酒三瓶(单价1.90元)5.70元。

面包0.45元。

馍二斤 0.50 元。

馍二斤 0.50 元。结存 305.31 元。

1月22日

豆芽 0.30 元。

酱油、醋各一斤 0.22 元。

腐干半斤 0.30 元。结存 312.46 元。

大方元月份工资等共 54.00 元。结存 359.31 元。

大方借给工资 20.00 元。

大方给师傅垫药钱 7.91 元。结存 331.40 元。

1月23日

丸子二斤 2.20 元。

大豆二斤 1.30 元。

卫星烟五盒 1.55 元。

白菜五十斤 3.00 元。

人造革一尺 1.30 元。

灯〈心〉芯绒十一尺 11.11 元。

给大成、油饼 1.50 元。

肉二斤 1.90 元。结存 307.54 元。

1月24日

油饼一斤 0.50 元。

豆腐 1.00 元。

给吕[新]〈另〉零用 1.00 元。

退回互助金(元月份)扣 30.00 元。结存 335.04 元。

二锅头酒二瓶 3.74 元。

大成去学校取箱子车钱 1.00 元。结存 330.30 元。

1月25日

竹叶青二瓶 3.12 元。结存 327.18 元。

1月26日

存入定期一年本利共 400.00 元。结存 −72.82 元。

红枣四斤 2.20 元。结存 −75.02 元。

味精二袋 0.72 元。结存 −75.74 元。

江米条二斤 1.76 元。结存 −77.50 元。

苹果 3.60 元。结存 −81.10 元。

1月28日

松花蛋十个 2.40 元。结存 −83.50 元。

林明饭菜票 4.55 元。结存 −88.05 元。

1月29日

给吕新日用 10.00 元。结存 −98.05 元。

买粮,共给吕新、买肉、腐干、糖等 40.00 元。

针一包 0.10 元。

白糖二斤、红糖一斤共 2.37 元。

食盐二斤、腐乳汁一斤共 0.72 元。

关东糖 0.30 元。结存 −120.98 元。

1月30日

收大方借出工资 20.00 元。结存 −100.98 元。

2月1日

大庆秋裤一条 3.85 元。

上衣一件 16.50 元。

车座一个 1.90 元。

电影介绍 0.10 元。

大豆一包 0.50 元。

香皂一块 0.71 元。

国画一张 0.50 元。

存车 0.04 元。结存 −125.14 元。

鸡一〈支〉只 3.40 元。

又一〈支〉只鸡 3.50 元。

牛肉 1.00 元。

水果 5.50 元。

酱油、洗衣粉、胶水、卫生费共 2.20 元。

牙膏、眼镜盒、菠菜共 1.87 元。

给大方买炮共 4.53 元。结存 −147.14 元。

2月3日

菜、姜、胡萝卜、豆芽共 1.50 元。

大庆工资共 42.30 元。

买香肠 2.00 元。

买菜等共 2.00 元。

给压岁钱五人加喜喜共11.00元。

买山楂片等1.00元。结存－122.34元。

2月4日

大庆〈另〉零用5.00元。结存－127.34元。

2月13日

给大庆买头油等1.00元。

大方送师傅元宵2.00元。

《山西青年》0.25元。结存－130.59元。

2月14日

存入定期储蓄100.00元。结存－230.59元。

补大庆烫头3.80元。

元宵2.00元。

杂志费(《山西青年》一年、《人才》一年)5.00元。

收吕新给5.00元。

八达岭一条3.10元。结存－239.49元。

香皂二块0.84元。

针一包0.57元。

美人杯四个1.40元。结存－242.30元。

2月17日

白菜3.00元。结存－245.30元。

2月18日

给大成买半导体20.00元。结存－265.30元。

林明2月份工资等共71.96元。结存－193.34元。

会费0.25元。

又购元宵、订鱼款2.00元。

大庆毛线一斤二两15.72元。

还大庆给家中买菜借5.00元。结存－216.31元。

2月23日

自行车一辆40.00元。

买菜等2.00元。

大方从大庆手中取去买书4.00元。

大成买香皂、肥皂、牙膏2.00元。

给大方买菜1.00元。

油饼、油糕0.75元。

饼干、苹果1.06元。结存－267.12元。

2月25日

大方工资等43.00元。结存－224.12元。

吕新借购粮10.00元。结存－214.12元。

2月26日

购粮120斤18.60元。

豆腐0.80元。

林明饭票5.00元。

给大成3.00元。

收回大方10月19日20.00元。结存－221.52元。

2月27日

奶粉一袋3.27元。

卫生纸四包0.64元。

蘑菇二桶0.70元。

云岗烟二盒1.25元。

补交1979年1—12月(每月4.08元)29.38元。结存－256.76元。

2月28日

山楂片五袋0.55元。

肉一斤1.20元。

香肠半斤1.50元。

味精二袋0.40元。

日语第三次一本0.50元。结存－260.91元。

3月1日

白糖二两1.76元。

小点心一斤0.76元。结存－263.43元。

收回大成上衣一件19.80元。

给大成2.00元。结存－245.63元。

3月3日

吕新给5.00元。结存－240.63元。

豆芽菜三斤半0.70元。

鸡蛋一斤1.30元。

白菜一斤1.24元。

《山西青年》二本0.50元。结存－244.37元。

3月6日

酱肉等2.50元。

梨3.00元。

豆芽0.40元。

吕新给1.00元。结存—249.27元。

3月7日

地动仪烟一盒0.29元。

酱油、醋各一盒0.22元。结存—249.78元。

3月8日

茶叶一两0.78元。

豆芽0.30元。

三猫烟二盒、火柴0.66元。

小点心0.88元。

胡芹给(林熹竺)0.20元。结存—252.60元。

3月10日

大方垫买酱油、菜、腐干1.00元。

猪肉1.20元。

白菜2.00元。结存—256.80元。

3月15日

大庆三月份工资43.20元。

给大庆5.00元。

大成生活费4.00元。

吕新给3.00元。

生肉馅一斤1.21元。

酱0.20元。

味精一袋0.36元。结存—205.83元。

3月16日

油饼一斤0.50元。

给大方买菜1.00元。

林明工资共58.66元。结存—148.67元。

扣出差欠款10.00元。

会费0.25元。

点心0.88元。

〈另〉零用0.20元。

存入100.00元。

〈交〉缴1980年1—12月房租29.38元。结存—289.38元。

吕新给10.00元。结存—279.38元。

给大庆买塑料盖1.00元。结存—280.38元。

3月17

给大方买语文[课本]1.00元。

豆芽菜及照〈像〉相1.00元。

油五两0.48元。

酱油三斤0.36元。

吕新给3.00元。结存—280.22元。

猪肉馅、菜等1.50元。

奶粉一斤3.27元。结存—284.99元。

3月25日

大方工资等(三月份)51.00元。

给大方〈另〉买菜15.00元。

二双布鞋8.80元。

大庆凉鞋一双3.30元。

吕新特利灵短袖衫11.10元。

酱菜等4.10元。

给刘金新奶〈络〉酪一盒5.00元。

小食品3.50元。

天坛香皂二块1.00元。

烫头4.00元。

东风过〈漏〉滤嘴二盒1.10元。

大庆上衣一件10.50元。结存—301.39元。

话梅糖一斤1.20元。结存—302.59元。

3月31日

给吕新买烟〈另〉零用10.00元。

收大方5.00元。

肉馅一斤1.20元。

小点心一斤0.88元。

购粮100[斤]粗票11.30元。

豆芽菜0.40元。结存—321.37元。

取存款400.00元。

利息2.05元。

大方借给秦进勇结婚300.00元。结存—376.18元。

豆腐0.80元。

给大成2.00元。

大方3.00元。结存—381.98元。

4月1日

大庆住院等10.00元。

苹果0.82元。结存—392.78元。

换秋裤腿0.45元。

紫菜二袋2.32元。

菠菜0.20元。

喜临门[1]一条3.40元。结存—399.15元。

4月12日

菠菜0.24元。

取末奖4.00元。

如意[2]二盒0.96元。结存—396.35元。

4月15日

给大方、大成买东西〈另〉零用4.82元。

大豆二斤1.16元。

肉馅一斤1.21元。

肥皂0.46元。

给大方报刊费等10.00元。

给大庆买菜2.00元。

大庆住院10.00元。

大庆〈交〉缴团费0.90元。结存—426.90元。

4月17日

喜临门四条13.60元。

大庆4月份工资38.30元。

有奖储蓄二张10.00元。

菠菜0.10元。

黑鞋油一支0.39元。结存—412.69元。

不锈钢勺二把1.08元。

苹果1.50元。

肉、韭菜0.65元。结存—415.92元。

4月21日

胡芹、腐干0.70元。结存—416.62元。

4月25日

林明4月份工资、补助共68.52元。结存—348.10元。

〈交〉缴会费0.25元。

去石家庄又买回如乙[级]一条、喜临门一条8.40元。

修秋裤及钉鞋后跟共1.00元。

咸菜1.50元。

扒鸡一〈支〉只6.50元。

给吕新过生活20.00元。

给大庆住院10.00元。结存—395.75元。

扣还出差欠款10.00元。结存—405.75元。

4月27日

白糖四斤八两4.16元。

奶粉一袋3.27元。

给大方买花卷、菜等5.00元。

带鱼五斤3.75元。

吃饭三次1.00元。结存—422.93元。

4月29日

瓜子0.40元。

扫帚一把0.50元。

蒜〈苔〉薹1.00元。

腐干0.50元。结存—425.33元。

5月3日

林明食堂饭票5.00元。

饼1.00元。结存—431.33元。

5月4日

发1980年6月—1981年2月9个月车补4.50元。

大方被里十五尺6.15元。

精孔雀六盒1.98元。结存—434.96元。

5月6日

书报垫2.30元。结存—437.26元。

5月18日

又去石家庄、保定，给家垫买生活用品及大成生活费等共20.00元。

给大方5.00元。

---

① 香烟品牌。

② 同上。

买线闸前后一副 4.46 元。

买〈晴〉腈纶裤二条 9.47 元。

茶叶 0.70 元。

花生豆一斤 1.20 元。

蜜枣一斤 0.78 元。

香皂 0.60 元。

垫药费 2.52 元。结存—481.97 元。

5 月 20 日

购粮 15.89 元。

买菜、凉粉等 0.60 元。

肥皂一条 0.56 元。

水萝卜 0.20 元。

茴子白 0.58 元。

油菜 0.20 元。结存—500.00 元。

5 月 28 日

洗衣粉二袋 1.20 元。

收回借给小秦结婚用 100.00 元。

定期 100.00 元。

大方五月份工资 29.00 元。

给大方 6.00 元。

林明工资、补助共 73.57 元。

扣还出差欠款 10.00 元。

莴笋 0.43 元。

会费 0.20 元。结存—415.26 元。

5 月 30 日

给吕新家及大成生活费 10.00 元。

给大方买饭票 5.00 元。

买菜票及黄瓜 2.00 元。

1981 年第二季度房租(4.08 元/月)。结存—432.26 元。

5 月 31 日

莴笋十五斤 1.70 元。

白糖二斤 1.64 元。

金鸡香皂二块 0.84 元。

粽叶、马〈连〉莲 0.70 元。

鸡蛋二斤 1.10 元。

给大庆 1.00 元。

黄瓜 0.50 元。结存—439.74 元。

6 月 1 日

车脚〈登〉蹬皮等 0.76 元。结存—440.50 元。

6 月 3 日

车支架一个、补〈带〉胎,〈按〉安脚架共 4.82 元。

油菜、莴笋 0.45 元。

红枣三斤 1.70 元。结存—447.47 元。

6 月 5 日

豆芽菜 0.30 元。

托人买白糖五斤 4.35 元。

又茴子白、莴笋 1.15 元。

给大成生活费 2.00 元。结存—455.27 元。

6 月 8 日

给吕新买裤料一条,口袋布及尼龙褡扣共 19.78 元。

冰糕 0.25 元。

吕新裤手工[费] 3.26 元。

凉粉、蒜、黄瓜 0.98 元。

给大庆 1.00 元。

电影票(《大佛》) 0.60 元。

染发水 0.82 元。

男背心二股筋 5.25 元。

奶粉 3.20 元。

菜 0.95 元。结存—491.36 元。

6 月 15 日

大庆 6 月份工资 39.56 元。

扣住院费 10.52 元。

交团费 0.30 元。

买衣裙共做衣、〈另〉零用 25.00 元。结存—495.36 元。

6 月 17 日

买菜四次共 4.00 元。

收林明推销奖金 288.12 元。结存—203.24 元。

6 月 23 日

收吕新给购粮 15.00 元。

购粮 12.42 元。

油饼 0.50 元。

鸡蛋三斤 3.15 元。

茴子白 0.18 元。

豆角二斤 0.32 元。

莴笋 0.32 元。

6 月 28 日

大方工资 6 月份 31.00 元。

锅刷三把 0.75 元。

肉二斤 1.60 元。

菜 0.42 元。

给大庆 0.20 元。结存—187.12 元。

7 月 1 日

（从 1980 年 6 月出差欠差旅费）

云岗烟四盒 1.00 元。

垫孔雀烟一条 1.10 元。

给吕新生活费 24.00 元。

饼干一斤 0.57 元。

给大庆 0.43 元。

买蒜、葱、西红柿 0.75 元。

白糖五斤 4.35 元。

收吕新给生活费 18.00 元。结存—201.32 元。

7 月 2 日

茴子白、豆角、西红柿 1.20 元。

鸡蛋前后五斤 5.25 元。结存—207.77 元。

7 月 3 日

林明食堂饭票 5.00 元。

凉粉、西红柿 1.00 元。

酱油 0.12 元。结存—213.89 元。

借给大庆 1.80 元。结存—215.69 元。

7 月 4 日

黄瓜 0.38 元。

洗衣粉一袋，肥皂一条，共 1.02 元。

买油一两 0.50 元。

绿豆二斤 1.20 元。

人民牙膏二支，药皂 0.96 元。

大米二斤 2.16 元。

食油一斤 0.80 元。

给吕新留 8.40 元。结存—231.01 元。

7 月 5 日

陈醋 3.36 元，酒 0.44 元，3.80 元。

给大方〈另〉零用 2.00 元。

给大庆 2.00 元。结存—238.81 元。

从长沙回太原收大庆 5 月和 7 月两个月工资（除病假）共 65.00 元。结存—173.81 元。

西瓜一个 0.75 元。结存—174.56 元。

7 月 16 日

苹果五斤 1.75 元。

袜子二双 3.20 元。

花生米一斤 1.20 元。

烟三盒、火柴 1.34 元。结存—182.05 元。

7 月 18 日

林明 6 月份工资等（27 天）68.02 元。结存—114.03 元。

〈交〉缴会费 0.25 元。

扣出差欠款 10.00 元。

扣还前欠互助金款 30.00 元。

茴子白 0.20 元。

油饼十个 0.50 元。

送万家丧礼 1.18 元。

西红柿 1.00 元。结存—157.16 元。

7 月 21 日

买粮 140 斤 20.67 元。

鸡蛋二斤 2.10 元。

肉 0.55 元，菜 0.65 元，共 1.20 元。结存—181.13 元。

大方看电影 0.54 元。

食油 0.88 元。

大成早点 0.50 元。

大辣椒、西红柿 0.40 元。

西瓜一斤 1.12 元。

奶粉一斤 3.27 元。结存—187.84 元。

7 月 24 日

大方 7 月份工资 46.00 元。

给大方 2.00 元。

林明又借回互助金 20.00 元。结存—119.84 元。

7 月 25 日

茴子白、黄瓜 0.70 元。

染发水、枕席 1.00 元。结存—121.54 元。

7 月 26 日

酱油三斤，醋三斤，0.66 元。

蒜五斤 0.75 元。

女鞋 2.90 元。

买西瓜 0.28 元。

黄瓜 0.20 元。结存—126.33 元。

7 月 27 日

酒半斤 0.55 元。

西红柿六斤 0.30 元。

大辣椒二斤 0.40 元。

黄瓜 0.20 元。

给大庆〈另〉零用 1.00 元。结存—128.78 元。

药皂一块 0.26 元。结存—129.04 元。

7 月 28 日

西瓜二个 2.20 元。

西红柿、辣椒 0.40 元。

大方〈交〉缴会费 1.00 元。

桃六个 0.20 元。结存—132.84 元。

7 月 29 日

油饼十个 0.50 元。

油饼八个 0.40 元。

买菜 1.40 元。结存—135.14 元。

7 月 30 日

鸡蛋一斤 1.05 元。结存—136.19 元。

精剑鱼一条 3.80 元。

出差长沙，大成上衣一件 13.10 元。

给大方买圆珠笔芯二十支 2.40 元。

林照〈像〉相 2.00 元。

袜子一双 1.40 元。

副食垫用 5.30 元。

茶叶二斤 8.20 元。结存—172.39 元。

8 月 1 日

卖出一套工作服 8.50 元。

西瓜、菜、油饼 8.50 元。

大成去介休花去 2.00 元。结存—191.39 元。

8 月 15 日

吕新给 10.00 元。

简孔雀一条 3.10 元。

议价白糖一斤 0.95 元。

茴子白 1.00 元。结存—169.44 元。

西红柿 0.50 元。

茄子 0.70 元。

南瓜二个 0.50 元。

玉米 0.40 元。

油饼 0.45 元。

瓜子 0.10 元。

给大方〈另〉零用 1.00 元。结存—173.09 元。

8 月 16 日

大庆八月份工资，除病假六天外，副福补[①]共 41.15 元。

郭改香婚礼 10.00 元。

大庆上灶等共 10.00 元。

送同事调离 1.15 元。结存—154.24 元。

8 月 18 日

鸡蛋三斤 3.20 元。

腐干 0.30 元。

酱肠 1.20 元。结存—158.94 元。

咸菜一斤 0.36 元。

大辣椒一斤 0.13 元。

林明 7 月份工资补共 58.08 元。结存—101.35 元。

还出差欠 10.00 元。

还 7 月 23 日借互助金 20.00 元。

会费 0.25 元。

白糖七斤 6.09 元。

8 月 19 日

蒜一斤 0.45 元。

---

① 副食品福利补贴的简称。

大辣椒三斤 0.42 元。

油饼六个 0.30 元。

林明买饭票 8.00 元。

给吕新生活费 10.00 元。结存—156.86 元。

茄子、南瓜 0.55 元。

玉米 0.72 元。

修车换辐丝 0.80 元。

8 月 21 日

职称本 0.50 元。

瓶塞十一个 0.20 元。

8 月 24 日

油饼 0.50 元。

又瓶塞一个 0.20 元。

豆角、南瓜 0.42 元。

8 月 25 日

又玉米 1.00 元。

冷烫液一份 0.77 元。

油饼二次 1.00 元。

给大庆 3.00 元。

收大方八月份工资 45.00 元。

〈交〉缴书费 15.00 元。

西红柿 2.00 元。

油饼六个 0.30 元。

西瓜 0.40 元。

豆角 0.40 元。结存—139.62 元。

收大方 8 月份工资 45.00 元。结存—121.52 元。

8 月 28 日

黑鞋油一支 0.39 元。

大成早点 0.30 元。

油 1.3 斤 1.50 元。

给大庆〈另〉零用 0.61 元。结存—142.42 元。

8 月 30 日

鸡蛋一斤 1.30 元。

梨 0.50 元。

盐、咸菜 0.35 元。结存—144.57 元。

9 月 1 日

大成〈代〉带 156 元去津暂时出差，看奶奶坐火车回，汽车 0.20 元。结存—144.77 元。

9 月 2 日

油饼十个 0.50 元。

桌架 6.00 元。

油饼八个 0.40 元。结存—151.47 元。

9 月 3 日

油饼六个 0.30 元。

茄子 0.55 元。结存—152.52 元。

瓜子 0.20 元。

给大庆买油剩下 0.20 元。

9 月 4 日

南瓜 0.30 元、豆角 0.42 元、黑线 0.20 元、牙刷 0.38 元、药皂 0.26 元，共 1.56 元。

小白菜、苗子白 0.15 元，月饼六斤 4.08 元，共 4.23 元。

9 月 5 日

又西红柿十斤 0.70 元。

猪肉三斤 3.00 元。

大葱 0.12 元。

给大庆 0.50 元。

鸡蛋二斤 2.30 元。

议价月饼二斤 2.00 元。

酱油二斤 0.24 元。

梨二十斤 3.30 元。

酒（二锅头）1.87 元。

西红柿十斤 0.70 元。结存—173.44 元。

9 月 9 日

油饼 0.50 元。结存—173.94 元。

9 月 14 日

吕新给家生活费 10.00 元。

交换大米二十斤，挂面五斤，4.75 元。

西红柿十八斤 2.15 元。

瓜子 0.20 元。

葡萄 0.36 元。结存—258.52 元。

9 月 15 日

大庆工资给家留 30.00 元。

给大庆照〈像〉相 1.00 元。

油饼 0.50 元。

9 月 16 日

酱油二斤、醋一斤，0.34 元。

腐干半斤 0.20 元。

茴子白 0.26 元。

石榴 0.27 元。

红茶一两 0.60 元。

豆角 0.40 元。结存—232.09 元。

9 月 18 日

给大庆 1.40 元。

油饼 0.70 元。

大辣椒 0.50 元。

茄子 0.30 元。

豆角 0.34 元。结存—236.10 元。

吕大成从津回来，给奶奶生活费 20.00 元。

姑、大爷、增新、奶奶点心 8.00 元。

帽子一顶 23.00 元。

鞋一双 25.00 元。

大成照〈像〉相 3.12 元。

9 月 21 日

给大庆买饭票 2.00 元。

钉大庆鞋 1.20 元。

味精一袋 0.36 元。

西红柿 0.45 元。结存—239.34 元。

9 月 22 日

酱油一斤 0.12 元。

油饼十二个 0.60 元。结存—240.06 元。

9 月 24 日

菜 0.50 元。

给大庆 1.00 元。

大方 9 月份工资，〈付〉副食补助 44.00 元。

肥皂一条 0.45 元。

电影五张 1.00 元。

结存—199.01 元。

9 月 25 日

林明给吕[新]10.00 元。结存—160.70 元。

9 月 26 日

大辣椒 0.68 元，黄瓜 0.56 元，共 1.24 元。

〈域〉碱面二斤 0.28 元。

林[明]午饭 0.40 元。

9 月 28 日

林明补发 8 月份工资等共 68.02 元。

扣出差欠款 10.00 元。

烟六盒 1.93 元。

菜 0.40 元。

豆角 0.40 元。

迎泽肥皂二条 0.92 元。

给大成买菜 1.00 元。

又大庆买饭菜票 5.00 元。结存—150.70 元。

又给大方 1.00 元。

梨 0.50 元。

盐 0.15 元，酱油 0.12 元，咸菜 0.24 元，共 0.51 元。

油一斤 0.80 元。

腐干 0.24 元。

萝卜 0.15 元。

9 月 29 日

鸡蛋四斤 4.60 元。

洗衣粉二袋 1.12 元。

香一支 0.14 元。

存车 0.06 元。

萝卜、冬瓜、豆角等 1.00 元。结存—182.82 元。

林明裤料一件 15.66 元。结存—198.48 元。

10 月 1 日

猪肉二斤 2.30 元。

豆角、黄瓜、茴子白共 2.50 元。

油饼十二个 0.60 元。

给大成、大庆共 3.00 元。

白菜 0.30 元。

酱油、醋各一斤 0.22 元。

味精一袋 0.37 元。

白萝卜 0.36 元。

西红柿 0.48 元。

莲菜 0.48 元。

花生米 0.42 元。

酒 0.65 元。

10 月 4 日

兰花豆 0.55 元。

辣椒面 0.38 元。

自行车内胎一条 2.86 元。

林明大衣料九尺 25.65 元。

拉锁一条 0.18 元。

白萝卜 0.36 元。

红薯 0.70 元。

大辣椒二斤 0.20

元。

茴子白0.19元。

油1.6斤,酱油2斤,醋1斤,共1.50元。

给大方买酒3.00元。

有机扣四个0.80元。

10月5日

购粮14.88元。

大白菜0.26元。

油饼(12个+11个)1.15元。

给大方买书夹1.00元。

给大成去取通知2.00元。结存—266.82元。

10月7日

黑绸及口袋布5.15元。

西红柿1.00元。

牙膏、药皂0.72元。

瓜子、辣椒0.35元。

宋天恩来家吃饭2.50元。

预收大方煤款12.50元。

吕新给家3.00元。结存—261.04元。

给大庆买菜票1.00元。

豆角六斤0.84元。

茴子白0.29元。

大白菜0.80元。

腐干、豆芽0.70元。

10月13日

牙膏0.30元。

鞋油0.39元。

金鸡香皂0.42元。

小粉面一斤0.52元。

猪肉二斤2.30元。

瓜子0.30元。

腐干、豆芽菜0.70元。

给吕新买烟1.00元。

10月14日

酱油二斤、醋一斤、油1.5斤,共1.54元。

头油一两0.50元。

染发水一瓶0.82元。

给大成0.18元。

林明出差呼市。

10月25日

大庆十月份工资等共43.20元。结存—230.44元。

买饭票6.00元。

笤帚二把0.90元。

擦脸油1.30元。

给大庆2.00元。

大方工资等共十月份45.00元。结存—190.24元。

在呼市给吕新买棉衣线■95尺7.79元。

〈兰〉蓝的卡8尺5寸17.00元。

95〈公分〉厘米〈兰〉蓝紧身衣一件12.00元。

纱巾2.13元。

瓜子十斤5.00元。

地〈胡〉葫[芦]3.00元。

有机扣一副1.08元。

鞋〈根〉跟片二副0.40元。

林明九月份工资(27天)共68.02元。结存—170.62元。

扣出差欠款10.00元。

支三合板二张29.00元。结存—209.62元。

大蒜二辫0.20元。

雪里蕻2.40元。

眼镜套等0.60元。

10月27日

苹果二十斤4.60元。

给大方0.20元。

大成吃饭0.50元。

油饼0.50元。

盐三斤、酱油一斤、油五两,共1.02元。

10月28日

收纱巾一块2.13元。

奶粉二袋6.58元。

给大成1.00元。

10月29日

芥菜四十斤2.00元。

西红柿0.20元。

盐、五香粉、味精、羊肉一斤共1.70元。

10月30日

豆腐1.5斤0.36

元。

给大庆、大方各2.00元。

胡萝卜三十斤1.20元。结存—233.55元。

10月31日

〈交〉缴1981年8—12月份五个月房租实〈交〉缴11.24元。

孔雀烟一条3.10元。

五台山烟一条2.50元。

11月2日

购11月份粮75斤，议价大米20斤，共19.93元。

吕新给10.00元。

大成上灶及车钱等7.00元。

猪肝0.80元。

生肉一斤1.15元。结存—269.27元。

11月3日

油饼十个0.50元。

11月4日

林明自行车〈另〉零件0.76元。

油饼十个0.50元。

小扣子六个(0.07元)0.42元。

11月5日

油饼二次1.00元。

11月8日

修车0.80元。

林明烤火费16.00元。结存—257.25元。

洗衣粉二袋、洗头粉一条1.30元。

油饼十个0.50元。

子母扣五个0.06元。

珍珠霜一袋0.86元。

给大成生活费2.00元。

11月12日

猪肉一斤1.15元。

腐干、姜0.60元。

柿子二斤0.40元。

胡萝卜三斤0.12元。结存—262.44元。

11月13日

收大成10月半月、11月加烤火费76.00元(其中月工资34.50元，烤火费16.00元，卫生0.50元，副食5.00元，粮差0.20元，自行车)。结存—192.44元。

11月14日

大方配药0.46元。

羊肉0.30元。

柿子0.40元。

给大成到校〈另〉零用2.00元。

酱油一斤0.12元。

味精0.36元。

猪肉一斤1.15元。

给大庆1.00元。

交《语文学习》1—6，1.80元。

11月15日

大成买书夹、书等5.50元。

听课及下乡生活4.00元。结存—209.53元。

收大庆11月工资及烤火费共59.20元。

扣花生十二斤7.20元。

白菜280斤8.64元。

粉条四斤2.12元。

11月16日

土豆五十三斤2.65元以上共扣，20.71元。

给大方0.80元。

11月17日

购粮15.25元。

苹果十斤1.60元。

皮鞋一双28.50元。

大成裤料及口袋布共19.91元。

大成〈另〉零用(做裤手工)3.60元。

大庆给李爱珍结婚上礼10.00元。

给大庆买饭菜票6.00元。

迎泽肥皂五条2.30元。

白糖四斤3.48元。

〈磨〉蘑菇二筒1.06元。

油饼一斤0.50元。结存—323.24元。

11月18日

林明出差去石家庄，火锅一只15.20元。结存—338.44元。

11月19日

吕新皮棉鞋一双14.80元。

花生米五斤 4.95元。

花生二斤、桔子二斤2.60元。

孙豪来家吃饭 2.00元。

给大成 2.00元。

给大庆 1.00元。

11月26日

猪肉一斤半 1.80元。

味精二袋 0.74元。

红枣 1.00元。结存—369.33元。

大方 11月工资副补共 45.00元。

林明 11月工资补助共 63.59元。

扣出差欠款 10.00元。结存—270.74元。

白〈磁〉瓷盘六个1.50元。

甜面酱五斤 0.95元。

豆腐 0.38元。

11月27日

油饼三次(三斤)1.50元。

议价大米 48.8斤,23.00元。

出差安阳市开配件公司会。结存—298.07元。

12月5日

老刚给帽子一顶23.00元。结存—275.07元。

豆腐 0.24元。

猪肉一斤 1.15元。

豆芽、腐干 0.50元。

油饼 0.50元。

去安阳买被里二床(7.5)15.00元。

桔子、花生 7.30元。

精喜临门一条,火柴一包共 4.50元。结存—304.26元。

12月7日

又油饼一斤 0.50元。结存—304.76元。

12月9日

猪肉一斤 1.20元。

大葱十一斤 2.00元。

12月12日

吕新给生活费10.00元。

油饼一斤 0.50元。

给大方报名 1.00元。

二次油饼各 1.2斤1.20元。

12月14日

大方给师傅买烟精孔[雀]五盒 2.20元。

酒一瓶 2.00元。

大成 12月工资基本34.50元,卫生 0.50元,〈付〉副补 5.00,共 40.00元。结存—264.86元。

大成买枕巾一条1.65元。

做裤子手工 3.50元。

书夹一个 3.25元。

书一本 1.05元。

12月15日

油饼一斤 0.50元。结存—274.81元。

大庆 12月份工资共44.70元。

林明 12月份工资共65.81元。结存—164.20元。

扣出差欠款 10.00元。

补〈交〉缴林[明]8—12月工会费 1.25元。

1980年各季防寒鞋一双 6.00元。

将大庆夜班费给她1.50元。

又给〈另〉零用(大庆)2.00元。

收吕新给存〈贮〉储蓄用金 100.00元。

给奶奶寄生活费及邮费 15.16元。

存入活期 100.00元。

购粮 100斤共 16.73元。结存—204.84元。

给大成生活费 6.00元。

豆腐、豆芽、醋共0.70元。

收吕新给家 10.00元。

豆腐十斤 2.40元。结存—203.94元。

12月20日

看病吃一日菜0.60元。

补大庆前买豆芽等0.60元。

12月22日

梨1.00元。

味精、酱油二斤，醋一斤，共1.34元。

领林[明]购粮本一个0.50元。

卫生纸四包0.64元。

12月25日

大方12月份工资46.00元。结存—162.62元。

12月26日

电影(《客从何来》)0.40元。

郁美净珍珠霜一袋0.86元。

油饼一斤0.50元。

给大方〈交〉缴学费及买球板等10.00元。

12月27日

青菜0.05元。

梨1.50元。

豆瓣酱0.47元。

蘑菇罐头六个(0.54元)，共3.24元。结存—179.64元。

虾片二盒1.36元。

豆芽0.20元。

日历一本1.20元。

豆芽0.20元。

给大庆买油饼0.50元。

12月28日

〈另〉零用0.10元。

12月29日

大庆买秋裤一条6.89元。

抓抓一个0.35元。

豆芽0.24元。

豆腐0.45元。

曲别针一盒0.18元。

苹果、梨共2.00元。

议价油2.5斤3.00元。

酱油、醋0.20元。

油饼二斤1.00元。结存—197.31元。

毛巾四条2.02元。

猪肉二斤、猪骨三斤，共4.20元。

精云岗二盒0.66元。

火柴一包0.20元。

12月30日

大成下乡生活费4.00元。结存—208.39元。

1982年

收预发林[明]九月份工资40.00元。

1月2日

四季度卫生费1.50元。

木炭一袋0.40元。

筷子一把0.63元。

电影票二张0.40元。

存车等0.10元。

豆芽菜0.20元。

食盐0.20元。

1月4日

大庆电影0.20元。

面包二个0.52元。

油茶一斤0.67元。

1月6日

红小豆五斤(0.55元)，2.75元。

黄豆六斤(0.50元)，3.00元。

鸡蛋二斤2.30元。

酱油二斤0.24元。

油饼二斤1.00元。

豆芽菜0.30元。

苹果1.20元。

香菜0.10元。

1月7日

瓜子0.10元。

给大庆订元月份牛奶(半斤)4.00元。

三种辣酱1.40元。

油饼二天1.00元。

大方牛奶二天0.34元。

小饼十个0.40元。

1月10日

油五斤4.75元。

豆芽二斤0.20元。

1月11日

红布四尺1.76元。

白菜1.00元。

肉1.15元。

裤扣0.04元。

牛奶半斤0.17元。

1月12日

白糖三斤、红糖一斤，共3.24元。

又白菜(0.055元)

0.60元。

熟醋一瓶0.42元。

西红柿酱一筒1.18元。

变蛋四个0.88元。

小油酥饼十五个0.60元。

白菊[1]一块0.51元。

牙刷三把0.51元。

1月13日

豆芽菜二斤0.30元。

油茶一斤0.67元。

蘑菇碎片二筒0.61，1.22元。

孔雀五盒2.05元。

香菜、姜共0.20元。

松紧带十尺0.30元。

油饼十二个0.60元。

给大方买铅笔一支0.10元。

冷烫液一瓶0.90元。

给大庆买奶及〈另〉零用0.60元。

酱油二斤，盐0.32元，0.56元。

1月14日

大成元月份工资40.00元。

大庆元月份工资44.10元。

吕新元月份工资81.70元。

支给大成元月份生活费20.00元。

支奶奶元月份生活费20.30元。

支给大庆夜班费0.90元。

四号烟共7.32元。

1月15日

大方元月份工资等44.00元。

林明元月份工资补助共(28天)70.54元。

又冷烫水及补助等1.30元。

存入活期150.00元。

给二老杜出丧礼0.92元。

1月17日

手帽0.30元。

白酒二斤2.70元，青梅酒1.40元，太原大曲2.48元，山〈渣〉楂酒1.45元，共8.03元。

洗衣粉二袋1.12元。

茶叶一袋0.70元。

胡椒粉0.12元。

图钉0.36元。

麦芽糖0.40元。

大成给团委书记闫××上结婚礼5.00元。

油饼二斤1.00元。

1月18日

猪肉22.5斤，25.30元。

牛奶半斤0.17元。

郁美净珍珠露一袋，存车1.00元。

二月份牛奶一斤28天共8.96元。

胡芹0.50元。

菠菜0.30元。

莲菜1.50元。

牛肉2.60元。

酱肉3.80元。

蛋卷2.50元。

小肚一个2.30元。

香菜0.15元。

1月20日

买粮152斤27.50元。

牛奶半斤、存车共0.20元。

粉面二斤1.04元。

茶叶0.76元。

1月21日

油饼一斤0.50元。

小董住房〈交〉缴房租三个月13.00元。

1月22日

取活期存款50.00元。

油饼十二个0.62元。

鸡一〈支〉只3.70元。

〈炮〉爆竹3.00元。

酱油、竹笋、味精、咖喱粉等共10.42元。

白菜0.33元。

少锋结婚上礼20.00元。

---

① 香皂品牌。

蓝吉列一片0.10元。

腐干二斤1.00元。

1月23日

收大庆奖金15.00元。

买鞋一双20.50元。

又取存款50.00元。

支红双喜一条13.20元。

豆芽0.50元。

油豆腐二斤1.40元。

牛奶半斤0.17元。

菠菜0.40元。

头油一两0.50元。

大成捎带鱼四斤3.20元。

1月25日

炮0.81元。

太原大曲一瓶2.48元。

青梅一瓶1.40元。

收回建萍烟3.71元。

柿饼二斤1.00元。

又炮1.00元。

可口香1.80元。

〈另〉零用0.20元。

林楠、林田压岁各5.00元,共10.00元。

牛奶二天0.34元。

《蛇》四张0.80元。

牛奶二天0.34元。

2月1日

火柴一包0.20元。

茶叶二袋1.40元。

邮票0.05元。

汽车0.10元。

垫药费共(林明)5.51元。

2月3日

收回青梅酒一瓶1.40元。

白菊一块0.54元。

红果酒一瓶1.39元。

收退回互助金及利息共20.43元。

2月4日

油酥饼五个0.20元。

带鱼五斤3.30元。

2月5日

元宵二斤2.00元。

油饼十个0.50元。

2月7日

做二条裤手工6.00元。

口袋布二尺1.88元。

鸡蛋挂面一斤0.68元。

给大方看病挂号0.10元。

2月8日

油条0.50元。

给大成加生活费(二十斤粮)5.00元。

取出活期存款(买毯子二条)130.00元。

毯子二条(61.70元)共123.40元。

电影(《李慧娘》)一张0.20元。

油条一斤粮票0.60元。

大庆电影(《哑女》)0.30元。

珍珠霜一袋0.86元。

2月9日

给大庆买卫生纸等1.20元。

2月10日

白菜、香菜共1.33元。

白糖五斤4.35元。

熏醋一斤0.42元。

酱油二斤0.24元。

点心1.95元。

2月12日

茶叶一袋0.70元。

棉维布八尺3.92元。

伤湿膏五袋0.35元。

存车0.10元。

红枣一斤0.35元。

胡萝卜0.34元。

油二斤半2.00元。

鸡蛋二斤2.30元。

2月13日

吕新2月份工资补助菜81.70元。

还公社前欠款5.00元。

挂号、证明、存车0.12元。

梨1.00元。

棉花二个人号1.46元。

给奶奶生活费15.16元。

给吕新生活备用10.00元。

信封、烟二盒等0.90元。

2月14日

伤湿膏二大袋0.50元。

2月15日

大庆2月份工资补助共45.30元。

支夜班费给大庆2.10元。

给大方(买药等)医生5.00元。

2月16日

吕新布鞋一双4.06元。

味精(武汉)二袋0.60元。

白菜0.42元。

酱油0.12元。

2月17日

点心一斤0.78元。

2月19日

葵花五斤2.50元。

豆芽菜0.16元。

茶叶一袋0.88元。

精孔雀二盒0.88元。

大成2月份工资等共40.00元。

订《新华文摘》到12月共9.00元。

2月20日

油四斤3.20元。

胡萝卜0.32元。

西红柿酱罐头二筒1.52元。

酱油一斤0.12元。

菜0.10元。

茶叶二袋1.40元。

麻叶0.60元。

2月22日

精孔雀二盒0.88元。

给大成生活费(第一次)11.00元。

2月23日

洗衣粉一袋0.56元。

花椒、大料0.30元。

江米条0.89元。

豆芽0.20元。

孔雀0.82元。

方便面二包0.42元。

小食品0.22元。

2月24日

大成购买鸡松等食品5.00元。

大庆秋裤等5.00元。

2月25日

山楂酒一瓶1.45元。

饼子五个0.30元。

孔雀五盒2.05元。

林明二月份扣还10.00元。

2月26日

大方二月份工资粮〈附〉福补共47.00元。

存入生活结存(其中有奖10.00元),共60.00元。

林明2月份工资(■天)80%计46.40元。

扣还出差欠(林明)10.00元。

2月27日

交3月份牛奶费9.92元。

黄豆芽0.20元。

梨1.00元。

挂号药费共1.08元。

点心0.72元。

2月28日

大方看病药费0.65元。

精孔雀二盒0.88元。

3月1日

豆芽一斤0.20元。

黑鞋油一支0.37元。

瓜子0.10元。

又精孔雀二盒0.88元。

腐干0.30元。

交启连堂代购被面36.00元。

3月2日

给吕新买梨及烟5.00元。

蜡烛二支0.20元。

酱油、醋、盐0.50元。

腐干0.24元。

珍珠霜等1.00元。

豆芽0.20元。

3月3日

购粮116斤16.69

元。

生肉一斤 1.20 元。

黄豆芽一斤,腐干共 0.57 元。

大庆电影 0.30 元。

3 月 5 日

桃酥一斤 0.80 元。

补林明工资 2.34 元。

收回交启连堂代购被面 36.00 元。

丫梨 1.05 元。

腐干、豆芽 0.70 元。

鸡蛋 1.30 元。

胡芹 0.35 元。

简孔雀二盒 0.81 元。

3 月 6 日

腐干、豆芽 0.72 元。

给大成生活费(第二次)10.00 元。

胡芹、豆芽、西红柿酱 0.80 元。

腐干、烟 0.94 元。

3 月 7 日

枕巾二条 3.04 元。

铁锅一口 0.98 元。

酒 1.85 元。

花生米 0.26 元。

铁铲一把 0.38 元。

存车 0.04 元。

给大庆 1.60 元。

3 月 8 日

精孔雀二盒 0.88 元。

味精二袋 0.60 元。

挂面一斤 0.68 元。

电影(《白奶奶醉酒》)0.20 元。

3 月 9 日

点心一斤 0.68 元。

豆芽 0.20 元。

白菜 0.29 元、菠菜 0.20 元、腐干 0.22 元,共 0.71 元。

酱油二斤 0.24 元。

3 月 10 日

早点 0.60 元。

胡芹 0.30 元,豆芽 0.32 元,腐干 0.44 元,共 1.06 元。

给大方(去李伟家)5.00 元。

清瘟 0.80 元,青菜 0.70 元,共 1.50 元。

3 月 12 日

方便面三袋 0.30 元,共 0.90 元。

西红柿酱一筒 0.64 元。

瓜子、苹果 0.33 元。

红葡萄酒一瓶 1.25 元。

大庆、林明看病挂号 0.10 元,化验证明,共 0.85 元。

汽车票来回 0.40 元。

精孔雀二盒 0.88 元。

点心 0.80 元。

3 月 13 日

吕新 3 月份工资补助共 81.70 元。

扣三个月房水电 11.76 元。

扣前欠公社款 30.00 元。

鸡蛋一斤 1.25 元,油饼 0.50 元,共 1.75 元。

腐干 0.50 元,芽菜 0.20 元,苹果 0.50 元,共 1.20 元。

给吕新买烟等 6.00 元。

大成工资 40.00 元。

给大成生活[费]10.00 元。

3 月 14 日

白萝卜、姜 0.20 元。

给奶奶寄生活费(三月份)15.16 元。

3 月 15 日

大庆 3 月份工资补助共 43.20 元。

鸡蛋挂面一支 0.68 元。

3 月 16 日

苹果三斤 1.00 元。

卫生纸二包 0.32 元。

点心 0.60 元。

腐干、芽菜 1.20 元。

油条一斤 0.60 元。

3 月 17 日

白菊、庆丰、洗衣粉各一,共 1.35 元。

垫大庆住院药费 11.94 元。

挂号费、本共 0.30 元。

垫林明药费 7.50 元。

烤电十次挂号,建议书共 0.55 元。

白菜 1.00 元。

胡萝卜 0.24 元。

西红柿一瓶 0.40 元。

又鸡蛋一斤 1.25 元。

捐儿童福利基金 1.00 元。

发信 0.05 元。

3 月 18 日

苹果三斤 1.00 元。

瓜子 0.50 元。

大成布鞋 4.00 元。

3 月 19 日

猪肝一斤 1.60 元。

方便面四袋 1.32 元。

给大庆〈另〉零用 1.00 元。

猪肉一斤多 1.30 元。

盐菜半斤 0.20 元。

油三斤半 2.80 元。

酱油二斤 0.24 元,盐 0.15 元,共 0.39 元。

菜 1.40 元。

梨 1.00 元。

豆芽 0.20 元。

大方理发 0.40 元。

又垫林明药费 1.31 元。

3 月 20 日

腐干 0.50 元。

白布四十七尺 20.12 元。

苹果 3.00 元。

鸡蛋二斤 2.40 元。

韭菜 0.18 元。

豆芽、腐干 0.70 元。

腐干、豆芽 0.70 元。

林明三月份扣还 10.00 元。

3 月 22 日

白菜 0.88 元,韭菜 0.15 元,共 1.03 元。

3 月 23 日

茶叶 0.70 元。

酒 0.27 元。

3 月 25 日

大方三月份工资等共 47.00 元。

西红柿酱一瓶 0.40 元。

给吕新买菜等 1.00 元。

大庆买医院饭票 2.60 元。

李广买电视机借去 20.00 元。

猪肉一斤 1.15 元。

鸡蛋三斤(1.15 元/斤)3.45 元。

酱油二斤,味精一袋,共 0.52 元。

3 月 26 日

西红柿一筒 0.64 元。

腐干半斤多 0.30 元。

给大庆 0.50 元。

3 月 27 日

孔雀二盒 0.82 元。

豆芽二斤 0.40 元。

染发水一瓶 0.80 元。

大庆麦乳精一袋 1.17 元。

3 月 28 日

大庆、白糖三斤半、点心,共 3.58 元。

苹果四斤 0.40 元,共 1.60 元。

腐干半斤,芽菜二斤,0.70 元。

3 月 29 日

取两张定期存款利息 11.58 元。

取存款(河西银行)200.00 元。

李广买电视机借去 100.00 元。

大庆每日油饼二个,五天 0.50 元。

3 月 30 日

点心 0.88 元。

给大成生活费 10.00 元。

给大成买电大书 15.00 元。

肉一斤 1.15 元。

孔雀一条 4.10 元。

菠菜 0.36 元。

黄豆芽 0.20 元。

交林明 1—6 月房租 24.48 元。

四月份奶费一斤 9.60 元。

给吕新〈另〉零用 2.00 元。

早点油条 0.90 元。

给大庆买桔子、红薯 1.06 元。

3 月 31 日

大庆去看病、转钱、体温表,1.10 元。

二人早点老豆腐共 0.57 元。

擦脸油 0.57 元。

垫大庆山一[1]化验肝功 1.30 元。

又给大方垫鹿角胶 1.40 元。

给大方〈另〉零用 1.00 元。

方便面五袋 1.65 元。

腐干 0.30 元。

交刘秀娟购煤二吨 25.20 元。

林明领户口本一个 0.35 元。

酱油二斤,醋一斤,0.34 元。

辣椒末一袋 0.19 元,胡辣粉 0.32 元,共 0.56 元。

4 月 1 日

领粮本 0.21 元。

腐干 0.30 元,豆芽 0.20 元,共 0.50 元。

山大看病车钱 0.40 元。

油饼三天六个 0.30 元。

4 月 3 日

桔子水、杨梅各一,1.85 元。

大庆饭票 5.00 元。

菠菜 0.67 元。

韭菜 0.15 元。

原师傅买电视机借去的款收回 20.00 元。

4 月 4 日

油饼 0.10 元。

给大庆早点 1.00 元。

4 月 5 日

酱油二斤,腐干、豆芽等 1.00 元。

收回交刘秀娟购煤款 25.20 元。

4 月 7 日

腐干、豆芽 0.70 元。

电影票四人(给大方)0.80 元。

苹果 2.00 元。

大葱 0.30 元。

4 月 8 日

豆芽 0.20 元。

肥皂二条 0.92 元。

肝半斤、腐干一斤,饼子五个,共 1.68 元。

4 月 8 日

补给大成生活费 6.00 元。

菠菜二次 0.26 元。

给大方〈另〉零用 5.00 元。

给大方买军褂一件 15.00 元。

4 月 9 日

豆芽 0.20 元。

大庆买医院菜票 2.00 元。

苹果 1.61 元。

4 月 11 日

茶叶 0.70 元。

烟 0.44 元。

扣子 0.26 元。

润面油、洗衣粉 0.62 元。

存车、电影 0.32 元。

给吕新买墨汁 0.50 元。

4 月 12 日

大庆去结核病院车钱二人 0.50 元。

挂号证明书 0.20 元。

垫化验费 0.60 元。

4 月 13 日

桔子水一瓶,白糖一斤,共 0.32 元。

胡萝卜、莲菜 0.67 元。

林明午饭 0.50 元。

给吕新开会吃饭等 2.00 元。

酱油二斤 0.24 元。

大光(精)一条 4.70 元。

林明领粮本一个 0.18 元。

还公社前欠之款(准备还 15.00 元),20.00 元。

---

① 山西省第一人民医院。

给吕新家用(买烟4.10元)5.00元。

又给吕新(还另借3.00元)5.00元。

284 鸡蛋二斤半2.88元。

4月14日

收吕新四月份工资共81.70元。

认购国库券15.00元。

林明补9月份未发工资部分23.59元。

林明4月份工资(按80%病假发)共48.74元。

扣还借款(出差欠款)10.00元。

扣1982年1—3月会费0.75元。

馒头0.50元,肉1.00元,共1.50元。

报回1—6月房租的4%,9.79元。

给大方〈交〉缴会费1.00元。

给奶奶生活费15.16元。

又老肖代购鸡蛋二斤2.40元。

购粮17.85元。

议价南方大米十斤3.80元。

豆包十个0.70元。

菠菜及大葱0.35元。

4月16日

肉松二袋1.26元。

榨菜0.20元。

蛋卷一袋0.50元。

给大庆购菜票3.00元。

火柴一包0.20元。

挂号等钱0.25元。

垫大庆化验0.90元。

4月17日

紫菜一袋二两1.80元。

林明食堂粮菜票5.00元。

腐干、豆芽0.70元。

4月18日

花生米半斤0.70元。

猪肉罐头一瓶1.05元。

垫〈代〉带大庆去结核病院照片5.00元。

车钱0.40元。

大成四月份工资及给家0元。

大庆四月份工资补助36.41元。

给大庆〈另〉零用2.00元。

牛奶一斤0.34元。

4月20日

大方看病挂号、打针、存车0.17元。

苹果六斤3.00元。

油三斤半、酱油二斤、辣椒油、面共1.66元。

4月21日

鸡蛋五斤6.25元。

暖水袋一个4.96元。

给大庆买鱼、桔子罐头各一个2.93元。

代大庆车钱0.40元。

挂号、化验0.15元。

牙膏二支0.79元。

4月22日

给大方〈另〉零用(小崔)4.00元。

菠菜三次共0.38元。

4月23日

给大庆买鱼罐头二瓶2.78元。

什锦软糖二袋0.40元。

大方四月份工资等共48.00元。

借给师傅(梁)40.00元。结存60.27元。

4月24日

给大庆买什锦果酱一瓶1.56元。

桔子水一瓶2.05元。

处理梨罐头七瓶3.50元。

给大庆买早点四次0.40元。

〈代〉带大庆去结核病院车钱二人0.40元。

挂号证明0.10元。

冰糕二次0.20元。

辣酱一瓶0.90元。

给大庆照〈像〉相

2.00元。

苹果2.20元。

菠菜、蒜〈苔〉薹0.60元。

小葱0.10元。

瓜子0.10元。

4月26日

林明四月份工资等80%共53.29元。

会费0.25元。

扣出差欠款10.00元。

补蒸馍二斤0.50元。

4月28日

馍一斤、豆包一斤,共0.85元。

菠菜、蚕豆0.55元。

油、大豆粉0.56元。

4月29日

小葱0.20元、韭菜0.30元、胡芹0.30元、瓜子0.20元,共0.90元。

苹果2.75元。

■肉罐头1.28元。

桂粉0.87元。

给苗伟民婚礼10.00元。

4月30日

黄瓜0.70元,莲菜1.10元,共1.80元。

馍二斤0.50元,油条、酱油1.00元,共1.50元。

精粉挂面五斤0.35元,1.75元。

凉粉、午饭0.30元。

5月1日

〈交〉缴五月份牛奶一斤9.92元。

面包六个1.20元。

猪肉一斤1.20元。

味精二小袋0.40元。

酱油一斤0.12元。

洗衣粉一袋0.56元。

苹果五斤2.25元。

豆罐头一瓶1.36元。

火柴0.04元。

卫生球0.40元。

孔雀二盒0.82元。

5月4日

黄瓜、水萝卜、菠菜1.00元。

后闸0.88元。

河西医院桃桃借去10.00元。

买炭一车10.00元。

水果糖0.20元。

大成四月份工资除生活费外给20.00元。

垫药费等1.20元。

退回面包五个1.00元。

取出定期存款100.00元。

支给大方去北京开会100.00元。

给大庆买早点0.20元。

馍一斤0.25元。

白糖二斤1.74元。

好醋0.20元。

花生米0.33元。

林明四月份扣出差欠款10.00元。

5月7日

给大庆买医院饭票5.00元。

给大成补生活费5.00元。

医院桃桃还10.00元。

豆包五个,馍五个,共0.55元。

瓜子、花生米0.50元。

黄瓜0.50元。

给大庆买早点二次0.20元。

虾皮0.72元。

5月8日

黄瓜0.70元。

苹果五斤2.75元。

大豆0.70元。

鱼2.00元。

5月9日

给吕新2.00元。

油饼0.50元。

大庆早点0.20元。

馍二斤0.50元。

豆包五个0.30元。

5月10日

馍二斤0.50元。

交老纬买煤25.00元。

5月11日

给大庆买油饼0.10元。

菠菜0.07元。

马斌给买大米五十斤9.00元。

肝、丸子1.00元。

白玉牙膏、珍珠霜1.05元。

5月12日

买酱油等1.00元。

青豆、黄瓜0.77元。

豆包十个0.70元。

5月13日

油小饼十个0.40元。

茶叶一袋0.48元。

瓜子、菠菜0.25元。

5月14日

馍0.25元、豆包0.18元,共0.43元。

牛肉罐头2.28元。

肥皂一条0.46元。

吕新工资81.70元。

取解放路定期有奖50.00元。

取五一路定期有奖10.00元。

取河西银行定期有奖10.00元。

馍一斤二两0.37元。

5月15日

大庆与我二人午饭0.54元。

植物肉二袋0.48元。

虾皮一袋0.75元。

花生仁0.70元。

林明五月份工资等共64.48元。

扣出差欠10.00元。

会费五月份0.25元。

收购煤退回2.00元。

林明五月份扣出差欠款10.00元。

5月16日

大庆五月份工资34.98元。

扣大庆国库债10.00元。

购铁锚26车一辆199元。

给吕新10.00元。

油饼十个0.50元。

牛奶半斤0.17元。

苹果2.10元。

桔粉一袋0.87元。

瓜子1.00元。

馍一斤0.25元。

猪肉1.20元。

5月17日

给奶奶寄生活[费]15.20元。

5月18日

馍一斤、豆包十个0.85元。

黄瓜0.31元、炸大豆0.58元,共0.89元。

植物肉五袋1.20元。

早点油饼一斤0.50元。

5月19日

报回林明医药费37.23元。

油饼二次1.00元。

大方买菜、酱油、醋等1.00元。

床围2.93元。

午饭0.30元。

小乔借去10.00元。

5月22日

黄瓜、洋葱、水萝卜、小葱,共1.20元。

葱、小饼子六个,共0.24元。

大成理发0.10元。

洗衣粉、肥皂1.02元。

给大庆2.00元。

盖厨房吃饭二顿10.00元。

油二斤半1.00元。

虾皮一斤1.40元。

黄瓜、油菜0.45元。

馍0.25元。

5月25日

背心二个4.44元。

袜子一双2.06元。

凉水杯2.36元。

电影、冰糕〈另〉零用1.34元。

梁师傅还4月份借40.00元。

借梁师傅5月份19.00元。

取出活期存款69.00元。

借入大方6.00元。

购飞鸽33型26寸车一辆179.00元。

借入大成21.00元。

借入吕新5.00元。

借入老纬20.00元。

借入老马斌 20.00元。

5月26日

冰糕0.10元。

大方5月份工资51.00元。

扣国券15.00元。

裤一条23.40元。

凉席二个2.40元。

5月27日

给大庆生活5.00元。

桔子罐头一瓶1.57元。

馍一斤0.25元。

茴子白、小葱0.47元。

水萝卜、洋葱、莴笋2.09元。

5月28日

油饼0.50元。

馍二斤0.50元。

白糖三斤1.74元。

酱油二斤0.24元。

味精一袋0.45元。

黄瓜0.35元。

5月29日

馍二斤0.50元。

生肉1.20元。

胡芹、黄瓜、西〈胡〉葫[芦]共0.80元。

5月30日

馍一斤0.25元。

莴笋、黄瓜0.92元。

冰糕十支0.50元。

又铁锚26车一辆199.00元。

借入李广(杜爱静120元)200.00元。

小秦、程志刚90.00元。

小门100.00元。

5月31日

馍三斤0.50元。

小葱、莴笋0.61元。

给大庆买早点麻叶0.60元。

6月1日

黄瓜0.35元。

6月2日

还李广(杜爱静)120元。

茴子白0.45、黄瓜0.35元、莴笋0.45元,共1.25元。

吕新买烟等6.40元。

油饼一斤0.50元。

给大方买锁等5.00元。

收回还李广70.00元。

还小门100元(清)。

6月3日

油饼十个0.50元。

油菜、西〈胡〉葫[芦]0.50元。

馍一斤0.25元。

蒜六两0.30元。

大方凉鞋一双13.60元。

车锁3.59元。

果酱一瓶0.90元。

〈另〉零用1.91元。

酱油二斤,醋一斤0.34元。

馍二斤0.50元。

给大庆买医院粮票2.00元。

6月5日

馍二斤0.50元。

黄瓜、茴子白1.00元。

馍二斤0.50元。

给吕新买烟等1.00元。

大方给刘德二上婚礼20.00元。

大方给车永奇上婚礼20.00元。

收回还李广50.00元。

6月7日

茴子白0.59元。

6月9日

馍二斤0.50元。

孔雀三盒1.23元。

换刀一把0.80元。

给大方还购车1.00元。

粽叶0.90元。

6月10日

黄瓜0.40元。

油饼1.5斤0.80元。

大蒜二斤0.50元。

西〈胡〉葫[芦]0.41元。

锅扣、存车0.11元。

6月12日

吕新六月份工资81.70元。

扣房租水电 8.99 元。

收回铁锚自行车 199.00 元。

还李广 200.00 元(清)。

油四斤、醋一斤、酱油一斤、盐一斤,共 3.57 元。

孔雀烟二盒 0.82 元。

借入吕新 5.00 元。

还吕新 5.00 元。

还欠老纬款 20.00 元(清)。

购粮 108 斤 15.65 元。

给吕新购烟等〈另〉零用 2.60 元。

馍二斤 0.50 元。

6 月 13 日

洗衣粉二袋 1.12 元。

肥皂二条 0.92 元。

纸烟二盒 0.82 元。

给大方买桔子粉等 1.00 元。

菜、黄瓜等 1.10 元。

馍二斤 0.50 元。

给大庆住院购饭票 5.00 元。

江米二十斤 9.20 元。

6 月 14 日

六月份奶钱 9.60 元。

马莲 0.20 元。

大葱 0.15 元。

馍二斤 0.50 元。

6 月 15 日

林明六月份扣出差欠款 10.00 元。

6 月 17 日

大庆工资 34.98 元。

裤料一条 11.22 元。

窗巾三条 15.00 元。

大方给和平买东西共用(上衣)30.00 元。

蒜二斤 0.50 元。

馍二斤 0.50 元。

红枣三斤 1.56 元。

豆角 0.25 元。

黄瓜 0.50 元。

油饼 0.25 元。

林明工资卫生费 69.32 元。

扣出差欠款 10.00 元。

会费 6 月、7 月共 0.50 元。

奶奶六月份生活费 15.16 元。

大庆代用(买凉鞋一双等)8.78 元。

又给吕新购烟等 5.00 元。

酱油、醋 0.34 元。

6 月 19 日

饼子五个 0.50 元。

水果什糖 2.30 元。

桔子粉 1.20 元。

垫林明药费 6.50 元。

啤酒三瓶 1.30 元。

又啤酒二瓶 1.40 元,老衣家来,点心 3.10 元、糖 2.60 元、巧克力 1.59 元、梨 1.30 元、肉 0.60 元、瓜子 0.50 元、棉花糖 0.45 元,共 11.54 元。

6 月 21 日

冰激凌 0.30 元。

回访点心二斤 1.80 元。

水果罐头二瓶 2.62 元。

葡萄酒一瓶 3.28 元。

山楂酒一瓶 1.49 元。

黄瓜 0.55 元。

茴子白、西〈胡〉葫[芦]、莴笋共 0.57 元。

红枣三斤 1.00 元。

味精一袋 0.36 元。

6 月 25 日

大方 6 月份工资 49.00 元。

小董交来房租 13.00 元。

还 5 月份借入大方师傅 19.00 元(清)。

醋、酱油各一斤,葱 0.32 元。

补换纸烟 0.24 元。

鸡蛋二斤半 2.88 元。

请孙师傅吃饭,松花二人,共 0.24 元。

生肉 1.80 元。

熟肉 2.30 元。

大蒜二斤 0.56 元。

大庆做裤子手工[费]2.74元。

茴子白0.23元。

瓜子0.50元。

给李广买麦乳精一〈筒〉桶3.36元。

大成理发0.28元。

报回大庆药费20.64元。

6月28日

大方二人看电影0.60元。

西红柿、黄瓜0.77元。

油饼八个0.40元。

西红柿0.20元。

酱油二斤、醋一斤0.34元。

6月29日

补车袋0.50元。

冰糕0.10元。

大方二人去玩买鞋油等2.60元。

肥皂、洗头粉1.00元。

黄瓜、西红柿0.85元。

馍八个0.40元。

7月1日

馍二斤0.50元。

西红柿三斤0.30元。

豆角0.36元。

7月2日

茴子白0.20元。

西红柿五斤0.50元。

火柴一包0.20元。

又西红柿黄瓜、西〈胡〉葫[芦],共1.00元。

7月3日

茴子白0.20元。

7月5日

豆角0.20元。

大蒜四斤三两1.11元。

7月6日

豆角二斤0.20元。

馍一斤0.25元。

7月7日

黄瓜0.11元。

简孔雀二盒0.76元。

姜0.10元。

豆角五斤0.50元。

7月8日

茄子六个0.55元。

7月13日

吕新7月份工资等共81.70元。

给奶奶寄生活费15.16元。

大成7月份工资40.00元。

扣国库券20.00元。

生活费20.00元。

豆角六斤0.54元。

豆角三斤0.30元。

油饼二次15个0.75元。

酱油、醋0.34元。

大方奖金10.00元。

桃1.00元。

西红柿0.80元。

黄瓜0.14元。

大辣椒、洋葱0.36元。

茴子白0.17元。

大葱0.20元。

■■■0.79元。

粉丝0.80元。

芥粉0.18元。

肠子0.40元。

鸡蛋二斤3.30元。

肥皂一条0.54元。

洗衣粉0.76元。

牙膏一支0.46元。

电影票0.60元。

肉1.27元。

油二斤半,2.00元。

7月13日

葡萄酒三瓶6.25元。

豆角0.20元。

西红柿五斤0.40元。

醋、酱油0.22元。

西瓜2.51元。

味精一袋0.45元。

卫生纸0.16元。

7月15日

药皂一块0.28元。

白菊香皂一块0.46元。

大方〈另〉零用0.20元。

油饼0.50元。

牛奶7月份一斤9.92元。

给吕新(还前〈另〉零用等)10.00元。

大庆工资34.98元。

扣住院暖气费3.30元。

馍七个 0.35 元。

黄瓜、辣椒 0.46 元。

林明七月份扣出差欠款 10.00 元。

7 月 16 日

馍二斤 0.50 元。

黄瓜 0.30 元。

西红柿 0.60 元。

豆角 0.20 元。

西瓜 1.40 元。

口香糖 0.36 元。

大成捐青年宫 8.00 元。

头油、食盐、辽宁青年，共 1.00 元。

绿豆 0.55 元。

馍二斤 0.50 元。

压面二斤 0.40 元。

茄子三个 0.23 元。

油饼 0.50 元。

7 月 21 日

馍二斤 0.50 元。

黄瓜 0.13 元。

大辣椒 0.32 元。

林明工资 66.61 元。

扣国库券 25.00 元。

还欠出差 10.00 元。

油饼十个 0.50 元。

西瓜 1.05 元。

大成夏令营 3.00 元。

补刘秀娟婚礼 10.00 元。

张来买糖等 2.00 元。

西红柿 0.40 元。

7 月 22 日

购粮 105 斤 17.38 元。

西瓜一个 0.70 元。

油饼十个 0.50 元。

给吕新买烟 2.00 元。

7 月 23 日

大方七月份工资 51.00 元。

给大方〈另〉零用 1.00 元。

给大庆 0.73 元。

西红柿、洋葱，共 0.70 元。

茄子、黄瓜、大葱，共 0.77 元。

肥皂一条 0.46 元。

馍二斤 0.50 元。

7 月 24 日

西红柿八斤 0.40 元。

大辣椒二斤 0.20 元。

馍六个 0.30 元。

西瓜六个 1.57 元。

〈代〉带大庆看病挂号存车及〈另〉零用 0.15 元。

给大庆照〈像〉相等 3.00 元。

珍珠霜、美人蕉一袋 0.60 元。

7 月 25 日

食油二斤半 2.00 元，酱油 2 斤，共 2.24 元。

馍二斤 0.50 元。

油饼六个 0.30 元。

大方购被面二条 17.20 元，共 34.40 元。

给和平买毛线一斤二两 18.60 元，共 22.30 元。

车尾灯、存车 1.00 元。

西瓜三个 1.60 元。

白帽子 1.70 元。

眼镜一架 5.00 元。

瓶盖十五个 0.30 元。

二人吃饭 1.10 元。

7 月 26 日

西红柿十七斤 1.35 元。

黄瓜 0.20 元。

西红柿十斤 0.50 元。

压面二斤 0.40 元。

7 月 27 日

西红柿十斤 0.50 元。

食盐 0.15 元。

7 月 29 日

大庆看病挂号 0.05 元。

鸡蛋二斤 2.30 元。

西红柿十斤 0.50 元。

茴子白、黄瓜 0.20 元。

7 月 30 日

洗澡 0.05 元。

西红柿 0.60 元。

西〈胡〉葫[芦]0.21 元、茴子白 0.26 元，共 0.47 元。

8 月 1 日

肉半斤、酒三斤，共 1.00 元。

酱油、醋各一斤 0.22

元。

食盐一斤 0.15 元。

西红柿 0.70 元。

油饼六个 0.60 元。

白糖二斤半 2.20 元。

黄瓜 0.14 元。

8 月 2 日

洗澡 0.05 元。

8 月 7 日

莲豆一斤 0.39 元。

油一斤 0.80 元。

味精二小袋 0.46 元。

西瓜 1.30 元。

黄瓜 0.23 元。

大辣椒 0.15 元。

姜 0.10 元。

松花[蛋]二个 0.44 元。

啤酒二瓶 1.06 元。

西红柿 0.20 元。

卫生纸二盒 0.32 元。

水 0.25 元。

借回吕新 7.00 元。

借王元清 10.00 元。

袜子一双 1.70 元。

洗澡 0.05 元。

吕新药费垫 3.20 元。

玻璃一块(550×500)9.50 元。

茄子五个 0.33 元。

大葱 0.05 元。

南瓜 0.32 元。

瓶子盖十个 0.20 元。

8 月 14 日

吕新 8 月份工资 81.70 元。

给吕新还账 10.00 元。

宽银幕影院大成 0.40 元。

鸡蛋 2.30 元。

油一斤半 1.20 元。

酱油、盐 0.27 元。

茄子、黄瓜、白菜、辣椒等 1.26 元。

给大方(车■及电影等)2.00 元。

8 月 15 日

林明工资 28 天福利补共 70.04 元。

扣会费 0.25 元。

扣出差欠款 10.00 元。

玉米三个 0.45 元。

西红柿 0.60 元。

给大方自行车捐款 1.00 元。

给老钢卖纸烟 0.94 元。

给大方看电影存车 0.06 元。

还前借老钢(购车一辆)90.00 元(清)。

苹果 0.40 元。

肉一斤 1.20 元。

大辣椒四斤半 0.52 元。

林明八月份扣出差欠款 10.00 元。

8 月 17 日

奶奶寄生活费(八月份)15.16 元。

大辣椒 0.40 元。

西红柿 0.26 元。

腐干 0.34 元。

茄子、洋葱 0.28 元。

大成八月份工资副补等 40.00 元。

给大成生活费 20.00 元。

大米五十斤 10.00 元。

还前购自行车借大成 10.00 元。

大庆 8 月份工资 34.98 元。

还王元清 10.00 元(清)。

给大庆〈另〉零用 1.98 元。

大光烟一盒 0.47 元。

凉食点心 1.10 元。

酱油一斤、醋一斤,共 0.22 元。

大方借去〈另〉零用 1.00 元。

笤帚一把 0.37 元。

油饼一斤 0.50 元。

玉米 0.50 元。

肥皂一条、洗衣粉一袋 1.02 元。

8 月 18 日

白酒半斤 0.65 元。

肉 0.50 元。

8 月 19 日

拉煤、给吕新早点等 3.00 元。

茄子、黄瓜,共 0.75 元。

8月20日

借老孙10.00元。

味精、油二斤，酱油一斤，共2.18元。

豆角0.20元，大辣椒0.30元，共0.50元。

蒜、玉米0.60元。

瓜子0.10元。

白香皂一块0.54元。

牙膏一支0.46元。

电影、存车0.22元。

洗头粉四盒0.44元。

孔雀一盒0.38元。

芒果二盒0.88元。

8月22日

西红柿二十斤1.00元。

大方修车〈另〉零用1.10元。

垫大方军运0.80元。

8月24日

酒（老刚来）0.68元。

茄子、大辣椒、茴子白1.15元。

南瓜等（借小王）0.53元。

酱油一斤0.12元。

大方二人看电影吃饭3.80元。

8月25日

大方8月份工资等共48.00元。

还老孙10.00元（清）。

大方借给李广的款还回100.00元。

交大众洗衣机预收50.00元。

和平大哥去苏州〈代〉带50.00元。

给吕新1.00元。

借入马斌8月份工资等31.20元。

借入千秋奖金20.00元。

大方前购皮棉鞋一双32.40元。

8月26日

还千秋奖金20.00元（清）。

拉煤赔款（吃早点1.00元），共10.00元。

购粮八十斤12.38元。

暖瓶胆一个0.50元。

8月份牛奶三十一斤，9.92元。

西红柿十二斤0.60元。

黄瓜二斤多五两，共0.28元。

蒜0.50元。

油饼十四个0.70元。

8月27日

电影四张（《夜茫茫》）存车0.88元。

8月28日

中心医院桃桃还回15.00元。

食油二斤1.60元。

酱油一斤0.12元。

8月29日

豆角三斤1.60元，共0.48元。

鸡蛋九斤1.15元，共10.35元。

猪肉一斤1.20元。

小茴香0.16元。

大葱0.13元。

南瓜0.16元。

瓜子0.10元。

卫生纸、洗澡、瓜子、小鸡共0.49元。

8月30日

肥皂、洗衣粉各一1.02元。

方便面二包0.66元。

借入大成、大方8.00元。

芒果二盒0.84元。

又芒果二盒0.84元。

豆角又二斤0.30元。

玉米三穗0.30元。

8月31日

茴子白0.83元。

味精一袋0.36元。

盐三斤0.45元。

9月1日

酱油二斤、盐一斤，共0.39元。

小辣椒、瓶盖0.13元。

腐干0.30元。

9月3日

鸡蛋三斤3.45元。

黄瓜、茴子白 0.94 元。

精芒果二盒 0.90 元。

大庆看孙丽〈另〉零用等 5.00 元。

豆腐三斤 0.30 元。

9 月 5 日

肉 0.80 元。

生花生米 0.60 元。

腐干 0.30 元。

大辣椒 0.20 元。

大葱 0.20 元。

白糖一斤 0.87 元。

9 月 6 日

大辣椒五斤 0.40 元。

豆角三斤二两 0.50 元。

芒果 0.42 元。

〈另〉零用 0.08 元。

9 月 7 日

麻花四支 0.40 元。

芒果二盒 0.84 元。

小茄子 0.07 元。

酱油 0.12 元。

醋 0.20 元。

9 月 8 日

给吕新 0.50 元。

冷烫液 0.70 元。

豆角五斤 0.75 元。

西红柿 0.35 元。

玉米 0.06 元，十穗 0.60 元。

小白梨二斤 0.50 元。

9 月 9 日

大葱、茴子白、南瓜共 0.67 元。

牙膏、酱油、油饼，共 0.73 元。

大庆电影(《女仆》) 0.30 元。

9 月 12 日

给吕新买烟 1.00 元。

又茄子等 0.96 元。

9 月 13 日

〈域〉碱面三斤 0.42 元。

9 月 14 日

吕新 9 月份工资补助等共 81.70 元。

扣 1981 年暖气及第三季度房水电等共 34.34 元。

给奶奶生活费(9 月份)15.16 元。

食油三斤 2.40 元。

盐 0.30 元。

酱油二斤 0.24 元。

香油一斤 1.00 元。

鸡蛋三斤 3.45 元。

饮、肠 1.28 元。

西红柿二斤 0.26 元。

张双成购洗衣机一台 130.00 元。

购小乔飞鸽车一辆已付 135.00 元(185.00 元)。

9 月 15 日

林明工资(9 月 28 天)补助共 71.04 元。

大庆九月份工资补助共 42.07 元。

扣出差欠款 10.00 元。

会费 0.25 元。

大米五十斤(精 2 对 1)0.18 共 9.00 元。

梨五斤 0.15 元，共 0.75 元。

大庆背心一件 7.00 元。

精墨菊一条 4.10 元。

冬瓜一个 0.20 元。

吃饭 0.35 元。

肥皂一条 0.46 元。

大蒜一〈瓣〉辫又一斤 2.70 元。

林明九月份扣出差欠款 10.00 元。

9 月 18 日

收转让墨菊烟七盒 2.87 元。

支购大光烟一条 4.70 元。

议价月饼二斤 2.84 元。

月饼五斤 5.64 元。

排骨 2.05 元。

猪肉 1.00 元。

豆角七斤 1.12 元。

牛奶(9 月份)9.60 元。

白糖二斤 1.74 元。

车套、尾灯 2.64 元。

玉米四个 0.40 元。

9 月 19 日

购粮七十斤 11.01 元。

辐丝〈另〉零件 0.20 元。

大成9月份工资40.00元。

生活费20.00元。

还大成借给购车、生活15.00元。

给大成〈另〉零用5.00元。

9月20日

茄子0.41元。

交第二次洗衣机款20.00元。

大辣椒0.30元。

茴子白0.32元。

西红柿0.30元。

又五仁月饼二斤半(送林家)3.70元。

酱油0.12元。

9月22日

交给大庆买香皂及牙膏等3.00元。

大白菜0.20元。

搪〈磁〉瓷白盘四个0.66元/个×4.共2.64元。

大庆背心一件1.81元。

大青豆0.40元。

林明去阳泉出差。

大方九月份工资58.00元。

大庆又买香皂、牙膏1.00元。

大方〈另〉零用1.00元。

茶叶、酒二次1.34元。

大庆又买洗衣粉、肥皂2.00元。

9月24日

林明用花生米一斤1.20元。

黄瓜1.00元。

藕菜五斤(0.60元),共3.00元。

火柴二包0.40元。

吃饭〈另〉零用(电影、小果子)2.05元。

樱桃白兰地二瓶1.73元,共3.46元。

石花菜二两(0.7元),共1.40元。

油饼三次0.65元。

花卷五个0.30元。

栗子、果子共5.55元。

9月25日

精孔雀二盒0.82元。

9月28日

味精二袋0.90元。

红辣椒四斤三两1.44元。

张英俊月饼二斤,果子等5.00元。

补林[明]出差阳泉住勤三天2.40元。

葫芦五斤0.20元。

茴子白八斤0.64元。

西〈胡〉葫[芦]二个0.54元。

西红柿0.75元。

肉一斤1.20元。

白萝卜五斤半0.35元。

酱油二斤0.24元。

瓜子0.20元。

又给大方买节日用食品10.00元。

酒半斤0.69元。

大葱0.22元。

茴子白0.29元。

大庆十个月团费1.00元。

开会期间购梨2.20元。

苹果1.61元。

龙眼葡萄酒三瓶3.33元。

大光烟七盒3.29元。

又果子1.01元。

汾酒一瓶4.87元。

9月29日

小董交来10—12月房租13.00元。

双沟大曲一瓶3.80元。

字帖、书报等,火柴0.60元。

吕新■■■■1.00元。

馍一斤0.25元。

酱油一斤1.80元。

腐干、腐丝0.60元。

鱼罐头一瓶1.36元。

白糖二斤1.74元。

10月3日

花生米一斤1.20元。

瓶盖三个0.18元。

擦脸油0.58元。

月饼2.96元。

照〈像〉相0.80元。

电影等0.30元。

10月4日

油菜0.23元。

林明午饭二次0.47元。

10月5日

鲜辣粉一瓶0.36元。

酱油一斤0.12元。

熟醋一斤0.20元。

白菜0.13元、西红柿0.70元、香菜0.02元,共0.85元。

细粉丝一斤1.40元。

茶叶一两0.80元。

菜〈子〉籽油一斤半1.20元。

收林明卫生费1.50元。

大方电影0.50元。

10月7日

肥皂菜等1.00元。

月饼二块0.74元。

鸡蛋二斤2.30元。

油饼0.50元。

10月14日

大方买鱼1.00元。

大庆体检2.60元。

馍一斤0.25元。

熏醋一斤0.20元。

林明午饭二次0.32元。

瓜子0.10元。

油饼0.50元。

大庆工资43.20元。

吕新工资81.70元。

买粮15.33元。

油4.5斤3.60元。

孔雀二盒0.78元。

大庆团费等〈另〉零用2.00元。

三合板五板72.05元。

赵企平婚礼20.00元。

10月14日

王保林婚礼(被面一床17.20)

余额(另■借用)给吕支配9.65元。

10月15日

林明10月份工资补助等(补工资1981年10月10日),本月扣工资4%,共134.68元。

折叠床一〈支〉个30.50元。

房租1982年7—12月共24.48元。

茶叶0.62元。

洗衣粉、肥皂各一1.02元。

白菜0.30元。

茴子白0.53元。

西红柿1.00元。

大庆体检又0.50元。

油菜、香菜0.25元。

会费0.25元。

扣出差欠10.00元。

奶奶生活费10月及〈另〉零用16.00元。

林明10月份扣出差欠款10.00元。

10月16日

10月牛奶一斤9.92元。

油饼一斤0.50元。

大成给10.00元。

交购照顾布证二个,棉花号八个,共10.00元。

大方代付洗衣机第三次款20.00元。

大方给正才上婚礼10.00元。

钉鞋(林明)1.00元。

10月17日

红薯二斤0.20元。

收大方工资、烤火费65.00元。

收售出铁锚自行车195元。

支购小齐飞鸽自行车180.00元。

给万正才凑婚礼〈分〉份子1.84元。

支大葱100斤6.00元。

支大方〈另〉零用1.00元。

大庆买洗头膏0.45元。

收报回6—12月房租40%补助9.79元。

收大光6.30元。

支购茴子白0.64元。

菠菜、腐干0.47元。

雪里〈红〉蕻1.80元。

肠子二次2.00元。

薰醋0.20元。

盐五斤，大庆早点共1.00元。

忻县葵花〈子〉籽二十五斤11.25元。

买酱油、药酒2.00元。

七合板二张56.00元。

地灯一个10.00元。

红薯一百斤6.10元。

油二斤半2.00元。

素丸子0.40元。

味精0.46元。

辣椒粉0.90元。

10月28日

胡芹0.10元。

菠萝1.00元。

茴子白0.77元。

茶叶0.70元。

林明出差补助来记部分4.83元。

收存张双臣购洗衣机130.00元。

鸡蛋三斤3.45元。

卫生纸二包0.32元。

白糖一斤0.87元。

大庆早点等0.36元。

生肉二斤2.30元。

大白菜0.64元。

红布3.2尺1.15元。

姜0.14元。

小饼子0.40元。

支大方〈另〉零用5.00元。

孔雀一盒0.38元。

11月1日

豆腐一斤0.25元。

醋一斤0.10元。

芒果一盒0.42元。

大庆〈另〉零花1.00元。

熏肠0.75元。

11月3日

订[19]83年全年大众电影，环球7.56元。

红枣五斤2.25元。

芒果五盒2.10元。

又红枣五斤2.25元。

生肉1.00元。

豆腐二斤0.50元。

又洗衣粉、肥皂1.02元。

牙膏、香皂、皂盒共1.64元。

给大方、大庆1.50元。

洗澡二人0.20元。

孔雀二盒0.76元。

〈帨〉枕巾二条2.62元。

榨菜、芫荽0.19元。

11月10日

生肉1.00元。

高醋四斤0.80元。

芒果、菜、烟0.96元。

收回交和平购衣50.00元。

支紫色缎被面一〈付〉副17.20元。

小许给大方购衣架及马共18.00元。

大方售工作服二套20.00元。

皮手套一〈付〉副3.00元。

购登山服一件大方45.00元。

收崔大哥购地灯15.00元。

交崔多给大方购毛线〈代〉带去30.00元。

11月11日

白菜0.28元、芫荽0.16元，共0.44元。

茶叶0.88元，共1.15元。

收人口普查补助午餐费，共90天，36.00元。

支大方刊大第二学习期学费3.00元。

收报药费0.70元。

11月13日

支买粮17.66元。

吕新工资76元，副食粮差补5.20元，福利0.50元，共81.70元。

烤火费16.00元。

还欠公社借款（最后一笔，没有了）70.00元。

墨菊一盒0.40元。

油饼十个0.50元。

胡萝卜0.40元。

香菜0.27元。

腐干0.10元，油饼6个0.30元，共0.60元。

11月14日

云岗烟0.30元。

猪肉一斤1.15元。

菠菜0.30元。

馍二个0.10元。

订《辽宁青年》2.88元，余给大庆买白糖5.00元。

大成给生活[费]20元(11月工资及烤火费共56元，其中订《新华文摘》1983年一年12元，只留24.10元不够)。

支交给张双臣购洗衣机130.00元。

11月15日

林明11月份扣出差欠款10.00元。

11月18日

收暂借李广(买木料款)100元。

支几天来共购烟四盒1.30元。

红萝卜二十二斤0.88元。

食油二斤、酱油十斤等，2.17元。

早点0.23元。

给吕新〈另〉零用2.23元。结存66.56元。

大庆11月工资及烤火费59.20元。

扣土豆五十斤3.30元。

买油及洗头膏等5.00元。

11月19日

〈另〉零用1.20元。

林明11月工资及烤火费等84.78元。

奶奶生活费15.16元。

洗衣机第四次20.00元。

扣会费0.30元。

扣出差10.00元。

收王庆华瓜子十斤4.5元。

油饼六个0.30元。

出差补助二天1.60元。

四顿饭0.65元。

大豆一斤0.55元。

虾皮一〈代〉袋0.48元。

苹果一斤半0.60元。

孔雀一盒0.38元。

林明食堂菜票2.00元。

11月21日

加班豆包四个0.24元。

生肉馅一斤1.25元。

肠子一[斤]、酱肉半[斤]2.20元。

青豆一斤0.35元。

支还千秋煤票2.5吨12.50元。

玻璃丝带子两个0.50元。

11月22日

交祖秀英购棉花共46.00元。

二人洗澡0.20元。

给大庆买酱油、豆芽等0.50元。

11月23日

大白菜七十斤2.00元。

黄豆六斤2.70元。

小红豆1.00元。

11月份牛奶二十一斤6.30元。

火柴一包0.20元。

11月24日

大方11月份工资补助共50.50元。

扣1983年煤票二十吨半12.50元。

电影[票]三张0.60元。

大方0.10元。

切豆0.40元。

崔哥地灯代罩一盒13.00元。

还多裕购地灯款2.00元。

油饼六个0.30元。

11月25日

油二斤、酱油一斤、醋一斤，共2.00元。

洗衣粉、肥皂各一共1.02元。

腐干、花生米共1.00元。

味精太原二袋，广东一袋，共0.85元。

茶叶一袋 0.88 元。

酒半斤 0.68 元。

肉 0.80 元。

卫生纸三包 0.48 元。

给大庆 0.40 元。

给吕新 0.64 元。

给大方买衣料裤 16.64 元。

11 月 26 日

褥里十三尺 0.525/尺,共 6.83 元。

白萝卜六斤 0.24 元。

莲菜四斤 1.35 元。

大蒜一斤 0.80 元。

茶叶半斤 3.40 元。

11 月 27 日

乔毅勇还借款 15.00 元。

让给小乔煤票一吨 5.00 元。

牙膏 0.46 元。

大方做裤手工及口袋布 3.51 元。

五台山烟一条 3.00 元。

油饼 0.50 元。

白糖二斤 1.74 元。

酱油二斤 0.24 元。

肉二斤 2.30 元。

粉面 0.31 元。

豆腐二斤 0.50 元。

腐干 0.5 斤 0.30 元。

11 月 29 日

纤维板四张 21.76 元。

花生米一斤 1.40 元。

酒一斤 1.35 元。

腐干、豆腐 0.60 元。

胡芹 0.13 元。

大方〈另〉零用 1.24 元。

11 月 30 日

大成学习饭费 32.00 元。

又给大成〈另〉零用车费 10.00 元。

肠子 0.70 元。

笤帚二把 0.70 元。

白萝卜 0.20 元。

胡芹、菠菜 0.34 元。

合页、砂纸 2.40 元。

12 月 1 日

五台山一条 3.00 元。

12 月 3 日

给吕新 5.00 元。

红薯 0.36 元。

取出有奖〈贮〉储蓄 200 元。

豆芽 0.20 元。

木〈罗〉螺丝 0.20 元。

购粮九十斤 13.55 元。

羊肉 0.22 元。

腐干皮 0.20 元。

酱油 0.12 元。

收大庆绿军衣款 10.00 元。

盐一斤 0.15 元。

豆芽菜二斤 0.26 元。

〈罗〉螺丝 0.08 元。

馍四斤 1.04 元。

12 月 4 日

纤维板一张 5.44 元。

酒半斤 0.68 元。

花生米半斤 0.70 元。

腐干、油豆腐半斤 0.90 元。

五台山一条 3.00 元。

油饼二十个 1.00 元。

给大方〈另〉零用 1.00 元。

花卷三斤 0.90 元。

豆芽 0.20 元。

12 月 5 日

酒半斤 0.68 元。

菠菜 0.20 元、豆芽 0.60 元、胡芹 0.20 元,共 1.00 元。

腐干 0.50 元、莲菜 1.62 元,共 2.12 元。

12 月 7 日

油饼二十个 1.00 元。

合页 0.10 元。

羊肉 0.40 元、花生米 0.70 元、花卷五斤 1.50 元,共 2.60 元。

洗涤 0.20 元。

电影(木匠看)0.80 元。

五台山五盒 1.50 元。

肉 1.20 元。

酒0.68元。

木匠手工130.00元。

花卷0.90元。

给大方2.00元。

给大庆1.00元。

12月8日

饭碗五个1.20元。

又给大庆4.00元。

花生米0.50元。

酱油二斤0.24元。

羊肉0.22元。

洗衣粉、肥皂各一件1.02元。

12月10日

花卷二斤、五台山三盒,共1.50元。

李砚波来午饭0.88元。

12月12日

莲菜二斤半1.50元,共1.50元。

腐干、豆腐、豆芽菜0.80元。

给大方1.00元。

花卷0.60元。

12月14日

大方买菜1.20元。

五台山烟三盒0.90元。

吕新工资共81.70元。

10—12月电费4.62元,水1.20元,共5.82元。

10—12月房费4.86元。

10月1日花卷四个0.84元。

安瑞仙代买布补款2.34元。

12月15日

给大庆买菜票5.00元。

林明12月份扣出差欠款10.00元。

12月16日

给娘寄生活费15.16元。

给大方买菜九斤1.27元。

12月17日

给大庆买梨2.40元。

12月18日

大庆买盐、香皂、大方买自行车〈另〉零件1.00元。

孔雀烟0.38元。

豆腐0.25元。

12月19日

生肉0.80元。

五台山三盒0.90元。

10月1日花卷、腐干0.98元。

花卷二斤0.60元。

12月21日

开会三天午饭0.90元。

五台山一盒0.30元。

花卷一斤0.30元。

交大方找张锋买鸡蛋四斤4.60元。

火柴二包0.40元。

给大方1.00元。

花卷二斤0.60元。

12月23日

五台山三包0.90元。

豆腐一斤0.25元。

白主任女儿结婚1.15元。

12月24日

火柴一包10月1日二次1.28元。

12月25日

林明发工资及补1981.10—1982.11调资差169.84元。

扣会员费0.30元。

扣出差欠款10.00元。

猪肉二斤2.30元。

收大成交回30.00元。

牛奶12月份一斤6.60元。

12月26日

借入大方给师傅购洗衣机130.00元。

大方12月份工资55.00元。

交洗衣机第五次20.00元。

录音机第二次20.00元。

油染家具工本费50.00元。

膨体沙三两4.50元。

和平登山服24.00元。

吃饭 1.60 元。

大方给家买饭菜，木工吃饭等，烟大光二盒，共 9.70 元。

双沟大曲酒三瓶 11.31 元。

腐干〈另〉零用 0.69 元。

枕巾套一对10.10元。

两人吃涮羊肉 4.90 元。

书等 1.50 元。

食油 1.5 斤，酱油 1 斤，共 1.32 元。

洗衣粉一袋0.56元。

白糖一斤 0.87 元。

纸烟双头凤一盒，处处红三盒，共 1.60 元。

豆腐一斤 0.30 元。

蛋糕一斤 0.80 元。

0.4 m^3 木材 104 元。

大庆代购牙膏、豆腐等共 2.51 元。

12 月 28 日

给林明买粮三十斤白面 5.40 元。

12 月 30 日

孔雀烟 0.38 元。

花卷三斤 0.90 元。

豆芽菜 0.30 元。

12 月 31 日

收借入林明来报出差费 20.00 元。

处处红烟二盒 0.64 元。

收吕新全年奖金 60.00 元。

1983 年

1 月 1 日

大方托崔凯上海购衣服款 200 元。结存 3.17 元。

牛肉 1.40 元、生猪肉 1.20 元、豆芽等 0.30 元，共 2.90 元。结存 0.27 元。

1 月 2 日

吕新账转过来 6.82 元。结存 7.09 元。

前门烟 0.51 元，味精 0.36 元，茶叶 0.80 元，共1.67元。结存5.42元。

呈祥烟、酱油 0.70 元。结存 4.72 元。

处处红烟三盒 0.96 元。

1 月 6 日

0.4 m^3 木材售给陈北京 104 元。

借林田工资 6.60 元。

交崔凯去上海又 100 元。结存 14.36 元。

修锅及脸盆 3.40 元。

花卷三斤 0.90 元。

豆腐、食盐 0.35 元。

红府绸 5.93 元。

花卷又三斤 0.90 元。

1 月 5 日

孔雀二盒 0.76 元。结存 2.12 元。

花卷三斤给大庆 0.10 元，给冬冬 0.10 元，共 1.10 元。结存 1.02 元。

豆腐二斤 0.50 元。

花卷四个 0.24 元。

豆腐二斤 0.30 元。

1 月 12 日

大庆 1982 年 12 月—1983 年 1 月工资共 87.60 元。结存 87.58 元。

大庆风衣一件 43.00 元。

裤料一条 13.75 元。结存 30.83 元。

汤圆 0.40 元。

烧饼 0.80 元。结存 29.63 元。

汽车 0.40 元。

茶叶一袋 0.67 元。结存 28.56 元。

味精一袋 0.35 元。

给大庆买饭票 5.00 元。结存 23.21 元。

1 月 13 日

花卷二斤 0.60 元。

又花卷二斤 0.60 元。

白菜 0.64 元。

豆腐 0.22 元。

林明看病共药费(移林[明])5.11 元。

给吕新买海河烟三盒 1.00 元。

还大庆(爸爸借) 1.00 元。结存 14.04 元。

豆腐 0.25 元。

口袋布及兰里线1.45元。

给吕新买烟等0.50元。

还林田工资6.60元。结存5.24元。

1月14日

收吕新元月份工资81.70元。

大庆互助储金费存入2.00元。结存84.94元。

1月15日

大方买三用插座一个1.00元。

豆芽二斤0.30元。结存83.64元。

馍十二个0.72元。

处处红一盒0.32元。

收大成给家20.00元。结存102.60元。

1月16日

购元月份粮一百三十斤粗议十斤,共25.36元。结存77.24元。

香皂、豆腐等2.00元。

花卷三斤0.90元。

牙膏、蛋白肉、豆腐,共1.17元。

1月18日

汽车(进城)0.25元。

1月19日

给大方进城滑冰0.20元。

豆腐二斤0.50元。

10月1日■洗粉1.00元。结存71.21元。

生肉一斤1.20元。结存69.41元。

给奶奶寄元月份生活费15.16元。结存54.21元。

白菜0.66元。

酱油二斤、盐一斤,共0.40元。结存53.15元。

1月20日

豆腐二斤0.50元。

花卷0.60元。

生肉2.00元。

豆芽菜0.20元。

羊肉0.20元。

茶叶二袋1.32元。结存48.33元。

交录音机第三次20.00元。结存28.33元。

1月23日

给和平捎枕巾10.00元。

白线0.35元。

芝麻一斤1.00元。

蘑菇罐头四筒2.88元。

姜0.20元。

汽车0.30元。结存13.60元。

给吕[新]买烟1.00元。

生肉1.20元。结存11.40元。

豆芽菜0.30元。

卫生纸二包0.32元。结存10.78元。

借入大成10.00元。

借入大方先进奖9.00元。结存29.78元。

鞋钉一斤1.10元。

补沙发票5.30元。结存23.38元。

1月24日

豆腐二斤0.50元。

花卷三斤0.90元。

大成用0.60元。结存21.38元。

X光片(移林)5.00元。结存16.38元。

处处红香烟二包(吕0.30元)0.34元。

黄豆芽二斤0.40元。

豆腐0.20元。

香菜0.05元。

生肉半斤0.60元。结存14.79元。

1月25日

林明第三次进城办事汽车0.30元。

广柑1.00元。

江米条0.88元。

芝麻糖一斤,花生糖,共2.10元。

大方交小勇去北京捎〈帨〉枕巾5.00元。结存5.51元。

收回上述款5.00元。

给车永奇某二人包沙发,买酒烟菜(电大书

2.89元)共5.00元。结存5.51元。

大方元月份工资20天43.00元。

1月28日

支食油五斤、烟等共6.70元。

洗衣粉二袋、肥皂二条2.04元。

菜、豆腐、报纸等1.00元。

肉半斤0.60元。

花卷二次四斤1.20元。结存36.97元。

白菜0.70元。

豆腐0.50元。结存35.77元。

1月29日

味精二袋0.48元。

大庆买处处红三包0.96元。结存34.33元。

收和平大哥购衣退回剩余款12.83元。结存47.16元。

2月1日

酱油二斤、烟一盒，共0.56元。

带鱼十斤7.20元。

点心二斤1.72元。

白糖一斤、10—1，1.14元。

白菜二十斤1.00元。结存35.54元。

2月2日

豆腐二斤0.50元。结存35.04元。

大庆第二次菜票3.00元。

买豆芽菜交大庆2.00元。

鸡蛋五斤5.75元。

小粉面二斤1.20元。结存23.09元。

林明元月份工资补助卫生费共82.13元。结存105.22元。

〈交〉缴一、二月会费0.60元。结存104.62元。

上海水果糖二斤3.20元。结存101.42元。

茶叶二袋1.34元。

收回交和平捎〈枕〉枕巾之款10.00元。

2月3日

吕新二月份工资补助等81.70元。

还12月26日大方师傅购洗衣机130.00元。结存61.78元。

给大方从银行曹股处购折椅一对54.00元。结存7.78元。

《太原报》2—6月份2.50元。结存2.28元。

2月4日

大庆二月份工资45.00元。

报回移林[明]药费二次10.11元。结存57.39元。

馍二斤0.60元。

大光过滤嘴二盒1.23元。

上海大前门一条5.00元。结存50.56元。

2月5日

白菜十斤0.50元。

红枣三斤1.35元。

白萝卜五斤0.48元。结存48.23元。

2月4日

交录音机第四次款20.00元。结存28.23元。

大庆夜班费2.40元。

存入互助金2.00元。

肥皂一条0.46元。

蛋白肉六袋1.56元。

大成二月份给家25.00元。结存51.61元。

交大方买木炭、玻璃7.00元。结存44.61元。

早点0.90元。结存43.71元。

2月6日

弹棉花被套3.00元。

购白面三十五斤6.30元。

胡萝卜十三斤0.68元。结存33.73元。

食盐二斤0.30元。

油二斤半2.00元。

豆腐0.54元。

大方二月份工资44元。结存74.89元。

2月8日

汾酒一瓶4.87元。

桔子罐头二瓶 2.04 元。

六曲香一瓶 2.18 元。

山楂酒二瓶 2.86 元。

大蒜一斤 1.20 元。

花生五斤 5.00 元。

红枣五斤 2.25 元。

莲菜五斤 3.25 元。结存 51.24 元。

点心等八斤吃白饭、车钱 8.00 元。

木炭一袋 0.60 元。结存 42.64 元。

桔子二斤 1.60 元。

甜橙二斤 2.20 元。

巧克力 2.10 元。

花生糖豆 0.92 元。

盖拍一个 0.68 元。结存 35.04 元。

2月9日

菠萝罐头 1.04 元。

粉条三斤 2.32 元。

酱豆腐 0.60 元。

〈炮〉爆竹、香 1.20 元。

邮费 0.16 元。

白糖三斤 2.61 元。结存 27.11 元。

给大庆买豆腐 1.00 元。结存 26.11 元。

肥皂一条 0.46 元。

味精二袋 0.72 元。结存 23.93 元。

2月10日

猪肉六斤 6.90 元。

腐干 0.60 元。

菠菜 0.50 元。

酱肉、蛋卷 4.00 元。

丸子 2.40 元。

鸡翅 7.00 元。结存 2.53 元。

借入吕新 10.00 元。结存 12.53 元。

大方让小勇捎〈帆〉枕巾一对 5.25 元。结存 7.28 元。

牙膏、香皂等 1.00 元。结存 6.28 元。

2月11日

羊肉 2.10 元。

酱肉二斤 1.80 元。

肠子二斤 1.80 元。

韭菜 0.30 元。

田田、楠楠压岁[钱] 4.00 元。

大方给奖金 5.00 元。结存 1.28 元。

二响炮十个 0.65 元。

酱油六斤 0.72 元。

给大方出门 5.00 元。

收吕孔廉结婚给礼 40.00 元。

还大成购鱼、苹果 13.00 元。

李广小孩压岁[钱] 2.00 元。结存 19.91 元。

2月16日

年前吕新补五个月开 18 级工资 45.00 元。

上款过年全部花光 45.00 元。

〈帆〉枕巾二条 3.20 元。

汽车、山楂膏 1.00 元。

洗澡 0.05 元。

2月24日

给大庆去郭改香家〈另〉零用等 5.00 元。

二月份牛奶 6.30 元。结存 4.36 元。

红布 5.1 尺 2.40 元。

元宵二袋 2.00 元。结存—0.04 元。

2月25日

借吕新 5.00 元。

借老纬 10.00 元。

油五斤、烟等 5.00 元。

肥皂十条等 4.87 元。

馍二斤、茶叶 1.94 元。结存 3.15 元。

又馍油饼 0.80 元。结存 2.35 元。

3月6日

厂工会补利 5.00 元。结存 7.35 元。

花卷二斤 0.60 元。

洗澡理发 0.25 元。结存 5.50 元。

3月7日

大方去购买东西吃饭、[乘坐]汽车[费用] 1.10 元。结存 4.40 元。

3月11日

收回原购折叠桌腿

二个 12.00 元。

大庆三月份工资等加加班费共49.30元。结存 86.29 元。

大庆垫购牙膏、香皂、面油等 2.00 元。

还借吕新 5.00 元。

馍四斤 1.20 元。

压面二十斤粗粮票加工费等 2.10 元。

豆腐十斤 1.00 元。

生肉 1.20 元。

3 月 12 日

白菜 0.80 元。

还25日供老纬10.00元。结存 62.99 元。

红布 7.5 尺 3.53 元。

红格褥单 12.5 尺 7.88 元。结存 51.58 元。

味精一袋 0.36 元。

酱油二斤 0.24 元。

白糖二斤 1.76 元。结存 49.22 元。

3 月 13 日

吕新三月份工资补助共 90.70 元。结存 95.10 元。

支大方买结婚物品烟盒 0.61 元。

腈纶〈帎〉枕巾一对 4.40 元。

褥面二床 15.90 元。

拉丝抓盘一套 10.40 元。

绿软缎被面一床 17.20 元。

红软缎被面一床 18.20 元。

白萝卜八斤 0.40 元。

给吕新政法会议吃饭 1.00 元。

馍烟 1.00 元。

馍烟 1.00 元。结存 24.99 元。

3 月 17 日

白萝卜六斤 0.30 元。结存 48.92 元。

大成三月份工资给家 20.00 元。

大方托人购恒大二条代[付]款 10.00 元。结存 58.92 元。

购 3—4 月份五人口粮 160 粗[粮]21.00 元。结存 37.92 元。

又白被里一个十五尺 5.40 元。

女秋裤一条 3.58 元。

给大庆互助储金 2.00 元。

大光烟五盒、处处红五盒，共 4.50 元。结存 22.44 元。

补大方买物差额 6.71 元。结存 15.73 元。

3 月 14 日

花卷二斤 0.60 元。

收售自行车款70.00元。结存 85.73 元。

交给和平 10.00 元。结存 75.73 元。

床单一床 17.60 元。

台灯一具 16.60 元。

沙发布、核桃呢三十四尺，共 23.80 元。

3 月 16 日

棉袄面 8.19 元。

棉袄里 3.54 元。

二股劲背心(85 cm) 1.38 元。结存 4.62 元。

电镀拉手 5.70 元。

茶壶一具 1.41 元。

吃饭等 3.00 元。

《马克思自传》1.55 元。

豆芽、豆腐、油豆腐 0.90 元。

3 月 18 日

火柴一包 0.20 元。

3 月 20 日

收借秦进勇 300 元。结存 291.86 元。

生肉一斤 1.30 元。

食盐 0.15 元。

白菜 0.70 元。

墨菊一盒 0.38 元。

还售自行车款(和平) 70.00 元。结存 219.33 元。

3 月 20 日

三个号的棉花(1983 年)3.65 元。结存 215.69 元。

交录音机第五次款 20.00 元。结存 195.68 元。

上礼 10.00 元。结存 185.68 元。

大方汗衫一件12.10元。结存173.58元。

卷四斤1.20元。

处处红一盒0.32元。

去结核[医院]车钱0.20元。

熏肠1.00元。

3月24日

腐干、黄豆芽、白线等1.00元。

大方三月份工资47.00元。结存216.86元。

给奶奶寄生活费15.16元。

胡萝卜0.50元。

酱油0.12元。

处处红一盒0.32元。结存200.76元。

二月份油号五个二斤半2.40元。

3月25日

牛奶一斤6.90元。

生肉1.20元。结存190.26元。

补吕新烟〈另〉零用(还借民政)2.00元。结存188.26元。

给大成3.00元。

花卷三斤0.90元。

豆芽菜0.60元。

油饼一斤0.50元。

面包、饼干0.60元。

茶叶一袋0.67元。

3月26日

午饭0.20元。结存181.79元。

支给吕[新]买烟1.00元。结存180.79元。

林明看病化验、早点共0.75元。

酱油醋各一斤0.22元。

林明交二月份煤气费2.28元。

去山大医院车费二次0.50元。结存177.04元。

4月1日

老纬小孩,桔罐[头]二瓶、蛋糕一斤3.18元。

借吕新1.00元。

猪肉1.00元。结存173.86元。

洗脸盆3.23元。

大方秋裤一条5.83元。结存164.70元。

4月2日

茶叶一袋0.67元。

香油、冰糕0.25元。

一对石膏鸽子1.00元。

去医院0.10元。结存162.68元。

4月7日

暖瓶一个6.42元。

大方套服34.20元。

白黑红线0.76元。

李广修锁来家肉菜2.00元。

油饼0.50元。

菠菜0.22元。结存118.58元。

4月10日

二人洗澡0.10元。结存118.48元。

大光烟七条32.90元。

三月份油二斤半2.83元。

白糖一斤0.87元。

■菜二次0.40元。

4月11日

白、红萝卜0.40元。结存81.08元。

大庆四月份工资补共42.00元。

扣互助金(大庆)2.00元。

处处红二盒0.64元。

4月13日

吕新工资等90.70元。结存210.51元。

腐干、豆芽、茴子菜共0.50元。

给吕新烟等5.00元。

大庆去景钟寺挂面4.00元。

酱油0.12元。结存200.89元。

火柴二包0.40元。结存200.49元。

4月14日

大方人大开会伙食等4.00元。

大方背心1.70元。

买粮105斤粗换细14.88元。

林明车钱0.20元。

〈帐〉枕芯布八尺4.16元。结存175.55元。

味精二袋0.96元。

豆芽菜0.20元。

茶叶0.67元。

盐0.15元。

烟两盒0.58元。结存173.19元。

4月16日

祖秀英退回买棉花剩余款7.20元。结存180.39元。

牙刷、子母扣0.44元。

菜钱1.18元。

蒜〈苔〉薹0.20元。

酱油0.12元。结存178.45元。

4月19日

补大庆去挂号1.00元。

肉一斤1.20元。

熟肉、蛋肠共1.80元。

补上星期肉一斤1.20元。

豆类、蚕豆0.80元。

韭菜0.40元。

菠菜0.10元。

豆芽0.20元。

油花生豆、蚕豆、腐干1.25元。

啤酒三瓶〈另〉零用2.00元。

白粉二十斤、打火3.00元。

十斤精粮压面1.05元。结存165.45元。

褥套二床及来找〈另〉零12.00元。结存153.45元。

又大方汗衫一件8.32元。

花瓶3.80元。结存141.33元。

的[确]〈凉〉良〈帐〉枕套一对9.20元。

玻璃20.00元。

水果糖四斤6.00元。

酒、小红花花束20.52元。

小红扣0.25元。

吃饭2.50元。

虾米菠菜1.30元。结存81.61元。

饭菜52.70元。

地灯10.50元。

灯罩12.62元。结存5.79元。

尾灯0.92元。

车钱二人0.60元。

4月20日

又祖秀英追补购棉花找款1.00元。

腐干、花生米1.00元。结存4.27元。

豆芽菜0.20元。结存4.07元。

第六次录音机款20.00元。

三月份煤气费(121×0.04)4.84元。

酒葡萄十瓶12.50元。

孔雀烟一盒0.38元。

收回大方购套服钱80.00元。结存46.35元。

又借任碧琏100元。

大方从上海购兰毛花呢套服101.88元。结存44.47元。

油饼0.50元。结存元43.97。

豆芽菜0.20元。

头油等1.00元。结存42.77元。

大成1.00元。

大庆2.00元。

茶叶五袋3.35元。

五台山二盒0.60元。结存35.82元。

4月23日

酱油、醋各一斤0.22元。

大红纸一张0.15元。

瓜子三斤2.10元。

花生五斤4.75元。

塑料台布2.50元。

塑料痰盂1.62元。

卫生纸0.15元。

衣〈勾〉钩0.50元。

玻璃杯六个,酒盅六个,共3.54元。结存20.29元。

存车、冰糕0.19元。

饼子十个,花生豆1.00元。

酱油 0.12 元。

又红格布 4.8 尺,花布 3 尺,共 4.33 元。

味精二袋 0.96 元。结存 13.69 元。

大庆奖金 12.00 元。结存 25.69 元。

4 月 25 日

借入程志刚 100.00 元。

张英俊上礼钱 10.00 元。结存 135.69 元。

食油、螺片、咸菜 4.82 元。

4 月 26 日

豆腐 0.40 元、菠菜 0.10 元、乌豆,共 0.75 元。

白糖 1.74 元。

话梅糖二斤 2.48 元。

黄瓜 1.12 元。

韭菜 0.15 元。

沙发靠背织花 3.50 元。

点心二盒 5.51 元。结存 115.62 元。

江米条、米花各一斤 1.78 元。

莲菜 2.00 元。

蒜苗 0.40 元。

香菜 0.05 元。

苹果 5.00 元。结存 106.39 元。

广柑二斤 2.20 元。结存 104.19 元。

大方四月份工资 54 元。结存 158.19 元。

精、简孔雀各二盒 1.58 元。结存 156.61 元。

收正才还礼 10.00 元。

收曹■红还礼 5.00 元。

支和平手表钱(大方交) 150.00 元。结存 21.61 元。

收老纬上礼 20.00 元。结存 41.61 元。

交大方正才、小曹的礼 15 元。结存 26.61 元。

4 月 27 日

购香油一斤,人造肉二袋,共 1.81 元。结存 24.80 元。

支大米二十斤 3.92 元。结存 20.88 元。

核桃酥一斤 0.84 元。结存 20.04 元。

购白面、挂面 5.65 元。结存 14.39 元。

豆芽菜 0.40 元。结存 13.99 元。

给李麻买烟 1.00 元。结存 12.99 元。

油炸花生豆 1.50 元、〈牙〉芽乌豆 0.50 元,共 2.00 元。结存 10.99 元。

榨菜 2.8 斤 0.84 元。结存 10.15 元。

猪头肉一斤,猪肝 1.60 元。结存 8.55 元。

肠子 1.20 元。结存 7.35 元。

酱油 0.12 元。结存 7.23 元。

花卷 0.60 元、小花卷 1.20 元,共 1.80 元。结存 5.43 元。

啤酒三瓶 2.37 元。结存 3.06 元。

收乔毅勇上礼 10.00 元。结存 13.06 元。

豆腐 0.30 元。结存 12.76 元。

收岳晓勇上礼 10.00 元。结存 22.76 元。

收杨焕亮上礼 10.00 元。结存 32.76 元。

支鸡蛋三斤 3.45 元。结存 29.31 元。

4 月 28 日

啤酒三瓶 2.37 元。

杂拌粮二斤 3.00 元。

简孔雀烟一条 3.80 元。结存 20.14 元。

4 月 29 日

交 4 月份奶钱 6.60 元。

精孔雀烟三条(回礼用)12.30 元。

收回退酒瓶 2.36 元。结存 3.60 元。

林喜竺 50.00 元。

曹二清 10.00 元。

肖坤仙 5.00 元。

张锋 10.00 元。

■贵 10.00 元。结存 88.60 元。

胡芝娟5.00元。结存93.60元。

借入胡芝娟100元。

借入李千秋100元。结存293.60元。

支婚礼实用饭钱145.89元。结存147.71元。

粮票六斤3两

借入吕孔廉200元。结存347.71元。

给狗狗上婚礼20.00元。

给二狗上婚礼20.00元。结存307.71元。

赵建平还回婚礼20.00元。结存327.71元。

给大庆〈另〉零用1.00元。

回礼点心二斤(老曹)1.68元。

5月2日

还吕孔廉200元。结存125.03元。

大庆买还高粱白酒二瓶3.36元。

洗头膏、香皂2.30元。

蒜〈苔〉薹0.80元。

韭菜0.10元。

榨菜0.36元。

肉1.80元。

猪头肉1.30元。

肠子1.80元。

姜0.12元。结存113.09元。

蛋卷1.00元。

〈小〉水果糖、罐头4.38元。

苹果3.20元。

桔子2.20元。

鸡4.37元。

花生米、腐丝、腐干,共1.20元。结存96.74元。

汾酒二瓶9.73元、啤酒二瓶1.58元、红葡萄二瓶1.90元、大光烟四盒1.88元,吃饭共计35.84元。

收小徐送礼10.00元。结存106.74元。

江米条、大米花■1.74元。

还回啤酒瓶0.28元。

黄瓜1.00元。

豆芽0.20元。结存104.08元。

5月4日

苹果2.00元。

洗澡0.10元。

六曲香一瓶2.16元。

水果糖及可可奶糖1.20元。

洗〈像〉相等1.20元。结存97.42元。

王建平20元。

赵建芳30元。

李千秋10元。

程志刚10元。

秦进勇20元。

李少锋25元。

张封林5元。

张立刚5元。

周润红10元。

王宝林15元。

车永奇20元。

乔义忠10元。

李建忠20元。

胡晓东10元。

刘志宏10元。

郝建军20元。

杨林5元。

帅根怀5元。

苗伟民10元。

纬凯太10元。

刘德二20元。

纬秀文5元。

李培文10元。

冯俊刚5元。

刘西明10元。

李广10元。结存427.42元。

5月5日

大方去青岛某地旅游代礼款400元。结存27.42元。

林明1983年第一季度卫生费1.50元。结存28.92元。

豆芽菜二次0.40元。

大庆秋裤一条3.78元。

蚕豆0.30元。结存24.43元。

又六曲香一瓶2.00元。

精孔雀二盒0.82元。结存21.51元。

5月6日

林[明]报回原代垫火车运费8.00元。结存29.51元。

给大庆1.00元。

二个插座0.98元。

盐一斤0.15元。结存27.38元。

压面五斤精粮票0.53元。

圆木二块0.22元。

退格瓦斯瓶二个0.28元。

豆芽二斤0.30元。结存26.61元。

5月7日

胡芹0.30元。

鸡蛋二斤2.50元。结存23.81元。

白布二尺0.82元。

大庆白硬布及美丽绸3.54元。

大成裤手工2.20元。

大庆套服手工8.00元。

啤酒二瓶1.58元。

肠子0.60元。

水萝卜0.20元。

油炸花生米0.80元。

酱油一斤0.12元。

肉1.20元。结存4.75元。

5月8日

花卷一斤0.30元。结存4.45元。

花生米0.20元。

黄瓜0.52元。

5月9日

退啤酒瓶0.28元。

菠菜0.07元。

肉0.60元。结存3.35元。

灌肠0.33元。

黄瓜0.73元。

菠菜0.10元。

存车共0.10元。

冰糕0.10元。结存1.99元。

5月12日

大庆工资(粮副补5.00元,洗1.00元)共42.10元。结存44.09元。

男背心、女背心,4.59元。

花生米0.30元。

菠菜0.10元。

压面条0.53元。

存车0.02元。

小扣四个0.32元。结存38.22元。

生肉0.85元。

芝麻酱二斤2.80元。

黄瓜1.28元。

大庆交厂内发大纹吡叽7.50元。

给大庆〈另〉零用0.50元。

林明午饭0.20元。结存32.29元。

5月14日

吕新五月份工资等90.70元。

扣国库券10.00元。

林明五天工资(外勤补助)13.43元。结存126.42元。

生肉一斤1.20元。

黄瓜0.60元。

蒜〈苔〉薹0.80元。

肠0.90元。

5月15日

高〈梁〉粱白一瓶1.65元。

烟0.85元。

豆豆0.20元。结存120.22元。

豆芽0.20元。

给吕新2.00元。

林[明]〈交〉缴3—5月会费0.90元。

林[明]午饭0.32元。

5月16日

蒜〈苔〉薹0.50元。

菠菜0.12元。

香一盒0.30元。结存115.88元。

5月17日

灌肠0.40元。

生大豆0.40元。

韭菜0.10元。

大前门烟一条3.60元。结存111.38元。

大前门、大光二份1.90元。

肉0.70元。

女背心 1.51 元。结存 107.27 元。

饼干一斤 1.03 元。

油饼 0.30 元。

黄瓜 0.40 元。

林明午饭 0.30 元。

水萝卜 0.06 元。结存 105.48 元。

领回林明 1—4 月工资，移林［明］支 6%，185.28 元。结存 290.76 元。

郝文庆借去购大前门一条 3.60 元。

赵玉君 0.20 元。结存 286.96 元。

购粮90粗20细 15.55 元。结存 271.41 元。

林明出差〈代〉带 71.41 元。结存 200.00 元。

馍 0.25 元。

肉一斤 1.30 元。

菠菜 0.05 元。

洗澡 0.10 元。

黄瓜 0.60 元。

5 月 22 日

茴子白 0.40 元。

油花生豆 0.75 元。

韭菜 0.05 元。

蒜〈苔〉薹 0.50 元。

油丝饼 1.00 元。

给大庆〈交〉缴互助金 2.00 元。

给大庆〈另〉零用 1.00 元。

给吕新〈另〉零用 2.00元。结存190.00元。

5 月 23 日

精大光 2、精芒果 2，共 1.84 元。

林［明］午饭 0.30 元。

茴子白 0.85 元。

紫菜 1.31 元。

收回林明出差〈代〉带 71.41 元。

出差补助共支出 31.93 元。结存 226.71 元。

大成四月份工资（去运城出差及西安），大成五月份工资扣国库券 20.00 元，没给家。

5 月 24 日

还前借李广 100 元。

豆包二斤 1.20 元。

油菜 0.10 元。结存 125.41 元。

5 月 25 日

4 月份煤气 3.08 元。结存元。122.33

收报回出差费 31.93 元。

菜 0.86 元。结存 153.40 元。

鱼罐头 1.76 元。结存 151.64 元。

咸菜一斤 0.19 元。

醋三斤 0.60 元。

油菜、香菜 0.20 元。

黄瓜 0.84 元。

5 月 27 日

酒 0.68 元。

肠 0.70 元。

蚕豆 0.30 元。

肉 1.30 元。结存 146.53 元。

小葱 0.10 元。

芹菜 0.40 元。结存 146.03 元。

李广生来吃饭 2.00 元。

牛奶一斤 7.50 元。

太原特曲一瓶 2.30 元。

六曲香一瓶 2.16 元。

白葡萄一瓶 0.99 元。

精大前门五盒 2.55 元。

精黑萄五盒 2.05 元。

林［明］、吕［新］裤各一手工 4.40 元。结存 121.08 元。

和平给大庆捎衣套服共 45.20 元。结存 75.88 元。

盐一斤 0.15 元。

送花凯小孩鸡蛋五斤 6.00 元。

小被 3.39 元。结存 66.34 元。

5 月 28 日

美丽绸、衬、口袋布共 5.09 元。

莴笋、小花卷二斤 0.80 元。

小肚半斤 0.55 元。

菠萝罐头一瓶 0.89 元。结存 58.51 元。

酱油一斤 0.12 元。

5 月 29 日

油二斤半 2.38 元。

鸡蛋二斤 2.30 元。

生肉 1.20 元。

小肚 0.80 元。

黄瓜 1.05 元。

蒜 0.20 元。

油花生米 0.50 元。

大方去少锋处花 4.00 元。结存 45.66 元。

又给大方买烟酒等还礼 5.00 元。

还礼用上海前门及精大光各五盒 5.53 元。

糖 2.00 元。

吕新买菜等 2.00 元。

6 月 1 日

收大庆奖金(五月份)15.00元。结存51.13 元。

给大庆〈另〉零用 1.00 元。

生肉一斤 1.20 元。

茴子白 0.31 元。

西〈胡〉葫[芦]0.30 元。

黄瓜 0.80 元。

莴笋二次 0.88 元。

又黄瓜 1.47 元。

6 月 2 日

肉半斤 0.60 元。结存 44.57 元。

午饭 0.20 元。

支吕新手表一块 30.00 元。结存 14.37 元。

大成给五月份工资 30.00 元。结存 44.37 元。

油饼一斤 0.50 元。

给吕新 1.00 元。

电影票 0.30 元。

芝麻酱一斤 1.40 元。

给吕新〈另〉零用 0.60 元。

给郝文庆垫烟钱收回 3.60 元。

油菜、莴笋共 0.46 元。

馍一斤 0.25 元。

腐干半斤、半斤花生豆 1.05 元。

咸菜 0.19 元。

味精一袋 0.70 元。

肠子 0.50 元。结存 41.02 元。

6 月 3 日

林[明]午饭 0.30 元。

又馍一斤 0.25 元。结存 40.47 元。

6 月 4 日

大方〈交〉缴六月份伙食 15.00 元。结存 55.47 元。

购粮粗 130 斤,细 10 斤,18.93 元。

酱油 0.12 元。结存 36.42 元。

莴笋 0.90 元。

6 月 5 日

黄瓜、姜 0.70 元。

茴子白 0.40 元。

虾皮半斤 0.75 元。

生肉 0.60 元。

火柴 0.06 元。

蒜〈苔〉薹 0.47 元。

给大庆买豆腐、电影 2.00 元。结存 31.01 元。

大成电影 0.20 元。

西〈胡〉葫[芦]一个 0.21 元。结存 30.60 元。

6 月 6 日

林明饭票 5.00 元。结存 25.00 元。

大光二份 1.90 元。

火柴一包 0.20 元。

麻叶一斤半粮票 0.90 元。

收回吕[新]用大方大光烟一盒 0.47 元。

生肉半斤 0.60 元。

收回代大方购烟 2.20 元。

给大方生活费(食堂饭票)5.00 元。结存 19.13 元。

6 月 7 日

豆腐菜 0.70 元。

豆〈办〉瓣酱一斤 0.28 元。

黄瓜、莴笋共 0.80 元。

6 月 8 日

肥皂五条、洗衣粉一袋、酱油一斤、醋一斤、盐 0.20 元,共 3.28 元。

收回大庆生活费5.00元。结存19.07元。

生肉一斤1.20元。

〈无〉蚕豆0.30元。

鸡蛋二斤2.30元。

茴子白0.42元。

腐干0.30元。

小葱0.04元。

收回大庆套服手工8.00元。结存22.51元。

花卷三斤0.90元。

给大庆买VC(维生素C)一盒0.70元。

6月9日

给吕新去区上1.00元。结存19.91元。

肠0.70元。

莴笋0.30元。

西〈胡〉葫[芦]0.46元。

榨菜0.40元。

马莲0.10元。

黄瓜0.24元。结存17.71元。

食油二斤半六月份2.38元。

6月10日

韭菜0.04元。

腐干0.30元。

议价江米六斤2.76元。结存12.23元。

压面(二斤粗粮)0.53元。

辣椒面一袋0.43元。

6月11日

增补江米五斤1.23元。

大方买菜共用1.30元。结存9.74元。

生肉1.00元。

肠0.70元。

腐干0.30元。

黄瓜0.50元。

花卷0.90元。

西施兰夏露一瓶(大成)1.50元。

酱油一斤0.12元。结存4.72元。

大庆六月份工资44.51元。

〈贮〉储蓄费2.00元。结存47.23元。

6月12日

粽叶、马莲1.60元。

虾皮0.60元。

照〈像〉相0.46元。

茴子白0.50元。

红枣二斤1.10元。

烟0.76元。

啤酒四瓶、小香〈宾〉槟一瓶4.06元。

大庆烫发3.80元。

〈冷〉凉粉、冰糕0.25元。

老纬借去10.00元。结存24.10元。

大成支去10.00元。结存14.10元。

6月13日

韭菜0.10元,花生米0.75元,共0.85元。

芒果一盒0.45元。结存12.80元。

压面五斤粗0.53元。

馍三斤0.90元。结存11.37元。

6月14日

吕新六月份工资90.70元。结存102.07元。

扣1—6月水电15.18元。

1—6月房租9.72元。

1982年11月—1983年2月暖气费12.60元。

给奶奶寄去生活费15.16元。结存49.41元。

黄瓜、豆角1.00元。

肠0.70元。

给吕新买烟豆、挂号共1.35元。

花卷三斤2.00元。

6月15日

生肉二斤2.00元。

油花生豆0.75元。

肠0.70元。

西〈胡〉葫[芦]0.15元。结存41.86元。

茴子白0.45元。

莴笋、韭菜0.24元。

油豆腐0.66元。

菠萝1.27元。

莴笋0.20元。

西红柿0.49元。

给大庆0.50元。结存38.55元。

他给拿回5.00元。结存43.55元。

老纬还回10.00元。

结存53.55元。

小香〈宾〉槟二瓶2.00元。结存51.55元。

6月16日

大成六月份工资车补49.00元。

自己留10.00元。结存90.55元。

交给吕新(林[明]出差)50.00元。

家中暂存35.00元。结存5.55元。

吕新洗澡0.15元。结存5.40元。

收林[明]6月份工资92.47元。

〈交〉缴会费0.30元。

卫生费(4—6月)1.50元。

7月4日

取回暂存大成35.00元。结存131.07元。

海味汤十包1.00元。

怪味豆二斤2.28元。

吕新凉鞋5.65元。

花眼镜2.50元。

点心三盒5.68元。

面包0.60元。

大成港衫8.50元。

林明衣料28.06元。

象新家糖果点心3.48元。

西瓜二个1.70元。

生肉一斤1.20元。结存70.42元。

怪味豆又半斤0.58元。

花条毛巾一块0.65元。结存69.19元。

大葱、茴香0.15元。

小肚、腐干0.96元。

黄瓜0.32元。结存68.56元。

7月7日

西红柿、茄子、黄瓜共1.00元。

西红柿0.30元。

食油一斤八两、香油六两,共2.16元。结存65.10元。

门牌0.30元。

白糖二斤1.47元。

给吕新1.00元。

大成开会3.00元。

大庆7月份工资42.10元。结存101.23元。

交〈贮〉储蓄互助金2.00元。

给大庆〈另〉零花5.00元。结存94.23元。

7月8日

大葱、黄瓜0.60元。

味精一袋0.36元。

紫菜0.70元。

豆角十斤1.00元。

7月10日

茴子白二个0.20元。

酱油一斤、盐一斤、修包0.50元。

茄子、西红柿0.50元。

西瓜1.50元。

7月12日

郝文庆借去5.00元。结存93.82元。

给吕新购肉、西瓜1.40元。

安阳、前门一盒0.36元。

吕新〈另〉零花0.24元。

7月13日

吕新7月份工资90.70元。结存182.53元。

高粱白酒一瓶1.65元。

7月14日

吕新0.70元。

猪肉一斤1.20元。

麻叶0.78元。

茴香苗0.20元、酱油0.12元、姜0.20元,共0.52元。

蒜一〈瓣〉辮1.00元。

西红柿三斤共0.45元。

西瓜一个0.50元。

议价菜〈子〉籽油四斤1.40元/斤,共5.60元。

芝麻一斤0.90元。结存169.22元。

林明7月份工资(26天)78.04元。结存247.26元。

扣会费0.35元。结

存246.51元。

还秦进勇 200.00元。结存46.51元。

大成7月份工资49.00元。

白面一袋加袋15.50元。

购电大书27.00元。

〈另〉零用6.50元。结存46.51元。

7月15日

吕[新]、林[明]裤料2.2米(12元)共26.40元。结存20.11元。

奶奶生活费及汇费15.16元。结存4.95元。

补馍二斤0.25元。

小饼子十个0.40元。

绞肉机一台9.00元。

茴子白0.10元。

腐干0.20元。

西瓜0.50元。

花生米0.30元。

榨菜0.27元。

茄子、黄瓜1.13元。

又茄0.40元。结存15.40元。

〈交〉缴1983年1—6月房租14.69元。

大成交回23.00元。结存0.71元。

油饼十个0.50元。结存0.21元。

7月16日

饼子馍0.85元。

内胎一条1.81元。

扇子三把0.54元。

粉丝一袋1.50元。

大辣椒三斤0.48元。

黄瓜五斤0.40元。

西红柿0.45元。

小辣椒0.10元。

大葱0.10元。

馍、饼子0.85元。

〈冷〉凉粉0.20元。

收大庆5、6月份奖金30.00元。结存22.93元。

家用、购粮、西瓜共20.00元。结存2.93元。

大光一条4.70元。

错找购烟0.70元。

7月21日

半斤肉0.60元。

金鸡香0.53元。

大庆7月份奖金12.00元。结存8.40元。

咸菜一斤0.28元。结存8.12元。

还大成少找购烟款0.80元。

黄瓜、西红柿0.60元。

又西红柿0.75元。

黄瓜0.30元。

7月22日

补内胎1.05元。

胡芹、黄瓜、洋葱、大辣椒共0.70元。

饼子一斤0.50元。

腐干、油花生米0.60元。

西瓜、吃饭0.45元。结存2.33元。

染发剂、肥皂、牙膏等3.21元。

大方交回35.00元。结存34.12元。

7月26日

交7月份奶费8.10元。

给大方5.00元。结存21.02元。

西红柿0.50元,麻叶0.78元,共1.28元。

黄瓜等、味精等共1.52元。

■瓶0.42元。

精芒果一盒0.45元。

西红柿0.50元。

馍一斤0.25元。

茄子、黄瓜、茴子白等0.76元。结存16.68元。

报回1983年1—6月房租40%9.80元。结存26.48元。

交煤气4.24元。

给吕新0.76元。

报回药费15.61元。

西红柿三十斤1.50元。

肉一斤、盐一斤1.31元。结存34.28元。

7月27日

扣西瓜五十四斤5.40元。

湖滨会堂看戏点心

0.86元。

茴香、茴子白、韭菜、香菜共0.35元。结存27.47元。

油饼十四个0.70元。结存26.67元。

大成同学来家做客肉酒4.00元。结存22.67元。

7月28日

桃子0.20元。

酱油一斤、白糖二斤,1.88元。

7月30日

给吕新买鸡蛋、电影票。

烟、菜、香油、醋共7.00元。

馍七个0.35元。

西红柿二十斤0.92元。

又西红柿十斤、茄子0.77元。

大辣椒、黄瓜0.70元。

小饼子十五个0.90元。结存9.95元。

8月1日

烟、芒果、墨汁共2.51元。结存7.44元。

8月3日

葱、菜、蒜、电影等2.00元。

西红柿2.00元。

豆角0.20元。结存3.24元。

大方还回5.00元。

馍二斤0.50元。

林明饭票5.24元。

麻叶一斤0.60元。

8月4日

西红柿十斤0.50元。

胡芹0.10元。

桃子四斤1.00元。结存0.30元。

借入大成10.00元。

借入大庆2.00元。

报回提包、修包8.00元。

大庆7月份工资42.10元。

大庆扣国库券15.00元。结存47.40元。

8月12日

给吕新开会、烟3.00元。

处理的确〈凉〉良三丈11.70元。

大成买笔记本1.50元。

大方3.50元。

购粮25.90元。结存18.00元。

茄子、西红柿、黄瓜2.00元。

大庆买饼子0.50元。

肥皂二条、洗衣粉1.48元。

醋0.10元。

西红柿二十斤0.90元。

大小辣椒0.30元。

酒1.65元、豆0.30元、腐干0.30元、烟0.40元,共2.65元。

肉0.70元。

白糖一斤0.87元。

腐干半斤0.30元。结存8.20元。

油条0.90元。

还大庆(饼子、开会)2.50元。

大庆买洗衣膏一盒2.26元。

头油0.25元。

染发剂0.54元。

香皂0.40元。结存1.35元。

8月13日

小董交来房钱25.00元。结存26.35元。

桃子1.00元。

替徐士谔垫1.00元。

芒果五盒、精孔雀共2.51元。

还大成5.00元。

西红柿十三斤0.80元。

黄瓜、辣椒、茴子白2.09元。

去忻县车钱来回饭钱等4.26元。

挂号0.05元。结存9.64元。

化验费0.30元。

给大庆买背心2.06元。

吕新工资90.70元。

结存97.98元。

还吕〈另〉零用2.73元。

8月14日

理发0.48元。

缝大成鞋0.05元。结存94.72元。

给吕新用7.98元。结存85.74元。

大豆二斤1.00元。结存84.74元。

鸡蛋三斤3.50元。结存81.24元。

奶奶生活费汇费共15.16元。

8月15日

补林明1—4月工资135.40元。

八月份工资(林[明]27天)80.50元。

〈交〉缴会费0.30元。

西瓜3.28元。

卖旧衣服8.50元。结存286.90元。

芒果五盒2.10元。

还大方结婚时借胡芝娟100元。

还大方结婚时借任碧琏100元。

给大方伙食费6.60元。

还给大成5.00元。

大成工资49.50元。

扣西瓜4.80元。

交给大成买鞋20.00元。结存97.90元。

8月16日

桃子1.00元。

大辣椒0.30元。

玉米0.60元。

油花生0.80元。

8月17日

不锈钢刀二大二小8.20元。

大辣椒、西红柿0.30元。

黄瓜四斤0.80元。结存85.90元。

蒜一〈瓣〉辫,又一斤2.00元。

香菜0.05元。

油一斤1.00元。

补大成买皮鞋一双7.10元。

借吕新10.00元。结存69.75元。

胡芝娟点心2.80元。

桔子罐头一瓶1.03元。结存65.92元。

8月18日

油条0.78元,又油条0.60元,共1.38元。

大庆买西红柿二十五斤1.20元。

收吕新还10.00元。

林熹竺还8.00元。

支咖啡半斤3.10元。

给吕新买大光烟等10.00元。

又油条0.78元。

白糖二斤1.74元。结存65.72元。

8月19日

林明午饭17—20日共0.90元。

茄子0.30元。结存64.52元。

8月23日

玉米0.60元。

茴子白0.36元。

西红柿0.40元。

豆角0.34元。

又玉米0.60元。

8月24日

酱油0.12元。

醋0.10元。

味精0.36元。

生肉0.70元。

小肚0.80元。

油花生0.80元。

葱0.10元。

豆芽0.02元。结存59.56元。

8月25日

油条0.60元。

给大庆20.00元。结存28.96元。

8月27日

议价油八斤7.60元。

大辣椒0.50元。

腐干0.30元、盐0.16元、鲜辣粉0.46元,共0.92元。

大方交回伙食费(8月份)40.00元。结存59.94元。

大方买饭票5.00

元。

大米五十斤12.00元。

油条四次2.40元。

给大成买牙膏等2.00元。

8月30日

给大庆买东西3.00元。

酱油0.12元、西瓜0.20元,共0.32元。

有机扣子二副(林[明]、吕[新])1.66元。

茄子0.16元。结存31.40元。

八月份牛奶9.00元。

林[明]药费1.97元。

林[明]早点0.24元。

白糖二斤1.74元。

给吕[新]买烟、肉2.00元。

补洗衣粉0.12元。

梨1.20元。

面包0.80元、月饼1.64元、蛋糕0.30元,共2.74元。

玉米0.60元。

小白菜0.20元。

还出差西安欠现金金额3.45元。结存8.24元。

8月31日

借入任碧琏50.00元。

三套套装手工24.00元。

煤气2.64元。

豆角二斤半0.50元。结存31.10元。

9月1日

大辣椒0.40元、黄瓜0.40元,共0.80元。结存30.30元。

紫菜1.00元。

又大辣椒0.40元。

小茴香0.30元。

吕新买豆腐、花生米等0.70元。

9月3日

鸡蛋二斤二两3.08元。

豆角0.50元。

大辣椒0.40元。

前后买五台山三盒0.90元。

白棉线十支0.50元。

生肉1.20元。

给大成吃饭等4.30元。

油条0.60元。

小饼子二斤1.20元。结存14.92元。

9月5日

又借回碧琏50.00元。

窗环二十五个0.60元。

西红柿0.60元。

香菜、小白菜、冰糕、果子0.45元。

茴子白0.20元。

红布12.2尺3.18元。结存60.24元。

灰色美〈的〉丽绸林[明]用三尺3.18元。

9月6日

豆浆、麻叶1.50元。结存55.56元。

购粮粗一百零五斤(换细五十斤、精三十斤、白二十五斤)又加细粗购大米八十斤,共31.95元。结存23.61元。

麻叶0.60元。

给吕[新]0.40元。

豆角0.40元,茄子0.16元,共0.56元。

味精、小粉面1.16元。

西红柿1.30元。结存19.59元。

9月8日

生肉1.20元。

香菜、黄瓜0.45元。

韭菜0.25元。

小饼子0.50元。

小果子、电影票1.30元。

芒果烟五盒2.10元。

豆角0.45元。

玉米0.45元。结存12.89元。

9月11日

月饼十二斤17.86元。

借出差费20元。结存15.03元。

旅行车一辆（给忻县）13.50元。结存1.53元。

9月12日

大庆8月份工资等共42.70元。

〈交〉缴会费0.45元。

交互助〈贮〉储金及团费等5.00元。

毛豆0.20元、茴子白0.36元，共0.56元。结存38.22元。

茄子0.36元、黄瓜0.50元、肉0.60元，共1.46元。

蒜2.00元、肥皂一条0.46元，共2.46元。

盐0.16元、火柴0.20元，共0.36元。

大方手套换锅贴0.64元。结存33.30元。

9月13日

茶叶二袋1.34元。

茴子白二个六斤半0.52元。

香油一斤1.00元。

韭菜0.05元、黄瓜0.50元，共0.55元。结存29.89元。

收回大方月饼7.24元。结存37.13元。

鸡蛋十斤13.50元。

玉米二穗0.30元。

小梨0.50元。

青山烟二盒，〈另〉零钱找糖，共1.00元。

五香粉0.10元。

盐三斤0.48元。结存21.25元。

9月15日

吕新9月份工资等90.70元。

林明9月份工资等81.73元。结存193.68元。

扣房水电三季度共11.13元。

吕新买烟菜1.12元。

给奶奶寄9月份生活费15.16元。

扣林明出差借10.00元。

会费0.30元。结存155.97元。

支林明借吕新购食堂菜票5.00元。结存150.97元。

还回前借出差20.00元。结存130.97元。

支还上月又借碧琏的100.00元。结存30.97元。

生肉0.80元。

大豆四斤2.20元。

9月17日

梨1.70元。

大葱0.24元。结存26.03元。

苹果4.00元。结存22.03元。

补苹果1.40元。

大成交回9月份工资40.00元。

大成毛花呢上衣料，〈代〉带美丽绸里42.00元。结存18.63元。

大庆买文化书5.30元。

给大庆0.70元。结存12.63元。

9月21日

味精一袋0.36元。

韭菜、茴香0.70元。

酱油一斤0.12元。结存11.45元。

收回苹果3.70元。结存15.15元。

鸡蛋二斤3.00元。

莲菜1.15元。

毛豆0.30元。

黄瓜0.50元、大辣椒0.23元，共0.73元。结存9.97元。

西红柿0.30元。

腐干0.30元、大方早点0.20元，共0.50元。结存9.17元。

收回大米五十斤12.50元。结存21.67元。

买菜、酱油、香菜等1.00元。

茄子、大辣椒、冬瓜、洋葱共0.86元。

葡萄1.80元。

又月饼二斤2.80元。

吕新开会5.00元。结存10.21元。

电影三人1.00元。

结存9.21元。

酱肉2.00元。

生肉二斤2.30元。

处处红一盒0.30元。

〈涝〉醪糟0.66元。

西红柿0.54元。结存2.92元。

9月23日

大方9月份伙食二人40.00元。

大方开人代会支伙食10.00元。结存32.92元。

还出差费(前借入)20.00元。结存12.92元。

榨菜0.50元。

鸡蛋五斤7.50元。

咸菜0.40元。

西红柿0.36元。

红薯0.40元。

药费0.59元。

9月25日

肥皂二条、火柴一包共0.94元。

核桃仁0.96元。结存1.27元。

带鱼4.00元。

海带丝0.55元。

处处红0.30元。

松花[蛋]二个0.50元。

咸菜0.40元。

又借回出差费12.00元。

收回大方开会10.00元。

奖金10.00元。

交开会伙食,买烟、书,共6.60元。结存20.92元。

补前大麻叶0.60元。

大成衣服麻衬1.38元。

扣子1.26元。

白菜0.15元。

9月30日

又带鱼五斤4.00元。

藕1.80元。

大辣椒0.30元。

韭菜0.30元。

9月油三张三斤2.85元。①

熟肉2.30元。结存5.98元。

又莲菜0.60元。

鸡蛋二斤3.20元。

味精一袋0.78元。

9月30日

茴子白一棵0.70元。结存0.70元。

借入吕晶10.00元。结存10.70元。

9月份奶费二十六斤7.80元。

大庆支援5.00元。

吕新支援2.00元。结存9.90元。

林明第三季度卫生费1.50元。结存11.40元。

10月1日

国庆节大方买酒等3.00元。

麻叶一斤0.60元。

菠菜、胡芹、麻叶共0.84元。

10月2日

给和平买苹果1.60元,麻叶0.60元,共2.20元。

胡椒粉0.20元、茴子白0.20元,共0.40元。

大辣椒0.30元、麻叶0.60元,共0.90元。结存3.46元。

10月4日

又借入吕新10.00元。结存13.46元。

国庆节大方买白菜、豆腐等1.00元。

香菜、腐干、油花生豆1.10元。

松花[蛋]四个1.00元。

白糖二斤1.78元。

10月6日

[西]〈胡〉葫[芦]0.21元、大葱0.20元、香肠1.00元,共1.41元。

麻叶0.60元。

处处红一盒(五台

---

① 疑为油票三张,合油三斤。

山）0.30 元。结存 6.27 元。

10 月 7 日

大辣椒 0.30 元。

二种咸菜 0.40 元。结存 5.57 元。

白面二十斤 3.60 元。结存 1.97 元。

小饼面 0.60 元、锅套二个 0.36 元，共 0.96 元。结存 1.01 元。

10 月 8 日

茴子白二个 0.50 元。

香菜 0.05 元、菠菜 0.20 元，共 0.25 元。

又菠菜 0.10 元。结存 0.16 元。

10 月 11 日

大庆 10 月份工资 41.98 元。

〈交〉缴会费、互助金等 5.00 元。

大庆奖金 15.00 元。

李变萍结婚 10.00 元。

支援家用 5.00 元。结存 37.14 元。

洋葱 0.80 元，酱油、盐 1.08 元。

山楂片二袋 1.02 元。

大庆和我二人午饭 0.38 元。

五台山一盒 0.30 元。

排骨 0.60 元。

豆腐 0.30 元。

白萝卜 0.10 元、大葱 0.10 元、花卷二斤，共 0.80 元。

咸菜二种 0.50 元。

生肉 0.80 元。

酱油、醋 0.34 元。结存 31.02 元。

10 月 13 日

肥皂五条 2.30 元。结存 28.72 元。

方便面五包 1.75 元。结存 26.97 元。

酱油又二斤 0.24 元。

食油五斤、香油二两 4.95 元。

榨菜 0.20 元，香菜、萝卜等 0.30 元。

花卷二斤 0.60 元。

腐干 0.30 元、豆腐 0.30 元，共 0.60 元。

10 月 14 日

吕新工资 90.70 元。结存 110.98 元。

还前欠 2.70 元。

红薯 0.20 元、茄子 0.20 元、西红柿 0.50 元、共 0.90 元。结存 107.38 元。

鸡蛋五斤 5.75 元。

花卷二斤 0.60 元。

9 月煤气 1.84 元。结存 99.19 元。

电影票三张 2.90 元。

购粮 14.12 元。结存 84.10 元。

林明 10 月份工资 82.57 元。

还借吕新 10.00 元。

单位扣款出差欠款 10.00 元。

扣会费 0.30 元。

家用 4.10 元。

支还程志刚（大方结婚用）100.00 元。结存 42.27 元。

取出有奖存款本利共 10.34 元。结存 52.61 元。

林明出差留家用 52.61 元。结存 0 元。

11 月 10 日

吕新 11 月工资加〈考〉烤火费 106.70 元。

林明 11 月工资加〈考〉烤火费 94.04 元。

大成给家 30.00 元。

大庆 59.98 元。结存 290.73 元。

大方借支回家 90.00 元。

大方支回借款还千秋（另给 10 元，后因没去千秋家先还了小秦）100.00 元。结存 280.73 元。

买麻叶 0.60 元。

醋等 0.20 元。

花卷 0.30 元。

10 月 4 个月煤气 4.40 元。

大方交料子钱 7.00 元。

扣林明单位借款10.00元。

会费0.30元。

11月15日

吕新探亲路费等共71.20元。结存186.73元。

缎被绉6尺6.54元。

果脯4.00元。

桔子1.83元。

给奶奶买点心2.14元。

茶叶1.48元。

去大哥家买桔子1.38元。

点心吃饭等1.17元。结存168.23元。

11月29日

购11月份粮13.13元。

12月3日(去津出差)

花卷0.30元。

林熹竺还回(是大成存的)30.00元。

一把不锈钢刀2.60元。结存187.40元。

给奶奶10、11月生活费30.00元。结存157.40元。

送礼等酒31.76元,点心3.30元,共39.71元。

男汗衫二件5.00元。

洗洁〈晶〉净二瓶3.12元。

豆腐粉四斤2.56元。

香皂、毛巾1.31元。

寄小包邮费0.41元。

牙膏、鞋油0.96元。

钉鞋0.70元。结存103.63元。

紫菜、快餐汤等5.60元。

大庆■包5.00元。

麦片二袋1.24元。

桔子二斤1.29元。

垫药费1.10元。

在家买早点、珍珠霜等9.71元。

大前门一条4.70元。

上火车返,糖、瓜子、吃饭1.10元。

小烧饼三斤2.10元。结存71.79元。

12月5日

扣单位买红薯2.13元。

扣单位买苹果3.52元。

麻叶0.60元。

洗衣粉一袋0.65元。

腐干0.18元。结存64.71元。

林明午饭0.50元。

吕新购食品1.35元。

五台山二盒0.60元。

给大庆2.00元。

手电、电池1.49元。

麻叶0.60元。

白糖一斤0.87元。

肉二斤2.30元。

与栓香吃饭,酒、莲菜、花生米等2.00元。

食堂菜证2.00元。

林明6、7、8月外勤补助18.00元。结存69.00元。

肉松一袋0.60元。

桔子二斤1.34元。

果酱一瓶0.99元。

〈黑〉墨菊二盒0.82元。结存65.25元。

12月6日

五台山0.30元。

酱油0.12元。

交白雅娟捎物6.00元。

给同志买瓜子,烟1.00元。

交桃〈源〉园1985年7—12月房租24.48元。

报回40%9.79元。

麻叶0.60元。结存42.54元。

12月7日

退回小董多〈交〉缴房租12.75元。结存29.79元。

12月8日

皮手套一〈付〉副11.95元。

苏打饼干0.98元。

线闸皮2.09元。

安阳烟 0.84 元。

飞马烟 1.17 元。

扫帚二把 0.50 元。结存 12.52 元。

衣架六个 0.50 元。

入场〈卷〉券 0.10 元。

木耳一两 1.50 元。

牛肉干 0.19 元。

12 月 9 日

肉一斤 1.20 元。

油花生米 0.70 元。

桔子三斤 1.50 元。

五香粉 0.10 元。

给吕新 1.40 元。

还大成购锅刷 0.20 元。

象骨筷子五双 1.05 元。结存 4.08 元。

大光烟一条 4.70 元。

五台山一盒 0.30 元。

吕新购桔子五斤 2.60 元。

面包五个 1.00 元。

塑料盖二个 0.12 元。

麻叶一斤 0.60 元。结存—5.24 元。

12 月 10 日

大庆 12 月份工资等 42.10 元。结存 36.86 元。

馍一斤 0.30 元、麻叶一斤 0.60 元，共 0.90 元。

给大庆〈交〉缴互助金 5.00 元。结存 30.96 元。

12 月 14 日

吕新 12 月份工资 90.70 元。结存 121.66 元。

馍二斤 0.60 元。

花布六尺（和平）3.18 元。

大庆自行车款 5.00 元。

香油二斤 2.00 元。

给吕新买茶叶二两等 2.00 元。

扣房租 4.86 元、水 1.80 元、电 5.39 元，一个季度共 12.05 元。结存 96.83 元。

报回购皮手套 8.00 元。

笔芯 0.16 元。结存 104.99 元。

生肉一斤 1.20 元。

面包五个 1.00 元。结存 102.79 元。

还大方结婚借小秦 100 元。结存 2.79 元。

12 月 15 日

林明 12 月份工资补助等共 80.73 元。结存 83.52 元。

扣出差借款 10.00 元。

会费 0.30 元。

白糖二斤 1.74 元。

肉松一袋 1.35 元。

给奶奶寄生活费共（12 月份）15.16 元。结存 54.97 元。

大成 12 月份工资，下乡补助，福利等 100 元（除去买蒜，缺下次电影票）结存 154.97 元。

给大庆〈另〉零用 1.00 元。结存 153.97 元。

面包五个 1.00 元。

金银枣 0.68 元。结存 152.29 元。

12 月 16 日

收林明 8—9 月奖金（毛〈吡〉哔叽买了）58.00 元。结存 210.29 元。

胡芹 0.20 元。

林明 9、10、11[月]外勤补助 18.00 元。

高级象骨筷子三把 6.30 元。

林明等票 1.00 元。结存 220.79 元。

大庆上半年奖金 30.00 元。

大方给家用 20.00 元。结存 270.79 元。

大成去天津〈代〉带去预支款 80.00 元。结存 190.79 元。

送大成汽车票 0.50 元。

卫生纸十包 1.30 元。结存 188.49 元。

生肉 2.00 元。

油花生米 0.75 元。

腐干 0.30 元。

蒜〈苔〉薹 0.13 元。

订报及酱油酒 3.65 元。结存 181.56 元。

12月17日

不锈钢勺五把2.60元。结存178.96元。

12月19日

12月煤气56字①2.24元。

钉鞋林明1.00元。

面包五个0.75元。

咸菜0.14元。

虾皮0.75元。

莲菜0.46元。

〈帨〉枕巾六块0.96元。(其中送和平二块)5.96元。

给吕新补煤气费1.06元。结存166.60元。

肘子一个2.65元。

苹果0.50元。

麻叶0.60元。

12月20日

面包五个0.75元。

花生0.40元。

饭菜票1.40元。结存160.80元。

精粉挂面十斤3.50元。

麻叶0.60元。结存156.70元。

收吕新补发福利金60.00元。

吕新自〈代〉带40.00元。结存176.70元。

12月22日

还前欠大方借吕新回家90.00元。结存86.70元。

锅盖一个1.00元。

肉锅1.20元。结存84.50元。

12月23日

大成从津返并退回35.00元。结存119.50元。

油条0.60元。结存118.90元。

购粮96斤细票14.80元。

吕新给购粮钱20.00元。结存124.10元。

酱油一斤0.12元。

五台山一盒0.30元。

肥皂一条0.46元。结存123.22元。

收回雅娟代捎物6.00元。结存129.22元。

12月24日

支雅娟捎果脯一斤1.76元。

支雅娟捎粉丝一袋1.47元。

山楂酒二瓶1.41元,共2.82元。

面包五个(从此以前共购三十个)0.75元。

二清代捎北京粉丝一袋1.47元。

扣平棉裤锁边费0.20元。结存120.75元。

借厂内出差费40.00元。结存160.75元。

收北郊发大成福利75.00元。结存185.75元。

存入活期150.00元。结存35.75元。

大成后半年奖金30.00元。结存65.75元。

12月25日

食油三斤2.40元。

酒0.54元。

油条0.60元。

生花生米二斤2.00元。

馍二斤0.60元。结存59.61元。

给大方垫粉丝等0.12元。结存59.49元。

12月26日

肘子二〈付〉副6.00元。

味精、酱油0.35元。

松花蛋四个1.00元。

咸菜0.30元。

馒头0.25元。

面包五个,不收粮票1.00元。

收大庆〈贮〉储蓄奖15.00元。结存65.59元。

再存入活期30.00元。结存35.59元。

12月29日

白条鸡一〈支〉只4.30元。

---

① $56\ m^3$。

小肚等2.50元。

腐干0.35元、胡芹0.20元、蒜〈苔〉薹0.88元,共1.43元。

杏仁露一盒0.60元。

面包五个,不收粮票1.00元。

蘑菇一袋1.00元。结存24.76元。

香蕉1.00元。

松紧〈袋〉带一支0.50元。

12月份奶费6.30元。

芒果烟、菜二份2.82元。

桔子、苹果2.30元。结存11.86元。

大方还肘子一个3.00元。结存14.86元。

酱油、醋0.22元。

虾片一盒0.67元。

茶叶一袋0.67元。结存13.30元。

12月30日

林明奖金(10、11月份)50.00元。结存63.30元。

存入活期20.00元。结存43.30元。

蛋白肉一袋0.24元。

莲菜1.50元。

猪肉1.20元。

鸡蛋1.60元。结存38.76元。

丸子一斤1.20元。

点心送杨建一盒4.00元。

麻叶0.60元。

徐师傅〈代〉带粉丝一袋1.47元。

徐师傅〈代〉带果脯二斤3.12元。

给大成〈另〉零用10.00元。结存18.37元。

麻叶一斤0.60元。结存17.77元。

1984年

1月1日

送杨建罐头二瓶2.50元。

牛肉松半斤0.60元

白轴线一支0.20元。

鲜胡辣粉一瓶0.28元。结存14.18元。

1月2日

取出活期200.00元。

大成购自行车一辆177.00元。结存37.18元。

收退蘑菇一袋1.00元。

金针[菇]半斤1.68元。结存36.50元。

1月4日

木炭一袋0.48元。

猪肉二斤2.40元。

小子母扣、〈勾〉钩0.10元。

存车0.04元。

面包五个1.00元。

麻叶一斤0.60元。结存31.88元。

借入大方97.00元。

绞肉机刀一把1.10元。结存127.78元。

还林明欠北京永定门出差费150.00元。

1月5日

借徐士谔30.00元。结存7.78元。

收吕新给家生活费2.00元。

生肉一斤1.20元。

窗帘布三尺2.46元。

面包五个、小饼子二个,共1.20元。

存车0.04元。结存4.88元。

1月11日

大庆元月份工资等(二级)43.10元。结存47.98元。

还大方生活费支出12.00元。

还大方私房钱7.00元。结存28.98元。

1月12日

食油一斤1.10元。

盖拍一个0.80元。

鸡蛋二斤2.30元。

蒜三斤3.00元。

虾片一盒0.76元。

醋二斤、酱油一斤0.32元。

五台山一盒0.30

元。结存20.40元。

1月13日

吕新12[月]工资等90.70元。结存110.40元。

给奶奶生活费15.16元。

退大庆存互助金及利息24.60元。

支给大庆〈另〉零用24.60元。结存95.36元。

1月14日

腐干1.30元。结存94.94元。

购粮七十斤14.30元。结存80.64元。

1月15日

送老万苹果1.50元。

点心、罐头一瓶2.62元。

肥皂三条1.38元。

苹果1.00元。

洗衣粉0.67元。

黑线一轴0.29元。

〈兰〉蓝线一轴0.19元。

虾片0.80元。

茶叶0.73元。

肉松0.60元。

花卷0.60元。

朱古力豆二袋0.50元。

子母扣0.10元。

大料0.60元。结存49.06元。

1月16日

林明加班工资四天10.75元。结存59.81元。

咸菜二斤0.64元。

蘑菇罐头四桶3.12元。

火柴一包0.20元。

松花[蛋]八个2.00元。结存53.85元。

鸡蛋三斤4.50元。

黄油十块10.00元。结存39.31元。

大成元月份工资54.00元。结存93.31元。

给大成10.00元。

肉10.50元。

骨头1.00元。

麻叶0.60元。

花馍0.60元。

12月煤气2.84元。结存67.77元。

1月19日

油条一斤0.60元。结存67.17元。

1月20日

吕新二月份工资90.70元。结存157.87元。

给吕新10.00元。

油四斤3.20元。

海带0.65元。

五台山一盒、五香粉一袋,共0.40元。

豆腐0.40元。

麻叶0.60元。

支给大方在厂内买花生等5.00元。

六月份牛奶6.60元。

收大方买皮手套10.00元。结存141.03元。

茶叶一两1.00元。结存141.03元。

白布三十尺12.30元。

图钉0.19元。

1月22日

三个号证的春节供应烟二十四盒12.21元。

鸡蛋二斤二两2.20元。结存113.13元。

果脯一斤1.80元。

点心7.60元。

广柑3.75元。

藕粉一盒0.60元。

小粉面一斤0.65元。

味精一袋0.80元。

盆、碗、碟3.65元。结存94.28元。

1月23日

姜0.20元。

红枣二斤1.10元。

鸡二〈支〉只8.80元。

香肠半斤多点2.64元。

莲菜2.00元。

〈代〉带藕粉二盒1.20元。

存车三次0.06元。

中海米一两1.04元。

海〈蛰〉蜇皮1.00

元。结存76.24元。

收大庆补发三级工钱24.00元。结存100.44元。

香菜0.10元。

酱油三斤0.36元。

醋一斤0.10元。

五星啤酒五瓶4.15元。结存95.73元。

售给大庆〈代〉带藕粉一盒0.60元。

售给大方点心一盒3.70元。结存100.03元。

1月26日

铝精锅一个4.76元。

瓶盖三个0.18元。

菠菜0.20元。

又小碗五个1.30元。

烟缸一个0.25元。

给大成生活费5.00元。

买豆腐0.30元。结存88.04元。

1月29日

肉馅五斤半6.64元。

又莲菜二斤2.44元。

酱油二斤0.24元。

茶叶一袋0.67元。

五台山一盒0.30元。

腐干二斤0.70元。

又购带鱼五斤4.00元。

白糖二斤1.76元。结存71.31元。

食盐0.30元。

交林[明]购豆腐五斤0.50元。结存70.51元。

麻叶(补27[日])0.60元。

香十支0.10元。

油豆腐二斤0.90元。

菠菜0.15元。

白萝卜0.15元。结存68.65元。

鸡蛋一斤半2.10元。

五台山一盒0.30元。

醋0.10元。

大光烟一条4.70元。

汾酒二瓶(下欠0.13元)9.74元。

1月30日

点心三斤4.50元。

奶油豆二斤1.20元。

水果糖一斤1.85元。

巧克力豆五袋1.35元。

豆芽菜二斤0.40元。

给吕新买酒2.00元。

给大成压岁钱2.00元。

给和平压岁钱10.00元。结存28.41元。

车永奇的压岁钱2.00元。结存26.41元。

大成韭菜等5.00元。结存21.41元。

2月10日

给吕新3.00元。

林南、林田压岁钱4.00元。

酱油二斤0.22元。

五台山一盒0.30元。

大庆给家奖金20元。结存33.89元。

小竹叶青酒二斤2.25元。

肥皂二条0.29元。

2月11日

火柴二包0.40元。

怪味豆一盒0.86元。

富强牙膏一支0.43元。

金钟香烟四盒1.73元。

给大成生活[费]3.00元。

给吕新开会0.40元。结存23.90元。

大庆二月份工资等(三级)50.48元。结存74.38元。

食油四斤3.20元。

2月12日

豆芽菜二斤0.40元。

白糖一斤0.87元。

怪味豆一斤1.01元。结存68.00元。

2月13日

大成布鞋一双等5.00元。

豆腐五斤0.60元。

肉2.10元。

给奶奶寄二月份生活费15.16元。

炮0.51元。

大成看电影吃饭1.00元。结存42.63元。

大成二月份工资49.50元。结存92.13元。

〈兰〉蓝格布六尺二寸3.85元。

2月17日

花布十二尺5.88元。

吴伟0.10元。结存82.30元。

豆芽二次0.70元。

26车〈副〉辐丝五根0.40元。结存81.20元。

2月18日

吴伟0.30元。

五台山一盒0.30元。

酱油二斤0.24元。

广柑五斤4.00元。

2月19日

麻叶一斤0.60元。

花卷二斤0.60元。

给吕新1.00元。

点心二斤罐头2.62元。

茶叶一两1.20元。

点心2.97元。

红葡萄酒3.36元。结存67.37元。

花生南糖一斤1.46元。

2月20日

请老韩(永发)吃饭及招待杨氏夫妇。

莲菜1.38元。结存60.97元。

菠菜0.20元。

果脯1.70元。

点心二斤2.85元。

琥珀花生0.71元。

豆面酥糖0.75元。

傻子瓜〈籽〉子1.00元。

巧克力糖1.30元。

猪肉2.00元。

又点心一斤0.92元。结存49.54元。

前门烟0.96元。

存车0.02元。

又点心一斤和蜜麻花1.31元。

姜和韭菜0.40元。

山楂酒一瓶1.41元。

先交大米(五十斤,每斤0.30元)15元。结存30.44元。

2月21日

味精、醋0.90元。

大庆买广柑五斤,腐干〈另〉零用10.00元。结存19.54元。

大成买饭票5.00元。

2月份煤气(84#)3.36元。

给吕新买烟0.70元。

2月24日

二月份牛奶6.30元。结存4.18元。

烟五台山、精芒果各五盒3.75元。结存0.43元。

扣回面二斤(白面)0.40元。结存0.03元。

豆芽、醋各一0.20元。

洗衣粉一袋0.65元。

借大庆10.00元。结存9.18元。

与大成一起看《国家利益》0.60元。

2月26日

台历〈心〉芯一个1.00元。

食油二斤1.90元。

盐一斤0.15元。结存5.53元。

2月28日

修鞋0.30元。

豆芽二斤0.30元。

白糖一斤0.87元。

咸菜二斤0.56元。

2月29日

切面二斤(省票)0.50元。

菠菜0.30元。

萝卜0.20元。结存2.50元。

借入大方20.00元。结存22.50元。

3月2日

生肉2.30元。

韭菜0.30元。

广柑六个1.40元。

存车0.04元。

领林副食证0.03元。

牛舌饼二人0.36元。

方便面一包0.38元。结存17.69元。

3月5日

豆腐0.35元。

韭菜0.30元。

梨2.50元。

存车0.04元。

大庆缎棉袄面七尺11.48元。结存3.02元。

缎背棉裤面七尺7.49元。

裤花布里六尺八寸3.73元。

茶叶0.60元。

烟0.51元。

车资0.40元。

藕粉二盒1.20元。

3月5日

酒一瓶1.65元。

借入吕新11.00元。

3月10日

大庆三月份工资共56.16元。结存54.60元。

麻叶0.56元。结存54.04元。

白萝卜0.35元。

肥皂一条0.46元。

醋一斤0.10元。

酱油二斤0.24元。

豆芽0.30元。

切面0.40元。

菠菜0.10元。

粉红布七尺2.87元。

金钟烟二盒0.92元。

又豆芽0.40元。

切面0.40元。

醋一斤0.10元。

给大庆10.00元。结存37.40元。

吕新购烟三盒1.29元。

高粱白一瓶1.65元。结存34.46元。

3月10日

肥皂一条0.46元。

给吕新1.60元。

酱油、醋各一斤0.22元。

麻叶一斤0.60元。结存31.58元。

3月13日

吕新三月份工资补助共90.70元。结存122.28元。

扣三个月房租4.86元。

水费1.20元。

电费6.62元。

〈另〉零用4.40元。结存105.20元。

还借大方20元。

大方代购白菜0.70元。结存84.50元。

红布1.5尺0.79元。

红线0.37元。结存83.34元。

3月14日

鸡蛋二斤2.30元。

白糖0.87元。结存80.17元。

3月15日

咸菜一斤0.36元。

菠菜一斤七两0.34元。

鞋油一支0.34元。

莲菜0.50元。

配大庆缎布3.30元。

收回多莫0.40元。

替吕新还9.00元。

支给大庆买白市布里子36.60元。

交大方还给李广10.98元。

借给大方10.00元。结存38.47元。

给大庆裁棉褥连〈索〉锁边0.20元。结存38.27元。

3月16日

切面二斤(省)0.50元。

豆芽二斤0.30元。

大成三月份工资扣除大米十斤，饭票等，给家30.00元。结存109.37元。

购粮六十斤等10.08元。结存99.29元。

给奶奶寄生活费15.16元。结存84.13元。

精粉挂面十斤3.50

元。

韭菜0.27元。

烟一盒0.57元。

胡萝卜八斤0.80元。

肝0.80元。

豆芽菜二斤0.30元。结存77.89元。

苹果二斤0.90元。

茶叶半斤3.25元。

豆粉一袋0.85元。结存72.89元。

食油二斤1.90元。

虾仁1.04元。

红线0.18元。

〈付〉辐丝0.44元。

咸菜0.36元。

给大成2.00元。结存25.10元。

豆芽等二斤0.30元。

3月18日

切面二斤0.40元。

生肉(肘子)4.20元。

韭菜、盐0.45元。

恒大[1]五盒2.20元。结存31.02元。

3月21日

生肉一斤1.15元。

骨头1.38元。

豆腐0.24元。

切面二斤0.40元。结存21.63元。

又给大成1.00元。

醋0.10元。

馍二斤0.60元。

味精一袋0.80元。结存19.13元。

3月23日

手电泡0.09元。

豆芽二斤0.20元。结存18.03元。

3月24日

油条0.60元。

醋、酱油各一斤0.22元。

肥皂三条1.38元。

长青烟(给大方)3.00元。

大方还回10.00元。结存22.83元。

馍二斤0.50元。

豆腐0.26元。

豆芽0.20元。

白萝卜0.18元。

交三月份牛奶7.20元。

切面二斤0.40元。

肉馅1.20元。

肉一斤二两1.20元。结存11.69元。

3月27日

吕新买芒果[烟]二条9.00元。结存2.69元。

白菜二棵0.96元。

土豆五斤0.50元。结存1.23元。

酱油二斤0.24元。结存0.99元。

3月28日

油条0.60元。结存0.39元。

大庆奖金三月份10.00元。

牙刷三把0.57元。

麻叶0.60元。

白糖0.87元。

豆芽0.20元。

支给大成北郊开会4.00元。

卖报纸、骨头1.20元。

支三月份煤气67字2.86元。

韭菜0.50元。

黄豆芽0.20元。结存5.79元。

4月3日

咸菜一斤0.36元。

白菜1.02元。

肉馅2.00元。结存2.41元。

韭菜0.35元。

给大庆买豆瓣辣酱一瓶0.52元。

麻叶一斤0.60元。结存0.94元。

又白菜。

4月11日

大庆工资四月份47.70元。

给大成去山阴开会2.00元。

白菜1.23元。

---

[1] 香烟品牌。

韭菜0.35元。

借给大方3.90元。

面包0.45元。

酱油、醋0.22元。

五台山一盒0.30元。结存40.19元。

碱面0.29元。

虾皮0.50元。

大庆买菜1.00元。

白糖0.87元。

菠菜0.23元。

鸡蛋二斤2.50元。

广柑2.00元。

傻子瓜子2.00元。

琥珀豆1.42元。

精芒果[烟]一条4.50元。

给大庆买口杯二个1.34元。

馒头1.25元。结存23.29元。

大庆一季度车补3.00元。

给大庆3.00元。

大成同学来吃饭买菜等3.26元。结存20.03元。

红葡萄酒一瓶1.30元。结存18.72元。

4月12日

购粮粗五十二斤,细粮十斤12.37元。

酱油二斤0.24元。结存6.12元。

三月份煤气(15字)0.60元。

给吕新5.00元。结存0.52元。

4月14日

吕新四月份工资96.70元。

给奶奶寄生活费15.16元。

给大庆存入50.00元。结存32.06元。

韭菜0.32元。

菠菜0.24元。

豆芽0.10元。结存31.40元。

大方捎回茶叶半斤4.30元。结存26.10元。

支吕新还另借3.32元。结存22.78元。

吕新1984年国库券10.00元。结存12.78元。

麻叶0.60元。结存12.18元。

4月15日

油四人共二斤1.90元。

豆芽0.20元。

小花布0.90元。

麻叶0.60元。

4月16日

豆芽0.30元。

菠菜0.25元、切面0.40元、油条0.60元,共1.25元。

肥皂二条0.92元。

洗衣粉一袋0.72元。结存5.39元。

4月18日

处处红一盒0.32元。

醋0.10元。

切面0.40元。

肉馅1.20元。结存3.37元。

借入刘双友200.00元。

大方借去10.00元。结存193.37元。

大成给家四月份工资20.00元。结存213.37元。

给大方小孩买包被7.26元。

支被里3.5尺2.35元。

支墨菊烟二盒0.76元。

支花卷一斤0.30元。

支弹棉花二斤0.30元。

存车0.02元。结存202.38元。

大庆修表4.05元。

切面二斤0.40元。

腐干0.20元。

花生米0.60元。

肉1.00元。

骨头2.10元。

4月19日

切面0.40元。

腐干0.40元。

菠菜0.25元。结存192.98元。

4月22日

肉1.00元。

切面0.40元。

腐干 0.40 元。

芒果烟一条 4.50 元。结存 186.68 元。

酱油 0.12 元。

麻叶 0.60 元。

菠菜、姜各 0.10 元，共 0.20 元。

肉 1.50 元。

黄瓜 0.29 元、豆芽 0.20 元、菠菜 0.14 元，共 0.63 元。

腐干 0.20 元、豆腐 0.30 元、鸡蛋 0.35 元，共 0.85 元。

大方还回 10.00 元。结存 192.78 元。

鸡蛋五斤(三斤给和平)5.75 元。

韭菜 0.30 元、酱油 0.12 元、黑■0.38 元，共 0.80 元。

味精 0.36 元。

切面二斤 0.40 元。结存 185.47 元。

4 月 26 日

牛奶 7.20 元。

花卷 0.30 元。

给大庆车套 2.40 元。

大方替大成购白裤衩 1.52 元。

小粉面一斤 0.61 元。

豆芽 0.15 元、小葱 0.12 元，共 0.27 元。

鸡蛋二斤 2.30 元。

馍 0.25 元。

香油四人 1.50 元。

四月份油三人 1.43 元。

肝 0.50 元。结存 167.19 元。

豆芽 0.15 元。

白糖一斤 0.87 元。

咸菜 0.30 元。结存 165.87 元。

4 月 27 日

小被面(的确良)2.34 元。结存 163.53 元。

小褥面 1.20 元。

豆芽 0.15 元、菠菜 0.32 元、肉 1.30 元，共 1.97 元。

4 月 29 日

腐干 0.20 元，蒜 0.22 元，酱油、醋 0.84 元，共 1.26 元。

林[明]吃午饭 0.40 元，咸菜 0.36 元，共 0.76 元。

芒果五盒 2.90 元。

切面三斤 0.60 元。

小宝宝衣(算大庆送礼)1.70 元。

冰糕 0.10 元。

5 月 1 日

肉 2.00 元。

腐干 0.20 元、韭菜 0.24 元、菠菜 0.19 元，共 0.63 元。结存 150.41 元。

大方借去 40.00 元(和平出院)40.00 元。结存 110.41 元。

5 月 4 日

小裤里 2.07 元。

豆芽 0.20 元、鸡蛋 1.20 元，共 1.40 元。

麻叶一斤 0.60 元。

给吕新 1.10 元。结存 105.20 元。

大庆买面包 0.50 元。

5 月 5 日

切面二斤 0.40 元。

豆芽 0.20 元、菠菜 0.11 元、黄瓜 0.44 元，共 0.75 元。

小葱 0.10 元、馍一斤 0.25 元，共 0.35 元。

麻叶 0.60 元。

大方还回 40.00 元。结存 142.60 元。

5 月 6 日

修厨房买酒二瓶 2.64 元。

盐一斤 0.15 元。

酱油、醋各一斤 0.22 元。

肉 0.70 元。

豆芽二斤 0.35 元。

切面 0.40 元。

腐干 0.20 元。

麻叶 0.60 元。结存 137.34 元。

5 月 7 日

麻叶 0.60 元。结存 136.74 元。

大成与吕新看电影 0.60 元。

大庆〈另〉零用 0.10

元。结存136.04元。

吕新买大光(精)一条4.70元。

又给吕新〈另〉零用买酒0.20元。

紫菜0.35元。

凉粉0.30元。

蒜0.23元。

菠菜0.24元、白糖0.87元、点心0.10元,共2.11元。

黄瓜0.35元。

大庆春游3.00元。

小葱0.20元、菠菜0.20元、黄瓜0.60元,共1.00元。

韭菜0.30元、肉1.00元,共1.30元。

鸡蛋2.43元。

凉粉0.53元。

麻叶0.60元。结存118.90元。

5月8日

肥皂0.92元。

大成出差〈代〉带去100.00元。结存17.98元。

方便面二袋0.66元。

苏打饼干1.13元。

香皂、小电池1.23元。

面条二斤0.50元。

水萝卜0.16元。

啤酒二瓶1.40元。

凉粉0.29元。

火柴0.06元。

购粮6.39元。

黄瓜0.40元。

小花卷0.40元。

酱油0.12元。

冰糕0.10元。结存5.14元。

5月11日

黄瓜、水萝卜1.10元。结存3.06元。

油0.98元。

大庆五月份工资47.70元。

给大庆存入第二次50.00元。结存0.76元。

5月12日

吕新五月份工资92.20元。

吕新用(烟、理发等)3.80元。

给奶奶寄五月份生活费15.16元。结存74.00元。

补前报回旅行车一辆13.50元。

林明烫头3.00元。

收卖废品0.40元。

退瓶子二个0.42元。结存85.32元。

凉粉0.37元。

醋0.10元。

5月13日

蒜〈苔〉薹0.42元。

菠菜0.20元。结存83.23元。

肉1.00元。

高粱白1.65元。

腐干、花生豆0.40元。结存81.18元。

大方10.00元。结存71.18元。

又给吕新〈另〉零用2.00元。

凉粉0.37元。

蒜〈苔〉薹0.50元。

黄瓜0.32元。

瓜子0.20元。

鸡蛋斤半1.80元。

又黄瓜0.30元。

5月15日

傻子瓜子1.00元。

咸菜0.40元。

点心1.00元。

虾皮0.75元。结存62.54元。

菠萝罐头一瓶0.95元。结存61.59元。

味精一袋0.80元。

藕粉一盒0.60元。

洗大成上衣一件1.00元。

5月17日

骨头2.40元。

小葱、姜、西〈胡〉葫[芦]0.80元。

酱油0.12元。

火柴一包0.20元。结存55.67元。

5月18日

热补外〈代〉胎1.50元。

五月份煤气2.36元。

白糖0.87元。

茴子白0.30元。

黄瓜0.56元。

5月19日

凉粉0.46元。

西〈胡〉葫[芦]0.56元。结存49.06元。

韭菜0.14元。

小白菜0.10元。

腐干0.20元。结存48.62元。

5月20日

芒果烟三盒1.26元。

油条0.60元。

莴笋0.40元。

5月21日

酱油、醋各一斤0.22元。

精粉细挂面，大方代购五斤1.75元。结存44.39元。

5月22日

林明去报到吃午饭0.28元。

黄瓜0.37元。

5月23日

肉1.20元。

[西]〈胡〉葫[芦]0.35元。

垫酒0.45元。

花生米0.75元。

腐干0.20元。

切面0.40元。

凉粉0.30元。结存40.05元。

烟、菜(给吕新)2.00元。结存38.05元。

购粮4—5月供应加小米19.29元。结存18.79元。

5月24日

大方代售飞鸽车一辆50.00元。

还大成购自行车借大方50.00元。

大庆奖金，四月、三月20.00元。结存38.79元。

香皂二块1.04元。

大庆〈另〉零用0.16元。

肥皂一条0.46元。

吕新补助1.60元。

大方代购精粉挂面五斤1.75元。结存36.98元。

5月25日

黄瓜0.56元。

蒜0.30元。

肥皂0.46元。

五台山三盒1.35元。

恒大一条4.40元。

苗子白0.38元。

腐干0.20元。

黄瓜0.42元。

小葱0.10元。结存6.23元。

5月26日

报回林明奖金(去上海)174.97元。结存181.20元。

还欠汽车电器厂欠款43.86元。结存137.34元。

二股〈劲〉筋二个3.36元。

瓜子1.00元。

果脯1.70元。

红枣二斤1.20元。结存130.08元。

5月27日

还大方购自行车借的18.00元。结存18.98元。

补前购鸡蛋四斤4.00元。

苗子白0.58元。结存14.40元。

蒜〈苔〉薹0.60元。

莴笋0.38元。

■0.20元。结存128.90元。

给吕新留家用2.00元。结存126.90元。

5月29日

交五月份牛奶6.90元。

零用3.10元。

油二斤1.90元。

花生0.20元。结存114.80元。

林明钉鞋0.50元。

洗衣粉一袋0.80元。

买菜(三种)1.32元。

(吕)男衬衣一件8.45元。结存103.73元。

大成〈交〉缴书费35.00元。结存68.73元。

收小董〈交〉缴7—12[月]房租24.48元。

林明外语学费及报名 21.00 元。结存 72.23 元。

6 月 2 日

红枣又二斤 1.60 元。

马莲 0.30 元。

林明饭票 1.00 元。

馍二斤 0.50 元。

麻叶 0.60 元。

肥皂二条 0.92 元。结存 67.10 元。

还大方补自行车欠款 10.00 元。结存 57.10 元。

吕新缝鞋 0.10 元。

林明午饭二次 0.60 元。

买菜等 1.60 元。

麻叶 0.60 元。

给大庆买面条 2.00 元。

酱油 0.12 元。

又麻叶 0.60 元。

吕新买烟等 10.00 元。结存 41.99 元。

6 月 10 日

黄瓜 0.20 元。

莴笋 0.20 元。

咸菜 0.40 元。

肉 1.15 元。结存 40.04 元。

林明裤料 1.05 米 12.60 元。

给单位存车、塑料袋 0.20 元。结存 27.24 元。

莴笋 0.20 元。

黄瓜 0.40 元。

切面二斤 0.60 元。结存 26.04 元。

墨菊一盒 0.42 元。

林明食堂饭菜票 10.00 元。结存 16.04 元。

中华牙膏及染发水 1.17 元。

6 月 11 日

给和平买鸡蛋五斤 5.75 元。

红糖五斤 3.30 元。

小袜一双 0.50 元。结存 8.29 元。

莴笋十一斤 0.66 元。

黄瓜 0.33 元。

豆角 0.50 元。结存 7.00 元。

补发林明 1—6 月工资(68.50 元)411.00 元。

粮〈付〉副补差 1—6 月(5.20 元)31.20 元。

6 月份自行车补助 1.50 元。

1—6 月洗理费 3.30 元。

1—6 月补洗理费 12.00 元。

保健费 0.66 元。结存 466.66 元。

扣 1—6 月互助金(每人每月扣 5.00 元)30.00 元。

1984 年国库券认购 50.00 元。结存 386.66 元。

6 月 12 日

还前借刘双友(4.16 元)200.00 元。结存 186.66 元。

大庆 6 月份工资 47.48 元。

6 月 14 日

吕新 6 月份工资 90.70 元。

扣国库券(钱)5.00 元。结存 319.84 元。

大成交回活动工资等 100.00 元。

林明厂 1983 年返回金 27.07 元。结存 446.91 元。

莴笋 0.50 元。

黄瓜、火柴 0.60 元。

小葱 0.10 元。

生肉 1.11 元。

小肚 1.00 元。

麻叶二次 1.20 元。

咸菜 0.40 元。

黄瓜二次 0.87 元。

腐干 0.20 元。

豆角 0.50 元。

西红柿 0.46 元。

带鱼 1.28 元。结存 438.69 元。

大成扣国库券 10.00 元。结存 428.69 元。

6 月 17 日

麻叶半斤 0.30 元。

莴笋 0.50 元。

豆角 1.00 元。

给大方买鱼罐头垫0.19元。

切面三斤0.60元。

大庆买化妆盒及睡衣5.00元。

给奶奶寄生活费15.16元。结存405.94元。

邮票0.08元。

西红柿、黄瓜1.00元。

酱油、醋、盐各一斤,共0.37元。

大庆〈另〉零[用]0.23元。

绿豆二斤1.20元。

猪肝1.70元。

点心(蛋卷)1.40元。

蒜0.30元。结399.66元。

6月18日

食油一斤0.95元。

补收吕新工资1.50元。结存400.21元。

给吕新〈另〉零用21.00元。

味精一袋0.85元。

煤气六月份2.16元。

吕新早点0.40元。

火柴0.20元。

凉粉0.40元。结存392.20元。

6月20日

给大方买鸡3.00元。

桔子水一瓶2.23元。

点心1.20元。

面包二个(不收粮票)0.42元。

6月21日

切面二斤(省)0.50元。结存385.05元。

给大方二次早点0.39元。

凉粉0.40元。结存384.26元。

肉松0.60元。

兰花豆0.50元。

大成买菜1.00元。

带鱼1.00元。

黄瓜、茴子白0.84元。

油条0.18元。

鸡一〈支〉只5.20元。

带鱼1.00元。

买菜、豆角、麻酱、茴香共1.45元。

林明做裤手工2.20元。结存370.29元。

6月22日

切面二斤0.40元。结存369.89元。

给大庆买电视机款存入300.00元。结存69.89元。

给吕新5.00元。结存64.89元。

西〈胡〉葫[芦]0.10元。

豆角0.40元。结存64.39元。

6月28日

西红柿二次0.90元。

黄瓜0.40元。

吃饭、咸菜0.61元。

小葱、豆角、蒜共0.80元。

林明短袖上衣一件四尺4.60元。

大成毛涤派力司[①]2.7米30.78元。

牛奶六月份7.20元。

鸡蛋十斤11.50元。结存7.60元。

大庆化验血0.50元。结存7.10元。

7月1日

两种花生米及腐干1.45元。

豆角二斤0.30元。

西红柿、油条十三根1.44元。

给丁光荣买西瓜二斤1.50元。

大成做套服、麻衬及口袋布2.19元。结存0.22元。

林明毛涤派力司1.05米共11.97元。

7月3日

取出给大庆存公司买电视机120.00元。结

① 布匹面料名称。

存108.43元。

黄瓜、西红柿1.04元。

油条一斤0.60元。

给吕新买油二斤等2.00元。

豆角三斤0.40元。结存104.39元。

给大庆购不锈钢折椅两把77.20元。

化妆品(■■3.12元、发油1.47元、口红1.15元、奎发香水2.36元、胭脂0.76元、玉兰霜油3.47元)共12.33元。

〈代〉带藕粉二盒1.20元。

红绣花拖鞋一双1.80元。结存11.86元。

姜0.15元。

林明做裤子手工3.00元。

梅花香皂二块0.96元。

7月4日

西红柿、黄瓜0.40元。结存7.35元。

7月5日

芒果烟一条4.20元。

西红柿、黄瓜又0.80元。

给杨建垫烟0.52元。

给吕新酒0.51元。结存1.32元。

7月6日

西红柿、黄瓜0.40元。结存0.92元。

7月8日

今日外出为女儿采购嫁妆,可怜天下父母心。

美加净高级花露水2.76元。

照面镜一面3.84元。

特〈立〉利灵枕套一对6.80元。

喜〈风〉凤牙膏一对2.64元。

洗脸毛巾一对1.94元。

蜂王檀香皂二块1.56元。

女式衬衣11.00元。

女式内裤衩一条0.90元。

天津产皮箱一口41.06元。

牙刷二把0.38元。

染发露0.54元。

扣子0.44元。

合计73.86元。

以下家用共8.81元。

三人吃饭1.62元。

吃西瓜0.70元。

饼子1.00元。

海米一袋1.90元。

吕新理发0.50元。

刮脸刀片一盒0.60元。

中华牙膏0.94元。

香海香脂一袋0.90元。

卫生纸0.32元。

存车、火柴共0.08元。

汽水、冰棍0.25元。

西红柿0.50元。

7月11日

林明工资补助扣补房租、自行车、洗理、互助金74.55元。

保健(请事假一周)4.00元。

补给家买麻叶、菜2.00元。

黄瓜、大辣椒0.50元。

给大方小娃衣一套8.30元。

精芒果[烟]、天津大前门[烟]共7.30元。

瓜子1.00元。

大庆工资44.70元。

扣第二次国库券5.00元。结存12.90元。

7月14日

林明午饭0.17元。

鸡一〈支〉只3.20元、鱼0.70元、咸菜0.40元,共0.43元。结存12.30元。

又送和平鸡蛋十斤11.50元,精细挂面3.50元,共15.00元。

腐干0.20元、花生米0.75元、腐丝0.30元、香菜0.05元,共1.30元。

吕新7月份工资补助、洗理、扣房水电后

83.15元。结存79.15元。

又取给大庆公司电视机50.00元。结存29.15元。

山楂酒1.41元。结存27.74元。

大庆白毛巾半袖衫一件3.51元。

配大成毛裤毛线二两2.36元。

眉笔0.18元。

花露水、头油1.15元。

送大庆工艺镜一面加〈另〉零用3.31元。

西瓜1.43元。结存15.80元。

买粮16.56元。

又大成买西瓜3.40元。

大成七月份工资奖金共130.00元。结存125.83元。

黄瓜、给大成买菜2.00元。

酱油0.12元、盐二斤0.32元、西红柿共0.86元。

大辣椒0.32元。

精粉馍五个0.35元。

麻花一个0.11元。

又麻叶1.00元。

大成买菜1.00元。

面包0.20元。

议价油二斤2.90元。

馍0.25元,林[明]食堂等票5.00元,共5.25元。

西瓜(林[明]买)5.00元。

给吕新2.00元。

大蒜三〈瓣〉辫2.40元。

奶奶生活费15.16元。

大成买芝麻酱、鞋垫等2.00元。结存94.29元。

大成考试三天吃饭给4.00元。

麻叶0.60元。

给吕新买肥皂一条等1.00元。

又给1.00元。

大庆去参[加]婚礼5.00元。

买菜2.00元。

带鱼1.00元。

飞马二盒0.78元。

英语书一本0.91元。

小饼子、又小饼子0.30元。

芒果[烟]五盒2.10元。

白裤衩0.90元。

七月份牛奶8.40元。

7月25日

买菜1.00元。结存55.30元。

配林■■6寸0.61元。存54.69元。

1994年

6月

议价米六十五斤(东北三十斤、河南二十五斤)65.50元。

挂面十七斤15.50元。

5—6[月]桃园煤气12.50元。

油十斤45.50元。

电费5.00元。

桃园1—6月房租57.00元。

桃园1994年3月—1994年12月[有线电视]收视费36.00元。

市二院1993年10月—1994年12月[有线电视]收视费60.00元。

鸡蛋三斤7.10元。

烟20.00元。

诊所房租150元。

诊所6月总收413元。

7月

7月宿舍煤气6.35元。

啤酒二捆36元。

7月3日

星期天21.00元。

7月5日

烟20.00元。

7月11日

工资476.90元。

肉、菜、香蕉等17.00元。

啤酒一捆18.00元。

7月12日

诊所、桃园电费共5.50元。

西瓜8.00元。

7月13日

桃园煤气6.35元。

裙子26.00元。

菜3.00元。

7月15日

小孩被罩26.10元。

洗洁精、藕粉、火柴、洗碗铁丝等生活用品10.5元。

二院宿舍电费1.00元。

带鱼19.00元。

7月23日

鸡腿、菜、烟共27.00元。

7月24日

拖鞋二双5.00元。

菜瓜子等10.00元。

除臭剂2.00元。

桃园二院水费5.00元。

7月29日

白兰瓜、方便面、烟、橡皮泥等11.00元。

7月30日

啤酒一捆17.80元。

按每月工资计175.50元，诊所总收入1 473元，总支出780.50元，结余695.50元。本月共结余1 871元。

8月1日

肉4.00元。

桃4.00元。

菜等，咸菜共6.00元。

烟一条9.00元。

8月4日

肉二斤七两15.70元。

粉面1.00元。

面皮、姜1.00元。

8月7日

菜、桃等12.00元。

8月8日

桃子3.00元。

菜、面等5.00元。

饼子、烟3.00元。

两家煤气12.60元。

验钞机11.00元。

肉4.00元。

九月份工资496.90元。

8月14日

葡萄、香蕉10.80元。

烟4.00元。

冰激凌3.00元。

西红柿18.00元。

肉5.80元。

8月15日

土豆、茄子、葱3.40元。

烤肠6.50元。

鸭蛋3.00元。

8月16日

康师傅等12.00元。

8月19日

啤酒二捆37.00元。

8月20日

肉10.00元。

瓜7.00元。

肠、肝7.60元。

烟4.00元。

菜等3.30元。

小食品3.00元。

饼子2.50元。

香纸3.00元。

挂衣钩2.00元。

凤爪8.00元。

瓜子2.00元。

给大方、大庆10.00元。

馒头1.10元。

验钞机11.00元。

啤酒、香皂、烟共6.00元。

8月23日

菜筐12.00元。

葡萄、冰糕2.50元。

烟、菜4.00元。

8月28日

烟、菜、丸子等40.00元。

河〈涝〉捞机15.00元。

烟、牙膏、菜、〈另〉零用12.00元。

诊所总收入1 424元，总支出738.50元，结余685.50元，本月工资496.90元，共结余914.90元。

9月1日

小孩用、面条共3.00元。

9月3日

羊肉串3.00元。

烟2.00元。

香皂、肥皂5.80元。

火腿肠8.00元。

胡芹、茄子、辣椒、腐干、黄瓜共5.50元。

大料二两5.00元。

9月4日

鞋花二盒6.00元。

啤酒一瓶2.00元。

小白菜、豌豆2.00元。

9月5日

桂花一盒3.00元。

羊肉串3.00元。

手绢1.40元。

9月6日

啤酒二捆36.00元。

北京黄酱二袋2.20元。

包子1.00元。

酱油二瓶1.30元。

裙子手工20.00元。

9月8日

肉二斤三两17.00元。

烟一条8.60元。

菜4.00元。

葡萄6.40元。

9月10日

瓜子2.00元。

香皂三块8.40元。

格巾二条3.00元。

勺五把5.00元。

萝卜(红、白)2.60元。

豆角一斤0.60元。

9月11日

包子2.50元。

茄子1.20元。

宿舍电[费]5.28元。

1994年卫生费(二院)6.00元。

煤气6.30元。

火腿肠、菜12.00元。

桂花二盒6.00元。

红酒、烟三条79.10元。

饼子2.20元。

火腿肠、菜、雪碧13.50元。

红河[①]二盒6.00元。

9月12日

洗衣皂十块10.00元。

面装料三米、美丽绸二米共88.80元。

裤料二条40.00元。

〈另〉零食1.00元。

9月13日

面、油皮、馍共2.20元。

修护窗买零件35.00元。

枣6.00元。

鸡12.80元。

小食品3.00元。

9月17日

小白梨2.00元。

包子、菜8.00元。

9月18日

做衣手工120.00元。

9月25日

肉、菜等11.00元。

方便面、饭共4.00元。

9月26日

■■辣酱一瓶1.80元。

洗洁精一瓶2.60元。

扣子10.00元。

9月27日

白菜、大葱共6.70元。

9月28日

桃园水7.70元。

电费2.50元。

小食品2.00元。

本月工资526.90元。诊所总收入1 137.50元,诊所总支出696.50元,诊所结余441元。总结余967.90元。家庭开支659.70元,共结余308.20元。除去诊所和家庭开支共结余296元。

10月1日

精菜〈子〉籽油十斤45.00元。

羊肉串等6.00元。

瓜子、大豆共5.00元。

藕根2.30元。

韭菜1.50元。

---

① 香烟品牌。

西〈胡〉葫芦三个2.80元。

月票3.00元。

食品6.00元。

10月2日

海带二袋1.50元。

味精一袋3.50元。

各种菜、烟、火柴共12.00元。

小饼子2.50元。

桂花[①]二盒6.00元。

啤酒18.00元。

饭菜1.50元。

白糖2.60元。

香蕉4.60元。

10月3日

女鞋35.00元。

茄子1.50元。

鸡蛋三斤7.80元。

10月4日

家庭开支、烟、装阳台、酒、菜等30.00元。

10月14日

购菜、烟15.00元。

10月17日

二院煤气6.30元。

吃饭12.00元。

电热器工具138.00元。

带小孩(康师傅二个、乘■■)7.60元。

吃饭5.00元。

10月18日

诊所水费0.80元。

桃园煤气6.30元。

晋烟一条7.30元。

早点1.00元。

10月23日

吃饭、买菜等18.00元。

桃园水费1.54元。

10月28日

吃饭、小食品6.00元。

小食品、手绢3.00元。

菜板8.00元。

香蕉3.80元。

莲菜2.00元。

纸3.00元。

本月工资476.90元,诊所总收入822元,诊所总支出909.50元。

家庭总支出455.20元,结余负65.80元。

10月29日

诊所电费2.00元。

鸡蛋三斤8.00元。

山楂1.00元。

面条1.00元。

豆腐0.50元。

11月5日

吃饭、买菜等20元。

洗头膏一瓶6.50元。

11月6日

广播电视报(1995年1—12月)15.60元。

木炭一包1.00元。

打火[机]、洗脸油一袋、馍、染发粉一盒,共5.00元。

11月8日

枕套布1.5米12.00元。

腐干0.70元。

酱油、醋各二瓶3.20元。

上月—65.80元。

11月10日

工资504.90元。

桃园电费7.60元。

二院电费2.40元。

馍一斤1.10元。

〈另〉零用(线、子母扣)共3.00元。

11月13日

火腿肠、康师傅等12.00元。

11月14日

小饼子2.50元。

二院煤气6.50元。

香蕉3.50元。

烟4.00元。

11月18日

桔子3.00元。

烟一盒、腐干半、绿豆二袋、桔子2.50元、面包2.60元、馍1.20元、牛奶0.45元,共9.40元。

11月19日

芥菜9.00元。

红萝卜10.40元。

韭菜0.80元。

豆芽0.50元。

① 香烟品牌。

瓜子、大豆共 3.00 元。

肉 9.60 元。

茴子白 3.20 元。

小电池 1.00 元。

烟、饼子、牛奶 4.70 元。

黄花一条 7.40 元。

花布二米(大庆)15.00 元。

11 月 24 日

桃园煤气 6.30 元。

桃园 1994 年卫生费 6.00 元。

11 月 27 日

星期天开支:肉、面包、腐干、蘑菇、烟、桔子、香蕉等共 39.00 元。

给大庆荞麦皮、豆奶等 50.00 元。

麦片二袋 5.20 元。

馍、花生米共 5.00 元。

本月工资加取暖费 504.90 元。

诊所总收入 320.20 元,家庭开支 349.50 元,诊所开支 627.00 元,结余—131.40 元。

12 月 1 日

维维豆奶三袋 19.50 元。

啤酒三捆 54.00 元。

蘑菇三、玉米笋五共 21.00 元。

大葱十二斤半、菠菜共 9.00 元。

12 月 4 日

花生五斤 13.00 元。

瓜子一斤 4.00 元。

花生米一斤 3.50 元。

大豆一斤 1.50 元。

大蒜一斤多 3.00 元。

洗洁精一瓶 2.50 元。

洗衣粉一袋 2.50 元。

牙膏一支 2.00 元。

大料四两 7.20 元。

12 月 6 日

早点 0.50 元。

黄芪二条 14.00 元。

酱油、醋共 2.80 元。

火柴 0.50 元。

饼子 0.8 元、馍 1.2 元,共 2.40 元。

咸鸭蛋十个、松花蛋十个,共 14.00 元。

牛肉干 2.00 元。

菠菜、油菜 2.00 元。

二院四季度卫生费 3.00 元。

速冻饺子二袋 3.50 元。

子母扣、线、糖共 2.50 元。

12 月 11 日

康师傅、牛奶、小食品共 5.50 元。

鸡蛋卷、馍共 5.00 元。

里脊火腿 5.00 元。

蒜〈苔〉薹、豆腐共 3.20 元。

葵瓜子三斤 9.00 元。

油条 1.20 元。

康师傅 2.80 元。

12 月 18 日

〈交〉缴桃园 1994 年 7—12 月房租 57.20 元。

12 月 19 日

白糖三斤 8.40 元。

馍二斤、早点一次 6.20 元。

桃园煤气 6.30 元。

水 1.60 元。

二院煤气 6.30 元。

馍三次、饭、面条共 7.50 元。

12 月 26 日

牛奶、馍共 2.50 元。

牛奶、小食品 3.00 元。

牛奶等 1.40 元。

蘑菇 1.60 元。

12 月 30 日

豆腐、腐干、花生米等 1.10 元。

本月工资 476.90 元,扣二院宿舍暖气 103.45 元。

诊所总收入 576.40 元,诊所总支出 470.80 元。家庭总支出 336.10 元,结余 620.40 元,补发工资 585.00 元,实余 516.95 元。

1995 年

1 月 1 日

鸡蛋三斤 9.30 元。

大方买肉菜 50.00 元。

馍2.50元。

买肉16.90元。

1月2日

小饼子十个2.50元。

牛奶、蛋糕1.60元。

菜等1.00元。

1月3日—8日

交通消费25.00元。

1月9日

被套一床42.50元。

面油、染发共5.20元。

黄芪二条14.00元。

馍等3.50元。

1月10日

本月工资515.90元。

交1994年12—1995年2月三个月的煤气18.90元。

小食品2.00元。

1月11日

香蕉5.50元。

猫耳朵、牛奶、馍共2.60元。

1月12日

饼子3.60元。

牛奶0.80元。

蘑菇1.50元。

腐干、豆子共1.20元。

胡萝卜2.00元。

1月14日

二院电费5.76元。

水费1.54元。

猪肉9.30元。

蘑菇1.50元。

腐干0.70元。

馍1.20元。

胡桃仁7.00元。

大头菜1.30元。

1月14日

果酱三瓶9.00元。

1月15日

菜〈子〉籽油十斤51.00元。

白菜8.00元。

红薯1.80元。

1月20日

萝卜、土豆共4.50元。

鸡两只26.00元。

姜1.00元。

香油、石花菜共12.10元。

萝卜1.20元。

桃园电费、桃园水费5.80元。

1月21日

生肉三斤七两(6.60元)24.50元。

鸡蛋五斤(2.60元)13.00元。

1月22日

豆油四斤16.00元。

粉丝二袋3.60元。

1月23日

腐干、山楂饼7.20元。

豆腐9.20元。

腐干4.20元。

蒜〈苔〉薹8.00元。

木炭一包1.00元。

1月25日

雪碧二、高橙一、可乐一、食■、水果糖共46.90元。

又杂糖9.60元。

馍1.20元。

带鱼、鸡脯33.50元。

1月26日

酱牛肉11.30元。

高粱白五瓶14.00元。

辣酱一瓶3.40元。

银耳一袋10.80元。

味精一袋2.20元。

1月28日

烟二条32.50元。

蘑菇6.00元。

大辣椒8.00元。

白菜、豆芽、萝卜共4.50元。

花生米、腐干共5.20元。

韭菜、西红柿共9.00元。

对联、挂历共3.00元。

桃园1—2月煤气12.60元。

1月30日

香蕉六斤18.00元。

大方加工肉297.00元。

大成送肉、米、面共300元。

过春节开支：方便面17.00元、饼干5.00元、西红柿酱一瓶2.80元。

1995年元月份工资515.90元，家庭开支

1 297.00 元,诊所收入704.00元,诊所开支804.00元,总收入1 219.90元,总支出2 101.00元,总结余881.00元。

1994 年 6 月—1995 年 1 月共结余 1 469 元。

2 月 1 日

过年给小孩零用10.00元。

面包 3.00 元

酱油 0.80 元。

2 月 8 日

莲菜等 5.00 元。

馍一斤 1.20 元。

2 月 10 日

啤酒 45.60 元。

小食品 2.50 元。

牛奶、小食品 1.00 元。

萝卜 1.00 元。

2 月 12 日

香蕉 12.00 元。

给大成 15.00 元。

黄芪一条 7.00 元。

2 月 13 日

洗头膏一瓶 6.50 元。

2 月 17 日

馍、小食品等 4.00 元。

开关押金 5.00 元。

馍、小食品等 6.20 元。

2 月 19 日

菜等 20.00 元。

2 月 22 日

白糖、面包、牛奶等8.00 元。

2 月 23 日

方便面、面包、小食品等 10.00 元。

馍二斤、菜共 5.00 元。

小帽子 15.00 元。

烟、菜、馍等 12.00 元。

2 月份工资 515.90 元,诊所总收入 896.00 元,家庭开支 195.80 元,诊所总开支 542.60 元,总结余 673.50 元。

给大方修阳台 800.00 元。

3 月 1 日

莲菜 2.80 元。

汤圆 5.50 元。

馍一斤 1.20 元。

3 月 2 日

蒜、烟 5.00 元。

3 月 4 日

肉馅 4.00 元。

韭菜、蒜 2.00 元。

3 月 5 日

香蕉、〈另〉零用 4.00 元。

二院电费 9.16 元。

桃园电费 10.50 元。

二院煤气 6.30 元。

桃园煤气 6.30 元。

3 月 6 日

烟一条、面 10.50 元。

3 月 9 日

馍二斤、花生米共5.00 元。

藕粉六斤 24.00 元。

黄瓜 1.50 元。

馍 1.20 元。

3 月 12 日

肉馅 5.00 元。

韭菜 0.50 元。

玉米面二斤 2.00 元。

菜等,豆腐干、鸡蛋卷等,共 8.10 元。

二院卫生费(1—3 月)3.00 元。

菜、豆腐共 2.10 元。

3 月 15 日

蛋糕 2.80 元。

饼子 0.80 元。

牛奶、馍共 1.60 元。

大大卷等 4.80 元。

香蕉、菜等共 14.80 元。

3 月 17 日

肉二斤 18.00 元。

烟二条 30.30 元。

菜饼 9.60 元。

3 月 19 日

鸡蛋二斤、牛奶 5.60 元。

3 月 21 日

方便面 19.00 元。

馍、牛奶、菜共 5.84 元。

3 月 24 日

菜、馍等 16.80 元。

3 月 26 日

水果 14.00 元。

肠等 9.60 元。

馍 1.20 元。

羊肉串、牛奶、〈另〉零用 5.00 元。

3月29日

方便面五包4.00元。

馍、豆芽菜共1.80元。

桃园水费5.09元。

啤酒二捆36.00元。

本月工资515.90元，本月诊所总收入1 121.00元，家庭总开支322.84元，诊所总开支302.00元，结余1 012.06元。

4月1日

羊肉切片四袋(7两)28.00元。

点心2.00元。

绢花15.60元。

茶叶5.20元。

馍、豆腐共2.20元。

4月2日

酱油二瓶、味精共2.60元。

〈槽〉甑糕、小麻花共7.40元。

肉7.00元。

苹果10.00元。

菜10.00元。

梨、腐干、豆豆共10.00元。

雪碧、可乐各一瓶，豆奶一个共13.00元。

芝麻烧饼10.00元。

川妹子324.00元。

4月4日

康师傅、油条、早点等共6.00元。

4月9日

打的11.00元。

食品类10.00元。

双塔[①]一条10.00元。

4月10日

本月工资515.90元。

4月11日

早点4.40元。

菜2.70元。

玖玉[②]二盒6.00元。

牛奶等、泡泡糖共1.70元。

4月13日

香椿2.82元。

早点三次10.00元。

4月15日

香椿2.50元。

馍一斤1.20元。

4月16日

肉5.50元。

小盆八个14.00元。

香椿3.00元。

蒜头3.00元。

黄瓜1.60元。

卫生纸2.50元。

早点、小食品10.00元。

4月17日

二院煤气6.30元。

桃园煤气6.30元。

4月19日

食品、菜、面等共10.00元。

4月22日

菜等10.00元。

双塔烟一条10.50元。

4月23日

香蕉、苹果共20.00元。

4月27日

肉17.40元。

鸡16.40元。

黄瓜1.50元。

菜、火柴等7.00元。

4月28日

菜等7.50元。

酸奶3.50元。

饼子3.50元。

4月29日

过节30.00元。

本月工资收入515.90元，诊所收入558元，家庭总开支756.30元，诊所总开支474.57元，总结余−56.97元。

5月1日

生活用25.00元。

烟一条10.70元。

5月6日

打火机1.00元。

香蕉4.50元。

5月7日

肉7.20元。

草〈梅〉莓3.50元。

饼子3.20元。

---

① 香烟品牌。

② 同上。

5月8日

早点4.40元。

补车带1.00元。

5月9日

早点4.50元。

5月10日

早点3.00元。

饮料、饼子4.50元。

二院电费2.40元。

二院煤气6.30元。

补交桃园1994年9月煤气费6.30元。

5月14日

星期天全家伙食费50.00元。

烟一条11.20元。

5月15日

菜、洗衣粉、味精、饼子、早点共20.00元。

5月18日

勺子、漏勺各一把6.00元。

西红柿、饼子共2.80元。

5月21日

饺子一袋3.60元。

绿豆一斤2.50元。

买菜等10.00元。

5月22日

鸡蛋二斤6.60元。

莴笋、黄瓜、西红柿共7.00元。

5月23日

桃园煤气6.30元。

桃园北营2.30元。

桃园电费3.50元。

5月24日

面一碗2.00元。

西红柿3.60元。

花生米1.00元。

早点二次5.60元。

5月25日

草〈梅〉莓、粽叶、马莲、黄瓜、袜子,共16.60元。

星期天肉菜20.00元。

5月28日

江米五斤12.00元。

精菜〈子〉籽油四斤14.00元。

5月29日

双塔烟一条10.50元。

本月工资515.90元,诊所总收入435.00元,家庭总开支293.90元,诊所总支出181.50元,结余479.50元。

6月1日

可蒙面油[①]二袋3.20元。

去大方家(面的)19.00元。

早点、饭、冷饮等15.00元。

六一节5.00元。

6月2日

端午鱼7.20元。

菜2.50元。

饼子0.80元。

6月3日

补胎1.00元。

冰糕、百香果3.50元。

肉菜、背心、头花等、饮料、牛奶共24.00元。

6月4日

二院二季度卫生费3.00元。

饭菜7.00元。

6月7日

双塔烟一条10.70元。

二院煤气6.30元。

早点、冰糕4.40元。

菜、饼子2.70元。

6月9日—6月10日星期天开支

鸡腿21.70元。

菜30.00元。

肉15.00元。

6月12日

本月工资515.90元。

西瓜一个12.00元。

啤酒二捆40.00元。

6月14日

菜、酱油、醋、白糖、切面、火柴等共计25.00元。

6月15日

饼子、洗洁〈净〉精、花生米、辣椒、腐干等10.00元。

6月18日

生活开支20.00元。

---

① 护肤品。

饼子、早点、烟共20.00元。

6月24日

酱油、醋、盐、黄瓜共5.00元。

凉菜等7.00元。

洗头膏、打火[机]7.30元。

星期日开支50.00元。

桃园煤气6.30元。

6月26日

白黄纸4.00元。

菜等10.00元。

桃园水电5.50元。

本月工资515.90元，诊所总收入1 347.00元，合计1 862.90元。家庭开支384.80元，诊所开支556.00元，合计940.80元。总结余922.10元。

7月1日

星期天开支30.00元。

烟一条10.70元。

啤酒二捆38.00元。

7月3日

饼子、菜、火柴等、垫肩共12.00元。

7月8日

衣服共17.00元。

7月9日

鸡腿17.75元。

茴子白、韭菜、大葱2.10元。

牙膏2.40元。

肉一斤7.30元。

三餐〈元〉源二袋2.20元。

美味黄瓜条1.00元。

桃5.00元。

菜、林建买菜等11.00元。

卫生纸2.30元。

电费二院1.44元。

煤气二院6.30元。

香蕉三斤7.50元。

茶叶3.50元。

菜等5.20元。

桃1.70元。

7月11日

饮料、吉利果、可乐10.40元。

饼子、菜5.00元。

■■饭15.00元。

7月12日

玩具9.00元。

康师傅3.00元。

菜、桃二斤13.00元。

7月14日

馍、点心共5.00元。

工人衣服200元。

三餐〈元〉源三袋3.60元。

烟一条10.60元。

火柴0.60元。

7月20日

肉二斤六两17.00元。

菜10.00元。

果酱、馍6.00元。

早点等、桃子10.00元。

7月23日

西瓜、桃子10.00元。

茶10.00元。

肉、韭菜10.00元。

7月25日

味精、黄桂花、泡泡糖共7.30元。

西红柿、豆角、三餐〈元〉源共2.80元。

本月工资515.90元。

诊所收入887元。

总收入1 402.90元。

家庭开支696.14元。

诊所开支351.10元。

总支出1 047.24元。

结余354.66元。

8月1日

鸡蛋2.90元。

食油17.00元。

菜、饼子6.50元。

饮料7.00元。

早点3.80元。

三餐〈元〉源1.20元。

西瓜8.80元。

饮料10.00元。

馍1.20元。

西瓜7.00元。

菜11.00元。

8月2日

烟一条10.80元。

馍4.00元。

8月3日

饭菜7.10元。

8月5日

修锁5.00元。

馍1.20元。

醋、酱油、大头菜1.80元。

连衣裙40.00元。

冷饮6.00元。

菜等3.50元。

8月8日

西瓜14.00元。

〈闷〉焖面2.50元。

8月10日

本月工资515.90元。

肉6.70元。

菜8.00元。

打火机五个3.00元。

239共1.00元。

饼子0.80元。

8月13日

速〈冷〉冻饺子二袋7.20元。

凉菜2.00元。

下午买馍、菜5.00元。

啤酒二捆38.00元。

8月14日

肉肠等71.00元。

西红柿11.00元。

8月15日

西红柿、黄瓜12.00元。

精面小袋22.30元。

肉16.00元。

猪蹄20.00元。

菜等12.80元。

烟一条10.80元。

8月17日

白瓜子5.00元。

土豆2.10元。

甜面酱三袋2.40元。

小奶饼、果奶、三餐〈元〉源5.20元。

8月18日

五楼7月煤气4.30元。

三餐〈元〉源等6.20元。

8月19日

大方买菜共50.00元。

二院煤气6.30元。

桃园煤气6.30元。

食品、菜5.00元。

8月22日

菜5.60元。

三餐〈元〉源1.20元。

8月23日

肉30.00元。

菜28.00元。

卫生纸2.80元。

油二斤6.00元。

香皂3.50元。

8月25日

河捞床一个15.00元。

菜、腐干、味精一袋、甜面酱三袋共25.00元。

饼子、牛奶3.00元。

桃儿9.00元。

8月26日

饼子二袋4.00元。

牛奶2.00元。

咸鸭蛋十个7.00元。

熏肠二条7.90元。

黄瓜1.00元。

〈另〉零用20.00元。

礼品27.00元。

桃园水费(7、8月份)31.00元。

菜、鸭蛋等20.00元。

本月工资收515.90元。

诊所收入1 257元。

总收入1 772.90元。

家庭开支726.40元。

诊所开支442.00元。

总支出1 168.00元。

结存604.50元。

9月1日

鸡蛋二斤四两7.90元。

鸭蛋3.50元。

小饼子0.80元。

烟一条8.00元。

连老太50.00元。

菜饼子5.00元。

郭秀■25.00元。

吕大庆50.00元。

桃园电费2.68元。

二院三季度卫生费3.00元。

菜、饼子等、肉30.00元。

9月6日

鸡蛋10.00元。

速冻饺子二袋4.20元。

香蕉10.80元。

菠萝8.40元。

饺子4.20元。

火腿肠二根3.90元。

吕畅1.00元。

羊肉串3.50元。

鸡腿一袋15.00元。

肉30.00元。

莲菜5.70元。

白萝卜、白莲、土豆共5.80元。

黄瓜、西红柿共3.00元。

饼子十个4.00元。

火腿肠、腐干6.80元。

9月10日

酱油0.80元。

■萝3.00元。

白菜2.00元。

9月12日

二院电费8.20元。

桃园电费3.30元。

烟一条18.00元。

酱油、醋、小食品共2.80元。

染发剂2.80元。

插头、灯口5.60元。

二院煤气6.30元。

9月13日

早点1.00元。

饼子1.80元。

9月14日

西红柿2.00元。

桃子2.40元。

9月15日

黑芝麻糊5.20元。

笔1.40元。

9月17日

啤酒二捆38.00元。

小白菜、饼子、面共3.20元。

肉10.00元。

灯泡1.40元。

凉菜3.00元。

卫生纸2.90元。

盐、果酱各一斤共4.90元。

食油四斤12.00元。

9月20日

菜、饼子、电影20.00元。

带鱼13.80元。

馒头、菜等40.00元。

烟一条18.00元。

本月工资福利565.90元,诊所收入500.00元,总收入1 065.90元,家庭开支518.78元,诊所开支727.40元,总支出1 746.18元,结余−180.38元。

10月1日

上月−89.28元。

10月2日

菜15.00元。

鸡蛋10.00元。

饼子、早点共2.20元。

酱油、醋、大葱共2.40元。

卫生皂一块2.00元。

两天早点(饼子、三餐〈元〉源)5.00元。

菜4.50元。

柿子4.00元。

土豆5.00元。

油皮1.00元。

白菜1.30元。

肉23.00元。

小菜、花生米、茄子4.50元。

饼子1.60元。

油皮、黄瓜、饼子、莲菜共13.50元。

白酒5.00元。

鸡蛋卷、菜等共12.60元。

烟一盒2.20元。

翡翠[①]一条18.00元。

馍八个2.00元。

三餐〈元〉源2.40元。

腐干、花生豆、大头菜4.00元。

10月8日

买各种菜等20.00元。

白面一袋22.30元。

三餐〈元〉源2.40元。

二处有线电视收〈听〉视费144元。

翡翠一盒2.20元。

10月9日

二院煤气6.30元。

早点、菜、牙膏、子母扣、壶盖、凉菜、卫生纸、大蒜等18.60元。

补上月欠91.10元。

10月10日

卫生纸四卷10.00元。

① 香烟品牌。

10月14日

肉19.00元。

豆腐、白糖、味精、盐、桔子共12.40元。

酱油、醋、花生米3.70元。

10月15日

鸡蛋二斤7.00元。

三餐〈元〉源1.20元。

10月18日

粉面一斤2.80元。

花布29.50元。

肉馅二斤12.00元。

豆腐0.80元。

黄瓜2.00元。

10月19日

桃园煤气6.30元。

饼子、馍、烟共14.70元。

10月22日

大葱五十斤17.00元。

10月23日

鸡蛋6.50元。

馅饼6.60元。

烟一盒2.20元。

三餐〈元〉源1.20元。

烟一条18.00元。

10月27日

三餐〈元〉源、发糕共4.00元。

烟一盒2.20元。

羊血2.00元。

小食品2.00元。

10月28日

羊血2.00元。

10月29日

三餐〈元〉源、发糕2.50元。

豆腐1.00元。

10月30日

酱牛肉、腐干10.00元。

10月31日

馍二袋2.40元。

肉12.30元。

三餐〈元〉源一袋1.20元。

本月工资515.90元,诊所总收入756.00元,总收入1 271.90元,家庭开支732.88元,诊所开支1 216.00元,总支出1 948.88元,结余−676.98元。

11月1日

油三斤9.00元。

早点1.00元。

酱油、醋各一斤1.30元。

牙膏、洗衣粉、盐、灯泡共5.50元。

馄饨、馅饼共1.90元。

11月3日

香蕉8.60元。

三餐〈元〉源1.20元。

猪肉15.00元。

桔子5.30元。

白酒3.80元。

烟一盒2.20元。

11月5日

鸡蛋7.00元。

白酒3.80元。

花生米1.00元。

烟一盒2.20元。

11月6日

皮鞋一双50.00元。

菜等4.00元。

馅饼2.40元。

11月7日

小肚一个5.30元。

三餐〈元〉源、发糕各一袋2.70元。

烟一盒2.20元。

桃园电费2.62元。

烤红薯1.40元。

豆腐、豆芽共1.00元。

三餐〈元〉源1.20元。

烟一条18.00元。

电话、■■共2.00元。

小肚一个6.50元。

西〈胡〉葫[芦]等9.00元。

11月10日

白糖一袋3.30元。

〈涝〉醪〈槽〉糟2.40元。

二院电费6.25元。

茄夹一袋3.00元。

桔子4.00元。

11月11日

小肚5.50元。

腐干1.00元。

大米二十斤40.00元。

排骨、菜等35.00元。

辣椒面、五香粉共1.60元。

天津面酱二袋 1.70 元。

三餐〈元〉源一袋 1.20 元。

11 月 12 日

苹果 4.00 元。

二院煤气 6.30 元。

啤酒、花生米共 10.00 元。

二院打扫费(1995 年)6.00 元。

发糕、馍 3.00 元。

午饭二人 5.60 元。

11 月 15 日

钉鞋 9.00 元。

肝、菜、豆腐、花生米共 9.00 元。

11 月 16 日

三餐〈元〉源馅饼 3.60 元。

11 月 17 日

买鱼、菜、味精、白糖等 35.00 元。

11 月 19 日

早点 1.00 元。

玉米面五斤 6.50 元。

面 2.50 元。

11 月 20 日

肉二斤 14.00 元。

桔子 3.00 元。

烟一条 18.00 元。

鸡蛋 10.00 元。

小肚 5.00 元。

11 月 21 日

二院水费 15.37 元。

11 月 22 日

翡翠三盒 5.40 元。

饼丝 1.50 元。

饼丝二斤 3.00 元。

桔子 4.00 元。

馍二袋 3.00 元。

11 月 24 日

购羊肉、带鱼、菜等共 45.00 元。

小肚、饭 10.00 元。

11 月 30 日

桃园煤气 6.30 元。

生活用费 30.00 元。

本月工资烤火费 543.90 元。

大方生活费 100.00 元。

诊所收入 1 585.00 元，总收入 2 228.90 元，家庭开支 545.00 元，诊所开支 1 325.80 元，总支出 1 860.80 元，结余 368.10 元。

12 月 1 日

二院四季度卫生费 3.00 元。

菜、桔子、馍、火腿肠、早点、鸡[肉]丸子共 30.00 元。

12 月 2 日

肉八斤五两 51.00 元。

花生米 3.00 元。

五香粉、发糕、白糖、味精、花椒等 9.50 元。

12 月 5 日

饼干、罐头 15.00 元。

红薯 3.80 元。

小馍、大馍、饼子共 7.50 元。

二院暖气费 103.40 元。

12 月 7 日

小包子十个 4.00 元。

午饭二人 5.00 元。

翡翠一条 18.00 元。

二院 12 月煤气 6.30 元。

12 月 8 日

三餐〈元〉源、小饼子 5.20 元。

小袋面一袋 22.30 元。

面油 1.50 元。

石花菜 5.50 元。

胡芹、辣椒、西〈胡〉葫[芦]、牙膏、香皂共 15.00 元。

12 月 11 日

鸡腿、鸡脯、饼子、菜、酱油、醋共 35.00 元。

面一袋(大成)50.00 元。

桃园卫生费(1995 年)6.00 元。

馍等 5.20 元。

二院煤气 6.30 元。

饼丝、菜、腐干、绿豆、豆芽共 18.00 元。

午饭、菜、馍共 20.00 元。

12 月 17 日

桔子、茶、馄饨共 8.00 元。

12 月 18 日

馍、麻花、山药、萝卜共 20.00 元。

翡翠一条 18.00 元。

12 月 19 日

生活费用 20.00 元。

油六斤 19.00 元。

饺子、菜等 15.00 元。

本月工资收入 515.90 元,诊所收入 1 850.00 元,总收入 2 365.90 元,家庭开支 544.10 元,诊所开支 1 507.00 元,总支出 2 051.10 元,结余 314.80 元。

1996 年

1 月 1 日

带鱼 30.00 元。

1995 年 1—4 季度桃园房租 141.40 元。

甜面酱、辣酱、馍等 10.00 元。

桃园煤气 6.30 元。

油条、豆腐 2.50 元。

猪肉 40.00 元。

食品、桔子、烟、菜、糖、馍、饼子、馄饨共 72.00 元。

1 月 2 日

挂历送乔主任 13.00 元。

1 月 3 日

食品、馍、烟共 50.00 元。

1 月 5 日

菜等 20.00 元。

鸡蛋 10.00 元。

1 月 8 日

二院电费 11.53 元。

换粮本 2.50 元。

1 月 9 日

馍、二袋麻花 4.40 元。

二院煤气 6.30 元。

馍、二袋麻花 4.40 元。

1 月 11 日

苹果六斤 12.00 元。

毛巾一条 5.00 元。

灯泡一个 1.50 元。

牙膏一支 1.20 元。

馍二袋 2.40 元。

麻花四条 4.00 元。

烟一条 18.00 元。

大庆 85.00 元。

大方买菜、大米 80.00 元。

肉一斤二两 7.20 元。

1 月 16 日

桃园电费 1.75 元。

大米等 38.00 元。

带鱼 16.00 元。

酱油 1.60 元。

馍 2.40 元。

油菜 3.00 元。

面包 2.50 元。

1 月 18 日

二院水费 9.80 元。

馍片二袋 10.00 元。

鸡蛋 10.00 元。

姑姑及老家 15.00 元。

1 月 20 日

花生、瓜子 25.00 元。

包子 3.00 元。

馍 1.20 元。

豆腐、豆芽共 1.30 元。

1 月 23 日

苹果二十斤 26.00 元。

炒旦旦面 4.50 元。

馍一袋 1.20 元。

萝卜、苹果 8.40 元。

庆芳 50.00 元。

饼干、酱豆腐共 9.80 元。

馍 1.20 元。

买裤料及大庆 80.00 元。

肉 6.50 元。

菜、卫生纸等 20.00 元。

号油四斤 12.00 元。

本月工资 515.90 元,诊所收入 1 522.70 元,总收入 2 038.60 元。

家庭开支 1 525.90 元,诊所开支 1 750.80 元,总支出 3 276.70 元。

结余 1 238.10 元。

2 月 1 日

大米五十斤 82.50 元。

果仁张二袋 6.40 元。

小软糖三袋 3.90 元。

茶叶半斤多 15.00 元。

紫菀菜三盘 6.00 元。

香油、五香粉等共计 16.70 元。

醋、味精 5.60 元。

玉米糁 12.00 元。

花椒一袋 2.00 元。

水果糖 39.20 元。

卫生皂一块 2.00 元。

2 月 4 日

杂粮 5.40 元。

红豆馅 3.30 元。

鸡蛋 40.00 元。

小糖盒 3.50 元。

2 月 5 日

桃园煤气 6.30 元。

小食品、果酱 5.80 元。

烟一条 18.00 元。

早点三天 3.00 元。

2 月 8 日

晚饭 2.40 元。

猪肉二十二斤 132.50 元。

腐干三袋 5.40 元。

小菜 1.50 元。

小鸡腿二十个 62.00 元。

2 月 10 日

饭 2.40 元。

三餐〈元〉源 1.20 元。

蒜〈苔〉薹萝卜 15.00 元。

豆腐 11.90 元。

二院煤气 5.13 元。

羊肉调料四袋 10.00 元。

调味等 25.00 元。

糕面、白糖等 18.00 元。

涮羊肉一袋 6.80 元。

麻酱调料等 50.00 元。

糕面、白糖等 17.00 元。

饮料 32.40 元。

烧肉 38.00 元。

小食品 50.00 元。

莲菜 6.00 元。

尖〈角〉椒 10.00 元。

烟一条 18.00 元。

羊肉卷 50.00 元。

馍 30.00 元。

菜、海参、鱿鱼、牛百叶、玉兰片共 95.00 元。

本月工资 515.90 元，诊所收入 340.00 元，总收入 905.90 元。

家庭开支 1 008.40 元，诊所开支 120.00 元，总支出 1 128.40 元。

结余 −120 元。

3 月 1 日

香蕉 12.50 元。

牛奶七袋 4.90 元。

胡芹、菜 4.50 元。

梨、菜、小食品共 30.00 元。

3 月 3 日

啤酒四瓶 9.60 元。

馍二袋、饼十个 9.40 元。

3 月 6 日

豆芽菜二斤 1.40 元。

馍一袋 1.20 元。

修诊所锁 5.00 元。

3 月 8 日

补车胎 1.50 元。

给杨阳买车过十二岁 200.00 元。

馍二袋 2.40 元。

豆腐 1.00 元。

3 月 9 日

酱油、醋 2.40 元。

擦脸油、肥皂、舒肤佳一块 11.20 元。

烟一条 18.50 元。

梨 6.00 元。

香皂二块 7.60 元。

胡芹、莲菜 3.20 元。

早点二次 1.70 元。

肉 15.00 元。

韭菜 5.00 元。

3 月 12 日

二院电(74 度)17.77 元。

菜 10.00 元。

馍 1.20 元。

调料 7.50 元。

雪碧一筒 6.00 元。

话梅糖 4.60 元。

3 月 13 日

牙签 0.50 元。

豆芽 0.70 元。

三餐〈元〉源二袋 2.40 元。

3 月 14 日

发糕 1.50 元。

二院煤气 6.30 元。

电池 0.90 元。

莲菜 6.50 元。

卫生纸 5.60 元。

馅饼 2.40 元。

3 月 17 日

肉、韭菜 12.50 元。

啤酒四瓶 8.80 元。

小食品二袋 2.00 元。

三餐〈元〉源三袋3.60元。

面包2.80元。

雪碧一瓶6.00元。

3月18日

二院一季度卫生费3.00元。

玉米面二斤3.00元。

三餐〈元〉源一袋2.40元。

莲菜、胡芹、紫萝卜、三餐〈元〉源一袋、牛奶、锅巴共12.00元。

3月20日

菜、水果等大方(买)50.00元。

菜、馍共11.00元。

3月21日

芝麻饼等10.00元。

染发水七盒12.00元。

3月二院水费、牛奶、酱油、醋各一，共52.20元。

3月22日

饼子、三餐〈元〉源二袋、菜■■元。

本月收入工资515.90元，大方100.00元，诊所收入500.00元，总收入1 115.90元。

家庭开支600.00元，诊所开支250.00元，总支出850.00元。

总结余265.90元。

4月1日

给大方买菜30.00元。

草〈梅〉莓10.00元。

馅饼2.70元。

菜、豆腐2.00元。

啤酒、雪碧、烟共17.00元。

翡翠一条15.50元。

莲菜2.00元。

烧纸3.00元。

豆腐1.00元。

绿豆二斤7.00元。

擦面油二袋(可蒙)■■元。

洗洁精3.00元。

牙膏1.10元。

面油二袋2.60元。

三餐〈元〉源1.20元。

面包、饼干共5.40元。

给大方买菜50.00元。

菜、梨6.00元。

带鱼8.50元。

牛奶、三餐〈元〉源3.10元。

草〈梅〉莓9.00元。

早点二次1.50元。

给大庆12.00元。

三餐〈元〉源2.40元。

莲菜3.50元。

啤酒二捆38.00元。

糕面一袋2.60元。

绢花18.00元。

包子3.00元。

三餐〈元〉源二袋2.40元。

4月3日

小饼子、豆馅6.50元。

4月4日

三餐〈元〉源一袋1.20元。

苹果5.20元。

猪肉23.00元。

豆芽等0.80元。

饼丝1.50元。

鸡蛋23.00元。

三餐〈元〉源四袋4.80元。

点心6.20元。

压面0.70元。

油皮2.00元。

柑子3.00元。

熏肠6.20元。

4月6日

早点、面包、牛奶共6.40元。

小食品三袋，早点、油条共8.00元。

4月9日

酱油、醋2.40元。

锅巴一袋2.70元。

4月10日

肉一斤5.00元。

三餐〈元〉源二袋2.40元。

4月11日

洗衣粉9.50元。

4月12日

饼子2.00元。

莲菜3.00元。

胡芹1.20元。

味精2.50元。

糕面二斤3.50元。

豆馅3.80元。

甜橙3.00元。

4月14日

五楼二月煤气 6.30 元。

二院四月煤气10.10 元。

文具、小食品、菜 10.00元。

菜、苹果、橙共35.00 元。

五楼 3 月份煤气 6.30元。

郝炳缘结婚50.00元。

4月16日

去大成家买菜、馍及大方买菜、馍、馅饼共 30.00元。

4月18日

蘑菇、菜11.10元。

4月20日

肉17.00元。

菜6.50元。

馍、麻花5.60元。

4月21日

牛奶1.40元。

果酱一瓶3.80元。

给大方买菜 20.00 元。

〈交〉缴二院1996年1—12月有线电视收视费96.00元。

4月26日

菜、早点、烟、馍共 25.00元。

菜、馍、饼子共13.50 元。

4月27日

香皂、盐共5.00元。

本月工资515.90元。

诊所收入783.00元。

本月总收入1 298.90 元。

本月家庭支出654.60 元。

本月诊所支出 1 141.20元。

总支出1 795.80元。

超支496.90元。可怕极了。

本月工资520.90 元,大方100.00元,诊所收入1 783.00元,总收入1 298.90元。

家庭开支654.60 元,诊所开支1 141.20 元,总开支1 795.80元。

结余—496.90元。

5月1日

馍、面包5.20元。

宝石五盒10.00元。

鸡蛋五斤19.00元。

香精2.50元。

鸡腿、蘑菇、〈薰〉熏肠、馍、油皮、尖椒、苹果等68.50元。

黄花鱼98.00元。

饮料11.40元。

冰激凌给大庆33.30 元。

5月5日

各种菜、肠、饮料、菜、醋一斤共35.00元。

油十斤30.00元。

5月6日

香油一瓶、咸菜、牙签共14.00元。

馍3.00元。

5月9日

菜、香椿、蒜〈苔〉薹 12.00元。

烟6.00元。

洗洁净、擦面油6.60 元。

5月10日

〈薰〉熏肠5.30元。

蒜〈苔〉薹3.00元。

甜饼子五个 2.50 元。

啤酒二瓶4.40元。

三餐〈元〉源 2.40 元。

菜11.00元。

啤酒19.50元。

5月11日

二院电费12.97元。

二院水费34.74元。

二院煤气9.30元。

烟一条19.00元。

鸡蛋五斤18.00元。

菜等7.00元。

5月17日

生活、菜、冰糕等 27.00元。

5月22日

甜橙七斤14.00元。

肉5.30元。

菜等共30.00元。

5月23日

桃园4月煤气 9.30 元。

加二院水费 7.72 元。

菜、馍 5.00 元。

5 月 24 日

各种菜、肠、蒜等 25.00 元。

烟二盒 4.00 元。

又烟二盒 6.00 元。

肥皂、洗衣粉、牙签、纱窗、菜等共 25.60 元。

桃园五月煤气 11.30 元。

玉米面二斤、绿豆二斤 8.40 元。

菜等 12.00 元。

五号楼 1996 年 1—6 月房租 70.80 元。

本月工资 520.90 元,大方 100.00 元,诊所收入 2 045 元,总收入 2 665.90 元。

家庭开支 764.53 元,诊所开支 919.70 元,总开支 1 684.23 元。

结余 581.77 元。

6 月 1 日

啤酒 20.00 元。

烟 10.00 元。

菜、馍等 30.00 元。

给大庆 50.00 元。

6 月 2 日

可乐 6.00 元。

冰糕等 4.00 元。

6 月 3 日

馍二袋 2.40 元。

豆角二斤 2.00 元。

可乐一瓶 6.00 元。

烟一条 18.00 元。

鸡蛋五斤 18.50 元。

吕畅小食品 6.00 元。

6 月 5 日

醋、酱油 2.40 元。

黄瓜 2.00 元。

红豆馅一袋、咸菜 7.20 元。

6 月 6 日

蝇拍 1.00 元。

盐 1.20 元。

黑鞋油 1.50 元。

肉 7.00 元。

6 月 7 日

西红柿、豆芽、水萝卜共 5.50 元。

6 月 8 日

发糕一块 2.00 元。

买牙膏 10.00 元。

6 月 9 日

馍、菜、肠、早点共 13.00 元。

6 月 11 日

大米二十斤 36.00 元。

崔大夫病礼 52.00 元。

饼子五个 2.00 元。

吕畅生日礼(12 岁) 200.00 元。

二院第二季度 1.00 元。

卫生费 3.00 元。

的士(河西) 30.00 元。

6 月 12 日

马莲、西〈胡〉葫[芦]、黄瓜 4.60 元。

纱巾 7.00 元。

速冻饺子、冰糕共 5.80 元。

6 月 13 日

菜 8.70 元。

鸡〈脯〉胸 8.60 元。

〈棕〉粽叶 4.50 元。

馍二袋 2.40 元。

买蚊香 20.00 元。

电蚊香 25.00 元。

6 月 15 日

二院煤气(20 度) 9.3 元。

桃园煤气 6.30 元。

6 月 17 日

卫生纸 5.60 元。

鸡蛋 18.00 元。

菜(茄子、辣椒、西〈胡〉葫[芦]、黄瓜)共 6.40 元。

6 月 18 日

啤酒一捆 19.00 元。

吃饭 2.50 元。

6 月 21 日

翡翠四盒 8.00 元。

菜、腐干、豆面等 11.30 元。

肉 6.30 元。

馍 2.40 元。

菜、葱、牛奶共 11.30 元。

桃 5.30 元。

牛奶三袋 2.70 元。

本月工资 515.90 元,诊所收入 1 365.00 元,总收入 1 880.90 元。

家庭开支 735.50 元,诊所开支 925.00 元,总支出 1 660.50 元。

结余 220.90 元。

7 月 17 日

包子 3.00 元。

小食品、饼子两次，7.60 元。

烟一条 20.00 元。

7 月 18 日

花椒、黄瓜、豆腐干、花生米共 6.50 元。

肉菜小食品，共 1.00 元。

牛奶、馍 11.00 元。

7 月 20 日

二院水费 23.04 元。

桃园煤气 49.30 元。

7 月 24 日

生活、菜、桃、缝鞋■■元。

7 月 25 日—7 月 30 日

阳阳吃饭，给大庆 50.00 元。

本月工资 525.40 元，诊所收入 1 548.00 元，总收入 2 073.40 元。

家庭开支 590.22 元，诊所开支 1 296.50 元，总支出 1 886.72 元。

总结余 186.70 元。

8 月 1 日—8 月 2 日

生活购菜、烟，星期日开支，共计 100.00 元。

8 月 3 日—8 月 10 日

生活费、桃、西瓜、菜、馍、午饭等共计 70.00 元。

8 月 10 日

烟一条 20.00 元。

西红柿 31.00 元。

修表 1.00 元。

口杯 5.00 元。

8 月 13 日

饭菜等、啤酒 45.00 元。

菜、饼子、鸡腿 16.40 元。

翡翠一条 18.00 元。

8 月 18 日

鸡腿、玩牌，菜、馍等 40.00 元。

8 月 19 日

墩布一把 5.00 元。

勺子、漏斗 5.60 元。

黄瓜 2.00 元。

毛豆 2.00 元。

卫生纸 5.60 元。

卫生皂、牙膏 4.50 元。

鸡蛋 11.00 元。

肉 12.00 元。

盐、味精 3.70 元。

菜 1.30 元。

面皮 1.00 元。

馍两袋 2.40 元。

西红柿 1.50 元。

8 月 22 日

花卷 2.00 元。

大头菜 1.00 元。

饼干一盒 12.00 元。

8 月 23 日

黄瓜 4.00 元。

包子 3.00 元。

酱油、醋各 1.50 元。

8 月 25 日

啤酒一捆 21.00 元。

烟一条 18.00 元。

给大庆 100.00 元，买苹果、火腿肠，15.00 元。

面皮三次■■元。

8 月 26 日

黄纸 6.00 元。

桃五斤 5.00 元。

葡萄 5.00 元。

花生米 2.00 元。

毛豆、姜 7.50 元。

馍、面皮 2.20 元。

早点两次 2.00 元。

8 月 29 日

修锅底 13.00 元。

挂面五斤 9.00 元。

海带一捆 2.90 元。

面皮 1.00 元。

8 月 30 日

早点 1.00 元。

本月工资 525.40 元，诊所收入 1 030.00 元，总收入 1 555.40 元，家庭开支 627.10 元，诊所开支 508.80 元，结余 419.50 元。

9 月 1 日

大方给 250.00 元。

海带 3.00 元。

挂面五袋 9.00 元。

菜 2.00 元。

修车 6.00 元。

蒸饼 2.50 元。

啤酒一捆 20.00 元。

鸡腿、馍菜 30.00

元。

修车两次 10.00 元。

9 月 2 日

茶叶二两 6.00 元。

土豆、茄子 5.00 元。

汤圆一袋 1.20 元。

肉 8.50 元。

火腿肠 3.00 元。

早点西红柿 3.50 元。

土豆、茄子 5.00 元。

9 月 3 日

鸡蛋 28.00 元。

苹果 3.00 元。

花卷 2.00 元。

9 月 5 日

茴子白、大辣椒 5.00 元。

香菜 0.50 元。

烟一条 18.00 元。

二院 7—9 月卫生费 3.00 元。

早点三人 3.90 元。

本月 3 100 元，装电话一部。

9 月 9 日

外衣 35.00 元。

南瓜 3.60 元。

蒜、葱 3.30 元。

黄瓜 1.20 元。

榨菜 0.60 元。

味精、香肠 17.00 元。

方便面 21.00 元。

干黄酱 1.00 元。

玉米面、早点 3.00 元。

给大庆 50 元。

葡萄 12.00 元。

黄鹤楼[①] 5.00 元。

馍三次、早点 5.00 元。

9 月 10 日

二院电费 7.00 元。

9 月 11 日

肉 25.00 元。

西红柿 4.00 元。

茴子白、豆角 1.86 元。

馍、饼子 3.00 元。

二院电费 44.73 元。

爆米花 1.00 元。

小菜 1.00 元。

饼子 2.00 元。

9 月 13 日

熏肠、饼子、菜、馍 35.00 元。

9 月 16 日

葡萄、饼子、馍等菜 15.00 元。

洗洁精、包子、黄瓜，9.20 元。

9 月 18 日

菜籽油十斤 40.00 元。

酱油两瓶、醋一瓶，2.40 元。

维维豆奶粉 7.50 元。

馍、豆腐干 2.00 元。

巧克力豆奶两袋 14.00 元。

南瓜、辣椒 12.00 元。

9 月 20 日

鸡腿、带鱼、各种菜、烟 75.00 元。

9 月 23 日

肉 35.00 元。

玉米糁两瓶 11.00 元。

味精、粉面、豆腐 8.50 元。

豆腐 1.20 元。

又买蒜〈苔〉薹等 18.00 元。

9 月 27 日

木耳、香菇 25.00 元。

菜 2.30 元。

肉 6.50 元。

馍 2.40 元。

本月收入 585.40 元，家庭开支 710.50 元，诊所收入 1 761.00 元，诊所开支 855.00 元。结余 131.00 元。

10 月 1 日

10 月大方给 200.00 元，以后每月 200.00 元。

吃饭、啤酒、可乐、烟、火腿肠、菜等共计 50.00 元。

香蕉 25.00 元。

馍两袋 2.40 元，

饼 2.00 元。

黄瓜 3.00 元。

---

① 香烟品牌。

10月3日

苗家[1] 12.50元。

酱油、醋、麦片 4.80元。

鸡蛋25.00元。

〈园〉圆橙两个70.00元。

冰箱布11.00元。

红薯、冬瓜、大米40.00元。

10月5日

三餐〈元〉源六袋7.20元。

面油、牙膏各一袋4.70元。

10月6日

面包2.50元。

肉48.90元。

火腿肠11.00元。

大头菜1.60元。

尖椒1.00元。

红椒2.00元。

大白菜2.70元。

粉条8.00元。

香菜0.60元。

莲花豆一斤 3.50元。

10月7日

豆腐1.10元。

饼子两个1.00元。

10月8日

小袋精粉28.30元。

花卷2.00元。

10月9日

黄酱一袋2.40元。

馍1.20元。

豆浆6.50元。

10月10日

巧克力豆奶两包14.00元。

黄瓜小菜2.00元。

尖椒、粉条8.50元。

10月11日

煤气（9.10）40.00元。

麻辣、馍5.00元。

饼子2.00元。

西红柿、西葫[芦]、韭菜8.50元。

单人电热毯35.50元。

10月12日

大方买各种菜55.00元。

三餐〈元〉源 1.20元。

恒大1.50元。

10月13日

三餐〈元〉源三袋3.60元。

豆角、大葱2.00元。

10月15日

煤气两个月43.00元。

肉馅7.50元。

染发水2.00元。

松紧带3.00元。

馍1.20元。

10月16日

饺子3.00元。

〈按〉安电话100.00元。

10月17日

桔子5.00元。

玉米面2.00元。

蒜〈苔〉薹、黄瓜、西葫[芦]7.90元。

茴子白0.30元。

紫萝卜0.50元。

牛奶1.40元。

三餐〈元〉源 1.20元。

香蕉14.00元。

[已支出750.80元]太可怕了。

10月19日

西红柿5.50元。

雪里〈红〉蕻2.80元。

洗头膏、牙刷、香皂20.00元。

三餐〈元〉源三袋3.60元。

丸子馅15.00元。

豆腐2.00元。

盐两袋2.00元。

酱油、醋、花生米5.90元。

本月工资加大方719.40 元，诊所收入1 099.00 元，总收入1 898.46元。

家庭开支 807.60元，诊所开支 1 367.00元，总开支 2 174.60 元。结余216.14元。

---

① 香烟品牌。

11月1日

买冬菜和常出差，所以只100.00元。

十一月收大方100.00元。

桃园1996年暖气费55.58元，（其余大成单位报225.65元）。

粉条14.80元。

包子3.00元。

还上月超276.14元。

三餐〈元〉源四袋4.80元。

豆浆四袋2.00元。

豆芽菜0.50元。

桔子7.50元。

三餐〈元〉源三袋3.60元。

豆腐干、肠7.00元。

11月6日

大方买各种菜及羊肉等150.00元。

猪肉16.00元。

给大庆100.00元。

11月10日

各种点心、牛奶15.00元。

香蕉、桔子18.00元。

11月12日

三餐〈元〉源五袋6.00元。

花生米14.00元。

菜0.50元。

豆腐1.00元。

11月14日

桃园煤气9.30元。

电费16.00元。

二院电费16.17元。

排骨(7.00元)33.00元。

肉六斤（6.80元）39.00元。

11月21日

姜、蒜11.00元。

绿豆5.00元。

火腿肠11.00元。

油皮2.00元。

大头菜4.00元。

白菜1.20元。

莲菜3.00元。

烟一条19.00元。

11月22日

1997年1—12月广播电视报18.20元。

二院1996年度取暖费103.50元。

11月24日

各种菜等（大方买）30.00元。

三餐〈元〉源三袋3.60元。

梨5.00元。

二院7—11月水费32.16元。

五号楼卫生费6.00元。

本月工资收入535.20元，诊所收入2 467.00元，总收入3 002.20元。

本月家庭开支974.13元，诊所开支（补上月负数）1 696.00元，总开支2 770.13元，结余—732.70元。

12月1日

12月大方给200.00元。

〈交〉缴暖气、买菜等支出全月超出太多!!!

馅子15.00元。

韭菜、蒜〈苔〉薹、西红柿7.50元。

馍、饼五个4.90元。

桔子6.00元。

油条3.50元。

精粉一袋28.30元。

三餐〈元〉源三袋3.60元。

12月2日

油十斤44.00元。

三餐〈元〉源三袋3.60元。

草莓果酱一瓶3.80元。

粉面一斤2.50元。

大前门烟一条15.00元。

12月3日

给吕畅2.00元。

骨头肉50.00元。

棉门帘27.00元。

12月6日

门诊部第四季度卫生费3.00元。

各种菜（白菜、莲菜、韭菜、西葫[芦]、玉米面、青椒等）21.20元。

本月工资新标准666.50元。

山楂果酱六瓶22.80元。

去大成家，馍、菜30.00元。

速冻饺子3.50元。

炒面7.00元。

12月15日

香蕉、桔子15.00元。

鸡蛋五斤16.00元。

桃〈元〉园7—12月房租70.80元。

12月煤气25.30元。

二院煤气36.60元。

花生、瓜子18.00元。

12月18日

肉馅55.00元。

菜、鸡腿15.00元。

虾仁、五香仁、五香粉18.00元。

12月21日

熟肉、牛奶31.40元。

染[发]水两瓶3.40元。

12月22日

棉鞋一双30.00元。

瓜子、葡萄干、消食片28.00元。

黄瓜、香菜、莲菜3.40元。

牙膏、香皂、卫生纸11.10元。

馍2.40元。

芹菜、尖辣椒2.30元。

五香粉1.00元。

发糕一块1.50元。

馍两袋2.40元。

油茶一袋3.60元。

12月24日

云烟一条16.00元。

面包3.50元。

12月25日

馍两袋2.40元。

鞋油一支1.50元。

本月工资666.50元，诊所收入1 829.00元，总收入2 495.50元。

家庭开支753.90元，诊所开支1 688.00元，总支出2 441.90元。

结余43.60元（外发工资不存入银行）。

1997年

1月1日

小鸡腿三斤21.90元。

火腿肠11.00元。

咸鸭蛋加小二锅头10.00元。

红面两斤3.00元。

梨20.00元。

馍、牛奶8.00元。

1月2日

大庆20.00元。

馍五袋6.00元。

1月3日

牛奶三袋2.10元。

馍两袋2.40元。

炒面皮1.50元。

馍两袋2.40元。

牛奶三袋2.10元。

盐一袋1.30元。

1月4日

云烟一条14.50元。

羊杂割19.00元。

莲菜5.00元，

西葫芦、黄瓜10.00元。

空气清新剂12.00元。

女内衣80.00元。

牛奶、馍7.80元。

肉两斤14.00元。

花生10.00元。

牛奶二斤2.10元。

1月11日

去青年宫买鸡腿等共计45.60元。

饼子五个2.50元。

裤子手工15.00元。

郭小红13.30元。

牛奶、三餐〈元〉源三袋5.70元。

1月15日

五楼1、2月煤气26.60元。

八宝饭三盒15.00元。

鸡〈脯〉胸肉三袋30.00元。

馍二袋2.40元。

又换外〈带〉胎28.00元。

饼子2.50元。

五楼电费14.00元。

二院12月电费7.44元。

香菇、菜共计62.90元。

1月19日

大头菜四袋、西红柿

三斤、菠菜、香菇、大料、味精大袋、蒜〈苔〉薹、牙膏一支、莲菜、电炉共计62.90元。

鸡蛋十一斤38.50元。

3月20日

甜饼子八个4.00元。

粉面一袋2.50元。

挂面16.80元。

面粉一袋二十斤28.30元。

包子两袋7.30元。

1月23日

二子零用10.00元。

生肉83.90元。

丸子、净菜等110.00元。

馍两袋2.40元。

1月24日

豆腐干一斤2.50元。

二院二月费煤气费39.00元。

菜五盒35.00元。

油十斤44.00元。

茴子白、西红柿12.00元。

云烟一条14.00元。

馍、发糕4.00元。

1月27日

上好佳一袋3.50元。

包子3.00元。

香油一瓶11.00元。

银耳、瓜子13.00元。

1月28日

各种年货第一次232.00元。

给怡新寄去200.00元。

第二次压岁钱150.00元。

劳务钱150.00元。

大头菜、香干10.00元。

排骨24.40元。

鞋一双25.00元。

过年共计购物1 500.00元。

本月工资614.50元，诊所收入2 067.00元，总收入2 681.50元。

家庭开支3 335.34元，诊所开支143.00元，总支出4 748.00元。

结余欠1 078.40元。

2月3日—2月15日

过正月十五共购海参、鱿鱼、牛百叶、生菜、羊肉、调味、饼子、菜200元。

上月过年欠款1 078.40元。

2月10日

方便面一箱及麦粒30.00元。

饼子两次6.00元。

2月25日

西红柿、油菜4.50元。

发糕、馍2.80元。

2月26日

饼子2.00元。

本月收入614.50元，诊所收入1 324.00元，总收入1 938.50元。

本月家庭开支1 314.30元，诊所开支564.60元，总开支1 878.90元。

结余59.60元。

3月3日

饼子早点两天6.50元。

饼子2.50元。

3月5日

花卷、包子、油菜5.50元。

三餐〈元〉源11.30元。

梨3.60元。

油菜、菠菜1.50元。

开支15.00元。

3月6日

云烟一条15.50元。

花卷八个2.00元。

3月8日

油条3.70元。

买菜16.00元。

补电话费100.00元。

菜等30.00元。

面一袋28.30元。

3月10日

二院一季度卫生费300元。

饼子2.50元。

3月11日

酱油、醋、牛肉干3.80元。

3月14日

干粮三次6.20元。

菜5.00元。

3月15日

电费32.26元。

菜(西红柿、萝卜等)6.00元。

干粮2.70元。

芦柑9.00元。

三餐〈元〉源1.30元。

老豆腐、炒担担面3.50元。

3月18日

4月4日染发剂、药皂、维维豆奶11.00元。

三餐〈元〉源1.30元。

方便面一箱小浣熊22.40元。

小食品等,药皂、牙膏,共57.00元。

鸡蛋10.40元。

3月24日

豆芽、饼子3.00元。

菜等7.50元。

啤酒一捆11.00元。

早点、馍、面条4.00元。

3月28日

花纸20.00元。

莲菜、甜橙3.50元。

肉8.00元。

食油十斤40.00元。

手工面2.30元。

本月工资收入614.50元,诊所收入874.00元,总收入1 488.50元。

家庭开支525.36元,诊所开支786.00元,总开支1 311.36元。

结余177.14元。(另加房租500.00元,本月存入3 000.00元)。

4月1日

大方生活费200.00元。

馍一袋1.20元。

豆腐干、豆腐、包子5.00元。

三餐〈元〉源两袋2.60元。

香蕉、梨10.00元。

菜等1.20元。

紫心萝卜0.40元。

三餐〈元〉源1.20元。

红、白粉面各一袋5.50元。

烟一条15.00元。

醋一瓶0.80元。

4月4日

点心、面包6.40元。

饼子五个2.50元。

4月5日

盐一袋1.40元。

肉一斤8.50元。

三餐〈元〉源2.60元。

买菜等14.40元。

扫墓开支70.00元。

4月6日

菜等8.00元。

切面3.00元。

西红柿3.00元。

鸡蛋五斤13.00元。

零食、拖鞋、菜、馍等30.0元。

4月15日

桃〈源〉园煤气25.40元。

包子、菜等25.00元。

男拖鞋一双3.50元。

4月16日

切面、冰糕5.00元。

烟一条15.00元。

二院四月份煤气42.60元。

4月17日

冰糕2.00元。

菜、馍、豆腐、豆角、黄瓜共计11.00元。

4月19日

雪糕两样29.00元。

馍、菜、豆腐12.00元。

4月22日

火腿肠15.00元。

菜7.00元。

4月23日

小食品5.00元。

三餐〈元〉源面条5.40元。

菜10.00元。

早点、面皮5.00元。

4月24日

生活用品、饼子(白糖、布、菜、松紧带)40.00元。

4月27日

小食品、羊肉串11.00元。

电池、豆腐干 1.50 元。

4月29日

带鱼 26.00 元。

菜 15.00 元。

烟一条 18.00 元。

草莓等 15.00 元。

红枣 26.00 元。

本月工资收入 614.50 元,诊所收入 1 330.00 元,总收入 1 944.50 元。

家庭开支 575.20 元,诊所开支 1 046.50 元,总支出 1 621.70 元。

结余 322.80 元。

5月1日

大方生活费 200.00 元。

皮鞋一双是 19.00 元。

鸡蛋四斤 19.00 元。

小食品、馍片、花卷、奶粉、醋、酱油 27.00 元。

5月6日

三餐〈元〉源一袋 2.40 元。

小葱、蒜〈苔〉薹、黄瓜 7.00 元。

5月8日

昆湖[①] 一条 18.00 元。

三餐〈元〉源 1.30 元。

吕畅 3.00 元。

冰糕二十〈条〉棍 11.00 元。

5月11日

菜、馍 10.00 元。

菜、馍 100.00 元。

小孩过六一,三人 150 元。

5月20日

鸡腿 13.00 元。

馍一袋 1.20 元。

馍片 5.00 元。

5月21日

面、切面 6.50 元。

5月23日

鸡腿、芝麻酱、果酱、水煎包、菜、菜包两袋共 50.00 元。

5月25日

二院水费 10.00 元。

馍两袋、面条 5.00 元。

馍、菜等共计 50.00 元。

二处有线费 192.00 元。

菜 50.00 元。

本月工资 614.50 元,大方给 200.00 元,五号楼 400.00 元,诊所收入 1 329.00 元,总收入 2 543.50元。

家庭开支 772.40 元,诊所开支 1 189.00 元,总开支 1 961.40 元。

结余 582.10 元。

6月1日

各种菜、茶叶、粽叶等 40.00 元。

辣椒 10.00 元、小煎包 3.00 元、饼子 2.00 元、烟一条,共计 70.00 元。

〈散〉馓子 5.00 元。

6月4日

鸡蛋十斤 22.00 元。

6月5日

啤酒一捆 20.50 元。

昆湖烟一条是 19.00 元。

饼子、豆腐干 4.50 元。

冰糕 9.50 元。

6月7日

鱼、菜等共 70.00 元。

6月9日

肉 25.00 元。

牛奶、馍 4.00 元。

香菜 3.00 元。

〈散〉馓子 2.50 元。

花卷 2.00 元。

6月10日

补吕畅 12 岁 200 元。

切面二斤 3.00 元。

6月11日

菜 5.30 元。

精粉一袋 28.00 元。

给大庆过生日 200 元。

菜等 2 000 元。

醋三瓶 4.80 元。

三餐〈元〉源两袋 3.60 元。

---

① 香烟品牌。

食油十斤 40.00 元。

烟一条 19.00 元。

二院电费 15.55 元。

五号楼 1997 年 1—6 月房租 70.80 元。

酸奶五瓶 4.50 元。

西红柿 3.00 元。

咸菜 0.70 元。

6 月 18 日

女背心两个 14.00 元。

面皮两个 2.40 元。

各种菜、冰糕、酸奶 47.30 元。

6 月 24 日

油十斤 40.00 元。

二院二季度卫生费 6.00 元。

冰激凌 5.00 元。

菜 20.00 元。

啤酒 20.00 元。

烟一条 20.00 元。

6 月 30 日

西瓜 7.30 元。

瓜 4.00 元。

大庆共借去 5 500.00 元，还 2 500.00 元，剩 3 000.00 元。

本月工资 614.50 元，五号楼 400.00 元，大方[工资]＋福利 210.00 元，诊所 1 141.00 元，总收入 2 415.50 元。

家庭开支 1 031.00 元，诊所开支 955.00 元，总支出 1 986.00 元。

结余 429.50 元。

7 月 1 日

肥皂、洗衣粉、洗头膏、洗洁精、樟脑丸、卫生纸，共计 29.50 元。

菜、啤酒、肠、方便面一箱等，共计 27.50 元。

烟一条 18.00 元。

7 月 6 日

鸡腿、黄瓜 15.00 元。

7 月 7 日

雪糕、酸奶 17.00 元。

花椒、大料 10.50 元。

三餐〈元〉源 1.10 元。

茄子、黄瓜 3.00 元。

7 月 8 日

李一平妻子之礼 10.10 元。

酸奶五瓶 4.50 元。

西瓜 12.00 元。

吃饭 10.00 元。

7 月 12 日

烟一条 18.00 元。

星期日买菜 10.00 元。

〈交〉缴电话费 100.00 元。

卫生皂、食品、菜 11.00 元。

菜 1.00 元。

7 月 17 日

金海岸 44.00 元。

青年宫米、菜 50.00 元。

二院水费 16.60 元。

酱油、醋、葡萄干等 13.00 元。

7 月 19 日

去天津用去存款 3 500 元。

本月工资 614.50 元，五号楼 408.00 元，诊所收入 588.00 元，总收入 1 610.50 元。

家庭开支（旅游去津）3 831.20 元，诊所开支 552.60 元，总开支 7 883.80 元（提取 3 500.00 旅游去）。

本月实结余 726.70 元。

8 月 4 日

从天津回来后，购食品、菜、啤酒、菜 80.00 元。

三餐〈元〉源一袋，1.20 元。

美登烟一条另一盒 30.00 元。

三餐〈元〉源、葡萄等、菜，共 7.10 元。

8 月 9 日

啤酒一捆 21.00 元。

葡萄 7.00 元。

土豆、黄瓜 5.00 元。

8 月 10 日

西红柿 29.00 元。

修表 30.00 元。

切面 1.50 元。

茄子 1.00 元。

8 月 11 日

面皮 1.20 元。

二院电费 10.00 元。

肉馅及肉 12.30 元。

菜 4.50 元。

面皮 1.20 元。

醪糟 5.00 元。

鸡蛋 12.00 元。

饼子、面皮 2.00 元。

8 月 15 日

火腿肠 15.00 元。

酸奶 2 398.5 元。

8 月 16 日

大米五十二斤 60.00 元。

二院煤气 50.60 元。

菜 10.00 元。

三餐〈元〉源两袋 2.20 元。

8 月 19 日

鸡腿 8.50 元。

大米五十斤 60.00 元。

生活预支 100.00 元。

哈德门①一条 19.00 元。

鸡腿 12.00 元、啤酒一捆 21.00 元。

本月工资 614.00 元,五号楼 400 余 00 元,诊所收入 625.00 元,总收入 1 639.00 元。

家庭开支 575.80 元,诊所开支 613.00 元,总支出 1 188.80 元。

结余 450.20 元。

9 月 1 日

肉 7.50 元。

酸奶五瓶 4.50 元。

面皮一个 1.20 元。

盐、剪刀、醋、酱油 4.00 元。

菜 6.00 元。

发糕 4.00 元。

小提包 5.00 元。

味精一大袋 5.50 元。

啤酒 21.00 元。

桃子 7.50 元。

冰饮 18.00 元。

发糕 4.00 元。

大方买菜 33.00 元。

早点、发糕、三〈参〉餐〈元〉源 6.20 元。

肉馅 8.00 元。

9 月 3 日

菜 8.00 元。

发糕两袋、三餐〈元〉源 4.20 元。

烟 19.00 元。

9 月 4 日

酸奶五瓶 4.50 元。

面皮 1.20 元。

9 月 5 日

小米 4.50 元。

梨 6.50 元。

9 月 6 日

配钥匙 1.50 元。

啤酒 21.00 元。

香皂三块 9.00 元。

锅巴一袋 2.80 元。

大庆生日 50.00 元。

桃子、豆芽 6.00 元。

9 月 8 日

三餐〈元〉源一袋 3.10 元。

发糕两袋 2.00 元。

9 月 10 日

鸡蛋七斤 18.00 元。

包子 2.00 元。

苹果 10.00 元。

油菜等 5.80 元。

发糕馍 5.10 元。

酱油两斤,7.00 元。

花生米半斤 2.00 元。

蒜〈苔〉薹 2.80 元。

锅巴一袋 3.60 元。

速冻饺子 3.50 元。

饼子、锅巴 1.00 元。

手工面条 1.50 元。

9 月 14 日

家家乐 260.00 元。

给大庆 50.00 元。

三餐〈元〉源两袋 2.20 元。

9 月 15 日

月饼、锅巴、馍 23.00 元。

9 月 16 日

各种菜 20.00 元。

9 月 17 日

三餐〈元〉源三袋 3.30 元。

葡萄 20.00 元。

二锅头一瓶 6.80 元。

啤酒、鸡腿 13.70 元。

胶带 2.00 元。

各种食品 60.00 元。

---

① 香烟品牌。

本月工资加过节100.00元，共计714.50元。五号楼400.00元，大方200.00元，诊所收入1 100.00元，总收入2 414.50元。

家庭开支850.50元，诊所开支644.50元，总支出1 495.00元。

结余919.50元。

10月1日

买菜5.50元。

方便面、月饼、菜、洗洁精等58.50元。

鸡皮等25.50元。

第三季度二院卫生费6.00元。

馍2.00元。

爪子、饼子、梨、肉馅、带鱼30.00元。

水费二院9.60元。

鸡蛋11.00元。

二院97卫生费6.00元。

菜、面条等20.00元。

面条三斤4.50元。

小礼品1.00元。

桔子5.00元。

鸡爪、酱肉17.00元。

小礼品10.00元。

面条5.00元。

可乐两瓶10.00元。

10月2日

锅巴两袋5.00元。

桔子8.00元。

豆腐4.00元。

绿宝油十斤50.00元(给大成)。

10月4日

带鱼16.50元。

肉19.00元。

烟大前门一条16.00元。

白萝卜、红萝卜、卫生纸、菜、油菜、大葱、西葫[芦]、豆角、油豆腐26.00元。

10月8日

三餐〈元〉源四袋4.80元。

包子、酱肉等24.00元。

豆浆、油条4.00元。

10月9日

锅巴两袋5.00元。

豆芽、绿豆1.50元。

10月11日

豆浆、油条4.50元。

肉馅两斤16.00元。

香蕉、桔子15.00元。

给大庆50.00元。

10月12日

各种菜、豆浆、桔子、馍等30.00元。

包子排骨2.50元。

交二院电费12.75元。

交二院煤气44.16元。

10月14日

修表、三餐〈元〉源、胡芹4.80元。

〈交〉缴电费100.00元。

饺子、豆浆6.80元。

10月15日

豆浆、油条、鸡腿12.50元。

10月17日

醋一瓶、洗衣、酱油两瓶7.40元。

10月25日

生活用费、饼干、菜37.00元。

10月27日

黄纸3.00元。

葱15.00元。

10月29日

梨、馍、锅巴37.30元。

本月工资614.50元，大方给生活费200.00元，五号楼400.00元，诊所收入加暖气费五号楼1 134.00元，总收入1 348.50元。

家庭开支800.00元，诊所开支975.10元，总开支1 775.10元。

结余—426.60元。

11月1日

食品17.00元。

各种菜20.00元。

鸡蛋15.00元。

豆浆2.00元。

牛奶四袋2.80元。

花卷、发糕4.00元。

11月5日

小食品、豆浆等50.00元。

包子、菜等 20.00 元。

原野[①]一袋 28.30 元。

菜 10.00 元。

梨 5.00 元。

桔子 5.00 元。

11 月 7 日

桃园暖气费 60.00 元。

盐菜、火腿肠 12.00 元。

桔子 6.00 元。

尖辣椒、紫萝卜 2.10 元。

锅巴 5.00 元。

可乐、雪碧、高粱白、二锅头 18.00 元。

11 月 8 日

羊肉片五袋 35.00 元。

面条、豆腐、豆芽 4.50 元。

给大成 40.00 元。

桔子十二斤 12.00 元。

哈德门一条 19.00 元。

芥菜二十斤 7.00 元。

茴子白、胡萝卜、发糕、花卷各一袋 4.00 元。

灯泡等 3.20 元。

挂面五斤 8.00 元。

各种菜、花卷、桔子 65.00 元。

11 月 15 日

油菜、萝卜 2.50 元。

11 月 16 日

鸡蛋、玉面 27.00 元。

红枣三斤 10.00 元。

包子、饼子 3.00 元。

11 月 18 日

花卷、西红柿、莲菜等 16.50 元。

11 月 22 日

猪肉 19.00 元。

花生米 5.00 元。

尖辣椒 2.00 元。

白菜 2.00 元。

莲菜 5.00 元。

洗洁精、牙膏 6.00 元。

油条 5.00 元。

11 月 23 日

二院水费 20.00 元。

啤酒 10.00 元。

食油十斤 42.00 元。

饼子、馍 6.00 元。

11 月 25 日

购菜、肉等、小食品、桔子 39.10 元。

本月工资加烤火费 694.50 元，大方生活费 200.00 元，五号楼房租加暖气费 470.00 元，诊所收入 850.00 元，总收入 2 214.50 元。

家庭开支 700.00 元，诊所开支 1 293.60 元，总开支 1 993.60 元。

结余 221.00 元。

12 月

二院各种菜补助 50.00 元。

1998 年广播电视报 18.00 元。

买菜等 20.00 元。

小食品面包 11.00 元。

12 月 3 日

馍两袋 4.00 元。

白糖两袋、盐一袋 7.50 元。

馍、菜 8.00 元。

12 月 5 日

面条二斤 3.00 元。

苹果 7.00 元。

大前门一条 16.00 元。

缝鞋 2.00 元。

12 月 6 日

油茶两袋 7.00 元。

肝 3.50 元。

豆角、花生米、油菜、西红柿、豆芽、瓜子、花生、花生米 21.00 元。

12 月 7 日

花卷两袋、发糕 6.00 元。

面条二斤 3.00 元。

桔子 6.00 元。

豆腐干 1.50 元。

花卷二斤 4.00 元。

12 月 8 日

豆腐 1.00 元。

---

① 面粉品牌。

花卷 2.00 元。

12 月 10 日

卫生纸一卷 1.00 元。

二院暖气费 103.45 元。

花卷 2.00 元。

12 月 11 日

酱油、醋、肝 7.60 元。

12 月 12 日

花卷二斤 4.00 元。

二院电费 15.00 元。

香蕉 8.60 元。

牛奶、豆浆、发糕、花卷、小豆包 7.00 元。

买菜 50.00 元。

菜、饼子 6.50 元。

大前门一条 16.50 元。

贺年卡 2.00 元 。

12 月 18 日

饼子 2.00 元。

肉 24.50 元。

包子 2.00 元。

花卷 2.00 元。

大豆、菜等 11.00 元。

裤子手工 15.00 元。

面包、菜、饼子等 15.00 元。

肝、烧肉、小肚 27.50 元。

桔子、元宵 7.00 元。

鸡蛋十斤 25.00 元。

饼子、梨 5.00 元。

饼子五个、馍三个 6.70 元。

12 月 28 日

菜、吕畅午饭 10.00 元。

豆浆两份 4.00 元。

肉 30.00 元。

家家乐 260.00 元。

本月工资 614.50 元,给大方生活费加五号楼 670.00 元,诊所收入 1 292.00 元,总收入 2 576.50 元。

家庭开支 821.85 元,诊所开支 1 296.00 元,总开支 2 117.85 元。

结余 459.65 元。

1998 年

1 月 1 日

吃饭 3.00 元。

饼子、馍 2.20 元。

洗衣粉、肥皂 7.50 元。

豆腐干、豆腐 2.00 元。

1 月 3 日

〈交〉缴电话费 100.00 元。(第四次)(3 月、7 月、10 月各〈交〉缴 100.00 元)

馍 2.20 元。

油茶、鸡蛋 13.00 元。

点心、粉条 9.30 元。

大前门一条 16.50 元。

二院 97—4 的卫生费 6.00 元。

1 月 6 日

小米 4.00 元。

江米、豆子 3.00 元。

酱油、菜、豆腐 37.00 元。

酱油、醋 3.20 元。

菜花 1.50 元。

黄芽韭[菜]、蒜 5.00 元。

瓜子、粉丝、花生米 16.00 元。

1 月 8 日

面条、包子、豆芽 7.00 元。

电池、牙膏、洗衣粉 6.50 元。

三餐〈元〉源两袋 2.20 元。

肉 30.50 元。

油 37.80 元。

蒜〈苔〉薹 3.00 元。

退回电话费 40.00 元。

面条、豆芽 3.50 元。

馍三袋 3.30 元。

老抽王一瓶 5.00 元。

梨 7.20 元。

1 月 13 日

烧肉、小肚、蘑菇 38.00 元。

馍 6.50 元。

锅巴 5.00 元。

1 月 14 日

饼子 2.00 元。

白粉、面包 11.40 元。

果酱味精 11.58 元。

1 月 15 日

后腿 43.00 元。

白菜、西红柿、蒜〈苔〉薹 20.00 元。

1 月 17 日

啤酒两捆、可乐六瓶、茹萝两桶,共计 92.00 元。

芦柑一箱 18.00 元。

糕面三斤 4.00 元。

散芦柑 20.00 元。

香菇、粉条、腐竹 18.50 元。

花生 10.00 元。

早点 1.00 元。

1 月 18 日

卫生纸两捆 8.00 元。

方便面四十袋 27.50 元。

香皂、洗洁精 13.50 元。

白瓜子、葡萄干 14.00 元。

莲菜 4.00 元。

花生米 5.00 元。

虾片 3.00 元。

玉米罐头 12.00 元。

水果糖 16.00 元。

挂面 3.00 元。

1 月 19 日

苹果 14.00 元。

菜花、苗子白 3.00 元。

蛋卷 21.00 元。

羊肉五袋、消食片、盐 66.40 元。

麦粒素 50.00 元。

1 月 20 日

肉馅 50.00 元。

二院 1 月份水费 39.39 元。

关东糖、早点 4.00 元。

1 月 22 日

各种菜 75.60 元。

馍十袋、豆腐 22.00 元。

韭菜 7.00 元。

酒、火腿肠、酱油、醋 54.00 元。

鸡腿、酱肉,鸡丸、虾仁、火腿肠共 116.00 元。

1 月 28 日

压岁钱三人 300.00 元。

小气球 5.00 元。

本月工资 614.50 元,大方生活费 200.00 元,五号楼 470.00 元,诊所收入 1 592.00 元,总收入 2 876.50 元。

家庭开支 1 481.29 元,诊所开支 874.00 元,总开支 2 355.29 元。

结余 521.21 元(存入银行)。

2 月 1 日

海参、鱿鱼、牛百叶共 24.90 元。

豆腐干 2.50 元。

豆芽、菠菜 4.00 元。

鱿鱼 14.00 元。

木炭、牙签 4.00 元。

小食品 49.40 元。

奶粉一袋 16.00 元。

大方生活费 200.00 元,全部购物。

[吕]畅买食品等 40.00 元。

2 月 2 日

嘉嘉压岁钱 100.00 元。

2 月 5 日

生活用费 15.00 元。

退回酒 9.00 元。

馍、菜 9.00 元。

啤酒 22.00 元。

2 月 11 日

早茶 50.00 元。

黄瓜、梨 7.50 元。

2 月 12 日

苗子白两个、油菜 3.50 元。

馕子两袋 2.40 元。

2 月 13 日

烟 21.00 元。

配钥匙、二院煤气等 30.00 元。

2 月 15 日

二院电费 27.80 元。

方便面、早点、西红柿、苗子白 15.00 元。

2 月 18 日

黄瓜、尖椒 12.00 元。

面包、醪糟 4.00 元。

2 月 19 日

馍、面条 2.40 元。

可乐 11.00 元。

2 月 20 日

生活费 71.00 元。

本月工资 614.50 元，五号楼 474.00 元，诊所收入 1 139.00 元，总收入 2 227.50 元。

家庭开支 500.00 元，诊所开支 932.80 元，总开支 1 432.80 元。

结余 794.70 元（存入银行）。

3月1日

2月27日一天花费 350.00 元。

大前门一条 16.50 元。

馍两袋、牛奶两袋、豆腐 4.60 元。

豆浆 2.00 元。

3月3日

黄瓜、绿豆、山楂、胡芹、菠菜、面条 17.50 元。

面包、菜 8.00 元。

鸡蛋十斤 23.00 元。

大桶啤酒、馍等 15.00 元。

3月6日

凉粉、甜橙 8.00 元。

各种食品、菜、灯泡、牙膏、卫生纸 50.00 元。

3月11日

菜、猪肉 18.00 元。

玉米面、莲菜、香菜等 10.00 元。

大前门 16.50 元。

修手表 15.00 元。

生活购物 22.00 元。

3月17日

粉条 12.00 元。

生活 10.00 元。

3月18日

背心 7.00 元。

3月20日

各种菜、水果 50.00 元。

3月23日花纸（扫墓花纸）70.00 元。

二院水费 28.00 元。

3月28日

烟一条 16.50 元。

啤酒一捆 21.00 元。

冰糕 5.00 元。

3月29日

〈另〉零用 3.60 元。

本月工资 614.50 元，大方生活费 200.00 元，五号楼 470.00 元，诊所收入 2 052.50 元，总收入 3 337.00 元。

家庭开支 800.00 元，诊所开支 1 745.80 元，总开支 2 545.80 元。

结余 891.20 元（存入银行）。

4月1日

吕新住宿费 260.00 元。

馍两袋 4.00 元。

二院第一季度卫生费 6.00 元。

预付电话费 100.00 元。

芦柑 10.00 元。

馍 2.20 元。

菠菜、豆腐 4.00 元。

取出三年国库〈卷〉券本、息 4 260.00 元。

存入银行 5 000.00 元。定期一年。

4月1日

手工面 3.00 元。

菜 2.00 元。

面包、凉粉 5.00 元。

草莓 5.00 元。

面条 3.00 元。

4月3日

菜、可乐、饼子 15.00 元。

4月4日

各种生活菜、白糖、可乐、豆浆、鱼等 60.00 元。

4月6日

馍两袋 2.20 元。

酸奶、肝 6.60 元。

火腿肠 8.00 元。

4月7日

火腿肠 8.00 元。

凉粉、食盐、鞋油、馍共 6.30 元。

4月9日

豆腐 1.00 元。

馍一袋 1.10 元。

馍两袋 2.20 元。

辣椒等 10.00 元。

小笼包、鸡翅 20.00 元。

菜各种 10.00 元。

4月9日

啤酒 20.00 元。

豆腐干、菜 1.50 元。

4月13日

面包、麻花 7.00 元。

鸡蛋 11.00 元。

莲菜 3.00 元。

二院煤气 67.40 元。

二院电费 12.00 元。

4 月 13 日

烟一盒加一条 18.50 元。

4 月 14 日

西红柿、黄瓜 10.00 元。

莲菜 3.00 元。

西红柿 2.00 元。

苹果 5.00 元。

4 月 15 日

燕麦、肝、酸奶 10.00 元。

饼子 3.00 元。

4 月 16 日

火腿肠 10+10 共计 10.00 元。

包子、凉粉、豆腐、〈江〉姜、麦芽糖 4.40 元。

小花〈盘〉盆两个 6.00 元。

4 月 17 日

饼子 3.00 元。

凉粉 2.00 元。

早点 2.00 元。

4 月 18 日

面条二斤 3.00 元。

4 月 20 日

各种食品、冷饮、菜一共 55.00 元。

本月工资 615.50 元,大方生活费 200 元,五号楼租金 408.00 元,诊所收入 818.00 元,总收入 2 040.50 元。

家庭开支 1 000.00 元,诊所开支 474.00 元,总开支 1 474.00 元。

结余 566.50 元,存入银行。

5 月 1 日

江米八斤 10.00 元。

染发水四瓶 6.00 元。

蒜〈苔〉薹、黄瓜、早点 5.00 元。

水煎包、锅巴、豆腐、蒜〈苔〉薹、黄瓜 14.00 元。

面盆一个 13.00 元。

咸鸭蛋 3.50 元。

馍两袋 2.20 元。

水果、面包、凉皮、花生米、早点 12.00 元。

鸡蛋 8.00 元。

水煎包 6.00 元。

桔子罐头、面包小食品 20.00 元。

购带鱼、饼子,酱肉、修表、〈午〉买菜等 73.10 元。

5 月 6 日

吕畅车〈框〉筐 16.00 元。

面条、馍两袋 5.20 元。

5 月 7 日

批酸奶等 8.20 元。

西红柿、黄瓜、菠菜、面条 12.00 元。

鸡蛋、馍一袋 11.10 元。

5 月 10 日

林家祝寿 200.00 元。

5 月 11 日

饼干三袋、菜、玉米面 18.40 元。

5 月 12 日

祝寿收 200.00 元。

冰糕、酸奶 6.30 元。

馍两袋 2.20 元。

面条饼子 3.50 元。

〈阿〉哈德门一盒 2.00 元。

5 月 13 日

西红柿、蒜、黄瓜、菠菜、饼子、〈小〉水煎包、蜜枣 24.40 元。

人造棉一斤五两 19.50 元。

面料 146.00 元。

饼子 4.00 元。

5 月 14 日

蒜〈苔〉薹 1.00 元。

二家有〈限〉线 1998 年 1 月到 12 月收视费 192.00 元。

5 月 16 日

〈阿〉哈德门一条 18.00 元。

油八斤 32.00 元。

凉皮、油条、苹果 5.50 元。

5 月 17 日

六一儿童节,三个孩子每个人 50.00 元,共计 150.00 元。

醋、菜 35.30 元。

早点 3.00 元。

5月19日

面条、茴子白，豆角、冰糕、酸奶13.80元。

5月20日

粽叶、马莲7.50元。

早点、包子5.00元。

5月22日

生活购菜10.00元。

小衣裤10.00元。

挂面十斤13.00元。

5月23日

酸奶4.50元。

饼子2.00元。

洗衣粉、松紧带和裤子6.50元。

豆角1.50元。

各种菜、馍等10.50元。

鸡蛋五斤13.50元。

二院水费25.00元。

本月工资614.50元，五号楼400.00元，大方生活费200.00元，诊所收入835.40元，总收入2 049.90元。

家庭开支1 000.00元，诊所支出241.50元，总支出1 241.50元。

结余808.40元。

6月1日

鸡蛋五斤14.00元。

烟一条14.00元。

棉被套两件15.00元。

猪蹄一个、茄子6.70元。

可乐、冰糕、酸奶、肝、大豆20.00元。

菜、各种洗洁精用品54.30元。

6月4日

白糖两斤5.00元。

饼子、豆腐3.00元。

西红柿2.60元。

面条2.00元。

洗头膏、香皂两块8.00元。

冰糕1.00元。

饺子3.80元。

6月5日

早点、锅巴7.80元。

麻酱、味精、西红柿等菜8.60元。

6月7日

猪肉三斤17.60元。

面条二斤2.60元。

早点、馍3.50元。

6月11日

桃子、花生米8.60元。

发糕、豆浆3.00元。

水煎包3.00元。

6月12日

冰〈荣〉茶一桶3.50元。

6月14日

可乐一桶、雪梅两袋、西瓜，共计20.00元。

二院电费11.25元。

菜饭、早点7.00元。

6月15日

酸奶、冰糕12.00元。

菜、饼子、桃12.00元。

6月16日

菜三种3.00元。

烟一条14.00元。

面条四袋5.20元。

豆角、大辣椒、黄瓜3.00元。

6月17日

凉粉、白兰瓜、馍10.00元。

6月18日

鸡蛋、面皮12.00元。

包子1.00元。

6月19日

饼子、馍、凉粉5.20元。

玉米面、肝、茄子、西红柿、酱油、醋15.10元。

6月20日

鸡蛋六斤15.60元。

早点、面皮2.00元。

6月21日

啤酒20.00元。

凉粉、两个茄子、白菜、韭菜5.00元。

低脂酸奶，7.50元，二院煤气37.60元。

6月23日

菜4.50元。

做衣服手工、小盒吃食、西瓜122.00元。

生活食[用]油、饭菜48.65元。

本月工资654.50元，补发工资补[福]利60.00元，大方生活费200.00元，五号楼408.00元，诊所收入947.80元，总收入 2 270.30 元。

家庭开支 600.00 元,诊所开支 640.60 元,总支出 1 240.60 元。

结余 1 029.70 元(存入银行)。

7月1日

酱油、醋 2.40 元。

烟一条 10.50 元。

大桶巧克力等 11.50 元。

漏勺 1.00 元。

二院二季度卫生费 6.00 元。

馍两袋 2.20 元。

7月3日

食油十斤 42.00 元。

馍两袋、早点 3.20 元。

7月4日

酸奶、白兰瓜、肝、凉粉一个,共 12.00 元。

7月5日

西瓜、凉粉 13.00 元。

7月7日

背心、蒜、牙膏、大豆、床单布 20.00 元,凉皮、早点一共 45.00 元。

7月9日

西瓜 12.00 元。

馄饨 4.00 元。

烟一条、早点 12.00 元。

7月13日

扑克、早点、花生米、菜等 10.00 元。

7月15日

饼子、桃、菜 8.00 元。

7月16日

押金 10.00 元。

西瓜 3.00 元。

7月17日

扑克、早点 3.50 元。

7月18日

床单手工 30.00 元,水桶加工 25.00 元。

啤酒、牛奶 21.30 元,带鱼、黄瓜、花生米、肝 25.00 元。

7月20日

生活购菜等饼子、菜、酸奶,20.00 元。

二院押金 15.00 元。

生活用费 92.40 元。

西瓜 10.00 元。

烟一条 14.00 元。

本月工资 654.50 元,五号楼 408.00 元,诊所收入 633.00 元,总收入 1 695.50 元。

家庭支出 450.00 元,诊所支出 203.00 元,总支出 653.00 元。

结余 1 042.50 元,存入银行。

8月1日

凉鞋一双 20.00 元。

洗澡巾 1.50 元。

卫生纸 9.00 元。

早点 3.00 元。

桃子 2.00 元。

8月2日

拖鞋一双 35.50 元。

卫生纸一捆 5.50 元。

二院水费 3.00 元。

菜、面等早点 10.60 元。

大豆、花生米 4.20 元。

啤酒两瓶 4.00 元。

肉 12.00 元。

南瓜 13.00 元。

饼子 11.00 元。

豆角、火腿肠 6.00 元。

啤酒两瓶 4.00 元。

〈交〉缴二院电话费 100.00 元。

桃子 3.00 元。

又是桃子 1.00 元。

啤酒两捆 40.00 元。

烟一条 15.00 元。

生活菜饭 10.00 元。

8月6日

大方生日蛋糕、带鱼、点心 60.00 元。

8月7日

提包一个 10.00 元。

冰糕、酸奶 11.00 元。

8月9日

黄瓜 1.00 元。

香皂、牙刷 10.00 元。

8月11日

毛妮在三天买各种食品、早餐 68.20 元。

凉菜、面条 2.00 元。

8月13日

饼子 1.20 元。

啤酒两瓶 4.00 元。

二院煤气 37.60 元。

8 月 14 日

葡萄一斤 1.50 元。

玉米六穗 2.00 元。

面条一斤 1.50 元。

各种菜 3.70 元。

8 月 15 日

三餐〈元〉源 2.20 元。

烟一条 14.00 元。

小菜、三餐〈元〉源 4.20 元。

葡萄 2.00 元。

二院电费 12.75 元。

8 月 17 日

牛奶、饼子 3.40 元。

啤酒、小菜、面条 8.60 元。

8 月 22 日

生活用菜、啤酒 20.00 元。

8 月 23 日

玉米、菜又 10.00 元。

生活用费 80.00 元。

〈震〉赈灾捐款 100.00 元。

生活用费 49.15 元。

取出存款利息，加入生活用费。

本月工资 654.50 元，诊所收入 696.00 元，五号楼 408.00 元，总收入 1 678.50 元。

家庭支出 800.00 元，诊所支出 355.00 元，总支出 1 155.00 元。

结余 523.50 元，存入银行。

9 月 1 日

三餐〈元〉源两袋 2.20 元。

小菜两个 4.00 元。

面条 1.50 元。

啤酒 4.00 元。

味精、盐、醋、酱油，9.00 元。

鸡蛋十斤 30.00 元。

9 月 2 日

烟一条 14.50 元。

早点 3.50 元。

肉馅 7.00 元。

啤酒两瓶、可乐等 13.50 元。

9 月 5 日

烧纸 6.00 元。

菜、早点 10.50 元。

大头生日礼物 50.00 元。

修表 25.00 元。

啤酒、菜 6.00 元。

9 月 9 日

菜、茄子、黄瓜 3.40 元。

熟菜、啤酒 10.00 元。

换煤气灶 25.00 元。

葡萄 3.00 元。

9 月 11 日

啤酒、菜 4.30 元。

9 月 12 日

烟一条 14.00 元。

9 月 15 日

肝 6.00 元。

小菜 2.00 元。

饼子六个 2.40 元。

啤酒两瓶 4.40 元。

酸奶、冰糕 10.00 元。

9 月 16 日

土豆、南瓜、大葱 10.00 元。

豆浆 1.50 元。

豆包三餐〈元〉源 4.40 元。

酱油两瓶、醋一瓶、奶粉、麦片 11.40 元。

水龙头 7.00 元。

西红柿、豆腐、茴子白 2.50 元。

苹果 2.50 元。

海带丝、胡辣粉、花生米、馍 6.00 元。

9 月 17 日

馍、菜、玉米面共计 30.00 元。

洗洁精、肥皂、牙膏等 21.00 元。

早点、月饼 14.00 元。

9 月 20 日

购菜、馍、啤酒 25.00 元。

外衣一件 25.00 元。

9 月 24 日

肉 40.00 元。

9 月 28 日

二院水费 13.00 元。

草莓 12.00 元。

苹果 30.00 元。

二院三季度卫生费 6.00 元。

补〈带〉车胎2.00元。

苹果3.00元。

早点4.00元。

9月28日

肝、烧肉14.00元。

送礼36.00元。

啤酒4.00元。

月饼4.00元。

菜10.00元。

9月30日

火腿肠18.00元。

家用21.00元。

本月工资654.50元。

五号楼租金408.00元。

大方生活费+过节发100.00元,共计300.00元。诊所收入1 021.50元,总收入2 384.00元。

家庭开支650.00元,诊所开支746.30元,总开支1 396.30元。

结余987.70元,存入银行。

10月1日

啤酒两瓶4.00元。

哈德门一条18.50元。

豆腐干1.00元。

链条1.30元。

10月3日

啤酒、白酒、可乐17.00元。

小鸡蛋6.50元。

红萝卜0.80元。

10月4日

面馍6.70元。

10月9日

买菜、馍20.00元。

10月10日

二院电费9.63元。

生活花费25.00元。

给大庆50.00元。

10月13日

带鱼、菜花、生米等20.00元。

南瓜、西葫[芦]7.50元。

饼子1.20元。

修表17.00元。

大米50.00元。

苹果30.00元。

10月17日

修表17.00元。

油十斤、海紫菜两包50.00元。

香菜等4.00元。

10月18日

煤气27.60元。

大米二十斤48.00元。

菜20.07元。

10月20日

饼子、包子3.00元。

任静琴100.00元。

买大米、小米、菜、早餐共计30.00元。

10月24日

二院98卫生费6.00元。

五号楼暖气费60.00元。

大葱、红薯6.80元。

花生、花卷5.50元。

10月27日

各菜、馍、鸡腿也是20.00元。

10月30日

生活、牙膏等10.30元。

暖气个人55.79元。

本月工资654.50元,五号楼408.00元,大方生活费200.00元,诊所收入618.00元,总收入2 080.00元。

家庭开支700.00元,诊所开支400.00元,总支出1 100.00元。

结余980.50元。

11月1日

订1999年广播电视报(1—12月)18.00元。

鸡腿三块12.00元。

苗家烟一条13.00元。

豆浆、饼子3.00元。

带鱼、橘子、豆浆15.00元。

火腿肠、面包、肝17.00元。

大庆修表20.00元。

11月2日

二院1998年度暖气费103.5元。

香蕉、白粉牙膏11.00元。

11月3日

花生、橘子、花卷、早点11.00元。

11月5日

尖椒、菜瓜、苹果

10.00 元。

修表、卫生纸、早点、染发 31.50 元。

11 月 11 日

星期日吃饭 40.00 元。

啤酒、面包、香肠等 13.00 元。

花生、面包14.00元。

菜、油茶、醋、酱油 11.50 元。

11 月 12 日

纸、面包、〈沙琪玛〉萨其马等 25.00 元。

11 月 14 日

苹果、蛋卷、鸡腿、修床单 28.00 元。

11 月 15 日

修表、早点、馍28.00 元。

羊杂割 18.00 元。

菜 3.00 元。

11 月 17 日

苗家一条 13.00 元。

精粉一袋 10 公斤 32.00 元。

鸡蛋十斤 26.00 元。

蛋卷、花生、豆腐 5.00 元。

11 月 19 日

烧纸 5.00 元。

烟筒、火炉、蜂窝煤 94.00 元。

菜、面条 4.00 元。

11 月 9 日

电话预〈交〉缴 200.00 元。

菜、馍、梨、面条35.00 元。

精粉十公斤 32.00 元。

菜两种 15.00 元。

杂用 6.00 元。

本月工资共计 654.50元，烤火费 80.00 元，五号楼租金（暖、电视）471.00 元，大方生活费 200.00 元，诊所收入 1 295.00 元，总收入 2 620.50 元。

家庭开支 900.00 元，诊所开支 871.00 元，总支出 1 771.50 元，结余 849.00 元。补发工资 381.00元(〈交〉缴前费)。

12 月 1 日

二院自来水费44.30 元。

花生、鸡蛋、面、豆腐 13.00 元。

12 月 2 日

肉食、菜、饼等20.00 元。

烟一条、打火机14.00 元。

12 月 5 日

肉菜香锅 36.00 元。

苹果、丸子两斤 40.00 元。

羊肉切片两袋，15.00 元。

酱肉干 14.00 元。

12 月 6 日

香油半斤 6.00 元。

梨 10.00 元。

面包 4.20 元。

修钟 6.00 元。

12 月 7 日

花生 2.00 元。

馍二袋 2.20 元。

二院电费 12 月 14.81 元。

12 月 10 日

肥皂一箱 35.00 元。

菜 5.00 元。

豆浆 1.00 元。

肥皂一箱 35.00 元。

菜肉 17.00 元。

花生菜 15.00 元。

12 月 13 日

馍、酱油、醋 4.00 元。

给吕畅红薯、山药 7.00 元。

饼子 2.00 元。

菜 4.00 元。

12 月 14 日

丸子 8.00 元。

豆腐、豆芽 2.00 元。

面包、牛奶 4.30 元。

12 月 15 日

鸡蛋十斤 27.00 元。

饼子 3.00 元。

加毛毯 50.00 元。

12 月 16 日

生活开支：面包、烧肉、鱼、白糖、各种菜 100.00元。

12 月 20 日

煤气 37.60 元。

12 月 21 日

肉馅、红薯、韭菜

23.30元。

去天津用费500.00元。

12月22日

烧肉菜51.00元。

烧肉、肝等36.70元。

烟一条13.00元。

染发9.00元。

五号楼一年(98)房租184.80元。

12月25日

各种肉食50.00元。

羊肉切片三袋16.50元。

食油十斤44.00元。

菜15.00元。

二院四季度卫生费6.00元。

本月工资654.50元,大方生活费200.00元,五号楼租金471.00元,诊所收入580.00元,总收入1 905.50元。

家庭开支1 583.00元,诊所开支590.60元,总开支2 179.60元。

结余—274.10元。

1999年

1月1日

毛毯加工费50.00元。

苹果、馍12.00元。

还上月欠支274.10元。

1月2日

卫生纸、牙膏一支、洗衣粉、面油、菜、豆腐、肉馅、肝合计66.00元。

1月5日

饼子、馍、豆浆、包子7.00元。

1月6日

烟一条13.00元。

酱豆腐、台历、饼子6.50元。

鸡腿10.50元。

1月7日

可乐、啤酒9.00元。

芝麻饼、油糕11.00元。

饼子、黄瓜、豆芽、茶叶11.00元。

1月10日

苹果、饼子8.00元。

面条1.00元。

1月13日

带鱼、饺子15.00元。

三餐〈元〉源2.20元。

1月14日

饮食、面包、果酱、辣椒酱25.00元。

本月工资654.50元,大方生活费200.00元,五号楼(2—3月)400.00元,诊所收入442.00元,总收入1 696.50元。

家庭开支779.30元,诊所开支410.00元,总支出1 189.30元。

结余507.20元。

2月27日

各种菜9.00元。

酒、饮料18.00元。

2月28日

猪蹄、排骨20.00元。

2月29日

脐橙、黄瓜8.00元。

生活过年共用2 500.00元。

本月工资654.50元,过年补助200.00元,大方生活费及补助400.00元,诊所收入361.00元,总收入1 161.50元。

家庭开支2 500.00元,诊所开支200.00元,总支出2 700.00元。

透支1 084.50元。

取出存款2 000.00元。补过年开支。

3月1日

三餐〈元〉源两袋2.40元。

花卷两袋4.00元。

速溶食品30.00元。

肉馅菜13.50元。

馍两袋2.20元。

切面0.80元。

黄瓜1.50元。

春卷、元宵16.00元。

3月3日

烟一条13.00元。

鸡蛋17.00元。

三餐〈元〉源1.10元。

3月5日

黄瓜、胡芹2.50元。

3月7日

油十斤43.00元。

牙膏3.80元。

食盐1.00元。

8月3日

三餐〈元〉源两袋2.20元。

醋两瓶1.60元。

肝4.80元。

电池0.50元。

春卷三盒6.00元。

油菜、胡芹0.80元。

3月11日

茶叶二两3.80元/两，给10.00元。

3月15日

梨果、菜饼25.00元。

白萝卜1.10元。

豆浆1.00元。

3月16日

红薯、玉米面、油菜6.00元。

3月17日

蜂窝煤8.00元。

馍两袋5.00元。

黄瓜2.40元。

3月18日

面条2.80元。

小馍0.50元。

3月20日

菜5.00元。

3月21日

早点面条3.00元。

烟一条13.00元。

白面十公斤25.00元。

3月25日

三餐〈元〉源两袋2.20元。

豆芽菜1.50元。

菜2.80元。

面条1.00元。

3月26日

蒜薹2.20元。

肉两斤8.00元。

小馒头2.00元。

樟脑片2.00元。

3月26日

水费15.00元。

豆浆、豆腐、豆芽、馍15.00元。

3月29日

面条、蜂窝煤8.00元。

羊肉片、肝15.00元。

3月30日

大豆2.00元。

3月31日

花生、菠菜、黄瓜、大蒜7.30元。

面条、豆腐干3.00元。

本月收入654.50元，大方生活费200.00元，五号楼400.00元，诊所收入1 580.00元，总收入1 834.50元。

家庭开支454.90元，诊所开支590.60元，总开支1 045.50元。

结余789.00元。

4月1日

洗澡5.00元。

染发10.00元。

鸡蛋13.00元。

菜、瓜子12.00元。

4月2日

第一季度卫生费6.00元。

排骨、饮料、啤酒菜等一应清明节食物共120.00元。

4月4日

〈作〉做裤子手工15.00元。

4月5日

豆浆、面包4.00元。

洗头膏6.00元。

背心11.00元。

红薯、黄瓜、西红柿、西〈胡〉葫[芦]共7.00元。

生花生米5.00元。

4月7日

酱油醋2.20元。

苗家13.00元。

三餐〈元〉源、腐干3.12元。

4月8日

〈脖脐〉荸荠4.50元。

菜3.00元。

4月9日

〈交〉缴电话费100.00元。

小菜、大豆、花生豆5.00元。

4月10日

西红柿、菜、饼干共5.60元。

馍、肝15.40元。

4月12日

苹果10.00元。

馍、面条、腐干共4.00元。

4月14日

菜花、尖椒、西〈胡〉葫[芦]、茴子白、香椿共9.00元。

4月15日

小盆二个3.00元。

瓜子2.00元。

4月16日

馍、腐干、面条12.00元。

4月17日

鸡蛋13.00元。

辣椒1.50元。

4月18日

香椿、黄瓜、菜花共7.10元。

腐干1.00元。

牙膏、胡芹6.00元。

二院煤气27.60元。

西红柿、青椒、莲菜9.10元。

面条、馍5.00元。

可乐、啤酒11.00元。

4月19日

豆浆2.00元。

二院电费4.10元。

面条12.60元。

4月20日

麦片、菜12.00元。

饼干、馍5.50元。

菜5.00元。

面条2.00元。

给大庆300.00元。

香油大饼9.00元。

4月30日

菠萝、馍、菜共50.10元。

本月工资收入654.50元。

五号楼租房408.00元。

诊所收入200.00元。

大方生活费200.00元。

总收入1 462.50元。

家庭开支860.00元。

诊所开支200.00元。

总支出1 060.00元。

结余402.00元。

5月1日

各种菜、果、肉、鱼、馍、蒜〈苔〉薹等93.00元。

烟一条13.00元。

水费14.60元。

春卷、肉、菜共23.00元。

5月2日

菜8.60元。

小兰子2.00元。

小菜等2.50元。

馍2.00元。

大米五十斤62.50元。

人造棉16.00元。

馍2.00元。

5月3日

肝、蛋卷8.10元。

卫生纸二卷12.00元。

肉14.00元。

粉条、凉粉2.40元。

花生米2.00元。

5月4日

鸡蛋、馍14.00元。

5月6日

各种菜、苹果、调味品21.00元。

5月8日

各种菜、白糖、饼干、啤酒一捆共47.00元。

5月10日

梨5.00元。

馍、茴子白、豆浆12.00元。

面条二斤2.60元。

面包、果酱二斤、牛肉松共10.00元。

豆浆1.00元。

5月19日

生活用费各种、小米、玉面、食品、芝麻、分条、馍共60.00元。

食油十斤45.00元。

给大庆100.00元。

5月25日

菜肉馍30.00元。

鸡腿、巧克力、酸奶、冰糕、菜等35.00元。

5月27日

二院水费8.00元。

五号楼有线5.00元。

菜、肉、馍、啤酒、烟共53.60元。

本月工资654.50元，大方生活费200.00元，五号楼408.00元，诊所收入280.00元，总收入1 342.50元。

家庭支出760.00元，诊所支出211.60元，总支出961.60元。

结余380.90元。

6月1日

馍2.00元。

面条2.00元。

君子烟一条12.00元。

啤酒4.00元。

6月3日

蒜1.00元。

绿豆5.00元。

牙膏2.50元。

外衣15.00元。

啤酒一捆20.00元。

荔枝17.00元。

江米8.00元。

各种菜8.00元。

6月7日

大桶5.00元。

棕叶、马莲5.00元。

速冻饺子二袋7.60元。

黄瓜二次5.00元。

豆角、西红柿、尖椒共8.00元。

6月8日

面条共1.00元。

6月9日

馍2.00元。

焖面、菜、腐干3.50元。

江米5.00元。

6月11日

白糖、菜、盐共10.70元。

馍2.00元。

荔枝10.00元。

酸奶、冰糕共5.00元。

点心面包7.50元。

6月13日

领户口本二个14.00元。

咸鸭蛋9.00元。

二院电费5.92元。

豆浆菜20.00元。

6月14日

凉菜2.00元。

6月20日

啤酒、饮料35.40元。

黄鱼7.50元。

双塔一条10.50元。

二院电费27.00元。

菜12.00元。

6月21日

各种菜、桃5.00元。

白面十公斤27.00元。

6月22日

面条、黄瓜、〈薰〉熏肠、豆腐、饼干、芝麻糊、早点、凉菜、杏红霜、早点、凉菜、电蚊香、西瓜、咸鸭蛋、西瓜共66.40元。

6月27日

去大成家买食品50.00元。

6月29日

馍、桃、豆角、早点共5.18元。

二院二季度卫生费6.00元。

6月30日

二院煤气22.60元。

早点2.00元。

烟11.00元。

黄瓜1.00元。

本月工资、夏季福利714.50元，五号楼视听费415.00元，大方生活费200.00元，诊所收入548.00元，总收入1 877.00元。

家庭支出613.00元，诊所支出400.00元，总支出1 013.00元。

结余864.00元。

7月3日

洗洁精、香皂、牙膏等16.00元。

啤酒一捆19.00元。

蒜、西红柿2.10元。

7月4日

火腿肠、饼子、花生米共24.00元。

7月5日

香菜、西红柿、豆腐、糖、饼子共9.00元。

7月6日

木耳12.00元。

熟菜10.00元。

生菜、早点6.00元。

7月8日

西瓜、荔枝11.00元。

黄瓜、辣椒、铁圈3.50元。

早点8.40元。

7月10日

肝4.50元。

馍、面条、早点10.00元。

7月13日

西瓜、玉米等共15.30元。

7月14日

啤酒一捆、早点、茶叶、肉、菜共63.00元。

7月16日

盐鸭蛋十个8.00元。

生活购菜40.00元。

蚊香一盘10.00元。

7月23日

打的10.00元。

馒头2.00元。

啤酒19.00元。

咸鸭蛋8.00元。

馍2.00元。

西瓜12.50元。

早点、菜共20.00元。

二院水费8.00元。

补六月份水费15.60元。

生活用30.00元。

〈交〉缴电话费100.00元。

生活用费40.00元。

本月工资654.50元,五号楼租金412.00元,诊所收入190.00元,总收入1 256.50元。

家庭开支606.90元,诊所开支202.00元,总开支808.90元。

结余447.60元。

8月5日

修电视机70.00元。

大庆50.00元。

生活用费30.00元。

口杯、蚊香等20.00元。

啤酒、鸡腿12.00元。

8月7日

醋一袋■■元。

西瓜5.00元。

方便面8.90元。

啤酒、六味斋[1]肉、露露、菜、桃、肉共62.50元。

8月8日

菜、黄瓜、土豆2.00元。

包子3.00元。

黄瓜、豆角2.80元。

鸡蛋11.00元。

8月10日

大米十斤6.20元。

油十斤37.00元。

早点1.00元。

葡萄3.00元。

焖面1.00元。

8月11日

包子、桃子5.00元。

早点2.00元。

8月13日

大方三口来吃饺子20.00元。

啤酒三瓶6.00元。

双塔烟一条11.00元。

西瓜、蒜、线共9.62元。

鸭蛋、盐16.80元。

烟等40.00元。

生活用费71.58元。

本月工资654.50元。

诊所收入186.00元。

五号楼租金412.00元。

总收入1 252.50元,家庭开支600.00元,诊所开支421.90元,总支出1 021.90元,结余230.60元。

9月1日

大米二十斤26.00元。

给大庆100.00元。

馍、菜10.00元。

9月2日

八月份水费12.00元。

包子3.00元。

补裤子12.00元。

六味斋16.00元。

包子2.00元。

啤酒、露露10.40元。

菜花、大辣椒1.50元。

---

① 酱肉店名。

莲菜、胡芹2.40元。

9月3日

带鱼12.50元。

烟、打火机4.50元。

包子3.00元。

酱油、醋、甜面酱、各种菜13.00元。

苗家一条12.50元。

啤酒4.00元。

馍、包子4.00元。

9月4日

包子二次4.00元。

肉32.00元。

熟肉11.00元。

包子2.00元。

9月6日

啤酒、饮料、花生米5.50元。

染发、凉皮5.00元。

早点、桃6.40元。

菜、焖面、黄瓜2.30元。

缝纫机针1.50元。

9月10日

早点、菜3.50元。

美国炸鸡腿6.60元。

9月11日

包子2.00元。

啤酒、饮料5.50元。

照〈像〉相7.00元。

凉菜、花生米6.00元。

西红柿、黄瓜1.80元。

9月15日

包子、玉米、烟共5.00元。

〈涝〉醪〈漕〉糟、早点2.50元。

红薯、黄瓜、烟一盒、馍、韭菜等共8.50元。

9月17日

六味斋21.50元。

包子2.00元。

烟一盒1.50元。

9月20日

苹果二十斤10.00元。

烟一条12.50元。

花卷2.20元。

9月21日

芝麻饼2.80元。

花生米2.00元。

洗衣粉、菜4.60元。

莲菜、西红柿5.00元。

本月工资654.50元，大方生活费15号楼512.00元，补发工资+中秋430.00元，诊所收入224.00元，总收入1 848.50元。

家庭支出500.00元，诊所支出435.90元，总支出935.90元。

结余912.60元。

10月1日

中秋红富士一箱18.00元。

月饼（自吃）18.00元。

啤酒一捆19.00元。

肉43.70元。

蒜〈苔〉薹、豆角、莲菜、茴子白7.20元。

送礼月饼16.00元。

食油（3.70）29.60元。

饮料8.40元。

包子2.00元。

菜、黄瓜3.50元。

二院水费4.00元。

排骨22.00元。

二院三季度卫生费6.00元。

黄瓜、油菜3.00元。

甜酱五袋3.50元。

二家有线电视1999年度收视费共228.00元。

早点、花生米4.00元。

10月4日

雨衣一件14.00元。

早点二次3.00元。

小米六斤7.20元。

10月5日

菜、饼子、小菜、豆浆共3.50元。

10月6日

烟一条18.00元。

干洗10.00元。

包子1.00元。

10月7日

烟筒25.00元。

10月8日

锅贴3.00元。

小菜、桔子2.00元。

小菜、早点、花生米、冬瓜7.50元。

10月10日

换车胎28.00元。

饮料 3.00 元。

小菜 3.00 元。

桔子 2.50 元。

咸菜 1.00 元。

各种菜 4.10 元。

鱼香肉丝 3.80 元。

馍 1.00 元。

皮手套 10.00 元。

去子娟家 4.80 元。

10 月 15 日

方便菜 3.80 元。

各种菜面 3.50 元。

二院电费 9.70 元。

梨、柿子 6.00 元。

早点二次 3.00 元。

二院煤气 27.60 元。

面一袋十公斤，挂面 32.50 元。

花生米 3.00 元。

包子 2.00 元。

10 月 19 日

方便、菜四个 14.80 元。

冬瓜、油菜、西〈胡〉葫[芦]3.00 元。

10 月 20 日

早点 1.50 元。

酱油、醋、松紧带、茴子白、红薯共 7.00 元。

10 月 21 日

蜂窝煤 18.00 元。

麦片、油菜 7.90 元。

方便菜 8.30 元。

面包 2.00 元。

排骨肉 2.00 元。

松紧带 3.00 元。

各种菜 6.30 元。

10 月 22 日

方便菜二个 7.20 元。

卫生纸 12.00 元。

肉馅 20.50 元。

粉面二斤 3.00 元。

菠菜 0.40 元。

豆腐、冻粉条 2.00 元。

花生米 1.50 元。

点心 5.00 元。

二院水费 8.00 元。

二处卫生费 12.00 元。

盐 1.20 元。

医师资格审定费 200.00 元。

二院扫街费 6.00 元。

方便菜二盒 7.60 元。

哈德门一条 18.00 元。

早点三次 4.50 元。

花生、瓜子 13.00 元。

饼子、馍 2.00 元。

染发 4.00 元。

花生米 1.50 元。

本月工资 764.50 元，五号楼 412.00 元，大方生活费 100.00 元，诊所收入 592.40 元，总收入 2 068.90 元。

家庭开支 894.80 元，诊所开支 690.90 元，总支出 1 585.70 元。

结余 483.20 元。

11 月 2 日

香油一斤、生活用费、花生、栗子共 27.30 元。

大葱、菜、牙膏、香皂、早点等 28.10 元。

预〈交〉缴电话费 100.00 元。

五号楼暖气 55.60 元。

杨杨外套 33.00 元。

盐、味精等 4.70 元。

外套一件 35.00 元。

肉、红薯等 10.90 元。

洗澡、豆浆、鱼香肉丝等 8.80 元。

11 月 5 日

又外套一件 70.00 元。

茴子白、尖椒共 2.00 元。

纸 3.00 元。

六味斋 11.30 元。

饼子 2.00 元。

11 月 6 日

早点 1.20 元。

梨 9.00 元。

面包 1.00 元。

方便菜 3.80 元。

饼子 7.00 元。

11 月 10 日

早点 1.30 元。

油茶三袋 8.20 元。

白菜、面条共 3.80 元。

烟一盒 2.20 元。

2000 年全年广播报 18.00 元。

方便菜 3.80 元。

二院暖气 103.50 元。

早点 1.30 元。

11 月 12 日

蜂窝煤 20.00 元。

11 月 13 日

饼子 5.00 元。

点心 5.00 元。

烟一盒 2.00 元。

打火机 1.00 元。

方便菜 3.80 元。

11 月 14 日

早点三次 3.90 元。

金沙江[①]一条 16.50 元。

方便菜 3.80 元。

11 月 15 日

各种菜类 12.90 元。

小食品 6.50 元。

苹果 7.50 元。

11 月 16 日

五号楼 1999 年度房租 148.40 元。

各种菜、粉条、白糖共 18.40 元。

11 月 17 日

六味斋肉 17.00 元。

方便菜 3.80 元。

11 月 18 日

早点、面条 2.30 元。

早点三次 4.10 元。

包子、发糕 4.00 元。

鸡蛋 10.00 元。

面条、醋 1.00 元。

11 月 22 日

方便菜 3.80 元。

豆腐、腐干共 2.00 元。

饼子、江南饼共 7.00 元。

烧肉 28.00 元。

尖椒 2.00 元。

11 月 23 日

生活开支 22.20 元。

11 月 26 日

红薯、豆芽、面条、三角、茴子白、油菜共 9.00 元。

二院水费 8.40 元。

早点 1.30 元。

各种菜 9.00 元。

金沙江一条 16.50 元。

本月工资及取暖费 844.50 元，五号楼收房租 474.00 元，大方生活费（11 月）100.00 元，诊所收入 507.00 元，总收入 1 925.50 元。

家庭开支 1 179.20 元，诊所开支 486.50 元，总支出 1 665.70 元。

结余 259.80 元，退回评定费 100.00 元，给大庆 50.00 元。

12 月 4 日

生活用费 26.70 元。

12 月 5 日

果酱面包 6.30 元。

电池 0.50 元。

12 月 7 日

早点、面条、豆角、肉丝共 5.90 元。

梨、豆角共 9.00 元。

12 月 10 日

生活购物 30.00 元。

二院电费 11.20 元。

大米二十三斤 28.60 元。

油菜、韭菜、菠菜共 1.00 元。

早点 1.30 元。

点心 8.50 元。

12 月 11 日

蜂窝煤 22.00 元。

染发 4.00 元。

花生米、小菜共 5.00 元。

早点 1.20 元。

12 月 12 日

金沙江一条 16.50 元。

肉馅 7.80 元。

红薯、各种菜、玉米面、油糕共 10.00 元。

二院煤气 27.60 元。

鱼香肉丝、饼子共 5.00 元。

饮料、油菜、啤酒共 6.80 元。

药 2.70 元。

早点二次 2.00 元。

---

① 香烟品牌。

12月14日

豆角2.00元。

面条1.30元。

洗澡2.00元。

早点二次2.00元。

12月16日

绿豆、鱼香、味精、盐、大花生、西〈胡〉葫[芦],共21.40元。

12月17日

葡萄1.00元。

早点1.20元。

天津吕志新丧礼300.00元。

大方火车票140.00元。

12月19日

空心菜5.00元。

面条、早点、鱼香肉丝7.00元。

12月22日

生活用品30.60元。

二院水费8.40元。

面包、火腿肠共16.70元。

金沙江16.50元。

早点2.00元。

增补器60.00元。

水勺、扫帚7.00元。

本月工资764.50元,五号楼[收房租]200.00元,大方生活费100.00元,诊所收入607.00元,总收入1 671.50元。

家庭开支852.00元,诊所开支575.00元,总支出1 427.20元。

结余244.30元。

2000年

1月1日

去天津给大成100.00元。

过元旦购菜等105.00元。

面条、油菜、紫萝卜共2.70元。

1月4日

牛奶2.00元。

饼子、包子共4.00元。

黑芝麻糊5.50元。

1月7日

生活消费43.30元。

1月9日

白糖、尖椒、药皂、牙膏、洗头膏共10.00元。

棕刷一把3.00元。

〈府〉腐竹、味精4.00元。

茴子白、豆芽、菠菜、面条、油菜共4.40元。

生活购物152.60元。

春节购物、电暖气共350.00元。

各种物品1 224.10元。

水果61.00元。

压岁钱300.00元。

炮、炭、福共10.00元。

本月工资764.50元,单位福利200.00元,大方、大成500.00元,五号楼收房租300.00元,诊所收入399.00元,总收入2 163.50元。

家庭开支2 476.10元,诊所开支399.00元,总支出2 875.10元。

结存－711.10元。

2月10日

换自行车支架6.00元。

给吕畅1.00元。

给吕畅〈交〉缴学费70.00元。

电暖气350.00元。

2月16日

生活菜、馍共38.10元。

田大均白礼50.00元。

二院电费17.70元。

生活用5.00元。

红河一条24.00元。

二院水费12.60元。

生活用菜、馍共18.60元。

啤酒、饮料15.00元。

本月工资764.50元,五号楼收房租450.00元,诊所收入380.00元,总收入1 594.50元。

家庭支出1 236.80元,诊所支出320.00元,总支出1 556.80元。

结余－37.70元。

3月1日—10日

生活用费共计66.00元。

3月11日

烟一条25.00元。

3月15日

生活用费42.00元。

3月19日

〈交〉缴电话费100.00元。

3月11日—27日

生活费105.70元。

灯泡1.30元。

生活费30.00元。

烧纸5.00元。

水费8.60元。

3月26日

排骨20.50元。

早点1.00元。

红河一条25.00元。

鲜花24.00元。

点心10.00元。

豆芽、香椿共5.50元。

苹果5.00元。

本月工资770.00元，大方100.00元，五号楼收房租370.00元，诊所收入388.00元，总收入1 628.00元。

家庭开支494.60元，诊所开支271.36元，总支出665.96元。

结余962.04元。

4月1日

皮鞋一双15.00元。

各种菜15.10元。

饮料84.50元。

卫生费（三季度）37.20元。

生活费7.80元。

菜等7.80元。

香椿3.50元。

4月4日—10日

各种饮料、食品、菜等250.00元。

4月11日

菜、苹果8.20元。

过生日取出存款1 000.00元。

收回大方200.00元。

大庆100.00元。

大成蛋糕240.00元。

电费12.60元。

酱油、醋1.00元。

各种生活开支150.00元。

煤气27.60元。

4月17日

各种菜、面、果共7.60元。

十公斤面粉一袋23.00元。

4月18日—21日

各种菜、面饼子共17.50元。

点心16.00元。

酸奶五瓶3.50元。

又酸奶六瓶3.90元。

香油、牙膏7.50元。

除去生日用，家用共计690.30元。

糊涂账。

本月工资760.00元，五号楼收房租312.00元，大方100.00元，诊所收入120.00元，生日取存款1 000.00元，总收入2 372.00元。

家庭开支1 690.00元，诊所开支200.00元，总支出1 890.30元。

结余482.30元。

5月1日

各种菜及早点等9.70元。

5月1日—10日

各种菜、饼子、早点、菜、鱼、鸡肉、火腿肠、白糖、草〈梅〉莓、烟一条共150.00元。

5月17日

白兰瓜4.00元。

豆角1.00元。

红枣二斤4.00元。

菜叶二两7.60元。

小食品11.50元。

5月18日

家庭开支、染发、菜、果、食品等48.70元。

5月19日

早点1.00元。

点心10.00元。

黄瓜1.00元。

5月25日

生活用费等用费共计175.60元。

5月27日

家庭开支36.00元。

5月30日

生活用费39.90元。

共计500元。

本月工资760.00元,五号楼收租312.10元,大方生活费100.00元,诊所收入183.00元,总收入1 455.00元。

家庭开支500.00元,诊所开支400.00元,总支出900.00元。

结余555.00元。

6月2日

又江米4.00元。

盒饭3.00元。

汽水8.00元。

6月3日

白兰瓜10.40元。

西红柿3.00元。

甜面酱等5.00元。

西〈胡〉葫[芦]、黄瓜共2.00元。

大辣椒、茴子白共2.00元。

桃2.00元。

6月5日

肝5.00元。

面皮2.00元。

乌鸡、蛋卷10.50元。

6月7日

各种食品、生活、浆饭、象新烟、荔枝共329.60元。

6月10日

去饭店吃饭、酒、水、饭钱266.80元。

6月11日

象新车票、吃饭共170.00元。

6月12日

上衣12.00元。

西瓜、白兰瓜6.30元。

电费8.88元。

吕畅零用5.00元。

馍、小菜2.50元。

6月18日

家用361.00元。

6月19日

早点二次2.00元。

本月工资、夏补1 014.50元,大方生活费100.00元,五号楼有线收视费312.00元,诊所收入200.00元,总收入1 626.50元。

家庭开支1 300.00元,诊所开支320.00元,总支出1 620.00元。

结余6.50元。

7月1日

预〈交〉缴电话费100.00元。

六月份水费13.80元。

7月7日—10日

生活开支、修洗衣机共25.00元。

7月7日—14日

146.00元。

7月16日—20日

100.20元。

7月29日—30日

103.80元。

本月工资954.50元,五号楼收租300.00元,诊所收入175.00元,总收入1 329.50元。

家庭开支600.00元,诊所开支208.00元,总支出808.00元。

结余521.50元。

8月1日

生活食品等10.00元。

8月4日

二院电费8.88元。

二院煤气22.60元。

8月12日

大米、菜、桃29.00元。

二种豆子4.50元。

8月14日

烧纸5.00元。

8月15日—21日

206.00元。

8月21日

烤鸭15.00元。

六味斋酱肉12.50元。

葡萄2.00元。

8月24日

铁砂、桃、食品、玉米、茄子、〈丕〉苤〈兰〉蓝共10.00元。

水费15.00元。

香蕉45.00元。

西红柿8.00元。

面包5.00元。

早点5.00元。

8月26日

红河烟二盒5.00元。

凉菜、馍共4.00元。

酸奶5.00元。

8月28日

蛋糕4.50元。

烩菜2.00元。

早点、凉菜共4.00元。

香蕉5.00元。

西红柿、黄瓜共5.00元。

凉菜2.00元。

早点3.00元。

零用27.00元。

本月工资954.50元,五号楼收租312.00元,诊所收入269.00元,总收入1 535.50元。

家庭支出400.00元,诊所支出401.00元,总支出801.00元。

结余734.50元。

9月1日—3日

菜0.10元、烤鸭7.50元、早点5.5元。共28.00元。

9月4日

冬瓜0.30元。

黄瓜0.50元。

带鱼8.00元。

苹果2.50元。

油菜0.50元。

9月5日

早点1.00元。

菜5.00元。

面皮1.00元。

9月7日

唐久超市68.80元。

早点1.00元。

又苹果5.00元。

黄瓜1.00元。

锅12.00元。

月饼15.00元。

白糖5.00元。

饼干3.00元。

蛋糕4.50元、泡菜1.00元、牛奶0.70元,共6.20元。

9月9日

锅盖3.50元。

早点1.00元。

9月10日—12日

小火锅10.50元。

9月13日

油菜1.00元、泡菜1.00元、红萝卜0.50元、豆芽〈芽〉菜0.50元、玉米1.00元,共4.00元。

酱肉14.00元。

早点3.00元、凉菜2.00元、酸奶5.00元,共10.00元。

9月16日

凉皮3.00元、毛豆1.50元、油菜1.50元,共6.00元。

9月17日

六味斋蛋卷、饼子、菜、黄瓜、早点二次共7.00元。

9月20日

西红柿1.40元、饼干3.50元、莲菜1.50元、瓜子1.50元、茄子1.00元、绿豆3.00元、玉米糁1.00元,共12.90元。

烙饼2.00元。

9月22日

调味7.00元、南瓜1.60元、黄瓜1.00元、苹果5.00元,共14.60元。

鞋一双10.00元。

染发5.00元。

早点1.00元。

鸡蛋六斤12.60元。

水费一吨4.00元。

早点1.00元。

过节买肉32.00元。

二院三季度卫生费6.00元。

水费4.80元。

早点、生活、菜共44.60元。

大成1.00元。

单月饼(单位)1.00元。

本月工资954.50元,大方生活、过节140.00元,五号楼收租312.00元,诊所收入416.00元,总收入2 122.50元。

家庭开支400.00元,诊所开支392.00元,总支出792.50元。

结余1 330.50元。

10月1日—3日

买菜5.00元、早点2.00元、水果7.00元、包子4.00元、凉菜2.00元,共20.00元。

馍、凉皮2.00元。

2000年二家有线电

视收视费共252.00元。

10月7日

醒目干吃面、干吃面5.00元。

大米十斤12.00元。

豆芽、油菜0.70元。

粉条三斤3.00元。

六味斋酱肉52.60元。

啤酒、饮料26.00元。

〈交〉缴电话费100.00元。

存112.00元。

10月8日

蛋糕4.00元、面包豆浆2.70元、凉菜3.00元、汽水4.00元、大桶5.00元、纯奶0.70元、瓜子2.00元、菜6.60元,共30.00元。

10月9日

煤气22.60元。

饼子2.00元,油饼1.00元,共3.00元。

盒饭、包子共5.00元。

10月13日

姜1.80元。

洗头膏6.00元。

牙刷3.00元。

红薯1.00元。

10月14日

瓜子2.00元。

烟桶14.00元。

烧肉、丸子50.00元,带鱼、菜12.80元,香菇20.00元,木耳15.00元、饼子、早点共100.00元。

10月15日

二院电费12.40元。

生活用费19.00元。

蛋糕等11.00元。

10月17日

早点、凉菜、生菜5.00元。

蜂窝煤790块64.00元。

大葱7.20元。

苹果、梨、粉面、莲菜、红薯共14.10元。

早点三次3.00元。

车锁子5.00元。

盒饭3.00元。

菜、盒饭共7.50元。

10月21日

蜂窝煤21.00元。

茶叶7.00元。

10月24日

生活用费20.00元。

丸子10.00元。

麻辣粉丝9.50元。

麻辣烫5.00元。

盐、莲菜2.10元。

生活用费18.50元。

本月工资960.00元,五号楼收租312.00元,大方生活100.00元,诊所收入462.00元,总收入1 734.00元。

家庭开支900.00元,诊所开支375.20元,总支出1 275.20元。

结余458.80元。

11月1日

二院暖气费103.50元。

食油七斤21.00元。

菜7.50元。

凉菜5.00元。

芥菜2.00元。

胡萝卜2.00元。

茴子白、茄子、黄瓜共7.00元。

栗子10.00元。

早点3.00元。

桔子3.00元。

西〈胡〉葫[芦]、蒜3.70元。

带鱼13.70元。

盒饭、桔子3.50元,瓜子1.50元,麻辣烫2.00元,饼子2.00元,共9.00元。

11月8日

太广报[①] 1—12月18.00元。

盒饭6.00元。

豆浆1.00元。

饼子2.00元。

11月10日

生活开支,花生米三袋,面条、包子等45.00元。

11月11日

早点二次2.00元。

---

① 《太原广播电视报》。

补9月份生活、零用、各类食品等100.00元。

11月12日

家中记各类花销，鸡蛋、菜各类100.00元。

早点三次3.00元。

11月15日

预〈交〉缴电话费(账存156.50)共100.00元。

吕畅午餐5.00元。

大米二十五斤半27.00元。

肉、鸡精17.00元。

油菜、菠菜1.20元。

油糕2.00元。

白糖二斤2.40元。

11月21日

早点3.00元。

11月24日

生活开支90.00元。

鞋油、香皂、电池共8.00元。

11月25日

烤鸭6.00元。

水费4.80元。

生活用费、各项开支、大米、饼子、烤鸭、小菜共165.20元。

本月工资取暖费1 034.50元，大方生活费100.00元，五号楼取暖费375.00元，诊所收入377.90元，总收入1 887.40元。

家庭开支900.00元，诊所开支307.70元，总支出1 207.70元。

总结余679.00元。

12月1日

瓜子3.00元。

桔子3.00元。

饼子3.00元。

元宵5.00元。

12月2—4日

早点、香油、菜、饼子、芝麻酱共35.00元。

12月5日

里脊火腿4.50元。

豆芽菜0.30元。

油菜1.20元。

西〈胡〉葫[芦]2.00元。

桔子3.00元。

12月8日

菜、食品、早点共11.00元。

12月9日

二院煤气22.60元。

12月12日

面包2.50元。

小饼子2.00元。

牛奶2.40元。

12月13日

二院电费15.16元。

面包、豆浆、牛奶共6.00元。

12月14日

生活开支、牛奶、面包、菜等38.50元。

12月15日

三个面包、点心25.00元。

带鱼、菜11.50元。

12月16日

面包、肉25.00元。

12月18日

韭菜等2.70元。

家用20.00元。

12月21日

卫生纸14.00元。

里脊肉10.00元。

西〈胡〉葫[芦]、黄瓜、蒜〈苔〉薹共6.00元。

豆角1.50元。

豆芽、粉条1.00元。

莲菜、胡萝卜1.50元。

油菜1.50元。

12月21日

羊肉〈饭〉饺子5.00元。

花布15.00元。

饼子、牛奶8.00元。

早点二次共16.50元。

生活开支15.00元。

又小花布一尺1.50元。

12月24日

早点豆浆3.00元。

菜、小花布4.70元。

二院水费4.80元。

早点、饼子、牛奶共5.00元。

四季度卫生费6.00元。

小火锅20.00元。

早点2.00元。

家庭开支限于37.14元。

本月工资 954.50 元,大方 100.00 元,五号楼 375.00 元,诊所收入 310.00 元,总收入 1 749.50元。

家庭开支 400.00 元,诊所开支 310.45 元,总支出 710.45 元。

结余 1 039.05 元,1—12 月结余 6 965.79元。

2001 年

1 月 1 日

鸡蛋五斤 10.00 元。

苹果、桔子共 5.50 元。

莲菜 2.00 元。

牙膏、香皂、肥皂共 9.00 元。

菠菜、蒜共 2.60 元。

粉条 2.00 元。

二次小火锅及点心、其他早点共 35.00 元。

1 月 2 日

补家用 35.00 元。

猪肉 25.50 元。

早点二次、牛奶四袋 4.20 元。

1 月 4 日

馍 1.00 元。

油菜、西〈胡〉葫[芦]、豆芽共 3.00 元。

扫把 5.00 元。

桔子 2.50 元。

锅巴二袋 4.00 元。

1 月 5 日

牛奶、豆浆、饼子、瓜子共 35.00 元。

1 月 9 日

炸鸡腿 10.00 元。

饼子、早点 4.00 元。

吕畅午饭 5.00 元。

1 月 10 日

蜂窝煤 20.00 元。

1 月 11 日

丸子 16.00 元。

粉条 2.00 元。

花生、山药 4.00 元。

馍 1.00 元。

腐竹、炸辣 4.50 元。

莲菜 1.10 元。

山楂糕 5.00 元。

西〈胡〉葫[芦]、尖椒共 5.00 元。

白菜、菠菜 1.40 元。

1 月 12 日

牛奶 2.20 元。

糖瓜 1.50 元,豆芽 0.30 元,松花蛋、胡[椒]粉 8.80 元,馍 1.00 元,花生 7.00 元,玉米面 1.00 元,花生米 3.00 元,花生豆 10.00 元,白线 0.40 元,串串 2.00 元,牛奶 2.20 元,鸭蛋 5.00 元,凉菜 1.00 元,共 43.20 元。

淑敏家面包 5.90 元。

白家面包 4.00 元。

小饼子 2.00 元。

大米十斤 13.00 元。

白家干果类 360 元。

送人干果类 115 元。

馍 5.00 元、冻豆腐 4.70 元、熟肉 10.00 元、苹果 2.00 元,共 37.7 元。

西〈胡〉葫[芦]、蒜〈苔〉薹 16.00 元。

杏脯二盒 15.00 元。

串串 2.50 元。

小火锅 18.00 元。

豆腐 7.00 元、白菜 3.00 元、洋葱 0.70 元、粉条 1.50 元、菜花 3.00 元、韭菜 3.00 元、胡萝卜 1.00 元、油菜 2.00 元、茴子白 3.20元。共 24.40 元。

茴子白 3.20 元。

饮料露露、柳■ 132.00 元。

1 月 19 日

啤酒 10.00 元。

酱油、醋、牛肉、春联、各种食品、压岁钱共 320.70 元。

本月工资 954.00 元,五号楼 375.00 元,单位补助 100.00 元,大方单位年修补 300.00 元,诊所收入 120.00 元,总收入 1 849.50 元。

家庭开支 1 600.00 元,诊所开支 201.00 元,总支出 1 801.00 元。

结余 38.00 元。

补:春节开支 500 元。取出存款。

2 月 1 日

豆芽菜 0.50 元、牙膏等 15.0 元、面包 3.00

元。共18.50元。

醋三斤3.80元。

馍1.00元。

牛奶2.10元。

2月2日

牛奶四袋2.80元、面包3.50元,共6.30元。

2月3日

盐1.00元、牛奶2.40元、饼干5.60元,共9.00元。

豆角2.50元、豆芽0.50元,共3.00元。

2月4日

牛奶1.80元、白糖2.50元、饼子2.00元、菜10.00元,共14.30元。

2月5日

菜6.20元、牛奶2.40元、啤酒24.00元,共26.40元。

2月6日

菜3.00元。

2月9日

豆腐、豆芽等,梨,共5.70元。

2月12日

饼干4.50元,牛奶2.20元,共6.70元。

二院电费18.35元。

2月14日

包子1.80元、面包3.00元、酱菜1.00元,共5.80元。

鸡蛋6.80元、菜2.80元、桔子0.30元。共9.90元。

2月16日

二院煤气22.50元。

牛奶三袋1.80元、油菜4.80元、茶叶7.00元,共13.60元。

调味0.70元、豆芽0.30元,共1.00元。

2月18日

莲菜、豆芽、菠菜共2.20元。

2月19日

小火锅20.00元。

豆芽菜0.30元、牛奶1.10元、小饼子1.00元、肝4.70元、梨5.00元。共12.10元。

2月21日

梨、牙刷、面条、黄瓜、蒜〈苔〉薹、豆角、面包共15.10元。

2月22日

包子2.00元。

红薯2.00元。

豆浆、麻叶共2.00元。

2月24日

肉馅2.50元。

午饭12.00元。

锅巴4.50元。

2月25日

牛奶1.10元、锅巴3.50元,共4.60元。

2月27日

牛奶1.10元、包子2.00元,共3.10元。

二院水费28.80元。

凉菜1.00元、牛奶2.40元、馍1.00元,共4.40元。

鸡腿、牛奶、豆浆、菜、水果等共38.05元。

本月工资954.50元,五号楼收租375.00元,大方生活费100.00元,诊所收入200.00元,总收入1 629.50元。

家庭开支400.00元,诊所开支300.00元,总开支700.00元。

结余929.05元。

3月1日

香皂1.50元、梨各种菜,共13.00元。

豆浆、牛奶等6.50元。

3月2日

烟筒一支4.50元。

吕畅买笔4.00元。

3月5日

三晋彩票6.00元。

二院1、2月卫生费4.00元。

包子、牛奶共4.00元。

3月6日

豆芽0.30元、蒜〈苔〉薹2.00元、西〈胡〉葫[芦]2.40元、白菜1.50元、牛奶1.10元、包子2.00元。共9.30元。

3月7日

彩票4.00元、牛奶2.20元、包子2.00元,共8.20元。

锅巴 4.00 元、饺子 4.80 元、牛奶 1.10 元,共 9.90 元。

盐、彩票共 4.00 元。

3 月 9 日

彩票 4.00 元。

苹果、牛奶 1.10 元。

凉皮 1.00 元。

白糖 5.00 元、粉面 2.00 元、盐 0.80 元、鹌鹑蛋 3.00 元、黄瓜 1.30 元、豆芽 0.30 元、芦柑 3.00 元,共 15.40 元。

3 月 11 日

早点 1.00 元。

3 月 12 日

早点 1.50 元。

牛奶 2.20 元、包子 1.00 元、凉皮 2.00 元、小饼子 1.00 元,共 6.20 元。

3 月 14 日

彩票 2.00 元、牛奶 1.10 元、凉皮 2.00 元、小包子 1.00 元、油菜 0.50 元、西〈胡〉葫[芦] 1.5 元,共 6.70 元。

3 月 15 日

香皂、肥皂 8.50 元。

菜、豆芽、胡芹共 1.30 元。

电池二个 1.00 元。

3 月 16 日

面皮 3.00 元、包子 3.00 元,共 6.00 元。

3 月 17 日

包子 3.00 元、牛奶 2.20 元、梨 4.00 元、肉馅 5.00 元,共 14.20 元。

凉皮 4.00 元、菜 1.60 元、包子 2.00 元、饼干 4.70 元、锅巴 2.00 元,共 14.00 元。

3 月 19 日

带鱼 11.50 元、黄瓜 1.00 元、胡芹 0.50 元、葡萄干 3.00 元、花生米 3.00 元、莲菜 0.70 元、豆芽 0.30 元、彩票,共 20.00 元。

红薯 1.50 元,绿豆 5.00 元,玉[米]面、玉[米]糁 2.00 元,共 8.50 元。

3 月 21 日

生活开支、面包、苹果、牛奶等共 17.00 元。

预〈交〉缴电话费 100.00 元。

衣裤各件加外套 130.00 元。

秋裤外套 207.10 元。

3 月 22 日

二院水费 9.60 元。

菜饭食品 20.00 元。

3 月 25 日

包子 2.00 元、牛奶 2.20 元、染发 5.00 元、梨 5.00 元、牛奶 2.20 元、馍 1.00 元,共 17.40 元。

3 月 27 日

苹果 3.00 元、牛奶 4.40 元、面皮 1.00 元、凉皮 1.00 元、面包 3.00 元、梨 6.00 元,共 18.40 元。

本月工资 954.50 元,大方生活费 150.00 元,五号楼租金 375.00 元,诊所收入 342.00 元,总收入 1 811.50 元。

家庭开支 500.00 元,诊所开支 248.00 元,总开支 748.00 元。

结余 1 063.50 元。

4 月 1 日

牛奶 2.20 元。

味精、盐 3.90 元。

彩票、饼子共 7.20 元。

鸡蛋、牛奶共 12.20 元。

大米三十八斤,共 50.00 元。

桂圆 10.00 元。

瓜子 1.50 元、饼子 1.60 元,共 3.10 元。

酱肉 10 元、牛奶 1.10 元,共 11.10 元。

〈兰〉蓝上衣 30 元、〈罐〉灌肠 0.50 元、花椒 3.00 元、花布 2.00 元、香椿 2.00 元、豆芽 0.30 元,共 37.80 元。

点心、早点、面皮、饼子,共 30.20 元。

香椿 1.70 元、草〈梅〉莓 6.00 元、彩票 4.00 元,共 11.70 元。

套袖 1.00 元。

饼子 1.00 元。

牛奶 2.00 元。

4 月 5 日

去省人民[医院]看张英俊，打的 24.00 元，花〈兰〉篮 40.00 元，点心 25.00 元，水果 70.00 元，共 159.00 元。

林[明]上衣 25.00 元。

面条、凉皮 5.00 元。

4 月 8 日

早点、牛奶 2.20 元，肝 5.00 元，共 7.20 元。

4 月 9 日

饼子 2.00 元、早点 1.50 元，共 3.50 元。

4 月 10 日

韭菜 0.50 元、灌肠 0.50 元、菠菜 0.50 元、牛奶 2.40 元、小饼子 1.00 元，共 4.90 元。

4 月 11 日

去医院打的 10.00 元。

饼子 0.80 元。

二院煤气 52.60 元。

去医院打的 10.30 元。

锅巴二袋 5.00 元。

小食品 9.50 元。

盒饭 3.00 元。

小西红柿 5.00 元。

早点牛奶、饼子等 10.00 元。

4 月 14 日

星期日菜、香蕉等食品共 2.00 元。

福彩 4.00 元。

4 月 18 日

菜 2.70 元、梨 5.00 元、牛奶 1.10 元，肘花 8.00 元，共 16.80 元。

4 月 20 日

牛奶、包子、面皮共 10.00 元。

4 月 21 日

菜、酸奶、灌肠、葡萄、[糖]三角、早点，共 14.80 元。

4 月 22 日

鸡腿、菜、食品等 24.50 元。

车牌、蛋糕等 5.00 元。

绿箭糖 5.00 元。

洗洁精、牙膏共 7.50 元。

酱油、面皮、瓶子共 10.00 元。

张英俊去世 500 元。

黄白香火 3.00 元。

皮鞋 10.00 元。

木耳 10.00 元。

饼子、面皮 3.00 元。

本月工资 954.50 元，大方生活费 100.00 元，五号楼房租 312.00 元，诊所收入 335.00 元，总收入 1 701.50 元。

家庭开支 1 225.70 元，诊所开支 265.00 元，总支出 1 590.70 元。

结余 110.80 元，存入[银行]。

5 月 1 日

牛奶、饼子、小菜、面皮共 7.00 元。

5 月 2 日

食油四斤（2.60）10.00 元。

5 月 3 日

牛奶、饼子、麻〈页〉叶、馄饨共 5.80 元。

黄瓜、小西红柿 10.00 元。

各种菜 12.00 元。

火龙果、小西红柿 20.00 元。

红枣 8.00 元。

花生米 2.00 元。

香蕉 8.40 元。

5 月 4 日

黄瓜、柿椒 3.00 元。

桂肉、腐干 5.00 元。

啤酒、饮料 1.00 元。

面条二碗 11.00 元。

牛奶二袋 4.10 元。

5 月 5 日

菠萝二个 5.00 元。

牛奶 1.10 元。

包子 2.00 元。

饼干 4.00 元。

5 月 7 日

黄瓜、菜、豆芽共 10.00 元。

5 月 9 日

三天购食品、菜、彩票共 32.00 元。

5 月 10 日

白兰瓜、花生米、咸菜共 8.00 元。

5月11日

苹果5.00元,菠萝2.00元,黄瓜、辣椒2.70元,共9.70元。

5月12日

小西红柿、早点、包子共10.00元。

牛奶、彩票、各种菜13.00元。

白兰瓜5.50元。

5月15日

饮料18.00元。

5月16日

白糖二斤5.60元。

小西红柿3.00元。

蒜〈苔〉薹、面条共3.50元。

5月17日

生活用费30.00元。

5月20日

豆浆、菜、面皮共7.00元。

5月21日

白兰瓜6.50元、菜3.00元,共9.50元。

鸡腿、鸡〈脯〉胸共13.70元。

醋3.50元、料1.50元、白兰瓜5.00元,共10.00元。

牛奶1.10元、又牛奶2.00元、饼子1.00元、小菜2.00元、彩票(41)4.00元,共10.10元。

5月24日

彩票(41)6.00元。

上衣一件30.00元。

菜、小米、玉面、凉糕等14.00元。

孔玉梅白礼100.00元。

水费、食品各种菜、饮料共9.60元。

5月29日

31.00元。

5月31日

30.00元。

本月工资954.50元,五号楼房租312.00元,大方生活费100.00元,诊所收入164.30元,总收入1 530.80元。

家庭开支430.00元,诊所开支264.00元,总支出694.00元。

结余836.80元。

6月1日

啤酒10.00元。

各种菜、牛奶10.00元。

小西红柿4.00元。

馄饨2.00元。

西瓜8.50元。

食堂包子3.50元。

烧茄子3.00元。

福彩(43)4.00元。

包子2.00元。

牛奶1.10元。

6月2日

西瓜4.50元。

各种菜5.50元。

6月3日

早点1.00元。

卫生纸6.50元、迎泽3.50元、牙膏2.50元,共12.50元。

蒜、茄子3.00元。

江米、小豆7.00元。

马莲5.00元。

桃2.00元。

6月4日

莴笋1.10元、黄瓜1.40元、西红柿2.60元,共5.10元。

早点3.50元。

福彩4.00元。

蜜枣6.50元。

桂圆7.00元。

〈棕〉粽叶3.00元、灌饼4个4.00元,共7.00元。

啤酒小瓶8.00元。

6月7日

牛奶2.40元,小瓶子1.00元,共3.40元。

酱肉7.50元,面皮1.00元,共8.50元。

小饼子、牛奶2.10元。

江米5.00元。

叶子1.00元。

6月8日

馄饨、〈早羔〉枣糕、牛奶、荔枝共11.00元。

6月9日

荔枝9.00元。

黄瓜、西红柿、茴子白、土豆、茄子共6.80元。

6月10日

福彩4.00元。

面皮 2.00 元、酱肉 9.00 元、包子 2.00 元、早点 2.00 元，共 15.00 元。

荔枝 9.00 元。

6 月 11 日

啤酒二瓶、牛奶四袋共 6.20 元。

6 月 12 日

肝、花生米 4.00 元。

瓶子 3.00 元。

牛奶 2.40 元。

小火锅 39.00 元。

6 月 14 日

菜 5.00 元。

福彩 4.00 元。

花生米 2.50 元。

桃 2.00 元。

包子 2.00 元。

6 月 15 日

煤气 22.60 元。

熟肉 16.30 元。

豆浆 1.00 元。

莴笋、〈油〉莜麦菜 2.00 元。

牛奶三袋 1.80 元。

油 10.00 元。

酱油、盐 1.30 元。

白兰瓜 2.00 元。

6 月 19 日

鸡腿、粽叶、■共 20.00 元。

6 月 20 日

牛奶四袋 2.30 元、菜叶 7.00 元、福彩 4.00 元，共 13.30 元。

二院 3、4、5、6 卫生费 8.00 元。

啤酒 4.00 元。

面皮、牛奶 3.20 元。

福彩 4.00 元。

6 月 28 日

菠菜、豆角、黄瓜共 3.40 元。

西红柿、香皂、蚊香 19.00 元。

桃 4.00 元。

二院电费 4.36 元。

6 月 30 日

生活开支 55.64 元。

本月工资加夏天福利 1 014.50 元，五号楼房租 312.00 元，大方生活费 100.00 元，诊所收入 35.00 元，总收入 1 461.50 元。

家庭开支 500.00 元，诊所开支 250.00 元，总支出 750.00 元。

结余 711.50 元。

7 月 1 日

喜兰 70 岁生日送 50.00 元，及钱 100.00 元。

医院老同事聚会就餐 50.00 元。

桃 5.50 元。

鸡腿、腐丝 2.00 元。

〈剪〉煎饼 10.00 元。

小黄鱼 7.50 元。

江米豆 3.00 元。

花生米 1.50 元。

粽叶 1.50 元。

二次馄饨、油条 6.00 元。

包子十个 3.00 元。

二院六月份水费 9.60 元。

包子、牛奶 3.20 元。

西瓜 3.50 元、毛豆 1.50 元，共 5.00 元。

裙子 18.00 元。

各种菜 5.00 元。

酸奶 7.00 元。

白糖 6.00 元。

桃 2.50 元。

荔枝 5.00 元、福彩 4.00 元、鸡腿 5.00 元、汽水啤酒 1.00 元，共 15.00 元。

面条 0.50 元、黄瓜 0.30 元、毛豆 1.50 元、早点 1.00 元，共 3.30 元。

7 月 3 日

荔枝 10.00 元、黄瓜 0.50 元、西红柿 1.30 元、鸡爪 6.00 元、面皮 1.00 元，共 18.80 元。

7 月 7 日

西瓜、花生米、早点共 11.00 元。

7 月 8 日

福彩 54 期、啤酒共 4.00 元。

早点、面皮 8.00 元。

7 月 9 日

鸡爪 6.00 元、啤酒 2.00 元、早点 2.00 元、西瓜 6.00 元、黄瓜 0.50 元，共 16.50 元。

7 月 11 日

饼子、早点、啤酒、包

子、菜共13.00元。

7月15日

早点2.00元、啤酒2.00元、菜1.50元、主食2.00元、福彩4.00元,共11.50元。

7月17日

早餐3.00元、菜2.00元、玉米2.00元,共7.00元。

啤酒、菜、主食共10.00元。

7月19日

福彩4.00元。

主食5.00元。

早点、啤酒、西瓜共11.50元。

啤酒、福彩、早点12.00元。

吕畅4.00元、早点2.50元,共6.50元。

7月26日

花生豆5.00元、黄瓜0.70元、洋葱0.70元、大料7.00元、馍1.00元、桃2.00元,共16.40元。

7月27日

牛奶、面包共4.70元。

7月28日

西瓜、鸡爪、桃、黄瓜、西红柿等11.90元。

早点4.70元。

本月工资954.50元,五号楼7月12日退房312.00元,福彩300.00元,诊所收入80.00元,总收入1 334.50元。

家庭开支400.00元,诊所开支254.00元,总支出654.00元。

结余680.50元。

8月1日

预〈交〉缴电话费100.00元。

有线10.00元。

啤酒4.00元。

早点6.00元。

包子3.00元。

染发5.00元。

杨建文去世上礼200.00元。

8月4日

桃、茶6.00元。

面皮1.00元。

二家有线电视收视费2001年收视费,桃园144.00元,二院118.00元,共262.00元。

福彩(62)4.00元。

牛奶、小饼子、面皮共3.00元。

牛奶2.40元、早点1.00元,共3.40元。

8月8日

饮料23.00元。

大桶啤酒6.50元。

早点2.00元。

包子2.00元、面条3.00元、早点1.00元。共6.00元。

8月10日

福彩4.00元。

福彩4.00元。

酸奶4.00元。

凉菜1.00元。

葡萄干3.00元。

8月11日

葡萄干3.00元。

早点面皮4.00元。

熟菜6.00元。

8月13日

啤酒4.00元。

早点4.00元。

黄瓜0.60元、花生6.00元、紫米1.00元、西红柿1.00元、豆芽0.20元,共8.80元。

8月15日

水饺4.00元。

黄河〈密〉蜜8.00元。

广东肠8.00元。

8月16日

二院煤气22.60元。

二院电费11.20元。

带鱼2.80元。

熟菜、啤酒8.00元。

福利65期4.00元。

8月19日

早点三次3.00元。

8月20日

葡萄1.60元。

干果11.50元。

熟肉9.50元。

包子、早点6.00元。

二院水费三吨4.00元。

啤酒二瓶4.50元。

可乐大桶2.20元。

牛奶四袋 6.00 元。

洗衣服盆 2.00 元。

面皮 1.00 元。

8 月 24 日

大米二十斤 26.00 元。

鸡蛋六斤、玉米共 17.00 元。

早点 1.00 元。

生活开支 12.60 元。

灯泡等 6.00 元。

8 月 28 日—30 日

69 期福彩 4.00 元。

8 月 31 日

早点 1.00 元、烧纸 1.50 元、黄瓜 0.70 元、面酱 1.00 元,共 4.20 元。

背心 15.00 元。

巴梨 10.00 元。

豆角 0.70 元。

毛豆角 1.00 元。

早点 1.00 元。

本月工资 954.50 元,五号楼房租 300.00 元,大方生活费 100.00 元,诊所收入 82.00 元,总收入 1 436.50 元。

家庭开支 920.00 元,诊所开支 200.00 元,总支出 1 120.00 元。

结余 316.50 元。

9 月 1 日

早点三次 4.00 元。

馄饨 2.00 元。

豆浆 1.00 元。

豆包、包子 2.00 元。

啤酒一瓶 2.00 元。

9 月 2 日

烤红薯 1.70 元。

油菜 0.50 元。

9 月 3 日

食油四斤 10.00 元。

9 月 4 日

凉菜 2.00 元。

面条、凉菜 2.50 元。

小饼子 1.00 元。

麦片一袋 4.50 元。

花生豆二斤 5.00 元。

咸菜 0.50 元。

馄饨 2.00 元。

葡萄 1.50 元。

油菜 1.00 元。

饼干 3.50 元。

背心 15.00 元。

豆浆、豆包 2.50 元。

面包 1.00 元。

9 月 5 日

三人小火锅 32.00 元。

苹果 5.00 元。

可乐、啤酒 7.00 元。

9 月 6 日

枣 5.00 元。

71 期福彩 4.00 元。

凉菜 1.00 元。

食品 9.00 元。

早点、饼子共 3.00 元。

9 月 7 日

饺子 2.00 元。

面皮、早点共 2.00 元。

9 月 9 日

土豆、菜花、油菜共 2.40 元。

苹果、〈弥〉猕猴桃、桔子共 9.50 元。

黄瓜、饼子、萝卜共 3.20 元。

味精 2.00 元。

染发 5.00 元。

带鱼 3.70 元。

辣椒 0.50 元。

莲菜 0.60 元。

9 月 10 日

带鱼、豆浆 1.00 元。

72 期福彩 2 注 6.00 元。

9 月 11 日

菠菜、豆浆、饼子 3.50 元。

72 期福彩 4.00 元。

9 月 12 日

鸡腿(炸)4.50 元。

饼子 1.00 元。

牛奶二次 3.20 元。

小米 3.00 元。

9 月 13 日

73 期福彩 4.00 元。

9 月 14 日

红薯 2.00 元、〈弥〉猕猴桃 2.00 元、饼子 1.00 元,共 5.00 元。

油菜 0.50 元、西〈胡〉葫[芦]1.50 元、早点 1.00 元,共 3.00 元。

〈苏〉酥饼十个 5.00 元,牛奶 2.00 元,共 7.00 元。

面条 2.50 元。

74 期福彩 4.50 元。

9月16日

面皮、早点2.00元。

延庆观鸡块10.00元。

9月17日

酥饼二十个20.00元。

早点1.00元。

9月18日

苹果、葡萄、菜共7.60元。

牛奶2.00元。

柿椒1.00元。

9月19日

74期[福彩]中5.00元。

75期[福彩中]4.00元。

凉菜1.50元。

六味斋酱肉10.00元。

大桶啤酒9.50元。

月饼、〈苏〉酥饼11.00元。

毛妮12岁,200.00元。

9月20日

花生米5.00元。

芝麻2.00元。

油菜0.50元。

饼子2.00元。

又月饼15.00元。

白菜1.40元。

豆浆1.00元。

豆腐、粉条1.00元。

馄饨2.00元。

速冻饺子4.00元。

76期福彩4.00元。

凉菜1.50元。

9月24日

二院水费5.00元。

绿苹果3.00元。

西红柿、凉菜共1.50元。

豆浆、凉菜、饼子共3.50元。

9月27日

77期福彩4.00元。

饼子1.00元。

芝麻饼子1.00元。

豆芽等各种菜共5.80元。

肉馅8.50元。

鸡块8.00元。

生活用费、牛奶、豆浆共25.90元。

过节买酒水、酱肉50.00元。

本月工资1 074.50元,大方生活费200.00元,过节单位100.00元,诊所收入209.00元,总收入1 583.50元。

家庭开支600.00元,诊所开支200.00元,总支出800.00元。

结余783.50元。

10月3日

卫生纸8.50元。

洗洁膏一支16.00元。

牙膏一支2.00元。

78期福彩4.00元。

早点1.00元。

葡萄、面皮、腐干共3.00元。

10月6日

姜、桂圆、葡萄干、菜、豆腐、豆芽共12.00元。

面条1.50元。

牛奶七袋4.20元。

10月8日

上衣一件25.00元。

国际香一支8.00元。

各种菜8.90元。

牛奶2.00元。

10月9日

牛奶、小饼子共3.00元。

牛奶、饼子、腐干、面条共4.50元。

染发5.00元。

二院三季度卫生费6.00元。

10月11日

福彩第78期中奖10元,79期代付。

早点、牛奶3.40元。

10月12日

生肉12.00元。

栗子3.00元。

牛奶2.00元。

酱肉、腐干共7.20元。

面条、油条2.00元。

食油10.00元。

10月13日

石榴5.00元。

酱油1.60元。

10月14日

醋、味精、盐6.10元。

凉菜2.00元。

10月15日

早点1.00元。

白菜、豆芽0.50元。

花生豆5.00元。

豆角、饼子、辣椒共2.60元。

西〈胡〉葫[芦]、腐干、小饼共3.00元。

豆浆、面包、早点共4.50元。

10月16日

面条3.00元、栗子3.00元、饼子1.00元。共7.00元。

牛奶、福彩81期共6.00元。

二院十月电费15.20元。

栗子、牛奶、凉菜共9.00元。

二院煤气22.60元。

10月19日

牛奶四袋2.40元。

葡萄干3.00元。

凉菜1.00元。

诊所维修费39.50元。

牛奶、小饼子、腐干、豆芽共6.60元。

10月20日

可乐一筒、饼子共5.50元。

10月21日

苹果、早点共7.00元。

栗子、面条共6.00元。

10月31日

二院水费10.00元、各种食品、牙膏等、82期福彩共75.64元。

本月工资1 074.50元，五号楼租金300.00元，大方生活费[及]过节费250.00元，诊所收入283.00元，总收入2 207.80元。

家庭开支900.00元，诊所取暖费407.00元，诊所开支313.00元，总支1 620.00元。

结余287.50元。

11月1日

女上衣外套55.00元。

生活用品18.40元。

五楼暖气55.60元。

诊所三年取暖启封费1 000.00元。

2001—2002年3月取暖407.00元。

牛奶、各种菜等共计11.70元。

〈淹〉腌菜5.60元。

小饼子、牛奶4.40元。

2002年广播电视报18.00元。

桔子3.00元。

85期福彩4.00元。

11月3日

给阳阳20.00元。

86期福彩4.00元。

面条3.00元。

桔子、杏、菜4.50元。

11月4日

大葱3.50元。

羊肉二斤16.00元。

饼干4.00元。

萝卜1.00元。

炸鸡块9.00元。

11月5日

面条1.00元。

付青兰葬礼随102.00元。

牛奶、饼子、凉菜、早点、面条、馄饨共10.50元。

预〈交〉缴电话费100.00元。

二院2001—2002年取暖费5个月103.50元。

冲诊所取暖费407.00元。

茄子1.60元、豆芽0.20元、蒜〈苔〉薹1.60元、〈代〉袋盐4.50元、红糖2.50元、花生米5.00元，共15.40元。

11月6日

酱肉8.30元。

小食品6.50元。

牛奶1.20元。

11月7日

牛奶四袋2.40元。

小饼子2.00元。

烤红薯、面条5.20元。

11 月 12 日

染发、桔子、小米、牛奶共 15.80 元。

88 期福彩 4.00 元。

牛奶 1.20 元。

腐干 1.50 元。

饼子 1.00 元。

烧纸 1.50 元。

豆芽 0.20 元。

充诊所取暖费 1 000.00元。

酱肉、饼子、牛奶共 19.10 元。

11 月 14 日

89 期福彩 4.00 元。

牛奶、饼子共 3.80 元。

桔子 4.00 元。

鸡蛋、菜等 8.40 元。

五号楼水费 15.40 元。

11 月 20 日

福利 90 期 4.00 元。

菜等 8.70 元。

鸡翅 5.50 元。

蒜〈苔〉薹等共 5.00 元。

11 月 21 日

牛奶四袋 2.40 元。

凉皮 1.00 元。

小饼子 2.00 元。

腐干 1.00 元。

饼干 4.00 元。

食油 10.00 元。

肉 27.00 元。

11 月 23 日

早点、玉米花 4.00 元。

花生米 1.00 元。

凉皮、花卷 2.00 元。

二院水费 10.00 元。

牛奶、饼子、菜共 20.00 元。

11 月 28 日

各种菜、馍、牛奶、牙膏共 13.50 元。

11 月 29 日

洗〈像〉相、牛奶、小饼子、味精、醋、香油、白菜、桔子、小饼子、栗子共 83.70 元。

11 月 30 日

家用 63.00 元。

本月工资 1 074.00 元,大方 200.00 元,取暖费 80.00 元,诊所收入 84.00元,总收入 1 438.00 元。

家庭支出 900.00 元,诊所支出 200.00 元,总支出 1 100.00 元。

结余 338.00 元。

12 月 1 日

94 期福彩 4.00 元。

凉皮 1.00 元。

12 月 2 日

牛奶、主食 3.40 元。

元宵、牛奶、油食 8.70 元。

12 月 3 日

猪肉 12.50 元。

牛奶 1.80 元。

苹果 5.00 元。

花生米 5.00 元。

土豆、蒜〈苔〉薹、辣椒共 5.00 元。

油菜 1.00 元。

12 月 5 日

95 期福彩 4.00 元。

桔子 2.80 元、豆芽 0.20 元、土豆 2.50 元、豆角 1.00元,共 6.50 元。

豆浆 1.00 元、饼子 1.00 元,共 2.00 元。

凉菜 0.50 元、面皮 1.00 元,共 1.50 元。

12 月 7 日

大米五斤 6.50 元。

牛奶二袋、小饼 2.20 元。

12 月 9 日

大米二十斤26.00元。

小米一斤 1.20 元。

豆芽、柳叶共 3.00 元。

12 月 10 日

小饼子 2.00 元。

牛奶二袋 1.20 元。

12 月 11 日

96 期福彩 4.00 元。

酱肉 21.50 元。

二院电费 19.95 元。

花生、瓜子 3.00 元。

牛奶六袋 3.60 元。

小饼子 2.00 元。

12 月 13 日

97 期福彩 4.00 元。

12 月 14 日

羊肉 8.50 元。

菜各种 3.00 元。

小饼子 2.00 元。

桔子 3.00 元。

二院煤气 22.60 元。

12 月 16 日

柳叶面 0.80 元。

馄饨 2.00 元。

豆芽 0.20 元。

洗〈像〉相片 9.50 元。

改裤 10.00 元。

牛奶、干粮共1.00元。

12 月 18 日

葡萄干、花生米 10.00 元。

牛奶三袋 1.80 元。

饼子 2.00 元。

剔尖[①] 3.00 元。

辣椒 1.00 元。

12 月 19 日

肉丝 5.50 元。

12 月 20 日

牛奶 1.20 元。

小饼子 1.00 元。

12 月 21 日

小饼子、牛奶4.40元。

凉菜 1.00 元。

剔尖、酱肉、菜30.30 元。

啤酒、饮料共 19.50 元。

菜 6.20 元。

香皂二块 4.00 元。

桔子 3.00 元。

花生 3.00 元。

开口松子、糖 8.00 元。

小饼子 1.00 元。

12 月 23 日

凉菜 5.50 元。

染发 5.00 元。

梨 5.00 元。

12 月 24 日

彩票（100 期、3 期）8.00 元。

牛奶、小饼子、牛奶、小饼子共 4.40 元。

小盘 6.00 元。

口杯 1.00 元。

拖鞋两双 14.00 元。

12 月 25 日

开口松子 5.00 元。

五号楼 2000—2001 年房租 369.60 元。

二院卫生费 6.00 元。

生活用费 40.05 元。

本月工资 1 074.50 元，大方生活费 200.00 元，五号楼房租 362.00 元，诊所收入 354.00 元，总收入 1 990.50 元。

家庭开支 800.00 元，诊所开支 367.00 元，总支出 1 167.00 元。

结余 823.50 元，1—12 月 7 208.70 元。

2002 年

1 月 1 日

鸡蛋五斤 15.00 元。

过油肉 4.00 元。

牛奶二袋 1.20 元。

柳叶面 0.80 元。

馄饨 2.00 元。

腐干 1.00 元。

馍 1.00 元。

牛奶、豆芽 2.20 元。

小火锅 25.00 元。

洗澡 3.00 元。

梨、凉皮 6.00 元。

1 月 2 日

锅盖 8.00 元。

牛奶四袋 2.00 元。

桔子、苹果 7.00 元。

馍、豆芽 1.20 元。

1 月 3 日

牛奶 3.00 元。

面包 2.50 元。

凉菜 3.50 元。

可乐、啤酒 6.50 元。

给阳阳 8.00 元。

凉菜 1.00 元。

凉肉 2.00 元。

酱肉 8.00 元。

可乐 4.50 元。

面粉一袋 18.00 元。

老干爹[②] 5.80 元。

牛奶二袋 1.20 元。

馍 1.00 元。

1 月 7 日

牛奶三袋 1.80 元。

烧肉、丸子 10.00 元。

---

① 流行于晋、陕等地的一种传统面食。

② 调味品。

福彩(104)4.00元。

1月8日

栗子4.00元、白萝卜0.40元、牛奶1.80元、早点1.00元,共7.20元。

1月9日

肉10.00元。

牛奶1.20元。

面条0.80元。

凉菜1.00元。

咸菜、牛奶、面包、凉菜8.80元。

酱油、饼子、可乐共14.50元。

1月10日

小饼子、牛奶、凉菜共3.20元。

1月11日

食油四斤10.00元。

修表12.00元。

1月12日

牛奶、食品共计16.50元。

带鱼、莲菜、袜子、白糖、方便面、饼干、油菜、豆角、蒜〈苔〉薹、铁球、豆芽共40.90元。

1月15日

牛奶3.60元、小饼子2.00元、面条3.00元、食品3.00元、梨6.00元、味精6.00元、辣椒3.00元,共26.60元。

1月30日

牛奶、饼子、水果、菜、面条等77.40元。

羊肉(江南)145.00元。

108期福彩4.00元。

福彩、小米、油菜、菠菜、豆角、蒜〈苔〉薹、花生米、豆芽等10.60元。

桂圆二斤、松子一斤共22.00元。

本月工资补发(2001年10—12月)工资1 154.50元,大方生活费240.00元。五号楼房租200.00元,1—3月(有线、取暖、房租)972.00元,诊所收入392.00元,总收入2 958.50元。

家庭开支380.00元,诊所开支250.00元,总支出630.00元。

结余2 328.50元。

2月1日

馍、牛奶共2.80元。

面条、剔尖3.00元。

开心果、松子、大杏仁98.00元。

葡萄干12.00元。

铁球1.00元。

灌肠0.50元。

牛奶五袋3.00元。

肉18.00元。

菠菜1.40元。

鸡翅5.80元。

花生5.00元。

长山药6.00元。

黄花鱼、虾仁22.00元。

杏肉14.00元。

小豆1.30元。

羊肉二斤18.00元。

二院水费15.00元。

小饼子、鸡腿7.20元。

豆浆1.00元。

面包3.00元。

109福彩4.00元。

菜〈子〉籽油十斤25.00元。

爆米花1.00元。

瓜子3.00元。

牛奶四袋2.40元。

老干爹6.50元。

凉菜1.00元。

又牛奶四袋2.40元。

芦柑、腐干5.00元。

面条3.00元。

鸡蛋13.00元。

大米五十斤55.00元。

蒜〈苔〉薹、西〈胡〉葫[芦]、西芹、柿〈角〉椒共6.00元。

榛子五斤20.00元。

预〈交〉缴电话费1—3月份100.00元。

2月1日

松子二斤24.00元。

杏肉二斤14.00元。

胡芹0.50元。

红布四米五,共15.00元。

虾仁5.00元。

虾片2.50元。

腐干1.00元。

小饼子2.00元。

牛奶二袋1.20元。

饼干4.00元。

卫生纸9.00元。

洗衣粉2.50元。

牙膏2.50元。

刷子2.00元。

面条0.80元。

二院煤气22.60元。

松紧带、红线2.00元。

牛奶、饼子3.40元。

2月2日

胶带2.00元。

料酒1.50元。

老干爹5.00元。

小米3.00元。

盐0.80元。

土豆3.00元。

春联1.50元。

酱油、醋共5.80元。

餐巾纸3.00元。

小饼子2.00元。

面条1.00元。

腐竹5.00元。

豆腐干1.00元。

豆芽0.20元。

方便面12.50元。

肉二斤11.50元。

胡芹0.80元。

韭菜0.50元。

油菜0.80元。

茄子、辣椒7.50元。

油辣椒2.50元。

牛奶2.40元。

2月6日

梨10.00元。

瓜子3.00元。

牛奶2.40元。

馍5.00元。

西〈胡〉葫[芦]4.50元。

紫萝卜、红萝卜、蘑菇共3.50元。

黄瓜2.00元。

粉条、黄豆芽共3.00元。

豆腐2.00元。

韭菜0.50元。

尖椒2.00元。

苹果5.00元。

白菜0.70元。

2月8日

二院电费15.17元。

火腿肠、腐干25.80元。

馄饨8.00元。

糖2.00元。

炮类31.00元。

饮料61.00元。

山红葡萄酒10.50元。

花生糖10.00元。

修车10.00元。

2月10日

豆芽1.00元。

鹌鹑蛋3.50元。

蘑菇罐头5.00元。

葡萄一箱20.00元。

粉丝1.70元。

腐干2.00元。

早点2.50元。

鸡翅21.50元。

2月12日

带鱼8.60元。

啤酒一箱(青岛)36.00元。

可乐二箱9.00元。

小炮14.00元。

给林家花(大庆)20.00元。

2月17日

元宵、牛奶6.40元。

牛奶4.20元。

口香糖1.50元。

蘑菇、菠菜1.50元。

116期福彩4.00元。

2月19日

面包3.00元。

西芹、馍2.50元。

牛奶四袋2.40元。

饮料(青岛)45.00元。

小花卷、菜3.00元。

2月24日

咸菜4.00元。

腐干、面皮、梨共6.00元。

2月27日

牛奶、芝麻饼共3.70元。

2月28日

三个孩子压岁[钱]600.00元。

奶、菜2.00元。

饼干、小饼子共5.00元。

牛奶六袋3.60元。

豆包4.00元。

毛玩具10.00元。

本月工资1 254.50元,大方年款及生活费300.00元,大成年款及生活费 500.00 元，诊所收入 182.00 元，总收入 2 236.50 元。

家庭开支 1 979.00 元，过一个春节花出一年的积存，可怕!!! 诊所开支 244.00 元，总开支 2 223.00元。

结余 13.50 元。

3 月 1 日

过星期天买鱼、牛奶等共 20.00 元。

苹果、梨、菜共 16.00 元。

3 月 4 日

香蕉 7.00 元。

牛奶、花卷、体彩、豆腐共 9.40 元。

3 月 6 日

牛奶、花卷、菜、味精、木耳、花椒、尖椒等 28.30 元。

3 月 7 日

牛奶、馍二袋、油菜、鸡蛋五斤共 16.70 元。

腐干、西〈胡〉葫[芦]共 3.00 元。

3 月 10 日

牛奶、橙 8.20 元。

馍、西〈胡〉葫[芦]、黄瓜、白糖、酱共 8.50 元。

熟菜一份 3.00 元。

3 月 13 日

菜、牛奶、饼干共 11.20 元。

菠菜、萝卜 1.80 元。

豆包 2.00 元。

牛奶四袋 2.40 元。

可乐 4.50 元。

3 月 16 日

草〈梅〉莓 5.00 元。

3 月 17 日

肝、冻豆腐共 5.50 元。

牛奶、馍共 3.20 元。

3 月 18 日

菜、馍、牛奶 10.50 元。

给吕畅 5.00 元。

牛奶、菠萝 3.70 元。

3 月 20 日

玉米、面包、花生豆、酸奶、牛奶四袋共 14.10 元。

3 月 21 日

大庆洗澡、豆浆共 3.00 元。

3 月 22 日

二院第一季度(2002 年)卫生费共 6.00 元。

豆浆、早点共 2.00 元。

油菜、馍共 3.50 元。

豆角 2.00 元、西〈胡〉葫[芦]1.50 元、洋姜 1.50 元，共 5.00 元。

3 月 24 日

盐、酱肉、牛奶、早点、染发、烤鸭、各种菜、咸菜、鸡蛋十斤共 48.30 元。

3 月 27 日

二院二个月水费 50.00 元。

牛奶 2.40 元。

各种菜 5.70 元。

3 月 28 日

牛奶二袋 1.20 元。

3 月 29 日

牛奶、饼子、早点共 3.20 元。

牛奶四袋、豆腐、早点共 5.40 元。

3 月 30 日

饼子 1.00 元。

食油 10.00 元。

各种菜 10.30 元。

本月工资 1 200.00 元，大方生活费 200.00 元，诊所收入 81.00 元，总收入 1 481.00 元。

家庭开支 350.00 元，诊所开支(房租 200.00)201.50 元，总支出 551.50 元。

结余 929.50 元。

4 月 1 日

牛奶 2.40 元。

凉菜 0.50 元。

黄瓜、蒜 2.50 元。

馄饨 2.00 元。

梨 5.00 元。

4 月 2 日

牛奶四袋 2.40 元。

4 月 4 日

牛奶四袋 2.40 元。

草〈梅〉莓 4.00 元。

黄瓜、西〈胡〉葫[芦]共 1.60 元。

水煎包 3.00 元。

过清明肉 8.00 元。

蘑菇 1.30 元。

香椿 1.50 元。

苹果 2.00 元。

蒜、豆腐 3.00 元。

鲜花 20.00 元。

长山药 5.00 元。

馍 2.00 元。

蛋糕 4.00 元。

4 月 5 日

带鱼 6.00 元。

各种菜 2.30 元。

洗衣粉、香皂、牙膏共 19.50 元。

4 月 8 日

二院水费 55.00 元。

二院电费 18.36 元。

4 月 9 日

啤酒大桶 8.50 元。

饼子、凉菜共4.80元。

豆浆、香油、醋共 7.80 元。

4 月 10 日

香蕉 3.00 元、发糕 2.00 元,共 5.00 元。

牛奶四袋 2.40 元。

柿〈角〉椒 2.00 元。

豆腐、蘑菇共 1.40 元。

4 月 11 日

二种饼子 3.00 元。

蘑菇 0.50 元。

面条一碗 2.50 元。

4 月 12 日

双汇十支 9.00 元。

麻花 2.40 元。

馍 1.00 元。

饼子 2.00 元。

4 月 13 日

面皮 2.00 元。

肉 7.00 元。

西红柿 2.00 元。

蒜〈苔〉薹 1.20 元。

料理袋 4.50 元。

馍 1.00 元。

西〈胡〉葫[芦]1.20 元。

柑 3.00 元。

甜饼子 3.00 元。

牛奶 2.40 元。

4 月 14 日

大米一袋 55.00 元。

玉[米]面二斤 2.00 元。

鸡蛋五斤 10.00 元。

菜 3.50 元。

熟菜 1.00 元。

啤酒大桶 6.50 元。

给吕畅 4.00 元。

食油 20.00 元。

4 月 15 日

牛奶四袋 2.40 元。

小西红柿 3.00 元。

菠菜、黄瓜、茄子共 2.30 元。

甜饼子共 3.50 元。

4 月 16 日

洗头膏 6.00 元。

馍 2.00 元。

蒜〈苔〉薹、萝卜 1.70 元。

姜 1.00 元。

草〈梅〉莓 4.00 元。

鸡爪 6.00 元。

4 月 17 日

牛奶四袋 2.40 元。

包子 2.00 元。

甜饼子 5.00 元。

麻花二种 6.40 元。

小木桌、暖瓶、勺共 10.00 元。

4 月 18 日

二院煤气 47.60 元。

水龙头二个45.00元。

二院水费 55.00 元。

麻花一袋 2.40 元。

甜饼子 5.00 元。

豆腐 1.00 元。

牛奶 2.40 元。

4 月 19 日

牛奶 2.40 元。

酸奶 10.00 元。

生、熟菜 4.80 元。

4 月 20 日

酱肉 10.00 元。

大筒 4.50 元。

啤酒 2.00 元。

豆包 4.20 元。

凉菜 2.00 元。

给阳阳 12.00 元。

处理品 11.60 元。

4 月 22 日

牛奶、菜、主食 24.54 元。

4 月 30 日

1—4 月结余 4 464.50 元。

本月工资 1 200.00 元,大方生活费 200.00 元,五号楼 4、5 月房租 500.00 元,诊所收入 157.00元,总收入 2 057.00 元。

家庭支出 750.00

元,诊所支出 100.00 元,总支出 850.00 元。

结余 1 193.00 元。

5 月 1 日

面皮 1.00 元。

紫菜 1.00 元。

花生 3.00 元。

早点 1.00 元。

馄饨 3.00 元。

带鱼、饼子、腐干、草〈梅〉莓、蒜〈苔〉薹、牛奶共 13.60 元。

5 月 7 日

油饼、牛奶、黄瓜、茄子共 3.70 元。

5 月 8 日

饼子、西瓜、面条、西红柿、三角茄、牛奶、茶叶共 7.00 元。

5 月 9 日

火腿肠 7.50 元。

馍 2.00 元。

白糖 5.00 元。

暖瓶胆 10.00 元。

蘑菇 0.50 元。

面包 6.00 元。

啤酒 1.80 元。

牛奶 2.40 元。

冰糕 2.00 元。

黄瓜、面皮、牛奶共 4.50 元。

5 月 12 日

预〈交〉缴电话费 100.00 元。

蒜〈苔〉薹、梨、小西红柿、茴子白、西〈胡〉葫[芦]、牛奶共 21.80 元。

5 月 14 日

鱼、饼子、菜、肉等 17.00 元。

5 月 16 日

牛奶、饼子、面皮共 4.40 元。

5 月 17 日

二处有线收视费 2.00 元。

洗上衣三件 17.00 元。

洗头膏、菜等 26.00 元。

鸡腿 9.00 元。

牛奶、凉菜 2.40 元。

5 月 19 日

生活用品、背心二个共 29.80 元。

5 月 20 日

鱼 5.00 元、油饼 2.00 元、黄瓜 0.70 元,共 7.70 元。

莴笋 1.80 元、尖椒 2.00 元、玉米面 2.00 元、茄子 2.00 元,共 7.80 元。

豆角、面皮共 3.00 元。

各种菜、牛奶 30.00 元。

鸡蛋、可乐共 4.00 元。

凉皮四个 1.20 元。

牛奶二袋 1.00 元。

凉菜 1.00 元。

5 月 22 日

牛奶[购]二次 4.80 元。

各种食品、荔枝、白兰瓜共 20.90 元。

支援大成 1 500.00 元。

生活、鸡蛋、菜、油共 84.60 元。

补:四月份支出 72.00 元。

5 月 27 日

食品 9.20 元。

二院水费 10.00 元。

红米、豆子、粽叶、各种菜共 33.80 元。

5 月 29 日

牛奶四袋 2.40 元。

牛奶四袋 2.40 元。

鸡蛋 14.00 元。

菠菜 0.50 元。

牛奶、面皮 2.40 元。

莴笋、可乐 1.50 元。

又〈棕〉粽叶、啤酒 3.00 元。

粉面 3.00 元。

花生豆 5.00 元。

辣椒 2.00 元。

蒜〈苔〉薹 2.00 元。

土豆 2.00 元。

茴子白 1.00 元。

牛奶 2.40 元。

本月工资 1 100.00 元,大方生活费 200.00 元,取存款 1 500.00 元,总收入 2 800.00 元。

家庭开支 2 358.90 元,总支出 2 358.90 元。

结余 441.10 元。

6 月 1 日

酱肉 16.90 元。

面皮2.00元。

6月2日

面皮1.00元。

冰糕3.00元。

汽水8.00元。

〈棕〉粽叶1.80元。

西红柿、荔枝9.00元。

荔枝、面皮6.00元。

黄瓜、桃、辣椒、面皮、对联、牛奶共12.40元。

6月5日

牛奶2.40元。

饼子1.00元。

茴子白、面条3.00元。

食品、莴笋6.40元。

杨光远11.00元。

染发5.00元。

面条1.00元。

西红柿2.20元。

豆角1.00元。

6月7日

牛奶4.80元。

面皮2.00元。

小饼子2.00元。

豆角、菜、莴笋、黄瓜共7.00元。

6月8日—10日

牛奶、面皮、水果、西红柿、豆浆、荔枝、香蕉、鸭蛋、面条、[糖]三角共27.30元。

6月11日

鸡蛋11.00元。

林[明]礼17.00元。

牛奶四袋2.40元。

牛奶二袋1.20元。

铁球0.70元。

饼子1.00元。

面皮2.00元。

桃3.00元。

肉6.50元。

煤气27.60元。

6月13日

小饼子、牛奶、面、菜、面皮共12.10元。

6月14日

绿豆、饼子、西〈胡〉葫[芦]、牛奶、茄子、扣子、水果、白糖共25.50元。

6月15日

二院电费20.00元。

肉5.00元、韭菜0.60元、茴香1.00元、面皮1.00元,共7.60元。

水龙头共10.00元。

早点、无公害菜7.90元。

牛奶、面皮共3.40元。

6月17日

生活开支18.00元。

6月19日

食油十斤25.00元。

面0.50元。

面皮1.00元。

6月20日

吕畅吃饭10.00元。

二院水费15.00元。

牛奶、面皮、桃、甜瓜、生菜、西红柿、汽水、香蕉、腐干、茄子、柿〈角〉椒等共27.50元。

6月22日

■■、麦片12.00元。

牛奶三袋1.80元。

包子2.00元。

麻辣粉2.50元。

小饼子1.80元。

菜、牛奶2.40元。

6月24日

生活开支(香蕉、桃、肉、牛奶)16.30元。

6月25日

牛奶2.40元。

鸡蛋8.40元。

菜、饼子、芝麻酱、蒜〈苔〉薹共11.00元。

6月27日—30日

鸡翅8.00元。

荔枝二次10.00元。

面包干2.00元。

牛奶10.40元。

杨光远11.00元。

本月工资1 200.00元,大方生活费200.00元,五号楼6、7二月房租500.00元,总收入1 900.00元。

家庭支出500.00元,总支出500.00元。

结余1 400.00元。

7月1日

啤酒6.00元。

大筒4.50元。

杏2.00元。

面包干4.00元。

蒜〈苔〉薹0.80元。

南瓜1.60元。

黄瓜0.80元。

面皮 1.00 元。

牛奶 2.40 元。

7 月 2 日

牛奶八袋 4.80 元。

辣椒、土豆 2.40 元。

桃 2.00 元。

黄瓜 1.00 元。

茄子 1.00 元。

包子 3.00 元。

二院三季度卫生费 6.00 元。

豆包 2.00 元。

面皮 1.00 元。

给杨光远 2.00 元。

预〈交〉缴电话费 100.00 元。

酱肉 12.00 元。

蛋卷 3.00 元。

葱 1.00 元。

茄子、腐干、莴笋、油菜共 3.10 元。

7 月 4 日

馍 1.00 元、黄瓜 1.00 元、面皮 1.00 元、蒜〈苔〉薹 0.80 元、茶叶 7.00 元、肉 5.00 元、带鱼 9.00 元、南瓜 0.50 元、牛奶 2.00 元、桃 1.00 元,共 27.50 元。

7 月 5 日

牛奶(众和)4.00 元。

面皮 1.00 元。

7 月 6 日

早点、面皮 2.00 元。

油菜 0.50 元、荔枝 5.00 元,共 5.50 元。

洗涤剂、蚊片、肥皂共 16.50 元。

西红柿 2.00 元。

黄瓜 0.40 元。

7 月 7 日

酱肉 19.00 元。

鸡蛋 11.00 元。

7 月 8 日

菜 5.00 元。

7 月 9 日

荔枝 5.00 元。

馍 1.00 元。

菜 2.90 元。

油饼 1.00 元。

染发 5.00 元。

黄瓜 1.00 元。

插销 1.00 元。

啤酒 29.00 元。

汽水大桶 4.50 元。

包子 3.00 元。

大辣椒 0.50 元。

牛奶 2.40 元。

7 月 10 日

南瓜、西瓜、菜等 7.50 元。

西瓜、肉 4.40 元。

面皮、茴香苗、灌肠、蒜〈苔〉薹、黄瓜、茴子白、西红柿共 16.00 元。

7 月 13 日

早点、豆浆 4.00 元。

啤酒 16.00 元。

小米 3.00 元。

桃 5.00 元。

黄瓜 0.50 元、蒜〈苔〉薹 0.50 元、腐干 1.00 元,共 2.00 元。

辣椒 0.10 元。

修衣 3.00 元。

凉粉 1.00 元、西瓜 5.00 元,共 6.00 元。

7 月 16 日

醋 2.00 元。

酱肉 13.20 元。

凉皮 1.00 元。

7 月 17 日

各种菜类、主食、西瓜,共 14.20 元。

花卷、豆浆 1.50 元。

7 月 18 日

啤酒 16.00 元。

油菜、茄子、苦瓜、黄瓜、面皮、腐竹、蒜共 5.2 元。

7 月 21 日

牛奶 1.00 元、修衣 3.00 元、汽水 8.00 元,共 12.00 元。

7 月 25 日

牛奶 1.20 元、腐干 1.00 元,共 2.20 元。

南瓜 0.60 元、蚕豆 1.00 元,共 1.60 元。

苦瓜、茄子共 0.80 元。

土豆、辣椒共 2.00 元。

冰糖块 1.50 元。

7 月 26 日

牛奶 1.20 元、酸奶 4.50 元、面皮 1.00 元、饼子 1.00 元,共 7.70 元。

香瓜、面条 2.50 元。

7 月 27 日

腐干、茶、菜、主食、

苦瓜、黄瓜、花生米共11.00元。

7月29日—31日

各种主食、菜共用去34.70元,还有26.00元。

本月工资1 154.50元,大方生活费100.00元,总收入1 254.50元。

家庭开支500.00元。

结余754.50元。

8月1日

腐干1.00元、南瓜0.80元、面条0.80元、牛奶1.20元,共2.40元。

腐干1.00元,苦瓜、萝卜1.20元,味精、料酒等10.50元。

菜1.10元。

8月6日

牛奶1.20元、腐干1.00元、茄子0.70元、尖椒0.30元、西红柿1.00元、染发5.00元、玉米1.00元,共9.90元。

8月10日—11日

面皮1.00元、牛奶1.20元、虾10.00元、饼子1.00元、馍1.00元、腐干1.00元、油菜0.50元,共17.20元。

8月12日

牛奶1.20元。

大豆2.00元。

鱼三盒10元。

茴子白0.30元。

牛奶1.20元。

电池1.00元。

小火锅二人24.00元。

饮料4.50元。

汉堡包20.00元。

8月13日

牛奶1.20元、葡萄2.00元、饼子1.00元,共4.20元。

8月14日

鸡翅、方便面、糖、肉、又葡萄、牛奶、豆角、桃、饼子共33.60元。

8月15日

面皮1.00元、煤气35.1元,共36.10元。

8月16日

碗、菜、奶11.20元。

风油精、清凉油2.20元。

饼子1.00元。

酸奶4.00元。

8月17日

二院电费16.00元。

8月19日

烧纸5.00元。

灯泡3.00元。

蒜1.00元。

蚕豆1.00元。

面皮1.00元。

牛奶1.20元。

给吕畅照〈像〉相7.00元。

饼子1.00元。

8月20日

豆浆、饼子共1.00元。

8月21日

南瓜0.70元、桃2.00元、辣椒0.30元、腐干1.00元、萝卜0.60元、牛奶1.20元、饼子1.00元,共6.80元。

8月22日

啤酒2.00元。

牛奶1.20元。

8月23日

腐干、牛奶、大豆、面包干、尖椒、面皮,共17.50元。

修鞋、酸奶共25.00元。

水费五吨1.40元。

茴子白、大豆共22.00元。

8月31日

1—7月结余7 060.10元。

本月工资1 300.00元,五号楼8—11四个月房租1 000.00元,总收入2 300.00元。

家庭支出300.00元,总支出300.00元。

结余2 000.00元。

2002年1—8月结余9 060.10元。

9月1日

吕大方芙蓉七部[①]请客,自带青岛啤酒三

① 饭店名。

瓶、可乐两桶、口香糖三卷,共27.50元。

带吕帅给买各式食品61.80元。

牛奶、饼子、面皮共4.20元。

发信1.60元、牙周康4.00元、腐干1.00元、大豆1.00元、辣椒0.50元、南瓜0.60元、葡萄2.00元、梨4.00元、黄瓜0.60元、西芹0.50元、酸奶4.00元、小食品绿箭4.00元,共23.80元。

腐干1.00元、焖面1.50元、牛奶2.20元,共3.70元。

9月2日

大豆1.50元、豆角0.50元、去大成家带小食品6.00元、六味斋肉18.80元、饼子2.00元,共28.80元。

9月3日

菜4.00元、饼子2.00元、苹果3.00元,共9.00元。

9月5日

又苹果5.00元、饼子1.00元、牛奶1.10元、西红柿1.00元、酸奶2.00元,共10.10元。

9月6日

上衣一件17.00元。

〈托〉拖鞋一双5.00元。

南瓜、香蕉、咸菜、肥皂、大豆、腐干等12.90元。

9月7日

染发5.00元。

包子1.00元,大豆1.00元,葡萄2.00元,南瓜0.90元,青菜、冬瓜0.30元,茄子1.50元,豆浆1.00元,共9.70元。

9月10日

南瓜、大豆、上衣、豆浆、牛奶共27.10元。

9月11日—14日

生活购物、牛奶、主食、菜共14.70元。

9月15日

酸奶、牛奶、油条、饼子共6.60元。

田和购肉、菜、小食品、生活用物共64.60元。

9月16日

排骨、肉、梨、啤酒,共5.50元。

9月17日

包子1.50元、小饼子1.00元、豆浆0.50元,共3.00元。

花生米、榨菜共2.50元。

9月18日

豆浆1.00元、菜2.30元,共3.30元。

9月19日

小刀3.00元,线1.00元,毛豆1.00元,紫菜4.00元,花生米2.00元,面条0.60元,牛奶、饼子2.10元,共13.70元。

9月21日

中秋饮料、月饼72.00元。

酸奶4.00元。

芙蓉〈定〉订餐170.00元。

9月24日

牛奶2.00元。

面皮1.00元。

豆芽菜0.30元。

小食品8.00元。

洗排油烟机10.00元。

豆浆0.50元。

生活用3.70元。

本月工资1 100.00元,大成100.00元,总支出700.00元,结余500.00元。

10月1日

染发5.00元。

10月2日

游园、香蕉共24.00元。

10月3日

小食品12.00元。

豆浆1.00元。

石榴7.00元。

10月6日

馄饨1.50元。

葡萄2.00元。

药5.30元。

油菜、腐[干]共1.50元。

花生3.00元。

面皮1.00元。

石榴5.00元。

牛奶2.00元。

饼子1.00元。

预〈交〉缴话费100.00元。

手套2.00元。

花生3.00元。

菜、豆浆3.00元。

茶叶7.00元。

10月9日

邮票1.60元。

豆浆0.50元。

饼子1.00元。

10月10日

馍1.00元。

腐干1.00元。

咸菜1.00元。

10月11日

台历2.00元。

镊子1.00元。

洗衣粉、洗发液10.00元。

芥菜1.50元。

白棉线1.00元。

交7、8、9月卫生费6.00元。

酸奶、牛奶7.00元。

10月12日

红豆粥1.00元、松紧带1.00元、牛奶2.00元、塑封3.00元，共7.00元。

10月14日

油菜0.50元、腐干1.00元、苹果5.00元，共6.50元。

饼子1.00元、芥头2.40元、萝卜0.50元、南瓜0.60元，共4.50元。

10月16日

红豆粥2.00元、胡萝卜0.50元、小食品15.00元，共17.50元。

10月17日

豆浆、饼子1.50元，花生3.00元，贴钩2.00元，乌梅1.00元，莜面1.50元，共9.00元。

1—10月份1 360.10元。

煤气25.10元。

馄饨1.50元。

早点2.00元、乌梅1.00元、南瓜1.40元、带鱼7.40元、地罗2.50元、腐干1.00元、红薯1.00元、酱油醋1.80元、牛奶1.00元、锅巴3.00元、牛奶1.00元，共23.10元。

10月21日—22日

老奶奶3.00元，红豆、白糖3.00元，牛奶2.00元，豆芽菜1.00元，邮票1.60元，共10.60元。

10月23日

各种腌菜、菜、馄饨共9.60元。

10月24日

茴香、白菜、布、豆浆共9.20元。

修行车、手绢共2.30元。

〈座〉坐便器15.00元。

信封、口杯4.00元。

10月27日

食品奶、大葱、染发共15.00元。

〈另〉零用22.20元。

本月取工资1 300.00元，总收入1 300.00元。

家庭支出400.00元，总支出400.00元。

结余900.00元。

11月1日

电费17.50元。

大米十斤12.00元。

芥菜、萝卜5.00元。

馄饨1.50元。

酱油、醋、盐3.00元。

毛线一斤四两35.00元。

南瓜、尖椒1.80元。

茴子白3.00元。

烧纸4.00元。

榨菜、咖〈哩〉喱粉3.50元。

天龙超市40.00元。

豆腐、豆浆2.00元。

馄饨二次3.00元。

〈弥〉猕猴桃二次5.00元。

小食品10.00元。

牛奶二次4.00元。

11月3日

天龙超市排骨15.60元。

馍2.00元。

馄饨二次 3.00 元。

11 月 4 日

洗头膏 2.00 元。

面油 2.00 元。

照〈像〉相邮16.00元。

鸡蛋 6.00 元。

11 月 5 日

洗头膏、牙膏、油、洗发膏 12.00 元。

胡芹 1.00 元。

面皮 1.00 元。

11 月 7 日

花生 3.00 元。

豆浆、腐干 2.00 元。

馄饨 1.50 元。

小食品 1.00 元。

洗头膏等 8.50 元。

11 月 9 日

吕畅二人吃饭 6.00 元。

麦迪霉素 6.00 元。

牛奶 2.00 元。

〈弥〉猕猴桃 2.00 元。

11 月 10 日

粉面、白糖 8.40 元。

腐干 1.00 元。

豆瓣酱 1.30 元。

修拉锁、洗衣 9.00 元。

牛奶 2.00 元。

饼子、面皮 2.00 元。

11 月 11 日

内衣一套 16.00 元。

洗衣粉二袋 4.00 元。

果盘一个 2.00 元。

二院 2002—2003 年暖气费 103.50 元。

吃饭 2.00 元。

11 月 13 日

小食品 13.00 元。

11 月 14 日

面条 1.00 元。

馍 1.00 元。

豆芽 0.20 元。

面包干 1.00 元。

11 月 15 日

牛奶 2.00 元。

馄饨 1.50 元。

报纸 0.50 元。

牛奶又 2.00 元。

11 月 17 日

馍 3.20 元。

菜 5.00 元。

花生米 3.20 元。

馄饨二次 3.00 元。

洗〈像〉相 3.00 元。

邮票 2.40 元。

面条 1.00 元。

11 月 20 日

豆芽 0.20 元。

鸡胸 5.20 元。

南瓜 1.50 元。

西〈胡〉葫[芦] 1.20 元。

洗〈像〉相 4.00 元。

邮票、信封 3.50 元。

笔 12.00 元。

洗〈像〉相 4.00 元。

牛奶 4.00 元。

小食品 2.00 元。

石榴、馍、菜共 8.00 元。

11 月 30 日

生活 534.50 元。

本月工资取暖费 1 234.50 元，总收入 1 234.50 元。

家庭开支 534.50 元，总支出 534.50 元。

结余 700.00 元。

12 月 1 日

毛线 3.00 元、毛线 20.00 元、针 3.00 元、松紧带 4.50 元、发糕 1.50 元、〈弥〉猕猴桃 2.00 元、又毛线 8.00 元、豆芽 0.20 元、洗〈像〉相 3.00 元、邮票 1.60 元、咖〈哩〉喱粉 3.00 元、花生 3.00 元，共 52.80 元。

超过 4.80 元。

12 月 2 日

染发 5.00 元。

牛奶 4.00 元。

西〈胡〉葫[芦]、茄子 3.00 元。

蛋糕 9.50 元。

馄饨 1.50 元。

12 月 4 日

〈弥〉猕猴桃 3.20 元。

萝卜 0.80 元。

发糕 1.50 元。

茄子、西〈胡〉葫[芦]共 2.70 元。

小食品 5.00 元。

2002 年扫马路费 6.00 元。

馄饨 1.50 元。

12 月 6 日

小食品 3.10 元。

馄饨 1.50 元。

又馄饨 1.50 元。

杨光远借去 200.00 元。

包子二种、豆芽共 7.70 元。

肠 5.20 元。

〈稍〉烧卖、馄饨 4.50 元。

牛奶 4.00 元。

打的去大成家 20.00 元。

〈蔡〉菜籽油四斤 12.40 元。

12 月 9 日

饼子 2.00 元、油菜 0.50 元、花生 2.50 元、南瓜 1.00 元、料酒 2.00 元,共 8.00 元。

12 月 10 日

小食品 5.00 元。

书四本 32.00 元。

馍 1.00 元。

发糕、枣馍 5.00 元。

莲菜 2.00 元。

豆浆 0.50 元。

12 月 12 日

海带 5.00 元。

鞋带 1.00 元。

面条 1.00 元。

小食品 1.00 元。

红豆粥 1.00 元。

贺年卡 6.00 元。

花生 3.00 元。

12 月 13 日

芥菜 1.70 元、手绢 1.00 元、卡子 0.50 元、小食品 1.00 元、牛奶 4.00 元,共 8.20 元。

12 月 14 日

黄瓜 1.00 元,豆芽 0.20 元,西〈胡〉葫[芦]、蒜〈苔〉薹、茴子白、灯泡,共 3.00 元。

啤酒 4.00 元。

二院煤气 22.60 元。

电费 13.60 元。

灯泡 1.00 元。

小食品 1.00 元。

发糕 1.40 元。

〈弥〉猕猴桃 3.00 元。

12 月 16 日

馄饨二次 3.00 元。

纸贴等 17.00 元。

邮票 2.40 元。

二院电费 13.60 元。

〈稍〉烧卖、馄饨 6.00 元。

火腿肠、奶共 10.00 元。

12 月 22 日

冬至添毛线绒 30.00 元。

针 2.00元。

筷子 4.00 元。

牛奶 4.00 元。

调料 2.00 元。

馄饨 3.00 元。

小食品 3.00 元。

12 月 30 日

二院四季度卫生费 6.00 元。

桂圆 10.00 元。

〈丕〉苤〈兰〉蓝、茴子白 3.90 元。

馍 1.00 元。

本月工资 1 200.00 元,五号楼 12—2 月房租 750.00 元,取暖费 366.80 元,总收入 2 316.80 元。

家庭支出 540.50 元,总支出 540.50 元。

结余 1 776.30 元。

2003 年

1 月 1 日

〈交〉缴电话费 100.00 元。

邮票 5.30 元。

给吕新(天津)500.00 元。

饼子 2.00 元。

馄饨 3.00 元。

牛奶 4.00 元、馄饨 3.00元、燕麦片 5.00 元、花生 6.00元,共 18.00元。

粥 2.00 元、小食品 1.00 元,共 3.00 元。

1 月 2 日

小食品 8.00 元。

双合成点心 27.70 元。

桃 4.20 元。

饼子 1.00 元。

西〈胡〉葫[芦]、豆芽 4.00 元。

辣椒 1.60 元。

腐干 1.00 元。

包子 2.00 元。

大庆药■■元。

1 月 3 日

牛奶 3.00 元。

餐巾纸 3.60 元。

小食品 2.00 元。

1 月 7 日

八宝饭五个 24.00 元。

开心果、花馍二个、鲜桂圆、怪味豆,共 75.00 元。

小食品 10.00 元。

邮票 1.60 元。

饺子面一袋 17.50 元。

馄饨二次 4.50 元。

小食品 6.00 元。

花一瓶 10.00 元。

葡萄干 10.00 元。

空[心]枣 5.00 元。

挂历 3.00 元。

1 月 10 日

邮票 1.60 元。

馄饨 4.50 元。

牛奶 4.00 元。

装车腿 10.00 元。

1 月 13 日

染〈法〉发 5.00 元。

酱牛肉 8.50 元。

花生豆 2.00 元。

豆腐 1.00 元。

啤酒 4.00 元。

鸡蛋 12.00 元。

1 月 14 日

馍 1.00 元。

大米十五斤半 20.00 元。

生花生米 5.60 元。

西〈胡〉葫[芦]2.50 元。

美国大杏仁 28.00 元。

咸菜 1.00 元。

杨光远花 5.60 元。

吃饭 7.00 元。

馄饨 1.50 元。

1 月 15 日

牛奶 4.00 元。

馄饨 1.50 元。

馍 1.00 元。

茶叶 7.00 元。

啤酒 4.00 元。

干果类 63.00 元。

饮料、啤酒 98.00 元。

排骨 10.00 元。

西芹、豆芽、黄瓜共 1.20 元。

1 月 23 日

馍 5.00 元。

小食品 7.00 元。

水果糖 13.00 元。

菜 12.00 元。

牛奶 4.40 元。

春联 3.00 元。

小苹[果]0.50 元。

松花[蛋]10.00 元。

冻豆腐 2.00 元。

料酒 1.00 元。

蘑菇罐头 2.40 元。

百合 3.00 元。

虾片、玉米〈粳〉糁 3.00 元。

豆豉鱼 4.50 元。

南瓜 2.00 元。

粉条 6.00 元。

1 月 27 日

修煤气灶 15.00 元。

水果类 49.00 元。

压岁[钱]三人 600.00 元。

包餐 260.00 元。

大方经手买物、带鱼 50.00 元。

天客隆超市购物 80.00 元。

〈永永〉汾酒二瓶 26.00 元。

大桶二个 9.00 元。

牛奶二十袋 11.00 元。

杏花汾一瓶 8.00 元。

红花油 5.00 元。

牙周康 3.50 元。

本月工资 1 100.00 元。

福利 200.00 元。

大方 400.00 元。

大成 200.00 元。

总收入 1 900.00 元,家庭支出 2 474.25 元,元月结余−574.25 元。

2 月 7 日

粉条 2.00

黄瓜 3.00 元。

面包、点心 12.50 元。

酸奶 8.00 元。

2 月 8 日

过年在元月份支出超支部分 574.25 元。

2 月 15 日

阳阳车费 2.00 元。

牙周康 3.50 元。

大米二十斤 25.00 元。

菜3.00元。

红薯2.00元。

邮票4.00元。

牛奶5.50元。

二院电费18.05元。

牙周康、眼[药]水3.90元。

啤酒36.00元。

2月18日

二院煤气22.60元。

买粉条、黄瓜3.20元。

2月21日

牛奶5.00元、双合成点心13.00元,共18.00元。

王明车费6.00元。

2月24日

水费(二院)20.00元。

2月25日

馍馍1.00元。

关节止痛膏2.50元。

苹果、芦柑8.00元。

染发5.00元。

馍、菜2.80元。

牛奶5.00元。

菜13.20元。

本月工资1 200.00元。

五号楼3、4月房租500.00元。

总收入1 700.00元,家庭开支800.00元,总支出800.00元,结余900.00元。

3月1日

牛奶4.00元。

饼子1.00元。

梨和各种菜12.00元。

3月9日

芦柑、白菜10.00元。

馄饨27.00元。

牛奶4.50元。

止痛膏2.50元。

3月11日

灯泡二个4.00元。

馄饨1.50元。

3月13日

豆浆1.00元。

蒜〈苔〉薹2.70元。

豆芽0.20元。

西〈胡〉葫[芦]、菠菜3.00元。

馍1.00元。

辣椒酱1.50元。

3月15日

牛奶4.00元。

小笼包3.00元。

锅12.00元。

预〈交〉缴电话费100元。

芦柑5.00元。

馍1.00元。

馄饨1.50元。

3月19日

肉馅3.00元。

粉条1.00元。

3月20日

啤酒4.00元。

馄饨1.50元。

烤红薯、豆浆1.50元。

馅饼菜4.00元。

3月24日

生活支出、烧纸、苹果、放大镜等、绢花、饭共60.60元。

本月工资1 200.00元,总收入1 200.00元。家庭开支250.00元,总支出250.00元。结余950.00元。

4月1日

预〈交〉缴水电煤气13.00元。

二院一季度卫生费6.00元。

去天津来回火车200.00元。

墓地400.00元。

吃饭二样540.00元。

照〈像〉相聚会250.00元。

送礼(五爷、饭、马)250.00元。

〈交〉缴电话费100.00元。

其余用费200.00元。

给姑姑家留7.00元。

回来后修锅等100.00元。

洗〈像〉相邮资100.00元。

近于4 000.00元。

四月份工资1 200.00元,五、六月房租500.00元,总收入1 700.00元。四月总支出4 000.00元,取存款3 000.00元。总结余700.00元。

5月1日—7日

交2003年有线[电视收视费]144.00元。

总收入144.00元,工资1 200.00元,支出1 000.00元。结余344.00元。

6月1日

小西红柿2.00元。

大米片、麦片4.00元。

鸡精、白胡椒粉7.20元。

6月2日

牛奶5.60元。

啤酒6.00元。

花生豆2.00元。

预〈交〉缴电话费300.00元。

又江米二斤3.20元。

蜜枣5.00元。

菜1.10元。

料酒一瓶2.00元。

无丝豆角0.50元。

6月4日

鸡蛋6.00元。

小西红柿、黑豆苗3.10元。

莴笋0.70元。

又江米3.20元。

蜜枣5.00元。

小西红柿2.00元。

荔枝6.00元。

〈订〉钉鞋5.00元。

6月5日

榨菜1.00元。

报纸1.00元。

小西红柿3.00元。

三月份今晚报共二十份10.00元。

6月7日

啤酒2.00元。

花生米2.00元。

豆腐1.00元。

松紧带1.00元。

挂号2.00元。

裙子手工10.00元。

面条1.40元。

6月10日

放大镜一个2.50元。

牛奶2.40元。

馍1.00元。

桃3.00元。

梨5.00元。

菜2.00元。

6月11日

馄饨1.50元。

鱼6.50元。

果条2.00元。

松紧带1.50元。

荔枝5.00元。

牛奶2.40元。

染发5.00元。

6月13日

菜3.00元。

牛奶3.00元。

馍1.00元。

6月15日

菜及面条1.50元。

6月17日

饺子二次6.92元。

菜二次2.00元。

食油9.30元。

报纸1.00元。

花生米2.00元。

6月19日

补煤气62.60元。

〈煮〉蚕豆、豆角6.40元。

油桃2.00元。

啤酒、花生米6.00元。

6月20日

馍1.00元。

安装热水器351.00元。

牛奶4.00元。

电费13.30元。

6月21日

花生米1.00元。

面条3.00元。

电费13.30元。

小西红柿1.00元。

豆角0.70元。

黄瓜、南瓜1.30元。

又购江米、枣、菜等15.70元。

6月30日

生活用费34.20元。

本月工资1 200.00元,总收入1 200.00元。家庭支出1 000.00元,总支出1 000.00元。结余200.00元。

7月1日

换电饭锅55.00元。

绣花鞋二双20.00元。

牛奶4.00元。

黄瓜、南瓜2.30元。

报纸1.50元。

4—6月水费15.00元。

三季度卫生费6.00元。

面皮1.00元。

花生豆2.00元。

7月2日

菜、面皮、面条2.20元。

报纸0.50元。

女鞋二双20.00元。

挂号信2.00元。

菜3.00元。

7月3日

啤酒4.00元。

花生米2.00元。

馍、饼丝1.00元。

乳罩6.00元。

7月4日

邮票、信封9.00元。

黄瓜1.00元。

酸奶3.20元。

尖椒0.50元。

桃子2.00元。

7月6日

桃子2.00元。

饼丝1.00元。

小西红柿1.00元。

牛奶五袋3.00元。

带鱼11.60元。

啤酒4.00元。

可乐2.00元。

盐一袋0.80元。

7月7日

洋葱、饼丝1.60元。

胡萝卜、豆角2.50元。

7月8日

挂号信2.00元。

牛奶3.00元。

带鱼、鸡块17.00元。

饼丝1.00元。

白糖二斤3.60元。

荔枝5.00元。

7月10日

花生米2.00元、馍1.00元,共3.00元。

味精大袋、饼丝1.00元、茄子0.50元,〈市〉柿椒0.50元,共2.00元。

小西红柿1.20元。

荔枝5.00元、鸡蛋5.40元,共10.40元。

7月16日

花生米2.00元、早点10.20元,共12.20元。

乳罩一个6.00元。

荔枝5.00元、西瓜3.00元,共8.00元。

苦瓜0.50元、豆角0.80元、萝卜0.80元,共2.10元。

7月19日

红〈子〉字本1.50元。

指甲油1.00元。

西瓜3.00元。

7月21日

浴巾一条23.00元。

睡衣10.00元。

背心二个14.00元。

上衣一件20.00元。

裙布11.00元。

7月22日

啤酒、露露共41.00元。

松紧带1.00元。

筷子1.50元。

饼子二次6.40元。

梨5.00元。

手工10.00元。

7月24日

西红柿0.40元。

香菜、黄瓜0.50元。

西瓜5.50元。

挂号信2.00元。

牛奶3.60元。

西瓜4.00元。

菜1.50元。

7月27日

取出存款500.00元。

二人火车票210.00元。

开心果、葡萄干、饮料共41.00元。

本月工资1 200.00元,总收入1 200.00元。取存款5 000.00元,家庭开支6 200.00元。总支出638.10元。

8月份

去天津各种开销在小本上,回来收拾家。

总共支出3 873.90元。

取存款5 500.00元。

总结余2 326.10元。

9月1日

葡萄3.00元。

水费15.00元。

染发5.00元。

牛奶4.00元。

馍 1.00 元。

9 月 3 日

榨菜 1.00 元。

馍 1.00 元。

发信 0.80 元。

各种菜 5.40 元。

豆角、饼丝 2.00 元。

指甲油 1.00 元。

9 月 8 日

馍 1.00 元。

啤酒、奶 17.10 元。

豆角饼丝 2.00 元。

黄瓜、南瓜 2.00 元。

馍 0.50 元。

菜花等 3.40 元。

9 月 10 日

饮料、啤酒 52.00 元。

9 月 11 日

中秋会餐 230.00 元。

凉皮 1.00 元。

9 月 14 日

各种菜 5.00 元。

五号楼煤气押金 20.00 元。

9 月 17 日

豆浆 0.50 元。

9 月 19 日

月饼 6.00 元。

饼丝、豆角 2.50 元。

舒乐安定 4.00 元。

9 月 29 日

凉菜、挂号及花生米 4.20 元。

大米五斤 6.00 元。

醋 0.50 元。

牙周康、药等 4.50 元。

各种菜 7.70 元。

皮冻、馍、■■、早点等 8.50 元。

9 月 24 日—30 日

照相 5.00 元，换药 5.00 元，菜、吃饭，共 74.40 元。

本月工资加福利 1 300.00 元，大方给中秋 100.00 元，五号楼房租 1 000.00 元。家庭开支 500.00 元，结余 1 900.00 元。

10 月 1 日

肉馅 7.50 元。

面十斤 10.00 元。

豆芽、黄豆、黄瓜共 1.50 元。

豆角、胡萝卜、肥皂、苹果共 7.60 元。

10 月 4 日

铁丝 1.00 元。

茶叶 7.00 元。

南瓜 1.80 元。

开心果 18.00 元。

带鱼 6.00 元。

咸菜 1.00 元。

饼丝 0.50 元。

馍 1.50 元。

电池 1.00 元。

挂号信 2.00 元。

馍 1.00 元。

邮票 4.00 元。

染发 5.00 元。

10 月 8 日

柳叶面 1.00 元。

馍 1.00 元。

牛奶 3.60 元。

10 月 11 日

饼丝 1.00 元。

豆角 2.00 元。

黄瓜 2.00 元。

豆芽 0.30 元。

南瓜 1.50 元。

胡萝卜、苤〈兰〉蓝 1.00 元。

白菜 0.70 元。

10 月 12 日

豆芽 0.30 元。

苹果 5.00 元。

泡菜 1.00 元。

香菜 0.20 元。

苤〈兰〉蓝 0.70 元。

肉 6.30 元。

10 月 15 日

二院 10 月电费 18.00 元。

方便面 5.00 元。

挂号 2.00 元。

大米二十斤 22.00 元。

馍 1.00 元。

酱油、醋 1.00 元。

10 月 17 日

牛奶 3.00 元。

黄豆 0.60 元。

西芹 0.70 元。

桂圆 10.00 元。

白糖 4.00 元。

五号楼 2002 年、2003 年二年房租共计(24 个月)369.60 元。

熟菜 5.00 元。

桔子(吕畅)5.00 元。

小食品 0.50 元。

苤〈兰〉蓝、茄子2.70元。

10月24日

烧纸■■元。

退回五号楼房租291.00元。

桔子5.00元。

豆浆0.50元。

烧纸4.00元。

土豆、黄瓜5.00元。

饼丝0.50元。

萝卜2.50元。

预〈交〉缴电话费200.00元。

馍1.00元。

大葱9.00元。

10月25日

道口烧鸡12.00元。

牛奶3.00元。

速冻饺子7.00元。

桔子2.50元。

二院水费15.00元。

豆芽、腐干1.60元。

馍、发糕2.00元。

菜〈子〉籽油16.00元。

10月28日

冬菜10.00元。

二院煤气40.10元。

啤酒4.00元。

未找零6.00元。

酱油、醋6.80元。

小食品4.00元。

本月工资1 200.00元，家庭开支1 032.80元。

取出存款。

1—10月结余2 669.05元。

11月1日

林[明]的外衣一件115.00元。

二院暖气费981.50元。

11月3日

芥菜4.00元。

红萝卜3.00元。

洗头膏8.00元。

裤子一条15.00元。

扣子0.50元。

手工3.00元。

11月4日

万能胶3.00元。

红薯、豆浆1.50元。

芥菜2.40元。

茴子白7.20元。

姑姑上衣90.00元。

鲜桂圆13.00元。

盐、食品1.00元。

修自行车7.00元。

肉24.00元。

馍、面条3.00元。

11月8日

牛奶3.00元。

绿豆面1.50元。

白萝卜1.00元。

豆浆0.50元。

牛奶2.20元。

11月10日

油菜、西〈胡〉葫[芦]3.20元。

西红柿3.60元。

啤酒2.00元。

花生米6.50元。

古城牛奶、豆浆9.60元。

11月12日

染发、〈订〉钉鞋、酱油、醋、烤红薯，共9.60元。

香皂、鸡蛋、馍共12.50元。

蛋糕、料酒、桔子、豆腐、鞋带、小食品共15.50元。

11月20日

大米片、饼丝、奶、小食品共15.10元。

本月工资1 200.00元，五号楼11—12月租金750.00元，家庭支出1 058.50元，结余891.50元。

12月1日

老穆来去绵山等共支出718.00元。

虾18.00元。

开心果18.00元。

长山药3.00元。

面包5.00元。

酸奶1.80元。

菜0.80元。

胶卷17.00元。

带鱼8.40元。

牛奶4.00元。

鸡蛋10.00元。

玉[米]面2.00元。

玉米笋4.00元。

味精4.50元。

粉条二斤2.00元。

饼丝1.00元。

给姑姑寄上衣10.10元。

虾、菜12.00元。

南瓜、菠菜、白菜共4.00元。

牙周康二盒4.00元。

甲硝唑一袋0.70元。

心痛定一瓶2.50元。

奶3.00元。

面包6.00元。

虾一斤13.00元。

贡橘3.00元。

豆芽0.30元。

红果1.40元。

饼子1.00元。

2004年挂历3.00元。

土豆2.00元。

二院煤气2.60元。

预〈交〉缴IC卡50.00元。

饼干片4.50元。

馍1.00元。

奶3.00元。

12月6日

药8.00元。

带鱼6.80元。

柳叶面1.00元。

蔬菜三种5.90元。

花生米2.00元。

豆芽0.30元。

奶3.00元。

开心果二斤36.00元。

猪肉24.00元。

猪肉馅料21.20元。

馍1.00元。

大米26.00元。

生花生米3.50元。

李春兰夫死[随]礼100.00元。

12月10日

牛奶八袋4.80元。

12月11日

香蕉(原)13.00元。

红枣10.00元。

葡萄干8.00元。

饼子1.00元。

贺卡三张4.50元。

原野粉一袋13.80元。

香皂二块7.60元。

贺卡一张1.50元。

又开心果二斤36.00元。

又葡萄干一斤8.00元。

12月14日

调和油一桶45.00元。

菜籽油16.00元。

染发5.00元。

烤红薯1.30元。

米香脆5.00元。

料酒1.20元。

烧肉12.00元。

饼丝1.00元。

长山药4.20元。

黄瓜2.30元。

葡萄干10.00元。

小桔子5.00元。

电费19.00元。

生猪肉15.00元。

面包3.50元。

虾片3.50元。

小鸡腿6.50元。

本月工资1 200.00元,补发600.00元,总收入1 800.00元。

家庭开支1 553.00元,总支出247.00元。

结余243.00元。

2004年

1月1日

饼子1.00元。

醪糟[购]二次3.00元。

豆浆0.50元。

牛奶4.80元。

腐皮1.50元。

豆芽、黄豆1.20元。

豆腐、粉条4.40元。

胡芹2.00元。

蒜〈苔〉薹2.80元。

虾14.00元。

大蒜2.00元。

藕根2.00元。

醋0.50元。

贡橘5.00元。

葡萄干10.00元。

柳叶面1.40元。

饼子1.00元。

1月2日

花生一斤3.00元。

开心果35.00元。

酱梅肉5.00元。

1月4日

豆豉鱼六盒14.40元。

饼子1.00元。

干货类、白糖70.00元。

1月5日

二院水费5.00元。

山药10.00元。

红枣10.00元。

醪糟1.00元。

豆浆1.00元。

蛋糕3.00元。

打的10.00元。

1月10日

粘钩2.00元、■花1.00元，共3.00元。

食品9.20元。

猴[①] 1.20元、中国结2.00元、春联1.00元、杯套2.00元，共6.20元。

挂春[联]3.00元。

洗手液、科迪共8.00元。

牛奶3.00元、饼子1.00元，共4.00元。

俊华白礼100元。

车费3.00元。

心心相印纸巾3.00元。

面皮1.50元。

1月15日

熟肉类110元。

染发5.00元。

鸡蛋12.50元。

榨菜1.00元。

盐1.00元。

馍1.00元。

电视报0.50元。

牛奶6.00元。

1月16日

猪肉馅26.00元。

芦柑6.00元。

豆包6.00元。

不干胶1.50元。

豆腐6.00元。

鸡腿15.00元。

小桔子10.00元。

梨3.50元。

1月18日

贴花4.00元。

炮20.00元。

蔬菜类41.00元。

粉面、辣椒面4.50元。

饮料类110元。

黄豆0.60元。

萝卜1.20元。

西兰花3.00元。

糖蒜2.00元。

蛋糕10.00元。

绿■15.00元。

小豆包、馍7.00元。

莲菜、腐干、腐皮、豆芽共14.50元。

长山药5.00元。

灯泡1.50元。

醪糟2.00元。

1月22日

预〈交〉缴电话费100元。

点心二斤12.00元。

三孩子压岁[钱]600元。

大方、大成各给200元，共400元。

芙蓉包餐240元。

刘老虎压岁钱100元。

初二涮羊肉187元。

大成借去购房款，第三次还回5 000元。

1月23日

冲卷及新卷34.20元。

洗〈像〉相补1.80元。

2004年3—12周《山[西]广[播电视]报》5.00元。

本月工资1 264.50元。

取暖费900元。

职务补差300元。

大方、大成400元。

家庭开支2 364.50元，总支出1 960.10元，结存404.40元。

2月3日

馄饨2.00元。

酸奶3.20元。

点心二盒33.00元。

晕车药一瓶2.00元。

《山[西]广[播电视]报》0.60元。

2月4日

去天津。

药34.50元。

牛奶2.40元。

[手]表电池5.00元。

染发10.00元。

牛奶1.60元。

去天津共花费1 200元。

---

① 该年为农历猴年，此处应为某种饰品。

本月工资 1 300 元，总收入 1 300 元。家庭支出 1 288.30 元，总支出 1 288.30 元。结存 11.70 元。

3 月 1 日

饼子 1.00 元。

丹参滴丸一瓶 20.00 元。

〈胃复安〉甲氧氯普胺各一瓶 2.90 元。

洗照片 11.00 元。

《山[西]广[播电视]报》0.60 元。

醋 0.50 元。

方便面 3.00 元。

二院电费 18.00 元。

柳叶面 1.00 元。

紫萝卜 2.00 元。

梨 3.00 元。

挂号信 5.00 元。

3 月 3 日

邮票 3.20 元。

酸泡菜 2.10 元。

豆浆 1.00 元。

豆腐 1.30 元。

饼子 2.00 元。

发圈 0.50 元。

别针 0.50 元。

二院水费 10.00 元。

3 月 2 日—5 日

购食品、染发、奶类 17.00 元。

3 月 6 日

火车票 74 元。

邮票 1.60 元。

柚子、卫生纸、绿■、芦柑、栗子、火腿肠、香蕉、康师傅、豆浆共 41.10 元。

3 月 8 日

面包 3.90 元。

菜 4.50 元。

脐橙 2.30 元。

面条 1.00 元。

豆芽、菜等 1.50 元。

啤酒 3.60 元。

豆浆、饼子 1.50 元。

3 月 13 日

配家门防盗锁、小夜灯、开关插座，共 50.00 元。

豆浆、饼子共 1.50 元。

3 月 14 日

栗子（给李老师）8.00 元。

茶叶、牛奶、豆浆、面皮、油糕、菠菜共 14.20 元。

3 月 15 日

面条 1.00 元。

预〈交〉缴电话费 100 元。

《山[西]广[播电视]报》0.60 元。

3 月 17 日

小西红柿 2.00 元。

黄瓜 0.50 元。

榨菜 1.00 元。

花生米 2.00 元。

酸奶二筒 3.60 元。

香蕉、芦柑 6.40 元。

去京火车〈为〉来回 308 元。

去京消费打的、买菜等 80.00 元。

3 月 24 日

回来啤酒、菜、《山[西]广[播电视]报》，共 9.80 元。

豆浆 0.50 元。

本月工资 1 300 元，五号楼 3—5 月房租 850 元，总收入 2 150 元。

家庭开支 829.20 元，总支出 829.20 元。

结存 1 320.80 元。

4 月 1 日

二院 1—3 月卫生费 6.00 元。

面包、豆浆 3.50 元。

烧纸元宝等 9.00 元。

贡橘 5.00 元。

菠菜 0.50 元。

豆浆 2.00 元。

花生米、大豆 5.00 元。

修拉锁 1.00 元。

花 20.00 元。

啤酒 3.60 元。

黄瓜、油菜 1.80 元。

牛奶 3.00 元。

干蘑菇、小西红柿 3.80 元。

水萝卜 2.00 元。

花卷、包子 2.00 元。

锅巴、五色纸 2.50 元。

饼子、豆浆、菜、豆浆 6.00 元。

4月4日

南瓜1.30元。

萝卜1.00元。

洋葱1.00元。

〈托〉拖鞋、洗衣粉10.00元。

苹果3.00元。

韭菜0.30元。

4月5日

补〈交〉缴五号楼2004年2月1日—3月15日取暖费80.00元。

饼子、豆浆、啤酒5.10元。

香椿2.00元、南瓜1.80元,共3.80元。

炸虾5.00元。

红薯1.40元。

长山药3.00元。

菠菜、苤〈兰〉蓝1.90元。

邮票4.00元。

4月6日

花卷、包子2.00元。

牛奶3.00元。

药三种7.80元。

饼子5.00元。

红薯2.00元。

胡萝卜1.10元。

染发10.00元。

菜3.40元。

4月10日

汽车票1.00元。

4月11日

蒜1.00元、醋1.00元、莴笋1.00元,共3.00元。

牛奶3.00元、啤酒3.60元,共6.60元。

4月13日

味精3.00元、生菜0.50元,共3.50元。

面包干2.00元、速冻饺子4.00元,共6.00元。

黄瓜1.90元、线1.00元、豆浆0.50元,共3.40元。

二院四月份电费9.00元。

给■邮资0.80元。

4月16日

香椿3.00元、白线1.00元、豆浆0.50元,共4.50元。

4月18日

牛奶3.00元、啤酒3.60元、花生米2.00元,共8.60元。

锅巴2.00元、樟脑片2.00元、菜2.00元,共6.00元。

菜、花卷2.00元,共4.00元。

4月19日

二院四月份水费18.00元。

盐1.00元,豆浆、花卷,共2.50元。

4月23日

啤酒3.60元、面皮1.20元、蒜〈苔〉薹1.00元,共5.80元。

香椿1.00元、糖蒜1.50元、黄瓜1.40元,共3.90元。

油菜、蘑菇、锅巴2.00元,共3.50元。

糖蒜、咸菜共2.50元。

花卷、公交车、牛奶、豆浆,共6.50元。

馍、菜、苹果共5.50元。

自行车一辆160.00元。

4月28日

花卷1.00元。

奶3.00元。

啤酒、锅巴5.80元。

吃饭2.80元。

菜8.10元。

本月工资1 300元,总收入1 300元。

家庭开支520元,总支出520元。

结存780元。

5月1日

虾一斤5.00元。

油菜、蘑菇2.00元。

莴笋、黄瓜2.00元。

啤酒3.80元。

花生米2.00元。

伊丽莎白[烟]3.50元。

5月3日

豆浆、花卷、消食片6.00元。

啤酒1.80元、西红柿1.50元,共3.30元。

草〈梅〉莓5.00元、

锅巴2.00元,共7.00元。

邮票0.80元、存车0.20元,共1.00元。

萝卜0.40元。

5月6日

醪糟0.50元、花卷1.00元,共1.50元。

5月7日

白面五公斤16.00元。

5月8日

莴笋1.50元、面皮1.20元、修〈带〉胎1.00元,共3.70元。

锅巴2.00元、肥皂4.00元,共6.00元。

车套1.00元、粉条2.00元、柳叶面1.20元,共4.20元。

西〈胡〉葫[芦]0.60元。

5月9日

今晚母亲节■虾11.00元。

馍1.00元、菠菜0.40元、咸菜1.00元,共2.40元。

香油一瓶11.50元。

黄瓜、西红柿2.60元。

啤酒九瓶1.00元。

奶五袋3.00元。

5月10日

啤酒一捆13元,饼子1.00元,共14.00元。

豆制品三种3.80元。

5月11日

锅巴2.00元、油饼1.00元、面皮1.00元,共4.00元。

牙膏2.60元、樟脑片0.90元,共3.50元。

邮票0.80元、面条1.00元、豆芽0.30元,共2.10元。

白萝卜0.60元、肉5.00元,共5.60元。

5月13日

虾一斤11.00元。

伊丽莎白[烟]二〈个〉盒3.20元。

长山药5.40元。

香木球1.00元。

饼子1.00元。

蘑菇、油菜1.50元。

胡芹、莴笋2.00元。

黄瓜1.00元。

5月14日

牛奶3.00元。

牛奶、面包11.00元。

5月15日

招待客人1.00元。

蒜〈苔〉薹1.00元、黄瓜1.30元,共2.30元。

西红柿、土豆、辣椒,共4.20元。

鸭蛋1.60元。

5月16日

又鸭蛋十个8.00元。

面包三菜3.80元。

双汇[火腿肠]1.60元。

莴笋、油菜1.50元。

豆角2.70元。

茴香苗0.80元。

〈内〉肉馅7.60元。

5月18日

腐干1.00元、花生米4.00元、焖面1.20元,共6.20元。

牛奶3.00元、■肉2.00元,共5.00元。

5月20日

啤酒13.00元,面包3.50元、豆浆0.50元,共17.00元。

5月21日

锅巴2.00元、花生米2.00元,共4.00元。

染发10.00元。

■■0.50元、■籽5.00元、蒜1.00元,共6.50元。

5月23日

白糖、山楂片、大豆10.00元。

调料3.30元、面皮1.20元,共4.50元。

伊丽莎白烟6.80元、兰[花]豆2.00元,共8.80元。

5月25日

萝卜1.00元、花卷1.00元、江米9.00元,共11.00元。

玉米糁1.00元、莴笋1.20元、洁厕[净]2.50元,共4.70元。

檀香皂5.60元、牛

奶 3.00 元、薄脆 1.80 元,共 10.40 元。

5 月 26 日—31 日

萝卜 0.70 元、小西红柿 3.00 元、莲菜 2.00 元、白兰瓜 14.00 元、■■10.00 元、去污粉 1.00 元、油桃 3.00 元,共 33.70 元。

本月工资 1 300 元,总收入 1 300 元。

家庭开支 350 元,总支出 350 元。

结存 950 元。

6 月 1 日

预〈交〉缴煤气 20.00 元。

二院有线电视收视费(2004 年度)144 元。

6 月 3 日

西〈胡〉葫[芦]2.00 元、莴笋 1.40 元,共 3.40 元。

粽叶、马莲共 8.00 元。

馍 2.00 元。

锅巴 2.00 元。

6 月 4 日

小火锅一个 10.00 元。

面包 2.00 元。

馍 2.00 元。

鱼香肉丝一个 6.00 元。

6 月 6 日

江米、豆子 10.00 元。

心心相印纸巾 3.20 元。

酵母八十片 0.50 元。

6 月 7 日

蜜枣 5.00 元。

馄饨皮 1.00 元、胡芹 0.60 元,共 1.60 元。

交二院煤气卡 50.00 元。

扣 2003 年 2 月—2004 年 6 月垃圾费 35.00 元。

复置费、保险费 2.60 元。

6 月 8 日

牛奶 3.00 元、花椒 2.00 元,共 5.00 元。

料酒、咸菜共 3.50 元。

虾皮 3.50 元,粽叶、花卷 1.00 元,柿〈角〉椒 0.60 元,苦瓜 0.30 元,又江米 5.40 元,共 10.80 元。

剪刀一把 1.50 元,胶水 1.00 元,共 2.50 元。

鸭蛋 10.00 元、锅巴 1.00 元、油桃 2.00 元,共 13.00 元。

6 月 9 日

鸡蛋二斤 5.80 元。

角胶套 0.50 元。

茴子白 0.50 元、锅巴 2.00 元、花卷 1.00 元、豆浆 0.50 元,共 4.00 元。

6 月 13 日

天客隆购物 15.9 元。

各种菜 4.00 元。

豆浆 0.50 元。

6 月 15 日

小菜 5.00 元。

饼子 1.00 元。

蜜枣 5.00 元。

外裤 11.00 元。

牛奶 3.00 元。

二院电费 15.00 元。

豆浆二次 1.00 元。

6 月 16 日

豆瓣酱、辣椒末 2.50 元。

6 月 19 日

收退外裤一条 11.00 元。

桃类 1.50 元、豆芽 0.30 元,共 1.80 元。

各种菜 4.50 元。

花卷 1.00 元、牛奶 3.00 元、面皮 1.20 元,共 5.20 元。

6 月 21 日

预〈交〉缴电话费 100 元。

荔枝(去大方家)12.00 元。

面皮 1.20 元。

花卷 2.00 元。

陈育新白礼 1 000 元。

6 月 22 日

面皮 1.20 元、染发 10.00 元,共 11.20 元。

牙周康二瓶 4.00 元。

锅巴、花卷 3.00 元。

各种菜、牛奶 4.60 元。

邮票 4.00 元。

6 月 26 日

5、6 月水费 6.00 元。

小西红柿 1.20 元、面条 1.00 元,共 2.20 元。

鸡精一袋 6.00 元。

6 月 27 日

上衣 13.00 元、荔枝 2.50 元、香包 1.00 元、担担面 1.50 元,共 18.00 元。

豆浆 2.00 元、花卷 2.00 元、■■■ 4.00 元、面皮 1.20 元,共 9.20 元。

6 月 30 日

麻花 2.00 元、鞋油 1.00 元、木桌角 0.50 元、馍 1.00 元,共 4.50 元。

本月工资夏季福利 1400.00 元,五号楼 6、7 两月房租 600 元,总收入 2 000 元。

家庭开支 1 600 元,总支出 1 600 元。

结存 400 元。

7 月 1 日

订《三晋都市报》2004 年 8 月—2005 年 7 月 30 日(已交付)156 元。

〈认〉订今晚报 7—12 月 90.00 元。

安装坐便器工料 400 元。

7 月 3 日

各种菜 5.50 元。

榨菜 1.00 元、铁■ 1.00 元、花卷 1.00 元、茴子白 1.00 元,共 4.00 元。

面皮 1.20 元、安定一瓶 2.00 元,共 3.20 元。

补材料费 3.50 元。

7 月 6 日

印歌页 14.00 元。

面条 1.50 元。

啤酒 13.00 元。

馍 1.00 元。

7 月 7 日

唐都外卖 28.70 元。

桃、白兰瓜 3.50 元。

面皮、菜 3.20 元。

7 月 9 日

虾 12.00 元、带鱼 7.80 元,共 19.80 元。

豆腐 1.20 元、莴笋 1.70 元,共 2.90 元。

西红柿 1.00 元。

大米二十斤 30.00 元。

7 月 10 日

茴子白、西〈胡〉葫[芦]2.00 元。

盐 1.00 元。

蛋糕 3.50 元。

粉条 2.00 元。

香油半斤 1.50 元。

干洗 6.00 元、馍 1.00 元,共 7.00 元。

7 月 14 日

邮票 0.80 元、晚饭 2.00 元,共 2.80 元。

7 月 15 日

批发冰糕 21.00 元。

唐都外卖 3.80 元。

面皮 1.20 元。

7 月 17 日

荔枝 3.00 元、西瓜 4.70 元、辣椒 1.00 元,共 8.70 元。

7 月 19 日

馍 1.00 元。

虾片、粉丝、海天酱油 11.00 元。

排骨五斤 35.00 元。

巧厨调〈合〉和油一桶 40.30 元。

花卷 1.00 元。

7 月 20 日

〈交〉缴五号楼租金 2004 一年 346.80 元。

7 月 21 日

交五号楼租金押金、换住房证工本费 1 800 元。

西瓜 2.50 元、花卷 2.00 元,共 4.50 元。

豆浆、面皮 1.70 元,饺子 6.00 元,共 7.70 元。

7 月 23 日

豆浆、花卷 1.50 元。

各种菜 5.00 元。

本月工资加退回房屋集资款共 6 290.50 元,总收入 6 290.50 元。

家庭开支 3 094.10 元,结存 3 196.40 元。

8 月 1 日

锅巴 2.00 元。

伊丽莎白烟 23.00 元。

啤酒一捆 13.00 元。

凉鞋二双 30.00 元。

发糕 1.50 元。

玉米 1.00 元、茄子 1.00 元、桃 3.00 元,共

5.00元。

西瓜3.00元、西〈胡〉葫[芦]0.90元、豆角1.00元,共4.90元。

面皮1.20元、花卷2.00元、辣椒1.00元,共4.20元。

8月2日

黄瓜0.90元、土豆1.50元,共2.40元。

蘑菇1.00元、花卷1.00元、毛豆1.00元,共3.00元。

药4.70元。

咸菜1.70元、面皮1.20元,共2.90元。

二院二季度卫生费6.00元。

刘欣五号楼垃圾费,共15.00元。

唐都外卖、茄子共3.80元。

海〈哲〉蜇三袋13.00元。

薄脆2.88元。

面皮1.50元。

发糕1.50元。

菜、西红柿、豆角共2.50元。

花卷、蒜2.00元。

玉米3.00元。

健身球6.00元。

8月3日

灯泡1.00元。

菜2.00元。

染头、饼子10.00元。

沙拉酱、调料二袋共10.6元。

8月6日

各种菜6.50元。

馍、包子2.20元。

8月8日

8月查煤气扣〈交〉缴垃圾费、保险[费]、复置[费]共12.60元。

8月10日

各种菜、饼子、豆浆共7.20元。

8月11日

盐1.00元、冰糕7.00元,共8.00元。

菜2.00元、馍饼2.00元,共4.00元。

药(牙周康、伤湿膏)共4.00元。

8月12日

啤酒一捆13.00元。

饼子、咸菜2.00元。

8月13日

二院电费17.00元。

8月14日

排骨30.00元。

茄子0.70元。

玉米1.80元。

药1.50元。

蛋糕3.50元。

面条1.20元。

西红柿5.00元。

8月16日

茄子1.50元、天客隆购物,共16.80元。

葡萄2.40元、玉米2.00元、沙果2.00元、发糕1.50元,共7.90元。

耳勺0.30元、菜2.20元,共2.50元。

又玉米六个4.00元。

8月17日

提包一个20.00元。

山楂片一袋5.00元。

存车0.30元。

8月19日

鸡蛋10.00元。

沙果2.00元、豆角1.00元、蒜1.50元,共4.50元。

8月20日

馍1.00元、牛奶3.00元,共4.00元。

早餐饼干一箱4.50元。

8月21日

又饼干二箱、麦片一袋,共15.00元。

玉米2.00元、黄瓜1.20元,共3.20元。

预〈交〉缴电话费100元。

8月30日

生活开支29.20元。

本月工资1400元。

五号楼8、9月房租600元。

总收入2000元,家庭支出500元,总支出500元。结存1500元。

9月1日

香菜0.50元、小果子2.00元、馍1.00元、茄子0.80元,共4.30元。

莲菜 1.00 元、豆腐 1.00 元、腐干 1.00 元、小果子 3.00 元,共 6.00 元。

桃 2.00 元、玉米 2.00 元、香菇 2.00 元、豆芽 0.40 元,共 6.40 元。

又饮料 8.00 元、馍 1.00 元,〈付〉腐丝 1.50 元,共 10.50 元。

超市买排骨、肉馅、碱茶、蒜〈苔〉薹等,共 40.80 元。

二院 7、8 月水费二吨 12.00 元。

牛奶五袋 3.00 元。

肉丝 14.00 元、红薯 1.50 元、毛豆 2.00 元,共 17.50 元。

9 月 3 日

鸭蛋 20.00 元、黄瓜 1.30 元、辣椒 0.70 元,共 22.00 元。

灯泡 1.50 元、生菜 1.00 元,共 2.50 元。

三合面 5.00 元、豆浆 1.00 元,共 6.00 元。

9 月 5 日

石榴 5.00 元。

牛奶 1.20 元。

面皮 1.20 元。

9 月 7 日

过道电费 3.03 元。

牛奶 1.20 元、面皮 1.20 元、鸡蛋饼 1.50 元,共 3.90 元。

又石榴 5.00 元。

9 月 8 日

南瓜 0.80 元、馍 1.00 元、小果 3.30 元,共 5.10 元。

9 月 10 日

牛奶 3.00 元、印歌 1.00 元、染发〈洁〉剂 10.00 元,共 14.00 元。

豆浆 1.00 元、咸菜 1.00 元,共 2.00 元。

9 月 11 日

发糕 1.50 元、馍 1.00 元,共 2.50 元。

玉米 3.00 元,茄子、西红柿 2.30 元,共 5.30 元。

芥〈兰〉蓝 0.50 元、南瓜 1.50 元,共 2.00 元。

又石榴 5.00 元。

9 月 12 日

包子 1.00 元、牛奶 3.00 元,共 4.00 元。

办省老年证 4.00 元。

鸡[精]、味精各一袋,咸菜共 9.30 元。

黄瓜 0.70 元、豆腐 1.00 元、玉米 2.00 元,共 3.70 元。

9 月 16 日

和平借 12.00 元。

剪纸 10.00 元。

存车 0.20 元、黑圈 0.50 元、馍 1.00 元,共 1.70 元。

9 月 17 日

板〈粟〉栗 5.00 元、花生米 2.00 元,共 7.00 元。

茄子 1.10 元、牛奶 3.00 元,共 4.10 元。

馍 1.00 元、补〈带〉胎 2.00 元,共 3.00 元。

9 月 18 日

豆浆 1.00 元、花生米 6.50 元、面皮 1.20 元,共 8.70 元。

9 月 19 日

馍 1.00 元、柿子 5.50 元、枣 2.00 元,共 8.50 元。

豆浆 1.00 元、菜 2.00 元,共 3.00 元。

9 月 24 日

牛奶五袋 3.00 元。

馍 1.00 元。

9 月 22 日

〈磁〉瓷盘四个 4.00 元。

月饼五个 5.00 元。

柳叶面 1.00 元。

9 月 23 日

牛奶 3.00 元、馍 1.00 元,共 4.00 元。

菜 1.00 元。

9 月 24 日

玉米十穗 6.00 元。

毛豆 1.50 元、包子 1.00 元,共 2.50 元。

咸菜 1.00 元。

9 月 26 日

月饼、火腿肠 12.00 元。

又月饼 4.00 元。

腐乳 1.20 元。

9 月 27 日

大方醋 4.00 元。

豆浆、饼子 3.00 元。

豆腐、菜 2.60 元。

啤酒二瓶 3.50 元。

牛奶 3.00 元。

9 月 30 日

生活用、洗发精三瓶 2.70元,牛奶、菜,共13.30 元。

本月工资 1 300 元。

五号楼 10、11 月租金 600 元。

取暖费(五号楼未[交])75.00 元。

总收入 1 975 元,家庭开支 350 元。总剩余 1 625 元。结存 1 625 元。

10 月 1 日

二院三季度卫生费 6.00 元。

去大方家买水果 19.00 元。

购牙周康一瓶 2.00 元。

洗洁精二瓶 5.80 元。

心痛片一瓶 1.10 元。

复隆片一瓶 2.50 元。

药膏二张 2.00 元。

牙签二把 1.00 元。

10 月 2 日

菜 1.50 元、梨枣 4.00 元、饼子 1.00 元,共 6.50 元。

10 月 3 日

饼子 1.00 元、牛奶 3.00 元,共 4.00 元。

菜 3.00 元、面条 1.00 元、咸菜 1.00 元,共 5.00 元。

10 月 4 日

西红柿 1.20 元、馍 1.00 元、电池 8.00 元,共 10.20 元。

红布 6.50 元。

10 月 6 日

订 2005 年《山西广播电视报》一年 18.00 元。

红线 0.40 元、柿子 3.00 元、共 3.40 元。

馍 1.00 元。

10 月 8 日

预〈交〉缴电费 50 元。

煤气费 50 元。

牛奶 3.00 元。

凉菜等 6.20 元。

啤酒二瓶 1.50 元。

10 月 10 日

染发 10.00 元。

给大方买桔子 7.00 元。

各种花生五袋 10.00 元。

馍 1.00 元。

醋 1.20 元、泡泡糖 3.00 元,共 4.20 元。

〈像〉胶卷一个 20.00 元。

面皮 1.20 元。

菜 0.70 元。

开心菜一斤 1.00 元。

二院电费 18.00 元。

菜 5.00 元。

速冻饺子 3.80 元。

八宝粥 1.80 元。

伊利 5.00 元。

鲜橙汁五瓶 8.50 元。

蛋糕 3.00 元。

去天津共支出 1 000 元。

10 月 26 日

回太原买牛奶 3.00 元、啤酒 4.00 元,共 7.00 元。

菜 3.70 元。

电煤除去重房 0.70 元。

桔子、柿子 5.00 元。

10 月 27 日

二院取暖费 683.00 元。

香菇、黄瓜、豆腐 3.50 元。

10 月 28 日

冬季〈掩〉腌菜 5.60 元。

火腿肠 2.90 元。

盐、醋、酱油 4.00 元。

各种菜、茄子、西〈胡〉葫[芦]0.60 元。

山广〈播〉报 6.00 元。

地螺丝 3.00 元。

红萝卜、苹果 1.00 元。

榨菜 1.00 元。

茴子白 1.80 元。

洋姜 4.00 元。

芥头 7.00 元。

葡萄 7.70 元。

雪里〈红〉蕻 34.00 元。

长山药 5.00 元。

本月工资及补助(中秋100元),共1 500元,总收入1 500元。

家庭开支2 114.70元,总支出2 114.70元。

结存－614.70元。

11月1日

牛奶3.00元、馍2.00元,共5.00元。

肉丝、茄子、豆浆共4.80元。

筒啤酒5.20元。

菜2.30元、灯泡1.30元,共3.60元。

11月4日

药7.10元。

馍2.00元、菠菜0.50元、油菜0.50元、芥菜1.0元、香蕉6.00元、尖椒0.50元,共10.50元。

11月7日

馍1.00元、豆浆1.00元,共2.00元。

枣10.00元。

花生5.00元。

11月8日

虾片6.00元。

炸酱面三袋3.00元。

绿箭3.80元。

啤酒一捆13.00元。

黄瓜0.70元。

苤〈兰〉蓝0.40元、烧纸3.00元,共3.40元。

牛奶3.00元。

缝纫3.00元。

菠菜0.50元。

11月9日

干荔枝二次22.00元。

葡萄干10.00元。

姜蒜5.00元。

花椒、大料4.00元。

爆米花1.00元。

味精、料酒、虾皮17.00元。

面条1.00元、萝卜1.00元,共2.00元。

11月10日

馍1.00元。

香菇1.40元。

11月12日

排骨32.00元。

肉馅19.00元。

豆腐3.00元。

黄瓜1.10元。

鸡蛋5.20元。

预〈交〉缴电话费100元。

馄饨2.00元、■■0.50元,共2.50元。

11月17日

白菜0.50元。

豆浆1.00元、牛奶3.00元,共4.00元。

染头10.00元。

林喜■之子结婚礼金5.00元。

11月19日

电池4.00元、豆腐0.80元,共4.80元。

干荔枝20.00元。

黄瓜二十1.50元。

豆芽0.20元、苤〈兰〉蓝0.70元,共0.90元。

瓜子1.00元。

电池4.00元,洗照片12元,共16.00元。

盐1.00元,又洗照片、塑封1张,共3.90元。

11月20日

邮票4.00元、剪刀4.00元,共8.00元。

桔子5.00元。

11月21日

洗照片2.00元。

八宝粥二筒、豆浆,共13.30元。

2004年卫生费6.00元。

秋裤一条10.00元。

茄子、菠菜、胡芹共1.90元。

馍1.00元。

牛奶3.00元。

11月25日

各种生活用品13.30元。

本月工资1 300元,五号楼12月、1月600元,总收入1 900元。

家庭支出9.50元,总支出9.50元。

结存950元。

12月1日

饰品14.00元。

香菇、苹果3.00元。

西〈胡〉葫[芦]、白菜3.00元。

馍2.00元。

醪糟1.00元。

12月8日

音乐二班报名费(2005年)35.00元。

豆浆1.00元。

鸡腿13.30元。

香菇19.20元。

木耳14.50元。

12月9日

饼子、花生8.00元。

豆浆、红布11.50元。

茄子、韭菜2.00元。

12月10日

洗〈像〉相17.60元。

葡萄干6.00元。

烤红薯2.00元。

邮票10.00元。

12月13日

二院电费12.00元。

过道电费12.10元。

豆腐、腐干2.00元。

花生5.00元。

莲菜、黄瓜、菠菜共2.10元。

12月15日

面皮1.20元。

吕畅化验[费]7.00元。

早餐二人6.00元。

馍2.00元、牛狗2.00元,共4.00元。

12月19日

豆浆1.00元、肉馅10.10元。

韭菜1.80,黄瓜、莲菜,共2.90元。

12月23日

二院水费6.00元。

牛奶3.50元。

鸡蛋5.60元。

花卷1.00元。

12月26日

手机卡费140.00元。

染发10.00元。

菜、贡橘共6.00元。

生活用费51.00元。

本月工资1 324元,发2004年取暖费900元,生活补助100元。实收2 300元。家庭支出450元。结存1 850元。

2005年

1月1日

大米十公斤38.00元。

面粉十公斤16.00元。

二院四季度卫生费6.00元。

豆浆、馄饨3.00元。

四海〈多〉色拉油一桶32.90元。

修盆7.00元。

馍2.00元。

菜2.50元。

葡萄干10.00元。

白胡椒粉2.80元。

紫金花、卷纸8.00元。

晚饭1.60元。

啤酒四筒8.00元。

露露一箱24.00元。

又啤酒二筒4.00元。

小毛驴火锅110.00元。

打的14.00元。

1月3日

任静琴寿诞[随礼]100元。

1月5日

柳叶面1.10元。

鸡〈脯〉胸肉8.50元。

烧肉30.00元。

猪肉片24.00元。

啤酒一捆加四筒21.00元。

吃饭、豆浆4.60元。

1月7日

晚饭包子1.00元。

修气管2.00元。

娃娃菜、莲菜3.90元。

白菜、馍4.20元。

牛奶、豆浆2.60元。

1月9日

红豆粥、饼子1.50元。

1月10日

吕大成出国考察。

1月14日

白糖5.00元。

花生5.00元。

豆腐2.50元。

饼干3.50元。

开心果、开口松子、开口杏仁、瓜子共65.00元。

贡橘子8.00元。

早餐2.00元。

1月14日

包子、豆浆2.00元。

水管手工35.00元。

包子1.00元。

醋2.30元。

蒜2.60元。

南瓜0.90元。

1月16日

豆浆、包子1.50元。

牙膏、香皂21.20元。

八宝粥、米一袋2.40元。

苗子白、菠菜1.00元。

香菇2.50元。

瓜子、山楂糖6.50元。

1月18日

迎泽皂4.00元。

豆浆、包子2.00元。

1月20日

唐都烧肉16.40元。

菜7.00元。

酱牛肉31.80元。

包子、豆浆2.00元。

午饭5.00元。

修车1.00元。

萝卜2.00元。

春联1.00元。

香蕉片、瓜子13.00元。

香蕉1.30元。

1月21日

豆浆、包子2.00元。

酱牛肉、豆浆、萝卜丝12.40元。

豆腐、蔬菜4.80元。

1月27日

酒枣、包子6.00元。

1月28日

退回水管25.00元。

1月29日

邮票4.00元。

豆浆、包子2.00元。

鸡蛋9.00元。

铁球1.50元。

早餐、饼子、火腿肠、麻花共17.00元。

菜、面条、饼丝共6.10元。

菜1.20元。

本月提工资1 500元,五号楼2、3月房租600元,总收入2 100元。

家庭开支870元,总支出870元。

结存1 230元。

2月1日

三个孩子的压岁钱600元。

林楠儿子100元。

染发10.00元。

丸子6.00元。

豆浆、包子、花卷共3.00元。

2月3日

晚饭1.80元。

豆浆、邮票2.60元。

杂工擦玻璃共40.00元。

豆浆、包子2.00元。

燕麦片13.00元。

2月4日

煤气50.00元。

〈卢〉芦柑17.00元。

苹果4.00元。

贡橘9.00元。

豆腐5.00元。

腐干、莲菜4.00元。

豆子1.20元。

2月6日

小鸡腿13.00元。

粉条3.00元。

小馍5.00元。

猪肉、排骨69.00元。

梨4.00元。

葡萄一箱13.00元。

西芹1.80元。

苗子白4.50元。

花生米2.00元。

2月7日

料酒2.00元。

洋葱1.00元。

心里美[①]2.00元。

豆芽、■菜4.00元。

菠菜1.50元。

莴笋1.00元。

酱油0.50元。

馍片、蛋糕17.00元。

花馍五包9.00元。

鲜橙多5.50元。

2月8日

芙蓉酒家173元。

2月9日

牧羊人213元。

青岛啤酒21元。

---

① 一种萝卜。

烟5.00元。

大方还回5 000元，存入银行。

过年大方给200元。

大成给500元。

2月10日

可乐一筒4.50元。

2月12日

带孩子们去迎泽公园玩：打的14.00元、碰车14.00元、棉花糖1.00元、打〈把〉靶1.00元、电动玩■16.00元。

阳阳去大同给〈交〉缴手机[费]100元。

醋1.20元。

2月13日

韭菜、豆芽2.60元。

家醋1.20元。

2月16日

二院电费18.00元。

洗〈像〉相、发信16.9元。

2月18日

又洗放〈像〉相4.00元。

降压药4.70元。

豆浆1.00元。

2月22日

楼道电费5.24元。

2月23日

豆浆1.00元。

修鞋6.00元。

豆浆、饭4.00元。

2月27日

馍1.00元。

豆浆1.00元。

2月28日

生活开支16.76元。

二月提工资1 400元，过年单位补助200元，补发生活补助200元，总收入2 100元。

家庭开支950元，总支出950元。

结存600元。

3月1日

菜7.70元、黄瓜2.20元、长山药2.20元，共12.10元。

白菜0.70元，腐干、豆芽1.50元，共2.20元。

蘑菇、香菇3.30元。

葡萄5.00元。

主食6.60元。

药■3.00元。

牛奶3.50元。

面包4.00元。

3月2日

电池4.00元。

鸡翅10.00元。

梨5.00元。

豆腐1.00元。

红豆粥1.50元。

3月3日

包子6.00元。

菜0.60元。

小盆二个4.00元。

豆芽、腐干1.00元。

葡萄5.00元。

莴笋、蒜〈苔〉薹3.90元。

柿〈角〉椒、胡芹2.80元。

小西红柿3.60元。

牛奶1.00元。

3月4日

去大方家。

又面包一组3.50元。

面包3.50元。

面皮二个2.40元。

牛奶2.00元。

糖〈胡〉葫[芦]3.00元。

菜、豆浆8.40元。

3月8日

二院水费12.00元。

染发10.00元。

豆浆、馍3.00元。

腐干2.00元。

梨4.00元。

葡萄、小西红柿8.50元。

〈桐〉茼蒿0.50元。

西兰花、柿〈角〉椒4.00元。

黄瓜、盐2.80元。

牛奶3.50元。

油菜4.00元。

3月12日

猪肉二斤、排骨二斤五两，共37.30元。

豆浆1.00元。

鸡蛋5.00元。

预〈交〉缴电话费200元。

3月13日

手表电池5.00元。

3月15日

荸荠3.00元。

面包、盐共2.50元。

包子3.00元。

油菜、香菇2.50元。

西兰花2.00元。

葡萄、小西红柿共7.50元。

面皮2.40元。

牛奶3.50元。

腐干1.00元。

3月16日

红糖2.00元。

香蕉、蜜桂共8.00元。

味精、料酒共8.00元。

饼干、豆芽4.00元。

韭菜、西〈胡〉葫[芦]1.50元。

包子1.00元。

3月17日

牛奶五袋3.50元。

面皮2.40元。

小西红柿4.00元。

蘑菇0.90元。

莲菜0.80元。

冬瓜0.90元。

修鞋7.00元。

3月19日

牛奶2.10元。

面包3.00元。

〈交〉缴手机费40.00元。

面皮2.40元。

3月21日

蒜〈苔〉薹、西〈胡〉葫[芦]共4.50元。

香菇1.50元。

早点、面皮7.50元。

3月23日

面包、牛奶6.00元。

醋、腐干、腐丝共3.70元。

各种菜12.00元。

葡萄、荸荠共7.00元。

西红柿2.30元。

3月24日

肉丝8.50元。

面包、酸奶7.20元。

包子2.00元。

本月工资1 400元,总收入1 400元。

家庭支出640元,总支出640元。

结存760元。

4月1日

二院一季度卫生费6.00元。

各种菜12.00元。

饼子三次6.00元。

奶3.50元。

紫金花卫生纸8.00元。

矿泉水2.00元。

4月2日

面皮二个2.40元。

自行车脚蹬一个3.00元。

墩布一把5.00元。

包子1.00元、饼子2.00元,共3.00元。

4月4日

老豆腐二次3.00元。

挂面一支3.20元。

饼干、瓜子7.50元。

饼子、面皮、腐干、腐皮,共5.20元。

黄瓜1.50元。

莲菜1.00元。

4月5日

面包、面皮、鸡蛋、早点共21.60元。

4月7日

白糖5.00元、粉面2.50元,共7.50元。

豆腐0.50元、香菇1.00元,共1.50元。

香椿1.00元。

4月9日

可口可乐4.50元。

梨、香菇共7.00元。

茄子、香椿、饼子共5.50元。

早点2.00元。

又香椿2.00元。

茄子2.90元。

莴笋、面包5.00元。

4月12日

酱油0.70元。

面皮2.40元。

4月13日

肝4.70元。

莴笋2.30元。

西〈胡〉葫[芦]1.50元。

预〈交〉缴煤气费100元。

本月用费66.60元。

4月14日

香蕉3.00元、西红柿2.20元、南瓜0.70元,共5.90元。

芝麻饼1.60元、饼子2.00元、江米条2.00

元，共 5.60 元。

4 月 15 日

3—4月电费21.00元。

面皮一个 1.20 元。

4 月 16 日

茄子、面皮、馍、韭菜共 7.20 元。

4 月 19 日

面皮、豆浆 2.1 元。

排骨、荷兰豆 28.20 元。

各种菜 6.20 元。

面皮 1.20 元。

4 月 22 日

染发 10.00 元。

4 月 23 日

豆浆、面皮、黄瓜、西红柿、馍、饼子 17.30 元。

4 月 25 日

生活支出菜 4.80 元。

4 月 27 日

菜、主食共 4.50 元。

4 月 28 日

鸡蛋 6.20 元。

黄瓜、馍共 2.00 元。

4 月 29 日

女外套一件 39.00 元。

牛奶三袋 2.10 元。

小鸡腿 11.00 元。

香油、芝麻酱 10.00 元。

凉粉、黄瓜、海带 4.70 元。

4 月 30 日

生活开支牛奶、馍、菜共 15.40 元。

本月提工资 1 500 元，五号楼 4、5 月房租 600 元，总收入 2 100 元。结存 750 元。

5 月 1 日

百事可乐 4.50 元。

青啤二瓶 6.00 元。

5 月 2 日

莴笋 1.70 元、芝麻酱 3.00 元，共 4.70 元。

小西红柿、水萝卜共 3.00 元。

洗衣粉 5.00 元。

西〈胡〉葫［芦］1.70 元、早［点］1.00 元，共 2.70 元。

面皮 2.40 元、香椿 0.50 元、红薯 1.40 元、梨 2.30 元，共 6.60 元。

5 月 3 日

面皮 2.40 元、奶 2.10 元、馍 1.00 元、瓜子块 1.00 元，共 6.50 元。

邮票 4.00 元、茶叶 7.00 元，共 11.00 元。

5 月 7 日

3—4 月水费三吨 18.00 元。

豆浆、瓜子、菜等 9.00 元。

5 月 8 日

早点 1.00 元、包子 1.00 元、牛奶 4.40 元，共 6.40 元。

馍 1.00 元、豆浆 0.50 元、面皮 2.40 元，共 3.90 元。

5 月 11 日

土豆 4.00 元、菠菜 0.50 元，共 4.50 元。

蒜 2.00 元、黄瓜 0.90 元，共 2.90 元。

玩具 5.00 元。

香蕉 3.00 元。

甜橙、豆浆，共 3.00 元。

5 月 12 日

补车胎 5.00 元。

豆浆、面皮、馍等各种共 4.40 元。

牛奶三袋 2.10 元。

紫菜一包 3.00 元、姜 4.00 元、各种酱 3.00 元，共 10.00 元。

黄瓜 1.00 元、蜜枣 10.00 元，共 11.00 元。

面皮 2.40 元。

5 月 19 日

口琴一支 20.00 元。

上衣一件 35.00 元。

豆浆 1.00 元、早点 1.00 元，共 2.00 元。

江米、玉面共 9.00 元。

鸿宾楼饼子 3.00 元。

5 月 21 日

黄瓜 1.00 元、苹果 3.00 元，共 4.00 元。

粽叶 4.00 元、茄子 3.30 元，共 7.30 元。

凉粉 1.00 元、萝卜 0.70 元，共 1.70 元。

豆浆 1.00 元。

5月23日

馍 1.00 元、豆浆 1.00 元、莲菜 1.00 元,共 3.00 元。

又粽叶 1.70 元、白兰瓜 7.80 元,共 9.50 元。

凉粉 1.00 元、黄瓜 1.00 元,共 2.00 元。

5月25日

2005 年有线电视收视费 144 元。

牛奶 2.10 元、馄饨 2.00 元,共 4.10 元。

馍 1.00 元、啤酒 13.00 元,共 14.00 元。

注射器 1.00 元。

5月28日

早晚饭 2.50 元。

又江米 2.3 斤 4.00 元。

伊丽莎白烟 4.00 元。

又伊丽莎白烟 6.00 元。

西红柿、黄瓜 2.80 元。

牛奶 2.10 元。

菠菜、莴笋 2.10 元。

5月31日

生活用费 12.90 元。

补江米 2.00 元。

豆浆 0.50 元。

稀饭、花卷 1.00 元。

本月取工资 1 500 元(滚动 1—5 每月 20 元,共 100 元),总收入 1 500 元,实发 1 574.50 元工资。

家庭开支 450 元,总支出 450 元。

结存 1 050 元。

6月1日

牛奶 2.10 元、晚饭 1.00 元,共 3.10 元。

凉粉 1.00 元、小西红柿 2.20 元,共 3.20 元。

伊丽莎白烟 5.00 元、面皮 2.40 元,共 7.40 元。

饼干、瓜子 7.50 元、豆腐 0.90 元,共 8.40 元。

大蒜 3.00 元、黄瓜 0.90 元、饼子 0.50 元,共 4.40 元。

6月7日

馍 1.00 元、牛奶 2.10 元、豆浆 0.50 元,共 3.60 元。

粽叶 1.00 元。

手机话费 70.00 元。

6月9日

凉粉 1.00 元、黄瓜 0.50 元、牛奶 2.10 元、冰糕 3.00 元,共 6.60 元。

菜 3.00 元。

面皮 2.40 元、馍 1.00 元,共 3.40 元。

又江米、粽叶共 6.00 元。

蜜枣 2.50 元。

餐巾纸、红豆馅 10.20 元。

虾片 3.20 元。

6月11日

牛奶 2.80 元。

面皮 2.40 元。

染发 10.00 元。

凉粉 1.00 元、黄瓜 0.40 元、腐干 1.00 元,共 2.40 元。

西〈胡〉葫[芦]、茴子白共 1.50 元。

馍 1.00 元、饼丝 0.50 元,共 1.50 元。

6月13日

入环保废电池卡 10.00 元。

牛奶 1.40 元。

6月16日

辣椒末 2.20 元。

饼丝 0.50 元、咸菜 1.00 元、腐干 1.00 元,共 2.50 元。

豆角 1.50 元、苦瓜 0.50 元、面皮 2.40 元,共 4.40 元。

6月17日

电费 18.00 元。

面皮二个 2.40 元,牛奶 2.80 元,共 5.20 元。

早点 1.00 元、■■ 1.00 元,共 2.00 元。

冰糕十支 3.50 元。

6月18日

白糖 3 kg、糖花生豆 11.00 元。

黄瓜 0.70 元、腐干 1.00 元、毛豆 2.00 元,共 11.00 元。

豆角 0.70 元、餐点 1.00 元,共 1.70 元。

6月20日

牛奶 2.80 元、冰糕

3.50 元，共 6.30 元。

早晚饭 4.00 元。

面皮 2.40 元。

6 月 22 日

小西红柿 2.00 元、苦瓜，共 2.00 元。

黄瓜、油菜 1.30 元。

白腐干、馍共 2.00 元。

老豆腐、面皮、■■■共 5.00 元。

6 月 30 日

生活支出（大成三人吃饭）51.80 元。

二院 6 月份水费 6.00元。

油桃 3.00 元、苦荞面 3.00 元，共 6.00 元。

苦瓜、毛豆、西红柿共 3.60 元。

瓜子 2.00 元、百事可乐二小瓶，共 7.20 元。

虾一斤 17.00 元。

桃子 3.00 元、鲜荔枝 4.00 元、共 7.00 元。提工资，补生活补差 120.00 元，共 1 600 元。五号楼夏季福利 160.00 元。总收入 1 900 元。

家庭开支 3 000 元。

结存 1 600 元。

7 月 1 日

豆浆 0.50 元、面皮 2.40 元，共 2.90 元。

二院二季度卫生费 6.00 元。

早点 2.00 元、面皮 2.40 元，共 4.40 元。

发糕 1.50 元、早点 1.00 元，共 2.50 元。

7 月 3 日

馍 1.00 元、早点 1.00 元、面皮 2.40 元，共 4.40 元。

冰糕 3.50 元、菜 2.70 元，共 4.20 元。

7 月 5 日

面皮 2.40 元、毛豆 2.20 元，共 4.60 元。

各种菜 4.00 元。

又毛豆 1.20 元。

早点二次 2.00 元。

成语词典 2.50 元。

油桃 3.00 元。

大豆 2.00 元、早点 1.00 元，共 3.00 元。

7 月 8 日

脆皮蛋糕 5.00 元。

面皮 2.40 元。

面皮、牛奶 5.20 元。

五号楼煤气 50.00 元。

大豆 2.00 元。

西红柿 2.00 元。

黄瓜、芥菜油1.50元。

牙膏 1.50 元。

7 月 11 日

面皮 2.40 元。

面皮2.40元、馍1.00 元，共 3.40 元。

7 月 13 日

面皮 2.40 元。

7 月 14 日

凉粉 1.00 元。

黄瓜、南瓜、柿子、茴子白，共 4.00 元。

7 月 15 日

西瓜 8.40 元。

7 月 16 日

面皮二个 2.40 元。

又西瓜 8.50 元。

早点二次 2.00 元。

油桃三斤 3.00 元。

鸡块 8.00 元。

咸菜 1.00 元、大豆 2.00 元，共 3.00 元。

7 月 17 日

第三次西瓜 5.50元。

面皮 2.40 元。

7 月 18 日

订 2005 年—2006 年 7 月《三晋都市报》156 元。

唐都外卖 14.00 元。

早点 1.00元。

面皮 2.40 元。

7 月 19 日

早点 1.00 元、豆腐 1.00 元、面皮 2.40 元，共 4.40 元。

西红柿 2.00 元、又西瓜 4.50 元，共 6.50 元。

修理电路手工 60.00 元。

牛奶 2.80 元。

闸盒、接线及线灯 140.00 元。

染发（6 月 11 日染）10.00 元。

7 月 21 日

面皮 2.40 元、苦瓜

1.00 元,共 3.40 元。

油桃 2.00 元、黄瓜 1.50 元,共 3.50 元。

豆角 1.00 元、茴子白 0.50 元、大豆 2.00 元,共 3.50 元。

7 月 23 日

冰糕十支 3.50 元。

上衣一件 15.00 元。

豆角 1.00 元、面皮 2.40 元,共 3.40 元。

猪肉二斤 15.00 元。

凉粉 1.00 元、早点 1.00 元、挂号 3.80 元,共 5.80 元。

7 月 30 日

面皮 2.40 元,焖面 0.70 元,菜 1.80 元,馍 1.00元,啤酒、可乐 25.00 元,饼子、面皮 3.40 元,大豆、馄饨,共 55.50 元。

本月支取工资 1 600 元,五号楼 7、8 两月房租 600 元,总收入 2 200 元。

家庭开支 700 元,总支出 700 元。

结存 1 500 元。

8 月 1 日

排骨 38.00 元。

四海色拉油一桶 30.50 元。

早点 1.00 元、毛豆 2.00 元、面皮 2.40 元,共 5.40 元。

酱油、盐各一,2.00 元。

艾〈捲〉卷 3.00 元。

西瓜又 7.80 元。

西红柿、土豆 3.00 元。

菜、苦瓜 3.50 元。

葡萄 5.00 元。

油桃 2.00 元。

豆腐、冬瓜 2.00 元。

香菇 2.00 元。

8 月 2 日

鸡蛋 8.80 元。

〈托〉拖鞋 2.00 元。

面皮 2.40 元。

五号楼 2005 年 1 月—2005 年 12 月房租 346.80 元。

8 月 3 日

爆米花二次 8.50 元。

早点 1.00 元、面皮 2.40 元,共 3.40 元。

豆角 1.00 元、胡芹 0.50 元、柿〈角〉椒 0.50 元,共 2.00 元。

玉米二个 1.20 元。

裤〈叉〉衩 2.00 元。

8 月 4 日

西瓜 4.50 元。

8 月 5 日

拖鞋 4.00 元。

大青虾、青蛤 18.00 元。

爆米花 3.50 元。

葡萄 4.00 元。

平菇、萝卜、荷兰豆各 1.00 元,毛豆 1.60 元,共 4.60 元。

冬瓜、菜 2.80 元。

8 月 6 日

面皮 2.40 元、早点 1.00 元,共 3.40 元。

牛奶 2.10 元。

熟肉 20.40 元。

面条 2.00 元、黄豆 0.50 元,共 2.50 元。

糖蒜、咸菜 2.20 元。

黄瓜、莲菜 2.30 元。

豆芽、玉米 1.30 元。

8 月 8 日

背心二件 10.00 元。

发卡一个 3.00 元。

大蒜 2.00 元,花椒、大料,共 7.00 元。

3 千克糖 2.80 元。

豆浆 0.60 元。

8 月 10 日

面皮 2.40 元、爆米花 3.5 元,共 5.90 元。

面皮 2.40 元、西瓜 6.00 元,共 8.40 元。

牛奶 2.10 元、早点 1.00 元,共 3.10 元。

8 月 12 日

鸡精、味精共 17.20 元。

黄瓜 1.00 元、南瓜 1.40 元、玉米 1.20 元,共 3.60 元。

8 月 13 日

包子 1.00 元、早点 1.00 元,共 2.00 元。

8 月 15 日

修车 15.00 元。

西红柿 1.40 元。

烧纸 5.00 元。

早点、饼子 2.00 元。

8 月 17 日

6—8 月电费 19.00 元。

面皮 2.40 元。

牛奶 2.10 元。

面皮 2.40 元、玉米 2.00 元,共 4.40 元。

南瓜 1.20 元。

毛豆 1.50 元。

面皮 2.40 元。

葡萄 3.00 元。

豆角、西红柿 3.00 元。

饼子 1.00 元,辣椒、茴子白,共 2.50 元。

8 月 20 日

小果子 3.00 元、面条 0.60 元,共 3.60 元。

牛奶 2.10 元。

8 月 22 日

灯泡 2.00 元、马字 1.00 元,共 3.00 元。

茄子 1.10 元、黄瓜 1.80 元,共 2.90 元。

馍 1.00 元、面皮 2.40 元,共 3.40 元。

牙膏 2.50 元、洗头膏 5.80 元,共 8.30 元。

8 月 23 日

包子、稀饭 1.50 元。

各种菜 3.00 元。

玉米 2.00 元。

牛奶 3.50 元。

咸菜 1.00 元、小菜子 2.40 元,共 3.40 元。

面皮 2.40 元、黄瓜莲菜 3.00 元,共 5.40 元。

8 月 25 日

小勺 1.00 元、扣线 0.40 元,共 1.40 元。

面皮 2.40 元,榨菜、方便面,共 2.50 元。

土豆 2.00 元、豆角 1.00 元、玉米 1.00 元,共 4.00 元。

8 月 27 日

二院 7—8 月水费 12.00 元。

酱牛肉 12.60 元。

啤酒一捆 20.00 元。

虾片 3.00 元、料包 4.00 元,共 7.00 元。

洗头膏二大筒 19.80 元。

凉粉、豆腐、豆芽共 2.50 元。

生活用 21.80 元。

本月提工资 1 600 元,五号楼房租 600 元,总收入 2 200 元。

家庭开支 800 元,总支出 800 元。

结存 1 400 元。

9 月 1 日

速冻饺子 4.00 元。

预〈交〉缴电话费 100.00 元。

手机费 50.00 元。

馍 1.00 元。

早点 1.00 元、毛豆 1.00 元、月饼 9.00 元,共 11.00 元。

面皮 2.40 元、巧克力豆 2.00 元,共 4.40 元。

大米十公斤 36.00 元。

黄瓜、茄子共 1.80 元。

9 月 3 日

月饼(雪山冷饮) 32.50 元。

面皮 2.40 元、牛奶 3.50 元,共 5.90 元。

9 月 4 日

百事可乐 5.00 元。

玉米 1.00 元、菜 3.00 元,共 4.00 元。

凉菜 5.60 元。

9 月 5 日

毛豆 2.00 元、豆浆 1.00 元,共 3.00 元。

大豆、瓜子仁共 4.00 元。

9 月 6 日

饼子、馍共 2.00 元。

玉米 1.20 元、毛豆 2.00 元,共 3.20 元。

面皮 2.40 元、苤〈兰〉蓝 0.70 元,共 3.10 元。

鸡蛋 8.00 元。

9 月 8 日

面皮 2.40 元、玉米 2.00 元,共 4.40 元。

染发 10.00 元。

早点 1.00 元。

9 月 11 日

面皮 2.40 元、豆浆 1.00 元,共 3.40 元。

冰糕十支共 3.50 元。

9月12日

黄瓜0.90元、鸭蛋5.00元、咸菜1.00元,共6.90元。

预〈交〉缴五号楼煤气费50.00元。

小果子2.00元、石榴6.00元,共8.00元。

枣2.00元。

豆角、西红柿共2.20元。

9月13日

葡萄4.50元。

牛奶3.50元、苹果2.00元,共5.50元。

又拖鞋一双2.00元。

面双眼皮2.40元、梨5.00元,共7.40元。

调料2.00元、杏仁2.00元,共4.00元。

杏仁2.00元。

9月15日

馍1.00元、豆浆1.00元、面条0.60元,共2.60元。

茄子1.00元、枣2.40元,共3.40元。

西〈胡〉葫[芦]0.60元、白菜2.00元,共2.60元。

良鱼一斤35.00元。

可乐二筒10.00元。

面皮、豆浆3.40元。

9月18日

聚餐午饭(大方报)10.00元。

饼干、大豆共7.00元。

白菜2.00元。

面皮、豆浆、馍共4.40元。

9月19日

豆浆1.00元、面皮2.40元,共3.40元。

9月22日

馄饨2.50元、早点1.00元,共3.50元。

包子、稀饭共1.50元。

9月24日

螃蟹20.00元。

香菇2.00元、灯泡1.50元,共3.50元。

冬瓜、莲菜2.00元。

大辣椒、小西红柿、菠菜共2.00元。

菜花0.40元、黄瓜0.50元,共0.90元。

三季度卫生费6.00元。

9月26日

豆浆3.00元。

面皮2.40元。

晚饭二次3.80元。

面条1.30元。

家用19.00元。

本月支取工资1 600元,总收入1 600元。

家庭支出540元,总支出540元。

结存1 060元。

10月1日

排骨30.00元。

修车4.00元。

酵母片0.30元。

冬瓜、南瓜1.20元。

黄瓜、菠菜1.20元。

爆米花3.50元。

香菇1.00元。

10月3日

预〈交〉缴煤气费50.00元。

馍1.00元。

榨菜4.00元、牛奶3.50元,共7.50元。

10月4日

茄子、西红柿1.30元。

豆腐、豆芽1.00元。

腐干1.00元。

青桔子2.60元。

豆浆、豆腐2.50元。

豆角、菜等3.50元。

10月7日

唐都外卖(啤酒、菜)18.00元。

豆浆2.00元。

馍1.00元、包子2.00元,共3.00元。

又豆浆1.00元。

小米五斤、玉面二斤,共10.0元。

10月13日

豆浆1.00元、艾棒3.00元,共4.00元。

柳叶面1.20元、创可贴1.00元,共2.20元。

白猫洗涤剂一瓶2.80元。

小柿子2.00元、冬瓜1.00元、黄瓜1.00元,共4.00元。

红薯、土豆共计3.80元。

10月15日

〈交〉缴二院电费17.00元。

10月16日

豆浆1.00元、馍1.00元，共2.00元。

送林田鸡蛋挂面37.00元。

牛奶3.50元、花生米4.20元，共7.70元。

胡萝卜0.50元、饼子1.00元，共1.50元。

10月19日

订2006年《山西广播电视报》二份18.00元。

南瓜0.56元、豆浆1.00元、面皮2.40元，共约4.00元。

晚饭、豆浆共2.00元。

芥菜、苤〈兰〉蓝共2.60元。

10月23日

又收电话费100元。

十月二院水费6.00元。

吃饭2.00元、柿子3.00元，共5.00元。

板栗、花生米、豆浆、饼子共10.00元。

蒜〈苔〉薹、■菜共1.70元。

豆角、黄瓜6.00元。

10月25日

豆浆1.00元、饼子1.00元，共2.00元。

鸡腿12.00元。

烧纸4.00元。

洋姜3.60元。

西红柿3.50元。

盐1.00元、饼子1.00元、苤〈兰〉蓝1.20元，共3.20元。

10月28日

大葱14.00元。

创〈口〉可贴0.50元。

10月29日

馍1.00元。

面条2.40元、黄瓜1.70元，共4.10元。

鸡腿15.00元。

染发10.00元。

爆米花3.50元。

豆浆1.00元。

白菜1.10元。

本月提工资1 600元，总收入1 600元。家庭支出444元。结存1 156元。

11月1日

二院暖气费744.90元。

馍1.00元、豆浆2.00元、面条1.20元，共4.20元。

贡橘9.00元、面皮2.40元，11.40元。

茴子白5.80元、红萝卜3.00元，共8.80元。

11月5日

去医院花篮50.00元。

香蕉16.00元。

礼品三样校106元。

大成给35元。

11月6日

地溜9.00元。

粉条6.40元。

紫心萝卜、辣椒1.50元。

饼子1.00元、豆浆2.00元，共3.00元。

小菜饭3.00元。

羊肉9.00元。

糖蒜、料酒、盐4.50元。

11月8日

板栗、大豆10.00元。

豆豉、豆浆共2.00元。

酱油1.00元，油菜、豆角3.00元，共4.00元。

贡橘4.00元。

花椒2.00元。

豆浆1.00元。

11月11日

饼子1.00元、豆浆2.00元，共3.00元。

山楂片1.00元、冬瓜0.70元，共1.70元。

莴笋1.80元、茄子2.00元，共3.80元。

洋葱0.30元、柿〈角〉椒0.60元，共0.90元。

11月12日

馄饨二个4.00元。

芝麻饼、面包共5.20元。

11月14日

豆浆4.00元、豆腐1.00元,共5.00元。

可乐一瓶2.50元。

青岛啤酒一箱38.00元。

茶叶二两7.00元。

11月16日

豆浆、馍2.00元。

花生米10.00元。

虾皮15.00元。

心里美0.80元。

豆浆、饼子5.00元。

红薯3.00元。

11月20日—24日

豆浆4.00元。

鸡蛋、燕麦片10.00元。

11月24日

大方代购浴霸200元。

11月25日

微波炉268元。

11月28日

馍1.00元、面皮1.20元,共2.20元。

剪纸21元。

酱油醋3.20元。

豆角、蘑菇4.20元。

柿子、面条共2.20元。

豆浆4.00元。

饼子1.00元。

各种菜2.50元。

本月提工资1 600元,五号楼房租(11、12月)600元,总收入2 200元。

家庭开支780元,总支出780元。

结存1 420元。

12月1日

豆浆2.00元。

12月5日

豆浆2.00元。

鲜桂〈园〉圆5.00元。

贡橘5.00元。

带鱼5.00元。

冬瓜、辣椒2.00元。

酱油、香菇、土豆共3.70元。

小可乐二瓶、盐一袋共6.00元。

预〈交〉缴煤气费50.00元。

预〈交〉缴手机费50.00元。

豆浆馍4.00元。

12月7日

修煤气灶20.00元。

醪糟1.00元、面条1.00元、豆浆1.00元、饼子1.00元,共4.00元。

12月9日

饼子1.00元。

豆浆1.00元。

裤料手工50.00元。

花布二米6.00元。

12月10日

豆浆1.00元。

饼子1.00元。

小〈代〉袋特一粉(特制一等小麦粉)15.00元。

巧克力豆4.00元。

冻饺子17.50元。

12月12日

染发10.00元。

豆浆、饼子、馍共5.00元。

各种菜3.50元。

12月15日

肉丝16.00元。

蜂蜜一瓶8.00元。

刀削面1.00元。

稀饭、饼子1.00元。

12月17日

长山药4.00元。

胡萝卜1.50元。

柿饼3.50元。

白菜2.50元。

蒜4.00元。

南瓜0.90元。

胶带1.60元。

饼子1.00元。

电池1.00元。

12月18日

〈交〉缴二院电费22.00元。

豆浆1.00元。

醋1.30元。

12月21日

豆浆、馍4.00元。

二院水费6.00元。

花生10.00元。

12月25日

小桔子17.00元。

鲜桂〈园〉圆1.60元。

白菜、醋1.00元。

蒜、家用5.90元。

本月支取工资1 500元,提取暖费900元,总收入2 400元。

家庭开支380元，总支出380元。

结存2 020元。

2006年

1月1日

葡萄干12.00元。

干荔枝30.00元。

六味斋酱牛肉、肝46.90元。

豆浆1.00元、牛奶1.40元，共2.40元。

1月2日

二院四季度卫生费6.00元。

料酒一瓶1.50元。

酱豆腐1.50元。

郫县豆瓣酱1.00元。

〈卢〉芦笋2.50元。

糖蒜、酱油2.20元。

烧肉三块30.60元。

鸡蛋10.00元。

肉馅25.00元。

粉面2.50元。

白糖5.00元。

萝卜1.20元。

1月2日—6日

豆浆、饼子6.00元。

土豆3.00元。

萝卜0.70元。

又饼子、牛奶6.00元。

1月7日

花生10.00元、瓜子3.50元，共13.50元。

1月8日

桔子、梨8.00元。

豆浆1.00元。

猪肉27.00元。

红枣4.00元。

萝卜、西〈胡〉葫[芦]2.50元。

粉面2.50元。

豆浆、馍2.00元。

1月16日

腊肠11.00元。

豆浆3.00元。

饼子2.00元。

春联1.50元。

烤红薯1.30元。

爆米花1.00元。

1月17日

桂圆10.00元。

饼子、豆浆3.00元。

黄瓜、豆芽、腐干共3.40元。

洗洁精、胶带3.00元。

味精、杏仁、口蘑共13.00元。

〈交〉缴手机费100元。

芦柑10.00元。

鸭蛋10.00元、贡桔10.00元，共20.00元。

白菜、白萝卜共3.90元。

苹果106元。

豆瓣酱、杏仁共5.50元。

桂圆又10.00元。

剪纸花1.50元。

栗海烧肉15.60元。

白菜1.90元、芦柑10.00元、关东糖10.00元，共21.90元。

长山药7.00元、豆浆2.00元、黄豆0.80元，共9.80元。

茴子白2.80元、蒜〈苔〉薹1.70元，共4.50元。

1月22日

带鱼、兔子33.00元。

豆包4.00元。

饼子、馍4.00元。

豆浆、面条3.00元。

豌豆1.50元。

肘花43.80元。

1月25日

豆腐、馍6.60元。

桂圆又一袋10.00元。

苹果3.00元。

豆浆2.00元。

染发10.00元。

茄子、胡芹、西〈胡〉葫[芦]、蒜〈苔〉薹，共16.00元。

烤红薯3.00元。

豆角4.00元。

腐干、黄豆1.50元。

蛋卷15.00元。

豆浆2.00元。

又豆包4.00元。

八宝饭、咸菜共24.20元。

莲菜2.00元。

油菜、小西红柿共13.40元。

巧克力豆10.00元。

香蕉12.00元。

又鸭蛋10.00元。

菠菜4.00元。

1月28日

药1.00元。

庆[大]霉素一盒、维生素B一盒,共2.80元。

又(吉他霉素)三支1.50元。

请大庆一家136.00元。

大庆车费6.00元。

香蕉9.00元。

三子压岁钱600元。

1月31日

双汇、桂花共8.50元。

菜、韭菜共10.30元。

酱油、小食品共12.50元。

豆芽、萝卜1.30元。

超支18.80元。

本月提工资1 600元,单位福利200元,五号楼1—2月房租600元,总收入2 400元。

家庭开支1 700元,总支出1 700元。

结存700元。

2月1日

大方过年给200元。

大成过年给被一条。

上月生活超支18.80元。

给吕大庆500元。

预〈交〉缴电话费100元。

黄瓜1.50元。

红薯1.20元。

豆浆1.00元。

2月8日

子■家白礼1 000元。

预〈交〉缴煤气费50元。

豆浆2.00元。

馍2.00元。

2月11日

去大成家购物各种菜、馍50.00元。

又面包4.00元。

打的去省人大17.00元。

豆浆、面条、馍3.00元。

2月14日

电费22.80元。

外购元宵卡5.10元。

豆浆1.00元。

馍1.00元。

2月16日

豆浆、馍5.00元。

梨2.00元。

2月24日

牛奶2.00元。

各种菜4.00元。

馄饨2.00元。

二院水费12.00元。

菜、豆浆6.00元。

晚饭饼子2.00元。

馍1.00元。

花圈30.00元。

二院水费12.00元。

2月27日

生活费41.60元。

本月提工资1 600元,总收入1 600元。

家庭开支1 900元,总支出1 900元。

结存−300元。

3月1日

酸奶5.00元。

水果16.50元。

3月3日

面条1.00元、饼子1.00元、豆浆1.00元,共3.00元。

西〈胡〉葫[芦]1.30元、豆腐0.70元,共2.00元。

冬瓜、柿〈角〉椒等4.70元。

3月5日

袜子6.00元。

梨5.00元。

白菜、蒜〈苔〉薹、菠菜,4.00元。

豆浆3.00元。

3月8日

鸭蛋10.00元。

油菜1.00元、馍1.00元,共2.00元。

奶2.00元、肉酱5.00元,共7.00元。

蒜〈苔〉薹、柿〈角〉椒共5.00元。

西〈胡〉葫[芦]、黄瓜共3.50元。

3月9日

包子2.00元。

3月10日

风味豆豉酱二瓶

13.00 元。

豆浆、馍 3.00 元。

包子、稀饭、烤红薯 2.80 元。

五号楼煤气预〈交〉缴 50.00 元。

3 月 11 日

芦笋尖、咸菜 12.10 元。

豆腐、胡萝卜 0.70 元。

洗澡巾 2.00 元。

豆浆 2.00 元。

3 月 15 日

饼子 2.00 元、馍 1.00 元，共 3.00 元。

豆腐、菠菜、黄瓜共 2.00 元。

染发 10.00 元。

豆浆、食品共 11.00 元。

3 月 18 日

馍、菜 2.00 元。

面皮二个 2.40 元。

豆浆 2.00 元。

玉米糁、柳叶面共 2.00 元。

3 月 22 日

馍 1.00 元。

豆腐 1.30 元。

豆豉酱二瓶13.00元。

长山药 6.00 元。

豆浆 2.00 元。

3 月 24 日

卤咸菜 1.00 元。

凉菜 1.00 元。

玉米糁 1.00 元。

梨 5.00 元。

菠菜 0.50 元。

袜子 5.00 元。

馍 1.00 元。

3 月 27 日

豆浆 1.00 元。

馍、菜 2.50 元。

二院一季度卫生费 6.00 元。

3 月 30 日

豆浆 2.00 元。

又玉米糁 2.00 元。

甜橙 2.50 元。

3 月 31 日

菠菜 0.50 元。

锅巴、酸奶 10.00 元。

本月工资 1 600 元，总收入 1 600 元。

家庭开支 263 元，总开支 263 元。

结存 1 337 元。

4 月 1 日

晚饭 1.50 元。

豆浆、馍 3.00 元。

面条、粉条等4.50元。

4 月 4 日

发■1.00 元。

4 月 5 日

面皮 2.40 元、萝卜 1.00 元，共 3.40 元。

豆浆 1.00 元、馍 1.00 元、腐干 2.50 元，共 4.50 元。

豆浆 1.00 元、罐啤酒、糖，共 10.80 元。

吃饭 152 元。

香蕉、芝麻、饼，共 22.60 元。

4 月 9 日

馍1.00元、豆浆2.00元、菜0.50元，共3.50元。

阳阳车费 2.00 元。

4 月 13 日

又豆豉酱二瓶13.00 元。

绿豆面一包3.00元。

各种菜 9.00 元。

馍 1.00 元、豆浆 1.00 元，共 2.00 元。

电池 1.00 元。

黄瓜、西红柿 4.20 元。

糖类 11.50 元。

4 月 15 日

二院电费 15.00 元。

鸭蛋 10.00 元。

牙膏 2.80 元。

方便面 10.00 元。

4 月 16 日

面皮二个 2.40 元。

茶叶二两 7.00 元。

4 月 18 日

头脑四个 4.00 元。

咸菜、洋葱共 1.50 元。

4 月 20 日

豆浆 1.00 元。

面皮 2.40 元。

菠菜 0.50 元。

汉斯啤酒二筒 7.20 元。

4 月 21 日

馍 1.00 元。

包子、稀饭共1.50元。

香蕉 7.20 元。

香椿 3.40 元。

蒜 2.50 元。

黄瓜 0.80 元。

4 月 24 日

江米 10.00 元。

肘花 12.00 元。

饼子、豆浆 2.00 元。

染发 10.00 元。

锅巴、酸奶 13.00 元。

发糕 1.50 元。

4 月 26 日

〈交〉缴电话费 100 元。

4 月 27 日

美味酱油一瓶 3.50 元。

豆浆三袋 3.00 元。

花卷 1.00 元。

面皮二个 2.40 元。

黄瓜 1.00 元。

本月提工资 1 500 元,五号楼 4、5 两月房租 600 元,总收入 2 100 元。

家庭支出 500 元,总支出 500 元。

结存 1 600 元。

5 月 1 日

馍 2.00 元。

面皮四个 4.80 元。

草〈梅〉莓 5.00 元。

馍 2.00 元。

水果(香蕉、桂圆、[白]兰瓜)24.00 元。

5 月 3 日

豆浆二袋 2.00 元。

又香蕉、草〈梅〉莓 10.50 元。

西红柿 3.10 元。

茄子、冬瓜、豆角等 16.40 元。

鸡腿二斤 11.00 元。

5 月 6 日

豆浆 2.00 元。

粉条 1.30 元。

换窗纱 10.00 元。

5 月 7 日

邮票(8 毛/张)五张 4.00 元。

又豆豉酱二瓶 13.00 元。

5 月 8 日

面皮四个 4.80 元。

面条 0.60 元。

存车 0.40 元。

二院水费 6.00 元。

豆浆、饼子共 2.00 元。

5 月 9 日

豆浆 1.00 元、牛奶 2.10 元,共 3.10 元。

药 1.30 元。

瓜子、大豆共 7.00 元。

醋 0.60 元、菜 1.70 元,共 2.30 元。

发糕 1.50 元。

花卷 1.00 元、包子 1.00 元,共 2.00 元。

酸奶五盒 7.50 元。

面皮 2.40 元。

莴笋、黄瓜、西红柿共 5.40 元。

5 月 16 日

豆浆 2.00 元。

面皮 2.40 元。

味精一大袋 5.50 元。

馍 2.00 元。

点心二种 10.00 元。

5 月 18 日

蜜枣 20.00 元。

马莲 1.00 元。

莴笋 0.80 元。

白兰瓜 10.00 元。

豆浆 1.00 元。

5 月 22 日

莴笋、苦瓜、菠菜共 4.10 元。

粽叶 6.40 元。

香蕉 6.50 元。

菜 4.50 元。

5 月 24 日

肉 5.00 元。

茴子白 0.70 元。

胡萝卜、菜,3.60 元。

又江米、小豆,9.00 元。

馍 1.00 元。

啤酒 20.00 元。

5 月 26 日

黄瓜 1.00 元。

酸奶五盒 7.50 元。

刀削面、豆浆共 1.50 元。

■■饼干 5.00 元。

豆浆 1.00 元、存车 0.20 元,共 1.20 元。

酱肘花、肉松面包共 15.70 元。

又粽叶 4.50 元。

5 月 28 日—31 日

馄饨、菜、馍 9.00 元。

豆浆 20.00 元。

代〈交〉缴五号楼 35.00 元。

本月提工资 1 600 元，总收入 1 600 元。

家庭支出 350 元，总支出 350 元。

结存 1 250 元。

6 月 1 日

交 2006 年全年有线电视费 144 元。

豆浆 2.00 元。

刀削面 1.00 元、馄饨 4.00 元，共 5.00 元。

茴子白 0.60 元、粉条 1.20 元，共 1.80 元。

酸奶六袋 7.20 元。

6 月 3 日

夕阳照片 200 元。

面皮 2.40 元。

豆浆 0.50 元。

6 月 5 日

豆浆 1.50 元。

6 月 10 日

各种菜 5.20 元。

杏 2.00 元。

瓜子 5.00 元。

饼子、馍共 3.00 元。

6 月 13 日

■球 1.00 元、茴子白 0.50 元，共 1.50 元。

面条 0.60 元。

6 月 14 日

面皮三个 3.60 元。

盐 1.00 元、豆浆 1.00 元，共 2.00 元。

毛豆、南瓜共 3.40 元。

李锦记辣酱三盒 9.00 元。

6 月 17 日

预〈交〉缴煤气 50.00 元。

预〈交〉缴电话 50.00 元。

〈交〉缴电费 24.00 元。

6 月 19 日

豆浆 1.00 元、白兰瓜 5.50 元，共 6.50 元。

花卷 1.00 元、凉粉 2.00 元，共 3.00 元。

盐 1.00 元、菜 3.00 元，共 4.00 元。

豆浆 0.50 元、萝卜 0.50 元，共 1.00 元。

黄瓜、西红柿，共 1.80 元。

6 月 20 日

鸡蛋（庆芳）11.50 元。

面条 0.50 元、豆浆 1.00 元，共 1.50 元。

藕粉二袋 5.00 元。

花卷 1.00 元、鸭蛋 10.00 元，共 11.00 元。

辣椒酱一瓶 3.00 元。

玉米糁二斤 2.00 元。

6 月 22 日

邮票 4.00 元。

修车 5.00 元。

豆浆 2.00 元、锅巴 8.00 元，共 10.00 元。

巧克力、面条共 3.90 元。

面皮 1.20 元、豆芽 0.50 元、香菜 0.50 元，共 2.20 元。

瓜子半斤 4.00 元。

6 月 27 日—30 日

各种菜等 13.40 元。

未收五号楼房租。

本月提工资 1 500 元，总收入 1 600 元。家庭支出 600 元。结存 900 元。

7 月 1 日

桃子 5.00 元。

面条 1.00 元、豆浆 1.00 元、毛豆 3.00 元，共 5.00 元。

冰糕 15.00 元。

豆浆 1.00 元、茼蒿 0.60 元，共 1.60 元。

饼丝 1.30 元。

二院水费 9.00 元。

花卷 1.00 元、黄瓜 1.00 元、豆角 1.00 元，共 3.00 元。

茶叶二两 7.00 元。

修洗衣机 50.00 元。

〈交〉缴手机[话费] 7.00 元。

腐干 1.00 元、鸡腿 6.00 元，共 7.00 元。

伊丽莎白[烟]2.30 元、桃 4.00 元、豆浆 1.00 元，共 7.30 元。

菜 1.80 元。

二院二季度卫生费 6.00 元。

7 月 3 日

馍 2.00 元、早点 2.00

元、豆浆 1.00 元,共 5.00 元。

面条 1.00 元、虾皮 2.00 元、茴子白 0.6 元、白糖 5.00 元,共 8.60 元。

7月7日

食品类用去 16.20 元。

7月14日

主食为主。

7月15日

面皮 2.40 元、焖面 1.00 元,共 3.40 元。

冰糕 11.50 元。

又西瓜 4.00 元。

[ ]筒啤酒 16.00 元。

豆浆 1.00 元。

7月20日

花卷 1.00 元、豆浆 3.00 元,共 4.00 元。

染头发 10.00 元。

脆瓜 5.00 元。

焖面 1.00 元。

各种菜 1.60 元、牛奶 3.50 元、西瓜 6.00 元、包子 1.50 元,共 12.60 元。

7月25日

桃子 2.00 元、辣椒 3.00 元,共 5.00 元。

布料 10.00 元、花卷 1.00 元、玉米 2.00 元,共 13.00 元。

酱肉 15.20 元。

毛豆、西〈胡〉葫[芦] 2.40 元。

月底共支出 500 元。

本月提工资 1 600 元,五号楼租金 300 元,总收入 1 900 元。

家庭支出 500 元,总支出 500 元。

结存 1 400 元。

8月1日

筒装啤酒四筒 8.00 元。

豆浆 1.00 元、糖 3.40 元,共 4.40 元。

风味辣酱四瓶 28.00 元。

豆浆 1.00 元、菜 3.80 元、花卷 2.00 元,共 6.80 元。

豆角、面皮、瓜子、豆浆共 8.00 元。

做裤子、裙子手工 35.00 元。

豆浆、面包 4.00 元。

鸡腿、菜瓜 13.80 元。

西瓜 4.00 元、桃子 3.00 元,共 7.00 元。

豆芽 0.50 元、黄瓜西红柿,共 2.70 元。

《纪晓〈兰〉岚》上下集三本 10.00 元。

饼子 1.00 元、玉米 2.00 元、豆浆 1.00 元,共 4.00 元。

花卷 2.00 元、粉条 2.30 元,共 4.30 元。

冰糕 5.00 元。

8月5日

烧纸 5.00 元。

书 10.00 元。

8月9日

榨菜、早点、玉米,共 4.00 元。

啤酒加可乐 29.00 元。

鸡腿 12.00 元。

茄子、黄瓜共 1.80 元。

豆角 1.00 元。

冰糕 6.30 元。

8月10日

带鱼 7.60 元。

茄子、黄瓜 2.10 元。

辣椒酱一瓶 4.00 元。

菜花、花卷 2.00 元。

面皮 2.40 元。

豆芽 4.00 元、豆腐 1.10 元、土豆 1.10 元,共 6.20 元。

8月13日

排骨 20.00 元。

腐竹 4.00 元、紫菜汤 3.00 元、虾皮 2.60 元、豆浆 1.00 元,共 10.50 元。

8月14日

酱油、醋各一斤 2.20 元。

葡萄 5.00 元。

菠菜 1.00 元、大辣椒 0.50 元,共 1.50 元。

萝卜 0.30 元、菜花 0.70 元,共 1.00 元。

醋 0.70 元、香菜 0.50 元,共 1.20 元。

8月15日

预〈交〉缴煤气 20.00 元。

电费22.00元。

花卷、豆浆，共2.00元。

8月16日

糖蒜2.80元。

面条、黄瓜、毛豆共3.80元。

紫金花一捆9.00元。

卫生巾3.00元。

■■十支3.50元。

馍、西瓜2.70元。

订三晋报纸一年80.00元。

苹果5.00元。

书三本10.0元。

香菇、带鱼10.40元。

茄子、西红柿共4.60元。

8月18日

电池2.00元。

502胶4.00元。

小果子3.00元。

又书10.00元。

菜花1.10元。

黄瓜、生菜2.00元。

冬瓜1.10元。

8月20日

香菇2.00元。

啤酒13.00元。

汽水8.00元。

包子2.50元、面条0.70元，共3.20元。

8月22日

电池1.00元、面条0.70元，共1.70元。

西红柿1.00元、茄子1.00元，共2.00元。

大蒜3.00元、豆浆1.00元、豆腐1.60元，共5.60元。

花卷1.00元、豆浆1.00元，共2.00元。

四海食油一筒35.00元。

白胡椒粉2.50元。

二院水费二吨10.60元。

8月25日

梨3.00元。

饼子、馍共2.00元。

豆浆二次2.00元。

白糖6.00元。

芝麻2.00元、瓜子3.00元，共5.00元。

面条0.70元。

8月27日

豆浆1.00元、花卷1.00元、菜3.00元、修车0.20元，共5.20元。

本月提工资1 500元，总收入1 500元。

家庭开支600元，总支出600元。

结存900元。

9月1日

预〈交〉缴手机费50.00元。

面条0.70元、豆浆4.00元、花卷1.00元，共5.70元。

肉12.00元。

饼子1.00元。

9月4日

书20.00元。

大料、料酒、辣椒面，共4.00元。

银耳10.50元。

豆包1.00元、白菜1.00元、花卷1.00元，共3.00元。

豆浆1.00元、生熟花生米各一斤，共9.00元。

洗外套6.00元。

9月7日

书10.00元。

肘花、包子15.00元。

又书10.00元。

葡萄4.00元。

酸奶5.00元。

豆浆1.00元。

染发10.00元。

补前有线到2007年6月200元。

9月10日

豆浆2.00元。

9月11日

大豆3.00元、花生米5.00元，共8.00元。

又书40.00元。

土豆、辣椒共2.50元。

黄瓜2.20元。

焖面2.00元、豆腐2.00元，共4.00元。

饼子1.00元、菜6.00元，共7.00元。

9月13日

豆浆二次2.00元。

花卷1.00元、月饼6.00元，共7.00元。

9月16日

〈交〉缴电话费■■元。

9月17日

鸡蛋(3.6斤)■■元。

豆浆2.00元、饼子1.00元,共3.00元。

咸菜0.80元、姜1.20元,共2.00元。

榨菜1.00元、玉米糁2.00元,共3.00元。

香油一瓶、菜花0.60元,共10.60元。

石榴6.00元。

9月20日

豆浆2.00元、小〈苏〉酥肉5.00元,共7.00元。

白糖5.60元、味精5.00元,共10.60元。

大蒜3.00元、桔子5.00元,共8.00元。

剪刀3.00元、■油1.00元、胶水0.50元,共4.50元。

9月21日

豆浆、花卷共2.00元。

9月22日

豆浆1.00元、胡芹1.20元,共2.20元。

黄瓜1.00元,西〈胡〉葫[芦]、菜花2.20元,共3.20元。

面条1.30元、花卷1.00元,共2.30元。

红布四块13.00元。

给大庆剪刀3.00元。

小袋饺子粉13.50元。

9月23日

豆浆三次3.00元、修车3.00元,共6.00元。

牛奶2.10元、花生米5.00元,共5.10元。

花卷2.00元。

9月26日

二院三季度卫生费6.00元。

月饼30.60元。

排骨26.20元。

黄瓜、菜花、面条共1.60元。

石头饼、豆浆、花卷共4.00元。

菜等10.00元。

本月提工资1 600元,五号楼10—12月房租1 050元,总收入2 650元。

家庭支出700元。

结存1 950元。

10月1日

六味斋肉50.60元。

西红柿、柿椒3.00元。

白菜1.70元。

桔子4.00元。

大米二十斤38.00元。

西〈胡〉葫[芦]1.20元。

修暖气850元。

零件130元。

手工61.00元。

10月2日

莲菜2.00元、菠菜1.00元,共3.00元。

西芹0.70元、粉条豆腐2.50元,共3.20元。

黄瓜0.70元,冬瓜、蒜〈苔〉薹3.00元,共3.70元。

茴子白0.30元、豆浆1.00元,共1.30元。

花卷1.00元、修鞋0.50元,共1.50元。

10月3日

茶叶14.00元。

豆浆四次4.00元。

灌肠、面皮2.00元。

辣椒1.00元。

10月8日

腐竹一袋5.00元。

盐一袋、黄酱二袋共4.00元。

盐菜、花卷、豆浆,共3.00元。

枣二斤5.00元。

10月10日

辣椒1.00元、面皮1.00元,共2.00元。

饼子1.00元、灌肠1.00元、菜花0.60元,共2.60元。

身份证20.00元。

牛奶2.10元。

布3.00元、葡萄3.60元,共6.60元。

方便面2.00元、话

梅0.50元,共2.50元。

10月13日

醋1.20元。

辣椒1.00元。

肥皂、香皂、洗衣粉,共12.70元。

北京干黄酱二袋3.60元。

小食品1.00元、灌肠1.00元,共2.00元。

带鱼7.20元。

菠菜、莴笋3.00元。

榨菜1.00元、豆浆1.00元、花卷1.00元,共3.00元。

书10.00元。

蒜〈苔〉薹1.50元。

10月15日

〈交〉缴电费17.00元。

豆浆0.50元、灌肠1.00元、饼子1.00元,共2.50元。

10月16日

灌肠三次4.50元。

2007年《山西广播电视报》18.00元。

花生米、大豆各一斤8.00元。

辣椒1.50元。

北京黄酱1.80元。

10月18日

豆浆、灌肠2.00元。

10月19日

豆浆、灌肠、花卷共3.00元。

10月20日

书20.00元。

豆浆、灌肠、牛奶4.10元。

午饭3.00元。

10月22日

豆浆0.50元。

灌肠1.00元。

10月24日

豆浆、灌肠2.00元。

凉菜3.00元。

西〈胡〉葫[芦]1.00元。

菠菜0.50元。

蒜〈苔〉薹、啤酒二罐6.80元。

预〈交〉缴煤气30.00元。

预〈交〉缴电话50.00元。

大蒜2.50元。

粉条1.20元。

〈撴〉墩布一把13.00元。

10月25日

巧克力豆二瓶3.40元。

豆浆、灌肠2.00元。

花卷、灌肠2.00元。

修车1.00元。

小米沁洲黄3.80元。

豆浆2.00元。

生活开支9.20元。

本月提工资1 600元,大方过节给100元,总收入1 700元。

家庭开支、总支出1 760元。

结存—60.00元。

11月1日

2007年冬季暖气费744.90元。

补10月开支

染发10.00元。

花生米5.00元。

豆浆1.00元。

馄饨1.00元。

雪里〈红〉蕻1.00元。

榨菜丝1.00元。

牛奶1.40元。

大米1.00元。

花卷1.00元。

黄瓜1.00元。

黄豆芽1.00元。

二院水费3.80元。

猪肉3.60元。

灌肠三次3.00元。

大葱2.20元。

长山药5.00元。

电池2.00元。

豆浆、灌肠2.00元。

11月2日

芥菜头十斤2.50元。

莴笋1.00元。

灌肠、牛奶2.40元。

花生米5.00元。

11月4日

桔子5.00元。

小虾3.00元。

又芥头2.50元。

胡萝卜2.00元。

白糖5.60元。

盐1.00元。

豆浆二次2.00元。

11月6日

茴子白4.00元。

焖面1.00元。

11月7日

秀秀丸子3.00元。

饼子1.00元。

花卷、灌肠2.00元。

〈交〉缴手机[费]50.00元。

江米条、牛奶6.10元。

11月9日

枣15.00元。

桔子2.00元。

洋〈江〉姜2.00元。

白红1.00元。

菜8.00元。

灌肠1.00元。

11月10日

灌肠、豆浆2.00元。

酱油、醋共6.20元。

辣椒0.70元。

萝卜2.00元、花生米5.00元,共7.00元。

11月12日

花卷、豆浆2.00元。

馄饨、豆浆2.00元。

灌肠3.00元。

菠菜、包子5.30元。

火腿肠3.00元。

11月16日

锅巴、牛奶9.20元。

11月18日

花生米一斤5.00元。

豆浆、馄饨共2.00元。

11月19日

烧纸3.00元。

桔子5.00元。

挂历3.00元。

11月20日

熟菜7.00元。

黄瓜0.60元。

啤酒二〈筒〉桶4.00元。

11月20日—22日

花卷1.00元、豆浆1.00元,共2.00元。

花生米一斤5.00元。

牛奶三袋2.40元。

11月22日

土豆4.00元、菠菜0.50元,共4.50元。

柳叶面0.70元、松紧带0.30元,共1.00元。

11月26日

香蕉、火腿肠共11.80元。

面、馍1.00元、豆浆1.00元,共2.00元。

11月27日

牛奶2.40元。

面条、花卷共1.70元。

豆浆2.00元。

花生米5.00元。

11月30日

花生米、苹果共2.70元。

本月提工资1 500元,存款利息430元,补发工资1 930元,结存3 000元。

12月1日

花卷1.00元、灌肠1.00元,共2.00元。

白菜1.00元、牛奶2.40元,共3.40元。

粉条1.50元,冬瓜、蒜〈苔〉薹3.00元,共4.50元。

烧肉、丸子15.00元。

12月4日

豆浆五次5.00元。

馄饨二次2.00元。

花卷二次2.00元。

12月11日

〈榛〉榛子二斤46.00元。

开口杏仁二斤24.00元。

花生米5.00元。

又〈榛〉榛子二斤46.00元。

牛奶五袋4.00元。

邮票4外〈阜〉埠4.80元。

午饭2.00元。

花生米一斤5.00元。

小花生二斤14.00元。

馍1.00元。

12月12日

西芹、黄瓜2.70元。

筒啤酒二个4.00元。

虾半斤9.00元。

豆芽0.30元。

桔子5.00元。

馍2.00元。

12月13日

白糖二斤5.50元。

味精一袋4.0元。

豆浆1.00元。

玉米糁二斤2.00元。

12月14日

〈交〉缴12月电费15.00元。

豆浆、灌肠、花卷共3.00元。

预〈交〉缴煤气30.00元。

12月15日

鸡蛋二斤12.80元。

馍1.00元。

复印40.00元。

染发10.00元。

豆浆1.00元。

12月19日

〈交〉缴五号楼2006年1—12月房租346.80元。

12月20日

花生米5.00元。

不锈钢盆、锅二个20.00元。

■纸1.00元。

丸子一斤8.00元。

桔子6.00元。

洋葱、白菜、胡芹、蒜〈苔〉薹,共4.80元。

速冻饺子5.00元。

菠菜0.50元。

饼子、豆浆3.00元。

大蒜4.50元。

12月23日

馍2.00元。

豆浆1.00元。

西芹1.60元。

生啤酒五筒10.00元。

12月24日

豆浆、馄饨3.00元。

大米饭1.50元。

花生米5.00元。

12月28日

豆浆1.00元。

豆浆三次3.00元。

发糕1.50元。

花卷1.00元。

四季度二院卫生费6.00元。

各种菜4.70元。

本月提工资1 800元,存款利息216元,总收入2 016元。家庭开支760元,结存1 256元。

2007年

1月1日

豆浆2.00元。

可乐、露露,11.00元。

豆腐3.30元。

桔子二种11.00元。

菜2.60元。

1月3日

二院四季度水费6.00元。

花卷1.00元。

牛奶三袋2.40元。

1月5日

花卷1.00元。

牛奶四袋3.20元。

豆浆1.00元。

鸡脯7.00元。

1月7日

花生米5.00元。

小盆二个5.00元。

胡芹1.00元。

剪刀3.00元。

黄瓜、萝卜3.20元。

桔子5.00元。

粉条1.50元。

1月10日

预〈交〉缴电话费50.00元。

又补〈交〉缴50.00元。

花卷2.00元。

豆浆2.00元。

牛奶四袋3.20元。

盐1.00元。

各种菜9.00元。

1月12日

花卷、发糕4.50元。

1月15日

发糕1.50元。

六味斋肘花100元。

烧肉4.00元。

豆腐、豆浆1.60元。

西〈胡〉葫[芦]、小花生二斤,12.00元。

1月18日

猪肉35.00元。

剪纸15.00元。

酸菜、虾片10.00元。

小萝卜、黄瓜、西芹共2.40元。

白萝卜、茴子白,共2.50元。

1月19日

茶叶二两7.00元。

豆浆三次3.00元。

花卷1.00元。

花生豆、杏脯、菜共26.00元。

洗洁精一瓶3.60元。

1月24日

豆浆三次3.00元。

牛奶四袋3.20元。

花卷1.00元。

1月28日

粉条2.00元。

豆浆1.00元。

花卷1.00元。

油菜1.00元。

洋葱2.50元。

胡芹1.50元。

豆角2.00元。

鸡脯7.00元。

黄瓜3.00元。

菜6.30元。

本月提工资1 900元,补发取暖费450元,总收入2 350元。

家庭支出440元,总支出440元。

结存1 910元。

2月1日

牛奶四袋3.20元。

花卷二次2.00元。

豆浆二次2.00元。

2月7日

春联1.00元。

萝卜3.00元。

粉面、料酒,3.00元。

土豆3.00元。

苹果5.00元。

玉米糁、大豆共4.00元。

茴子白2.00元。

耳菜1.00元。

2月8日

花卷、豆浆2.00元。

娃娃菜2.00元。

大白菜1.00元。

板栗5.00元。

开心果27.00元。

水萝卜1.00元。

小花生6.00元。

大花生5.00元。

长山药5.00元。

小西红柿2.00元。

2月9日

豆浆、花卷共2.00元。

酱牛肉、蛋卷,共54.80元。

染发15.00元。

猪肉48.00元。

黄瓜0.80元。

2月13日

排骨34.60元。

鸡蛋3.80元。

花卷1.00元。

牛奶3.20元。

2月15日

三个孩子压岁钱600元。

林楠小孩压岁钱100元。

各种菜11.00元。

电话[费]50.00元。

手机[费]50.00元。

电费18.00元。

鸡腿15.00元。

小桔子二斤12.00元。

白糖7.00元。

咸菜1.00元。

西红柿3.00元。

2月16日

楼道电费0.25元。

又料酒一瓶1.50元。

水萝卜2.00元。

年糕5.00元。

菠菜、白萝卜,共3.20元。

西芹、韭菜2.40元。

娃娃菜、西〈胡〉葫[芦],共7.50元。

桂圆10.00元。

寄给吕怡新500元。

邮费10.00元。

莴笋2.50元。

瓜子、花生米10.00元。

饮料55.00元。

香菇3.00元。

葡萄干6.00元。

花卷2.00元。

牛奶4.00元。

鸡胸脯7.00元。

芦柑10.00元。

豆包4.80元。

黄瓜1.60元。

香蕉16.00元。

餐巾纸4.80元。

蒜〈苔〉薹3.00元。

腐干3.00元。

豆芽1.00元。

莲菜2.00元。

林楠家儿子压岁钱100元。

双合成、豆包、点心

共32.00元。

小食品、馍共47.00元。

2月20日

初二包餐308元。

苦瓜等5.90元。

橙汁5.00元。

2月24日

豆浆2.00元。

给吕怡新寄钱加汇费510.00元。

大方给过年300元，本月提工资1 800元，总收入2 100元。

家庭支出2 800元，总支出2 800元。

结存－700元。

3月1日

〈交〉缴煤气30.00元。

牛奶五袋4.00元。

元宵1.60元。

花卷1.00元。

豆浆1.00元。

3月4日

味精大袋5.00元。

豆浆、花卷2.00元。

筐子、■球6.00元。

豆芽、玉米糁1.50元。

胡芹、萝卜2.20元。

饼丝1.20元。

牛奶、馍5.00元。

3月10日

虾5.00元。

馍1.00元。

辣椒末1.00元。

辣椒油2.00元。

盐1.00元。

豆芽0.50元。

3月11日

洋葱、西〈胡〉葫[芦]、茴子白共4.20元。

鸡〈脯〉胸3.50元。

粉条1.50元。

茄子、豆角、苦瓜、梨共10.20元。

3月12日

豆浆、馍，共2.00元。

3月13日

牛奶五袋4.00元。

花卷1.00元。

二院水费11.20元。

饭盒、罐糖，共5.00元。

豆芽、红萝卜，共1.60元。

大米十公斤、香干，共43.30元。

心里美萝卜共1.60元。

豆浆二次2.00元。

花卷1.00元。

3月16日

牛奶四袋3.20元。

3月18日

钩针1.00元。

西芹1.00元、花卷1.00元，共2.00元。

豆浆2.00元、萝卜3.00元，共5.00元。

3月21日

牛奶五袋4.00元。

豆芽0.50元。

紫甘〈兰〉蓝1.20元。

3月23日

面条、花卷、豆浆共4.00元。

饼子、红薯、菜共3.50元。

3月24日

豆浆、花卷，共3.00元。

二院1—3月卫生费6.00元。

3月28日

各种菜3.00元。

面皮、牛奶5.50元。

3月31日

主食、菜15.50元。

本月提工资1 800元。

总收入1 800元。

家庭支出220元。

总支出220元。

结存1 580元。

4月1日

香包一个1.00元。

花卷1.00元。

豆浆1.00元。

豆芽、尖椒2.00元。

香菇3.95元。

4月2日

五号楼修水道100元。

4月5日

豆浆3.00元。

花卷、牛奶5.00元。

4月5日—8日

芹菜、菠菜、韭菜共3.00元。

茴子白、豆浆共2.00元。

染发一次15.00元。

4月9日

〈交〉缴手机[话费]30.00元。

小毛巾二条5.60元。

各种菜4.70元。

豆浆、花卷2.00元。

4月10日

茴子白5千克16.50元。

修鞋6.00元。

4月14日

梨5.00元。

大蒜1.00元。

各种菜8.30元。

鸡脯3.20元。

玉米糁2.00元。

4月16日

预〈交〉缴电话费50.00元。

二院电费20.00元。

韭菜0.50元。

4月18日

豆浆三次3.00元。

花卷二次2.00元。

花生米一斤5.50元。

莴笋1.00元。

黄瓜、西〈胡〉葫[芦]2.00元。

豆芽、馍2.50元。

4月22日

菠菜、牛奶共2.10元。

香蕉5.30元。

豆浆2.00元。

莴笋1.60元。

4月24日

豆浆2.00元。

饼子、花卷2.00元。

香蕉8.00元。

洋葱1.00元。

4月26日

各种蔬菜8.00元。

豆浆1.00元。

4月28日

主食豆浆3.30元。

本月提工资1 900元。

五号楼4、5、6月房租1 050元。

总收入2 950元,家庭开支350元,总支出350元。结存2 600元。

5月1日

〈交〉缴四月份水费15.00元。

榨菜六袋2.00元。

绿辣椒2.00元。

豆浆、莴笋、菠菜共2.50元。

香蕉、伊丽莎白[烟]共25.80元。

辣椒面2.00元。

百事可乐二筒9.00元。

粒粒橙一筒5.50元。

盐一袋1.00元。

鸡蛋10.00元。

面皮6.00元。

给大庆生活补助200元。

5月2日

香油11.00元。

袜子5.00元。

花卷、豆浆3.00元。

面条0.70元。

豆芽0.30元。

5月3日

凉粉1.00元。

黄瓜2.00元。

香蕉4.00元。

新蒜1.00元。

豆浆1.00元。

5月5日

豆浆、豆包、豆芽共2.30元。

紫[甘]〈兰〉蓝2.30元。

油糕2.00元。

腐干、西〈胡〉葫[芦]共2.20元。

5月6日

冰糕、豆包共2.00元。

豆浆、面条共2.80元。

土豆、萝卜共1.40元。

豆芽、黄瓜共0.60元。

5月8日

豆浆三次3.00元。

馍1.00元。

玉米面、花生米5.20元。

鸡脯3.80元。

面条0.70元、豆芽0.50元,共1.20元。

腐干 1.00 元、西芹 0.50 元，共 1.50 元。

黄瓜、大辣椒共 2.50 元。

香蕉 6.00 元。

5 月 11 日

有线[电视]收视费从 2007 年 7 月—2008 年 7 月共 13 个月 300 元。

豆包、老豆腐共 2.00 元。

馄饨 1.00 元。

花生米一斤 5.50 元。

5 月 15 日

新蒜 0.80 元。

洗洁精一瓶 2.80 元。

酱油 3.30 元。

5 月 16 日

豆包 2.00 元。

存车 0.30 元。

豆浆 1.00 元。

5 月 18 日

诺基亚手机 350 元。

香蕉 6.00 元。

豆角、黄瓜共 1.60 元。

口〈缺〉取纸 0.50 元。

豆包 1.00 元。

蒜〈苔〉薹 0.50 元。

白萝卜 1.00 元。

茴子白 0.50 元。

伊丽莎白[烟]5.00 元。

5 月 19 日

江米六斤、红豆一斤共 16.80 元。

豆浆 1.00 元。

牛奶四袋 3.20 元。

5 月 20 日

豆包 2.00 元。

莴笋、黄瓜，共 2.30 元。

豆包 2.00 元。

牛奶 1.60 元。

菠菜 1.00 元。

给大成买豆包 5.00 元。

腐干 2.00 元。

牛奶 1.60 元。

花卷 1.00 元。

菜 3.40 元。

生活费支出 23.70 元。

修手表 20.00 元。

花卷、豆浆、牛奶共 3.60 元。

苹果 5.20 元。

鸡蛋 12.80 元。

小西红柿 2.00 元、饼子 1.00 元，共 3.00 元。

报纸 1.80 元、牛奶 1.60 元，共 3.40 元。

冰糕 1.00 元、瓜子 3.50 元，共 4.50 元。

话梅 1.00 元、面条 0.60 元，共 1.60 元。

豆角、豆芽共 2.50 元。

味精 3.00 元、菜 1.50 元，共 4.50 元。

本月提工资 1 800 元，总收入 1 800 元。家庭开支 1 180 元，总支出 1 180 元。结存 700 元。

6 月 3 日

染发 15.00 元。

西红柿、豆包 3.00 元。

粽叶、马莲 9.00 元。

6 月 4 日

醋 1.50 元。

报纸 0.50 元。

豆浆、饼干 1.70 元。

蜜枣 10.00 元。

黄瓜、粽叶 5.00 元。

饼子 1.00 元。

6 月 5 日

可乐 5.00 元。

菜 4.00 元。

牛奶 1.60 元、西红柿 3.00 元，共 4.60 元。

花卷 1.00 元。

6 月 6 日

老豆腐二次 2.00 元。

豆浆一次 1.00 元。

花卷二次 2.00 元。

换自行车后轮、内外胎 35.00 元。

6 月 9 日

牛奶 1.60 元、锁裤边 1.00 元，共 2.60 元。

凉糕 2.50 元、面条 0.70 元，共 3.20 元。

菜 2.10 元、花卷 1.00 元，共 3.10 元。

预〈交〉缴煤气费 30.00 元。

6 月 11 日

菜 1.70 元、牛奶 1.60 元，共 3.30 元。

又江米五斤 12.00 元。

凉菜 3.00 元。

茄子 2.00 元。

6月13日

大蒜、小西红柿,共2.70元。

豆浆、花卷2.00元。

6月14日

补〈交〉缴、预〈交〉缴的煤气20.00元。

6月15日

牛奶1.60元。

小油食3.80元。

檀香皂3.00元。

6月16日

又粽叶3.00元。

红油二瓶4.00元。

鸡胸二块4.50元。

江米2.50元。

洋葱0.40元。

黄瓜0.70元。

西〈胡〉葫[芦]1.70元。

青椒0.50元。

苦瓜二个1.20元。

茄子二个2.00元。

6月17日

预〈交〉缴电话费100元。

豆角1.00元、面条1.00元,共2.00元。

百事可乐二瓶5.00元。

豆浆1.00元。

花卷1.00元。

6月21日

灌肠1.00元,豆角1.00元,共2.00元。

牛奶3.20元。

百事可乐5.00元。

豆芽、黄瓜1.50元。

茶叶二两7.00元。

青椒、苦瓜、毛豆共3.00元。

黄瓜、豆浆共2.00元。

香油一瓶2.50元。

生菜0.40元,灌肠共1.40元。

6月24日

面条2.00元。

冰糕0.50元。

小食品2.00元。

早点1.50元。

6月26日

饼子1.00元。

早点1.50元。

二季度二院卫生费6.00元。

6月28日

菜、包子共3.00元。

馄饨1.00元。

西〈胡〉葫[芦]5.00元。

牛奶五袋4.00元。

6月30日

早点各种菜1.50元。

本月提工资1 900元。

五号楼三季度房租1 050元。

总收入2 950元,家庭开支360元,总支出360元。结存2 590元。

7月1日

二院水费16.00元。

老豆腐1.00元。

茄子1.60元。

7月2日

花卷1.00元、菜1.50元,共2.50元。

香蕉4.70元。

红豆、茴子白、老豆腐共3.90元。

7月3日

桃、香蕉9.00元。

牛奶1.60元。

天津包子10.00元。

糖2.00元。

〈江〉豇豆1.10元。

带鱼3.50元。

7月5日

冬瓜、西芹2.00元。

7月6日

豆包3.00元。

〈江〉豇豆1.30元、香菜0.50元、豆角1.30元,共3.10元。

〈交〉缴手机费50.00元。

辣椒面1.50元。

面条1.00元、灌肠1.00元,共2.00元。

虾皮5.00元。

豆芽0.30元、黄瓜,共1.30元。

凉糕2.00元、老豆腐0.50元、豆浆1.00元,共3.50元。

7月8日

■角二个0.50元。

豆浆1.00元、腐干2.00元,共3.00元。

大辣椒、尖椒共2.10元。

豆角 1.00 元、大豆 3.00 元，共 4.00 元。

7 月 9 日

凉菜 1.00 元。

饼子 2.00 元。

西〈胡〉葫［芦］、西红柿共 3.70 元。

7 月 11 日

冰精 8.00 元。

西瓜 12.00 元。

7 月 12 日

荔枝 4.00 元。

面条 1.20 元。

西瓜 6.00 元。

老豆腐 1.00 元。

可乐二瓶 5.00 元。

老豆腐 1.00 元。

7 月 13 日

食盐 1.00 元、辣椒面共 3.50 元。

红豆 1.00 元、茄子 1.80 元，共 2.80 元。

玉米 1.00 元、灌肠 1.50 元，共 2.50 元。

鸡脯 5.50 元。

早点 1.50 元、牛奶 2.40 元，共 3.90 元。

面条 0.60 元。

食油十斤 39.90 元。

7 月 15 日

面条 0.60 元。

豆角 1.00 元。

黄瓜 0.50 元。

豆包 2.00 元。

7 月 16 日

面包 4.00 元。

腰固定带二个 40.00 元。

大蒜 3.80 元。

西红柿共 0.60 元。

面条 1.00 元。

7 月 19 日

老豆腐 1.00 元。

榨菜 1.00 元。

豆浆 1.00 元、腐干 2.00 元，共 3.00 元。

土豆、西红柿、豆角共 5.00 元。

西瓜 9.00 元。

面条 0.60 元。

花卷 1.00 元。

面条 0.50 元。

7 月 21 日

购可乐五瓶 12.00 元。

牛奶五袋 4.00 元。

小油食一袋 5.00 元。

7 月 22 日

大庆药 8.50 元。

黄瓜、辣椒共 2.60 元。

烙饼 3.00 元。

染发 15.00 元。

7 月 23 日

又输液器 4.80 元。

豆角 1.50 元。

7 月 24 日

茄子、辣椒 2.50 元。

花卷 1.00 元。

面片 0.50 元。

7 月 25 日

给阳阳买手机 330.00 元。

西〈胡〉葫［芦］1.00 元、白菜 1.00 元，共 2.00 元。

猪肉 27.00 元。

鸡蛋 10.00 元。

西红柿、糖包共 4.50 元。

7 月 27 日

花卷 1.00 元、面条 0.50 元，共 1.50 元。

玉米 2.50 元、西芹 2.00 元、榨菜 1.00 元、注射器 0.30、辣椒 1.50 元、洗洁精 2.00 元、大蒜 2.00 元、〈江〉豇豆 1.00 元、莲菜 2.80 元、牛奶 3.20 元、玉米 5.00 元、买菜 2.00 元。

本月提工资 1 800 元，总收入 1 800 元。

家庭支出 800 元，总支出 800 元。

结存 1 000 元。

8 月 1 日

卫生纸 10.00 元。

洗衣粉 5.00 元。

香皂 3.00 元。

牙膏 2.00 元。

花卷 1.00 元。

味精 5.50 元。

尖椒 1.10 元、西红柿 2.20 元，共 3.30 元。

玉米 2.00 元。

榨菜、老豆腐，共 2.00 元。

凉粉 1.50 元、面条 1.10 元，共 2.60 元。

花卷 1.00 元。

果子 7.00 元。

牛奶 4.00 元。

8月4日

花椒、大糕点、辣椒面、玉米粒,共17.00元。

西瓜5.00元、玉米2.00元,共7.00元。

豆芽0.30元、灌肠1.20元,共1.50元。

花生米3.00元。

8月5日

小面包5.00元。

白菜1.00元、冬瓜1.00元,共2.00元。

8月7日

苦瓜、西〈胡〉葫[芦]1.70元。

8月8日

可乐12.00元。

冰糕8.00元。

辣椒、面条1.30元。

玉米4.00元。

西瓜4.70元。

8月9日

花卷、豆浆、冬瓜3.00元。

8月10日

书10.00元。

小盆锅盖6.00元。

饼子1.00元。

8月11日

葡萄3.00元。

牛奶2.40元。

玉米2.00元。

饼子、黄瓜2.80元。

西红柿、茄子共2.60元。

香菇、菠菜共3.00元。

大豆、南瓜共3.80元。

8月12日

电费17.00元。

花卷2.00元。

辣椒1.00元。

8月13日

葡萄2.50元、尖椒1.00元、花卷1.00元,共4.50元。

豆腐1.00元、牛奶2.40元,共3.40元。

8月14日

豆角1.20元。

茄子、黄瓜共3.20元。

8月16日

徐彬婚礼200元。

玉米1.00元。

西红柿、茄子、黄瓜3.40元。

花卷1.00元。

8月19日

早点2.00元。

注射器3.60元。

菜2.50元。

葡萄8.00元。

8月20日

非常可乐12.00元。

麦片4.50元。

止痛药片0.40元。

牛奶四袋3.20元。

给阳阳20.00元。

牛奶三袋2.40元。

馍2.00元。

固定毛巾、汽水共4.00元。

8月24日

各种菜7.00元。

8月25日

〈交〉缴手机费50.00元。

预〈交〉缴电话费100.00元。

给阳阳〈交〉缴手机费70元。

8月27日

榨菜2.00元。

花卷、白糖,共6.00元。

烧纸5.00元、黄瓜1.00元,共6.00元。

8月28日

鸡蛋四斤14.00元。

花卷1.00元。

8月29日

买菜4.90元。

本月提工资1 800元。

总收入1 800元,家庭开支700元,总支出700元。结存1 100元。

9月1日

榨菜、粉条4.00元。

红油二瓶5.00元。

燕麦片二袋9.00元。

锅巴二袋4.00元。

水龙头20.00元。

油辣子二袋4.00元。

各种菜7.00元。

面条1.20元。

利息818.96元。

各种水果 13.00 元。

茄子、黄瓜 4.50 元。

蒜、白糖、辣椒末 7.00 元。

洗洁精 4.00 元。

花卷 2.00 元。

9 月 3 日

菜花、西红柿、土豆 5.00 元。

面条 1.00 元。

9 月 4 日

黄瓜、洋葱 2.50 元。

面条、馍 2.00 元。

9 月 5 日

染发 15.00 元。

9 月 6 日

柳叶面 1.00 元。

9 月 8 日

冰糕 1.00 元。

玉米 2.00 元。

9 月 10 日

五号电池 1.00 元。

柳叶面 1.00 元。

榨菜 2.00 元。

9 月 12 日

二院水费 15.00 元。

电池 1.00 元。

冬瓜、西红柿 5.00 元。

9 月 15 日

豆腐 1.00 元。

打卤面 3.00 元。

9 月 17 日

打卤面 2.00 元。

洗头发（第一次）3.00 元。

馍 1.00 元。

9 月 18 日

牛奶五袋 4.00 元。

打卤面 2.00 元。

9 月 20 日

桔子 5.00 元。

打卤面 2.00 元。

9 月 22 日

各种菜 6.00 元。

豆包 1.00 元。

9 月 23 日

可乐 9.00 元。

榨菜 1.00 元。

水果 19.00 元。

盐 1.00 元。

枣、馍共 6.00 元。

9 月 25 日

洗头(二次)3.00 元。

9 月 29 日

生活用费 15.50 元。

本月提工资(大方包饺子馅)1 100 元，收浦发利息 820 元，总收入 2 720元，大成过节给 300 元。结存 2 730 元。

10 月 1 日

二院 7、8、9 月卫生费 6.00 元。

主食 2.00 元。

黄瓜 1.00 元。

袋酱油 0.80 元。

玉米 2.00 元。

订《山西广播电视报》18.00 元。

馍、面条、黄瓜共 3.00 元。

10 月 3 日

玉米 2.00 元。

洗头发 3.00 元。

茄子 1.00 元。

10 月 6 日

〈交〉缴煤气 30.00 元。

10 月 7 日

面条 2.00 元。

10 月 8 日

排骨 50.00 元。

菜、馍共 3.20 元。

10 月 11 日

香蕉 6.00 元。

料酒 2.00 元。

〈交〉缴五号楼 2007 年元月、12 月房租 346.80 元。

10 月 12 日

大米二十斤 44.00 元。

鸡蛋 12.80 元。

玉米 3.00 元。

二院电费 20.00 元。

染发 15.00 元。

洗澡 12.00 元。

各种菜 7.50 元。

10 月 15 日

豆浆、馍 3.00 元。

可乐大瓶 4.00 元。

〈交〉缴二院楼道电费 0.40 元。

10 月 17 日

老豆腐 1.00 元。

面条、[花]卷 2.00 元。

粉条 2.00 元。

黄瓜 1.50 元。

桔子 3.50 元。

10月19日

老豆腐1.00元。

〈交〉缴2007年—2008年取暖费744.90元。

电池2.00元。

鸡胸肉7.20元。

面、挂面23.00元。

10月22日

胡萝卜1.50元。

馍2.00元。

菜花2.00元。

黄瓜1.00元。

西红柿3.50元。

10月23日

馄饨、包子4.00元。

面条、早点2.50元。

豆浆1.00元。

大葱15.00元。

10月29日

桔子5.00元。

锅巴4.00元。

给阳阳1.50元。

10月30日

前后借给吕大庆及阳阳共381元。

给二位静脉注射药费20元。

洗澡12.00元。

各种菜4.30元。

馍2.00元。

又〈桂〉松子5.00元。

本月提工资1 800元。

家庭支出1 827.70元。

超出—27.70元。

11月1日

〈交〉缴手机费50.00元。

豆浆2.00元。

老豆腐二次2.00元。

汤料二袋7.00元。

■6.50元。

香蕉、桂圆21.00元。

豆浆、馍2.00元。

茴子白3.00元。

11月4日

又酱油、醋、盐一袋共3.10元。

11月5日

豆包4.20元。

11月6日

烤红薯2.00元。

豆浆1.00元。

11月7日

烧纸6.00元。

各种菜9.00元。

11月8日

苤〈兰〉蓝7.00元。

菜〈子〉籽油一桶40.00元。

11月9日

调和油一桶53.00元。

燕麦二袋9.00元。

榨菜三袋1.00元。

豆浆1.00元。

11月10日

张书记白礼100元。

烟一盒7.00元。

洗澡12.00元。

11月12日

馍1.00元、豆浆1.00元,共2.00元。

面条1.00元、洋姜5.00元,共6.00元。

芥头3.00元。

红萝卜、豆浆共2.50元。

桔子5.00元。

二院水费10.00元。

11月16日

小馒头3.00元。

豆浆、醋共2.20元。

11月17日

馍、豆浆2.00元。

又醋1.20元。

烤红薯1.20元。

菜(茄子、黄瓜、豆芽、韭菜)共10.50元。

11月19日

豆浆、洋姜共3.00元。

红萝卜1.30元。

红薯1.10元。

11月21日

瓜子、花生米,共9.00元。

豆浆、苤〈兰〉蓝、椒面8.60元。

11月24日

桔子5.00元。

辣椒、锅巴6.00元。

11月25日

豆浆、馍2.00元。

生活用费19.60元。

本月提工资1 900元,取暖费900元,总收入2 800元。家庭支出420元。结存2 380元。

12月1日

鸡蛋10.00元。

馍 2.00 元。

小豆包 10.30 元。

菜 5.30 元。

豆浆、花生米7.50元。

豆浆 1.00 元。

洗外衣二件15.00元。

12 月 2 日

豆浆 2.00 元。

菜、贡橘,共20.00元。

12 月 7 日

洗澡 12.00 元。

染发 15.00 元。

牛奶 3.30 元。

馍 1.00 元。

饼干 5.00 元。

花生、瓜子、大豆共 13.50 元。

12 月 9 日

〈交〉缴煤气50.00元。

豆浆 1.50 元。

面条 1.00 元。

花卷 1.00 元。

菜 1.00 元。

12 月 15 日

〈交〉缴电费32.00元。

豆浆 1.50 元。

面包 4.00 元。

豆浆 1.50 元。

桔子 5.00 元。

12 月 16 日

菜、梨 7.10 元。

燕麦一袋、娃娃菜一袋,共 6.50 元。

花生米 6.50 元。

12 月 18 日

馍 1.00 元。

豆浆二次 2.40 元。

面条、菜 2.40 元。

楼道电费 0.40 元。

12 月 21 日

桂圆 11.00 元。

桔子 5.00 元。

馍1.00元、萝卜1.00元、豆浆 1.50 元,共 3.50 元。

〈交〉缴电话费 100 元。

12 月 24 日

料酒 2.00 元、盐、味精共 6.00 元。

沙〈辣〉拉酱一瓶 8.00 元。

香皂 4.20 元。

馍 2.00 元、菠菜 1.00 元,共 3.00 元。

豆浆 1.20 元,酱肉,共 60.80 元。

12 月 27 日

卫生费 6.00 元。

梨 5.00 元。

鸡胸 7.10 元。

银耳、粉面、菜、韩国泡菜,共 13.00 元。

桔子 5.00 元。

大豆、玉米糁 4.00 元。

黄瓜 3.00 元。

莴笋、紫甘〈兰〉蓝 4.20 元。

豆浆 1.50 元、馍 1.00 元,共 2.50 元。

萝卜 1.40 元。

主食 2.00 元。

豆浆 1.50 元。

排骨、肉馅91.00元。

白菜、芥〈兰〉蓝 6.00 元。

家用 7.30 元。

本月提工资 1 800 元,五号楼 2008 年 1—3 月房租 1 050 元,总收入 2 550 元。家庭支出 600 元。结存 1 950 元。

2008 年

1 月 1 日

饮料 10.50 元。

花生米 7.00 元。

馍、糕 4.00 元。

切糕 3.50 元。

豆浆 1.50 元。

尖椒、莲菜、十三香共 5.90 元。

二院水费 8.50 元。

卫生费(四季度)6.00 元。

1 月 2 日

干食品 58.00 元。

贴花 9.00 元。

豆浆 1.50 元。

■0.30 元。

酱牛肉 26.80 元。

小豆包 5.00 元。

鸡蛋 8.80 元。

1 月 4 日

退■苗一贴 80.00 元。

带鱼 5.00 元。

好吃的 90.00 元。

1 月 5 日

豆浆 1.50 元。

心心相印34.00元。

口腔溃疡11.30元。

1月6日

白菜二棵2.30元。

葡萄干一斤6.50元。

过油肉二份、炒肉片二份,共60.00元。

花生米7.00元。

西红柿、豆角、菠菜、豆角共6.50元。

豆浆1.50元。

蛋卷8.00元。

凉菜3.00元。

洗澡12.00元。

牛奶2.20元。

茶叶二两7.00元。

西〈胡〉葫[芦]1.50元。

1月8日

豆浆1.50元。

馍1.00元。

香菇3.00元。

1月9日

又馍二袋2.00元。

黄瓜、土豆4.50元。

1月10日

〈交〉缴手机费50.00元。

1月11日

豆浆1.50元。

沙拉酱一瓶7.80元。

菜三种1.00元。

花生米一斤7.00元。

1月14日

豆浆1.50元。

馍二袋2.00元。

1月15日

豆浆1.50元。

1月18日

豆浆、馍共5.00元。

1月19日

白萝卜1.00元。

〈拦〉拨烂子[①]2.00元。

猪肝6.10元。

豆浆1.50元。

1月21日

豆浆1.50元。

馍二代2.00元。

丸子一斤34.00元。

肝17.00元。

瓜子、花生米、大豆共3.00元。

怪味豆6.00元。

小花三支7.80元。

1月25日

豆浆、馍1.00元。

本月提工资1 900元,总收入1 900元。家庭开支480元。结存1 420元。

2月1日

〈弥〉猕猴桃片、酸枣面共17.00元。

春联10.30元。

酵母、去痛片(索米痛片)2.60元。

干红小尖椒2.00元。

露露一箱26.00元。

沙拉酱一瓶6.00元。

山楂果酱一瓶9.00元。

燕麦二袋3.00元。

染发15.00元。

小灯泡一个1.00元。

洗洁精二袋5.00元。

鸡脯二块7.00元。

迎泽皂三块5.00元。

香皂一块3.30元。

芦柑10.00元。

梨5.00元。

黄瓜3.00元。

茴子白1.70元。

麻糖2.00元。

花生米7.00元。

豆腐1.00元。

洋葱0.90元。

苹果5.00元。

猪肉47.00元。

菜10.10元。

毛妮压岁钱(大成带回)200元。

2月2日

蒜苗、菠菜7.00元。

豆浆1.50元。

〈交〉缴煤气50.00元。

豆浆1.00元。

馍2.00元。

粉条2.90元。

丸子、饺子共17.00元。

菜11.9元。

豆浆1.50元。

2月4日

汾酒一瓶24.00元。

可乐二箱9.00元。

---

① 晋中地区的一种粗粮食品。

菜、味精等共13.50元。

2月5日

蛋糕18.00元。

红葡萄酒一瓶13.20元。

红萝卜2.00元。

2月6日

榨菜1.00元。

莲菜2.00元。

泡菜2.50元。

馍2.50元。

花生米6.00元。

去大方家过年给压岁400元。

压岁钱500元。

包餐300元。

给大庆车钱3.00元。

2月8日

火腿肠4.00元。

燕麦片4.50元。

挂面10.3元。

2月11日

电费24.00元。

豆浆1.50元。

2月14日

豆浆1.50元。

馍1.00元。

2月19日

豆浆1.50元。

馍2.00元。

2月20日

红薯3.00元。

2月21日

豆浆二次3.00元。

2月24日

馍二袋3.00元。

生活支出30.30元。

过年节共消费1 800元。

本月提工资1 800元，家庭支出1 500元，结存300元。

3月1日

洗棉裤18.00元。

棉背心2.00元。

馍1.00元。

豆浆1.00元。

玉米糁2.00元。

胶水1.00元。

缝纫机油1.00元。

黄瓜2.50元。

面糊1.70元。

鸡脯4.00元。

菠菜1.00元。

3月2日

手套3.00元。

豆浆3.10元。

馍3.00元。

3月4日

豆浆3.00元。

馍1.00元。

3月5日

馍2.00元。

梨5.00元。

3月6日

秋衣裤一身40.00元。

鸡蛋、灌肠6.00元。

3月7日

火腿肠3.00元。

豆浆1.50元。

馍二袋2.00元。

红薯2.50元。

酱油1.00元。

玉米糁2.00元。

豆浆1.00元。

馍1.00元。

菜4.50元。

袜子7.00元。

饼2.00元。

3月8日

二月水费7.50元。

3月10日

老豆腐0.80元。

豌豆1.50元。

西〈胡〉葫[芦]1.70元。

豆浆1.50元。

西芹、菠菜、萝卜3.70元。

3月11日

馍1.00元。

压饼3.00元。

3月12日

可乐二筒5.00元。

3月13日

馍二袋1.50元。

豆腐2.50元。

3月15日

豆浆1.50元。

萝卜3.00元。

3月16日

饼子1.00元。

3月17日

苦瓜、菜等各种菜7.30元。

3月18日

〈交〉缴手机费50.00元。

主食2.00元。

老豆腐3.00元。

3月20日

豆浆1.50元。

炸臭豆腐2.00元。

3月21日

凉粉、粉条1.50元。

3月22日

臭豆腐2.00元。

馍2.00元。

3月24日

车锁12.00元。

老豆腐1.50元。

豆浆、馍2.50元。

菠菜0.50元。

电话费100元。

3月26日

菜7.00元。

本月提工资1 900元,总收入1 900元。

家庭支出360元,总支出360元。

结存1 540元。

4月1日

洗外套6.00元。

豆浆、馍3.50元。

染发15.00元。

臭豆腐2.00元。

豆浆馍3.50元。

老豆腐1.50元。

修理费(下水道、电线等)250元。

4月2日

二院季度卫生费6.00元。

豆浆1.50元。

菜5.70元。

香椿6.00元。

馍1.00元。

榨菜2.00元。

香菇、茄子4.70元。

百事可乐5.00元。

豆浆1.50元。

香椿8.00元。

豆腐2.00元。

土豆3.00元。

4月3日

凉粉1.00元。

饼子1.00元。

西芹1.70元。

莴笋2.50元。

豆腐1.50元。

芦柑5.00元。

4月4日

〈交〉缴煤气50.00元。

鸡蛋10.00元。

玉米面、馍2.50元。

4月5日

香椿10.00元。

老咸菜2.00元。

豆浆1.50元。

豆腐1.90元。

4月6日

老豆腐0.80元。

西〈胡〉葫[芦]1.00元。

水萝卜、紫甘〈兰〉蓝4.00元。

白糖5.00元。

红油3.00元。

香菇2.00元。

黄瓜2.00元。

4月7日

〈油〉莜面5.00元。

馍、豆浆2.50元。

韭菜、苗子白1.50元。

豆腐1.80元。

4月8日

饼丝4.00元。

豆浆1.50元。

4月10日

木耳、咸菜、酱二袋19.00元。

馍2.00元。

4月11日

鸡胸4.00元。

豆腐1.00元。

豆浆1.50元。

4月12日

豆腐1.00元。

4月13日

〈交〉缴电费24.00元(工商银行卡内)。

辣椒油二瓶4.00元。

4月14日

饼丝1.50元。

可乐5.00元。

苗子白1.00元。

豆浆1.50元。

4月15日

豆浆1.50元。

臭豆腐2.00元。

4月17日

花卷2.00元。

馍1.00元。

菜5.00元。

卷2.00元。

豆腐、香椿4.00元。

4月18日

饼丝0.70元。

豆浆1.50元。

果粒橙 9.00 元。

4 月 20 日

西〈胡〉葫[芦]、黄瓜、豆腐共 5.00 元。

4 月 21 日

豆浆 1.50 元。

花卷 2.00 元。

4 月 23 日

豆浆 1.50 元。

4 月 24 日

盐、醋各一袋 2.20 元。

各种菜、红薯 9.00 元。

4 月 25 日

饼子 1.00 元。

4 月 26 日

豆浆 1.50 元。

花卷 1.00 元。

面条 1.00 元。

菜 1.50 元。

咸菜、辣椒面 8.00 元。

豌豆、水萝卜 3.00 元。

豆腐、香椿 4.00 元。

蒜〈苔〉薹、小西红柿 5.50 元。

大西红柿 4.00 元。

生活 53.30 元。

本月提工资 1 800 元，五号楼租金 1 050 元，总收入 2 850 元。家庭支出 1 600 元。结存 1 250 元。

5 月 1 日

豆包 8.40 元。

食油一箱 56.90 元。

饼丝 1.00 元、豆浆 1.50 元，共 2.50 元。

5 月 2 日

老豆腐 0.80 元。

水萝卜 1.00 元。

黄瓜、西〈胡〉葫[芦] 2.00 元。

蒜〈苔〉薹 0.60 元。

5 月 3 日

凉粉 1.00 元。

5 月 5 日

豆浆 1.50 元。

退回一户一表 900 元。

5 月 6 日

大米二十斤、面十斤共 54.00 元。

5 月 7 日

花卷 2.00 元、面条 1.00 元，共 3.00 元。

5 月 8 日

蒜〈苔〉薹、黄瓜 1.70 元。

5 月 9 日

江米十斤、红豆共 24.00 元。

豆浆 1.50 元。

线 1.50 元。

5 月 10 日

面包 4.00 元。

锅巴 2.00 元。

面条 1.00 元。

5 月 11 日

茶叶二两 7.00 元。

豆浆 1.50 元。

5 月 12 日

豆浆 1.50 元。

染发 15.00 元。

5 月 14 日

咸菜、蒜 4.00 元。

水萝卜、小西红柿 3.00 元。

尖椒、黄瓜 5.00 元。

饼子 2.00 元。

花生米 4.00 元。

5 月 15 日

〈振〉赈灾 100 元。

豆腐 1.00 元。

5 月 16 日

林国■过 80.00 元。

豆浆 1.50 元。

鸡胸[肉]二块 6.40 元。

辣椒面 4.00 元。

茴子白 0.60 元。

莴笋、西红柿 2.00 元。

馍 1.00 元。

修自行车、换飞轮，共 45.00 元。

老豆腐 1.00 元。

5 月 18 日

花〈兰〉篮一个 60.00 元。

饮料、冰糕 18.00 元。

胶水 1.50 元。

信封 1.00 元。

饼丝 2.00 元。

白兰瓜 8.50 元。

黄瓜、西〈胡〉葫[芦]、凉粉 2.00 元。

5 月 19 日

辣椒、茴子白 3.00 元。

小西红柿3.50元。

凉粉1.00元。

菜花、■麦共6.40元。

5月20日

蜜枣二斤10.00元。

西红柿3.60元。

5月21日

蝇拍1.00元。

灌肠1.00元。

罐头12.00元。

5月22日

面条、馍2.00元。

鸡腿11.00元。

粽叶、马莲7.50元。

5月23日

老豆腐1.50元。

5月24日—26日

老豆腐、黄瓜、凉粉、豆浆、花卷、面条、又粽叶、马莲、花生米等共17.50元。

5月27日—31日

又江米、卷、豆浆、粽叶、凉粉、咸菜、老豆腐共18.50元。

本月提工资1 900元。

收回一户一表900元。

总收入2 800元,家庭支出600元,结存2 200元。

6月1日

又第三次[购]粽叶、马莲7.00元。

江米、大蒜1.00元,共3.00元。

西红柿1.50元。

黄瓜1.00元。

苦菜1.00元。

蜜枣5.00元。

6月2日

〈交〉缴手机[费]50.00元。

豆浆1.50元。

牛奶3.90元。

6月4日

面条、饼丝3.00元。

〈交〉缴煤气[费]50.00元。

小西红柿2.20元。

6月5日

豆浆1.50元。

猪肝6.50元。

蜜枣6.00元。

江米、豆子6.00元。

粽叶4.50元。

各种菜4.00元。

梨6.00元。

馍2.00元。

6月7日

油桃5.00元。

磁带一盘6.00元。

豆浆1.50元。

6月8日

端午节六味斋肉35.10元。

菜花2.40元。

冬瓜1.60元。

6月9日

腐干4.00元。

冰糕8.00元。

馍2.00元。

黄瓜1.00元。

粉皮1.00元。

小西红柿、凉菜2.50元。

6月11日

腐干二斤8.00元。

豆浆1.50元。

6月13日

面条、豆浆2.50元。

老豆腐1.50元。

换〈带〉胎20.00元。

冰糖、咸菜8.50元。

绿豆4.00元。

饼子、玉米6.00元。

味精4.00元。

6月14日

玉米5.00元。

电费21.00元。

豆浆1.50元。

鸡蛋10.7元。

6月15日

盐1.00元、菜2.90元,共3.90元。

6月16日

豆浆1.50元、饼子2.00元,共3.50元。

6月17日

演出服、鞋共15.00元。

6月18日

小西红柿2.00元。

伊丽莎白[烟]3.00元。

杏2.00元。

换水表5.50元。

豆浆1.50元。

6月20日

馍二袋、面条,共

3.00元。

馍二袋、面条，共3.00元。

豆浆、老豆腐3.00元。

6月22日

菜5.00元。

饼子、豆浆3.50元。

〈交〉缴电话费100元。

6月23日

杏（胭脂杏）2.00元。

6月24日

凉粉二卷1.00元。

醋一袋0.80元。

6月25日

大豆6元、可乐5.00元，共11.00元。

降压药4.10元。

本月提工资1 800元，五号楼房租（7、8、9月）1 050元，总收入2 850元。家庭开支650元，结存2 200元。

7月1日

染发三次15.00元。

二院4、5、6卫生费6.00元。

鸡胸5.40元。

各种菜7.00元。

饼丝2.00元。

7月2日

馍二袋、面条2.50元。

豆浆1.00元。

7月3日

豆浆、老豆腐3.00元。

7月4日

饼子2.00元、豆浆1.50元。

7月6日

桃子5.00元。

馍2.00元。

可乐二瓶5.00元。

菜1.50元。

洗头膏一瓶5.00元。

7月7日

馅饼2.00元。

饼子2.00元。

豆浆1.50元。

7月8日

桃3.00元。

馍、面条共3.00元。

豆浆1.50元。

7月10日

凉粉1.00元。

小豆包6.00元。

7月11日

菜（黄瓜）3.70元。

豆浆1.50元。

7月12日

豆浆1.50元、馍、面条共4.50元。

7月14日

饼干7.00元。

小豆包6.50元。

南瓜菜4.00元。

面条1.00元。

豆浆1.50元。

老豆腐1.00元。

7月17日

外〈阜〉埠邮票5.20元。

玉米2.00元。

辣椒面5.00元。

茄子、辣椒2.00元。

黄瓜1.50元。

毛豆4.50元。

馒头、面条3.00元。

7月18日

手表电池5.00元。

邮票0.40元。

豆浆1.50元。

7月20日

放大加洗照片139元。

横幅30.00元。

7月21日

西瓜4.50元。

豆浆1.50元。

7月22日

饼丝2.00元。

洋葱、西红柿、〈江〉豇豆3.00元。

土豆1.00元。

饮料83.50元。

7月24日

饼子、西瓜、豆浆共10.00元。

二院水费8.20元。

7月25日

药（去痛）15.50元。

葡萄2.50元。

豆浆1.50元。

西瓜5.50元。

7月26日

咸菜2.50元。

煤乡酒楼二桌1 000元。

面条1.30元。

馍2.00元、西瓜7.00

元,共9.00元。

茄子1.20元。

7月27日

又西瓜8.00元。

7月28日

豆浆、菜3.00元。

有线电视[收视费]300元。

邮票、信封3.00元。

豆浆1.50元。

饼子2.00元。

菜5.50元。

本月提工资1 900元,家庭开支1 740元,结存250元。

8月1日

豆浆1.50元。

西瓜4.70元。

8月2日

可乐2.00元,冰糕共5.50元。

鸡胸7.00元。

饼丝2.00元。

西红柿1.40元。

黄瓜、苦瓜2.00元。

馍2.50元。

8月3日

葡萄4.50元。

辣椒1.00元。

8月4日

表一户一表610元。

8月5日

豆浆1.50元。

8月6日

西瓜5.40元。

玉米3.00元。

咸菜2.00元。

西红柿1.20元。

馍2.00元。

老豆腐1.50元。

又烧肉二袋14.50元。

8月7日

西瓜(任静琴)5.50元。

豆浆1.50元。

老豆腐1.50元。

8月8日

包子6.00元。

凉粉1.00元。

莜面2.00元。

8月9日

豆浆1.50元。

染发15.00元。

西瓜5.6元。

8月11日

裤子10.00元。

百事可乐10.00元。

8月12日

辣椒面3.00元。

馍2.00元。

粉皮1.00元。

西瓜6.80元。

烧纸5.00元。

豆浆1.50元。

二院楼道电费0.40元。

8月14日

菜、饼子7.80元。

〈交〉缴家里的电费20元。

存入工商银行50元。

豆浆1.50元。

8月15日

玉米2.40元。

馍2.20元。

8月16日

料酒2.00元。

饼丝2.00元。

鸡翅等15.30元。

西〈胡〉葫[芦]、黄瓜2.50元。

胡芹1.80元。

辣椒、苦瓜2.00元。

8月17日

豆浆1.50元。

8月18日

豆浆1.50元。

饼子2.00元。

8月21日

豆浆、老豆腐4.00元。

取万元,利息89.00元。

8月22日

面条、馍馍3.00元。

袜子一双3.00元。

玉米4.50元。

老豆腐1.00元。

可乐10.00元。

8月23日

豆浆1.50元。

牙膏2.50元。

香皂、肥皂20.20元。

凉鞋3.50元。

菜叶1.00元。

松紧带0.70元。

菜、馍9.60元。

本月提工资1 900元,家庭开支1 330元,结存570元。

9月1日

瓜子、脆皮十支8.00元。

酱牛肉、肝(豆浆)27.30元。

玉米3.00元。

菜3.60元。

桃5.00元。

味精、咸菜7.40元。

玉米1.50元。

馍2.00元。

鸡胸[肉]6.70元。

面包5.20元。

月饼48.00元。

老豆腐1.00元。

上月存款利息89.00元。

饼子、豆浆3.50元。

〈交〉缴手机费50.00元。

月饼100元。

馍2.00元。

南瓜、土豆4.00元。

毛豆2.50元。

油菜、梨3.50元。

9月2日

牛奶三袋3.90元。

老豆腐1.00元。

9月3日

小豆包8.40元。

9月4日

豆腐、面条、豆浆共3.20元。

老豆腐1.00元,香油、芝麻18.00元,共19.00元。

饼丝2.00元。

9月6日

饼子一箱7.90元。

9月7日

开花馍3.00元。

玉米2.00元。

西红柿1.50元。

辣椒1.00元。

黄瓜、紫〈柑〉甘〈兰〉蓝3.00元。

桃3.00元。

老豆腐、豆浆2.50元。

自制月饼5.00元。

9月8日

黄酱一袋、酱油一袋,共3.40元。

臭豆腐、豆浆3.50元。

9月12日

馍2.00元。

萝卜、西红柿2.00元。

菜花、莲菜3.60元。

腐干1.50元。

黄瓜1.30元。

月饼12.00元。

豆浆1.50元。

老豆腐、豆浆2.50元。

9月13日

香可乐鸡16.00元。

花生米7.00元。

苹果、葡萄3.50元。

老豆腐2.50元。

9月18日

蒜1.00元。

豆芽0.50元。

辣椒5.50元。

馍、黄酱4.00元。

豆浆、老豆腐2.50元。

9月19日

菜花、〈江〉豇豆2.80元。

面条0.70元。

9月21日

咸菜8.00元。

辣椒面1.00元。

馍1.40元。

黄瓜5.50元。

染〈法〉发15.00元。

豆浆、老豆腐2.50元。

9月22日

饼干、月饼12.80元。

〈交〉缴电话费100元。

9月24日

豆浆1.50

老豆腐1.00元。

9月26日

肉10.00元。

老豆腐1.00元。

馍2.00元。

辣椒2.00元。

菜花、豆浆3.00元。

三季度卫生费6.00元。

9月29日

鸡蛋10.00元。

9月30日

豆豉5.00元。

拔牙10.00元。

生活支出:白糖、味精10.50元。

药7.70元、豆浆1.50元。

酵母片0.40元。

本月提工资1 900元，五号楼10月房租500元，总收入2 400元。家庭开支600元，结存1 800元。

10月1日

自行车座一个20.00元。

火腿肠5.00元。

老豆腐1.00元。

交大庆买上衣50.00元。

豆浆、饼子3.50元。

10月3日

老豆腐1.00元。

辣椒2.00元。

10月4日

小豆包6.00元。

豆浆1.50元。

粉条、豆腐3.00元。

黄瓜、西〈胡〉葫[芦]3.00元。

大蒜1.50元。

南瓜、辣椒1.50元。

冬瓜0.50元。

10月5日

豆浆1.50元。

土豆3.00元。

10月7日

馍1.00元。

腐干3.00元。

茄子2.00元。

10月9日

老豆腐1.50元。

退回上衣50.00元。

大庆看牙80.00元。

午饭13.00元。

豆浆1.50元。

10月10日

水龙头18.00元。

香酥饼、老豆腐7.50元。

10月11日

馍2.00元。

豆角、苤〈兰〉蓝3.50元。

小点心6.00元。

茴子白0.50元。

素丸子5.00元。

南瓜、黄瓜、辣椒3.50元。

素鸡2.50元。

白萝卜1.50元。

10月12日

2008年1—12月五号楼房租346.80元。

豆浆1.50元。

10月13日

辣椒2.00元。

苤〈兰〉蓝、萝卜4.00元。

冬枣5.00元。

补苤〈兰〉蓝2.00元。

老豆腐、豆浆2.50元。

10月15日

大〈粟〉栗子二斤10.00元。

燕麦片10.60元。

10月16日

预〈交〉缴煤气费50.00元。

茄子1.50元。

花生米、大豆10.00元。

收回伞钱10.00元。

10月17日

电池4.00元。

修〈摇〉遥控器20.00元。

馍2.00元。

豆浆1.50元。

预〈交〉缴手机费50元。

又老■买冬枣5.00元。

又购燕麦片一袋10.60元。

10月18日

豆浆1.50元。

秋衣裤26.00元。

10月20日

又冬枣5.00元。

桔子5.00元。

豆浆1.50元。

馍1.00元。

10月21日

〈交〉缴钻牙[费]200元。

10月23日

豆浆、老豆腐2.50元。

10月24日

馍2.00元。

烧纸5.00元。

鸡胸[肉]8.00元。

丸子5.00元。

黄瓜1.00元。

豆浆 1.50 元。

牙周康 1.50 元。

10 月 25 日

豆浆、老豆腐 2.50 元。

10 月 26 日

老豆腐 1.00 元。

豆腐、豆芽 1.70 元。

10 月 27 日

豆浆、香酥饼 7.50 元。

10 月 28 日

2009 年 1—12 月《山西广播电视报》30.00 元。

苤〈兰〉蓝 2.50 元。

洋姜、地溜共 9.00 元。

被罩一个 30.00 元。

冬枣 10.00 元。

芥菜、萝卜 5.50 元。

馍、豆浆 2.50

本月提工资 1 800 元，五号楼 11 月房租 500 元，总收入 2 300 元。家庭支出 1 070 元。结存 1 230 元。

11 月 1 日

小豆包 5.00 元。

蒜〈办〉辫 1.00 元。

西〈胡〉葫[芦]1.40 元。

玉米糁 1.50 元。

香酥饼 6.00 元。

白萝卜 1.50 元。

菠菜 1.00 元。

大馍 1.00 元。

尖椒 1.00 元。

老豆腐 1.00 元。

花生二斤 10.00 元。

醋、盐、酱油，共 4.00 元。

花生米 10.00 元。

豆浆 1.50 元。

牛肉 18.60 元。

老豆腐 1.00 元。

11 月 2 日

雪里〈红〉蕻 3.70 元。

洋姜 4.00 元。

锡纸 1.00 元。

紫萝卜 1.00 元。

小馍 6.00 元。

老豆腐 2.50 元。

豆浆 2.50 元。

11 月 4 日

豆浆、老豆腐 2.50 元。

11 月 5 日

交 2008 年—2009 年 3 月取暖费 744.40 元。

又大葱 11.00 元。

花生米 10.00 元。

染发 15.00 元。

11 月 7 日

豆浆、老豆腐 1.50 元。

补做牙 60.00 元。

老豆腐、豆浆 2.50 元。

11 月 8 日

茴子白、苦瓜 3.00 元。

桔子 2.00 元。

苤〈兰〉蓝 1.70 元。

高粱、老豆腐 2.50 元。

又盐一袋 1.00 元。

11 月 10 日

饼丝 2.00 元。

豆角 1.50 元。

紫〈柑〉甘〈兰〉蓝 1.00 元。

老豆腐、补取暖费 1.60 元。

11 月 11 日

豆浆、老豆腐 2.50 元。

11 月 13 日

咸菜 2.20 元。

香酥饼 6.00 元。

腐干 4.00 元。

馍 1.00 元。

11 月 14 日

豆浆、老豆腐、饼共 5.50 元。

11 月 16 日

馍、豆浆共 3.50 元。

发糕 1.50 元。

各种菜 2.00 元。

11 月 17 日

面条 1.00 元。

娃娃菜 1.50 元。

豆腐 1.60 元。

11 月 20 日

豆浆、老豆腐 2.50 元。

电池 1.00 元。

馍 2.00 元。

菜 3.50 元。

豆浆 1.50 元。

11 月 24 日

豆浆 1.50 元。

三丝 3.40 元。

老豆腐1.00元。

晋祠大米33.00元。

11月27日

馍2.00元。

肉22.00元。

豆芽、面筋1.00元。

桔子2.00元。

辣椒2.00元。

鸡胸[肉]4.50元。

11月28日

花生米10.00元。

灌饼1.00元。

11月29日

豆浆1.50元。

水费15.80元。

11月30日

郫县豆瓣酱2.00元。

豆浆、老豆腐2.50元。

饼子、豆浆3.50元。

馒头、发糕共4.00元。

豆浆1.50元。

桔子6.00元。

饼干4.30元。

老豆腐1.50元。

本月提工资1 800元,五号楼12月房租500元,总收入2 300元。总支出1 150元。结存2 050元。

12月1日

预〈交〉缴工商银行煤气50.00元。

12月6日

菜籽油二筒69.80元。

香酥饼二斤12.00元。

豆浆1.50元。

12月11日

各种菜、馍、丸子共23.60元。

12月12日

自行车一辆280元。

豆浆1.50元。

小袋稻米、存车30.60元。

老豆腐、豆浆2.50元。

各种菜10.00元。

12月12日

面一袋30.00元。

香酥饼二斤。

12月13日

电费19.00元。

灯泡二个4.00元。

豆浆1.50元。

莲菜2.00元。

香菇3.00元。

豆芽、莴笋5.50元。

发糕2.00元。

松紧带3.00元。

洗洁精2.00元。

12月15日

芥菜3.00元。

鸡蛋10.00元。

盐1.00元。

电费(楼道)0.50元。

12月16日

馍、发糕4.00元。

香酥饼又二斤12.00元。

12月18日

豆浆1.50元。

豆浆1.50元。

老豆腐1.00元。

豆浆1.50元。

12月20日

染发15.00元。

12月21日

豆浆1.50元。

预〈交〉缴电话费100元。

12月23日

香酥饼二斤12.00元。

豆浆1.50元。

豆腐3.00元。

小〈杜〉桔子5.00元。

信封1.00元。

12月25日

豆浆1.50元。

小桔子10.00元。

12月28日

糖〈胡〉葫[芦]12.00元。

豆浆、老豆浆2.50元。

没给见面礼660元。

本月提工资5 000元,补发工资共提(每月增资265元)。五号楼元月房租500元。家庭开支760元。结存4 740元。

2009年

1月1日

香酥饼二斤12.00元。

豆浆、老豆腐2.50元。

发糕、馍3.00元。

四季度卫生费 6.00 元。

辣椒面、香油 7.50 元。

金桔、〈弥〉猕猴桃 8.00 元。

玉米糁、大豆 4.50 元。

葡萄干 7.00 元。

■球 1.50 元。

主食 4.00 元。

豆浆 1.50 元。

茶叶二两 7.00 元。

1 月 2 日

面条 1.50 元。

萝卜 0.40 元。

豆芽、黄瓜 2.00 元。

小甘蔗 22.00 元。

豆浆 1.50 元。

1 月 5 日

馍 4.00 元。

老豆腐、豆浆 2.50 元。

过年小吃 150 元。

1 月 7 日

手工面 1.50 元。

各种菜 7.60 元。

又香酥饼 24.00 元。

豆浆、豆芽 2.00 元。

黑枣 5.00 元。

桔子 10.00 元。

啤酒一袋 2.40 元。

面条 1.50 元。

黄豆 1.00 元。

1 月 8 日

大花生 5.00 元。

豆浆 1.50 元。

1 月 9 日

豆浆 1.50 元。

香酥饼二斤 12.00元。

发糕 4.00 元。

莲菜 6.00 元。

茄子 6.00 元。

粉面二袋 2.50 元。

平菇 3.00 元。

茴子白 2.00 元。

豆腐 3.50 元。

西〈胡〉葫[芦]3.00 元。

1 月 10 日

贴花 17.00 元。

馍 2.00 元。

豆浆、老豆腐 2.50 元。

味精 6.00 元。

面条 1.50 元。

开口杏仁、糖 12.00 元。

纸杯子 6.00 元。

存车 0.30 元。

发糕 4.00 元。

黄豆、粉条 3.00 元。

萝卜、黄瓜 3.50 元。

1 月 13 日

大成给六味斋购物卡 100 元。

1 月 16 日

豆浆 1.50 元。

豆浆 1.50 元。

猪肉 122 元。

土豆、水萝卜5.40元。

1 月 20 日

排骨、馍 18.00 元。

肘花 48.8 元。

豆浆 1.50 元。

1 月 21 日

染发 15.00 元。

1 月 22 日

鸡蛋 10.00 元。

绿豆糕 12.00 元。

娃娃菜一袋 3.50 元。

饮料 52.00 元。

松花蛋 15.00 元。

1 月 24 日

过年了三个小孩压岁钱 600 元。

1 月 26 日

豆浆二袋 3.00 元。

伤湿膏 1.50 元。

本月提工资 2 000 元，五号楼（2 月）房租 500 元，总收入 2 500 元。总支出 1 380 元。结存 1 120 元。

2 月 1 日

菜、松花蛋、黄酒、香蕉共 21.00 元。

香酥饼 12.00 元。

馍 18.00 元。

林家儿子压岁钱 200 元。

〈汽〉气球 5.00 元。

带鱼 21.60 元。

梨、西芹 6.20 元。

牛奶 5.20 元。

豆浆、馍 3.10 元。

2 月 2 日

豆芽菜 0.80 元。

2 月 3 日

馍、老豆腐、杂物 6.50 元。

挂■50.00元。

2月5日

〈像〉相机电池6.00元。

2月6日

手机费50.00元。

豆浆、面条2.30元。

洗头3.00元。

2月9日

豆浆、馍3.50元。

2月10日

面条1.00元。

2月11日

老豆腐1.00元。

豆浆1.50元。

电费48.00元。

预〈交〉缴煤气费30.00元。

2月14日

豆浆1.50元。

2月15日

老豆腐1.00元。

2月16日

馍、豆浆,共3.50元。

2月17日

面条0.70元。

黄酒一瓶2.50元。

面条1.00元。

各种菜3.60元。

花卷2.00元。

豆皮0.90元。

2月18日

豆浆一袋1.50元。

科迪汤〈园〉圆一袋5.00元。

2月19日

桂花黄酒四瓶■■16.40元。

豆浆1.50元。

2月20日

馍1.00元。

塑封照片10.00元。

2月22日

又塑封6.00元。

豆浆一袋1.50元。

天津、北京13.70元。

猪肉8.20元。

甜面酱2.80元。

2月24日

一周后才能收到。

豆腐、豆浆2.50元。

老豆腐、爆米花3.00元。

2月25日

豆芽、豆浆2.50元。

2月26日

面条1.50元。

预〈交〉缴电话费100元。

馍3.00元。

2月28日

又塑封一张2.00元。

买冬瓜等5.00元。

豆浆1.50元。

本月提工资2 000元,五号楼3月份房租500元,总收入2 500元。家庭开支、总支出672元。结存1 928元。

3月3日

发糕、馍5.00元。

3月4日

梨四斤5.00元。

豆浆一袋1.50元。

3月5日

水果15.00元。

3月6日

绿豆糕6.00元。

发糕4.00元。

3月7日

染发15.00元。

茄子等三个7.00元。

3月8日

豆浆1.50元。

3月10日

豆浆1.50元。

面条1.60元。

3月11日

爆米花3.00元。

豆芽0.60元。

寿衣500元。

3月13日

自行车340元。

3月14日

豆浆1.50元。

爆米花2.00元。

西〈胡〉葫[芦]、菜4.00元。

豆浆1.50元。

3月15日

面条1.60元。

腐皮1.20元。

黄瓜、豆芽、白萝卜2.00元。

3月16日

甜面酱三袋4.20元。

3月17日

黄酒四瓶14.40元。

甜面酱1.60元(大方拿回面条)。

饮料一筒6.80元。

豆浆 1.50 元。

香蕉 8.00 元。

3 月 20 日

蘸片子[①]四人 40.00 元。

3 月 21 日

发糕 4.00 元。

豆浆 1.50 元。

菜 3.50 元。

面条、菠菜 2.20 元。

3 月 22 日

豆浆 1.50 元。

咸菜、豆子 3.80 元。

3 月 25 日

菜 5.00 元。

豆浆 1.50 元。

3 月 26 日

发糕 4.00 元。

爆米花 3.00 元。

3 月 27 日

老豆腐 1.50 元。

3 月 28 日

桔子 5.00 元。

辣椒末、蒜、味精 8.50 元。

豆浆 1.50 元。

松花蛋 8.50 元。

3 月 30 日

生活 48 元。

本月提工资 2 000 元，五号楼房租 500 元，总收入 2 500 元。家庭开支 1 100 元。结存 1 400 元。

4 月 1 日

二院一季度卫生费 6.00 元。

面条、菜 5.10 元。

4 月 2 日

豆浆 1.50 元。

猪肉 13.80 元。

面条 1.60 元。

石花菜 1.00 元。

豆芽 0.70 元。

饼子 1.00 元。

〈交〉缴手机费 50.00 元。

4 月 3 日

豆浆 1.50 元。

面条 0.80 元。

花生米一斤 5.00 元。

馍 1.00 元。

菜 2.50 元。

面条 0.70 元。

豆浆 1.50 元。

预〈交〉缴煤气 30.00 元。

4 月 5 日

桔子 8.00 元。

菜 5.00 元。

腐干 2.00 元。

大方代交吕新存放费 2010 年 200 元。

4 月 6 日

豆浆一袋 1.50 元。

发糕二块 4.00 元。

甜面酱、香椿、豆芽共 11.60 元。

4 月 7 日

给大庆 1 000 元。

爆米花 3.00 元。

4 月 8 日

江米、绿豆、豆■共 21.00 元。

香椿 2.00 元。

4 月 9 日

小食品 1.00 元。

又爆米花 3.00 元。

4 月 10 日

香椿 1.00 元。

面条 1.00 元。

白糖 5.00 元。

豆芽 0.50 元。

4 月 11 日

小食品 2.00 元。

菠菜 1.00 元。

发糕 2.00 元。

4 月 13 日

豆浆 1.00 元。

大馍 1.00 元。

二院楼道电费 0.40 元。

4 月 14 日

黄瓜 1.00 元、茄子 3.3 元、西〈胡〉葫[芦] 0.60 元，共 4.90 元。

豆皮、豆浆 1.00 元。

咸菜 1.00 元。

4 月 15 日

〈交〉缴电费 23.00 元。

〈交〉缴煤气（存折）50.00 元。

4 月 16 日

面条 1.60 元。

咸菜 1.00 元。

---

① 一种面食。

豆芽、黄瓜共3.50元。

豆浆1.00元。

4月17日

发糕4.00元。

豆浆1.00元。

4月18日

豆浆1.00元。

4月19日

香椿2.00元。

馍片2.00元。

黄瓜1.00元。

莴笋3.00元。

面条2.00元。

豆浆1.00元。

西红柿1.50元。

豆腐0.50元。

4月20日

老豆腐1.00元。

发糕二块4.00元。

染发15.00元。

4月22日

桂花黄酒7.20元。

葱伴侣四袋5.60元。

4月23日

梨7.00元。

豆浆1.00元。

茴子白1.30元。

老豆腐1.00元。

饼丝2.00元。

面酱1.00元。

豆芽、韭菜1.00元。

4月24日

油桃4.00元。

小豆包5.00元。

花生米5.00元。

豆浆1.00元。

西麦〈英〉麦片14.50元。

4月25日

豆浆1.00元。

补〈交〉缴寿■90.00元。

小食品1.80元。

4月26日

报纸1.50元。

4月27日

发糕2.00元。

菜3.00元。

香酥饼12.00元。

豆角2.00元。

豆浆1.00元。

4月29日

发糕二块4.00元。

面条1.00元。

本月提工资2 000元,五号楼五月份房租500元,总收入2 500元。家庭开支1 600元。结存900元。

5月1日

吕新做牙补300元。

5月2日

饼子、黄瓜、豆浆等7.00元。

小袋白面五公斤17.00元。

面条1.60元。

各种菜4.90元。

豆浆1.00元。

5月4日

馍1.00元。

咸菜3.60元。

5月6日

香菜(尖椒、洋葱)2.40元。

饼子(圆的)2.00元。

豆浆一袋1.00元。

5月8日

豆浆1.00元。

梨10.00元。

各种菜8.50元。

豆制品7.50元。

5月9日

红枣10.00元。

饼子2.00元。

5月10日

白菜、蒜4.80元。

5月11日

面条1.60元。

菜、腐干、菜7.40元。

马莲1.00元。

主食3.50元。

豆浆1.00元。

5月12日

老豆腐1.00元。

崔新华父白礼100元。

5月13日

〈交〉缴电话费100元。

5月15日

花生米5.00元。

粽叶二斤7.00元。

5月16日

主食2.00元。

豆浆1.00元。

蜜枣10.00元。

小玉米糁1.40元。

牛奶二袋2.60元。

饼子2.00元。

菜12.70元。

5月17日

面条1.60元。

豆芽7.70元。

饼子2.00元。

5月19日

豆浆1.00元。

排骨、肉馅42.00元。

黄酒3.20元。

甜苣1.00元。

5月20日

又江米、红豆共11.50元。

5月21日

饼子2.00元。

松花蛋5.00元。

西红柿2.50元。

洋葱1.50元。

豆浆1.00元。

辣椒1.50元。

甜面酱三袋3.60元。

又粽叶10.00元。

灯泡1.50元。

5月22日

又江米6.00元。

二面馍1.00元。

5月23日

红豆馅6.90元。

土豆、茴子白3.20元。

粉条1.00元。

白兰瓜2.50元。

又江米二斤4.00元。

马莲1.00元。

豆角3.00元。

5月24日

豆浆、饼子2.00元。

5月25日

发糕二块4.00元。

甜面酱三袋7.50元。

面条1.60元。

西红柿5.20元。

豆芽、黄瓜3.10元。

5月26日

修牙、白礼、江米、叶子、电话共100元。

盐、料酒、辣椒面、咸菜共7.00元。

5月28日

豆浆1.00元。

油二桶103.80元。

5月29日

花生米5.00元。

本月提工资2 000元,五号楼6月房租500元,总收入2 500元。家庭开支900元。结存1 600元。

6月1日

主食2.00元。

染发15.00元。

黄瓜1.00元。

面条1.50元。

豆芽0.50元。

6月2日

牛奶三袋3.90元。

凉粉2.00元。

6月3日

豆浆一袋1.0元。

香饼、点心12.0元。

6月4日

饼子2.00元。

荔枝5.00元。

豆浆一袋1.00元。

6月6日

西红柿、豆芽2.50元。

豆浆、饼子3.00元。

胶水2.00元。

大成去北京给毛[妮]1 000元。

6月8日

饼子、豆浆3.00元。

6月9日

黄瓜、焖面2.00元。

老豆腐1.00元。

6月10日

豆角、西红柿、面4.00元。

6月11日

老豆腐1.00元。

6月12日

饼子、花生米7.00元。

豆芽、豆浆1.50元。

鸡腿11.20元。

面条1.50元。

水果10.00元。

6月13日

预〈交〉缴煤气50.00元。

黄瓜、馍2.00元。

电费从工商卡上〈交〉缴25.00元。

6月14日

面条、豆浆2.00元。

6月16日

饼子、凉面3.00元。

豆角1.00元。

冰糕10.00元。

西瓜11.00元。

各种菜 5.00 元。

豆浆、黄瓜 2.00 元。

6 月 17 日

红布一块 5.00 元。

西〈胡〉葫[芦]1.00 元。

6 月 19 日

豆浆 1.00 元。

豆浆一袋 1.00 元。

饼子 1.00 元。

6 月 20 日

面条 1.00 元。

黄瓜、三角 4.40 元。

豆浆 1.00 元。

胡芹、腐干 2.00 元。

6 月 22 日

菜、胡椒粉等 7.20 元。

买菜、桃 10.00 元。

6 月 23 日

茼蒿 1.00 元。

包子、凉菜 8.00 元。

女上衣一件共 35.00 元。

6 月 24 日

豆浆、饼子 2.00 元。

西瓜、豆角 6.30 元。

饼子 2.00 元。

6 月 25 日

给■平买礼品 23.00 元。

燕麦片二袋 10.00 元。

6 月 26 日

茼蒿 1.00 元。

豆浆一袋 1.00 元。

6 月 27 日

饼子 2.00 元。

6 月 28 日

给大庆买西瓜 17.50 元。

桃 5.00 元。

老林白礼，杜春芳 1 000 元。

支援大庆 1 000 元。

白纸、黄纸等 12.80 元。

6 月 29 日

毛豆、豆角 2.50 元。

又西瓜 5.50 元。

饼子 2.00 元。

本月提工资 2 500 元。

总收入 2 500 元。

家庭支出 2 340 元。

结存 151 元。

7 月 1 日

二院二季度卫生费 6.00 元。

焖面 1.00 元。

豆浆 1.00 元。

豆角、饼子 3.80 元。

黄瓜 0.80 元。

蛋糕 2.00 元。

老豆腐 1.00 元。

7 月 2 日

〈草〉槽子糕、面包共 8.70 元。

焖面 1.00 元。

7 月 3 日

阿奇霉素 16.80 元。

豆浆 1.00 元。

7 月 4 日

西瓜 5.40 元。

菜 5.00 元。

草珊瑚一盒 5.00 元。

豆浆 1.00 元。

7 月 6 日

方便面 9.00 元。

各种菜 9.00 元。

豆浆 1.00 元。

7 月 7 日

饼子 2.00 元。

西瓜 7.00 元。

毛豆 2.00 元。

7 月 8 日

面包 4.50 元。

豆浆 1.00 元。

黄瓜、菜 6.10 元。

膏药 13.80 元。

豆浆 1.00 元。

7 月 11 日

给林[明]买桃子 5.00 元。

7 月 12 日

老豆腐 1.00 元。

豆角 1.40 元。

焖面 1.00 元。

西瓜二个 11.30 元。

焖面 1.00 元。

西红柿、黄瓜、茄子 5.50 元。

水费 16.80 元。

又小西瓜 5.00 元。

饼子 2.00 元。

7 月 13 日

老豆腐 1.00 元。

豆浆、腐干 3.00 元。

菜 1.50 元。

毛豆 2.00 元。

面包 4.50 元。

7 月 14 日

菜 3.00 元。

老豆腐、豆浆2.00元。

饼子 2.00 元。

7 月 16 日

焖面 1.00 元。

豆角 1.30 元。

电话费 100 元。

辣椒 0.20 元。

虾 13.20 元。

海〈蛰〉蜇 7.50 元。

〈江〉豇豆、油菜1.50 元。

7 月 17 日

牛奶 3.90 元。

7 月 18 日

馍 1.00 元。

西红柿、豆角、黄瓜 4.90 元。

7 月 20 日

玉米、糖蒜、松花[蛋]共 12.10 元。

7 月 21 日

焖饼、各种菜7.70元。

西瓜、玉米、毛豆、西瓜共 11.50 元。

7 月 23 日

裙子手工 5.00 元。

豆浆、冰糕、饼子共 12.00 元。

7 月 27 日

给吕帅外出(云南) 300 元。

家庭用费 1 000 元。

补 7 月主食、副食共 31 元。

7 月 30 日

生活购物 43.80 元。

本月提工资 2 000 元,总收入 2 000 元,家庭开支、总支出 8 400 元。结存一6 400 元。

8 月 1 日

五号楼房租8月—次年1月(6 个月)3 000 元。

给大庆生活费 500 元。

〈交〉缴五号楼房租房管处 346.80 元。

老豆腐 1.00 元。

豆浆 1.00 元。

焖面 1.00 元。

茶叶 7.00 元。

8 月 2 日

染发 15.00 元。

鸡蛋 11.00 元。

糖 2.00 元。

发卡 2.00 元。

豆丝 1.00 元。

馍 1.00 元。

玉米、毛豆 4.00 元。

黄瓜 2.20 元。

西红柿 2.00 元。

焖面 1.00 元。

江米条 3.00 元。

西瓜 6.50 元。

石头饼 6.00 元。

馍 1.00 元。

大漠蜜瓜、苹果16.00 元。

8 月 3 日

豆浆 1.00 元。

邮票 6.00 元。

面包 4.50 元。

8 月 6 日

豆角、茄子 1.70 元。

焖面 0.70 元。

8 月 7 日

黄瓜、冬瓜 3.00 元。

茴子白 1.00 元。

8 月 8 日

豆浆 1.00 元。

8 月 9 日

老豆腐 1.00 元。

玉米 2.00 元。

毛豆 2.00 元。

苦菜 0.50 元。

辣椒 1.00 元。

8 月 10 日

菜、辣椒等 6.50 元。

大蒜 2.10 元。

豆浆 1.00 元。

糖■1.00 元。

黄瓜、西红柿、豆角 3.70 元。

面皮 2.00 元。

面包 4.00 元。

咸菜 2.00 元。

8 月 11 日

爆米花 2.00 元。

焖面 0.70 元。

苹果 3.00 元。

花卷 1.00 元。

豆浆 1.00 元。

8 月 12 日

〈交〉缴电费(工商银行存折上)。

大馍 2.00 元。

豆浆 1.00 元。

面皮 2.00 元。

8 月 15 日

各种苹果主食 12.70 元。

8月16日

豆浆1.00元。

给大庆生活费500元。

8月17日

黄瓜1.40元。

焖面0.70元。

8月18日

豆浆1.00元。

菜(三角)1.00元。

面皮2.00元。

8月19日

〈白〉百事可乐二瓶6.00元。

豆腐、粉条、腐干4.70元。

盐一袋1.00元。

8月20日

预〈交〉缴煤气50.00元。

上衣一件25.00元。

馍5.50元。

猪肉22.50元。

毛豆3.00元。

黄瓜、西红柿3.50元。

豆浆1.00元。

8月21日

又面包4.00元。

焖面0.70元。

牛奶3.90元。

8月22日

葡萄2.50元。

白糖2.50元。

大可乐6.00元。

咸菜2.00元。

黄瓜、红萝卜4.00元。

西红柿1.80元。

豆腐、豆芽共2.00元。

8月24日

松花蛋五个5.00元。

黄瓜、辣椒、茄子共1.50元。

8月26日

细粉条2.00元。

糖蒜2.00元。

咸菜1.00元。

玉米3.00元。

毛豆2.00元。

黄瓜1.30元。

南瓜1.00元。

豆腐皮2.00元。

8月28日

西瓜4.50元。

葡萄4.00元。

豆浆一袋1.00元。

8月29日

大庆还回代垫婚礼3 000元。

老豆腐1.00元。

面皮2.00元、黄瓜1.00元,共3.00元。

8月30日

老豆腐1.00元,西红柿3.00元,大辣椒1.00元,梨1.50元,豆芽、豆腐1.50元,花生米5.00元,面包4.50元,共23.40元。

大庆还回代垫婚礼3 000元。

五号楼房租3 000元,提工资2 000元,总收入5 000元。总支出2 600元。结存2 400元。

9月1日

有线电视费2008年9月到2010年9月底300元。

烧纸10.00元。

梨5.00元。

豆角1.00元。

咸菜1.00元。

包子一个1.50元。

洋葱3.00元。

萝卜1.00元。

9月3日

包子9.50元。

9月4日

大馍1.00元。

豆浆1.00元。

大馍1.00元。

豆浆1.00元。

焖面0.70元。

9月5日

黄瓜、豆芽1.90元。

豆浆1.00元。

面包4.50元。

9月8日

包子5.00元。

洗衣粉二袋8.00元。

豆浆1.00元。

9月10日

小白菜0.50元。

9月11日

卫生纸10.00元。

小白菜0.50元。

玉米4.00元。

馍2.00元。

豆浆2.00元。

9月13日

葡萄5.00元。

染发15.00元。

豆浆1.00元。

发糕2.00元。

预〈交〉缴手机费50.00元。

9月15日

买熟菜8.00元。

面包4.50元。

〈交〉缴电话费100元。

9月18日

豆浆1.00元。

苤〈兰〉蓝1.20元。

女鞋10.00元。

发面馍1.50元。

放大镜10.00元。

自打月饼10.00元。

豆浆1.00元。

9月19日

豆浆1.00元。

老豆浆1.00元。

馍1.00元。

白菜、黄瓜、西红柿共4.50元。

葡萄二斤4.00元。

9月21日

大馍2.00元。

玉米3.00元。

西红柿、豆角3.50元。

9月22日

豆浆1.00元。

火腿肠2.00元。

燕麦5.00元。

小白梨5.00元。

花生米、大豆5.00元。

9月23日

白萝卜、辣椒3.00元。

9月24日

肝、豆浆9.00元。

小瓶酒2.00元。

酱油1.20元。

面包4.50元。

9月25日

茄子3.40元。

感冒药0.30元。

包子五个。

发挂号信平定买信封10元。

萝卜、南瓜共4.70元。

玉米、豆浆3.00元。

9月28日

馍1.00元。

菜、各种4.00元。

豆浆1.00元。

9月29日—30日

包子4.00元。

三季度卫生费60.00元。

生活用费420元。

本月提工资2 000元，总收入2 000元，大方给200元。总支出420元。结存1 780元。

10月1日

馍1.00元。

黄瓜、辣椒3.30元。

面条0.50元。

10月3日

大蒜、辣椒、菠菜、生菜共4.00元。

豆浆1.00元。

洗洁精一袋3.00元。

10月4日

馍3.00元。

10月5日

豆浆一袋1.00元。

面包一袋4.50元。

香蕉4.00元。

10月6日

毛娟回学校。

味精、咸菜、豆腐12.80元。

老豆腐1.00元。

韭菜等2.10元。

猪肉馅13.00元。

10月7日

豆浆1.00元。

包子4.00元。

10月8日

豆浆一袋2.00元。

10月10日

牙膏、香皂1.00元。

豆浆、老豆腐2.00元。

10月12日

香酥饼一斤6.00元。

二院电费19.00元。

馍2.00元。

菜3.00元。

10月13日

牛奶二袋2.60元。

10月15日

料酒1.50元。

盐、酱油2.00元。

桔子3.50元。

带鱼12.30元。

鸡胸肉6.30元。

柿椒、土豆2.60元。

面条0.50元。

洋葱1.20元。

10月16日

水费11.20元。

豆浆1.00元。

菜、腐干3.60元。

鸡蛋、灌饼二个4.00元。

10月18日

特一粉(特制一等小麦粉)一袋17.00元。

鸡蛋10.00元。

豆浆一袋1.00元。

包子4.00元。

花生米、大豆5.00元。

10月19日

豆浆1.00元。

苤〈兰〉蓝、菠菜1.50元。

大蒜4.00元。

馍1.00元。

面包4.00元。

电池3.00元。

10月21日

包头白1.50元。

苤蓝二个1.00元。

胡萝卜1.00元。

豆浆一袋1.00元。

10月23日

馍2.00元。

老豆腐1.00元。

豆浆1.00元。

10月24日

大葱二十八斤14.00元。

豆角、西红柿7.40元。

面条0.80元。

包子四个4.00元。

初二押金100元。

10月28日

腐干、豆芽3.00元。

黄豆2.00元。

饼丝、梨、萝卜3.00元。

白胡椒粉、面包、辣油共9.00元。

10月27日

包子4.00元、豆浆1.00元。

又包子4.00元、粉条2.00元、豆浆1.00元。

10月31日

菜、豆浆1.00元。

提工资2 500元,总收入2 500元。家庭开支400元,总支出400元。结存2 100元。

11月1日

〈交〉缴手机费50.00元。

花生米5.00元。

染发15.00元。

11月3日

红枣10.00元。

面条0.50元。

洋姜5.00元。

辣椒1.00元。

豆浆1.00元。

香酥饼6.00元。

芥菜5.00元。

胡萝卜、菠菜3.50元。

馍2.00元。

11月4日

豆浆1.00元。

肉丝40.00元。

包子2.00元。

11月6日

面条1.50元。

菜2.40元。

11月7日

酱油、醋、盐各一袋3.00元。

面条0.5元、豆浆1.00元,共1.50元。

茴子白、红萝卜,共4.50元。

11月8日

面条0.50元。

芥头、萝卜共3.00元。

发糕2.00元。

11月9日

豆浆、茴子白5.00元。

2010年电视报30元。

11月10日

存车、乘车6.50元。

11月12日

发糕、豆浆3.00元。

11月13日

馍3.00元。

11月14日

面包、菜、豆浆8.50元。

11月15日

烧纸5.00元。

梨5.00元。

挂历、面条3.50元。

发糕 2.00 元。

11 月 18 日

豆浆、花生米共6.00 元。

豆浆 1.00 元。

11 月 19 日

包子 5.00 元。

11 月 20 日

老豆腐 1.00 元。

豆浆 1.00 元。

肉片 10.00 元。

黄瓜、蒜〈苔〉薹3.50 元。

面条 1.70 元。

11 月 23 日

主食、菜 8.50 元。

香酥饼 6.00 元。

11 月 25 日

豆浆 2.00 元。

11 月 26 日

苹果 5.00 元。

面条 1.00 元。

芥菜 1.80 元。

酸菜一袋 2.00 元。

紫菜 2.00 元。

包子、花卷 6.00 元。

11 月 28 日

豆浆 1.00 元。

12 月 1 日

牙周康一支1.60元。

豆浆三次 3.00 元。

12 月 2 日

鸡蛋卷 10.00 元。

豆浆、面条 2.00 元。

12 月 3 日

预〈交〉缴煤气费 100 元。

腐干、面条、发糕、香蕉、金桔，共 10.00 元。

12 月 4 日

白萝卜、芥菜 1.50 元。

豆浆 1.00 元。

豆浆 1.00 元。

12 月 5 日

味精 5.50 元。

发糕 2.50 元。

本月提工资 2 000 元，总收入 2 000 元。家庭开支 300 元，总支出 300 元。结存 1 700 元。

12 月 6 日

豆浆 1.00 元。

豆浆 1.00 元。

面条 1.00 元。

发糕 2.50 元。

黄瓜 1.80 元。

大辣椒 1.20 元。

胡芹 1.00 元。

粉面 3.00 元。

12 月 9 日

〈交〉缴暖气费 2009 年—2010 年 3 月共 993.20 元。

12 月 10 日

梨 2.50 元。

腐干 1.50 元。

玉米糁、红豆5.40元。

元宵 5.00 元。

银耳 15.00 元。

东北酸菜 2.00 元。

12 月 12 日

各种线 2.50 元。

豆浆一袋 1.00 元。

豆包 4.00 元。

花卷、包子 3.00 元。

12 月 13 日

面条 1.00 元。

花生米 6.00 元。

胡芹、水萝卜2.20元。

豆浆 1.00 元。

〈交〉缴二院电费 32 元(工商卡上〈交〉缴)。

12 月 14 日

豆浆 1.00 元。

12 月 16 日

豆浆 1.00 元。

餐巾纸 7.20 元。

胡芹、腐干 4.50 元。

面条 1.00 元。

12 月 17 日

蛋糕、蛋卷12.00元。

豆腐 6.00 元。

发糕、馍、面条共 7.00 元。

12 月 19 日

速[冻]饺子二袋 5.80 元。

茶叶二两 7.00 元。

12 月 20 日

豆浆二袋 2.00 元。

面包 4.00 元。

胡芹、蒜 5.00 元。

面条 1.00 元。

12 月 26 日

发糕二块、元宵一斤 12.00 元。

鸡蛋、白酒15.00元。

12 月 27 日

菜四种、豆浆 7.50 元。

12 月 28 日

二院四季度卫生费6.00 元。

12 月 29 日

豆浆、面条 2.00 元。

12 月 30 日

豆浆 1.00 元。

香蕉、桔子 8.00 元。

菜 2.60 元。

本月提工资 2 000 元,总收入 2 000 元,银行存款利息都放在家中袋里 4 000 元。家庭开支、总支出 1 320 元。结存 680 元。

2010 年

1 月 1 日

〈交〉缴固定电话费100 元。

过年小食品 105 元。

窗花 17 元。

1 月 3 日

豆浆 1.00 元。

1 月 4 日

黄瓜、水萝卜、〈黄〉豆芽、面条共 5.80 元。

1 月 5 日

小食品、杏仁、〈弥〉猕猴桃干、花生豆、小花生、瓜子、柿饼、杏脯共 31.48 元。

1 月 6 日

前面已在存折上刷完了 297.80 元。

1 月 7 日

预〈交〉缴手机费 50.00 元。

豆浆 1.00 元。

酱猪肉二块、酱牛肉二块、豆浆一袋共 98.90 元。

1 月 8 日

豆浆 1.00 元。

丸子 8.00 元。

发糕、面条 6.00 元。

胡芹、西红柿4.50元。

娃娃菜 2.50 元。

酱油、醋各一袋2.00 元。

1 月 9 日

小肚、肝 20.40 元。

豆浆 1.00 元。

面条 1.60 元。

各种菜(黄瓜、萝卜、黄芽韭、豆芽)共 5.80 元。

1 月 11 日

六味斋肉 100 元。

豆 1.00 元。

1 月 13 日

饼子 1.00 元。

1 月 14 日

蛋卷 6.00 元。

包头、白菜 5.40 元。

发糕、面条、元宵 9.50 元。

大蒜一斤 5.00 元。

配毛线六两 21.00 元。

豆浆一袋 1.00 元。

1 月 15 日

又配毛线二两 14.00 元。

梨、桔子 10.00 元。

1 月 17 日

面条 2.70 元。

豆浆 1.00 元。

黄瓜、豆芽、萝卜,共 4.70 元。

1 月 18 日

豆浆一袋 1.00 元。

1 月 19 日

给和平过年1 000元。

发糕二个 5.00 元。

苹果五斤 5.00 元。

大碗二个 5.00 元。

醋一斤 3.60 元。

豆浆 1.00 元。

1 月 21 日

娃娃菜二棵、黄瓜、萝卜、蒜〈苔〉薹,共 8.10 元。

豆浆 1.00 元。

1 月 24 日

豆浆 1.00 元。

主食 1.00 元。

娃娃菜、蒜〈苔〉薹、萝卜、黄瓜,共 8.10 元。

豆浆 1.00 元。

1 月 25 日

花生、花生米 10.00 元。

1 月 26 日

发糕二块 5.00 元。

粉条、丸子、冻豆腐共 17.00 元。

面条 1.50 元。

土豆、菜花、萝卜共 6.00 元。

1 月 27 日

豆浆 1.00 元。

1月28日

豆浆 2.00 元。

1月29日

买主食、豆浆、菜共 17.40 元。

本月提工资 2 000 元，五号楼交 2—7 月的房租 3 000 元，总收入 5 000 元。家庭支出 1 820 元。结存 2 180 元。

2月1日

压岁钱畅、涛各 500 元、帅 1 000 元、阳阳 200 元，共 2 200 元。

松花蛋 10.00 元。

铁球 1.50 元。

胶带大小各一个共 3.50 元。

花生、可乐、桔子，共 17.00 元。

面条一斤五两 7.80 元。

菜、粉面 2.00 元。

2月2日

豆浆 1.00 元。

烤红薯 4.00 元。

豆浆 1.00 元。

2月4日

麻糖 50 元。

豆浆 1.00 元。

2月6日

降压片 2.50 元。

花卷 2.00 元。

酱梅肉 20.00 元。

2月7日

〈腊〉蜡二支 1.00 元。

发糕 2.50 元。

牛肉丸子二斤 30.00 元。

米粉肉一块 16.00 元。

酥梨 6.00 元。

香蕉 6.00 元。

元宵 3.00 元。

腐干 3.00 元。

染发 15.00 元。

2月8日

香酥饼二斤 12.00 元。

豆浆一袋 1.00 元。

2月9日

鸡腿 16.00 元。

莲菜 8.00 元。

胡萝卜 3.60 元。

橙子 6.00 元。

桔子 5.00 元。

2月10日

排骨 40.00 元。

料酒、辣油 6.50 元。

发糕、馍 6.50 元。

葱、菜 4.00 元。

电费现至 18.00 元。

存入煤气(工商卡上〈交〉缴)50.00 元。

2月11日

红腰带一条 2.00 元。

鸡腿 10.40 元。

豆芽 1.00 元。

苤〈兰〉蓝、茴子白 3.00 元。

金桔、荔枝 22.40 元。

洗洁精 1.00 元。

黄豆 2.00 元。

2月12日

豆浆 1.00 元。

小肚 9.30 元。

2月13日

去大方家。

2月15日

汾阳王一瓶 16.80 元。

菠菜、芥菜、香菜 4.40 元。

青椒、苤〈兰〉蓝 6.60 元。

平菇 3.30 元。

黄瓜 4.70 元。

西〈胡〉葫[芦]5.60 元。

初二包餐 268 元。

2月16日

给大庆上交 1.00 元。

2月17日

初四包餐。

胶卷、电池 25.00 元。

〈弥〉猕猴桃干 20.00 元。

百事可乐、〈粒多〉果粒橙 12.00 元。

露露一箱 30.00 元。

2月18日

预〈交〉缴手机费 50.00 元。

预〈交〉缴手机费 50.00 元。

借给大庆给吕畅、文全压岁钱 400 元。

2月22日

天津大姑快递 40 元。

过年大方给 2 000 元。

大成给 500 元(代还他的欠款)。

豆浆一袋 1.00 元。

面皮一个 2.00 元。

元宵 12.00 元。

豆浆一袋 1.00 元。

2 月 24 日

老豆腐、豆浆 2.00 元。

2 月 26 日

胡芹、腐干、苦瓜共 4.80 元。

2 月 28 日

再出 1.40 元。

二月提工资 2 000 元,大方给 2 000 元,总收入 4 000 元。总支出 3 535 元。结存 465 元。

3 月 1 日

豆浆 1.00 元(今天正月十五,放炮 1 000 响)。

黄瓜、胡芹 3.80 元。

3 月 2 日

豆浆一袋 1.00 元。

修鞋 2.00 元。

3 月 3 日

黄豆 1.00 元。

豆浆 1.00 元。

3 月 4 日

灯泡二个 4.00 元。

饼丝一斤 2.00 元。

3 月 5 日

梨 5.00 元。

漆(零钱 1.40 元、卡 15.00 元)16.40 元。

花卷 1.00 元。

3 月 7 日

豆浆 1.00 元。

盐、菜等、黄豆、胡芹、菠菜、尖椒共 5.00 元。

3 月 9 日

豆浆 1.00 元。

面条 1.00 元。

面皮一个 2.00 元。

3 月 10 日

面条 1.70 元。

小菜 2.00 元。

3 月 11 日

豆浆 1.00 元。

主食 3.00 元。

3 月 12 日

老豆腐 1.00 元。

贡柑 10.00 元。

面皮 2.00 元。

江米条二袋 7.60 元。

花卷 1.00 元。

3 月 13 日

花生米二斤 12.00 元。

给吕帅寄快递费 75.00 元。

3 月 14 日

黄瓜菜 5.00 元。

豆浆 2.00 元。

老豆腐 2.00 元。

花卷 2.00 元。

3 月 16 日

韭菜 1.30 元。

猪肉馅 17.30 元。

面皮一个 3.00 元。

3 月 17 日

豆浆一袋 2.00 元。

3 月 18 日

面皮一个 2.00 元。

3 月 19 日

预〈交〉缴电话费 50.00 元。

老豆腐 1.00 元。

江米条 7.60 元。

花生米 6.00 元。

豆浆 1.00 元。

西〈胡〉葫[芦]、菠菜、西红柿 4.00 元。

3 月 20 日

花卷 2.00 元。

面皮、豆浆 3.00 元。

水龙头 12.00 元。

3 月 23 日

主食 3.00 元。

豆浆 1.00 元。

锅〈魁〉盔一个 2.00 元。

面皮 2.00 元。

鸡蛋 10.00 元。

花卷 2.00 元。

面条 2.00 元。

豆浆 2.00 元。

3 月 28 日

换纱窗 12.00 元。

第二次快递费 58.00 元。

刷卡买好吃的 148.80 元。

小点心 12.00 元。

金桔 10.00 元。

豆浆 1.00 元。

各种菜 12.10 元。

3 月 29 日

第一季度卫生费 6.00 元。

生活用:西红柿、豆浆、花卷共 14 元。

本月提工资 2 000 元,总收入 2 500 元。家庭开支、总支出420元。结存2 080元。

4月1日

二院第一季度卫生费6.00元。

预〈交〉缴电话费50.00元。

花卷1.00元。

面皮2.00元。

4月2日

豆浆1.00元。

零活3.00元。

4月3日

饼子2.00元。

4月5日

豆浆1.00元。

咸菜3.50元。

4月6日

香酥饼6.00元。

面皮2.00元。

豆浆1.00元。

4月7日

菜8.50元。

主食2.00元。

啤酒7.00元。

冰红茶三瓶10.00元。

4月8日

烙饼1.00元。

面条、黄瓜3.30元。

豆浆1.00元。

香椿3.50元。

胶带2.00元。

线0.50元。

花生米6.00元。

4月12日

花卷2.00元。

老豆腐1.00元。

4月14日

〈交〉缴二院电费18.00元。

豆浆1.00元。

4月16日

豆浆1.00元。

花卷2.00元。

修鞋5.00元。

4月17日

染发15.00元。

4月20日

菜2.00元。

香油一瓶11.90元。

豆浆1.00元。

黄瓜、菜3.00元。

主食3.00元。

给■车费1.50元。

降压药5.00元。

豆浆1.00元。

土豆、西〈胡〉葫[芦]、南瓜共10.00元。

4月21日

花卷2.00元。

〈交〉缴手机费50.00元。

4月22日

草〈梅〉莓二斤8.00元。

胡芹1.50元。

豆浆1.00元。

面条1.00元。

豆腐干1.00元。

咸鸭蛋10.00元。

草〈梅〉莓5.00元。

酥梨5.00元。

西〈胡〉葫[芦]、茄子、黄瓜、豆子共10.00元。

4月23日

补梨1.00元。

4月24日

面条1.00元。

豆浆1.00元。

豆芽菜0.50元。

瓜子2.00元。

味精、白糖、咸菜13.70元。

4月25日

酱油1.10元。

豆浆1.00元。

松花蛋5.00元。

花卷2.00元。

4月26日

饼子、豆浆2.00元。

4月27日

面条1.00元。

豆包2.00元。

东湖陈醋3.00元。

4月28日

面皮2.00元。

〈荞〉荞麦皮二斤8.00元。

4月29日

香椿4.00元。

4月30日

饼丝、各种菜12.00元。

锁边2.00元。

花生豆、瓜子9.00元。

豆浆26.00元。

5月1日

预〈交〉缴电话费

50.00元。

5月3日

豆浆、花卷3.00元。

豆浆坏了(再买一袋)1.00元。

5月4日

各种菜10.00元。

啤酒、红酒27.00元。

5月5日

花卷2.00元。

松花蛋10.00

米花2.00元。

雨衣15.00元。

香椿2.00元。

5月6日

茶叶二两7.00元。

包子0.50元。

豆浆1.00元。

5月7日

花生米、大豆、枣共17.00元。

补美〈物〉特好卡10.3元。

草〈梅〉莓5.00元。

面条1.00元。

5月8日

寄快件邮费18.00元。

5月9日

洗头膏一瓶6.00元。

鸡腿18.40元。

五公斤特一粉一袋21.00元。

豆浆1.00元。

5月10日

花卷2.00元。

辣椒面3.00元。

料酒一瓶1.50元。

5月11日

豆浆一袋1.00元。

锁裤边2.00元。

面皮2.00元。

老豆腐1.00元。

5月12日

豆浆1.00元。

花卷2.00元。

5月13日

韭菜、菠菜、南瓜1.90元。

5月14日

外裤一条20.00元。

老豆腐1.00元。

面条1.00元。

各种菜6.00元。

5月16日

补江米条1.40元。

5月17日

梨10.00元。

苹果3.00元。

〈索〉锁边2.00元。

江米10.00元。

大米13.00元。

饼子1.00元。

5月18日

豆浆1.00元。

茴子白、西〈胡〉葫[芦]1.90元。

5月19日

又江米10.00元。

包子三个3.00元。

5月20日

西红柿3.00元。

花卷2.00元。

包子3.00元。

豆浆1.00元。

面条1.00元。

5月21日

北京布鞋二双38.00元。

豆浆1.00元。

各种菜6.00元。

5月22日

啤酒10.7元。

豆浆1.00元。

新蒜、尖椒2.90元。

洗衣粉、话梅8.00元。

又啤酒10.00元。

5月31日

再用45元。

本月提工资2 000元,总收入2 000元。家庭支出、总支出450元。结存1 500元。

6月1日

江米、各种菜24.00元。

江米20.00元,蜜枣5.00元,叶子、马莲6.00元,红枣、端午节花费50.00元。

预〈交〉缴手机费50.00元。

预〈交〉缴固定话费50.00元。

豆浆1.00元。

面条1.50元。

栗子11.00元。

6月2日

瓜子3.50元。

枣5.00元。

叶子5.50元。

凉粉 2.00 元。

黄瓜 2.00 元。

江米 5.00 元。

6 月 3 日

买江米条三袋 1.40 元。

豆浆 1.00 元。

贴卡 4.00 元。

江米 40.00 元、叶子 10.00 元、蜜枣 5.00 元、马莲 3.00 元，共 60.00 元。

又补叶子 2.00 元。

又补江米 5.00 元。

凉粉 2.00 元。

6 月 4 日

豆浆 1.00 元。

花卷 2.00 元。

6 月 6 日

菜 3.10 元。

豆腐干、咸菜 1.50 元。

江米 5.00 元。

叶子、马莲 3.00 元。

鸡腿四个 6.80 元。

6 月 7 日

豆浆 1.00 元。

蒜 4.00 元。

6 月 8 日

柳叶面 1.00 元。

油饼 1.00 元。

〈交〉缴话费 1.00 元。

面皮 2.00 元。

6 月 9 日

菜 5.00 元。

又鞋一双 39.00 元。

豆浆 1.00 元。

6 月 13 日

补江米条卡 1.40 元。

馍 2.00 元。

豆浆 1.00

〈交〉缴二院电费（工商早上〈交〉缴）30.00 元。

焖面 4.00 元。

各种菜 2.70 元。

荔枝 5.00 元。

梨 5.00 元。

肉馅 5.00 元。

6 月 14 日

〈交〉缴工商银行（预〈交〉缴电费）50.00 元。

豆芽 0.50 元。

瓜子 2.00 元。

豆浆 1.00 元。

大庆车费 1.00 元。

6 月 16 日

牙周康 1.60 元。

〈江〉豇豆等 4.00 元。

6 月 17 日

染发 15.00 元。

早点、豆浆、面条 6.00 元。

6 月 19 日

林国祯白礼加花圈 1 150 元。

饼子 1.00 元。

松花蛋 4.00 元。

凉菜、凉粉 3.50 元。

松紧带七尺 4.00 元。

给林家买西瓜 20.00 元。

6 月 21 日

买菜 2.00 元。

豆浆、馍 1.40 元。

补江米条■■元。

6 月 22 日

〈交〉缴二院水费 25.20 元。

老豆腐 1.00 元。

饼子、油条 3.00 元。

6 月 24 日

腐干 1.70 元。

毛豆 5.00 元。

粉条、豆芽 6.50 元。

啤酒、豆浆 1.00 元。

黄瓜、西红柿 2.00 元。

豆角二斤 1.50 元。

馍 2.00 元。

各种菜 5.00 元。

粉条 2.00 元。

6 月 25 日

修鞋 3.00 元。

面条 2.00 元。

盐 1.50 元。

6 月 26 日

预〈交〉缴手机费 100 元。

6 月 27 日

豆浆、油饼 3.00 元。

面条 1.00 元。

冰糕 10.00 元。

毛豆■■元。

6 月 28 日

预付煤气费 50.00 元。

干洗大衣 20.00 元。

西瓜 9.10 元。

面条 1.60 元。

豆浆 1.00 元。

黄瓜1.30元。

啤酒三筒7.50元。

6月29日

饼子1.00元。

卫生费(三院二季度)6.00元。

6月30日

黄瓜、茄子3.00元。

主食2.00元。

豆浆1.00元。

计划9.70元、茶叶7.00元。

补江米条2.40元。

本月提工资2 000元,总收入2 000元。家庭支出1 930元,总支出1 930元。结存70.00元。

7月1日

香皂、洗头膏、面油,共27.90元。

给毛妮买小点心21.00元。

桃10.00元。

毛豆3.00元。

面条2.00元。

黄瓜2.00元。

7月2日

饼子1.00元。

面皮2.00元。

7月4日

豆角2.50元。

(去痛片)索米痛片、牙膏1.00元。

〈华〉话梅、百合、方便面,共10.00元。

7月5日

啤酒7.00元。

焖面1.70元。

桃、豆浆11.00元。

黄瓜0.70元。

洗澡巾4.00元。

换水管工、料(热水器上)100元。

7月6日

黄瓜1.50元。

7月7日

和大庆一起去天津共带15 000元消费。

饼子1.50元。

面条1.00元。

西瓜4.30元。

凉粉0.70元。

黄瓜1.50元。

面皮2.00元。

去天津实际消费1 377元。

7月20日

馍、豆浆2.00元。

饼子1.00元。

西瓜9.00元。

修提包4.00元。

7月22日

饼子1.00元。

7月23日

邮票五,付6.00元。

面皮2.00元。

焖面1.00元。

豆浆1.00元。

7月24日

西瓜3.50元。

豆浆1.00元。

菜、茄子、黄瓜、西红柿5.00元。

西瓜5.50元。

7月25日

带鱼16.30元。

黄瓜、辣椒1.80元。

腐干1.50元。

香酥饼14.00元。

7月26日

豆浆1.00元。

邮票1.20元。

批发冰糕10.00元。

馍1.00元、饼子1.00元、饼子3.00元。

肉17.20元、豆浆1.00元、面条1.00元。

7月29日

凉粉、豆包5.10元,黄瓜1.50元,豆角1.00元,共7.60元。

本月提工资2 000元,总收入2 000元。家庭支出1 710元,结存290元。

8月1日

西瓜5.00元。

豆浆1.00元。

玉米5.00元。

甜瓜10.00元。

焖面1.00元。

染发15.00元。

苦瓜0.90元。

香菇1.00元。

南瓜2.00元。

大葱6.00元。

土豆2.30元。

茄子1.10元。

8月2日

啤酒25.00元。

电池10.00元。

鸡蛋三斤 12.00 元。

小胶水 1.50 元。

凉菜毛豆 6.00 元。

青菜、菠菜、菜心、柿椒共 3.00 元。

又豆包 4.00 元。

8 月 3 日

腐干、特制酱油 3.90 元。

8 月 4 日

游园车 10.00 元。

又小[瓶]酱油 2.50 元。

8 月 5 日

又小[瓶]酱油 2.50 元。

黄瓜 1.50 元。

8 月 6 日

矿泉水 2.00 元。

豆浆 1.00 元。

黄瓜、西红柿 3.40 元。

桃、梨 10.00 元。

大庆修牙 350 元。

8 月 7 日

各种菜 7.70 元。

8 月 8 日

苹果 5.00 元。

面条 1.00 元。

白糖、榨菜、话梅共 5.50 元。

西瓜、豆浆共 5.00 元。

8 月 9 日

刮皮刀一把 3.00 元。

剪刀一把 2.00 元。

强力粘钩 2.00 元。

玉米 4.00 元。

桃 5.00 元。

黄瓜、辣椒 0.80 元。

8 月 10 日

豆浆 1.00 元。

馍 1.00 元。

8 月 11 日

洗〈像〉相 22.00 元。

二院 6—8 月电费 22.50 元。

啤酒 23.00 元。

玉米 2.50 元。

味精 6.00 元。

面条、西红柿、黄瓜共 4.30 元。

辣椒 1.00 元。

8 月 13 日

各种菜 4.30 元。

8 月 14 日

茄子 2.00 元。

麻酱烧饼 3.00 元。

松花蛋 10.00 元。

可乐 5.00 元。

冰〈淇淋〉激凌 10.00 元。

面条 1.00 元。

8 月 16 日

各种菜 5.50 元。

饼子 2.00 元。

〈交〉缴固话费 50.00 元。

8 月 17 日

东北大米十斤 25.00 元。

豆浆 1.00 元。

8 月 18 日

豆浆 1.00 元。

饼子 2.00 元。

8 月 19 日

玉米 4.00。

黄瓜、胡[萝]卜、茄子共 7.70 元。

8 月 20 日

大庆修车 160.00 元。

面条 2.00 元。

豆芽、腐干、各种菜 9.70 元。

8 月 21 日

面皮 2.00 元。

饼子 1.00 元。

鸡胸 7.00 元。

猪肉 12.50 元。

豆浆 1.00 元。

8 月 23 日

包子 2.00 元。

豆角 2.00 元。

尖椒、西红柿，共 2.00 元。

大蒜 6.00 元。

再共 15.20 元。

大庆修牙 510 元。

本月提工资 2 500 元，五号楼一年租金，2010 年 8 月—2011 年 7 月共 6 000 元，总收入 8 500 元。家庭开支、总支出 970 元。

9 月 1 日

〈交〉缴有线电视收视费 2010 年 10 月—2011 年 11 月(13 个月) 300 元。

豆浆、饼子共 2.00 元。

饼子 1.00 元。

豆浆1.00元。

玉米5.00元。

豆豉〈凌〉鲮鱼10.00元。

饼子、豆浆4.00元。

二院楼道电费0.30元。

子母扣3.00元。

玉米2.00元。

牛奶2.00元。

饼子1.00元。

黄瓜1.00元。

洗洁精3.00元。

松紧带4.00元。

玉米4.00元。

辣椒3.00元。

木耳、香菇、榨菜、豆豉共24.00元。

饼子菜、豆浆、葡萄共15.10元。

9月2日

金瓜等5.50元。

餐巾纸6.80元。

饼子1.00元。

9月3日

面皮2.00元。

豆包10.00元。

包子、豆浆3.00元。

9月4日

缝纫机油1.00元。

辣油3.00元。

生粉、淀粉、金针[菇]共11.00元。

虾片3.00元。

搬缝纫机10.00元。

9月6日

面条1.00元。

水果5.70元。

〈辣〉腊肠11.10元。

各种菜7.10元。

9月9日

豆浆、老豆浆2.00元。

大料10.00元。

卫生纸17.00元。

月饼15.00元。

小果子3.00元。

娃娃菜4.50元。

茄子、胡萝卜1.70元。

豆浆1.00元。

黄瓜3.00元。

9月11日

酱油、醋10.00元。

饼子、豆浆2.00元。

饼子、豆浆、稀饭共4.00元。

9月12日

豆皮2.50元、大葱1.00元、豆芽0.50元，共4.00元。

9月13日

生菜1.00元。

啤酒、肠、黄瓜24.00元。

9月14日

豆浆1.00元。

梨5.00元。

葡萄2.50元。

9月15日

啤酒、双汇肠共32.00元。

饼子、豆浆3.00元。

包子2.00元、老豆腐1.00元，共3.00元。

花生米一斤7.00元。

饼子、豆浆共2.00元。

9月16日

染发15.00元。

9月19日

面条、馍、豆浆（坏了）2.00元。

9月20日

豆浆1.00元。

排骨34.70元。

月饼7.00元。

9月21日

糖炒栗子11.00元。

子母扣1.50元。

酸枣面5.00元。

9月22日

天津挂号5.40元。

〈交〉缴手机[费]50.00元。

豆浆1.00元。

大葱2.00元。

豆浆1.00元。

饼子2.00元。

本月提工资2 000元，总收入2 000元。家庭开支1 100元，总支出1 100元。结存900元。

10月1日

补9月22日〈交〉缴手机费50.00元。

交固定话费20.00元。

面条1.00元、鸡蛋10.00元，共12.00元。

豆浆1.00元。

大米十斤25.00

盐一袋1.50元。

面条0.50元。

豆角、苤〈兰〉蓝共2.30元。

打气0.50元。

苤〈兰〉蓝(又一次)2.50元。

豆浆1.00元。

饼子2.00元。

花椒8.00元。

姜4.00元。

黄瓜3.00元。

自行车铃3.00元。

茄子0.90元。

玉米2.50元。

松花蛋5.00元。

三季度卫生费6.00元。

豆浆1.00元。

玉米、豆浆5.00元。

大豆、瓜子10.00元。

饼子、稀饭、豆浆4.00元。

苤〈兰〉蓝一个1.20元。

10月2日

面条2.10元。

甜面酱3.00元。

菠菜、豆芽2.00元。

豆浆、肝7.40元。

饼子3.00元。

10月3日

栗子一斤12.00元。

豆浆1.00元。

10月5日

西〈胡〉葫[芦]、豆角2.20元。

面1.00元。

苤〈兰〉蓝1.00元。

饼子2.00元。

栗子10.00元。

酵母片1.00元。

豆浆1.00元。

10月7日

今麦郎2.00元。

茄子1.80元。

黄瓜2.00元。

丸子4.00元。

腐干1.00元。

10月8日

豆浆1.00元。

第三次买〈粟〉栗子12.00元。

10月9日

饼子2.00元。

玉米2.50元。

枣1.00元。

豆浆1.00元。

10月10日

葡萄2.00元。

饼子2.00元。

10月11日

菜2.00元。

豆浆1.00元。

索米痛片1.00元。

10月12日

〈交〉缴电费24.00元。

存煤气费存入工商[银行]50.00元。

包子2.00元。

饼子2.00元。

10月13日

老豆腐1.00元。

10月14日

饼子、稀饭3.00元。

豆浆1.00元。

面条1.00元。

10月15日

菜1.60元。

又栗子四次12.00元。

10月16日

豆浆1.00元。

饼子2.00元。

大豆6.00元。

10月17日

快递费57.00元。

食品58.00元。

栗子二斤1.20元。

酵母片1.00元。

豆浆1.00元。

10月18日

胡萝卜、苤〈兰〉蓝、豆浆,共3.00元。

10月19日

麦片一袋5.00元。

包子2.00元。

腐干2.50元。

灌肠1.00元。

甘草、杏肉6.80元。

饼子2.00元。

豆芽0.50元。

打火机1.00元。

预〈交〉缴手机50.00元。

饼子、豆浆3.00元。

又栗子一斤12.00元。

10月21日

啤酒11.50元。

黄瓜、豆芽、青椒3.50元。

面条1.00元。

豆浆1.00元。

苤〈兰〉蓝、芥菜,共5.30元。

饼子2.00元。

10月27日

大葱三十二斤16.00元。

面包2.50元。

豆浆1.00元。

10月28日

豆浆1.00元。

生活开支4.90元。

饼子、豆浆共3.00元。

本月提工资2 000元,总收入2 000元。家庭开支600元,总开支600元。结存1 400元。

11月1日

2010年11月—2011年3月取暖费993.20元。

栗子一斤12.00元。

老豆腐1.00元。

洋姜、芥头9.00元。

胡萝卜3.50元。

茴子白6.50元。

辣椒4.50元。

饼子2.00元。

胡萝卜、芥头6.00元。

豆浆1.00元。

订2011年《山西广播电视报》30.00元。

11月2日

豆浆、包子3.00元。

腐干一斤2.50元。

鸡腿13.20元。

黄瓜、西〈胡〉葫[芦]3.90元。

索米痛片1.00元。

11月4日

稀饭、饼子、豆浆、4.00元。

馍、芥头共2.00元。

烧纸5.00元。

11月6日

豆浆1.00元。

11月7日

地溜[①]五斤15.00元。

芥头7.00元。

11月8日

食盐一袋131.10元。

豆浆1.00元。

饼子2.00元。

豆浆、面条2.00元。

茶叶二两7.00元。

11月11日

水费28.00元。

味精、小食品7.00元。

苹果5.00元。

11月12日

豆浆1.00元,大蒜、料酒10.00元。

西红柿4.00元。

小白菜3.00元。

饼子2.00元。

包子2.00元。

11月13日

染发15.00元。

精粉五公斤21.00元。

菜、豆浆2.00元。

11月14日

包子、饼子4.00元。

11月15日

豆浆1.00元。

11月16日

栗子、包子19.00元。

11月17日

酱油4.50元。

酱豆腐5.00元。

涮料5.00元。

紫林醋1.00元。

桔子3.80元。

饼子2.00元。

11月18日

补卡(馍片、油菜)1.30元。

牛奶二袋3.00元。

豆浆1.00元。

啤酒、豆芽12.00元。

黄瓜、菠菜1.50元。

面条1.50元。

凉菜2.00元。

饼子、豆浆3.00元。

11月21日

花生米一斤7.00元。

预〈交〉缴固定话费、手机费各50元。

饼子2.00元。

11月24日

柿椒、西红柿3.60元。

---

① 又名螺丝菜。

豆浆、饼子 3.00 元。

肉二斤 30.00 元。

白糖 5.00 元、桔子 3.00 元、白菜 2.00 元，共 10.00 元。

小辣椒 2.00 元、粉条 3.00 元、茴子白 1.80 元，共 6.80 元。

11 月 25 日

豆浆 1.00 元、栗子 15 元、梨 10 元，共 26.00 元。

包子 4.00 元。

11 月 26 日

冬瓜 1.60 元、栗子 15.00 元、豆浆 1.00 元、腐干 2.00 元、饼子 2.00 元，共 25.30 元。

本月提工资 2 000 元，总收入 2 000 元。家庭开支、总支出 530.00 元。结存 1 970 元。

12 月 1 日

啤酒十五筒 34.50 元。

荸荠 4.00 元。

小面片 1.80 元。

茴子白 2.00 元。

甜面酱 1.50 元。

12 月 2 日

腐干、馍、豆浆共 4.50 元。

洋葱、辣椒、萝卜共 7.00 元。

12 月 2 日

西瓜 2.00 元、豆浆 1.00 元，共 3.00 元。

12 月 4 日

包子 5.00 元、豆浆 1.00 元，共 6.00 元。

12 月 5 日

面条二种 2.60 元，菜 3.10 元。

馍 1.00 元。

豆浆、〈粟〉栗子，共 15.00 元。

饼子 2.00 元。

12 月 9 日

饼子、豆浆共 4.00 元。

黄豆酱十包 10.00 元。

12 月 11 日

豆浆 1.00 元。

12 月 12 日

方便面 1.00 元。

〈交〉缴电费 1.00 元。

12 月 13 日

花生米 13.00 元。

〈交〉缴电费 24.00 元。

豆浆、包子，4.00 元。

12 月 14 日

馍 1.00 元。

桔子、梨共■■元。

牛奶、江米条 10.00 元。

豆浆、面 2.50 元。

12 月 17 日

饼子 2.00 元。

肉丁、肉馅 37.50 元。

鸡翅 4.30 元。

挂历、二院电费 3.40 元。

水萝卜、胡芹■■元。

馍 1.00 元、豆浆 1.00 元，共 2.00 元。

菜 2.20 元。

12 月 19 日

豆浆、豆腐干 3.50 元。

12 月 21 日

方便面五包 5.00 元。

豆浆 2.00 元。

馍 2.00 元。

12 月 24 日

包子 5.00 元。

豆浆二袋 2.00 元。

西红柿、西〈胡〉葫[芦]3.80 元。

〈粟〉栗子 15.00 元。

12 月 26 日

病了好多天，从 12 月 15 日—12 月 29 日半个月都没好，咳嗽心慌，在这以前血压一直不稳，二奶奶■，今后申请多种病：胆结石、心脏扩大。

预〈交〉缴煤气 100 元，支出 400 元。

补发生活补贴 7—12 月共计 1 590 元，每月 265 元。

本月提工资 2 500 元，取暖费、洗理 1 944 元，大方给 1 000 元，总收入 5 444 元。又提工资 1 500 元。家庭支出 400 元，总收入 6 944 元。结存 6 544 元。

2011年

1月1日

2010年四季度卫生费6.00元。

面条1.50元。

菠菜0.50元。

豆浆2.00元。

预〈交〉缴煤气100元。

方便面5.00元。

豆浆1.00元。

1月2日

预〈交〉缴电话费100元。

包子5.00元。

1月4日

豆浆2.00元。

各种菜、西红柿5.60元。

1月5日

〈交〉缴手机费50.00元。

1月7日

松花蛋13.00元。

豆腐1.70元。

揣子[①]5.00元。

饼子2.00元。

粉条、萝卜〈元〉丸子■■元。

1月8日

西瓜五斤15.50元。

1月9日

豆浆2.00元。

五年东湖醋6.00元。

八宝粥3.30元。

1月10日

饼子2.00元。

桔子、菜、打气10.50元。

1月13日

〈粟〉栗子10.00元。

补车〈带〉胎8.00元。

豆浆2.00元。

1月14日

老豆腐1.00元。

饼子2.00元。

方便面5.00元。

1月17日

酱牛肉、豆浆53.60元。

水萝卜、豆芽、尖椒4.00元。

开心果100元、榛子50.00元、瓜子10.00元、花生9.00元、长寿果70.00元、葡萄干30.00元、圣女果30.00元、〈弥〉猕猴桃30.00元。

1月18日

酱梅肉等五碗56.00元。

1月19日

牙膏、洗洁精等9.00元。

又酱梅肉二碗、丸子一斤共32.00元。

包子4.00元。

1月21日

三个孩子的压岁钱1 700元。

菠菜1.00元。

豆浆2.00元。

方便面5.00元。

花馍(大庆)9.00元。

暖瓶盖1.00元。

胶带0.50元。

苹果10.00元。

料酒1.50元。

榨菜5.00元。

胡萝卜2.00元。

1月23日

饼2.00元。

〈沙〉砂糖桔子15.00元。

花卷15.00元。

小排、肉馅92.50元。

1月24日

香酥饼20.00元。

豆浆2.00元。

〈薰〉熏肉条、腊肉12.90元。

小面疙瘩1.50元。

染发(2011年第一次)15.00元。

豆包、枣馍9.00元。

味精、盐5.00元。

栗子15.00元。

馍1.00元。

修牙15.00元。

1月25日

饼子3.00元。

枣馍(二奶奶)9.00元。

1月27日

给我买枣馍10.00元。

---

① 即马桶疏通器。

补染发 5.00 元。

春联 4.00 元。

饼子十个 5.00 元。

豆腐、菠菜 4.80 元。

1 月 28 日

豆浆 2.00 元。

单位发的 150 元卡，买饮料、馍等都用完了，补卡 0.20 元。

方便面 5.00 元。

1 月 31 日

香蕉 22.80 元。

本月提工资 2 300 元，大方给 1 000 元。家庭支出 2 900 元，共支出 2 900 元。结存 400 元。

2 月 4 日

黄瓜、豆芽、大辣椒等 10.80 元。

绿箭一包 1.50 元。

初二包餐 308 元。

2 月 5 日

初三豆浆 2.00 元。

菠菜、花生米 4.50 元。

2 月 11 日

初九 3.50 元。

复印 1.20 元。

2 月 12 日

啤酒十筒 23.00 元。

各种菜 5.30 元。

给林二奶奶看病 1 000 元。

2 月 13 日

复印 1.50 元。

二院电费现金发 21.00 元。

2 月 15 日

豆浆、馍 4.00 元。

2 月 16 日

菜 5.40 元。

2 月 17 日

菜 4.80 元。

牛奶两袋 3.00 元。

2 月 18 日

豆浆 1.00 元。

苤〈兰〉蓝 3.60 元。

2 月 23 日

梨 15.00 元。

馍 1.00 元。

白菜 2.00 元。

2 月 25 日

二奶奶买菜、食品 16.00 元。

豆浆 1.00 元。

2 月 28 日

生活用 58.20 元。

〈交〉缴手机[话费] 50 元。

本月提工资 2 300 元，总收入 2 300 元。家庭支出 1 500 元。结存 800 元。

3 月 1 日

豆浆 2.80 元。

酱牛肉 28.60 元。

黄瓜等 7.00 元。

3 月 2 日

面条 2.00 元。

氢氧化铝 1.00 元。

菜 7.00 元。

香蕉 9.50 元。

3 月 5 日

补双合成卡 0.80 元。

〈交〉缴固定话费 50.00 元。

菜 7.00 元。

3 月 7 日

〈交〉缴订酸奶半斤(押金 1.00 元)60.00 元。

3 月 8 日

退回预〈交〉缴款 5.00 元。

3 月 9 日

一个月从 3 月 9 日起到 4 月 9 日。

饼子 2.00 元。

豆浆 1.00 元。

3 月 11 日

饼子 1.00 元。

饼子 2.00 元。

辣肠 8.40 元。

3 月 14 日

豆浆 1.00 元。

锅巴二袋 5.00 元。

甜面酱三袋 4.80 元。

大蒜 4.00 元。

腐干一斤 3.00 元。

3 月 16 日

饼子 2.00 元。

3 月 18 日

锅巴 10.00 元。

老豆腐 1.00 元。

豆浆 1.00 元。

3 月 19 日

西红柿、菠菜、西〈胡〉葫[芦]6.00 元。

3 月 20 日

燕麦片一袋 5.00 元。

方便面五包 5.00 元。

芝麻饼三个 1.80 元。

3月21日

〈交〉缴手机费20.00元。

豆浆1.00元。

4月8日

莴笋、洋葱4.00元。

西〈胡〉葫[芦]1.20元。

啤酒十〈筒〉桶23.00元。

白糖一斤4.20元。

油菜1.00元。

酸奶5.00元。

烧饼2.00元。

4月9日

菜5.00元。

红枣一斤10.00元。

〈沙〉砂糖桔10.00元。

核桃一斤25.00元。

4月10日

主食3.00元。

4月13日

鸡蛋10.00元。

包子5.00元。

二院电费49.00元。

4月14日

饼子2.00元。

4月15日

肥皂2.00元。

面皮2.50元。

香椿二次8.00元。

4月17日

腊肉10.30元。

豆浆1.00元。

饼2.00元。

葡萄干一斤10.00元。

味精一袋6.50元。

4月18日

尖椒、油菜2.67元。

笔芯2.00元。

电池2.00元。

饼子2.00元。

4月20日

豆浆1.00元。

菜、豆腐、尖椒6.80元。

香椿3.00元。

油菜、西红柿4.89元。

4月22日

锅巴二袋6.00元。

饼子2.00元。

主食2.60元。

主食3.00元。

4月24日

豆腐1.50元。

豆皮1.60元。

莲菜4.00元。

西红柿4.30元。

咸菜1.00元。

洋葱、尖椒、西〈胡〉葫[芦]共7.40元。

广东腊肠29.10元。

香椿2.50元。

4月25日

洗衣粉二袋4.00元。

方便面五袋5.00元。

韭菜0.50元。

4月26日

又腊肠11.20元。

豆浆1.00元。

4月27日

主食3.00元。

锅巴、龙须面23.00元。

早餐饼干1.70元。

4月28日

莴笋、生活用8.54元。

本月提工资2 000元,家庭开支510元,结存1 490元。

5月1日

五月份酸奶31天45.00元。

红薯8.00元。

盆三个10.00元。

线0.50元。

洗洁精一袋2.60元。

各种菜10.50元。

5月3日

苹果10.00元。

鸡蛋、松花蛋21.40元。

5月4日

江米20.00元。

红豆10.00元。

红薯4.00元。

〈刚〉钢丝球5.00元。

豆浆1.00元。

5月5日

小菜、饼子、方便面共5.00元。

5月6日

馍等9.00元。

肉14.00元。

面条4.00元。

各种菜、酱19.10元。

5月7日

咸菜、豆3.00元。

又面条5.00元。

熟肉 40.50 元。

面条 2.00 元。

馍 14.00 元。

各种菜 13.90 元。

豆腐 2.00 元。

面条 6.50 元。

菜、甜面酱 14.10 元。

花生米 7.00 元。

5 月 9 日

排骨 40.60 元。

馍 6.00 元。

菜 5.00 元。

5 月 10 日

苗子白 0.80 元。

马莲 1.00 元。

车铃 3.00 元。

5 月 13 日

馍 2.00 元。

豆浆 1.00 元。

5 月 16 日

馍 2.00 元。

5 月 18 日

预〈交〉缴煤气费 100 元。

白萝卜等 3.00 元。

5 月 19 日

茶叶 7.00 元。

麻酱卷 1.00 元。

5 月 20 日

预〈交〉缴煤气费 100 元。

粽叶 15.00 元。

蜜枣 10.00 元。

5 月 21 日

馍 2.00 元。

5 月 22 日

各种菜 10.40 元。

5 月 23 日

预〈交〉缴固话费 50.00 元。

又江米、黄米 25.00 元。

5 月 24 日

给大庆 1 000 元。

买童车、安排油烟机、马莲及粽叶共 9.00 元。

5 月 28 日

茄子、西红柿、辣椒、苗子白共 10.00 元。

记重了〈交〉缴煤气费 100 元。

交酸奶一个月 54.00 元。

5 月 29 日

白萝卜 1.50 元。

咸鸭蛋（1.50/个）6.50 元。

饼子 2.00 元。

5 月 30 日

染发（2011 年第三次）15.00 元。

生活用 10.10 元。

本月提工资 2 500 元，总收入 2 500 元。家庭支出 1 800 元。结存 700 元。

6 月 1 日

手表电池 10.00 元。

又买粽叶二斤、江米三斤 18.00 元。

白糖 4.20 元。

饼子 7.00 元。

猪肉馅一斤 16.00 元。

粽叶 2.00 元。

榨菜 2.00 元。

大辣椒、萝卜 2.00 元。

补江米叶子 1.00 元。

6 月 2 日

凉粉、黄瓜 1.50 元。

6 月 5 日

三角六个 3.00 元。

6 月 6 日

〈交〉缴手机费 50.00 元。

各菜 7.60 元。

换纱窗 12.00 元。

6 月 7 日

饼子 2.00 元。

豆浆、牛肉面 8.00 元。

豆角 0.80 元。

6 月 9 日

藕粉 5.00 元。

6 月 10 日

藕粉 10.00 元。

豆角 0.80 元。

糖三角 2.00 元。

饼子 2.00 元。

面条 1.50 元。

西红柿 4.10 元。

6 月 11 日

西〈胡〉葫［芦］2.00 元。

菜花 2.00 元。

杏 5.00 元。

莴笋 3.50 元。

二院电费 32.00 元。

6 月 12 日

饼子 2.00 元。

豆角、黄瓜 3.70 元。

面条 1.00 元。

6 月 15 日

饼子 2.00 元。

毛豆、黄瓜 5.80 元。

6 月 19 日

西红柿、菜 7.50 元。

6 月 20 日

油桃二斤 3.00 元。

手绢一块 2.00 元。

萝卜、尖椒 3.00 元。

饼子 2.00 元。

牛肉凉面 7.00 元。

6 月 23 日

给畅买荔枝、桃 20.00 元。

脱骨扒鸡(卡)27.30 元。

打气 0.50 元。

6 月 24 日

苦菜 9.00 元。

油面 2.10 元。

饼子 2.00 元。

6 月 25 日

交 7 月份酸奶费 55.80 元。

6 月 26 日

杏二种 10.00 元。

广东腊肠 20.90 元。

豆浆 1.00 元。

菠菜 1.60 元。

饼子 2.00 元。

二院二季度卫生费 9.00 元。

6 月 28 日

千层饼 2.00 元。

洋葱、土豆共 3.00 元。

6 月 29 日

带鱼 16.00 元。

油菜 1.50 元。

尖椒 1.20 元。

毛豆 3.00 元。

黄瓜 1.30 元。

油面 2.30 元。

6 月 30 日

西红柿 2.80 元。

石头饼 6.80 元。

购各种菜 4.80 元。

本月提工资 2 500 元,总收入 2 500 元,家庭支出 450 元。结存 1 050 元。

7 月 1 日

饼子、面条 3.00 元。

7 月 4 日

饼子 2.00 元。

榨菜 1.00 元。

玉米 5.00 元。

7 月 5 日

给大庆买面包、锅巴 12.00 元。

7 月 6 日

西瓜 4.00 元。

红肠二条 10.90 元。

豆浆 1.00 元。

各种菜 8.30 元。

7 月 7 日

饼子 2.00 元。

油面 2.00 元。

7 月 8 日

油桃 3.60 元。

黄瓜 1.60 元。

锅巴二袋 5.60 元。

腐干 2.60 元。

大蒜 1.60 元。

辣椒 0.80 元。

毛豆 3.30 元。

7 月 11 日

桃 10.00 元。

包子 4.00 元。

7 月 13 日

老豆腐 1.50 元。

7 月 14 日

大葱 1.00 元。

生菜 1.00 元。

玉米 5.00 元。

西红柿 5.00 元。

榨菜 5.00 元。

黄瓜 2.00 元。

背心二件 18.00 元。

各种菜、油桃 8.20 元。

入伏第一天包子 4.00 元。

饼子 1.50 元。

生菜 1.00 元。

面条 2.20 元。

7 月 15 日

又背心二件 12.00 元。

胡芹、菠菜 4.00 元。

7 月 18 日

饼子 2.00 元。

换自行车外〈带〉胎 35.00 元。

玉米 5.00 元。

西瓜 7.00 元。

味精、酱油 7.20 元。

豆角 5.00 元。

7 月 19 日

红肠二根、豆浆一袋,共 13.90 元。

7 月 20 日

玉米 5.00 元。

焖面 1.00 元。

饼子 2.00 元。

小豆包 6.00 元。

7月22日

面条1.50元。

菜3.70元。

7月23日

炸串5.00元。

7月24日

给大方、油桃5.00元。

又玉米5.00元。

7月25日

又炸串5.00元。

锅〈魁〉盔5.00元。

7月26日

〈交〉缴固话50.00元。

拖鞋6.00元。

7月27日

豆浆1.00元。

7月28日

手机[话费]还有44.40元。

九月再〈交〉缴费4.00元。

裙子12.80元。

海〈蛰〉蜇皮5.00元。

玉米、甜瓜5.00元。

7月29日

茄子2.00元。

7月31日

染发一次15.00元。

菜1.20元。

本月提工资2 500元，总收入2 500元。家庭开支400元，总支出400元。结存2 100元。

8月1日

八月份酸奶62.00元。

7月1日起每饼2.00元。

炒〈粟〉栗子一斤15.00元。

黄瓜、生菜3.20元。

面条2.00元。

油饼2.00元。

8月2日

油面2.30元。

葡萄、桃38.00元。

玉米5.00元。

饼子2.00元。

8月3日

鸡蛋二十个12.10元。

8月4日

又买鸡蛋二十个15.30元。

玉米5.00元。

8月5日

西红柿、豆角、生菜、黄瓜、南瓜共12.30元。

面条、饼子共1.00元。

8月6日

油菜2.00元。

〈予〉预〈交〉缴煤气费50.00元。

油菜、桃、葡萄共11.30元。

给大方买葡萄、香蕉21.70元。

8月8日

立秋面条1.00元。

小白菜1.50元。

黄瓜2.50元。

8月9日

千层饼2.00元。

茄子0.80元。

生菜1.00元。

肉42.00元。

8月10日

〈交〉缴水费(交25.20元，存4.80元)共30.00元。

补胎3.00元。

虾片一袋10.50元。

西红柿4.00元。

千层饼19.00元。

8月11日

〈交〉缴电费20.00元。

8月13日

餐巾纸5.00元。

烧纸5.00元。

8月15日

燕麦片一袋、酱油、盐各一袋共7.00元。

老干妈一瓶7.00元。

红肠15.20元。

面条1.20元。

菜4.00元。

豆浆1.00元。

8月16日

桃10.00元。

玉米5.00元。

菜、西红柿、酱油、辣子共4.80元。

饼子2.00元。

8月17日

豆浆1.00元。

包子5.00元。

8月19日

〈交〉缴手机50.00元。

千层饼 20.00 元。

8 月 20 日

生菜 1.00 元。

土豆、南瓜 6.90 元。

菜 1.00 元。

8 月 22 日

桃 10.00 元。

给[吕]畅买蛋糕 3.70元。

补卡 2.00元。

馍 1.00 元。

8 月 24 日

原野粉一袋、甜面酱二袋共 25.00 元。

8 月 25 日

9 月份酸奶 60.00 元。

8 月 26 日

面条小菜 3.50 元。

8 月 27 日

面条、生菜、黄瓜、西红柿共 22.00 元。

水果(葡萄、香蕉)15.00 元。

茴子白 2.00 元。

8 月 29 日

面包、生菜 5.00 元。

8 月 30 日

锅巴二袋 1.00 元。

大蒜 10.00 元。

本月提工资 2 300 元,总收入 2 300 元。家庭开支 703.50 元。结存 1 696.50元。

9 月 1 日

〈交〉缴固定话费 50.00 元。

9 月 2 日

给吕畅买豆包十个、桃、葡萄共 20.00 元。

各种菜酥、油菜、小白菜、胡芹、茴子白共 12.00 元。

面条、各种菜共 10.00 元。

9 月 4 日

猪肉二斤 31.30 元。

9 月 5 日

胃酶合剂 2.50 元。

毛豆 5.00 元。

9 月 6 日

又〈交〉缴手机 50.00 元。

面条 2.00 元。

面条 1.00 元。

给二奶奶买葡萄、桃子共 7.50 元。

甜面酱四袋 6.00 元。

9 月 7 日

白糖 5.00 元。

大葱 2.00 元。

苤〈兰〉蓝、西红柿 8.00 元。

玉米 3.00 元。

9 月 9 日

饼子 2.00 元。

9 月 10 日

肉三斤 49.50 元。

生菜、黄瓜 5.40 元。

面条 3.50 元。

9 月 11 日

又大葱 2.00 元。

9 月 13 日

生菜 3.50 元。

糖〈胡〉葫[芦]6.00 元。

9 月 15 日

豆包 5.00 元。

豆包又 5.00 元。

9 月 17 日

菜 5.00 元。

面条二斤 4.00 元。

胡芹、萝卜共 2.00元。

9 月 18 日

腐干 4.00 元。

9 月 19 日

粉条 4.00 元。

给[吕]畅买鸡腿 21.20 元。

玉米 3.00 元。

甜面酱四袋 6.00 元。

9 月 21 日

又甜面酱四袋 6.00 元。

豆浆、老豆腐共 2.50 元。

洗洁精一瓶 3.50 元。

广东腊肠、■肠共 25.30 元。

酱油、醋各一袋 2.80 元。

9 月 22 日

饼子 2.00 元。

鸡蛋 27.60 元。

背心 35.00 元。

香油、桃子 15.40 元。

石榴 10.00 元。

9 月 23 日

染发 15.00 元。

面条、馍 4.00 元。

10月酸奶 60.00 元。

9月26日

馍4.00元。

9月27日

面条2.00元。

生菜、苤〈兰〉蓝共4.80元。

9月28日

10月份酸奶60.00元。

9月29日

各种菜10.80元。

9月30日

二院第三季度卫生费9.00元。

饼子2.00元。

香蕉12.50元。

家用菜8.50元。

本月提工资2 300元，总收入2 300元。家庭支出650元。结存650元。

10月1日

带鱼40.00元。

大米12.50元。

小背心15.00元。

各种菜4.00元。

西红柿3.00元。

生菜2.80元。

方便面5.00元。

10月2日

肉14.60元。

茶叶7.00元。

笔芯0.50元。

10月3日

饼子2.00元。

土豆4.00元。

长山药16.00元。

10月5日

糖三角2.00元。

10月6日

糖三角2.00元。

10月7日

花椒14.00元。

10月8日

大料、饼子3.00元。

10月10日

饼子(小面包)9.00元。

桔子(畅)5.10元。

鸡蛋14.00元。

10月11日

各种菜8.70元。

10月12日

〈交〉缴5号楼2011年全年房租347元。

预〈交〉缴煤气费100元。

〈交〉缴二院电费42度20元。

〈交〉缴二院有线收视费(2011年—2012年11月)300元。

〈交〉缴二院取暖费993.20元。

小面包3.00元。

10月13日

面条2.00元。

苤〈兰〉蓝2.00元。

面条、豆包4.00元。

10月15日

小面包3.00元。

10月16日

饼子3.00元。

面条、各种菜6.00元。

10月18日

长山药15.00元。

10月20日

畅炸鸡11.30元。

小面包3.00元。

生菜、苤〈兰〉蓝2.00元。

10月21日

小麻花6.00元。

10月22日

苹果4.00元。

〈交〉缴固定话费50.00元。

肉63.70元。

菜、豆角、辣椒共3.00元。

10月25日

交11月份酸奶费60.00元。

10月23日

糖三角5.00元。

10月24日

白糖一袋3.50元。

芥头4.20元。

饼子3.00元。

10月26日

烤红薯3.20元。

烧饭5.00元。

10月27日

预〈交〉缴水费50.00元。

菜1.70元。

本月提工资2 300元，存款利息558元，总收入2 858元，家庭开支2 260元。结存598元。

11月1日

带鱼一条30.00元。

豆腐2.00元。

莲菜 2.50 元。
黄瓜 1.50 元。
豆角 3.00 元。
糖三角十个 5.00 元。
玉米 2.00 元。
花卷 3.00 元。
面条 6.00 元。
各种菜：生菜、韭菜、黄瓜、豆芽共 5.00 元。
松花蛋 15.00 元。
各种菜 4.00 元。
面条 2.00 元。
肉 21.00 元。
大葱 21.00 元。
料酒一瓶 1.50 元。
苤〈兰〉蓝二个 2.00 元。
芥头 2.00 元。
白糖一斤 5.00 元。

11 月 2 日

茴子白、胡萝卜 6.20 元。
花瓶 3.00 元。
芥头 3.00 元。
盐 1.00 元。
补盐 0.50 元。
又茴子白、白萝卜共 3.50 元。
味精(大)7.00 元。

11 月 3 日

豆包(三角)10.00 元。
甜面酱三袋 6.00 元。
孜然 3.00 元。
牙膏 3.40 元。
腐干 2.00 元。
烤红薯 11.00 元。

11 月 7 日

洋葱、尖椒 3.10 元。
花瓶 3.00 元。
饼子 2.00 元。
油菜 1.20 元。

11 月 9 日

香蕉 10.00 元。
苤〈兰〉蓝 2.50 元。
鸡蛋 13.40 元。
面条 2.00 元。

11 月 11 日

麻花饼 3.00 元。

11 月 12 日

面条、菜 4.50 元。

11 月 13 日

麻花饼 3.00 元。
菜 4.00 元。

11 月 15 日

酥大豆 5.00 元。
糖三角 3.00 元。
包子 2.00 元。

11 月 17 日

洋〈江〉姜、菜、美味酱油一袋，共 7.50 元。
糖三角十个 13.00 元。
花卷六个 5.00 元。

11 月 20 日

花卷 2.00 元。
盐、酱油共 4.70 元。
饼子 2.00 元。
藕根 2.00 元。
桔子 6.50 元。
雪里〈红〉蕻 2.00 元。
黄豆 1.00 元。
胡芹 1.00 元。

11 月 22 日

酱油 3.20 元。
盐 1.50 元。
生菜 0.90 元。
面条 2.00 元。
西红柿 1.50 元。
腐干 2.00 元。
大蒜 2.00 元。
染发 15.00 元。

11 月 25 日

〈交〉缴 12 月份酸奶 60.00 元。

11 月 26 日

饼子 2.00 元。
饼子、麻花共 3.00 元。

11 月 27 日

[吕]畅香蕉 10.00 元。
糖三角 2.00 元。

11 月 28 日

饼子、麻花共 3.00 元。

11 月 29 日

三菜 2.00 元。

11 月 30 日

面条 2.00 元。
胡芹 2.50 元。
茴子白 2.80 元。
本月补发工资 13 000 元，存入中行 10 000 元，实用工资 3 000 元。家庭支出 300 元。结存 2 700 元。

12 月 1 日

豆浆 1.00 元。
灌肠 2.00 元。
鸡蛋 10.30 元。

12 月 2 日

鸡腿、长山药共 20.00 元。

饼子、麻花5.00元。

12月5日

订《山西广播电视报》2012年全年30.00元。

12月9日

麻花饼3.00元。

12月10日

各种菜11.00元。

鸡蛋、南瓜、苤〈兰〉蓝共16.40元。

小米5.00元。

香酥饼7.00元。

12月11日

豆浆1.00元。

香菇6.70元。

桔子6.40元。

挂历3.00元。

胡芹0.50元。

南孚电池一对4.00元。

12月12日

麻花饼3.00元。

12月13日

二院电费25.00元。

灌肠等3.60元。

莲菜、西胡菜5.70元。

12月15日

面条2.00元。

胡芹、生菜2.40元。

12月17日

电池(7号)1.00元。

12月18日

给怡新寄去加汇费1 010.20元。

糖三角2.00元。

12月19日

取暖费1 800元、洗理费144元。

甜面酱三袋6.00元。

邮票五个6.00元。

方便面4.00元。

山楂5.00元。

包子5.00元。

麻花饼3.00元。

12月20日

面条2.00元。

生菜、莲菜5.60元。

12月21日

白糖6.70元。

小面包5.00元。

12月22日

广东腊肠18.60元。

豆浆1.00元。

12月23日

茶叶二两7.00元。

面包二个袋11.00元。

12月24日

〈交〉缴元月份酸奶60.00元。

〈交〉缴固定话费50.00元。

饼子2.00元。

12月26日

各种菜、水果12.00元。

饼子2.00元。

香酥饼7.00元。

红枣二斤10.00元。

食用油一桶64.00元。

香油一瓶9.50元。

榨菜丝二袋1.50元。

预〈交〉缴煤气50.00元。

二院四季度卫生费9.00元。

12月29日

面条2.00元。

各种6.90元。

12月30日

花生米5.00元。

12月31日

炒栗子15.00元。

饼子4.90元。

本月提工资6 500元，取暖费、■■费1 944元，家庭开支1 570元。结存3 874元。

2012年

1月1日

饼子2.00元。

香酥饼二种12.00元。

1月3日

炒栗子一斤15.00元。

1月4日

饼子2.00元。

窗花、春联5.00元。

豆腐、酱油等8.70元。

1月5日

面条4.00元。

各种菜6.00元。

又窗花7.00元。

1月6日

饼子2.00元。

1月9日

茄子、茴子白、白萝卜共7.40元。

1月10日

给郭老师18.00元。

买香蕉 3.00 元。

花卷 5.00 元。

1 月 13 日

打针 5.00 元。

1 月 14 日

六味斋烧肉、丸子共 97.30 元。

豆浆 1.00 元。

鸡蛋 12.70 元。

干货 282 元。

打针 5.00 元。

1 月 15 日

江米一斤 3.50 元。

桔子 4.50 元。

酱豆腐、酱油共 7.00 元。

馍 10.00 元。

面条、菜 10.00 元。

1 月 17 日

给大庆 40.00 元。

1 月 18 日

糖三角 10.00 元。

中秋卡 150 元。

德州扒鸡三袋 79.36 元。

水果糖 35.00 元。

露露 12〈筒〉桶 35.00 元。

1 月 19 日

面条、生菜 5.00 元。

1 月 20 日

压岁钱 230 元。

压岁钱：吕帅 1 500 元、阳阳 300 元、嘟嘟 500 元。

1 月 21 日

[今天是]腊月二十八。

1 月 22 日

[今天是]腊月二十九(除夕)。

1 月 23 日

初一大■家。

初二大庆家。

初三、四，二院家。

1 月 30 日

鱼香肉丝 12.00 元。

豆浆 1.00 元。

西红柿、莲菜共 5.00 元。

馍 2.00 元。

本月提工资 2 800 元，家庭支出 2 913.80 元，结存－113.80 元。

2 月 1 日

固话费 50.00 元。

2 月 2 日

单位发元宵卡一张 15.00 元。

买两袋元宵 2.60 元。

2 月 5 日

〈交〉缴 2 月份酸奶 40.00 元。

卫生纸 10.00 元。

黑芝麻元宵 6.90 元。

豆浆 1.00 元。

2 月 6 日

面条 2.00 元。

洗洁精二袋 5.00 元。

菜、黄瓜、生菜共 4.30 元。

梨 5.40 元。

2 月 7 日

馍 2.00 元。

鸡蛋 14.10 元。

2 月 9 日

面条 2.00 元。

生菜、胡芹 3.40 元。

肉馅 20.00 元。

醪糟 2.00 元。

2 月 12 日

苤〈兰〉蓝、黄豆芽共 4.00 元。

2 月 13 日

豆浆、馍共 3.00 元。

面条 2.00 元。

梨 5.00 元。

西红柿、生菜、黄瓜、莲菜共 15.40 元。

2 月 14 日

染发 15.00 元。

酒枣二斤 5.00 元。

2 月 15 日

预〈交〉缴煤气 20.00 元。

水费 10.00 元。

电费(本月 36.20 元，存 23.80 元)50.00 元。

2 月 16 日

饼子 1.60 元。

2 月 17 日

豆浆 1.00 元。

2 月 18 日

面包 5.70 元。

面条 2.00 元。

豆浆 1.00 元。

灌肠、豆芽菜 3.60 元。

2 月 21 日

红薯 3.00 元。

笔芯 1.00 元。

〈交〉缴 3 月奶费 66.00 元。

2月22日

生菜、胡芹3.00元。

2月23日

馍2.00元。

2月24日

燕麦片一袋5.00元。

味精一大袋8.00元。

面条2.000元。

2月27日

馍2.00元。

砂糖桔子8.00元。

2月28日

修门锁1.30元。

各种菜12.80元。

元宵三袋8.80元。

菜5.40元。

本月提工资2 800元，家庭开支610元，结存2 190元。

3月1日

馍2.00元。

3月2日

〈沙〉砂糖桔5.00元。

豆浆1.00元。

各种菜10.20元。

面条1.00元。

3月4日

馍2.00元。

3月5日

白糖5.00元。

苹果6.00元。

洋葱、白萝卜共1.50元。

莲菜1.50元。

3月6日

豆浆1.00元。

馍2.00元。

3月7日

各种菜、冰糖食品共10.60元。

3月9日

去河西呀25.00元。

给大庆装胶卷7.20元。

3月10日

去河西呀。（原文如此——整理者注）

3月11日

松紧带3.00元。

大豆4.00元。

鸡胸7.50元。

莜面、灌肠2.50元。

草鱼20.00元。

平菇1.50元。

菜3.00元。

豆包10.00元。

西〈胡〉葫[芦]、茴子白4.30元。

西红柿2.50元。

3月12日

黑豆丝2.10元。

料酒131.40元。

娃娃菜1.50元。

西红柿4.00元。

胡芹、油菜3.80元。

豆角、白萝卜、黄瓜共7.80元。

3月13日

豆浆、面条、各种菜共8.40元。

3月14日

饼干5.10元。

3月15日

豆浆1.00元。

木耳半斤20.00元。

金针12.00元。

3月18日

固定话费50.00元。

各种菜12.00元。

3月19日

草鱼23.00元。

黄瓜2.00元。

生菜2.70元。

苹果5.00元。

鸡胸[肉]4.00元。

各种菜12.00元。

3月20日

饼干5.20元。

面条2.80元。

包子4.00元。

3月22日

腐干、灌肠共3.30元。

沙田柚6.50元。

白玉菇二袋5.60元。

西红柿4.30元。

黄瓜3.10元。

茄子2.10元。

南瓜1.80元。

苦瓜1.50元。

尖椒2.80元。

3月23日

三月份酸奶60.00元。

面条2.00元。

南瓜1.80元。

西〈胡〉葫[芦]1.80元。

豆角3.60元。

大蒜1.70元。

葱4.50元。

胡芹 2.70 元。

3 月 24 日

焖面 1.50 元。

各种菜 7.80 元。

西红柿、黄瓜8.00元。

娃娃菜 1.50 元。

灌肠。

3 月 26 日

苹果 5.00 元。

豆浆 1.00 元。

馍 1.00 元。

3 月 28 日

焖面 1.00 元。

香柚 2.50 元。

饼子 3.00 元。

灌肠 2.00 元。

腐干 2.00 元。

洋葱 0.90 元。

紫心萝卜 0.90 元。

3 月 29 日

二院一季度卫生费 9.00 元。

3 月 30 日

鸡胸[肉]4.40 元。

饼干 5.30 元。

胡芹 1.70 元。

西〈胡〉葫[芦]1.50 元。

尖椒 2.00 元。

胡萝卜 1.00 元。

红萝卜 1.50 元。

娃娃菜 1.70 元。

南瓜 4.40 元。

西红柿、黄瓜1.70元。

3 月 31 日

焖面 1.00 元。

花馍 1.00 元。

白玉菇 5.60 元。

刷子 2.50 元。

本月进工资 2 800 元,家庭开支 496.10 元,结存 2 304 元。

4 月 1 日

电池 1.00 元。

馍 2.00 元。

双氯芬酸 0.60 元。

4 月 2 日

各种菜 21.30 元。

4 月 3 日

腐干 2.00 元。

小盘四个 10.00 元。

大鱼 5.00 元。

豆包 2.00 元。

4 月 4 日

面菜 6.00 元。

4 月 5 日

各种菜 12.50 元。

肉 16.50 元。

4 月 6 日

馍 1.00 元。

4 月 7 日

吕畅药 14.60 元。

小豆包 9.90 元。

4 月 8 日

小豆包 1.00 元。

面、盐、各种菜共 9.00 元。

4 月 9 日

创可贴 4.00 元。

4 月 10 日

肉丝 11.30 元。

豆浆 1.00 元。

菜 2.50 元。

草〈梅〉莓 7.00 元。

各种菜 9.10 元。

鸡腿 15.00 元。

紫〈柑〉甘〈兰〉蓝、莴笋、生菜、紫心萝卜共 8.50 元。

4 月 11 日

配毛线(七两)24.00 元。

4 月 13 日

红塔山一盒 7.00 元。

4 月 14 日

饼子 2.00 元。

面条 2.00 元。

黄瓜 3.80 元。

油菜 1.20 元。

莲菜 4.10 元。

尖椒 2.40 元。

预〈交〉缴煤气 50.00 元。

预〈交〉缴电费 50.00 元。

心心相印 6.50 元。

4 月 16 日

菠菜 1.00 元。

床单二条 70.00 元。

4 月 17 日

面条 1.40 元。

菜 10.20 元。

腐干 2.20 元。

被罩 25.00 元。

〈沙〉砂糖桔 3.00 元。

4 月 18 日

排骨 34.00 元。

4 月 19 日

国光苹果 5.00 元。

饼子 3.00 元。

笔芯 1.00 元。

4月20日

面条1.50元。

4月23日

饼干5.40元。

腐干2.40元。

茄子2.30元。

黄瓜1.50元。

西〈胡〉葫[芦]1.40元。

苦瓜1.60元。

胡芹1.00元。

4月24日

交五月份奶费62.00元。

豆浆1.00元。

焖面2.00元。

水果10.00元。

黄豆1.00元。

〈江〉姜、豆角3.50元。

豆角3.00元。

灌肠1.50元。

味精4.00元。

4月25日

二院楼道电费0.30元。

染发二次15.00元。

肉馅7.00元。

西红柿等9.90元。

补肉款6.00元。

4月26日

染发加5.00元。

饼子2.00元。

4月28日

面条2.00元。

饼干十包5.40元。

西红柿5.60元。

胡芹1.10元。

黄瓜2.50元。

尖椒1.80元。

生菜0.90元。

蒜1.80元。

生活[费]3.30元。

总收入2 800元，家庭开支685元，结存2 115元。

5月1日

饼子4.00元。

花卷1.00元。

菠菜1.00元。

裤料一米20.00元。

5月2日

韭菜0.50元。

大蒜3.00元。

江米十斤（第一次）30.00元。

5月3日

茶叶7.00元。

豆浆1.00元。

5月4日

豆包2.00元。

饼子1.00元。

5月5日

豆浆1.00元。

香蕉17.50元。

冰糖、柚5.00元。

5月6日

面条2.00元。

各种菜（西红柿、黄瓜、生菜、西〈胡〉葫[芦]）共6.00元。

5月7日

馍2.00元。

冰糕10.00元。

给嘟嘟[过]生日300元。

5月8日

樟脑球3.50元。

方便面六包9.00元。

辣粉、面、酱油共7.50元。

生菜1.20元。

补裤子口袋7.00元。

5月9日

饼子2.00元。

豆角、西红柿7.00元。

报纸1.00元。

豆浆1.00元。

5月10日

生菜0.90元。

小面包3.50元。

甜面酱四袋6.40元。

5月11日

菠菜1.50元。

5月12日

面条1.00元。

做裤子90元。

二条手工40元。

又裤料50元。

二条裤加手工共计140元。

料酒5.50元。

饼干7.70元。

南瓜2.00元。

苤〈兰〉蓝、饼子■元。

5月14日

香蕉3.00元。

灌肠1.50元。

焖面1.00元。

红柚3.70元。

茴子白、胡芹4.00元。

洋葱1.80元。

5月16日

猪肉18.50元。

西〈胡〉葫[芦]、西红柿、白萝卜共7.20元。

又肉(第一次糊了)18.50元。

小面包3.50元。

干馍片6.00元。

5月17日

豆浆1.00元。

醋二斤(宁化府)4.40元。

5月18日

焖面1.00元。

菜花3.20元。

黄瓜2.10元。

肉12.00元。

梨3.40元。

西红柿3.50元。

蒜〈苔〉薹1.70元。

茄子2.50元。

饼子1.00元。

胡芹1.00元。

黄瓜3.40元。

〈江〉豇豆1.00元。

5月20日

火烧[①]、饼干共12.00元。

5月21日

又江米十五斤34.00元。

5月22日

面包6.50元。

茴子白1.20元。

石头饼5.00元。

肥皂、香皂、牙膏,共22.00元。

洗厕净共8.00元。

5月23日

马莲2.40元。

伊丽莎白[烟]8.30元。

苹果7.30元。

5月25日

茄子3.50元。

调料1.60元。

豆浆3.20元。

菠菜1.00元。

饼子2.00元。

唐都外卖28.80元。

黄瓜1.80元。

胡芹1.40元。

冬瓜1.70元。

5月26日

六月份酸奶60.00元。

生活用费4.70元。

总支出950元。

5月29日

豆浆一袋1.00元。

补自行车后带5.00元。

5月30日

饼子1.6元。

请人维修暖气工钱25.00元,管[子]30.00元。

补奶费2.00元。

5月31日

甜芦1.00元。

豆浆1.00元。

本月提工资2 800元,总支出950元,结存1 850元。

6月1日

液晶电视机一台1 800.00元。

猪肉41.6元。

饼子2.00元。

手擀面2.00元。

6月2日

生菜2.2元。

面包5.00元。

十三香一袋2.5元。

白糖一斤5.00元。

6月3日

蜜枣13.00元。

粽叶16.00元。

饼子2.00元。

豆浆1.00元。

6月4日

生菜1.00元。

鸡蛋15.00元。

馍1.00元。

6月5日

第二次粽叶13.00元。

黄瓜2.00元。

洗衣粉二袋4.00元。

豆浆1.00元。

红枣(小的)5.00元。

6月7日

饼子2.00元。

---

① 一种面点,类似于烙饼。

毛豆 5.00 元。

6 月 8 日

馍 2.00 元。

豆浆 1.00 元。

6 月 9 日

面条 2.00 元。

6 月 10 日

肉 15.50 元。

菜 4.80 元。

毛豆 5.00 元。

6 月 11 日

菜花、尖椒 3.2 元。

补裤子 5.00 元。

饼子 2.00 元。

豆腐 1.50 元。

6 月 12 日

黄瓜 2.00 元。

蜜枣 10.00 元。

粽叶 5.00 元。

6 月 14 日

〈交〉缴电费 5.00 元。

毛豆 5.00 元。

红枣（4.00 元/斤）15.00 元。

6 月 15 日

〈交〉缴固定话费 50.00 元。

预〈交〉缴煤气 50.00 元。

6 月 16 日

饼子 2.00 元。

茄子 1.50 元。

胡芹 1.10 元。

腐干 2.00 元。

海带 1.30 元。

6 月 17 日

芝麻火烧、饼干、山楂片 9.50 元。

又买烧饼 8.00 元。

盐 1.50 元。

6 月 18 日

又火烧 8.00 元。

6 月 19 日

豆浆、茄子 2.00 元。

6 月 20 日

菠菜 1.00 元。

6 月 22 日

又马莲、粽叶 13.00 元。

各种菜 10.00 元。

西瓜 9.00 元。

饼子 2.00 元。

6 月 24 日

发圈 2.00 元。

火烧 6.00 元。

豆浆 1.00 元。

6 月 25 日

绿箭 1.40 元。

豆腐 1.70 元。

6 月 26 日

娃娃菜、荷兰豆 2.00 元。

糖一斤 5.00 元。

海带、五香粉 5.00 元。

毛豆 2.50 元。

腐干 2.00 元。

6 月 27 日

饼子(麻花)3.00 元。

菜 8.60 元。

本月提工资 2 800.00 元，总收入 2 800.00 元，家庭开支 2 370.00 元，结余 430.00 元。

7 月 1 日

〈交〉缴 7 月份(7 月 1 日—7 月 31 日)酸奶费 62.00 元。

换机顶盒新遥控器 30.00 元。

二院二季度卫生费 9.00 元。

茄子 2.00 元。

固定话费 50.00 元。

第三次染发 20.00 元。

饼子 2.00 元。

豆浆 1.00 元。

7 月 2 日

豆角 1.50 元。

饼丝 2.50 元。

7 月 3 日

杏 4.00 元。

7 月 4 日

西红柿、大蒜 3.00 元。

饼子 2.00 元。

油饼 3.00 元。

代五号楼〈交〉缴煤气 5.00 元。

7 月 6 日

桃 10.00 元。

各种菜 2.80 元。

饼子 2.00 元。

大庆家回来打的 21.00 元。

豆角、拉皮 2.30 元。

鸡蛋 15.00 元。

豆浆 1.00 元。

黄瓜 2.00 元。

7 月 15 日

面条 2.00 元。

鲜味生抽 6.20 元。

大辣条 0.80 元。

生菜 1.40 元。

南瓜 0.70 元。

毛豆 3.00 元。

饼子 2.00 元。

玉米 5.00 元。

7 月 16 日

给石晓华寄 1 000.00 元,邮费 11.00 元。7 月 13 日寄天津石磊家。小莹去世了,已一个月之前。

西瓜 3.00 元。

面条 1.00 元。

7 月 17 日

饼子 2.00 元。

绿箭 1.50 元。

7 月 18 日

洗衣液十袋 19.00 元。

西瓜 9.50 元。

面条 3.00 元。

黄瓜 2.00 元。

酱牛肉 25.00 元。

西红柿、生菜 5.00 元。

又西红柿等花 3.80 元。

7 月 19 日

蒜(卡 7.50 元)。

鸡腿 20.00 元。

瓜子、梅肉 10.00 元。

黄瓜、苤〈兰〉蓝 2.50 元。

面条 2.00 元。

生菜 1.10 元。

7 月 21 日

饼子 2.00 元。

甜面酱五袋 7.50 元。

榨菜丝二袋 0.50 元。

取存款利息 350.00 元。

又鸡腿二十个 20.00 元。

熏鸭胸一块 6.00 元。

7 月 23 日

带鱼 18.00 元。

桃 10.00 元。

各种菜 10.00 元。

7 月 24 日

腐干、香菇 8.00 元。

面条 2.00 元。

苦瓜等 4.70 元。

7 月 25 日

阳阳见面礼(闫靓) 500.00 元。

洗洁精二袋 5.00 元。

面条 2.00 元。

饼子 3.20 元。

7 月 26 日

王■■、石磊 1 500.00 元。

烧肉一块、豆浆 20.00 元。

黄瓜 2.50 元。

西红柿 2.00 元。

西瓜 6.80 元。

修车 4.20 元。

老抽 2.00 元。

又西瓜二个 7.00 元。

7 月 29 日

饼子 2.00 元。

7 月 30 日

豇豆、苦瓜、黄瓜、紫甘蓝 8.00 元。

7 月 31 日

面条 2.00 元。

生菜、茄子 3.00 元。

西瓜 5.50 元。

桃 5.00 元。

生活开支、味精 7.50 元。

7 月份收入工资 2 800.00 元,利息 350.00 元,总收入 3 150.00 元。家庭支出 2 080.00 元,结余 1 070.00 元。

8 月 1 日

南瓜等 9.10 元。

蝇拍、刷锅 2.50 元。

油菜、尖椒、香菇等 9.50 元。

8 月 2 日

火烧 8.00 元。

饼子 1.00 元。

玉米 3.00 元。

8 月 3 日

符离集鸡一只 21.50 元。

面条 2.00 元。

茴子白、黄瓜、生菜 5.00 元。

西红柿 2.00 元。

8 月 4 日

芝麻酱、料酒 10.00 元。

洗刷 2.00 元。

味精 7.00 元。

西瓜 8.00 元。

西红柿 2.30 元。

8 月 5 日

锅巴(2.00 元/袋)二袋、苦瓜菜 2.30 元,莲菜 2.10 元,豇豆 1.90

元,[共]10.30元。

鸡蛋16.20元。

玉米3.00元。

饼子2.00元。

8月6日

山姆士炸鸡7.00元。

8月7日

大方生日。立秋,8月7日上午10点31分,立秋。早立秋,凉飕飕。

生菜1.50元。

8月8日

饼子2.00元。

玉米5.00元。

8月9日

又饼子2.00元。

8月10日

刀削面十袋、黄瓜、桃,共5.50元。

8月11日

茶叶二两7.00元。

刀削面、奶油小馒头12.10元。

8月12日

窝头1.00元。

8月13日

玉米5.00元。

8月14日

面包5.00元。

凉面3.00元。

8月15日

饼丝2.50元。

二院接通电费1.10元。

饼子2.00元。

8月18日

葡萄7.00元、桃5.00元,共12.00元。

面皮3.00元。

蛋糕5.50元。

二院过道电费1.10元。

8月19日

卡上消16.00元。

8月20日

菜8.80元(胡芹0.70元,芫荽3.70元,苦瓜、黄瓜、生菜4.50元)。

桃子5.00元。

担担面3.00元。

8月21日

锅巴二袋4.00元。

南瓜0.60元。

紫甘〈兰〉蓝1.00元。

白胡1.70元。

去大庆那儿住院存车1.50元。给买饭三次52.50元。8月22—24日,共三天60.00元。

8月24日

〈交〉缴9月份酸奶30天60.00元。

8月25日

市中心饭钱20.00元。

鸡腿20.00元。

8月26日

医院饭钱20.00元。

香蕉13.00元。

8月27日

医院饭钱19.00元。

8月28日

各种菜17.50元。

面条3.30元。

菜9.70元。

馍8.00元。

8月29日

染发二人40.00元。

8月30日

各种菜3.30元。

预〈交〉缴固定话费50.00元。

预〈交〉缴移动话费50.00元。

煤气40.00元。

自来水30.00元。

8月31日

卫生纸10.00元。

烧纸7.00元。

面3.00元。

菜12.00元。

白糖一斤5.00元。

黄豆1.00元。

豆包、赔奶瓶5.00元。

本月提工资2 800.00元,取存款利息2 450.00元,总收5 250.00元,家庭开支支出761.60元,结余4 438.00元(加5.00元)。

9月1日

馍十个8.00元。

9月2日

黄瓜、面条、锅巴8.00元。

徐赫结婚礼300.00元。

担担面3.00元。

面条1.00元。

给阳阳5.00元。

9月3日

葡萄4.20元。

肉21.00元。

西红柿3.80元。
生菜1.30元。
豆角1.50元。
白萝卜1.90元。
茄子1.00元。
莲菜2.30元。

9月4日

馍2.00元。
甜面酱四袋6.00元。
榨菜丝二袋1.00元。
小桶一个4.00元。
电蚊香片11.00元。

9月5日

老豆腐2.00元。
豆包五个4.00元。

9月6日

豆包十个8.00元。
凉粉3.00元。
速效二板(感冒胶囊)4.40元。

9月9日

复印1.30元。
桃6.40元。
苗子白1.30元。
大辣椒0.70元。
生菜1.00元。
莲菜3.60元。

9月10日

面包5.00元。
葡萄三斤9.00元。

9月11日

面条1.00元。

9月12日

香菇酱二瓶10.00元。
曹■■5.50元。
各种菜11.50元。
面条1.00元。

9月13日

复印身份证1.00元。
葡萄10.00元。

9月14日

王顺车费2.00元。
豇豆、苗子白、胡芹2.30元。

9月15日

面条1.00元。
西葫芦、苗子白11.30元。
小馒头3.00元。

9月16日

面条2.00元。
生菜2.70元。
黄瓜8.10元。
玉米、菜共15.00元。

9月18日

馍2.00元
各种菜3.70元。

9月20日

7、8、9月卫生费9.00元。
买上衣两件140.00元。
手套3.00元。
西葫芦1.20元。
生菜1.00元。

9月22日

苹果5.00元。
牙膏、小盆、小锅12.2元。

9月23日

带鱼21.00元。
猪肉生18.00元。
大葱3.20元。
面条3.00元。
各种菜7.00元。
胡萝卜0.80元。
馍3.00元。

9月26日

到月底生活开支46.90元。
月饼、菜共22.00元。
本月提工资2 800.00元,生活开支800.00元,结余2 000.00元。

10月1日

10月份酸奶60.00元。
君子兰土一袋2.00元。
生菜1.00元。
面条、棉线、电池等8.00元。
馍2.00元。
胡芹1.00元。
火腿6.50元。
咸菜3.00元。
腐干83.00元。
各种菜7.00元。

10月3日

面条1.50元。
西红柿、胡芹5.40元。
馍3.00元。
又西红柿等花7.70元。

10月6日

菜、面8.30元。
馍2.00元。
白糖4.00元。
洗外套25.00元。
修暖气管70.00元。
红薯7.00元。
桔子5.00元。

10月8日

馍1.00元。

西葫芦、芹菜、苦瓜、苘子白、莲菜、油菜、尖椒7.40元。

10月12日

馍馍3.00元。

生菜1.00元。

二院电费76.00元。

焖饼丝2.50元。

凉菜4.00元。

10月13日

〈交〉缴电费76.00元。

馍2.00元。

有线[电视]收视费2012年12月—2013年12月300.00元。

10月14日

抽送电费2.60元。

豆浆1.00元。

玉米3.00元。

苘子白1.30元。

白萝卜1.20元。

馍2.00元。

腐干2.50元。

咸菜5.00元。

萝卜2.60元。

豆腐1.00元。

肉13.00元。

10月18日

苹果10.00元。

借吕大庆一万元。

面包5.00元。

10月19日

面包、生菜2.00元。

10月20日

预〈交〉缴煤气50.00元。

猪肉26.50元。

10月21日

面条1.00元。

菜7.70元。

10月22日

面条1.50元。

预〈交〉缴电话费50.00元。

馍2.00元。

豆豆5.00元。

10月23日

玉米糁2.00元。

西红柿6.00元。

豆浆1.00元。

大白菜1.00元。

10月24日

五号楼2012年全年房租346.80元。

牛奶四袋7.20元。

10月26日

大葱11.50元。

面条1.50元。

各种菜6.60元。

取暖费(2012年11月—2013年5月)993.2元。

10月27日

馍2.00元。

小食品6.00元。

馍2.00元。

君子兰肥[料]2.00元。

10月28日

预〈交〉缴11月酸奶60.00元。

花肥一袋2.00元。

味精一袋5.00元。

咸菜一斤6.00元。

购食品13.30元。

包子5.00元。

包子5.00元。

菜2.00元。

豆浆1.00元。

桔子5.00元。

本月提工资2 800.00元，取暖费1 800.00元，大方中秋节给2 000.00元，总收入4 800.00元，家庭支出2 470.00元，结余2 330.00元。

11月1日

大蒜5.00元。

胡芹1.00元。

芥头5.00元。

胡萝卜3.00元。

豆浆1.00元。

11月2日

酵母一袋1.00元。

11月3日

牛奶一斤、馍四个5.00元。

11月5日

西葫芦2.30元。

豆浆1.00元。

11月6日

菜花1.40元。

芥头2.70元。

苘子白2.90元。

11月7日

牛奶3.00元。

馍十二个3.00元。

红萝卜4.00元。

胡芹、莴笋5.30元。

豆浆1.00元。
生菜1.00元。
西红柿3.00元。
黄瓜1.00元。
醪糟3.50元。

11月8日

盐1.50元。
咸菜6.00元。
杨杨2.00元。
桔子(四次)5.00元。

11月9日

牛奶3.00元。
白糖4.00元。

11月10日

桔子2.00元。

11月11日

预〈交〉缴自来水费20.00元。

牛奶■■■钱3.50元。

11月12日

烧纸5.00元。
猪肉15.00元。
馍2.00元。

11月13日

面条1.00元。
小食品6.00元。
鸡胸、鸡爪26.00元。
面包5.00元。
牛奶3.00元。

11月14日

精粉十六斤23.00元。
豆浆1.00元。
染发20.00元。
豆浆1.00元。

11月16日

牛奶3.00元。

11月18日

豆浆1.00元。
大米十斤30.00元。
桔子2.00元。
面条2.00元。
白胡4.00元。
馍2.00元。
猪肉28.90元。
牛柳18.10元。
茄子0.9元。

11月20日

味精4.00元。
老抽1.00元。
菜花2.00元。
水萝卜2.00元。
咸菜6.00元。
■菜5.00元。

11月21日

包子5.00元。

11月23日

锅巴二袋4.00元。
牛奶四袋7.20元。
鞋油二个5.00元。
洗洁精二袋5.00元。
牙膏3.50元。
醪糟1.50元。

11月24日

菜1.20元。
馍2.00元。

洗擦类共计41.00元(美加净一瓶11.00元、海鸥洗头膏6.00元、洗发液15.00元、柏丽丝9.00元)。

豆浆1.00元。

又一瓶美加净11.00元。

12月份酸奶62.00元。

11月26日

黄瓜、菜花2.00元。
桔子6.00元。
花生米5.00元。

11月27日(周二)

菠菜1.00元。

11月28日

牛奶三袋5.40元。
豆浆一袋1.00元。
修鞋25.00元。

棉皮鞋39码一双39.00元。

皮鞋一双148.00元。

订2013年电视报30.00元。

11月30日

馍2.00元。
菠菜1.40元。

本月提工资5 000.00元,其中生活补贴从2011年元月到2012年10月,每月补助110.00元,共计22个月2 420.00元。从11月开始,工资2 903.00元,本月提工资5 000.00元,总收入5 000.00元。家庭支出713.00元,结余4 287.00元。

12月1日

各种菜11.00元。
豆浆1.00元。

12月2日

馍2.00元。
豆豆2.00元。

12月4日

豆浆1.00元。

12月5日

牛奶一斤3.00元。

棉裤一条55.00元。

秋衣一件25.00元。

车铃3.00元。

12月6日

馍2.00元。

豆浆1.00元。

各种菜3.70元。

12月8日

豆浆1.00元。

柑子5.00元。

牛奶二斤6.00元。

12月10日

杨阳5.00元。

馍2.00元。

面条2.00元。

12月11日

腐皮、粉条7.50元。

咸菜6.00元。

西葫芦2.50元。

豆浆1.00元。

桔子5.00元。

西柚7.00元。

生菜、茴子白4.00元。

12月12日

小面包5.00元。

锅巴5.00元。

牛奶4.50元。

糖葫芦6.00元。

12月13日

修自行车中轴10.00元。

12月14日

电费120.30元。

豆浆1.00元。

12月16日

牛奶一斤五两4.50元。

花生米5.00元。

生菜、萝卜2.20元。

12月17日

小面包5.20元。

生菜、萝卜2.20元。

面条2.00元。

西红柿4.50元。

胡芹0.90元。

12月20日

豆浆1.00元。

接通电费2.00元。

牛奶二斤6.00元。

豆浆1.00元。

12月24日

饼子2.00元。

西葫芦、豆腐10.00元。

醪糟2.00元。

12月25日

牛奶3.00元。

二院四季度卫生费9.00元。

面包5.00元。

小馍1.00元。

12月26日

预〈交〉缴煤气50.00元。

预〈交〉缴固定话费50.00元、手机50.00元。

12月27日

胡芹、生菜3.70元。

香蕉、桔子9.00元。

12月28日

面条1.00元。

锅巴二袋4.00元。

移动手机还有23.00元没〈交〉缴，退回。

牛奶一斤3.00元。

收五号楼2013年元月[到]6月半月房租4 200.00元。

12月29日

购苹果一袋68.00元。

存入家中3 000.00元。

12月30日

菜2.90元。

本月提工资3 000.00元，五号楼6个月房租4 200.00元，总收7 200.00元，家庭支出630.00元，余6 600.00元。

接上册1—5月累计8 341.80元。

日 期	本月结余	累 计	备 注
6月30日	430.00元	8 771.80元	本月买电视一台1 800.00元。
7月31日	1 070.00元	9 841.70元	本月阳阳(见面礼、闫靓)500.00元，石磊1 000.00元。

续 表

日 期	本月结余	累 计	备 注
8月31日	4 438.00元	14 279.80元	〈代〉带大成存款7万元利息2 450.00元(给大庆7万元)。
9月30日	2 000.00元	16 279.80元	8月21日存入银行1万元,还有6 279.80元。
10月31日	2 330.00元	2 609.80元	取暖费1 800.00元中秋大方给2 000.00元。10月8日又借吕大庆1万元。
11月30日	4 287.00元	12 896.80元	11月22日,给吕大庆5 000.00元,是阳阳结婚的礼钱,提前交付使用。11月21日,又借给大庆1万元(共计4万元)。
12月30日	6 600.00元	19 496.00元	存入银行1万元,余9 496.00元。12月25日存款到期,3万元借给大庆,给她打入卡内。

2013年

1月1日

酸奶一瓶(月金)62.00元。

饼子2.00元。

豆浆1.00元。

公交1.00元。

1月2日

〈交〉缴移动手机话费50.00元。

鸡蛋12.00元。

玉米糁2.00元。

咸菜6.00元。

豆浆1.00元。

送静芳苹果十五个、芝麻糊一袋13.00元。

馍2.00元。

1月5日

豆浆1.00元。

牛奶3.00元。

1月7日

馍2.00元。

白糖6.00元。

凤爪2.00元。

1月8日

豆浆1.00元。

被罩25.00元。

面条1.00元。

锅巴四袋、西〈胡〉葫[芦]、胡芹(1.20元)15.20元。

王米糁2.50元。

1月9日

预〈交〉缴水费50.00元。

醪糟2.00元。

馍2.00元。

1月10日

桔子5.00元。

1月11日

牛奶3.00元。

菜6.00元。

1月12日

馍、包子5.00元。

1月14日

肉37.40元。

■毛线9.00元。

■料酒4.20元。

面条1.00元。

味精6.80元。

白萝卜1.50元。

蒜4.30元。

醋(2.20元/斤)5.00元。

1月16日

泡腊八蒜2.00元。

馍1.00元。

1月17日

萝卜、康师傅牛肉面3.50元。

1月19日

腊八1.00元。

豆浆、甜面酱6.00元。

栗子12.00元。

苹果5.00元。

春联12.00元。

柿饼、面条10.00元。

1月20日

薯片12.00元。

面条3.00元。

豆腐 3.20 元。

胡芹 1.30 元。

豆浆 1.00 元。

麻友聚会香柚 12.00 元。

醪糟 2.00 元。

1 月 23 日

馍、面条 4.00 元。

家新挂号信 4.20 元。

邮票 6.00 元。

1 月 24 日

修门锁 15.00 元。

1 月 25 日

豆馅 5.00 元。

各种菜 10.40 元。

修电、日光灯开关 42.00 元。

桔柑、香柚 25.00 元。

1 月 30 日

鸡蛋、馍 12.30 元。

菜■3.20 元。

豆浆 3.00 元。

本月提工资 3 000.00 元。总收入 3 000.00 元。

家庭开支 550.00 元。

结存 2 450.00 元。

2 月 1 日

酸奶 2 月份停，大方过年给 1 000.00 元，嘟嘟压岁钱 500.00 元。

豆浆 1.00 元。

各种菜 8.60 元。

馍 3.00 元。

〈沙〉砂糖桔 12.00 元。

风味豆豉酱 10.00 元。

醪糟 2.00 元。

2 月 2 日

豆浆粉 2.50 元。

胡芹 0.70 元。

面条 1.00 元。

玉米糁 2.50 元。

2 月 3 日

面条 1.00 元。

菜 8.80 元。

2 月 5 日

馍 11.00 元。

菜、白萝卜、胡芹 5.00 元。

薯片、栗子 13.00 元。

过年备■长寿果、葡萄干、开心果 80.00 元。■■苹果 20.00 元。

染发 20.00 元。

2 月 7 日

〈交〉缴固话费 100.00 元。

馍、面条 6.00 元。

2 月 8 日

莲菜、胡芹 5.80 元。

薯片一斤 12.00 元。

阳阳、闫靓压岁钱 1 000.00 元。

毛妮压岁钱 1 000.00 元。

2 月 9 日

公交 1.00 元。

2 月 13 日

(初三)吕怡新 500.00 元。

2 月 15 日

(初六)吕怡新汇费 6.00 元。

2 月 16 日

修拉锁 3.00 元。

2 月 17 日

修天然气 24.00 元。

2 月 18 日

预〈交〉缴天然气 50.00 元。

心心相印纸巾 6.50 元。

糖〈胡〉葫芦一支 3.00 元。

取存款到期 350.00 元。

〈交〉缴电费 100.00 元。

2 月 19 日

各种菜：黄瓜 1.80 元、菜花 3.60 元、西〈胡〉葫[芦] 1.10 元、香菇 5.10 元。

笔芯(0.5 元/根×2 根)、胶水(2 元/支×1 支)共 3.00 元。

2 月 20 日

西〈胡〉葫[芦]、芹菜 3.00 元。

2 月 21 日

买元宵二袋加现金 2.60 元。

2 月 22 日

西红柿、茴子白 5.50 元。

夹子 1.00 元。

2 月 28 日

薯片 6.00 元。

本月提工资 3 000.00

元。大方给1 000.00元。大庆给200.00元。总收入4 200.00元,家庭开支3 560.00元。结存640.00元。

3月1日

三月份酸奶31天62.00元。

油菜、胡芹3.00元。

〈交〉缴楼道电费3.00元。

油菜、胡芹2.40元。

3月2日

去河西,王米粉6.10元。

3月4日

各种菜2.50元。

卡消费8元。

3月5日

买菜3.00元。

紫金花一捆10.00元。

3月6日

花卷2.00元。

3月7日

各种菜:胡芹、萝卜、黄瓜、菜花4.50元。

3月9日

醪糟2.00元。

3月11日

豆包、菜包子6.50元。

3月12日

慰问病号(王翠兰男人)33.00元。

上月取利息350.00元。

油菜、素鸡2.00元。

3月13日

面包5.00元。

曲奇饼干5.00元。

辣椒面4.00元。

豆芽、韭菜1.50元。

3月15日

豆包2.00元。

醋二袋2.40元。

菜2.00元。

3月16日

各种菜3.50元。

鸡蛋8.50元。

3月17日

豆浆(卡1.00元)2.00元。

3月18日

豆包1.50元。

3月19日

白萝卜1.00元。

3月20日

豆腐1.00元。

豆浆1.00元。

面条1.00元。

邮票6.00元。

爆米花3.00元。

醪糟2.00元。

3月21日

饼子4.00元。

牛油曲奇饼干5.00元。

3月22日

各种菜10.00元。

女背心二件18.00元。

二院一季度卫生费9.00元。

3月23日

馍2.00元。

染发第二次20.00元。

3月24日

鸡蛋11.00元。

3月25日

面条1.00元。

3月26日

茶叶二两7.00元。

花卷2.00元。

菜1.50元。

符离集烧鸡22.50元。

小番茄3.00元。

面包五个4.00元。

草莓6.00元/斤6.00元。

又买草莓6.00元/斤,6.00元。

胡芹、生菜1.00元。

腐干1.00元。

尖椒0.50元。

小背心二件嘟嘟15.00元。

3月27日

杨阳结婚彩礼5 000.00元,去年11月已给大庆,没下账,这月下,存款中取出,在存款内。

被罩一床25.00元。

豆包、各种菜16.50元。

豆腐1.50元。

圣女果3.00元。

香菇10.30元。

莲菜2.00元。

本月提工资2 900.00元。家庭支出420.00元。

结存2 480.00元。

4月1日

酸奶30天60.00元。

菠萝5.00元。

豆腐干3.00元。

糖、香蕉51.00元。

豆包3.00元。

菜2.50元。

4月2日

大豆5.00元。

花生米5.00元。

草莓6.00元。

香油(居来香)8.00元。

食盐一袋1.50元。

4月3日

小鸡12.00元。

小食品(甘草莓)5.00元。

豆包5.00元。

4月4日

面包4.00元。

生菜、西〈胡〉葫[芦]2.50元。

4月5日

苹果5.00元。

菜3.00元。

4月6日

袜子10.00元。

玉米糁4.00元。

香芹1.20元。

4月9日

又草莓6.00元。

4月10日

花卷2.00元。

小食品10.00元。

黄瓜、菜2.50元。

老豆腐3.50元。

小食品19.00元。

一手店肠肝32.20元。

4月13日

豆包6.00元。

菜、腐干8.00元。

甜橙(去大方家)13.00元。

4月14日

花卷2.00元。

4月15日

楼道电费2.80元。

挂面四包10.00元。

豆包3.00元。

菜4.00元。

4月16日

预〈交〉缴煤气50.00元。

预〈交〉缴电费60.00元。

〈按〉安防盗门140.00元。

4月17日

预〈交〉缴固定话费50.00元。

豆包5.00元。

菜5.50元。

4月18日

油饼1.50元。

草莓8.00元。

菜5.00元。

4月22日

豆包5.00元。

4月24日

买菜5.30元。

象新挂号信3.00元。

4月25日

菜3.30元。

4月26日

豆子、小食品7.00元。

白糖5.00元。

〈座〉坐便器垫3.00元。

炒栗子一斤五两18.00元。

4月27日

豆包十个5.00元。

菠菜1.50元。

六味斋肉食33.90元。

4月29日

花卷2.00元。

菜(菠菜、大辣椒、黄瓜)3.20元。

4月30日

■3.60元。

本月提工资2 900.00元。总收入2 900.00元。家庭支出750.00元。总支出750.00元。结余2 150.00元。

5月1日

酸奶60.00元。

洗洁精二袋4.00元。

锅巴二袋6.00元。

各种菜4.10元。

5月2日

△4.00元。

菠萝1.50元。

腐干1.00元。

5月4日

味精(红梅)5.00元。

■一袋1.00元。

胡芹 1.00 元。

腐干 1.00 元。

5 月 5 日

面皮一个 3.00 元。

生菜 1.00 元。

5 月 6 日

△10.00 元。

胡芹、新蒜 2.90 元。

5 月 7 日

腐干 3.00 元。

白萝卜、黄瓜 2.90 元。

草莓 8.60 元。

5 月 8 日

虾 20.00 元。

小食品 14.80 元。

黄瓜、茴子白 9.80 元。

5 月 9 日

面包 5.00 元。

尖椒■、西红柿 7.00 元。

苏打饼干 5.00 元。

草莓 5.00 元。

糖炒栗子 18.00 元。

5 月 10 日

去大方家打的 18.00 元。

5 月 13 日

特一粉一袋 23.00 元。

5 月 14 日

△5.00 元。

莴笋、萝卜 4.00 元。

栗子 18.00 元。

凉粉、咸菜 3.50 元。

5 月 16 日

菜花 3.10 元。

锅巴 6.00 元。

玉米糁 3.00 元。

苹果 4.00 元。

5 月 17 日

又草莓 7.00 元。

酱油、醋各一袋 2.30 元。

5 月 18 日

豆包 3.00 元。

5 月 19 日

江米二斤、红豆一斤 25.00 元。

金戒指一枚 1 648.00 元。

鸡蛋 12.00 元。

5 月 20 日

西瓜 9.50 元。

各种菜 4.50 元。

5 月 21 日

花卷 2.00 元。

5 月 23 日

豆包 5.00 元。

马莲 2.00 元。

第二次江米六个 20.00 元。

蜜枣一斤 5.00 元。

面条 1.00 元。

各种菜 2.50 元。

黄瓜 1.50 元。

5 月 24 日

毛豆 5.00 元。

油饼 1.50 元。

5 月 25 日

面包、小食品、西瓜 11.00 元。

5 月 27 日

西瓜 11.50 元。

油菜 1.00 元。

白萝卜 1.00 元。

菜 1.40 元。

本月提工资 2 900.00 元。家庭支出 2 075.00 元。结存 830.00 元。

6 月 1 日

六月份酸奶 60.00 元。

预〈交〉缴固定话费 50.00 元。

余 86.30 元。

第三次江米 10.00 元。

粽叶三斤 20.00 元。

女上衣二件 90.00 元。

粽叶 4.00 元。

花卷 2.00 元。

粽子 3.00 元。

各种菜 5.70 元。

6 月 2 日

主食、花卷■5.00 元。

6 月 3 日

又马莲 1.00 元。

6 月 4 日

白糖 4.00 元。

小食品 3.50 元。

小裤 10.00 元。

又买粽叶 6.50 元。

窝头、花卷 2.50 元。

6 月 6 日

西红柿、黄瓜 2.50 元。

咸菜 4.00 元。

菜花、胡芹菜 5.00 元。

6 月 8 日

又粽叶 3.00 元。

6 月 10 日

花卷 2.00 元。

菜 2.50 元。

6 月 13 日

染发第三次20.00元。

花卷 2.00 元。

6 月 14 日

莴笋 3.00 元。

胡芹、茴子白2.00元。

6 月 15 日

西瓜、油桃15.00元。

油菜 1.00 元。

吕荫椿白礼 200.00 元。

6 月 16 日

电费 55.00 元。

4—6 楼道电费 2.50 元。

啤酒四瓶 11.20 元。

6 月 17 日

酱油、醋各一3.00元。

儿童毛巾二条 5.00 元，

饼子二个■1.00元。

6 月 18 日

洋葱、石花菜3.00元。

主食 3.00 元。

6 月 21 日

醪糟一〈合〉盒 3.80 元。

西〈胡〉葫[芦]、芹菜、黄瓜 7.80 元。

锅巴二袋 3.90 元。

6 月 22 日

馍 2.00 元。

茶叶二两 7.00 元。

红枣 8.30 元。

6 月 23 日

面皮 4.00 元。

6 月 24 日

玉米糁 3.00 元。

菜、醪糟 8.40 元。

6 月 25 日

粽子四个 6.00 元。

6 月 26 日

老徐西瓜 13.50 元。

6 月 27 日

买药 19.00 元。

一手店的猪肝、太子鸡 43.50 元。

火龙果、辣椒 15.70 元。

二院卫生费 9.00 元。

6 月 29 日

咸菜 4.00 元。

各种菜 4.10 元。

醪糟 7.60 元。

6 月 30 日

■1.00 元。

生活用 10.50 元。

本月提工资 2 900.00 元。总收 2 900.00 元。生活支出 730.00 元。总支出 730.00 元。结存 2 170.00 元。

7 月 1 日

补 6 月 16—30 日共 15 天的酸奶（提价 0.50 元/瓶）7.50 元。

7 日份酸奶（2.50 元/瓶）77.50 元。

7 月 2 日

西瓜、桃、荔枝、黄瓜 22.40 元。

止痛药等（清凉油、风油精）8.00 元。

馍 2.00 元。

白萝卜、西红柿 6.20 元。

玉米五个 10.00 元。

7 月 5 日

西瓜 10.00 元。

碗托 3.00 元。

茄子、蒜等 4.00 元。

7 月 8 日

碗托 6.00 元。

7 月 9 日

各种菜 10.00 元。

7 月 10 日

花卷 2.00 元。

烧饼 5.00 元。

7 月 12 日

碗托 3.00 元。

7 月 13 日

桃 10.00 元。

味精 4.50 元。

碗托 3.00 元。

啤酒 9.60 元。

预〈交〉缴煤气 50.00 元。

小食品 12.50 元。

薯愿 8.00 元。

味精 4.00 元。

玉米花 2.50 元。

7 月 15 日

碗托 3.00 元。

7 月 16 日

白萝卜、胡芹、腐干、西〈胡〉葫[芦]6.00 元。

7 月 17 日

面皮 2.50 元。

7 月 18 日

碗托、锅巴 6.00 元。

7 月 20 日

西瓜、菜 13.00 元。

碗托 3.00 元。

7 月 22 日

退回防盗门钱 140.00 元。

7 月 25 日

各种菜(生菜、黄瓜、南瓜)、面 5.00 元。

芝麻烧饼 4.50 元。

豆腐 2.00 元。

醪糟四〈合〉盒 15.20 元。

预〈交〉缴固定话费 50.00 元。

碗托 2.50 元。

玉米四把 5.00 元。

7 月 28 日

小食品 19.00 元。

面条 1.00 元。

菜 10.40 元。

本月提工资 2 900.00 元。退回防盗门 140.00 元。家庭开支 370.00 元。结余 2 670.00 元。

8 月 1 日

8 月酸奶 75.00 元。

补奶费 2.50 元。

馍 2.00 元。

鸡蛋 10.00 元。

面皮 3.00 元。

麻酱火烧 4.50 元。

背心两件 7.50 元。

面条 2.00 元。

西红柿、黄瓜等 9.30 元。

咸菜 5.00 元。

刷子 4.00 元。

电池 1.00 元。

收回背心 20.00 元。

8 月 2 日

馍 2.00 元。

各种菜 3.00 元。

面皮 3.00 元。

8 月 6 日

各种菜 5.00 元。

8 月 7 日

面皮 3.00 元。

馍 2.00 元。

8 月 9 日

桃 6.00 元。

啤酒 2.50 元。

8 月 10 日

面皮 3.00 元。

面条 1.00 元。

8 月 12 日

碗托 3.00 元。

8 月 13 日

预〈交〉缴电费 70.00 元。

啤酒二瓶 5.00 元。

药二种 8.50 元。

面皮 3.00 元。

背心两件 15.00 元。

西红柿 6.00 元。

馍 2.00 元。

8 月 14 日

包子、豆浆 2.00 元。

8 月 15 日

各种菜 5.00 元。

啤酒两瓶 5.00 元。

面皮 3.00 元。

8 月 16 日

花■1.50 元。

咸菜 3.00 元。

面条 1.00 元。

小果子 2.50 元。

面皮 3.00 元。

8 月 17 日

包子 8.00 元。

葡萄 3.50 元。

面包 5.00 元。

8 月 18 日

啤酒两瓶 5.00 元。

各种菜 5.80 元。

面条 1.00 元。

8 月 19 日

肉丝片 20.00 元。

碗托 3.00 元。

烧纸 5.00 元。

8 月 20 日

啤酒 5.00 元。

碗托 3.00 元。

各种菜 5.00 元。

碗托 3.00 元。

栗子一斤二两 18.00 元。

食盐 2.00 元。

鸡块二斤 15.60 元。

8 月 24 日

陈醋、味精 6.30 元。

花生油四千克 39.9 元。

鸡块 15.60 元。

小瓶香油 9.00 元。

8 月 25 日

各种菜 9.00 元。

鸡蛋 11.00 元。

面条 1.50 元。

各种菜 6.00 元。

本月提工资 2 900 元。家庭开支 470 元。结存 2 755.00 元。

9 月 1 日

酸奶费 75.00 元。

补牙 30.00 元。

面皮 3.00 元。

豆豆 4.00 元。

馒头 2.00 元。

碗托 3.00 元。

菜 2.40 元。

腐干 3.00 元。

豆浆 1.00 元。

肉 15.00 元。

豆角、毛豆 3.00 元。

面 1.20 元。

沙司 5.50 元。

拌面酱 11.00 元。

各种菜 5.00 元。

鸭 20.00 元。

面包 10.00 元。

香蕉、葡萄 23.00 元。

9 月 2 日

染发第四次 20.00 元。

啤酒两瓶 5.00 元。

9 月 3 日

馍 2.00 元。

菜 4.50 元。

面包 4.00 元。

枣二斤 10.00 元。

9 月 4 日

面皮 3.00 元。

豆浆 1.00 元。

9 月 5 日

卤鸭一只(大庆生日)20.00 元。

9 月 7 日

饼子、菜 5.50 元。

9 月 8 日

葡萄 5.00 元。

打气 0.50 元。

9 月 9 日

秋裤两条 30.00 元。

9 月 10 日

馍 2.00 元。

9 月 11 日

牙膏一支 7.00 元。

面包 5.00 元。

葡萄 5.00 元。

9 月 12 日

葡萄二斤 10.00 元。

桃、柿子 10.00 元。

面皮 3.00 元。

黄瓜、南瓜 4.50 元。

玉米 3.00 元。

9 月 13 日

预〈交〉缴煤气 30.00 元。

预〈交〉缴自来水 20.00 元。

大米五斤多 20.00 元。

高粱面一斤多 3.00 元。

9 月 14 日

咸菜 5.00 元。

玉米 3.00 元。

豆浆 1.00 元。

七号电池 1.5 元。

月饼十个 10.00 元。

西红柿 3.00 元。

面皮 3.00 元。

枣馍 3.50 元。

各种菜 5.50 元。

君子兰花盆、土 13.00 元。

韭菜 2.00 元。

9 月 23 日

过节给大庆 500 元,大庆给我 500 元。

菜 2.60 元。

9 月 24 日

怪味豆芽 10.00 元。

小袋面粉 25.00 元。

9 月 25 日

尖椒 1.50 元。

宿舍三季度卫生费 9.00 元。

9 月 27 日

豆浆 1.00 元。

9 月 29 日

生菜、西〈胡〉葫[芦]1.80 元。

9 月 30 日

洋葱、西葫[芦]2.00 元。

本月提工资 2 900 元,五号楼 9、10、11 月房租 2 100 元。总收入 5 000.00 元。家庭开支、总支出 600 元。结余 4 400 元。

10 月 1 日

鸡蛋 13.00 元。

馒头 2.00 元。

胡芹、黄瓜、生菜 6.00 元。

酸奶一个月 30 天 75.00 元。

粉条、腐干、芽菜

6.00元。

10月3日

香蕉2.50元。

西葫[芦]0.50元。

毛妮过生日给她2 500元。

10月5日

脆枣三斤5.00元。

10月8日

脆枣四斤5.00元。

黄瓜、尖椒、萝卜2.00元。

10月9日

茼蒿、洋葱2.00元。

10月10日

菜花、萝卜2.00元。

10月12日

洗洁精两袋5.00元。

玉米糁二斤5.00元。

菜(萝卜、黄瓜、豆芽)3.50元。

10月13日

面条1.00元。

豆角、玉米5.50元。

10月14日

二院卫生费9.00元。

馍2.00元。

10月16日

预〈交〉缴电费60.00元。

10月17日

豆浆1.00元。

10月19日

馍2.00元。

菜1.50元。

10月20日

火烧6.00元。

焖饼丝1.50元。

豆角、黄瓜6.50元。

五号楼房租2013年全年347.00元。

有线[电视]收视费300.00元。

面条2.50元。

小食品5.00元。

玉米、菠菜6.00元。

10月21日

豆浆1.00元。

爆米花3.00元。

芥头6.00元。

10月23日

辣椒面5.00元。

胡萝卜6.00元。

菠菜1.00元。

尖椒2.00元。

10月24日

栗子一斤12.00元。

丸子半斤15.00元。

一手店肝、肠21.40元。

10月28日

2013年11月—2014年3月取暖费993.2元。

毛妮过生日2 500.00元。

买菜17.90元。

10月30日

豆浆1.00元。

发糕4.00元。

烧纸10.00元。

本月提工资2 900.00元。取暖费又加2 800.00元。总收入5 700.00元。家庭支出4 450.00元。结存1 250.00元。

11月1日

大葱20.00元。

石榴10.00元。

豆浆1.00元。

菠菜、大辣椒、苗子白6.00元。

鸡蛋17.40元。

馍8.00元。

预〈交〉缴煤气30.00元。

11月3日

豆浆1.00元。

11月4日

〈交〉缴下月奶费75.00元。

娃娃菜0.80元。

11月5日

给象新寄2 000.00元。汇费12.00元。

栗子11.50元。

苗子白等11.50元。

莲菜、萝卜、苤〈兰〉蓝6.50元。

〈淹〉腌酸菜用3.50元。

11月6日

醪糟一斤、各种菜6.50元。

11月7日

花生米5.00元。

预〈交〉缴固话费100.00元。

给小磊寄去1 000.00元,日用账上没下,家中账条上下了,不懂■(2012年7月12日)。

11 月 8 日

大袋味精、咸菜 21.00 元。

香蕉 3.00 元。

盐 2.00 元。

11 月 9 日

订太原广播报一年 30.00 元。

花卷 4.00 元。

11 月 10 日

国光苹果 10.00 元。

炸麻花 10.00 元。

花卷 4.00 元。

11 月 11 日

香蕉 2.60 元。

11 月 12 日

面包、豆浆一袋 6.00 元。

11 月 13 日

料酒一袋 2.50 元。

11 月 14 日

大辣椒、油菜 2.50 元。

腐干 2.00 元。

11 月 15 日

茶叶四两 14.00 元。

豆浆 1.00 元。

11 月 17 日

饼干、花生米、桔子 17.00 元。

花卷 2.00 元。

11 月 18 日

第五次染发 20.00 元。

七号电池 4.00 元。

11 月 19 日

咸菜，豆腐两种（鲜、油炸）13.00 元。

栗子一斤五两 12.00 元。

11 月 20 日

提工资 2 900 元。

一手店熟肉、丸子 62.90 元。

奥利奥二〈代〉袋、大米一斤 13.60 元。

花卷 1.00 元。

又丸子二斤 40.00 元。

给杨阳一斤 39.60 元。

又栗子 12.00 元。

醪糟 3.50 元。

豆芽 1.00 元。

豆芽、菠菜 0.60 元。

11 月 21 日

贾守谦白礼 200 元。

豆浆 1.00 元。

11 月 26 日

花生米 5.00 元。

菠菜 1.00 元。

11 月 27 日

醪糟一斤 3.50 元。

尹宝光白礼 200 元。

11 月 28 日

花卷、豆包 5.00 元。

11 月 29 日

萝卜 1.00 元。

11 月 30 日

■1.20 元。

本月提工资 2 900 元。五号楼房租 1 400 元。家庭开支 1 005.00 元。结存 2 295.00 元。

12 月 1 日

西葫［芦］、大辣椒、韭菜、豆芽 4.50 元。

12 月 2 日

退回酸奶 75.00 元。

牛奶两袋 3.70 元。

豆包、花卷 5.00 元。

12 月 4 日

醪糟 4.00 元。

红面一斤 2.50 元。

去痛片 1.00 元。

枣糕、香蕉 8.00 元。

12 月 7 日

又香蕉 3.80 元。

12 月 8 日

醪糟一斤 3.50 元。

豆包 5.00 元。

12 月 11 日

豆腐 1.00 元。

丸子 10.00 元。

咸菜 6.00 元。

12 月 12 日

又栗子 12.00 元。

各种菜 5.50 元。

12 月 13 日

豆腐干 4.00 元。

预〈交〉缴天然气 30.00 元。

12 月 14 日

〈交〉缴电费 60.00 元。

挂面 5.00 元。

小食品 18.00 元。

小宝上衣 16.00 元。

豆包 6.00 元。

牛奶 5.00 元。

豆浆 1.00 元。

12 月 16 日

笔芯 2.00 元。

补醪糟 1.50 元。

二院楼道电费 4.50 元。

丸子一斤 28.00 元。

馒头、菜 9.00 元。

豆腐 1.00 元。

馒头两袋 10.00 元。

12 月 18 日

苹果 10.00 元。

12 月 19 日

楼道电费 4.50 元。

打气 1.00 元。

一手店熟肉(肠、肝、烧鸡)、凉菜 74.20 元。

12 月 20 日

过冬至给大庆 100 元。

醪糟 3.50 元。

豆包 5.00 元。

打卡取工资 2 900 元。

12 月 24 日

静琴过生日 88 岁 50.80 元。

七号电池 4.00 元。

盒饭 7.00 元。

12 月 25 日

二院四季度卫生费 9.00 元。

12 月 26 日

鸡蛋、豆包 21.50 元。

去痛片 1.00 元。

12 月 27 日

豆包 4.00 元。

包子 3.00 元。

豆浆 1.00 元。

12 月 28 日

豆浆 1.00 元。

12 月 30 日

豆包、包子 8.00 元。

本月工资 2 900 元，利息 379 元，总收入 3 279 元。家庭支出 570 元。结存 2 709 元。

2013 年结余累计

月份	本月结余	累 计	备 注
元	2 450.00 元		过年大方给 1 000 元，嘟嘟压岁钱 300 元。
二	640.00 元	3 090.00 元	三子压岁钱 2 500 元。■■500 元，毛妮 1 000 元，阳闫 1 000 元，宝嘟 500 元。
三	2 480.00 元	5 570.00 元	杨阳结婚礼金 5 000 元，从存款中减去，日用账上没下，实际存款 570 元。
四	2 150.00 元	2 620.00 元	大庆给 200 元，如姑寄来 1 000 元。
五	830.00 元	3 450.00 元	
六	2 170.00 元	5 620.00 元	
七	2 670.00 元	8 290.00 元	
八	2 755.00 元	11 045.00 元	2013 年 7 月 21 日，存入银行定期 1 万元，余 1 045.00 元。
九	4 400.00 元	5 445.00 元	中秋节大方给 500 元，我给大方 500 元，扣抵。
十	1 250.00 元	6 695.00 元	毛妮过生日给她 2 500 元，取暖费又加 1 000 元＝2 800 元。
十一	2 295.00 元	8 990.00 元	这个月上白礼 400 元，贾守谦、王宝光。
十二	2 709.00 元	11 699.00 元	

2014 年

1 月 1 日

醪糟 5.00 元。

枣馍 5.00 元。

〈沙〉砂糖桔 3.20 元。

香蕉 3.70 元。

豆腐 2.40 元。

1 月 2 日

豆包五个 5.00 元。

菠菜、大辣椒 4.50 元。

1 月 3 日

花生、花生米 20.00 元。

1 月 5 日

给杨光远过年压岁钱 1 000 元。

1 月 6 日

大蒜 3.20 元。

豆包 5.00 元。

各种咸菜 25.50 元。

1 月 7 日

厕所除臭剂 2.00 元。

醋两袋 2.00 元。

菠菜 1.00 元。

1 月 9 日

豆包 5.00 元。

1 月 10 日

豆包 5.00 元。

1 月 13 日

香蕉、甜橙 8.00 元。

1 月 14 日

给吕怡新寄 500 元，汇费 5.00 元。

邮票 6.00 元。

醪糟 5.00 元。

自来水龙头两个 40.00 元。

豆包 5.00 元。

1 月 16 日

春联、面条 10.00 元。

1 月 18 日

豆包、枣馍 14.00 元。

1 月 19 日

玉米糁 5.00 元。

肉丝片、馅共 80.00 元。

1 月 20 日

长寿果、腰果、开口杏仁 60.00 元。

1 月 21 日

贴福 1.00 元。

豆包 10.00 元。

砂糖桔 5.00 元。

1 月 23 日

芦柑 10.00 元。

香蕉 5.00 元。

五号楼二月份房租 700 元。

1 月 24 日

小〈代〉袋面 26.00 元。

醪糟 8.00 元。

红贴福 1.00 元。

红面一斤 2.50 元。

1 月 25 日

枣馍六袋 30.00 元。

一手店肝、肠 22.70 元。

糖两袋 22.70 元。

1 月 26 日

染发一次 20.00 元。

毛妮压岁钱 2 000 元。

嘟嘟压岁钱 1 000 元。

本月提工资 2 900 元。五号楼二月房租 700 元。大方过年给 1 000 元。总收入 4 600 元。家庭支出 4 968.4 元。结存 −368.40 元。

2 月 1 日—2 月 5 日

没消费。

2 月 9 日

〈交〉缴电话费 100 元，甜面酱两袋 3.00 元。

2 月 11 日

〈交〉缴电费 5.00 元。

醪糟、花卷 2.00 元。

2 月 13 日

甜面酱四袋 6.00 元。

花卷 3.00 元。

2 月 14 日

预〈交〉缴电费 100 元。

天然气 50 元。

菠菜、萝卜、香蕉 5.8 元。

2 月 17 日

花卷 3.00 元。

2 月 20 日

酥梨 10.00 元。

枣馍 4.00 元。

2 月 22 日

花卷 3.00 元。

2 月 24 日

菠菜、茴子白、邮票 4.30 元。

2 月 26 日

看嘟嘟买食品及生活用 100.9 元。

本月提工资 2 900 元,取利息 325 元,总计 3 225 元。家庭总支出 400元。结余2 840.5元。

3 月 1 日

腐干等 8.50 元。

各种菜 3.50 元。

宿舍过道电费 5.00 元。

3 月 3 日

豆腐 1.00 元。

花卷 3.00 元。

3 月 5 日

香蕉、豆芽 5.10 元。

豆腐、生菜 2.00 元。

索米痛片 1.00 元。

3 月 8 日

花卷 2.00 元。

3 月 9 日

白线 3.00 元。

七号电池 1.00 元。

刷子 1.00 元。

洗碗布 13.30 元。

咸菜、辣椒面 4.00 元。

大米 1.00 元。

菠菜 1.00 元。

3 月 11 日

花卷 2.00 元。

醪糟 5.00 元。

豆腐 1.60 元。

3 月 13 日

〈交〉缴水费 20.00 元。

馍 2.00 元。

3 月 14 日

香蕉、草莓25.00元。

购菜去大方家34.10 元。

预〈交〉缴手机移动费 100 元。

平菇、西葫[芦]、菠菜 6.50 元。

面包四个 6.00 元。

3 月 18 日

鸡蛋 18.00 元。

花卷 3.00 元。

豆腐 2.00 元。

3 月 20 日

提工资 2 900 元。

豆腐、西葫[芦]2.60 元。

面包 6.00 元。

3 月 24 日

换纱窗 20.00 元。

3 月 26 日

洗■■照片 2.50 元。

菠菜、黄瓜 2.00 元。

花卷 7.00 元。

3 月 27 日

大米 3.00 元。

黄瓜、蒜、凉糕 4.50 元。

去痛片(索米痛片) 1.00 元。

3 月 30 日

2014 年 1—3 月卫生费 9.00 元。

买菜 1.40 元。

本月提工资 2 900 元。家庭开支 350 元。结余 2 550 元。

退回千年活骨膏 2 048.00元。

4 月 1 日

香蕉(3.5 元/斤)、白兰瓜(6.00 元/斤) 20.00 元。

豆腐 2.00 元。

卫生纸八卷 8.00 元。

凉糕 3.00 元。

西〈胡〉葫[芦]1.50 元。

4 月 2 日

大米二份 3.00 元。

4 月 3 日

蛋奶、面包 6.00 元。

4 月 4 日

水果 20.00 元。

修书包 2.00 元。

去河西打的 20.00 元。

取利息 1 500.00 元。

4 月 7 日

大米 3.00 元。

各种菜 6.00 元。

面包 5.60 元。

花卷 2.00 元。

4 月 8 日

黄瓜 2.00 元。

大米 3.00 元。

花卷 2.00 元。

面包 6.00 元。

面油(友谊)10.00 元。

4 月 12 日

各种菜 7.00 元。

香蕉、甜橙 17.00 元。

4 月 13 日

老谢水果 27.00 元。

梨 8.00 元。

茶叶 7.00 元。

水果 51.00 元。

〈交〉缴电费 50.00 元。

大米 3.00 元。

4 月 14 日

宿舍楼道电费 2.20 元。

4 月 15 日

牙周康二瓶、去痛片(索米痛片)二十颗 7.00 元。

4 月 16 日

黄瓜 1.00 元。

花卷 2.00 元。

包子 3.00 元。

菠菜 0.50 元。

4 月 18 日

豆腐 1.30 元。

退回冲卷 8.00 元。

黄瓜 2.00 元。

麻花 5.00 元。

4 月 19 日

牙膏、肥皂 8.00 元。

面包 6.00 元。

加洗照片 5.00 元。

给吕大庆 500.00 元。

4 月 20 日

取工资 2 900 元。

大米二个 3.00 元。

4 月 21 日

麻花六〈代〉袋 10.00 元。

各种菜 6.10 元。

檀香[皂]二块、友谊一瓶、立白[皂]二块 21.50 元。

馍 2.00 元。

4 月 22 日

挂号信 3.00 元。

油饼 1.50 元。

4 月 23 日

香蕉 12.5 元。

花卷 2.00 元。

4 月 24 日

大米 3.00 元。

4 月 26 日

菜 5.00 元。

豆腐、茄子、韭菜、柿椒 3.60 元。

4 月 28 日

花卷、面包 8.00 元。

笔芯 1.00 元。

水萝卜、黄瓜 2.00 元。

4 月 29 日

染发第二次 20.00 元。

家用 16.70 元。

本月提工资 2 900.00 元。家庭开支 900.00 元。结余 2 000.00 元。

给大庆 500 元。

5 月 1 日

面包 5.00 元。

咸菜 3.00 元。

菠菜、蒜 2.00 元。

香蕉、苹果 14.50 元。

5 月 4 日

油菜、水萝卜 1.50 元。

5 月 5 日

面包 6.00 元。

花卷 2.00 元。

五号楼修理费 1 600.00 元。

5 月 6 日

各种菜黄瓜、西〈胡〉葫[芦]、茴子白、豆腐 6.00 元。

交固[定]话费 100.00 元。

买药〈左〉右旋布洛芬一〈合〉盒 39.10 元。

大米 2.00 元。

邮票 6.00 元。

5 月 8 日

肉 17.30 元。

玉米糁、玉米面 10.00 元。

茄子 1.50 元。

香蕉 8.00 元。

5 月 9 日

花卷、菜 4.50 元。

5 月 10 日

大米 4.00 元。

石头饼 10.00 元。

预〈交〉缴天然气 50.00 元。

5 月 11 日

面粉一〈代〉袋、甜面酱二〈代〉袋、黄豆酱油 31.30 元。

5 月 12 日

面包 6.00 元。

5 月 13 日

花生、大豆 8.00 元。

大米、包子、菜 7.00 元。

5 月 14 日

豆浆 1.00 元。

又友谊一瓶 6.50 元。

饼 1.00 元。

花卷 2.00 元。

5 月 16 日

黄瓜 1.50 元。

西瓜 9.00 元。

5 月 17 日

大米、凉菜 5.00 元。

5 月 19 日

面包 6.00 元。

菜 1.50 元。

花卷 2.00 元。

5 月 20 日

提工资 2 900.00 元。

黄瓜、大柿椒2.00元。

大米、凉菜 5.00 元。

各种菜、馍 7.50 元。

5 月 21 日

大米、凉菜 5.00 元。

5 月 23 日

鸡〈旦〉蛋 15.20 元。

黄瓜、西红柿、粉条 3.50 元。

辣花生豆 5.00 元。

粽子二十个30.00元。

5 月 24 日

水萝卜 1.50 元。

5 月 25 日

豆角 2.00 元。

莴笋 3.00 元。

5 月 26 日

大米、凉菜 5.00 元。

西瓜 5.00 元。

5 月 27 日

换手机充电器 15.00 元。

西瓜 5.00 元。

大米 5.00 元。

凉菜 6.30 元。

本月提工资 2 900.00 元。家庭开支 500 元。结存 2 400.00 元。

6 月 1 日

西瓜 6.50 元。

黄瓜、菠菜 3.70 元。

菜 4.00 元。

大米、凉菜 5.00 元。

6 月 2 日

西〈胡〉葫[芦]、大辣椒、腐干 4.00 元。

给大庆 200.00 元。

〈交〉缴挂号费(现金)100.00 元。

小馍馍 2.00 元。

6 月 4 日

粽子七个 10.00 元。

白萝卜、茴子白 1.00 元。

6 月 5 日

按摩,[用]医保卡。

大米、凉菜 5.00 元。

6 月 6 日

生菜、腐干 3.00 元。

6 月 7 日

猪肉 19.00 元。

6 月 8 日

土豆 1.50 元。

凉粉 3.00 元。

腐干 2.00 元。

西瓜 7.00 元。

大米、凉菜 5.00 元。

6 月 9 日

大辣椒、黄瓜、菠菜 2.00 元。

6 月 9 日

给杨杨 500 元。

6 月 11 日

西瓜、花卷 9.50 元。

给杨光远 500.00 元。

6 月 12 日

大米、凉菜 5.00 元。

小馍馍二〈代〉袋 4.00 元。

6 月 13 日

电费 50.00 元。

玉米面 5.00 元。

洗洁精 4.00 元。

6 月 14 日

各种菜、腐皮 9.00元。

刮痧 20.00 元。

6 月 16 日

面包 6.80 元。

咸菜 6.50 元。

花卷 2.00 元。

6 月 17 日

西瓜 27.00 元。

鸡蛋 14.00 元。

6 月 18 日

黄瓜、凉菜、蒜 5.00 元。

大米 2.00 元。

凉菜 3.00 元。

6 月 20 日

提工资 2 900.00 元。

小馍 2.00 元。

红肠一条 12.50 元。

小馍馍 2.00 元。

柿椒、黄瓜 2.50 元。

6 月 23 日

西瓜 8.00 元。

6 月 24 日

大米、凉菜 5.00 元。

榨菜 2.00 元。

6月25日

西红柿3.00元。

玉米5.00元。

6月27日

西瓜、凉皮8.00元。

宿舍3季度卫生费9.00元。

6月28日

桃子5.00元。

菜花、黄瓜2.00元。

大米、凉菜5.00元。

买菜11.50元。

本月提工资2 900.00元。家庭开支1 150.00元。结存1 750.00元。

7月1日

刮痧20.00元。

大米、凉菜5.00元。

预〈交〉缴天然气50.00元。

7月2日

小馍二〈代〉袋4.00元。

玉米5.00元。

杏7.00元。

7月3日

西红柿、辣椒3.00元。

各种菜3.60元。

7月4日

退回天然气费20.00元。

面皮一个3.50元。

7月5日

西瓜4.50元。

毛豆3.00元。

玉米5.00元。

黄瓜1.50元。

7月6日

笔芯二支1.00元。

枣馍2.50元。

7月7日

大米、包子9.00元。

西瓜、桃等20.00元。

机器线二支1.00元。

自来水四吨11.20元。

7月10日

大辣椒、洋葱、黄瓜3.50元。

茴子白、冬瓜2.40元。

7月11日

面皮3.50元。

毛豆5.00元。

盐、醋、酱油、料酒6.30元。

索米痛片2.00元。

7月12日

大米、凉菜5.00元。

笔芯、防水胶3.00元。

7月14日

肉9.00元。

西瓜4.00元。

凉皮3.50元。

花生5.00元。

7月15日

玉米5.00元。

鸭子19.80元。

玉米5.00元。

菜2.00元。

花卷2.00元。

头圈2.00元。

7月16日

水果22.00元。

西瓜5.00元。

毛妮、小纪见面礼各1 000元。

7月20日

西瓜9.00元。

7月21日

泡菜3.00元。

黄瓜1.00元。

环型线、10号针7.50元。

7月22日

花卷2.00元。

7月23日

玉米面、白糖10.00元。

苹果10.00元。

啤酒2.50元。

玉米5.00元、红薯5.00元、桃6.00元共16.00元。

7月24日

玉米5.00元。

毛豆3.00元。

面皮3.50元。

7月25日

饼子六个6.00元。

生菜1.00元。

苹果10.00元。

菜4.50元。

黄瓜1.50元。

7月28日

豆角1.50元。

南瓜、黄瓜1.00元。

面皮、胡萝卜4.00元。

7月30日

黄瓜3.00元。

给大庆100元。

7月31日

生活开支166.20元。

本月提工资3 000元。

家庭消费2 500元，其中见面礼(毛妮、小纪)2 000元，我只消费500元。结余500元。

8月1日

食堂大米5.00元。

面皮3.50元。

8月2日

面皮3.50元。

茄子、生菜3.50元。

8月3日

饼子6.00元。

西瓜5.00元。

啤酒二瓶5.00元。

西红柿、黄瓜2.00元。

8月4日

西瓜5.00元。

8月5日

陈子安饼四个10.00元。

菜12.00元。

8月6日

麻酱饼子、花卷6.00元。

给大庆50.00元。

8月7日

面皮3.50元。

8月8日

大米凉皮6.00元。

染发20.00元。

8月9日

鸡蛋四斤、甜面酱二袋、醋一袋30.00元。

8月10日

〈交〉缴电话费100元。

豆角2.50元。

面皮3.50元。

西瓜5.50元。

8月11日

大米、凉菜5.00元。

玉米、黄瓜、腐干10.00元。

8月12日

花卷2.00元。

玉米5.00元。

火龙果10.00元。

8月14日

面皮4.00元。

大米、凉菜5.00元。

苹果5.00元。

黄瓜、洋葱2.00元。

8月16日

〈交〉缴电费80.00元。

又凉菜3.00元。

今日取3万元交给吕大成给毛妮出国用。

8月17日

花卷2.00元。

口香糖1.50元。

8月18日

大米、凉菜5.00元。

棉花一斤25.00元。

8月19日

油菜、黄瓜1.50元。

8月20日

胡芹、黄瓜1.50元。

面皮3.50元。

西瓜8.00元。

卫生纸一提18.00元。

高露洁牙膏4.00元。

西红柿、咸菜、梨11.70元。

压岁钱20元。

农夫山泉六瓶9.00元。

各种菜7.00元。

8月22日

食堂大米5.00元。

花卷4.00元。

西红柿、茴子白、黄瓜7.00元。

8月23日

猪肉17.00元。

神池月饼10.00元。

8月24日

米、菜5.00元。

味精、白糖、料酒22.00元。

8月25日

面皮4.00元。

8月26日

面皮3.00元。

葡萄7.00元。

大米5.00元。

8月29日

黄瓜1.40元。

菜2.00元。

饼子5.00元。

本月提工资2 900元。家庭开支650元。结存2 250元。

9月1日

支前月用15.00元。

〈交〉缴手机费50.00元。

大米、菜5.00元。

9月2日

擀面棍9.00元。

七号电池2.00元。

垫医院押金20.00元。

农夫山泉六瓶 9.00 元。

月饼 10.00 元。

紫甘蓝、咸菜6.50元。

花生米 5.00 元。

黄瓜、蒜 2.50 元。

玉米 5.00 元。

9 月 3 日

面皮、豆角 2.00 元。

9 月 4 日

香蕉 6.50 元。

花卷 2.00 元。

中秋去大庆家。

9 月 8 日

大方给我 300 元,我给阳阳 300 元,我给大庆 200 元。

香蕉、葡萄 30.00 元。

9 月 9 日

打的回家 14.00 元。

黄瓜、茴香 1.50 元。

眼药 2.60 元。

9 月 10 日

花卷 2.00 元。

大米、凉菜 5.00 元。

9 月 12 日

预〈交〉缴天然气 50.00 元。

9 月 13 日

白面十斤(五得利)30.00 元。

黄瓜、莲菜 5.00 元。

玉米糁 5.00 元。

9 月 14 日

花卷 2.00 元。

菠菜 2.00 元。

花生米 5.00 元。

大米、凉菜 6.00 元。

9 月 16 日

发糕 2.00 元。

凉菜 3.00 元。

各种菜 4.00 元。

9 月 17 日

大米、菜(黄瓜、凉菜)6.00 元。

9 月 19 日

枣 5.00 元。

花生米 5.00 元,

花卷 2.00 元。

9 月 20 日

取工资 2 900 元。

香菇、黄瓜、小白菜 5.00 元。

9 月 21 日

发糕 2.00 元。

9 月 22 日

大枣 5.00 元。

大米 6.00 元。

枣儿 5.00 元。

9 月 24 日

大米、凉菜 5.00 元。

尖椒、黄瓜 1.80 元。

9 月 25 日

玉米面二斤 4.00 元。

花卷 2.00 元。

9 月 26 日

预〈交〉缴自来水费 20.00 元。

大米、凉菜 5.00 元。

9 月 27 日

二月三季度卫生费 9.00 元。

馍 4.00 元。

西葫[芦]、尖椒 2.00 元。

9 月 28 日

大米、凉菜 5.00 元。

桔子 6.00 元。

9 月 30 日

饼子 21.00 元。

提子 7.00 元。

花生米 5.00 元。

本月提工资 2 900 元。家庭开支 650 元。结余 2 250 元。

10 月 3 日

菠菜、黄瓜 2.00 元。

桔子 5.00 元。

花卷 2.00 元。

10 月 4 日

豆腐、黄瓜 2.60 元。

10 月 5 日

《经络全息》一本 30.00 元。

刮痧一次 20.00 元。

10 月 6 日

灵芝饮 320.00 元。

10 月 8 日

大米、菜 5.00 元。

花生米 9.00 元。

桔子、枣 10.00 元。

花卷、凉菜 5.00 元。

10 月 9 日

大米、凉菜 5.00 元。

10 月 10 日

红果 5.00 元。

10 月 12 日

花卷、凉菜 5.00 元。

黄瓜 2.00 元。

10 月 13 日

刮痧 20.00 元。

10月14日

大米、凉菜5.00元。

10月15日

五号楼2014年房租480元。

豆浆一袋1.50元。

牛肉罐头35.00元。

三[个]饼、甜面酱三袋、醋一袋,共7.00元。

花卷、凉菜5.00元。

黄瓜、西〈胡〉葫[芦]3.00元。

10月16日

豆腐2.50元。

茄子1.00元。

土豆1.80元。

10月17日

取利息325.50元。

〈交〉缴电费70.00元。

油一桶70.00元。

大米、凉菜5.00元。

花卷2.00元。

10月18日

大米涨成3.00元。

小花卷2.00元。

冬枣、香蕉12.00元。

10月20日

刮痧20.00元。

菠菜、黄瓜2.50元。

10月21日

花卷、凉菜5.00元。

10月22日

香酥饼9.00元。

10月23日

打气1.00元。

冬枣10.00元。

印照片15.00元。

菜3.00元。

花卷2.00元。

10月24日

黑药一盒12.00元。

香蕉16.00元。

10月25日

〈交〉缴取暖费993.20元。

冬枣10.00元。

花卷、大米、凉菜7.00元。

10月27日

刮痧20.00元。

10月28日

黄瓜、西红柿5.60元。

10月29日

大米、凉菜5.00元。

10月31日

花生米10.00元。

注射器2.00元。

红霉素膏0.80元。

主食4.00元。

本月提工资2 900元,取暖费2 800元,总收入5 700元。家庭支出2 300元。结余3 400元。

11月1日

猪肉(10月28日购)39.8元。

生菜等5.50元。

饼子14.00元。

给阳阳买小车1 000.00元。

黄瓜3.00元。

11月3日

冬枣5.00元。

黄瓜、菠菜2.00元。

11月4日

7号电池4.00元。

大米、凉菜7.00元。

固[定]话费50.00元。

天然气30.00元。

大米、凉菜7.00元。

11月5日

机线4[根]、松紧带8.50元。

素包子二个2.00元。

白糖一斤、玉[米]糁7.50元。

11月6日

小花卷、豆包3.60元。

11月7日

醪糟5.00元。

11月8日

各种菜6.50元。

大米、凉菜5.00元。

油糕2.00元。

11月10日

11月3日刮痧第五次20.00元。

11月11日

第六次刮痧20.00元。

豆腐2.00元。

芥头2.40元。

面包5.00元。

花卷、大米5.00元。

11月12日

梨、桔子10.00元。

花生米10.00元。

冬枣5.00元。

11月14日

黄瓜、韭菜3.00元。

11月15日

大米、凉菜、花卷7.00元。

醋、盐3.30元。

油糕5.00元。

11月16日

八宝粥二个6.00元。

11月17日

香酥饼5.00元。

刮痧(第七次)20.00元。

香菇、黄瓜7.50元。

菠菜、大辣椒5.00元。

大米、花卷2.00元。

11月19日

提工资2900.00元。

大米10.00元。

11月20日

烧纸10.00元。

11月21日

各种菜(黄瓜、柿椒、香菇、■菜)8.00元。

桔子5.00元。

11月22日

第二次灵芝粉一〈合〉盒160.00元。

11月23日

面包5.00元。

肉包子二个3.00元。

大米3.00元。

洗洁精二〈代〉袋4.00元。

11月25日

花生米5.00元。

荞麦皮5.00元。

挂面5.00元。

各种■4.40元。

11月27日

大米、花卷7.00元。

本月提工资2900.00元，生活开支1600.00元，结余1300.00元。

12月1日

猪肉22.60元。

面条2.00元。

生菜1.90元。

地萝4.90元。

12月2日

面包5.00元。

各种菜(大辣椒、西红柿、平菇)5.50元。

大米3.00元。

林二奶奶花卷5.00元。

黄瓜、咸菜、甜橙14.70元。

12月3日

西〈胡〉葫[芦]、大辣〈角〉椒2.50元。

12月5日

修洗衣机50.00元。

去大方家打的、[买]酥梨20.00元。

12月7日

大米、花卷7.00元。

玉米糁二斤5.00元。

12月8日

面包5.00元。

各种菜10.00元。

梨5.00元。

茶叶7.00元。

香酥饼5.00元。

12月9日

娃娃菜1.50元。

大米、凉菜6.00元。

12月11日

猪肉22.80元。

面条2.00元。

玉米糁5.00元。

砂糖桔2.40元。

地萝、西〈胡〉葫[芦]5.70元。

12月12日

醪糟5.00元。

12月13日

〈交〉缴电费60.00元。

预〈交〉缴自来水20.00元。

香酥饼5.00元。

大米、花卷8.00元。

12月16日

染发第四次20.00元。

豆腐、菇6.50元。

西〈胡〉葫[芦]1.80元。

南孚电池2.50元。

12月17日

各种菜、柿饼12.20元。

12月19日

去大方家5.00元。

12月22日

小桔子、大米、花卷8.00元。

给林林奶奶500元，替大成给500元。

有线[电视]收视费300元(有线电视2015年1月到2016年2月底)。

各种菜8.50元。

12月24日

手工面1.00元。

买六芝堂药押金1 000元。

芝麻香酥饼、面包,17.00元。

各种菜,苹果、桔子、菠菜、花生米、果丹皮,共33.00元。

12月27日

四季度卫生费9.00元。

豆芽、小白菜4.00元。

给大庆过年500元。

12月28日

林林奶奶香火钱1 000元。

12月30日

花卷、大米、发糕10.00元。

本月提工资2 900元,吕怡■给1 000元,补发工资3 800元,共收入7 700元。

家庭支出(其中特殊支出林林奶奶)2 000元,家庭支出4 308元,结余3 392元。

2014年结余累计

月份	本月结余	累　计	备　注
元月	过年压岁钱及给吕怡新4 500元。	—368.40元	毛妮2 000元、嘟嘟1 000元、杨阳1 000元、吕怡新500元。
二月	2 842.50元	2 474.10元	过光年[①]后花销,除去压岁钱,没买什么太多的东西。
三月	2 550.00元	5 024.10元	
四月	2 000.00元	7 024.10元	本月给大庆500元,助其生活。
五月	2 400.00元	9 424.10元	五号楼装修费16 000元。装修楼:6—11月6 000元,取出存款1万元,共16 000元。装修五号楼共计16 000元。我付给大成的。
六月	1 750.00元	11 174.10元	6月给杨阳生活500元。
七月	500.00元	11 674.10元	7月20[日]给毛妮、小纪见面礼2 000元。
八月	2 200.00元	13 874.00元	8月17日给毛妮出国3万元,交给大成拿回的(这3万是大庆还回来的)。
九月	2 250.00元	16 124.00元	
十月	3 400.00元	9 524.00元	10月17日存入银行1万元,余6 124.00元。
十一月	1 600.00元	11 124.00元	
十二月	3 392.20元	14 516.00元	存入银行1万元,余4 516.00元。

① 指除去压岁钱,无其他大的花费。

2015 年

1 月 2 日

吕怡新寄 500.4 元。

会费 5.00 元。

移动话费 100 元，固定话费 100 元。

1 月 5 日

花生米 5.00 元。

主食（豆包、枣馍）6.00 元。

芝麻饼 5.00 元。

各种菜（莲菜、尖椒、西葫[芦]）8.60 元。

1 月 6 日

胡萝卜、豆腐 4.70 元。

酥梨 6.00 元。

1 月 7 日

小桔子 5.00 元。

1 月 8 日

各种菜（菜花、豆腐、豆芽、水萝卜）10.00 元。

1 月 9 日

三九第一天，各种菜 5.00 元。

各种菜（油菜、西红柿、黄瓜）5.00 元。

1 月 10 日

大米、花卷、各种菜，5.00 元。

1 月 11 日

面包 5.00 元。

1 月 12 日

静琴礼■。

符离集鸡二只■。

苹果 10.00 元。

1 月 13 日

大米两份 6.00 元。

味精、醋、酱油 9.50 元。

丸子 8.00 元。

各种菜 5.00 元。

1 月 14 日

退回六芝堂押金 1 000 元。

泡菜、玉米、十三香 13.00 元。

土豆粉一袋 3.50 元。

1 月 16 日

肉五斤 78.00 元。

各种菜（莲菜、蒜〈苔〉薹、豆芽、地萝卜）8.80 元。

1 月 17 日

黄瓜 1.50 元。

面条 2.50 元。

小白菜 1.50 元。

馍 3.00 元。

〈沙〉砂糖桔 5.00 元。

玉米糁四斤 10.00 元。

花生米 5.00 元。

细玉米糁 5.00 元。

1 月 18 日

四九第一天，泡菜 5.00 元。

1 月 19 日

借给大庆 6 000 元做手术，[包]红包，有借条。

各种菜（菜花、黄瓜）3.30 元。

1 月 21 日

鸡蛋 10.00 元。

料酒 5.00 元。

甜面酱 2.00 元。

1 月 22 日

邮票 6.00 元。

〈沙〉砂糖桔 5.00 元。

大米、花卷 5.00 元。

各种菜 2.50 元。

1 月 24 日

莲菜 1.50 元。

自然鲜酱油一瓶 6.00 元。

1 月 25 日

莲菜、大辣椒、蒜 4.00 元。

1 月 26 日

宁化府醋二袋 4.60 元。

豆腐、粉条 6.50 元。

1 月 27 日

泡菜 7.00 元。

豆芽 1.00 元。

饼干 3.50 元。

1 月 28 日

面包 5.00 元。

花卷、大米 8.50 元。

发糕 6.00 元。

各种菜 15.00 元。

1 月 29 日

贴花 10.00 元。

芝麻片 8.00 元。

1 月 30 日

花卷、大米、冷菜 11.20 元。

七号电池，4.00 元。

辣花生豆 4.00 元。

吕怡新 500.00 元。

移动、固定话费 200.00 元。

本月提工资3 100元,家庭支出1 100元,结余2 000元。

2月1日

取出12月1日存进的1万元,〈交〉缴六芝堂药费698元,半年的药,平均每月100多,六个月的药利息6.20元。

2月2日

各种菜5.00元。

酥梨10.00元。

2月4日

各种菜3.50元。

各种菜、苹果、咸菜19.00元。

2月8日

给大庆500元。

阳阳见面礼1 000元。

2月10日

排骨45.00元。

各种菜(南瓜、豆芽)2.30元。

糖瓜5.00元。

花生米5.00元。

玉米糁、鹌鹑蛋,15.00元。

2月11日

辣花生豆四袋16.00元。

2月13日

小酥肉一盒15.00元。

丸子一盒15.00元。

大米、凉菜6.00元。

2月14日

〈耪〉醪糟15.00元。

染发第一次20.00元。

泡菜14.00元。

粉蒸肉一盒18.00元。

馍6.00元。

2月15日

鸡两只55.0元。

泡菜6.00元。

馒头11.00元。

栗子18.00元。

2月17日

〈交〉缴电费60.00元。

去大方家(大年29)。

大方给我过年1 000元,我给嘟嘟压岁钱1 000元,给纪越鹏拜年1 000元,取二月份工资3 100元。

2月23日

菜6.00元。

香蕉6.00元。

符离集鸡二只58.00元。

过年到处花钱,都乱了。本月亏欠97.80元。

本月提工资3 100元,家庭支出3 163.80元,亏欠63.80元,共结存—63.80元。

3月1日

小酥肉、丸子30.00元。

大米、主食6.00元。

取利息651.00元。

糕面二斤10.00元。

豆馅二袋10.00元。

玉米糁5.00元。

3月2日

〈交〉缴天然气100元。

芦柑、元宵(大方)20.00元。

又元宵10.00元。

各种菜5.00元。

花卷5.00元。

火龙果(扔了)10.00元。

3月3日

〈交〉缴电费60.00元。

3月4日

梨10.00元。

纸皮核桃二斤30.00元。

3月5日

惊蛰,开始吃降压丸。

火龙果两个6.00元。

3月6日

开始服牛黄降压丸,一日一次一丸,连服十天。

菜5.00元。

馒头5.50元。

3月7日

泡菜、腌菜、豆芽14.00元。

3月8日

大米、花卷6.00元。

3月9日

香酥饼5.00元。

印纸3.00元。

3月10日

黄瓜3.00元。

红薯5.00元。

3月12日

大米、发糕、凉菜9.00元。

3月13日

黄豆芽、白菜3.30元。

3月14日

去看勇勇买香蕉、芦柑25.00元。

3月15日

醪糟4.00元。

各种菜3.00元。

尼群地平一瓶1.50元。①

面条1.00元。

3月16日

笔芯4.50元。

3月19日

花卷、大米、凉菜10.00元。

3月20日

梨10.00元。

各种菜、豆芽1.00元。

荞麦皮8.00元。

榨菜3.00元。

苹果3.00元。

饼子5.00元。

面条2.50元。

腐干2.00元。

西葫[芦]1.70元。

茄子、生菜、萝卜、柿〈角〉椒4.50元。

3月21日

龙抬头，二月初二。

玉米10.00元。

面包四个9.50元。

味精5.50元。

3月22日

垫肩5.00元。

手机60.00元。

洋葱1.00元。

黄瓜2.50元。

娃娃菜、黄豆芽4.00元。

芦柑10.00元。

3月23日

豆芽1.00元。

酥梨10.00元。

3月25日

面条1.20元。

豆芽1.50元。

土豆6.10元。

洗洁精5.00元。

豆腐3.20元。

本月提工资3 000元，家庭支出650元，结存2 350元。

4月1日

去大方家。

肉、排骨82.90元。

香酥饼10.00元。

香蕉8.00元。

4月2日

二院一季度卫生费9.00元。

鸡蛋15.00元。

发糕2.00元。

豆芽菜1.00元。

大米、凉菜10.00元。

黄瓜、胡萝卜3.00元。

发糕2.00元。

黄瓜、南瓜3.00元。

花卷2.00元。

4月3日

酥梨10.00元。

〈交〉缴固定话费100元。

各种菜6.30元。

4月4日

发糕5.00元。

4月7日

大米、花卷、包子11.00元。

取利息1 950元。

4月8日

背心两件20.00元。

开口笑5.00元。

4月10日

生日面、豆芽1.00元。

黄瓜、油菜、莔子白5.50元。

发糕2.00元。

4月11日

花卷5.00元。

4月12日

肉31.00元。

玉米糁5.00元。

各种菜11.80元。

花生米5.00元。

4月13日

〈交〉缴电费70.00元。

香油小瓶10.00元。

---

① 药品，用于冠心病及高血压。

醋、味精各一袋6.20元。

4月14日

发糕二块2.00元。

4月17日

香酥饼10.00元。

4月18日

大米、凉菜10.00元。

4月20日

各种菜、黄瓜5.50元。

七号电池三副6.00元。

4月21日

面皮4.00元。

4月22日

冯华白礼200元。

4月23日

各种菜6.80元。

核桃二斤(15.00元/斤)40.00元。

花卷5.00元。

各种菜6.70元。

4月24日

修裤子5.00元。

本月提工资3 000元,家庭开支800元,结存2 200元。

5月1日

媛媛过百天、嘟嘟四周岁生日支出500元。

大枣二十斤20.00元。

生菜1.00元。

锅刷3.00元。

水果18.90元。

榨菜、盐6.00元。

5月1日

黄瓜、西红柿、豆芽等8.00元。

白糖、泡菜、咸菜16.00元。

香椿5.00元。

五得利精粉十斤30.00元。

玉米糁5.00元。

花卷、大米、凉菜11.00元。

面包6.00元。

各种菜6.00元。

5月3日

立白皂二块9.60元。

大米、发糕5.00元。

5月6日

染发第二次20.00元。

胡芹等3.50元。

梨9.00元。

5月7日

菠菜、西红柿、黄瓜5.00元。

5月8日

菠菜1.00元。

5月9日

香酥饼5.00元。

油糕5.00元。

红枣10.00元。

〈撒〉萨〈琪玛〉其马2.00元。

5月11日

豆蓉面包6.00元。

5月12日

豆角2.50元。

黄瓜、蒜2.00元。

发糕2.00元。

菜3.00元。

豆腐干3.00元。

5月15日

面包6.00元。

肠18.00元。

香酥饼10.00元。

菜3.00元。

5月16日

苹果5.00元。

发糕4.00元。

5月17日

猪肉片15.00元。

香蕉、茄子等8.10元。

玉米糁5.00元。

5月20日

取工资3 100元。

姜、黄瓜7.00元。

大米、凉菜、〈沙〉萨〈琪玛〉其马5.00元。

5月21日

乌江榨菜3.00元。

5月22日

海〈苔〉薹4.00元。

豆芽1.00元。

油糕9.00元。

发糕、花卷、大米7.00元。

料酒5.50元。

5月24日

西红柿、柿〈角〉椒、白萝卜6.50元。

5月25日

面包6.00元。

〈沙〉萨〈琪玛〉其马5.00元。

5月26日

鸡蛋二斤,〈沙琪玛〉萨其马三个10.00元。

大米3.00元。

锅巴2.50元。

5月27日

黄瓜2.00元。

面皮4.00元。

黄瓜、菠菜、西红柿5.50元。

香酥饼,10.00元。

苹果11.00元。

松仁肠15.00元。

本月提工资3100元,家庭支出900元,结余2200元。

6月1日

补松仁肉肠8.60元。

2015年5月购创维冰箱一台(大成来取款)1600元、沙发2100元、木架子150元,共3850元。

花卷5.00元。

发糕2.00元。

大米3.00元。

各种菜4.50元。

6月2日

复方降压丸一瓶2.80元。

6月3日

交移动[话费]50.00元。

面皮4.00元。

豆芽1.00元。

味精4.90元。

黄瓜、萝卜2.50元。

6月4日

莴笋4.00元。

6月5日

苹果4.00元。

粽子二十个30.00元。

豆芽、菜花、腐干4.50元。

6月6日

修理费30.00元。

〈沙〉萨〈琪玛〉其马5.00元。

锅巴2.50元。

6月8日

发糕、大米,共5.00元。

6月9日

肉33.00元。

西瓜5.00元。

粽子7.50元。

生菜2.00元。

开口笑5.00元。

大葱、黄瓜、西红柿4.00元。

6月10日

猪肝17.00元。

粽子15.00元。

毛豆5.00元。

青瓜10.00元。

6月11日

发糕4.00元。

各种菜6.00元。

崔老妈营养费500元。

6月14日

粽子7.50元。

面皮4.00元。

6月15日

豆芽、胡萝卜2.00元。

创维冰箱100.00元、沙发2100.00元、鞋架150.00元、崔老妈500.00元,共计4350.00元。①

预〈交〉缴电费60.00元。

6月16日

锅巴一袋3.00元。

索米痛片1.00元。

油菜1.00元。

6月17日

〈沙琪玛〉萨其马5.00元。

6月18日

各种菜6.50元。

饼子5.00元。

6月19日

给洋洋15.00元。

粽子十个30.00元。

烧鸡一只13.10元。

6月20日

取工资加补助,从2014年10月补9个月的,每月补450元,其中100补交通补助。

醋二小瓶3.00元。

杏、青瓜共15.00元。

毛豆5.00元。

6月22日

黄瓜1.40元。

① 似为对六月份大额开支的汇总统计。

存入中国银行1万元,定期一年。

桃子5.00元。

修车20.00元。

6月23日

强力钩3.00元。

粽子15.00元。

红枣10.00元。

黄瓜1.00元。

大米3.00元。

各种菜6.30元。

6月25日

花卷2.00元。

豆角2.00元。

6月26日

各种菜4.50元。

一季度卫生费9.00元。

香酥饼5.00元。

6月28日

泡菜、大米5.00元。

洗洁精5.00元。

小盆2.50元。

五号楼房租6 000元。

存入银行1万元,补发工资4 050元,生活支出1 144.60元,没结余,乱。

本月提工资7 000元(有补发的),总收入7 000元,家庭支出、总支出、没结余,乱。

7月1日

预〈交〉缴天然气60.00元。

预〈交〉缴自来水20.00元。

玉米糁二袋10.00元。

饼子2.00元。

各种菜6.00元。

榨菜丝5.00元。

7月2日

粽子十个15.00元。

二种面包16.00元。

花卷3.00元。

菜2.50元。

7月3日

天然气灶一台220元。

7月4日

黄瓜2.00元。

7月5日

西瓜、杏11.00元。

7月6日

〈交〉缴固[定]话费100元。

502一支1.00元。

面皮4.00元。

7月7日

西红柿2.50元。

7月8日

给大庆500元。

7月9日

〈沙琪玛〉萨其马5.00元。

肉48.80元。

腐干2.50元。

毛豆、黄瓜4.10元。

7月10日

鸡蛋、甜面酱15.00元。

〈江〉豇豆2.00元。

7月11日

西红柿、黄瓜6.00元。

7月12日

味精、醋、生抽共8.10元。

7月13日

花卷、大米5.00元。

油条1.50元。

7月14日

毛豆、玉米7.00元。

7月15日

大米3.00元。

7月17日

玉米5.00元。

油菜、黄瓜2.00元。

包子、饼子5.00元。

7月18日

花卷5.00元。

7月19日

玉米、红薯7.00元。

7月20日

西瓜7.50元。

黄瓜1.50元。

生菜2.00元。

泡菜5.00元。

7月21日

大米3.00元。

泡菜5.00元。

7月23日

面皮4.00元。

泡菜3.00元。

7月24日

葡萄、桃15.00元。

啤酒、花生10.00元。

7月25日

泡菜5.00元。

面皮4.00元。

各种菜6.00元。

黄瓜、苗子白4.00元。

面皮、花卷 5.00 元。

7 月 27 日

啤酒 2.50 元。

面皮 4.00 元。

桃 5.00 元。

杏、小果子 5.50 元。

饼子 5.00 元。

7 月 28 日

大米、面皮 7.00 元。

7 月 29 日

面皮二个 8.00 元。

鸡蛋 10.70 元。

柿〈角〉椒、苦瓜、毛豆 3.50 元。

7 月 30 日

面皮、黄瓜 5.20 元。

本月提工资 3 700 元，总收入 3 700 元，家庭支出 1 200 元，结余 2 500 元。

8 月 1 日

面粉一袋 25.00 元。

泡菜 5.00 元。

面皮 4.00 元。

开口笑 5.00 元。

面皮、大米 7.00 元。

8 月 2 日

西瓜、面皮 5.00 元。

啤酒 4.00 元。

8 月 3 日

各种菜 2.50 元。

茄子、胡芹、黄瓜等 6.50 元。

面皮 4.00 元。

8 月 4 日

面皮 4.00 元。

泡菜 5.00 元。

腐干 2.00 元。

饼丝 2.00 元。

饼子 2.00 元。

花卷 1.60 元。

8 月 5 日

卫生纸 8.00 元。

西红柿、蒜 3.40 元。

8 月 7 日

圣女果、毛豆、茴子白 13.00 元。

面皮 4.00 元。

饼丝 2.00 元。

粽叶 15.00 元。

8 月 8 日

面皮 4.00 元。

8 月 9 日

食盐一袋 2.00 元。

面皮 4.00 元。

面皮 4.00 元。

黄瓜、土豆、红萝卜共 6.00 元。

立白香皂、牙膏、面油共 27.00 元。

8 月 11 日

带鱼、虾片 13.00 元。

西瓜 2.50 元。

8 月 12 日

面包 7.00 元。

面皮 4.00 元。

玉米、苹果 7.50 元。

8 月 13 日

面皮 4.00 元。

西红柿 3.00 元。

8 月 14 日

买菜 5.00 元。

8 月 15 日

〈交〉缴电费（八月份）40.00 元。

面皮 4.00 元。

香酥饼 5.00 元。

8 月 16 日

豆包、饼丝 6.00 元。

面皮 4.00 元。

桃 2.00 元。

柿椒 1.40 元。

巴梨、腐干 5.00 元。

豆芽 1.00 元。

面皮 4.00 元。

8 月 17 日

生菜、黄瓜 3.80 元。

西瓜 5.00 元。

泡菜 5.00 元。

面皮 4.00 元。

粽子 3.00 元、豆包 10.00 元(杨阳)。

8 月 18 日

大米 3.00 元。

贴膏药 1.00 元。

8 月 19 日

面皮 4.00 元。

泡菜 5.00 元。

胡芹 0.50 元。

西瓜 5.00 元。

8 月 20 日

黄瓜二支、洋葱 1.80 元。

面皮 4.00 元。

小月饼、天津酥饼 6.00 元。

大米、花卷 4.50 元。

8 月 21 日

预〈交〉缴手机费 60.00 元。

预〈交〉缴天然煤气

50.00元。

打〈汽〉气1.00元。

7号电池三副6.00元。

香菇5.00元。

菜花1.00元。

面皮4.00元。

天津酥饼6.00元。

给毛妮一万元,由大成带回(住院)。

泡菜5.00元。

8月22日

面皮4.00元。

8月23日

玉米2.50元。

山东大红果5.00元。

腐干2.00元。

豆芽1.00元。

8月24日

西红柿5.00元。

面皮4.00元。

8月26日

葡萄、梨7.00元。

烧纸8.00元。

大米、包子6.00元。

8月27日

面皮4.00元。

泡菜5.00元。

8月28日

黄瓜1.00元。

8月29日

手机电池25.00元。

天津酥饼6.00元。

面皮4.00元。

大米、花卷5.00元。

8月30日

染发20.00元。

8月31日

自然鲜一瓶60.00元。

生活(其中小红果4.00元、大米发糕4.00元)18.30元。

本月提工资2 500元,家庭支出600元,结存2 900元。

9月1日

虾圈3.80元。

面皮4.00元。

各种菜2.10元。

9月2日

面皮4.00元。

9月3日

面皮4.00元。

各种菜3.20元。

9月4日

天津酥饼6.00元。

大米、发糕5.00元。

9月5日

花卷2.00元。

9月6日

黄瓜1.50元。

9月7日

玉米糁5.00元。

大米3.00元。

桃5.00元。

9月8日

香蕉4.00元。

酥饼7.50元。

大米3.00元。

黄瓜3.20元。

小花卷2.00元。

9月12日

菜椒、香菇共2.30元。

9月13日

〈交〉缴水费50.00元。

味精、豆奶粉18.20元。

9月14日

鸡蛋10.00元。

香蕉3.80元。

9月15日

天津酥饼6.00元。

大米3.00元。

包子3.00元。

9月16日

胡芹1.00元。

腐干、豆芽等3.00元。

泡菜四盒10.00元。

9月17日

大辣椒、土豆、苹果共8.50元。

9月18日

面皮4.00元。

大米4.00元。

脆枣5.00元。

9月19日

提工资3 500元。

豆芽1.00元。

红薯6.00元。

9月20日

面皮4.00元。

枣5.00元。

豆腐2.50元。

黄瓜2.00元。

花卷2.00元。

粉条3.00元。

豆芽1.50元。

9月21日

泡菜10.00元。

9月22日

邮票五份6.00元。

胡芹、茄子2.50元。

大米二份2.00元。

9月23日

天津酥饼10.00元。

饼子2.00元。

神池月饼4.00元。

9月24日

神池月饼4.00元。

各种菜5.80元。

猪肉33.50元。

胡芹、大辣椒3.70元。

馍3.00元。

豆芽、莲菜6.00元。

9月26日

宿舍三季度卫生费9.00元。

9月28日

大米2.00元。

胡芹1.50元。

生菜、豆芽共1.80元。

提工资3 500元,家庭开支260元,结余3 240元。

过节大方给500元,我给大庆300元,余200元,存入银行,入账。

10月1日

胡芹、黄瓜3.00元。

各种菜:豆芽(1.50元)、鸡蛋(11.00元)、洋葱(1.50元)、花卷(2.00元)、粉条(4.00元)、胡芹(1.50元)共30.20元。

10月5日

胡芹、黄瓜、豆芽共2.80元。

茶叶7.00元。

水果10.00元。

面皮4.00元。

10月7日

给大庆300元。

10月8日

胡芹1.00元。

豆芽1.00元。

柿子3.00元。

10月9日

核桃二斤20.00元。

花生豆3.00元。

豆芽1.00元。

榨菜1.50元。

10月11日

小白梨3.00元。

10月12日

〈交〉缴电费30.00元。

大米2.00元。

10月13日

玉米糁(初一)10.00元。

10月14日

(九月初二)

花卷4.00元。

豆芽1.00元。

菜椒4.00元。

萝卜5.00元。

天津酥饼、榨菜2.00元。

粉条3.50元。

胡芹1.00元。

又核桃二斤20.00元。

10月15日

西红柿、黄瓜5.00元。

冬枣5.00元。

香蕉8.00元。

10月16日

泡菜5.00元。

桔子3.00元。

10月19日

大米二个2.00元。

桔子3.00元。

豆芽1.00元。

醪糟5.00元。

大米2.00元。

玉米馍2.00元。

菠菜、西红柿、油菜8.00元。

10月21日

冬枣5.00元。

10月22日

胡芹0.50元。

10月24日

〈交〉缴取暖费993.20元。

馍4.00元。

菜4.50元。

本月取存款利息650元,取暖费2 800元,工资3 500元,共6 950元。

10月25日

红肠13.50元。

柿子1.50元。

白糖一斤5.00元。

10月26日

大米、发糕5.00元。

10月28日

五号楼2015年全年

租金480元。

各种菜、铁砂7.00元。

大葱等、菠菜、胡芹2.00元。

立白[肥皂]二块、香皂一块10.50元。

10月29日

一手店23.80元。

菠菜2.00元。

包子、发糕8.00元。

本月工资3 500元,[收]取暖费2 800元,取利息650元。家庭开支2 050元,结余4 900元。

11月1日

〈交〉缴手机费50.00元。

豆芽1.00元。

给崔志妈住院2 000元。

给闫妈住院500元。

11月4日

大米2.00元。

面包6.00元。

胡芹、西〈胡〉葫[芦]1.80元。

11月5日

豆芽、粉条3.00元。

11月6日

胡芹、茴子白、麻叶25.00元。

预〈交〉缴固定话费100元。

11月8日

寄怡新500元。

邮费5.00元。

粉条4.00元。

香酥饼6.30元。

馍4.00元。

花生豆4.00元。

腐干4.00元。

榨菜5.00元。

冬枣6.00元。

11月10日

甜石榴三个10.00元。

油一桶35.00元。

豆角等菜共5.00元。

大米2.00元。

11月11日

泡菜3.00元。

11月12日

泡菜3.00元。

11月13日

泡菜3.00元。

除去闫妈500元、崔志爸2 000元、怡新500元,共3 000元。

11月14日

五得利精粉25.00元。

馍3.00元。

大黄豆一斤5.00元。

11月15日

胡芹1.00元。

大米3.00元。

发糕2.00元。

11月16日

茴子白、红薯、豆芽等、香蕉,共8.50元。

11月17日

咸菜一盒3.00元。

11月18日

又甜石榴5.00元。

洁厕净、洗洁精9.00元。

11月20日

提工资3 500元。

串串香4.00元。

馍2.00元。

11月21日

〈交〉缴水费20.00元。

菠菜、柿椒3.00元。

11月22日

大米、发糕5.00元。

11月23日

馍、味精、各种菜28.00元。

11月27日

下大雪三天出不了门,今天去采购,所以买〈的〉得多,三天不用出门了。

今天大成回来呀,高兴,放心。

给大庆105元。

馍三个3.00元。

泡菜二个6.00元。

小白菜、西〈胡〉葫[芦]、西红柿7.00元。

大米一份3.00元。

11月30日

挂历一份5.00元。

苹果3.80元。

小饼干3.00元。

购菜11.90元。

本月提工资3 500元,总收入3 500元,家庭开支550元,结存2 950元。

12月2日

大米一份3.00元。

12月3日

香干5.00元。

奶油小馍、馍7.00元。

12月4日

大米一份3.00元。

泡菜一份3.00元。

12月5日

大枣五斤10.00元。

元宵一袋10.00元。

香蕉、桔子8.00元。

各种菜8.00元。

12月6日

卫生纸二斤20.00元。

12月7日

泡菜3.00元。

12月8日

猪肉27.50元。

玉米糁10.00元。

12月9日

带鱼10.00元。

鸡腿7.00元。

大米3.00元。

12月10日

元宵5.00元。

各种菜、蒜、姜6.00元。

12月11日

大米、发糕5.00元。

12月13日

大米、花卷5.00元。

12月15日

桔子、香蕉共5.00元。

12月16日

香油、豆腐、食盐14.00元。

12月17日

〈交〉缴电费60.00元。

〈交〉缴天然气60.00元。

12月18日

大米、发糕5.00元。

各种菜5.00元。

12月20日

取工资3 500元。

各种菜：榨菜、笋丝15.00元。

馍、味精、醋、花生米8.00元。

天津酥饼8.00元。

配钥匙二把10.00元。

理发10.00元。

退回配钥匙5.00元。

12月21日

糖炒栗子10.00元。

12月25日

茴子白3.00元。

酥梨5.00元。

12月27日

宿舍四季度卫生费9.00元。

12月29日

元宵10.00元。

萝卜、菜花4.50元。

小饼干、〈沙琪玛〉萨其马共12.00元。

12月30日

生活用费8.70元。

馍、花卷14.00元。

本月提工资3 500元，总收入3 500元，家庭支出500元，结余3 000元。

2015年结余累计

月份	本月结余	累　计	备　　注
元月	2 000.00元		过年开支：吕怡新500.00元，阳阳生小孩1 500.00元。压岁钱：嘟嘟1 000元，阳阳1 500元，毛妮、小纪1 000元。
二月	无结余	欠98.80元	小纪1 000元，大方给我1 000元。
三月	2 350.00元	2 448.80元	
四月	2 200.00元	4 648.80元	大方给我1 000元，大成没给，大庆没给。
五月	2 200.00元	6 848.80元	补发工资3 800元，都没了。

续 表

月份	本月结余	累 计	备 注
六月	补发工资，支出太乱了。	5 000.00 元	
七月	2 500.00 元	2 500 元 13 348.00 元	冰箱 1 600 元，沙发、架 2 250 元(没了)。
八月	2 900.00 元	5 400.00 元	8 月 25[日]给毛妮回学校 1 万元，大成住院期间给的。
九月	3 240.00 元	8 640.00 元	
十月	200.00 元	9 040.00 元	10 月 17 日存入银行 1 万元，余 6 124.00 元。
十一月	4 900.00 元	16 940.00 元	存入银行 1 万元，余 6 940.00 元。
十二月	3 000.00 元		

2016 年

1 月 1 日

放假三天去大成家。

1 月 2 日

大庆来住一夜。

1 月 3 日

上午回家下午返校，林建送来焖面、〈沙〉砂糖桔、酒枣、凉菜。

1 月 4 日

大米、包子 6.00 元。

1 月 7 日

〈交〉缴手机费 50.00 元。

1 月 8 日

富士苹果 3.00 元。

自行车打〈汽〉气 1.00 元。

1 月 9 日

萝卜、菠菜 3.00 元。

馍、花卷 4.00 元。

1 月 10 日

疏通水道 70.00 元。

苹果 3.00 元。

大米、饼子 4.00 元。

1 月 11 日

鸡蛋 12.00 元。

豆芽菜、菠菜2.00元。

1 月 13 日

大米 3.00 元。

栗子 10.00 元。

豆芽、菠菜 2.00 元。

辣椒、西〈胡〉葫[芦] 3.00 元。

1 月 15 日

馍、花卷 4.00 元。

萝卜 2.50 元。

1 月 18 日

大米、发糕 5.00 元。

1 月 19 日

大米、凉菜 7.00 元。

1 月 22 日

各种菜 14.00 元。

1 月 24 日

大米、馍、花卷共 7.00 元。

1 月 26 日

春联、福字 5.00 元。

榨菜 10.00 元。

1 月 27 日

花生 6.00 元。

〈沙〉砂糖桔 5.00 元。

各种菜 7.50 元。

本月提工资 3 500 元。大方给过年 1 000 元。总收入 4 500 元。结余 4 250 元。

2 月 1 日

符离集[烧]鸡三〈支〉只 85.00 元。

各种菜 15.50 元。

桔子 3.60 元。

豆奶、芝麻糊各一大袋 45.00 元。

豆奶、无糖芝麻糊49.90元。

花馍、枣、南瓜饼30.00元。

菜4.50元。

糖瓜5.00元。

大米3.00元。

茶叶二两14.00元。

豆芽1.00元。

谢谢礼15.00元。

〈交〉缴手机费50.00元。

黄瓜等16.00元。

枣馍、馍12.00元。

莲菜、紫甘〈兰〉蓝7.00元。

嘟嘟压岁钱1 000元。

暖暖压岁钱1 000元。

吕大庆1 000元。

安静之母张玉仙200元。

2月3日

〈交〉缴电费60.00元。

2月14日

元宵10.00元。

2月15日

菠菜、香蕉、豆芽8.20元。

馍5.00元。

大米3.00元。

2月17日

又元宵10.00元。

酥梨、香蕉8.00元。

2月18日

金桔、桔子10.00元。

2月20日

又元宵10.00元。

大米、包子4.50元。

2月21日

菜7.50元。

2月22日

预〈交〉缴有线电视费300元。

〈交〉缴天然气费50.00元。

2月23日

大米3.00元。

取存款利息660元。

2月24日

苹果5.00元。

馍3.00元。

菜5.30元。

2月27日

黄瓜3.00元。

本月提工资3 500元，利息660元，总收入4 160元，家庭支出1 050元，结存3 110元。

3月1日

陈醋一袋1.20元。

胡芹、豆芽、黄瓜共8.00元。

馍3.00元。

大米3.00元。

3月2日

马字榨菜、海带丝共15.00元。

〈交〉缴固话费100元。

手机50.00元。

3月4日

买菜6.00元。

3月5日

馍3.00元。

菜、碗托6.00元。

3月6日

大米、花卷1.00元。

3月7日

油菜、香菇、韭菜、面皮9.00元。

3月8日

大米、包子6.00元。

3月9日

茴子白3.50元。

3月10日

楼道电子门3.00元。

菜3.50元。

肉馅18.80元。

玉米糁10.00元。

面皮、饼子、大米10.00元。

3月11日

山药十斤15.00元。

3月12日

预〈交〉缴天然气30.00元。

3月14日

预〈交〉缴自来水30.00元。

黄瓜、香菇4.00元。

豆芽、粉条2.50元。

梨、荸荠10.00元。

黄瓜2.40元。

大米3.00元。

3月17日

面皮4.00元。

豆芽、腐干3.00元。

胡芹1.50元。

3月18日

面皮、大米7.00元。

3月19日

香蕉4.00元。

3月21日

面皮4.00元。

胡芹等5.00元。

3月22日

提工资3 500元。

洁厕净一瓶2.00元。

馍3.00元。

3月24日

肉丝22.00元。

尖椒、西〈胡〉葫[芦]、苹果、梨22.00元。

洗澡巾、牙膏、洗洁精、胡芹、香菇、油等13.00元。

3月25日

馍5.00元。

面皮4.00元。

3月26日

香菇3.50元。

黄瓜、西〈胡〉葫[芦]、菠菜共6.00元。

给大庆500元、林建300元,共800元。(上两个月都没发工资,故给他俩。)

大米6.00元。

花宝2.00元。

鸡蛋8.00元。

豆芽1.00元。

粽子二个3.00元。

尖椒2.00元。

3月29日

一季度二院卫生费9.00元。

面皮4.00元。

3月30日

啤酒6.00元。

饼子、腐干7.00元。

胡芹、黄瓜3.50元。

3月31日

草〈梅〉莓、苹果15.00元。

修车78.00元。

菜4.60元。

本月工资3 500元,总收入3 500元。家庭支出610元,总支出610元,结存2 840元。

五号楼租金2016年4月10日—10月5 000元。

4月1日

面皮4.00元。

香蕉3.70元。

4月2日

韭菜、茴子白4.00元。

4月3日

大米、花卷5.00元。

4月4日

莲菜、黄瓜4.00元。

4月5日

牛筋面5.00元。

4月6日

面皮4.00元。

大米、饼子5.00元。

4月7日

取存款利息1 950元。

鸡蛋卷、饼子16.00元。

4月8日

去铁校。10日过生日,生[日]吃饭店。

4月10日

面皮4.00元。

豆腐2.00元。

馍5.00元。

菜6.00元。

4月11日

收五号楼租金5 000元。

菠菜、平菇4.00元。

4月12日

大米3.00元。

4月13日

鸡蛋卷、饼子8.00元。

韭菜、苹果6.00元。

面皮4.00元。

蒜、香菇、生菜5.50元。

4月14日

豆腐1.20元、醋0.80元,共2.00元。

南瓜2.40元、茴子白2.40元,共4.80元。

腐干3.10元。

4月15日

水萝卜、黄瓜2.80元。

4月16日

糖炒栗子10.00元。

花生米10.00元。

4月17日

全脂奶粉、维维豆奶共41.80元。

给大庆洗〈像〉相片100元。

面皮4.00元。

黄瓜1.50元。

4月18日

味精、醋、料酒共7.70元。

4月19日

大米、包子共9.00元。

4月20日

刷卡提工资3 500元。

黄瓜1.40元。

梨5.00元。

4月21日

尖椒、韭菜2.50元。

符离集[烧]鸡一只28.90元。

4月23日

肉馅32.00元。

馍7.00元。

面皮4.00元。

黄瓜1.50元。

黄瓜、香椿、香菇3.00元。

4月26日

松紧带5.00元。

食盐、豆腐3.70元。

4月28日

面皮4.00元。

黄瓜、白萝卜3.00元。

胡芹、柿椒3.00元。

面皮4.00元。

黄瓜、小白菜3.00元。

大米6.00元。

本月提工资3 500元。

总收入3 500元。

家庭支出420元。

结存3 080元。

5月4日

面皮4.00元。

榨菜四大袋10.00元。

修车配锁68.00元。

5月5日

面皮4.00元。

小饼干4.00元。

5月7日

嘟嘟五周岁生日了60.20元。

5月8日

烧鸡两只，给二丽一只(谢)，理发6.00元。

爱心馍、鸡蛋卷6.00元。

5月9日

苦菜、菠菜2.00元。

5月10日

预〈交〉缴手机费50.00元。

老王白礼200元。

黄瓜、白萝卜7.50元。

柿椒4.00元。

5月11日

锅巴一袋、大米、面皮共10.00元。

5月12日

五公斤五得利面25.00元。

豆芽1.00元。

腐干2.50元。

鸡蛋二十个10.00元。

豆浆、辣肠、泡菜共18.00元。

5月14日

面皮4.00元。

豆芽1.00元。

花生米5.00元。

菜花、胡萝卜5.00元。

尖椒、黄瓜1.20元。

5月16日

西红柿7.00元。

5月17日

大辣椒1.00元、西红柿2.00元、水萝卜1.2元、葱1.00元，共6.00元。

5月18日

提工资3 500元。

给大庆500元(理疗)。

面皮4.00元。

梨6.80元。

豆芽、粉条、腐干5.50元。

菠菜、水萝卜2.00元。

黄瓜2.00元。

5月21日

交天然气、自来水各30元，共60.00元。

大米、饼子7.00元。

5月22日

绿箭一个1.50元。

面皮一个4.00元。

5月23日

找一个■过玉米糁的钱10.00元。

5月24日

发糕2.50元。

樱桃5.00元。

水萝卜1.00元。

醋二袋 2.00 元。

5 月 25 日

面皮 4.00 元。

5 月 26 日

利尿药 4.30 元。

5 月 27 日

老豆腐 2.50 元。

笔、胶水 6.80 元。

西红柿、黄瓜 5.00 元。

5 月 28 日

再给大庆理疗(第二次)500.00 元。

粽子三十个 45.00 元。

油菜等、面皮 3.00 元。

面皮、莴笋 4.00 元。

5 月 31 日

生活 22.70 元。

本月提工资 3 500 元,家庭开支 1 550 元,结余 1 950 元。

6 月 1 日

花生米 5.00 元。

樱桃、杏 10.00 元。

立白[肥皂]二块、牙膏一支 15.00 元。

檀香[皂]一块 4.00 元。

面皮 4.00 元。

6 月 2 日

粽子十个(志五五个)15.00 元。

黄瓜、西红柿5.00元。

6 月 4 日

饼子、木瓜等2.00元。

6 月 5 日

黄瓜、土豆、西〈胡〉葫[芦]、面皮 8.50 元。

6 月 6 日

又粽子十个 15.00 元。

腊肠、泡菜18.10元。

6 月 7 日

西瓜 6.00 元。

腐干 2.00 元。

莴笋 2.00 元。

6 月 8 日

生菜、面皮 5.00 元。

小馍、莴笋 4.00 元。

面皮 4.00 元。

6 月 11 日

莴笋 3.00 元。

腐干、味精 9.90 元。

桃、苹果 6.90 元。

6 月 13 日

预〈交〉缴天然煤气 20.00 元。

电费 30.00 元。

心心相印纸巾 6.50 元。

面皮 4.00 元。

面皮 4.00 元。

尖椒、土豆、黄瓜 4.00 元。

6 月 15 日

西瓜 4.50 元。

6 月 16 日

买大米、发糕 7.00 元。

6 月 19 日

各种菜、梨等 11.50 元。

老豆腐、油饼 8.00 元。

6 月 20 日

黄瓜、菜、蒜3.00元。

6 月 21 日

提工资 3 500 元。

面皮 4.00 元。

符离集[烧]鸡一〈支〉只 31.00 元。

西瓜 4.00 元。

西红柿 2.00 元。

6 月 22 日

缝纫机油、胶带 4.00 元。

苦菜 2.00 元。

泡菜四盒 10.00 元。

老豆腐 2.50 元。

6 月 23 日

7 号电池二板 4.00 元。

理发一次 10.00 元。

6 月 24 日

面皮 4.00 元。

榨菜 5.00 元。

泡菜二盒 5.00 元。

6 月 25 日

鸡蛋 6.50 元。

6 月 26 日

面皮 4.00 元。

洋葱 1.00 元。

6 月 27 日

黄瓜、莴笋 2.50 元。

萝卜 0.80 元。

杏 5.00 元。

小馒头 4.00 元。

6 月 28 日

宿舍二季度卫生费

9.00 元。

自然鲜酱油二瓶 10.00 元。

泡菜四盒 4.00 元。

6 月 29 日

玉米、毛豆 10.00 元。

6 月 30 日

面皮 4.00 元。

西红柿 1.50 元。

维维豆奶、古〈类〉城奶粉、其他共 104.40 元。

本月提工资 3 500 元，总收入 3 500 元，家庭支出 500 元。结存 3 000 元。

7 月 3 日

黄瓜、西红柿 3.00 元。

大米二份 6.0 元。

大辣椒、黄瓜 1.50 元。

7 月 5 日

黄瓜 4.00 元。

擦布 3.00 元。

洗洁精 5.00 元。

面皮 4.00 元。

玉米糁 5.00 元。

7 月 8 日

前欠 1.70 元。

西红柿、茄子 3.00 元。

7 月 10 日

泡菜 5.00 元。

大米二份 6.00 元。

7 月 11 日

香蕉 5.50 元。

馍 3.00 元。

7 月 12 日

〈交〉缴水费 50.00 元。

茶叶二两 7.00 元。

黄瓜 1.30 元。

玉米 5.00 元。

7 月 14 日

面皮 4.00 元。

7 月 16 日

修机顶盒 35.00 元。

豆角等 10.00 元。

7 月 17 日

南瓜 1.00 元。

黄瓜 2.00 元。

尖椒 0.50 元。

大米、花卷 9.00 元。

7 月 18 日

面皮 4.00 元。

7 月 19 日

桃儿 5.00 元。

7 月 20 日

西红柿 1.50 元。

提工资 3 600 元。

7 月 21 日

面皮 4.00 元。

茶叶 13.00 元。

黄瓜 3.50 元。

7 月 22 日

面皮 4.00 元。

7 月 24 日

邮票三张 3.60 元。

食油一桶 38.00 元。

黄瓜 2.00 元。

面皮 4.00 元。

鸡蛋 11.00 元。

7 月 25 日

大米二个 6.00 元。

面皮 8.00 元。

玉米 5.00 元。

泡菜 10.00 元。

7 月 26 日

面包 6.00 元。

西红柿、香菇 4.00 元。

7 月 27 日

面皮 4.00 元。

7 月 28 日

粽子二十个 30.00 元。

7 月 29 日

固[定]话[费]100 元。

面皮 4.00 元。

家用 27.90 元。

本月提工资 3 600 元，家庭开支 450 元，结存 3 250 元。

8 月 3 日

擦油烟机 110 元。

大米 3.00 元。

发糕 1.00 元。

花卷 1.00 元。

饼子 4.00 元。

黄瓜、茄子、胡萝卜共 4.50 元。

8 月 5 日

彩虹香一盒 13.00 元。

面皮 4.00 元。

黄瓜 2.50 元。

豆芽菜 1.00 元。

桃子 5.00 元。

8 月 6 日

西瓜 3.00 元。

面皮一个 4.00 元。

黄瓜、西〈胡〉葫[芦]

2.00元。

8月8日

豆包6.00元。

面包4.00元。

黄瓜1.50元。

西红柿2.00元。

8月11日

〈交〉缴手机50.00元。

〈交〉缴天然气20.00元。

〈交〉缴电费30.00元。

黄瓜1.50元。

8月13日

水三瓶3.00元。

黄瓜3.00元。

8月14日

泡菜10.00元。

面皮4.00元。

黄瓜4.00元。

粽子10.00元。

花卷2.00元。

8月16日

水5.00元。

大米6.00元。

泡菜5.00元。

8月19日

老豆腐2.50元。

馍2.00元。

西红柿4.00元。

8月20日

提工资3 500元。

买菜、苹果13.00元。

葡萄5.00元。

8月21日

味精、醋、馍10.00元。

大辣椒、南瓜1.50元。

查自来水停车10.00元。

8月22日

面皮4.00元。

大米3.00元。

泡菜10.00元。

做小棉被三件45.00元。

8月23日

水2.00元。

饼子2.00元。

黄瓜4.50元。

8月24日

大米、老豆腐8.50元。

面皮4.00元。

葡萄5.00元。

8月28日

饼子5.00元。

葡萄6.50元。

黄瓜、洋葱3.50元。

8月29日

又葡萄8.00元。

饼子2.00元。

西红柿、腐干5.00元。

泡菜5.00元。

饼子5.00元。

大辣椒、土豆、葱6.00元。

老豆腐2.50元。

8月31日

花生米5.00元。

菜等6.50元。

本月提工资3 500元,总收入3 500元,家庭支出360元,结存3 140元。

9月1日

花卷2.00元。

苹果、梨10.00元。

月饼三个6.00元。

打气1.00元。

9月2日

洗洁精5.00元。

黄瓜、娃娃菜、腐干共9.00元。

9月3日

葡萄7.00元。

拌汤2.00元。

[花]卷3.00元。

大米3.00元。

9月5日

黄瓜、香菇4.00元。

9月6日

手机话费50.00元。

五号楼自来水表300元。

金〈纲〉钢纱窗八个1 600元。

面皮4.00元。

9月7日

泡菜5.00元。

月饼15.00元。

小饼子10.00元。

月饼3.00元。

老豆腐2.50元。

9月10日

古城奶粉22.00元。

大米6.00元。

给杨光远移居新家,乔迁之喜1 000元。

9月11日

猪肉馅、片55.60元。

爱心馍二袋5.00元。

石榴二个5.00元。

西红柿、茄子、西〈胡〉葫[芦]6.00元。

9月12日

老豆腐2.50元。

葡萄红〈缔〉提10.00元。

9月13日

香蕉8.50元。

葡萄6.00元。

生菜3.00元。

黄瓜4.00元。

9月14日去大成家购上述菜，共21.60元。

9月15日

中秋节、吕■挂号、醪糟二盒9.20元。

西〈胡〉葫[芦]、黄瓜3.00元。

韭菜1.00元。

玉米糁5.00元。

培根火腿肠一支6.00元。

9月18日

大米、发糕4.00元。

韭菜、萝卜、西〈胡〉葫[芦]、尖椒、葡萄14.50元。

老豆腐2.50元。

9月20日

打卡提工资3 500元。

补换茶叶二两7.50元。

给杨光远1 000元、〈作〉做小被65.00元、金钢纱窗1 600元、五号楼换水表300元，共2 965元。

老豆腐、泡菜、面皮一个4.00元。

9月22日

泡菜10.00元。

小米10.00元。

大米6.00元。

红〈缔〉提6.00元。

韭菜1.00元。

洋葱2.00元。

9月23日

老豆腐、油饼4.00元。

9月25日

鸡蛋8.00元。

9月29日

家中水管修理进门费、工料共93.00元。

馄饨皮1.00元。

爱心馍一捆2.00元。

白糖一斤5.60元。

玉米糁二斤10.00元。

香油、菜12.00元。

嘟嘟见面礼2 000元。

本月提工资3 500元，大方过节给500元，共4 000元。家庭开支5 432元，结存—1 432.00元。

10月1日

嘟嘟见面礼2 000元。

馄饨皮1.50元。

理发10.00元。

各种菜13.10元。

大米、饼子8.00元。

10月3日

石榴10.00元。

黄瓜、韭菜3.00元。

苹果6.00元。

老豆腐2.50元。

10月4日

黄瓜1.00元。

五号楼修房顶150元。

10月9日

〈交〉缴手机50.00元。

〈交〉缴天然气20.00元。

〈托〉拖鞋二双15.00元。

馍5.00元。

老豆腐2.50元。

菜2.00元。

10月10日

黄瓜2.00元。

灌肠5.00元。

10月11日

五号楼2016年三年房租(刘小花)480元。

馍5.00元。

泡菜10.00元。

辣酱二瓶20.00元。

〈交〉缴电费50.00元。

老豆腐2.50元。

黄瓜2.00元。

10月13日

老豆腐2.50元。

香蕉5.00元。

生菜0.30元。

10月14日

老豆腐2.50元。

大米、发糕5.00元。

10月16日

取存款利息455元。

10月17日

老豆腐、各种菜(土豆、尖椒、南瓜)共5.00元。

10月20日

豆芽、韭菜、西〈胡〉葫[芦]、饼子共5.00元。

取工资、取暖费2 800元。

补发工资8 800元。

10月22日

老豆腐2.50元。

菜2.00元。

10月23日

饼子5.00元。

10月25日

味精5.50元。

桔子、冬枣6.00元。

桔子、柿子(庆林)5.00元。

立白洗衣皂二块(4.8元/块)9.60元。

毛豆、豆芽5.00元。

菜3.00元。

10月26日

2016年取暖费993.20元。

10月28日

石榴5.00元。

豆制品8.00元。

大米3.00元。

香蕉4.50元。

10月29日

馍5.00元。

猪肉馅二斤半51.00元。

粉面、玉糁8.00元。

给大方炸丸子买肉馅二斤半等共计2.50元。

10月30日

饼子、大米,共5.00元。

自然鲜一小瓶2.00元。

10月31日

老豆腐2.50元。

本月提工资、取暖、补发8 800元,家庭支出2 150元,结存6 650元。

11月1日

羊肉卷半斤(给大方的岳父)17.50元。

泡菜14.00元。

芥丝6.00元。

酸菜4.00元。

豆芽1.00元。

11月3日

芥菜丝一盒5.00元。

11月4日

芥丝头、生菜、香菜4.50元。

打气、补鸡蛋1.50元。

〈交〉缴手机[话费]50.00元。

11月6日

大米3.00元。

11月7日

香蕉、桔子9.00元。

菜5.40元。

11月8日

一手店22.90元、黄瓜1.50元(小王吃饺子)。

11月9日

老豆腐2.50元。

芥丝5.00元。

上好佳二袋3.80元。

大米、发糕4.00元。

11月13日

葡萄、桔子10.00元。

11月14日

羊肉卷半斤17.00元。

爱心馍、小花卷共8.50元。

柳叶面1.50元。

11月15日

固[定]话费100元。

豆芽、菠菜共2.00元。

饼子2.00元。

11月16日

挂历一本5.00元。

芥丝一盒5.00元。

11月17日

老豆腐2.50元。

各种菜17.00元。

香菇3.00元。

11月18日

香蕉5.00元。

11月19日

提工资3 700元。

11月20日

冬枣、桔子10.00元。

11月22日

菜2.00元。

11月24日

五得利[面粉]一袋30.00元。

玉米糁二斤5.00元。

自然鲜一中瓶6.00元。

11月25日

老豆腐2.50元。

饼子2.00元。

11月26日

苹果、香蕉等15.00元。

11月27日

大米3.00元。

11月28日

芥丝5.00元。

11月29日

馍、调味16.50元。

老豆腐2.50元。

菜12.00元。

本月提工资3 700元，总收入3 700元，家庭开支450元，结余3 250元。

12月5日

大米二份6.00元。

12月6日

大葱8.00元。

7号电池三板6.00元。

桔子4.00元。

12月7日

萝卜、辣椒5.00元。

老豆腐2.50元。

12月8日

苹果、西〈胡〉葫[芦]7.00元。

韭菜2.00元。

给吕怡新1 000元，汇费10.00元。

茶叶二两20.00元。

笔二支5.00元。

猪肉26.30元。

汇费10.00元。

12月12日

白线12.00元。

大米、发糕5.00元。

黄瓜、油麦菜2.50元。

老豆腐2.50元。

饼子二个3.00元。

〈交〉缴天然气30.00元。

电费60.00元。

口香糖1.50元。

12月16日

老豆腐、油饼4.00元。

胡芹、黄瓜共2.50元。

12月17日

苹果、桔子10.00元。

老豆腐2.50元。

韭菜、西〈胡〉葫[芦]3.00元。

大米、发糕5.00元。

12月19日

泡菜、芥辣丝10.00元。

12月21日

饼子五个5.00元。

桔子5.00元。

12月25日

老豆腐2.50元。

12月26日

芥辣丝5.00元。

饼子5.00元。

各种菜5.00元。

醋、盐、胡辣粉5.00元。

羊肉卷15.00元。

12月27日

各种菜18.20元。

腐干、大蒜、莲菜5.00元。

香蕉、芥头1.50元。

12月28日

饼子、柳叶面5.00元。

吕怡新1 000元。

12月29日

饼子9.00元。

四季度卫生费20.00元。

本月提工资3 800元，总收入3 800元。家庭支出450元，给吕怡新1 000元，结存2 350元。

2016年每月结余一览表

月份	本月结余	累　计	备　　注
元月	4 250.00元	4 250.00元	压岁钱暖暖1 000元，嘟嘟1 000元，给大庆1 000元，吕怡新500元，共计3 500元。
二月	3 110.00元	7 360.00元	

续表

月份	本月结余	累计	备注
三月	2 840.00 元	10 200.00 元	3 月 27 号存入 1 万元。
四月	3 080.00 元	13 280.00 元	4 月 22 日存入银行 1 万元,实余 3 280.00 元。
五月	1 950.00 元	5 230.00 元	很乱。
六月	3 000.00 元	8 230.00 元	
七月	3 250.00 元	11 480.00 元	
八月	3 140.00 元	15 620.00 元	
九月	−1 432.00 元	1 419.80 元	
十月	6 615.00 元	8 034.80 元	
十一月	3 250.00 元	11 284.00 元	12 月 6 日存入银行 1 万元,实余 1 284.00 元。
十二月	2 350.00 元	13 634.00 元	存入银行 1 万元,实余 3 634.00 元。

2017 年

1 月 1 日

给吕大庆过年 1 000 元。

1 月 2 日

发糕四块 4.00 元。

大米一份 3.00 元。

醋二袋 5.00 元。

1 月 3 日

红薯 2.50 元。

菠菜 1.00 元。

〈交〉缴手机费 60.00 元。

梨、金桔 12.30 元。

1 月 4 日

饼子二个 2.00 元。

1 月 6 日

饼子五个 5.00 元。

各种菜 14.50 元。

1 月 7 日

发糕 4.00 元。

1 月 9 日

元宵 10.00 元。

古城奶粉二袋、维维豆奶粉一袋,共 66.00 元。

收回手机费 10.00 元。(原来想〈交〉缴 60 元,实际上〈交〉缴了 50 元,收回 10.00 元。)

1 月 10 日

饼子 2.00 元。

1 月 11 日

麻花 10.00 元。

大米 3.00 元。

发糕 3.00 元。

老豆腐 2.50 元。

1 月 12 日

消炎膏二盒 30.00 元。

1 月 13 日

猪肉馅二斤六两 54.00 元。

各种菜 9.80 元。

黑枣 5.00 元。

饼子 5.00 元。

1 月 14 日

擦玻璃费 3.00 元。

邮票、各种菜 6.00 元。

香皂二块、牙膏一支共 12.00 元。

苹果、柿饼 12.00 元。

1 月 16 日

韭菜、西〈胡〉葫[芦] 2.50 元。

1 月 18 日

味精大袋 8.00 元。

1 月 19 日

大米一斤、发糕三块

6.00元。

本月提工资3800元。

1月20日

包子四个4.00元。

理发10.00元。

窗花、强力胶、胶带纸、大■共计49.00元。

原采购■5.00元。

玉米糁、红薯粉6.00元。

料酒两袋、枣馍9.00元。

退回大公鸡25.00元。

豆腐、豆芽、粉丝5.50元。

枣馍十斤8.00元。

1月23日

鸡蛋、辣椒12.00元。

豆腐、豆芽4.00元。

各种菜(黄瓜、娃娃菜、蒜〈苔〉薹、西葫芦)16.50元。

小鸡腿十个、黄花鱼一条、猪肉片、生抽一袋共计79.90元。

1月24日

腊月廿七

青椒3.50元。

红提41.98元。

海天老抽酱油2.00元。

大料8.00元。

散龙眼21.90元。

糖果10.20元。

净菜8.10元。

豆包3.80元。

共计99.48元。

1月29日

白玉菇3.80元。

莲菜2.42元。

小萝卜1.86元。

短豆角3.36元。

散龙眼6.42元。

共计17.80元。

1月30日

〈禾〉美特好速冻水饺、馄饨20.50元。

1月31日

总收3000.00元。

支出1684.80元。

结存2110.00元。

2月3日

面包五个5.00元。

六味斋三角包5.80元。

2月5日

元宵10.00元。

2月6日

崔书记福兴礼1000.00元。

2月7日

〈交〉缴水费20.00元。

固定话费100.00元。

2月10日

小薯饼、豆包、面包、发糕27.00元。

玉米糁、白糖10.00元。

今年压岁钱嘟嘟1000元。

二嘟1000元。

暖暖1000元。

毛妮1000元。

吕怡新1000元。

吕大庆1000元。

共计6000元。

2月11日

元宵节香蕉、各种菜12.20元。

2月12日

泡菜、芥丝10.00元。

大米3.00元。

2月15日

各种菜、苹果12.40元。

〈交〉缴天然气30.00元。

电费40.00元。

2月16日

老豆腐2.50元。

黄瓜、菠菜等3.00元。

主食(馍)6.00元。

西葫[芦]、韭菜、豆芽4.00元。

2月20日

鸡蛋10.00元。

菠菜、豆芽2.00元。

2月21日

饼子三个3.00元。

2月27日

豆芽、黄芽韭6.00元。

本月提工资3700元,家庭开支1320元,结余2380元。

3月1日

大米、包子6.00元。

3月2日

发糕3.00元。

苹果、金桔10.00元。

老豆腐2.50元。

主食(枣馍、花卷)6.00元。

〈油〉莜麦菜1.00元。

一手店啤[酒]、肠48.50元。

水果36.00元。

3月6日

梨三个5.00元。

面皮4.00元。

西葫芦、萝卜2.50元。

3月7日

大米、发糕6.00元。

3月8日

菠菜、豆芽2.00元。

松花[蛋]6.00元。

3月9日

豆芽、黄瓜2.50元。

松花[蛋]10.00元。

3月10日

生抽一袋3.50元。

3月12日

大米、发糕6.00元。

菠菜、豆芽2.00元。

3月13日

胡芹、韭菜1.50元。

豆芽、腐干3.00元。

3月15日

卫生纸一捆20.00元。

玉米糁5.00元。

挂面4.00元。

枣馍2.50元。

3月16日

电视报1.00元。

黄瓜1.00元。

韭菜、菠菜、豆芽3.00元。

3月17日

香蕉3.00元。

灌肠5.00元。

老豆腐2.50元。

3月18日

饼子3.00元。

3月20日

豆芽、菠菜、灌肠3.50元。

饼子4.00元。

提工资3 800元。

3月21日

大辣椒2.00元。

3月22日

灌肠、豆芽、花卷6.00元。

3月24日

泡菜、雪里〈红〉蕻6.00元。

香蕉5.00元。

3月25日

太原广播报1.00元。

花卷4.00元。

苹果8.00元。

一手店31.00元。

黄瓜菜4.00元。

2月26日—3月31日

■159.50元、菜3.50元、生活费38.00元,共计400元。

本月提工资3 800元,支出400元,结存3 400元。

4月1日

二院一季度卫生费9.00元。

梨、香蕉8.00元。

饼子3.00元。

4月2日

饼子5.00元。

4月3日

馍2.00元。

灌肠、豆芽2.50元。

4月5日

〈交〉缴手机费50.00元。

挂面5.00元。

花卷4.00元。

口香糖1.50元。

4月6日

取存款利息1 180.00元。

食堂饭菜20.00元。

4月7日

咸鸡蛋、茶叶、老咸菜20.00元。

广播报1.00元。

4月8日

食油十斤40.00元。

4月11日

小食品、花卷、饼丝一斤15.00元。

4月12日

饼子3.00元。

各种菜5.00元。

4月14日

苹果7.50元。

馍两样6.00元。

〈交〉缴电费30.00元。

4月15日

给大庆购物 500.00 元。

4月16日

面5千克 30.00 元。

理发 10.00 元。

4月17日

黄瓜 2.00 元。

豆芽、莜面 2.10 元。

香米饼 11.00 元。

4月18日

腐干 1.70 元。

香蕉 3.30 元。

打气 1.00 元。

花肥 2.00 元。

豆芽、灌肠 2.50 元。

4月20日

仙居园：①刻碑：422.00 元；②安葬费：300 元；③守墓狮：400.00 元；④安葬用品：500.00 元。合计：1 702.00 元。

三人午餐：120.00 元。

饼子五个 5.00 元。

元禾购物 6.80 元。

心心相印纸巾 6.50 元。

肠、肝 26.50 元。

4月22日

〈交〉缴有线[电视收视费]300 元。

大米 3.00 元。

4月24日

〈交〉缴手机费 50.00 元。

本月给大庆 500 元。

〈交〉缴有线电视费 300 元。

手机 50 元。

4月26日

五号电池一个 2.50 元。

老豆腐、花卷4.00元。

4月27日—4月30日

共计 4.60 元。

本月提工资 3 800 元，本月消费 1 220 元，结余 2 580 元。

5月1日

大米两份、凉菜 10.00 元。

5月2日

祭祀用品：绢花、纸盘子、红布、鲜花，85.00 元。

豆芽、灌肠 2.60 元。

5月3日

各种糕点、水果等 277.00 元。

饼子五个 5.00 元。

5月4日

五人午餐 326.00 元。

油桃、香蕉 16.00 元。

黄瓜 2.00 元。

迁墓 2 400 元。

5月5日

再给大方 400 元。

5月6日

青瓜 0.60 元。

5月8日

食堂 9.00 元。

饼子 5.00 元。

豆腐干、黄豆3.00元。

5月10日

邮票五张 6.00 元。

枣馍 4.00 元。

粽子 9.00 元。

菠菜 1.00 元。

腐干 2.50 元。

5月11日

一手店肉 50.00 元。

各种菜 10.00 元。

5月12日

〈交〉缴自来水费 10.00 元。

天然气费 30.00 元。

绿箭二支 3.00 元。

味精 5.50 元。

5月13日

菠菜等 2.00 元。

饼子 5.00 元。

5月14日

吉鲜禾(青瓜、灌肠、玉米糁、胡萝卜)10.60 元。

豆芽 1.00 元。

5月16日

粽子二十个 30.00 元。

5月17日

食堂大米、凉菜 10.00 元。

5月19日

樟脑球 15.00 元。

小盘二个 6.00 元。

小食品 5.00 元。

5月20日

各种菜、杏 7.50 元。

粽子、枣馍 11.50 元。

提工资 3 700 元。

5月21日

又粽子十五个22.50元。

给大庆过节200.00元,其中安葬费2400元。

粽子三十个45.00元。

5月22日

麻花10.00元。

5月23日

酱油(生抽)3.00元。

醋6.80元。

花卷、各种菜30.00元。

大方给过节500.00元。

又粽子二十个14.60元。

腊肠、豆浆、西红柿、小白菜3.00元。

5月26日

面皮一个4.00元。

5月28日

过端午节给大庆200元、二嘟200元。

5月29日

艾草、五色线3.00元。

粽子十个15.00元。

豆包、小白菜13.00元。

5月30日

去大成家:菜4.50元,修车28.00元,枣馍、面皮10.00元,大米6.00元。

本月提工资3700元,大方给400元,共4100元,家庭消费3500元,结余600元。

6月1日

上月欠5.20元。

又粽子六个9.00元。

茄子、西葫[芦]1.80元。

〈交〉缴手机费50.00元。

6月2日

修鞋3.00元。

小食品7.00元。

焖饼丝2.00元。

樱桃5.00元。

6月4日

鸡蛋二十个5.50元。

饼子两个2.00元。

茴子白一个1.30元。

6月5日

洗洁精一瓶3.50元。

小食品11.80元。

馍四个3.00元。

6月7日

泡菜一盒3.50元。

樱桃5.00元。

玉米糁、面皮、豆腐干23.60元。

6月8日

菜花、黄瓜1.50元。

6月13日

饼子2.00元。

菜、绿宝5.00元。

6月14日

花卷2.00元。

6月15日

〈交〉缴电费30.00元。

毛豆、饼丝7.00元。

〈沙琪玛〉萨其马6.30元。

樱桃10.00元。

苦菜1.00元。

西葫[芦]、菠菜1.00元。

面皮6.00元。

6月16日

〈交〉缴电费100.00元。

6月17日

冲剂二袋、味精50.00元。

6月18日

唐都外卖35.40元。

西瓜6.00元。

菜5.50元。

6月19日

肉馅20.00元。

豆包10.00元。

各种菜4.00元。

6月21日

西葫[芦]1.00元。

又豆包8.80元。

6月22日

利息195.00元。

油菜1.00元。

大米、发糕7.00元。

杏、腐干7.30元。

6月23日

樱桃、桃子10.00元。

6月25日

雅琴白礼200.00元。

枣馍两袋10.00元。

白糖5.00元。

各种菜、香蕉11.00元。

黄瓜、南瓜 1.50 元。

香油、西瓜、豆腐干等 16.50 元。

6 月 26 日

各种菜 8.50 元。

面油、洗衣皂 34.60 元。

6 月 28 日

馍、豆芽 3.00 元。

西瓜、馍 18.40 元。

6 月 30 日

蚕豆 9.20 元。

本月提工资 3 800 元，利息 195.00 元，家庭开支 780.00 元，结存 3 215.00 元。

7 月份

二院二季度卫生费 9.00 元。

订《太原晚报》下半年 86.00 元。

7 月 3 日

黄瓜、茄子 1.50 元。

面皮两个 6.00 元。

黄瓜三根 2.00 元。

大米 3.00 元。

面条、毛豆、面皮 12.00 元。

7 月 6 日

去吕畅家 78.00 元。

一手店食品 34.30 元。

7 月 10 日

给杨阳 54.00 元。

一手店肝 10.00 元、鹌鹑蛋 6.00 元。

枣馍、豆包 4.00 元。

凉皮、凉面、黄瓜、茄子、豆角、面条 12.50 元。

7 月 11 日

香瓜 4.50 元。

菜 2.50 元。

7 月 12 日

西瓜、腐干 4.80 元。

担担面、西瓜、灌肠、豆芽 8.40 元。

7 月 14 日

冰糕、打气 11.00 元。

7 月 15 日

玉米、豆角、黄瓜、茄子 9.00 元。

陈醋一袋 1.50 元。

7 月 16 日

大米、发糕 5.00 元。

豆芽、莜面 1.70 元。

7 月 17 日

莜面、豆芽 3.90 元。

各种菜饼子 11.50 元。

西瓜 4.00 元。

玉米 2.00 元。

豆角 3.00 元。

凉面 5.50 元。

退回订报 86.00 元。

7 月 20 日

提工资 3 800.00 元。

凉面、灌肠 4.70 元。

豆角 4.50 元。

西红柿 3.50 元。

7 月 22 日

豆包两袋 9.00 元。

凉面等 6.10 元。

豆角 3.00 元。

7 月 23 日

玉米 2.00 元。

理发 10.00 元。

各种菜、凉面 8.00 元。

本月提工资 3 800.00 元，家庭支出 340.00 元，结存 3 460.00 元。

8 月 1 日

三伏第一天气温高热。

枣馍、面皮 16.00 元。

豆包 4.00 元。

香蕉、豆角 5.20 元。

生抽、醋各一3.00 元。

饼子两个 2.00 元。

凉面、凉皮 7.50 元。

豆角 3.00 元。

西红柿、黄瓜 2.80 元。

8 月 2 日

〈交〉缴天然气 50.00 元。

面 2.50 元。

玉米糁 5.00 元。

红霉素软膏一支 1.50 元。

8 月 3 日

馍片 3.00 元。

〈早〉枣馍、凉皮 16.00 元。

茄子、西葫[芦]5.00 元。

豆包 10.00 元。

六味斋 20.00 元。

泡菜 5.00 元。

黄瓜、姜 2.00 元。

8 月 5 日

〈交〉缴天然气 6.60 元。

西瓜、凉面、凉皮 5.00 元。

豆角、西红柿、黄瓜 3.50 元。

8 月 7 日

鸡蛋 11.00 元。

豆角 4.00 元。

黄瓜 2.50 元。

西红柿 2.10 元。

8 月 9 日

一手店 18.20 元。

给大庆 200.00 元。

8 月 10 日

饼子 5.00 元。

8 月 11 日

面皮、味精 11.00 元。

8 月 12 日

粽子十个 15.00 元。

黄瓜,豆角、茄子 10.40 元。

豆角 5.00 元。

西红柿、黄瓜、茄子 3.50 元。

8 月 14 日

泡菜 5.00 元。

凉面 2.70 元。

刘百年[①]五盒 100.00 元。

〈交〉缴电费 50.00 元。

8 月 17 日

桃三个 10.90 元。

西瓜、馍 5.20 元。

湘玉饭 70.00 元。

8 月 18 日

食品盒 1.00 元。

花卷、面皮 6.50 元。

8 月 19 日

豆角、桃 9.10 元。

黄瓜、蒜、苹果 5.00 元。

提工资 4 000.00 元。

8 月 21 日

西红柿、面条、豆腐 6.70 元。

8 月 22 日

各种菜 11.50 元。

8 月 23 日

粽子 4.50 元。

菜、茄子 6.50 元。

饼子 5.00 元。

各种菜、香蕉 6.00 元。

8 月 24 日

粽子 10.00 元。

各种菜 5.00 元。

豆角 3.30 元。

面条 3.50 元。

本月提工资 4 000 元,补发 1 400 元,共计 5 400 元。家庭支出 800 元,结存 4 600 元。

9 月 1 日

洗洁精一瓶 4.00 元。

豆角 2.60 元。

面条 2.00 元。

玉米糁二斤 5.00 元。

9 月 2 日

小馍 2.50 元。

豆包两袋 10.00 元。

腊肠、红肠 26.00 元。

小豆包 4.00 元。

黄瓜 1.00 元。

鹌鹑蛋一盒 13.00 元。

9 月 3 日

野菜 1.00 元。

给大庆 200.00 元。

钢丝球、洗澡巾、洗碗 8.00 元。

大米 3.00 元。

馍 2.00 元。

面条 2.00 元。

豆角 3.50 元。

香蕉 2.00 元。

蒸布 0.40 元。

点心 1.40 元。

饼子五个 5.00 元。

莜面、豆芽 3.00 元。

泡菜 5.00 元。

9 月 4 日

菜 4.50 元。

9 月 5 日

饼子 5.00 元。

豆角 3.00 元。

9 月 6 日

饼子 5.00 元。

手机费 50.00 元。

各种菜、红薯、豆角、西葫芦、黄瓜 12.00 元。

菜 2.00 元。

给大庆 100.00 元。

9 月 8 日

回阳阳家 2.00 元。

---

① 药名,用于皮肤外科。

饼子、洗澡巾、小毛巾 13.00 元。

茶叶两盒 20.00 元。

七号电池 6.00 元。

9 月 11 日

豆角、小白菜 3.00 元。

9 月 12 日

面皮两个 6.00 元。

饼子五个 5.00 元。

9 月 13 日

豆芽、莜面 2.00 元。

黄瓜、洋葱 1.50 元。

饼子五个 5.00 元。

9 月 16 日

月饼、豆芽、面皮、腊肠 18.00 元。

9 月 17 日

玉米 5.00 元。

雪饼 5.00 元。

9 月 18 日

酱油、醋各一 3.00 元。

饼子五个 5.00 元。

茄子、菜花 2.00 元。

香蕉 4.00 元。

9 月 20 日

开工资 4 000.00 元。

面皮两份 6.00 元。

9 月 21 日

香蕉、柿子、苹果 10.00 元。

9 月 22 日

饼子 5.00 元。

黄瓜、豆角、西葫[芦] 5.00 元。

取利息 31.30 元。

9 月 23 日

饼子 5.00 元。

豆角 2.50 元。

面皮 6.00 元。

各种菜 7.00 元。

9 月 24 日

饼子 5.00 元。

萝卜、油菜 3.00 元。

9 月 25 日

面皮 6.00 元。

给大庆 200.00 元。

各种菜 4.00 元。

饼子 5.00 元。

9 月 29 日

带鱼二次 58.00 元。

二院卫生费 9.00 元。

9 月 30 日

午饭三人 32.00 元。

饼子 5.00 元。

面条 1.80 元。

本月提工资 4 000.00 元，利息 32.00 元，总计 4 032.00 元。家庭支出 970.00 元，其中给大庆 400.00元。结余 4 062.00 元。

10 月 1 日

饼子 5.00 元。

豆角 4.00 元。

黄瓜 4.00 元。

10 月 2 日

饼子 5.00 元。

棒棒糖 2.00 元。

六味斋小豆包 22.50 元。

肉馅 26.50 元。

玉米糁 5.00 元。

各种菜 10.00 元。

10 月 3 日

〈交〉缴天然气 60.00 元。

10 月 4 日

饼子 5.00 元。

各种菜 5.00 元。

10 月 6 日

香蕉 5.00 元。

10 月 7 日

饼子 5.00 元。

老丁白礼 200.00 元。

10 月 8 日

茄子 2.00 元。

10 月 9 日

〈交〉缴固定话费 100.00 元。

饼子 5.00 元。

香蕉 5.00 元。

收五号楼[房租] 5 000 元。

10 月 11 日

馍 5.00 元。

大辣椒 0.50 元。

10 月 12 日

白糖、豆腐干、面皮、豆包 20.00 元。

10 月 13 日

香蕉 8.00 元。

大米 3.00 元。

茄子等 6.00 元。

11 月 15 日

各种菜 6.00 元。

10 月 16 日

〈交〉缴电费 30.00 元。

面条2.00元。

饼子5.00元。

面条3.00元。

10月18日

带鱼、玉米粉37.20元。

给大庆200.00元。

取银行利息585.20元。

10月19日

〈交〉缴暖气费993.20元。

香蕉、石榴10.00元。

10月20日

取工资900元。

10月21日

鸡蛋10.00元。

韭菜0.50元。

10月22日

各种菜、六味斋22.00元,一手店52.50元。

10月24日

酱油、醋、盐各一袋5.00元。

〈交〉缴五号楼房租480.00元。

饼子2.00元。

10月25日

菠菜、豆角5.00元。

本月取工资7 900元。

利息585.20元。

五号楼房租5 000元。

10月26日

豆浆一袋1.50元。

饼子5.00元。

10月27日

香蕉5.00元。

10月28日

菠菜、胡芹3.00元。

10月29日

饼子、各种菜10.00元。

10月30日

饼子再花8.60元。

本月提工资7 500元。

家庭支出2 300元。

结存5 200元。

11月1日

各种菜8.00元。

蒜一斤2.40元。

豆角、黄瓜、香蕉36.60元。

油茶两袋2.20元,送馍片一箱。

莜面5.00元。

11月3日

枣馍、泡菜5.00元。

11月4日

〈交〉缴手机费50.00元。

11月7日

西葫[芦]、黄瓜3.00元。

11月8日

芥头2.00元。

11月9日

饼子5.00元。

11月11日

芥头、韭菜2.50元。

香蕉4.00元。

11月12日

豆腐2.50元。

11月14日

雪里〈洪〉蕻一个4.00元。

手套一副5.00元。

11月15日

饼子5.00元。

红薯2.00元。

11月16日

油菜、豆角4.50元。

谢主任礼45.00元。

11月17日

饼子、菜7.50元。

11月18日

砂糖桔10.00元。

六味斋42.00元。

一手店[肉食]36.00元。

豆包两袋12.00元。

11月20日

给大庆200.00元。

芥头、豆角5.00元。

11月20日

林健借去300元。

买面、棉鞋等不要了,退回12.00元。

本月提工资4 000元。

1月23日

大葱72.00元。

11月24日

五得利[面粉]五公斤25.00元。

饼子5.00元。

11月25日

大板栗二斤15.00元。

各种菜5.00元。

11月26日

香蕉7.00元。

11月27日

邮票、信封7.00元。

味精6.00元。

豆角、饼子10.00元。

余2.80元。

本月提工资4 000元,家庭开支700元,余3 300元。

12月1日

鸡蛋12.00元。

陈醋1.00元。

饼子5.00元。

白菜、茄子3.00元。

油茶二份20.00元。

小馍2.50元。

发黄豆、豆芽2.00元。

小馍、豆芽6.00元。

12月2日

揣子10.00元。

枣馍三袋7.50元。

理发10.00元。

黄瓜3.00元。

胡芹0.80元。

大豆油一桶45.00元。

12月3日

玉米糁二斤、豆芽、灌肠、泡发豆子共9.80元。

12月5日

豆浆1.50元。

六味斋丸子21.80元。

红肠1.50元。

萝卜5.00元。

12月6日

豆角5.00元。

饼子5.00元。

利息530元。

12月7日

饼子5.00元。

12月12日

各种菜6.00元。

12月13日

〈交〉缴各种费150元。

油菜三袋30元。

茼蒿、洋葱1.50元。

元禾[①]菜20.00元。

苹果10.00元。

黄瓜5.50元。

饼子1.00元。

12月16日

肉馅48.00元。

西红柿等6.00元。

12月17日

订《太原晚报》2018年186元。

12月17日

预〈交〉缴水费50.00元(余额5.00元)。

小电器100元。

豆包8.00元。

各种菜4.00元。

酱油、醋3.00元。

12月18日

一手店肉肠14.00元。

饼子5.00元。

12月20日

枣馍7.50元。

给大庆200元。

12月21日

提工资4 000元。

油茶二袋27.00元。

小香油一瓶10.90元。

腐干丝2.80元。

12月22日

存入银行一万元。

12月24日

苹果10.00元。

芝麻饼5.00元。

12月25日

饼子5.00元。

各种菜4.50元。

12月26日

油茶、馍共计34.50元。

12月27日

馍三袋7.00元。

各种菜(菠菜、黄瓜、胡芹)5.00元。

12月30日

二院四季度卫生费9.00元。

馍、罐头18.00元。

本月提工资4 000元,家庭支出1 190元,结存2 810元。

---

① 元禾,超市名。

2017年结余累计表

日期月份	本月结余	累　计	备　　注
元月	2 110.00元	过年消费多得很，压岁钱6 000元，其中大庆1 000元，吕怡新1 000元。	
二月	2 380.00元	4 480.00元	
三月	3 400.00元	7 880.00元	
四月	2 580.00元	10 560.00元	4月9日给吕大成10万元，已签字。
五月	600.00元	11 160.00元	
六月	3 215.00元	14 375.00元	存银行1万元，净余4 375.00元。
七月	3 460.00元	7 835.00元	
八月	4 600.00元	12 435.00元	存银行1万元，余2 435.00元。
九月	4 062.00元	16 497.00元	存银行1万元(给大方存入)。
十月	5 200.00元	21 697.00元	存银行2万元(给大方存入)。
十一月	3 300.00元	4 997.00—3 300.00元，实余1 697.00元	留着过年的压岁钱。
十二月	2 810.00元	7 807.00元	过年的压岁钱。
备　注	存了一年都花在压岁钱上了，共计7 000.00元。		

2018年

1月2日

各种菜8.5元。

1月3日

鸡蛋13.06元。

花卷2.00元。

大庆买鸡蛋、豆腐、香蕉15.00元。

1月4日

猪肉馅50.00元。

带鱼36.50元。

玉米糁5.00元。

各种菜10.90元。

1月5日

馍9.00元，豆浆粉8.80元。

菜6.00元。

1月6日

萝卜、胡芹4.00元。

甜橙5.00元。

又甜橙6.00元。

固定话费100元。

1月8日

油茶、馍40.50元。

韭菜1.00元。

给大庆200元。

纸、苹果等50.00元。

枣、核桃、醋、枣面35.00元。

各种枣38.00元。

1月10日

七号电池4.00元。

面盆一个4.00元。

各种菜9.00元。

茶叶二两20.00元。

饺子粉五公斤25.00元。

涮羊肉切片28.00元。

醪糟、馍、盐22.90元。

1月16日

各种菜8.00元。

又给大庆500元。

1月23日

二个嘟宝压岁钱2 000元。

给大庆1 000元。

怡新1 000元。

阳阳1 000元。

馍7.00元。

大方给1 000元。

炒栗子7.00元。

买鸡蛋、香蕉交给大庆50.00元。

1月24日

肉馅46.50元。

各种菜、馍13.10元。

买■花橙子28.00元。

菜18.00元。

1月25日

锅刷子2.00元。

又栗子5.00元。

1月26日

信封二个0.40元。

1月27日

豆芽、豆角60.00元。

志新菜、苹果100元。

1月28日

桂花10.00元。

生抽2.00元。

2月1日

一月份总收4 000元，开支920元，结余3 080.00元。

压岁钱7 000元。

2月2日

各种12.00元。

花卷4.50元。

2月3日

擦玻璃16.50元。

各种菜19.00元。

锅刷子二把6.00元。

2月4日

各种菜9.00元。

小店元宵一袋10.00元。

两只鸡67.50元。

一斤大虾40.00元。

生抽一袋2.00元。

松花10.00元。

二盒半成品菜2.00元。

小豆包三袋12.00元。

一手店各种肉食78.80元。

2月6日

五得利一袋25.00元。

料酒一瓶5.00元。

饼子五个5.00元。

2月7日

苹果10.00元。

早餐饼3.00元。

2月9日

元宵10.00元。

枣馍15.00元。

鸡蛋、玉米糁、各种菜38.30元。

2月10日

打气1.00元

各种菜16.00元

〈交〉缴电费60.00元。

干货100.00元。

〈交〉缴电话费100.00元。

棒棒糖2.00元。

理发10.00元。

老张菜9.00元。

元禾菜24.30元。

2月11日

大虾40.00元

一手店肉食78.80元

六味斋豆包12.00元

腐干2.00元

生抽、桂花12.00元

符离集烧鸡一只67.50元。

唐品外卖53.60元。

2月14日

胡芹、油菜、腐干10.00元。

味精、馍、菜（吉鲜丰[①]）23.40元。

2月15日

除夕去大成家基本结束，11.00元。

2月20日

胡芹、黄瓜、菠菜11.00元。

元宵10.00元。

2月23日

粟■馍2.60元。

---

① 吉鲜丰，超市名。

2月24日

各种菜18.80元。

2月25日

饼子5.00元。

2月27日

花卷5.00元。

各种菜13.00元。

本月提工资4 000.00元,家庭开支1 090.00元,压岁钱7 000.00元(存的),结余2 910.00元。

3月1日

〈交〉缴天然气(预〈交〉缴)60.00元。

手机费50.00元。

3月3日

花卷6.00元。

3月6日

梅菜扣肉二盒32.00元。

老张菜3.50元。

3月7日

苹果5.50元。

3月8日

柑橘7.00元。

给大庆200.00元。

馍4.00元。

菜15.20元。

3月10日

桔子7.00元。

西红柿1.50元。

3月12日

面包、一手店肉30.00元。

3月13日

又一手店肠、各种菜(黄瓜、油菜、西葫芦)18.00元。

3月14日

元禾菜、馍10.40元。

大成住院了,检查、治疗。

肉44.00元。

元禾菜、馍二袋10.80元。

老张菜(豆角、苦瓜、大葱、菜花)7.50元。

3月15日

元禾苦瓜菜、鸡蛋二十个11.00元。

木糖醇口香糖、饼干21.00元。

苹果、贞女果11.00元。

3月19日

茄子、油菜6.50元。

3月20日

打卡提工资4 000元。

鸡胸一块5.00元。

羊肉15.00元。

莴笋3.10元。

黄瓜2.00元。

3月22日

鸡丁12.00元。

胡芹、西红柿、西葫芦5.00元。

3月23日

小张面皮两个6.00元。

蒸肉四斤12.00元。

3月24日

特价水果5.00元。

永和豆浆(无蔗糖)11.50元。

散称山楂条6.80元。

3月27日

面皮三个9.00元。

老张菜(苦瓜、蒜、萝卜)5.50元。

馍2.00元。

笔五支、胶水6.30元。

3月28日

二院宿舍卫生费(第一季度)9.00元。

3月29日

面皮3.00元。

圣女果5.00元。

3月30日

馍5.50元。

本月提工资4 000元,总收入4 000元。家庭开支800元,结余3 200元。

4月1日

面皮6.00元。

老张菜8.00元。

粽子十个15.00元。

枣馍、花卷5.00元。

豌豆5.00元。

六味斋豆包8.00元。

4月2日

面皮三个9.00元。

4月3日

馍两袋4.00元。

圣女果5.00元。

香蕉4.60元。

4月4日

甜橙10.00元。

草莓5.00元。

老张菜8.00元。

4月5日

粽子十个15.00元。

4月6日

吉鲜丰购物(苹果、饼干、山楂条)17.70元。

4月8日

小麻花10.00元。

西红柿3.00元。

面皮9.00元。

〈筱〉莜面1.50元。

4月9日

一手店(松花蛋、肠、小蛋)48.80元。

吉鲜丰店小食品22.00元。

元禾菜(萝卜、西葫芦、油菜)23.00元。

面皮、豆腐10.00元。

给大庆200.00元。

4月15日

〈交〉缴手机50.00元。

〈交〉缴电费50.00元。

老张菜(萝卜、黄瓜)3.50元。

吉鲜丰9.00元。

过生日大方给600.00元。

〈交〉缴有线[电视]收视费300.00元。

4月18日

酱油、盐、榨菜8.00元。

香蕉8.00元。

4月19日

油桃5.00元。

4月22日

修机顶盒35.00元。

面皮6.00元。

大庆送来大米五斤。

4月22日

面皮、腐干7.00元。

鹌鹑蛋5.00元。

强力钩、七号电池9.00元。

4月23日

豌豆2.00元。

花卷4.00元。

西红柿、黄瓜7.50元。

吉鲜丰:各种小食品、黄瓜、永和豆浆40.00元。

4月25日

花卷4.00元。

面皮6.00元。

4月26日

面皮6.00元。

4月28日

元禾肉45.00元。

各种菜18.50元。

4月30日

老张菜4.00元。

购菜5.70元。

本月〈交〉缴有线[电视费]300.00元。

手机[话费]、电费各50.00元。

修机顶盒35.00元。

大庆200.00元。

本月提工资4 000.00元,过生日大方给600.00元,总计4 600.00元。家庭支出1 050.00元,结余3 550.00元。

5月1日

给大庆200.00元。

面皮6.00元

擀子3.00元。

西红柿4.50元。

5月4日

面皮三个9.00元。

各种菜(老张)2.00元。

粽子、花卷9.50元。

5月7日

粽子十个(给阳阳家)15.00元。

大庆点鼻药、吃的、面条、各种菜30.00元。

5月9日

粽子十五个22.00元。

香蕉8.50元。

5月10日

又点鼻药一支9.00元。

5月11日

老张菜1.50元。

修冰箱插座160.00元。

鸡蛋21.00元。

5月12日

第三次鼻科挂号18.00元。

5月13日

老张菜2.00元。

面皮两个6.00元。

老豆腐2.50元。

桃子6.00元。

5月15日

〈交〉缴天然气70.00元。

〈交〉缴自来水10.00元。

5月17日

西瓜5.00元。

老张菜6.00元。

粽子十个15.00元。

5月18日

面皮、白糖10.00元。

本月提工资4 000元，大方母亲带给500.00元，共计4 500.00元。

5月19日

存入银行1万元。

5月23日

粽子、花卷19.00元。

老豆腐2.50元。

老张菜10.00元。

给大庆200.00元。

面皮6.00元。

理发10.00元。

饼干三袋9.00元。

榨菜两袋、十三香、生抽7.50元。

5月27日

老豆腐2.50元。

5月29日

给畅买粽子二十个(蜜枣十个、红枣十个)共30.00元。

饼子2.00元。

饼子2.00元。

5月30日

豆角5.00元。

5月31日

饼子、粽子、西红柿4.50元。

本月提工资4 000元，家庭开支960元。大方母亲带给500元，结余3 600元。

6月1日

茶叶二两20.00元。

粽子六个9.00元。

6月2日

老豆腐2.50元。

面皮二个6.00元。

6月3日

老张菜4.00元。

〈交〉缴手机[话费]50.00元。

6月4日

粽子9.00元。

韭菜、西葫芦3.00元。

苹果、油桃8.00元。

6月6日

面皮6.00元。

6月7日

老豆腐2.50元。

花卷4.00元。

6月9日

粽子、豆包22.00元。

冬瓜2.00元。

给大庆200.00元。

6月10日

西红柿、黄瓜5.00元。

6月11日

玉米糁、燕麦5.00元。

芝麻酱7.00元。

木耳等2.00元。

6月12日

〈交〉缴电费50.00元。

香皂、蚊香、洗衣皂48.50元。

面皮6.00元。

6月14日

给畅买粽子十五个30.00元。

石头饼5.00元。

桃5.00元。

各种菜8.00元。

老豆腐2.50元。

6月16日

老豆腐2.50元。

6月19日

面皮6.00元。

6月20日

打的8.00元。

修车52.00元。

6月22日

给大庆200.00元。

大庆药15.00元。

大庆买菜8.00元。

面皮6.00元。

馍4.00元。

花卷2.00元。

面条1.00元。

老豆腐2.50元。

西瓜6.00元。

油菜1.00元。

6月27日

宿舍二季度卫生费9.00元。

6月28日

各种菜4.00元。

西瓜4.00元。

桃4.00元。

老豆腐2.50元。

吉鲜丰食品69.10元(吉鲜丰超市桃园三巷

店购物：爱心面条1.20元、散称灌肠3.50元、米酿风情孝感佬10.00元、海天珍酿生抽酱4.50元、维维豆奶粉460克17.90元、16.8散称休闲30.00元、爱心馒头/花卷2.00元）。

本月提工资4 000元，总收入4 000元，家庭支出、总支出900元，结余3 100元。

7月1日

凉面4.00元。

香瓜5.00元。

上月转下20.60元。

面皮6.00元。

7月3日

菜3.00元。

西瓜8.00元。

卖报纸52.00元。

黄瓜、西红柿4.70元。

7月9日

古城奶粉21.80元。

馍两袋4.00元。

生抽、味精、榨菜9.00元。

油菜1.00元。

小西瓜3.50元。

李子3.10元。

7月12日

〈交〉缴固［定］话［费］100.00元。

天然气50.00元。

7月13日

小袋面30.00元。

黄瓜、茄子2.50元。

小西瓜6.00元。

榨菜2.00元。

永和豆浆粉一袋16.90元。

7月14日

凉面、盐、豆芽、榨菜9.00元。

7月15日

葡萄、桃12.00元。

7月16日

面皮两个6.00元。

7月18日

鸡蛋23.00元。

大庆药9.00元。

7月20日

面皮6.00元。

大米5.50元。

各种菜12.50元。

老豆腐2.50元。

7月21日

西红柿1.50元。

7月22日

大庆元和买菜、六味斋、香皂50.00元。

7月24日

补发加工资共计5 368.60元，算不清工会及高岁补助，以后每月领工资4 000.00元，生活费1 000.00元，存3 000.00元。太好了！

理发10.00元。

批发冰糕50.00元。

7月25日

大方一行回太原，应该平安吧？回来了！

7月26日

玉米5.00元。

凉面4.00元。

生菜1.00元。

7月27日

给大方和平生日礼物1 500.00元。

凉面4.00元。

7月28日

苹果、李子11.00元。

7月29日

〈交〉缴手机费50.00元。

7月30日

凉面二个8.00元。

给大庆替我买裤子100.00元。

面皮两个6.00元。

玉米5.00元。

面包4.00元。

香蕉、桃10.00元。

本月补发工资及工资5 500.00元，补发1至7月1 381.80元，以后每月可领工资。家庭开支2 200.00元，结余3 300.00元。

8月1日

老豆腐2.50元。

花卷4.00元。

胡芹、黄瓜、茄子2.50元。

8月5日

发糕两块3.00元。

8月6日

毛豆5.00元。

老豆腐2.50元。

8月8日

给大庆 100.00 元，是为了给我买裤子，但没货。

8月9日

西瓜 7.50 元。

面皮 4.00 元。

8月12日

西瓜 8.00 元。

各种菜 11.50 元。

8月13日

〈交〉缴电费 50.00 元。

西红柿 1.50 元。

8月14日

龙须面一包 4.00 元。

8月15日

面皮 3.00 元。

老豆腐 2.50 元。

取工资 4 010.00 元。

8月16日

面皮 6.00 元。

玉米 5.00 元。

各种菜 3.00 元。

8月19日

面条、豆角、黄瓜 7.80 元。

豆芽、豆腐、豆丝 4.50 元。

发糕 3.00 元。

玉米 2.00 元。

饼子 2.00 元。

大蒜 2.00 元。

8月23日

豆角 4.40 元。

8月24日

维维豆奶 10.00 元。

锅巴 3.50 元。

牙膏 4.00 元。

面皮 6.00 元。

包子 8.00 元。

饼干 9.00 元。

■■打包 1.00 元。

8月25日

维维豆奶一箱 10.00 元。

凉面 4.00 元。

8月26日

老豆腐 2.50 元。

8月28日

锅巴 3.50 元。

8月29日

老豆腐 2.50 元。

8月30日

买菜 6.50 元。

8月31日

馍 1.00 元。

本月提工资 4 010.00 元，家庭消费 320.00 元，结余 3 690.00 元。

9月1日

给大庆过生日 60 周岁了，500.00 元。

9月2日

〈交〉缴手机费 50.00 元。

海带丝 2.50 元。

老豆腐 2.50 元。

9月4日

面皮 6.00 元。

花卷 6.00 元。

各种菜、梨 13.00 元。

饺子 5.00 元。

9月6日

各种菜 5.00 元。

9月7日

给大成 1 万元，自己取走的。

9月10日

饼子两个 6.00 元。

9月11日

面皮、苹果 5.00 元。

玉米 2.00 元。

桔子 5.00 元。

菜 3.50 元。

9月12日

老豆腐 2.50 元。

9月14日

榨菜、味精 14.00 元。

花卷 4.00 元。

面皮 6.00 元。

9月15日

菜、红薯、香菜 4.00 元。

胡萝卜 3.50 元。

9月16日

提工资 4 010.00 元。

预〈交〉缴天然气 30.00 元。

二都生日 500.00 元。

9月20日

面皮 6.00 元。

9月21日

买药（刷卡）10.00 元。

月饼（元禾）12.40 元。

9月22日

中秋节聚餐，酒水、菜、餐饭共计 770 元。

修热水器、上水管60.00元。

西红柿、饼干、面条3.00元。

花卷六个3.00元。

又花卷4.00元。

9月30日

三季度卫生费9.00元。

小熊来吃饭,酒水、水果1 000.00元。

收入4 010.00元,家庭开支12 300.00元,结余−8 290.00元。

过节大方给600.00元,我给大庆300.00元(茶叶半斤60.00元,各种水果等),结余−7 990.00元,家中存款补吧!! 应该招待的。天津元新一家。大成出书10 000.00元,中秋700.00元,小熊1 000.00元。

10月3日

黄瓜2.50元。

〈交〉缴手机50.00元。

10月4日

大庆买桔子50.00元。

各种菜5.30元。

10月7日

林[明]购西红柿、萝卜7.50元。

10月8日

香蕉5.00元。

10月10日

五号楼〈交〉缴费10月—2019年3月底,5 000元。

饼子两个2.00元。

10月12日

预〈交〉缴电费50.00元。

维维豆奶一袋、西麦燕麦一袋42.00元。

10月16日

陈醋1.90元。

10月19日

红薯、白菜等7.20元。

老豆腐2.50元。

提工资、取暖8 010.00元,本上还存550.00元。

饼子两个2.00元。

钢琴一架优惠价2 400.00元。

10月25日

去大成家住五天,回来买菜、老豆腐10.00元。

〈交〉缴订2019年全年晚报一份386.00元。

10月26日

元禾馍、枣馍11.00元。

肉18.00元。

各种菜8.00元。

现余3 960.90元。

10月28日

周日。香蕉、葱9.9元。

豆腐1.00元。

各类菜9.30元。

本月提工资及取暖费8 010.00元,家庭开支3 980.90元,结余4 099.10元。

11月1日

11月1日起,今日〈交〉缴了五号楼2018年年租[金]480.00元。

老张菜7.50元。

11月2日

甜面酱一袋2.50元。

面条1.00元。

花卷、枣馍6.50元。

11月3日

饮料二瓶20.00元。

11月4日

红提一串(湘玉)10.00元。

小食品(阳阳)4.00元。

面条二斤5.00元。

11月4日

汾酒一瓶80.00元、露露二罐8.00元(请客备),共88.00元。请李香玉家女婿(买琴之礼)。

11月5日

文件夹9.00元。

笔三支2.70元。

孙子病,给阳阳500.00元。

大方给500.00元。

11月7日

买各种菜共花37.50元,小食品29.20元,地溜、茼蒿5.90元,早餐奶8.50元,共计102.10元。

油茶二种38.50元。

打气 1.00 元。

固定话费 100.00 元。

手机话费 50.00 元。

11 月 9 日

韭菜 0.50 元。

11 月 10 日

新建路礼堂开饭。

冠云牛肉 35.00 元。

馍一袋 2.50 元。

吃饭 20.00 元。

香蕉、加油 100.00 元。

结束了，葛新送纱巾一块 5.00 元。

11 月 12 日

馍 20.00 元。

芥头 30.00 元。

11 月 13 日

兆辉油菜两袋(太原报新闻大厦)26.00 元。

11 月 14 日

胡萝卜、茼蒿 7.00 元。

枣馍两个 7.00 元。

七号电池五块 10.00 元。

11 月 16 日

理发 10.00 元。

11 月 17 日

小食品 12.60 元。

苹果 5.60 元。

菜 2.60 元。

盐 2.50 元。

提工资 4 510.00 元。

各种菜 15.00 元。

11 月 19 日

西红柿、苹果 9.00 元。

11 月 20 日

面条二种 2.00 元。

桔子 10.00 元。

各种菜(红薯、茼蒿、韭菜、甜面酱)8.30 元。

11 月 21 日

2019 年挂历 5.00 元。

11 月 22 日

预〈交〉缴天然气 50.00 元。

复印一张 0.50 元。

11 月 23 日

饼子 2.00 元。

面条 2.00 元。

豆芽 1.00 元。

韭菜、西葫芦、洋姜 7.50 元。

11 月 24 日

给大庆 200.00 元。

桐象小馍 9.00 元。

燕麦片 19.30 元。

11 月 27 日

安装热宝，手工+材料 650.00 元。

熟面条 2.00 元。

11 月 29 日

买菜 4.10 元。

本月收入 4 510.00 元，支出 3 110.00 元，结余 1 400.00 元。

12 月 1 日

买食品(石头饼、各种菜、小馒头)20.40 元。

茼蒿、豆角 2.00 元。

钢丝球、花卷 4.00 元。

12 月 3 日

馍一袋 2.00 元。

12 月 5 日

元禾菜等 38.00 元。

花卷 5.00 元。

12 月 10 日

〈交〉缴电费 50.00 元。

熟面、大葱饺子 10.00 元。

12 月 14 日

元禾买面粉、鸡蛋、各种菜 80.00 元。

给大庆 120.00 元。

12 月 16 日

洗油烟机 100.00 元。

元禾牛肉两袋、面条、菜等(大庆)93.00 元。

12 月 18 日

小张小笼包 8.00 元。

12 月 19 日

熟面 20.00 元。

12 月 20 日

花卷 4.00 元。

去音乐会给阳阳 50.00 元。

12 月 28 日

馄饨 6.00 元。

熟面条 2.00 元。

豆角、油豆腐、西葫芦 13.00 元。

院四季度卫生费 9.00 元。

12 月 29 日

买菜 1.60 元。

本月工资提 4 100.00 元，家庭开支 620.00 元，结余 3 480.00 元。

2018 年月累计结余

日期月份	本月结余	累 计	备 注
元月	3 080.00 元	有点乱。	
二月	2 910.00 元	5 990.00 元	
三月	3 200.00 元	9 190.00 元	
四月	3 550.00 元	12 740.00 元	存入银行 1 万元，实余 2 740.00 元。
五月	3 600.00 元	16 340.00 元	存入银行 1 万元，实余 6 340.00 元。
六月	3 100.00 元	19 400.00 元	实余 9 440.00 元，杨光远借去买房 30 000.00 元，5 月 4 号。
七月	3 300.00 元	22 740.00 元	存入银行两万元。
八月	3 690.00 元	26 430.00 元	存入银行 1 万元。
九月	−8 290.00 元	14 140.00 元	给大成出书 1 万元，9 月 7 日，他自己来取的（小厨宝）。
十月	4 099.10 元	18 239.00 元	32 379.00 元。
十一月	1 400.00 元	1 400.00 元	33 779.00 元，实际银行只有 1 万元。
十二月	3 480.00 元	4 880.00 元	37 259.00 元

2019 年

1 月 1 日

吕大庆购物（元禾冠方馍）100.00 元。

1 月 3 日

韭菜 1.50 元。

豆包 6.00 元。

1 月 6 日

大庆元禾购物 60.00 元。

〈交〉缴移动[话]费 50.00 元。

1 月 7 日

味精、榨菜 8.00 元。

生菜、韭菜、蒜 4.00 元。

1 月 9 日

给吕怡新寄去 1 000 元，汇费 10.00 元。

燕麦、维维豆奶各一袋 41.80 元。

栗子 10.00 元。

1 月 12 日

西葫芦、韭菜、大葱 4.50 元。

1 月 13 日

〈交〉缴水费 30.00 元。

吉鲜丰食品 34.70 元。

1 月 15 日

馍六袋 30.00 元。

预〈交〉缴 20.00 元。

提元月份工资 4 260.00 元。

苹果、西红柿 8.00 元。

1 月 18 日

天然气〈交〉缴 50.00 元。

固定话费〈交〉缴 100.00 元。

1 月 19 日

过年压岁钱：吕怡新 1 000.00 元、吕大庆

1 000.00元、二嘟2 000.00元、杨舒涵1 000.00元、毛妮2 000.00元、大方1 000.00元,共计8 000.00元。

1月20日

榨菜2.00元。

疏通下水道200.00元。

1月24日

大庆在元禾购物共计47.10元。

1月27日

收天然气余额21.87元。

收大方给500.00元。

还大方500.00元。

毛妮压岁钱今天由大成拿回去了。

六味斋馍三袋14.50元。

1月29日

退回预订馍20.00元。

理发10.00元。

本月提工资4 160.00元,家庭开支2 823.60元,结余1 337.40元。

2月1日

各种菜17.00元。

白萝卜、豆腐7.00元。

替大庆给毛妮压岁钱200.00元。

2月11日

在大方家住十天,吃睡都好。

2月13日

去看谢主任买草莓一斤15.00元。

去大方家打的30.00元。

吉鲜丰购物70.00元。

2月14日

开门■■下来第一天打麻将就转手8.00元!!

〈交〉缴电费147.00元。

■■■300.00元。

去看紫娟妈买八宝粥50.40元。

甜橙10.00元。

馍馍4.00元。

苹果6.00元。

二月共收入4 100.00元,家庭支出860.00元,总结余3 240.00元。

3月1日

吉鲜丰食品54.20元。

3月3日

吉鲜丰虾皮(6.70元)、黑芝麻(6.00元)12.70元。

3月4日

馍两袋4.00元。

3月5日

包子两个2.00元。

梨五个13.50元。

3月6日

面皮两个6.00元。

宁化府醋13.00元。

3月8日

妇女节,鸡蛋、各种菜37.00元。

〈交〉缴手机50.00元。

给大庆100.00元。

3月10日

〈交〉缴天然气30.00元。

蟹味菇2.30元。

油菜1.94元。

红西红柿4.19元。

〈沙〉砂糖桔4.76元。

3月13日

草莓7.00元。

3月22日

吉鲜丰购物(小食品、菠菜、虾皮、立白洗洁精)29.50元。

元禾肉22.50元。

元禾菜类13.20元。

3月23日

元禾鸡蛋、菜16.40元。

3月25日

生活用费〈交〉缴自来水100.00元。

本月提工资4 170.00元,家庭消费结余3 670.00元。

4月1日

酱油一瓶8.00元。

给大成5 000元。

西红柿三个、苹果三个8.80元。

馍两袋4.00元。

大庆购生日套装给

他150.00元。

大庆伤湿止痛膏5.00元。

〈交〉缴二院卫生费9.00元。

元禾购菜8.33元。

4月2日

馍两袋6.00元。

面皮一袋3.00元。

腊肠6.00元。

4月3日

元禾鸡蛋、菜等，共38.00元。

4月6日

〈交〉缴天然气50.00元。

手机50.00元。

黄瓜2.00元。

4月7日

吕怡新偏瘫了，又得寄钱2 000.00元(已收)。

花卷6.00元。

苹果6.00元。

4月8日

怡新于2019年4月9日中午一时许去世，享年95岁(虎)，寄去2 000.00元，以慰亡灵。

4月10日

满89岁生日，吃面，好。

给杨健买■50.00元。

老豆腐、灰线3.50元。

4月11日

吉鲜丰购物25.50元。

4月12日

西红柿、黄瓜9.00元。

4月15日

〈交〉缴电费90.00元。

买杯子等42.00元。

4月16日

提工资4 170.00元。

4月17日

给大庆200.00元。

元禾黄瓜、菠菜5.00元。

面条2.50元。

大蒜3.00元。

4月18日

怡新一家来太原午餐、饮料、酒、烟共计2 500.00元。

4月21日

今日回京，大成送去。

4月28日

打气1.00元。

包子6.00元。

本月提工资4 170.00元，家庭支出结余超支1 180.00元，超支了!!!

5月1日

5月1日—4日放假四天。

〈交〉缴手机费50.00元。

包子5.00元。

鸡蛋汤2.00元。

大庆买三小盒奶6.00元。

七号电池三板17.80元。

西麦燕麦2.50元。

枣馍、其他36.70元。

5月2日

包子五个、鸡蛋汤一碗7.00元。

给大庆200.00元。

馍二袋4.00元。

5月6日

包子5.00元。

5月8日

猪肉21.00元。

面包6.00元。

5月11日

买鸡蛋、白糖、萝卜共50.00元。

5月13日

西红柿5.00元。

5月14日

大庆来吃午饭包子5.00元。

5月15日

饼子5.00元。

韭菜、油菜4.00元。

5月18日

甜面酱一袋2.00元。

包子五个5.00元。

西红柿五个6.00元。

5月20日

粽子五个10.00元。

5月23日

包子五个5.00元。

粽子二十五个(阳阳)50.00元。

5月25日

理发10.00元。

香皂、袜子、黄瓜等32.00元。

又粽子十五个30.00元。

5月26日

饼6.00元。

5月27日

粽子十五个30.00元。

西红柿、苦瓜8.50元。

粽子(吕大成)十五个30.00元。

5月28日

醋3.00元。

吕畅二十个粽子40.00元。

5月29日

再买十个粽子自己吃20.00元。

包子五个5.00元。

5月30日

买菜16.50元。

本月提工资4 175.00元,家庭支出700.00元,结余3 475.00元。

6月1日

包子5.00元。

鸡蛋、菜25.00元。

6月2日

面皮两个6.00元。

给大庆100.00元。

6月3日

粽子十个20.00元。

燕麦一袋24.80元。

给湘玉共44.40元。

永和豆浆一袋9.90元。

粽子十个自己吃20.00元。

〈交〉缴手机话费50.00元。

馍、西红柿7.60元。

6月4日

给吕大成5 000.00元,自己拿去了。

6月7日

大庆去温泉玩5.00元。

西红柿5.00元。

6月8日

包子三个3.00元。

买尿急药等25.00元。

6月9日

〈交〉缴天然气70.00元。

包子五个5.00元。

6月12日

大庆输液阿奇十??

蒜、杏5.00元。

6月13日

吉鲜丰香油、枣馍等22.50元。

面皮一个3.00元。

包子五个5.00元。

6月15日

〈交〉缴固[定]话[费]100.00元。

6月16日

提工资4 170.00元。

〈交〉缴电费100.00元。

西红柿5.00元。

6月17日

饼子2.00元。

6月18日

鸡蛋、菜等,红薯50.00元。

饼子3.00元。

豆包5.00元。

6月20日

西瓜6.60元。

酱油、榨菜7.00元。

面皮9.00元.

西瓜、桃、苹果33.00元。

6月24日

给大庆100.00元。

6月25日

〈交〉缴有线[电视]收视费300.00元。

西红柿4.00元。

6月26日

包子5.00元。

6月27日

宿舍二季度卫生费9.00元。

西红柿、馍9.00元。

6月28日

买菜4.00元。

6月30日

包子5.00元。

面皮3.00元。

本月提工资4 170.00元,家庭开支1 180.00元,结余2 990.00元。

7月2日

馍3.00元。

西红柿、黄瓜、生菜4.80元。

面条2.50元。

7月5日

二人裤、菜、桃子、菜、鸡蛋、西瓜共计150.00元。

7月8日

包子5.00元。

7月9日

吉鲜丰购物:馍5.00元、虾皮6.00元、芝麻6.00元、小食品、饼干、冲剂,共计42.10元。

7月11日

饼子2.00元。

西红柿、■米8.00元。

面皮2.00元。

豆包五个5.00元。

7月13日

面条2.80元。

大蒜5.50元。

7月13日

美特好买西瓜、保鲜袋、豆腐等35.00元。

7月14日

面皮6.00元。

7月15日

陈醋2.00元。

西红柿、苹果、李子、豆腐11.00元。

7月16日

饼子2.00元。

松紧带10.00元。

复印、翻拍老照片8.00元。

7月17日

花卷2.00元。

7月19日

面皮3.00元。

面片、各种菜10.30元。

红肠、啤酒30.00元。

7月20日

给大庆200.00元,其中买裤子330.00元。

7月22日

包子五个5.00元。

7月23日

给大方、和平生日各500元,共1 000元。

7月24日

发信信封、邮票4.00元。

修裤子手工10.00元。

百岁山两瓶5.00元。

打气1.00元。

7月25日

凉粉一个4.50元。

面皮3.00元。

西红柿5.50元。

面皮两个6.00元。

豆腐、凉粉3.00元。

7月27日

速冻饺子10.00元。

大葱、腐干4.50元。

7月28日

手工水饺10.00元。

修裤子15.00元。

大庆买桃4.80元。

西瓜、葡萄11.00元。

冰糕10.00元。

7月29日

西瓜7.30元。

7月30日

家用33.70元。

本次提工资4 175.80元,增补工资1 447.60元,家庭消费1 700.00元,其中大方1 000元,生活700元,结余3 400.00元。

8月1日

面皮两个6.00元。

西红柿4.50元。

包子5.00元。

生菜、豆腐2.50元。

面条2.50元。

8月3日

鸡蛋10.00元。

西红柿、黄瓜5.50元。

8月5日

修裤子5.00元。

西瓜7.00元。

葡萄、桃9.00元。

〈交〉缴手机[话费]50.00元。

8月6日

饼子5.00元。

8月7日

大方生日给1 000元,电话祝贺。

吉鲜丰各种食品56.00元。

8月8日

饼子2.00元。

8月9日

饼子五个5.00元。

8月10日

吉鲜丰面条、豆角、菠菜9.00元。

给大庆、杨健生日礼1 000元(9月8日生日,60岁)。

8月14日

饼子5.00元。

挂面2.00元。

8月15日

送湘玉桃、菠菜18.50

元。

8月17日

饼子5.00元。

买衣服给大庆100.00元。

8月18日

湘玉生日，我们休息。

陈醋二袋2.00元。

修棉裤10.00元。

8月19日

西红柿、生菜4.00元。

芝麻酱8.00元。

〈交〉缴电费50.00元。

8月20日

包子5.00元。

8月26日

送建设母亲香蕉、美特好花生油50.00元。

面皮6.00元。

白糖5.00元。

大蒜3.00元。

速冻饺子一袋8.00元。

邮票、信封3.00元。

菠菜3.00元。

8月29日

大葱、生菜2.40元。

竹叶青一瓶30.00元。

苹果、枣、桔子36.00元。

买药1.00元。

9月1日

大庆购鸡蛋50.00元。

9月2日

复印数页1.00元。

理发10.00元。

七号电池6.00元。

9月3日

饼子5.00元。

小杜购鞋一双，不要钱，我买东西还回。

花雕酒一瓶(大成拿去)10.00元。

9月5日

给毛妮生日礼金1 000.00元。

〈交〉缴手机50.00元。

天然气50.00元。

9月7日

西红柿、黄瓜、生菜、花■14.00元。

9月8日

大庆买菜等30.00元。

9月9日

面皮二十个(给小杜一个)10.00元。

黄瓜1.60元。

9月10日

萨其马12.00元。

9月18日

包子5.00元。

预〈交〉缴电费50.00元。

9月19日

〈交〉缴水费50.00元。

饼子5.00元。

9月20日

大庆购各种菜、肝、酸奶等共消费100.00元。

9月21日

酸奶14.00元。

9月23日

嘟嘟生日给1 000.00元。

9月25日

馍二袋、生菜6.00元。

宿舍三季度卫生费9.00元。

9月29日

馍5.00元。

石榴、枣20.00元。

总结2019年家庭中变化很多，我的体力下降的太多，生活感到困难，真需要有人帮助，大方经常来给我做饭，大庆帮助我洗涮，感谢的很。

10月1日—10月7日

放小长假7天，大方一行去广西北海〈渡〉度假。

10月10日

大庆来家购买鸡蛋、各种菜、玉米糁等50.00元。

买调味、大料、香油、馍、花卷25.00元。

10月11日

收五号楼年租金480.00元。

三号楼换天然气阀门50.00元。

10月14日

石榴10.00元。

饼子5.00元。

10月15日

〈交〉缴天然气30.00元。

10月20日

〈交〉缴电费(余78.00元)50.00元。

苹果4.20元。

油(1∶1∶1)1 桶、面条 30.00 元。

维维豆奶粉22.50元。

大葱 1.70 元。

10 月 23 日

到政府房管处〈交〉缴五号楼年房租 480.00 元。

10 月 24 日

〈交〉缴 2019 年取暖费 993.20 元。

鸡蛋 60 元。

给大庆 100 元。

10 月 28 日

买菜 16.4 元。

本日提工资及取暖费 8 310.00 元,五号楼房租 5 000.00 元,合计 13 310.00 元。

10 月 23 日

存入晋商 1 万元,余 3 310.00 元,家庭支出 1 930.00元,结余 1 380.00 元。

11 月 1 日

订 2020 年《太原晚报》一份,现金 386.00 元。

主食、馍、面条 9.00 元。

11 月 2 日

老徐 200 元。

11 月 3 日

〈交〉缴手机费 50 元。

11 月 4 日

西麦燕麦 19.30 元。

固[定]话[费]100 元。

栗子、冬枣 10.00 元。

桔子 7.00 元。

11 月 5 日

饼子两个 2.00 元。

11 月 8 日

面条 2.00 元。

馍 3.00 元。

饼子 2.00 元。

各种菜 10.00 元。

11 月 10 日

一手店[肉食]30.30 元。

11 月 11 日

洋姜、地溜 15.00 元。

■■萝卜 5.00 元。

补大成子女过生日各 500 元,共 1 000 元。

11 月 15 日

面条 2.00 元。

饼子 5.00 元。

各种菜、花椒、烤肠、豆腐 20.00 元。

挂历、苹果 8.00 元。

桔子 2.50 元。

取工资 4 380.00 元。

11 月 17 日

〈交〉缴宿舍电费 1 898.10元。

生抽三袋 7.50 元。

给大庆 42.00 元。

11 月 18 日

面包 3.20 元。

11 月 20 日

苹果 4.50 元。

11 月 21 日

饼子 5.00 元。

11 月 22 日

油十斤 60.00 元。

鸡蛋、陈醋、馍、面条、味精共 31.00 元。

11 月 25 日

吉鲜丰 49.00 元。

食品多种 21.00 元。

11 月 28 日

美特好购物虾皮、西红柿、其他菜(今天相莲购大葱、面包等,没给记)21.70 元。

11 月 29 日

苹果 10.00 元。

本月收入 4 380.00 元,家庭开支 2 137.40 元,结余 2 242.60 元。

12 月 6 日

花卷、馍 5.00 元。

借给大庆旅游1 500.00 元。

12 月 7 日

美特好生菜 15.00 元。

豆腐、菜花、西葫芦 20.00 元。

12 月 8 日

西红柿 6.40 元。

饼子、面条 6.00 元。

饼子五个 5.00 元。

12 月 11 日

饼子五个 5.00 元。

12 月 13 日

花卷 3.00 元。

面条 1.50 元。

维维豆奶、古城奶粉、面包 55.00 元。

12 月 14 日

天然气 60.00 元,

手机[话费]50.00元。

12月14日

〈交〉缴电费100元。

给大庆旅游1 500元。

12月18日

复印2.00元。

打气1.00元。

饼丝一斤5.00元。

小炒肉7.90元。

饺子14.50元。

豆包、面包15.00元。

12月19日

擦玻璃100元。

12月22日

美特好买菜、豆腐13.00元。

春联、贴[窗]花50.00元。

食品50.00元。

买面包、菜、饼子10.00元。

12月24日

复印、电池10.00元。

12月26日

鸡蛋5.00元。

12月31日

杨舒涵生日500.00元。

宿舍卫生费9.00元。

本月提工资4 380.00元,消费2 600元,结余1 780.00元。

2019年月累计结余

日期月份	本月结余	累　计	备　注
元月	1 300.00元		本次孩子们的压岁钱共计8 000元,两个嘟宝、暖暖、吕怡新、吕大方、吕大庆、毛妮(2 000元)以上每人各1 000元,共计8 000元。
二月	3 240.00元	4 540.00元	2月18日交白子娟5 000元。
三月	3 670.00元	8 210.00元	3月27号又给大成5 000元。
四月	—1 180.00元	7 030.00元	4月9日吕怡新去世,寄去2 000元。去掉给大成后剩30.00元。
五月	3 475.00元	5 030.00元	
六月	2 990.00元	3 505.00元	五号楼上半年房租。
七月	3 400.00元	6 905.00元	吕怡新2 000元,吕象新来,消费2 500元(吃饭)。6月4日又给大成5 000元。
八月			
九月			
十月			
十一月			
十二月			

2020 年

1 月 2 日

大蒜 5.20 元。

花卷 6.00 元。

花生米 5.00 元。

醋 2.00 元。

1 月 3 日

小米二斤 12.00 元。

面条 1.50 元。

苹果、大豆、菜等 15.00 元。

1 月 4 日

预〈交〉缴自来水费 50.00 元。

1 月 9 日

去购物白线、松紧〈袋〉带、窗花 12.00 元。

小记事本 2.00 元。

花卷、面条、盐、粉面、香油共 37.50 元。

1 月 10 日

理发 10.00 元。

1 月 11 日

花卷 4.00 元。

炸大豆、豆芽、咸菜 9.00 元。

1 月 13 日

2020 年的压岁钱：嘟嘟 1 000 元、二嘟 1 000 元、暖暖 1 000 元、大庆 1 000 元、大方 1 000 元。

1 月 17 日

劳务费给了，他们出钱又出力，我只能出点钱。大成家没给，毛妮还在考虑中，大方又退回 1 000 元，还得给他。

吉鲜丰食品、小食品、燕麦、豆奶等多种 69.50 元。

〈交〉缴手机费 50.00 元。

吉鲜丰面包等 32.70 元。

又给大庆 1 000 元（看病）。

毛妮压岁钱 1 000 元。

医保卡在大庆那里。

大方给 1 000 元（又还回来了）。

1 月 20 日

家谱三份加快递费交大庆 50.00 元。

杨健〈交〉缴手机费 50.00 元。

大庆垫鸡蛋 10.00 元。

米半袋、面半袋、元宵一袋。

2 月 1 日

冠状病毒多发，人们都宅在家中，没法购买生活用品，全靠大方、大成、大庆来时购买，[无可]奈何。

2 月 8 日

情况仍旧，今天有好消息传出：有两种药临床试验对新冠感染有效，一种 60 倍，一种 280 倍。

2 月 9 日

馍、花卷各一袋 4.00 元。

2 月 1 日

吕大成生日 500.00 元。

吉鲜丰购物：面包三十个、醋、盐、胡辣粉共 63.20 元。

〈苏〉酥梨二斤五两 5.00 元。

2 月 19 日

馍两袋 4.00 元。

2 月 25 日

取工资 4 396.00 元。

存银行 1 万元。

鸡蛋、黄瓜、苹果、桔子 21.40 元。

2 月 28 日

各种菜 21.40 元。

2 月 29 日

老酒一坛 210.00 元。

馍 10.00 元。

菜 7.40 元。

本月提工资 4 396 元，家庭消费 800 元，结余 3 596 元。

3 月 5 日

给林健买菜 100 元。

给大庆购物 200 元。

酒精片 15.00 元。

〈交〉缴天然气 60.00 元。

小面包 23.20 元。

购鸡蛋、菜花、黄瓜等 26.00 元。

3 月 13 日

馍 10.00 元。

鸡蛋 16.00 元。

又给大庆生活费100元。

3月15日

回大众了,血压有些偏高140/67、D70。

固定话费〈交〉缴50.00元。

7号电池三枚6.00元。

3月16日

各种菜20.00元。

3月21日

〈交〉缴宿舍电费100元。

3月22日

给大庆购物200元。

本月提工资4 380.00元,家庭开支976.00元,结余3 400元。

4月1日

馍五袋9.00元。

一壶老酒210.00元。

露露五桶40.00元。

油炸大豆50.00元。

大葱、各种调味菜19.00元。

交宿舍一季度卫生费■■元。

豆角5.00元。

子娟生日500.00元。

给大庆100.00元。

4月6日

各回各家、饼子二个2.00元。

4月8日

红薯5.00元。

4月10日

馍二袋6.00元。

4月11日

饼子2.00元。

大葱2.50元。

4月16日

小食品51.50元。

4月18日

取工资43 800元,存入银行1万元,定期一年1.95%。

买无丝豆角、西红柿、菜花16.00元。

万民对面购药用积分购的口罩、变降二瓶、(硝苯地平)一瓶。

4月17日

鸡蛋10.00元。

吕大方收支账目

1976 年

7 月 30 日

7 月份工资 25 天 39.25 元。

保健 16 天 5.12 元。结存 44.37 元。

7 月 31 日

存入 30.00 元。结存 14.37 元。

8 月 1 日

借给家中买粮 10.00 元。结存 4.37 元。

买馍、菜 0.30 元。

销子 0.14 元。

电影票 0.20 元。

给大成买物 3.00 元。结存 0.73 元。

8 月 10 日

收母亲还购粮借用 10.00 元。结存 10.73 元。

取存款（下余存款 60.00 元）10.00 元。结存 20.73 元。

借给××师傅 20.00 元。结存 0.73 元。

〈另〉零用 0.73 元。结存 0 元。

8 月 23 日

收高师傅还 10.00 元。

铁路扣五个 0.40 元。结存 9.60 元。

8 月 30 日

8 月份工资（17 天）（因病）26.69 元。结存 36.29 元。

8 月 31 日

给家中生活费 10.00 元。结存 26.29 元。

9 月 1 日

取存款（下余存 1.00 元）59.00 元。结存 85.29 元。

9 月 10 日

给徐士谓捎物〈代〉带现金 70.00 元。结存 15.29 元。

洗〈像〉相 0.60 元。

给父亲 0.40 元。

冲〈像〉相 0.20 元。结存 14.09 元。

买醋 0.10 元。结存 13.99 元。

9 月 23 日

父亲买烟借 6.40 元。结存 7.59 元。

9 月 25 日

收崔师傅买烟钱 2.88 元。

收袁启义买烟钱 1.98 元。结存 12.45 元。

买煤末 360 斤 2.59 元。结存 9.86 元。

10 月 1 日

给大成 0.50 元。结存 9.36 元。

冲回给父买烟钱 0.20 元。结存 9.56 元。

借母亲 2.00 元。结存 7.56 元。

1977 年

9 月 1 日

母交 9 月份伙食 11.50 元。

〈交〉缴学校伙食 11.50 元。结存 0 元。

10月1日

母〈交〉缴伙食费3个月(10—12月)共34.50元。

〈交〉缴学校3个月(10—12月)伙食费34.50元。

零用修补配件等在列。结存0元。

1978年

大方本月份工作,开始独立生活。

11月25日

10、11月两月工资共67.00元。结存67.00元。

给家22.00元。

〈另〉零用5.00元。结存40.00元。

本存入银行,看有点机会购暖靴一双交母亲40.00元。结存0元。

大方10、11月基本工资(33.50元)67.00元。

交家67.00元。结存0元。

12月25日

大方工资、补贴、烤火费共62.00元。

大方吃饭等另作安排全部交家62.00元。结存0元。

1979年

1月25日

大方工资等33.50元。

奖金及岗位津贴18.50元。

全部交家(留5元〈另〉零用、吃饭)47.00元。结存5.00元。

2月25日

大方工资等48.88元。尾数存0.88元。结存48.00元。

全部交家48.00元。

基本工资33.50元、岗位津贴6.20元、加班夜餐42.00元。结存0元。

3月24日

收大方工资给家42.00元。结存0元。

4月24日

收大方工资42.00元。

借给师傅30.00元。

给家12.00元。结存0元。

5月25日

师傅还30.00元。

5月〈借〉份工资实发42.00元。结存72.00元。

给家31.00元。结存41.00元。

至今连日岗位及奖金等共存(本月岗位及奖金未发,平日积累)70.00元。

6月25日

5月份共垫家用30.56元。

6月份工资共42.00元。结存81.00元。

给家0.44元。共应该存81.00元。

7月25日

大方7月份工资共42.00元。

全部支给家用42.00元。结存0元。

8月25日

大方8月份工资42.00元。

还借文、还正中35.00元。

给家7.00元。结存0元。

9月25日

大方工资共42.00元。

给家用40.00元。

〈另〉零用2.00元。结存0元。

晓洋借去40.00元,千秋借去15.00元,另加借家10.00元,共借出50.00元。

10月25日

另10月份工资岗位及烤火费共56.00元。

留给大方买手电等5.00元。

交妈妈51.00元。结存0元。

11月14日

李千秋还15.00元。

买酱油、大米、花生米等,订杂志共15.00元。结存0元。

11月25日

大方工资等共45.00元。

交家 45.00 元。结存 0 元。

12 月 25 日

大方从 1979 年 10 月交五二级(39.60),本月补 10、11 月级差 12.20 元,生活补助及夜班等共 74.00 元。

从 12 月每月存入互助金 20.00 元。

半年会费 1.00 元。

托人捎鞋 25.00 元。

余给家共 28.00 元。结存 0 元。

12 月 31 日

收回〈捎〉托人捎鞋 25.00 元。

支军棉鞋一双 25.00 元。结存 0 元。

晓洋还回借购修表款 50.00 元。结存 50.00 元。

1980 年

1 月 25 日

大方元月工资 49.00 元。结存 99.00 元。

存入 100.00 元。

取出存入款 50.00 元。结存 50.00 元。

奖金 30.00 元。结存 80.00 元。

2 月 25 日

2 月份工资共 53.00 元。结存 130.00 元。

给母亲 26.00 元。结存 104.00 元。

回天津花费车钱等共 104.00 元。结存 0 元。

3 月 25 日

大方工资(除去事假)35.00 元。

拖鞋 2.00 元。

袜子 2.00 元。

买烟 18.60 元。

捎衣服 10.00 元。

放大镜 2.40 元。

4 月 5 日

去天津支出■■[元]。

6 月 25 日

大方工资给家 50.10 元。结存 0 元。

7 月 25 日

大方工资给家 52.50 元。

8 月 25 日

大方工资给家 54.00 元。

9 月 25 日

大方工资给家 47.00 元。

10 月 25 日

工资及烤火费 66.00 元。

师傅借去 11.00 元。

11 月 25 日

大方工资 49.00 元。

麦乳精二袋 2.30 元。

会费 0.60 元。

〈另〉零用 2.00 元。

余给家 44.10 元。结存 0 元。

12 月 25 日

大方工资等共■■[元]。

吕大庆收支账目

1976 年

8 月 30 日

大庆矿院协议工（7 月 21 日—8 月 20 日，共 27 天）35.64 元。

给爸爸买《史记》一套（10 册）10.10 元。结存 25.54 元。

存入银行 25.00 元。结存 0.54 元。

9 月 29 日

大庆矿院协议工工资（8 月 2 日至■■28 天）36.96 元。

大庆〈另〉零花 0.54 元。结存 36.96 元。

给奶奶寄款 15.00 元。结存 21.96 元。

9 月 30 日

鱼五斤 2.25 元。

苹果八斤 2.13 元。

垫支汾酒一瓶 2.40 元。

垫支墨菊烟五条 14.50 元。结存 0.68 元。

收回卖出墨菊一条 2.90 元。

给大成 0.20 元。结存 3.38 元。

10 月 3 日

花〈另〉零钱 0.12 元。结存 3.26 元。

补收借给 0.04 元。结存 3.30 元。

10 月 6 日

转入父账 1.30 元。结存 2.00 元。

10 月 8 日

父还 25.00 元。

存入银行 25.00 元。结存 2.00 元。

11 月 24 日

支出 2.00 元。结存 0 元。

收月份协议工资 9—10 月 31.68 元。结存 31.68 元。

大庆〈另〉零花 1.68 元。结存 30.00 元。

11 月 26 日

收取出存款，付表款 49.00 元。结存 79.00 元。

11 月 27 日

吴越华代买纸烟（前门一条，菊花、飞马五盒）5.00 元。结存 74.00 元。

12 月 1 日

给家预付表款 74.00 元。结存 0 元。

12 月 13 日

大庆 20 天临时工 26.40 元。结存 26.40 元。

1977 年

1 月 15 日

大庆第一次工资、福利、粮补 11.00 元。

大庆留身边〈另〉零用 2.40 元。结存 35.00 元。

1 月 19 日

将大庆的余额转母亲及共 35.00 元。结存 0 元。

1 月 20 日

大庆工资补 24.70 元。

给母亲 24.00 元。结存 0.70 元。

3 月 17 日

大庆 3 月份工资、粮补等 23.70 元。

车税 2.40 元。

给大成 0.30 元。

大庆〈另〉零用 1.00 元。结存 20.00 元。

给母亲 10.00 元。

给父亲 10.00 元。结存 0 元。

4 月 15 日

大庆工资、粮补等共 25.30 元。

给家 23.00 元。

大庆〈另〉零用 2.30 元。结存 0 元。

5 月 1 日

大庆奖金 4.80 元。

给母亲 4.00 元。

〈另〉零用 0.80 元。结存 0 元。

5 月 15 日

大庆 5 月份工资 20.60 元。

夜班 13 天 2.60 元。

车补、卫生福利、粮补 2.70 元。

奖金 3.60 元。结存 29.10 元。

存入互助金 5.00 元。

购饭菜〈卷〉券 4.00 元。结存 20.10 元。

存入银行 10.00 元。结存 10.10 元。

给大庆〈另〉零用 3.10 元。

交母亲 7.00 元。结存 0 元。

5 月 30 日

取存款 10.00 元。

交生活费 10.00 元。结存 0 元。

6 月 16 日

大庆本月工资补奖[金]等共 26.50 元。

存入互助金 5.00 元。

零用 1.50 元。

给家生活费转母[亲] 20.00 元。结存 0 元。

7 月 16 日

大庆本月[工]资、补助、奖金等共 26.50 元。

存入互助金 5.00 元。

大庆〈另〉零用 1.50 元。

交母亲生活费 20.00 元。结存 0 元。

8 月 15 日

大庆领回工资、奖金等 26.50 元。

存入互助金 5.00 元。

交母亲生活费 20.00 元。

大庆留〈另〉零用 1.50 元。结存 0 元。

9 月 16 日

大庆工资补助等共 22.60 元。

存入互助金 5.00 元。

补 2 月购食堂粮票 5.00 元。

给大庆〈另〉零用 2.00 元。

转给母亲 10.60 元。结存 0 元。

9 月 30 日

大庆补发奖金 3.60 元。

给母亲 2.00 元。结存 1.60 元。

10 月 15 日

大庆领工资 22.90 元。

存入银行互助金 5.00 元。

交母亲 16.00 元。结存 1.90 元。

11 月 15 日

大庆发工资及烤火费共 39.90 元。

交白菜一百斤 2.80 元。

存入互助金 5.00 元。

还前欠同事 0.06 元。

母亲生活费 30.00 元。

大庆〈另〉零用留存身边 1.50 元。结存 0 元。

12 月 15 日

大庆工资、补助等共 22.90元。结存 22.90 元。

购饭票 5.00 元。

互助金 5.00 元。

给母亲 10.00 元。结存 12.90 元。

12 月 31 日

大庆 9—12 月奖金

13.60元。

给家里10.00元。

给大方2.32元。结存4.18元。

1978年

1月13日

大庆工资、福补等共24.90元。

给母亲22.00元。结存7.08元。

给大成0.90元。

〈另〉零用2.00元。

给大方2.00元。

垫购牙刷、香[皂]、牙膏等1.00元。结存1.18元。

1月17日

取出1977年5—12月互助金40.00元。结存41.18元。

给母亲40.00元。结存1.18元。

2月2日

2月份工资22.60元。

车补1.10元。

福利6.00元。

粮补0.20元。结存24.90元。

存入互助金5.00元。

黄敬捎物5.00元。

给母亲家用13.00元。

大庆〈另〉零用1.90元。结存0元。

3月15日

大庆工资等、补助共25.90元。

存入互助金5.00元。

购饭菜等4.90元。

交母亲20.00元。结存0元。

4月15日

大庆工资等共27.10元。

存入互助金5.00元。

大庆买表〈代〉带、〈另〉零用4.10元。

给母亲家用18.00元。结存0元。

5月15日

大庆工资等25.10元。

给家15.00元。

存入互助金5.00元。

给大方2.00元。

给大成1.00元。结存2.10元。

5月17日

退回1—5月互助金25.00元。

同事借去买鞋5.00元。

存入购电视机基金(互助金)5.00元。结存17.10元。

转给母亲15.00元。结存2.10元。

收回人借去5.00元。

5月29日

支给母亲5.00元。结存2.10元。

给大方1.00元。

〈另〉零用1.10元。结存0元。

6月15日

大庆总工资25.00元。

给家10.00元。结存0元。

7月15日

大庆工资25.10元。

给家10.00元。

存入互助金5.00元。

买饭票及〈另〉零用10.10元。结存0元。

8月15日

大庆工资、奖金共32.40元。

存入互助金5.00元。

给母亲18.00元。

菜票2.00元。

9月15日

大庆总工资27.40元。

存入互助金5.00元。

10月1日

大庆借入互助金给家30.00元。

10月15日

大庆10月份工资27.90元。

扣还互助金5.00元。

其他给家。(原文如此)

11月15日

大庆工资及奖金、烤火费45.90元。

给大庆买饭票及〈另〉零用共10.00元。结存0元。

给家35.90元。结

存35.90元。

12月15日

大庆工资、奖金数24.90元。

给家24.90元。结存0元。

1979年

1月1日

大庆27.90元。

给家27.90元。结存0元。

2月15日

大庆工资、奖金共30.90元。

还前借互助金5.00元。

给母亲25.00元。

〈另〉零用0.90元。结存0元。

3月15日

大庆工资、奖金等共33.30元。

存入互助金5.00元。

给家28.30元。结存0元。

4月15日

大庆工资、奖金等32.90元。

存入互助金5.00元。

余全部给家27.90元。结存0元。

5月15日

大庆工资、奖金共32.90元。

存入互助金5.00元。

余全部交家27.90元。结存0元。

6月15日

大庆工资全部27.90元。

交孙竣捎衣物〈代〉带15.00元。结存12.90元。

〈交〉缴会费0.10元。

买菜票等3.00元。

给母亲9.80元。结存0元。

7月15日

大庆7月份工资、奖金共32.50元。

托黄敬捎衣服带去20.00元。

给母亲12.50元。结存0元。

8月15日

大庆一级工工资及奖金共44.50元。

大蒜十斤2.46元。

补购外衣0.90元。

〈另〉零用2.00元。

给家39.19元。结存0元。

9月15日

大庆工资32.20元。

10月15日

大庆奖金、工资等共44.30元。

棉皮鞋一双14.00元。

会费0.30元。结存30.00元。

给家15.00元。

苹果、梨2.00元。结存13.00元。

借妈妈5.00元。

三角围巾一条14.50元。

购菜票等〈另〉零用3.50元。结存0元。

11月15日

大庆工资、奖金、副补、粮补等共59.30元。

瓜子十斤6.60元。

留用5.00元。

给妈妈家用47.70元。结存0元。

12月15日

大庆工资、补助共44.80元。

猪肉五斤5.00元。

洗衣粉等1.00元。

给母亲33.80元。

留给自己用5.00元。结存0元。

1980年

4月16日

大庆工资等共37.30元。

给家27.30元。

存入银行5.00元。结存5.00元。

5月16日

大庆工资37.60元。

6月16日

大庆工资等31.00元。

存入5.00元。

给家26.00元。结存0元。

7月16日

大庆工资等33.96元。

花去药费11.60元。

余给22.30元。结存0元。

8月16日

大庆工资30.00元。

〈另〉零用5.00元。

给家25.00元。结存0元。

9月16日

大庆工资等47.50元。

存入5.00元。

给家42.50元。结存0元。

10月16日

大庆工资42.20元。

存入〈另〉零用10.00元。

大庆工资32.20元。结存0元。

11月16日

大庆工资42.20元。

存入〈另〉零用10.00元。

给家、〈交〉缴会费共32.20元。结存0元。

12月16日

大庆工资及烤火费52.20元。

给家、〈交〉缴会费42.20元。结存0元。

吕新收支账目

1976年

8月13日

接上月结余1.84元。

支猪肉1.00元。结存0.84元。

收8月份工资70.62元。结存71.46元。

8月份房费1.62元。结存69.84元。

8月15日

油0.45元。

大庆0.05元。

垫注射用水十支0.60元。

8月16日

刘玉仙代买粉条十斤2.00元。

安阳烟一条3.10元。

白线十支0.40元。

酱油0.24元。结存63.00元。

油饼六个0.30元。

山纺李师傅代购黑包布3千克5.40元。结存57.30元。

8月17日

给大庆买菜0.20元。

给大成买菜0.26元。结存56.84元。

西瓜1.05元。

四环素二十片7.00元。

8月18日

李刚代购晋南麦子(50×0.28元)14.00元。结存40.79元。

支前购西瓜十八斤二两1.35元。结存39.46元。

支苏建云代购挂面二十五斤6.25元。结存33.21元。

代小张垫西瓜钱0.72元。

买油疙瘩0.30元。

8月19日

补前日白师傅代买蒸馍四斤1.00元。结存31.19元。

8月21日

买煤末五十斤0.36元。结存30.83元。

8月22日

买煤末三百五十斤2.50元。结存28.33元。

猪肉1.00元。

蒸馍1.00元。结存25.33元。

大蒜二斤五两0.45元。结存24.88元。

土豆五斤0.45元。

盐一斤0.15元。

给林明2.00元。

8月23日

又给林明1.00元。

大成买油、盐0.60元。结存21.13元。

8月27日

蒸馍四斤1.00元。

买粮三十斤4.07元。结存16.06元。

大成馍二斤0.10元。结存15.56元。

醋0.10元。结存15.46元。

大成〈另〉零花0.40元。结存15.06元。

差0.58元。结存14.48元。

8月28日

西红柿二十斤1.20元。

8月29日

猪肉2.00元。

大成0.05元。

大方借去2.00元。结存9.23元。

姜0.09元。结存9.14元。

8月30日

收大方给家生活费10.00元。结存19.14元。

8月31日

买肉3.00元。结存16.14元。

买蒸馍三斤给大成0.08元。结存15.34元。

酱油四斤0.48元。结存14.86元。

修林明车子,买轴皮等〈另〉零件4.14元。结存10.72元。

支冯艳平代购大米十斤2.00元。

买苹果1.00元。结存7.72元。

大方还回2.00元。结存9.72元。

小张还回西瓜钱0.72元。结存10.44元。

9月1日

大成饼子0.20元。

磨面手续费1.40元。

小果子1.00元。

给大方0.30元。结存7.54元。

葡萄0.20元。

给林[明]用2.10元。结存5.24元。

9月2日

盐、醋0.27元。结存4.97元。

大成退买盐、醋款0.20元。结存5.17元。

9月4日

馍四斤1.00元。结存4.17元。

挂号0.05元。

大成0.05元。结存4.07元。

大方买胶卷1.00元。结存3.07元。

大庆买尼龙袜1.90元。结存1.17元。

9月10日

还大庆买醋菜0.50元。结存0.67元。

9月12日

收林明过家款30.00元。

支王东海买煤暂给10.00元。结存20.67元。

9月13日

买好红面三十二斤、白面十八斤,6.89元。结存13.78元。

油、酱油、盐0.78元。结存13.00元。

吕新工资共69.60元。结存82.60元。

订参考消息1.50元。结存81.10元。

房费(9月份)1.62元。结存79.48元。

9月14日

庐山、黄金叶烟各一条5.70元。结存73.78元。

托冯艳平转托北京捎物30.00元。结存43.78元。

9月15日

混煤二百斤1.44元。结存42.34元。

梨五斤0.50元。结存41.84元。

白师傅送来馍四斤1.00元。结存40.84元。

9月16日

购粮九十斤16.03元。结存24.81元。

9月19日

肉2.00元。

食油、酱油、醋0.87元。结存21.94元。

9月20日

账面多出1.31元。结存23.25元。

支买茄子、茴子白、蒜等2.11元。结存21.14元。

大方买后轴〈档〉挡二个0.52元。结存20.62元。

9月21日

收报回吕新药费2.30元。结存22.92元。

吕新做〈底〉涤卡干[部]服手工2.30元。结存20.62元。

迎泽肥皂五块 1.15 元。结存 19.47 元。

茶叶一两 0.64 元。结存 18.83 元。

9 月 22 日

大成〈交〉缴学费 3.00 元。结存 15.83 元。

补〈交〉缴夏天买任玉璋的黄瓜十斤 2.00 元。结存 13.83 元。

大庆布鞋 3.29 元。结存 10.54 元。

大成布鞋 3.77 元。结存 6.77 元。

辣椒 0.10 元。

9 月 23 日

处理暖水瓶一个 0.80 元。结存 5.87 元。

电池一副 0.50 元。

给大成买本子等 0.42 元。结存 4.95 元。

大方酱油二斤,大成酱油四斤 0.72 元。结存 4.23 元。

补垫烟钱 0.20 元。结存 4.03 元。

给林明 2.84 元。结存 1.19 元。

9 月 28 日

火车站劳动午饭 0.55 元。

冰棍 0.05 元。

理发 0.32 元。

垫汽车费 0.15 元。结存 0.12 元。

9 月 29 日

借入原白东 2.00 元。结存 2.12 元。

给大庆 0.40 元。结存 2.08 元。

9 月 30 日

食油 0.48 元。结存 1.60 元。

10 月 4 日

豆腐干一斤 0.36 元。

看电影存车 0.04 元。结存 1.20 元。

10 月 6 日

收转让大方师傅烟五盒 1.95 元。结存 3.15 元。

支老唐代购红叶烟五盒 1.60 元。结存 1.55 元。

大庆账转来 1.30 元。结存 2.85 元。

10 月 7 日

冯艳平退回北京捎物款 30.00 元。结存 32.85 元。

庆丰牙膏二支,迎泽肥皂七块 2.23 元。

买《南海风云》影票及存车 0.30 元。结存 30.32 元。

退回大成布鞋 41# 3.72 元。结存 34.09 元。

10 月 8 日

支还借用大庆款 25.00 元。结存 9.09 元。

10 月 9 日

酱油 0.70 元。

酒半斤 0.65 元。

五台山烟二条 5.00 元。结存 2.74 元。

林明给生活用款 5.00 元。结存 7.74 元。

10 月 10 日

油三两 0.23 元。结存 7.51 元。

鞋(26.5)3.82 元。结存 3.69 元。

洗衣剂(单价 0.29×5)共 1.45 元。结存 2.24 元。

10 月 11 日

肉 0.78 元。结存 1.46 元。

10 月 12 日

给大方 0.40 元。结存 1.06 元。

10 月 13 日

吕新 10 月份工资 70.60 元。结存 71.66 元。

还家中临时借原向东款 15.00 元。结存 56.66 元。

托宋占保买煤 30.00 元。结存 26.66 元。

10 月份房费 1.62 元。结存 25.04 元。

10 月 14 日

胡芹 0.20 元。

猪肉 1.00 元。结存 23.84 元。

给奶奶寄 10.10 元。

豆腐干一斤 0.36 元。结存 13.38 元。

10 月 15 日

酒 0.26 元。结存 13.12 元。

10月16日

扫把一个0.79元。

看电影《芒果之歌》存车0.02元。结存12.31元。

10月17日

食油三两0.23元。结存12.08元。

10月18日

白师傅代买馒头四斤1.00元。

肉二斤1.60元。结存9.48元。

豆腐干一斤0.36元。结存9.12元。

10月19日

收大方给20.00元。结存29.12元。

支林明购尼龙衣一件18.20元。结存10.92元。

10月20日

酒0.26元。结存10.66元。

让给武天华烟一条2.50元。结存13.16元。

10月22日

食油三两,醋一斤0.33元。

茴子白0.50元。结存12.33。

大方买铆钉0.08元。

10月25日

酱油四斤0.48元。结存11.77元。

购粮五十五斤7.38元。结存4.39元。

给大方0.30元。结存4.09元。

洗澡、存车0.24元。结存3.85元。

茶叶(0.44×2,0.76×1)共1.64元。结存2.21元。

咸菜三斤0.75元。结存1.46元。

让武天华烟四盒1.00元。结存2.46元。

红糖二斤、白糖半斤1.66元。结存0.80元。

10月26日

宋占保退回买煤款30.00元。结存30.80元。

买肉2.00元。结存28.80元。

酒0.20元。结存28.50元。

10月27日

醋0.20元。结存28.30元。

10月28日

大成买本0.28元。结存28.02元。

10月29日

大庆购《山花》电影票0.60元。结存27.42元。

借林明5.00元。结存22.42元。

10月30日

宋占保替购西峪次煤二吨14.00元。结存8.42元。

暂收常恩来托代购酒钱10.00元。结存18.42元。

托山纺李师傅(9号库)购包布5千克9.00元。结存9.42元。

11月2日

存车0.02元。结存9.40元。

买煤末四百三十斤3.10元。结存6.30元。

豆腐干0.40元。

11月3日

大盐四斤0.56元。结存5.34元。

11月4日

购红薯38斤×0.07,2.66元。结存2.68元。

购蒸馍三斤0.75元。结存1.93元。

11月6日

李秀英退回去年买老武山药蛋款1.00元。结存2.93元。

给大庆0.15元。结存2.78元。

11月8日

蒸馍二斤0.50元。结存2.28元。

11月9日

酱油四斤0.48元。结存1.80元。

11月10日

吕新发11月份工资〈代〉带烤火费86.60元。结存88.40元。

扣11月份房租1.62元。

托赵江平购沙发弹簧7.00元。结存79.78元。

大方购转来8.07元。结存87.85元。

11月12日

酒一斤1.30元。

11月13日

存车0.04元。

11月14日

给奶奶寄10.10元。

还林[明]暂借体〈验〉检款5.00元。

11月15日

白菜三百斤10.50元。结存60.91元。

11月16日

给林[明]家用15.00元。结存45.91元。

11月19日

棉鞋一双 27.5# 6.31元。结存39.60元。

11月26日

酱油四斤0.48元。

酒四两0.40元。

饼子四斤1.10元。结存37.62元。

11月28日

蒸馍四斤1.00元。

补吴买烟款0.06元。

大方洗相片0.40元。

11月29日

扫把0.70元。结存35.46元。

电影票0.20元。结存35.26元。

12月1日

带鱼4.00元。结存31.26元。

12月2日

蒸馍1.00元。

肉二斤1.76元。

寄白糖二斤(西安)0.55元。结存27.95元。

收大庆转给家预付表款74.00元。结存101.95元。

12月3日

给林明10.00元。结存91.95元。

12月4日

交大方还王二狗托买手表款25.00元。结存66.95元。

购粮九十斤14.94元。

大方体检费1.20元。

大方〈另〉零用0.56元。

大成补鞋、买圆款1.00元。结存49.25元。

12月8日

收回转售带鱼4.00元。结存53.25元。

12月10日

林明付给二狗购表款40.00元。结存93.25元。

收托启连堂代购王二狗表110.00元。结存203.25元。

李宝石花手表一块110.00元。结存93.25元。

12月11日

酱油四斤0.48元。

酒二两0.26元。结存92.51元。

12月14日

吕新工资70.60元。结存163.11元。

报费(参考)1.50元。

房租1.62元。

大成买书0.44元,盐0.30元,车子〈另〉零件0.40元,共1.14元。

大方钉鞋、缝鞋、酒共0.76元。结存158.09元。

还前王二狗托购表(券10元,钱125元)100.00元。结存58.09元。

12月15日

蒸馍四斤1.00元。

12月16日

开会伙食三天1.20元。

生猪〈干〉肝2.00元。

瓜子七斤(0.8元)5.60元。结存48.29元。

12月19日

粉条五斤3.40元。结存44.13元。

腐干二斤0.76元。

大方饼子二斤0.55元。

〈订〉钉鞋、菜、饼子垫0.40元。

大成买白菜0.20元。

饼子四斤1.00元。结存41.98元。

12月20日

给林明家用3.00元。

结存38.98元。

酱油二斤0.24元。结存38.74元。

酱油四斤,食油六两,余给大庆1.00元。

购粮五十斤6.89元。结存30.85元。

12月22日

馍四斤1.00元。结存29.85元。

挂号、证明书0.10元。结存29.75元。

12月23日

又购馍四斤1.00元。结存28.75元。

12月24日

购馍二斤0.50元。

牙膏一支0.39元。

醋一斤0.10元。

食盐0.15元。结存27.61元。

12月26日

大成买东西0.13元。结存27.48元。

肚、肺各一斤1.30元。

酱肉半斤0.70元。

丸子一斤0.90元。结存24.58元。

白酒一斤1.30元。

猪肉一斤0.90元。

蒸馍二斤0.50元。结存21.88元。

12月27日

铁锅一口1.15元。

桔子五斤2.10元。

猪头肉五斤4.50元。结存14.13元。

12月29日

馍二斤0.50元。

腐干二斤0.72元。

柑子二个0.54元。结存12.37元。

12月30日

赵代购花生米、大光烟共4.70元。

猪肉三斤3.00元。结存4.67元。

馅饼四个0.40元。结存4.27元。

12月31日

白糖1.60元。

给大成及吃糖葫[芦]0.40元。

酱肉、醋、食油九两、酒2.24元。

豆腐五斤0.50元。结存—0.47元。

孩子们电影票四张0.80元。结存—1.27元。

1977年

1月1日

借入买粮17.70元。结存—18.97元。

大光烟、海河烟各一条5.90元。结存—24.87元。

1月3日

挂号、存车等0.08元。结存—24.95元。

1月5日

蒸馍1.00元。结存—25.95元。

1月11日

理发0.28元。结存—26.23元。

存车、买鞋带0.10元。结存—26.33元。

1月12日

酒0.26元。结存—26.59元。

大成电影票0.15元。结存—26.74元。

1月13日

平日花丢3.26元。结存—30.00元。

吕新1月份工资70.60元。结存40.60元。

扣房租1.62元。结存38.98元。

小英代买猪头一个(14.5斤×0.34元)共5.00元。结存33.98元。

丢失0.18元。结存33.80元。

糖葫[芦]0.20元。

存车、茶叶0.62元。结存32.98元。

1月14日

蒸馍四斤1.00元。结存31.98元。

1月18日

饼子四斤1.10元。

收回海河二盒0.56元。结存31.44元。

1月20日

让吴海河五盒1.40元。结存32.84元。

1月21日

酒共1.17元。结存

31.67元。

1月22日

花卷0.53元。结存31.14元。

1月24日

白菜0.60元。结存30.54元。

1月26日

白菜0.78元。结存29.76元。

1月29日

二月份全月借应118+821.43元。

馍二斤0.50元。结存7.83元。

1月31日

醋一斤，咸菜一斤，酒二两，0.56元。结存7.27元。

花丢1.35元。结存5.92元。

2月2日

猪肉2.43元。

蒸馍1.00元。

白菜0.15元。

盐一斤0.15元。结存2.19元。

精大光[烟]一条3.40元。结存－1.21元。

2月5日

蒸馍四斤1.00元。

酒半斤0.65元。

白菜十斤0.65元。结存－3.51元。

2月6日

白菜十斤0.65元。

饼子二斤0.55元。

糖果2.80元。

补看病挂号0.05元。

补一次酒0.26元。结存－7.82元。

借入林明家用10.00元。结存2.18元。

2月7日

吕新工资70.60元。结存72.78元。

扣房租1.62元。结存71.16元。

还林明前借入家用10.00元。结存61.16元。

2月8日

给奶奶寄(连上月、汇费)25.25元。结存35.91元。

酱油四斤0.48元。

给大成0.10元。结存35.33元。

2月9日

白糖二斤1.74元。结存33.59元。

食油二斤四两1.90元。结存31.69元。

2月10日

吃饭0.56元。结存31.13元。

2月11日

盐、醋0.35元。结存30.78元。

白菜三十斤1.95元。结存28.83元。

红枣五斤2.10元。

核桃一斤0.61元。结存26.12元。

豆腐四斤0.40元。结存25.72元。

2月13日

汾酒一瓶2.40元。结存23.32元。

猪肉十五斤14.40元。结存8.92元。

2月14日

味精一两、大料一包1.04元。结存7.88元。

2月15日

收大成在修建队临时劳动工资39.20元。结存47.08元。

给大成〈另〉零用4.00元。

豆腐干0.50元。结存42.58元。

2月16日

买粮三十斤50.51元。

汾酒一瓶2.40元。

白菜三十九斤2.63元。

白菜三十斤2.00元。结存30.04元。

2月17日

肥皂二条,香皂一块。

大成理发0.20元。

2月27日

给大庆还柿饼款2.00元。结存27.84元。

林明〈另〉零花1.00元。

大方〈另〉零花0.10元。

大方照相0.60元。结存26.14元。

3月2日

香皂一块0.51元。

白菜六十斤4.20元。

梨二十斤1.00元。结存20.43元。

纤维厂尼龙袜二双3.76元。

洗衣粉七袋2.03元。结存14.64元。

3月8日

借入15.00元。结存29.64元。

买粮13.01元。结存16.63元。

存车等0.10元。结存16.53元。

3月12日

吕新工资等共70.60元。

房租1.62元。

给大方伙食费10.00元。

给大方〈另〉零花2.00元。结存56.98元。

大方买本子、缝鞋、橡皮等1.50元。结存55.48元。

3月14日

给奶奶寄3月份生活费10.10元。结存45.38元。

订二季度参考消息1.50元。

信封、邮票0.21元。结存43.67元。

3月15日

香皂三块1.47元。

松紧带0.33元。

电影票0.20元。结存41.67元。

3月16日

大成买学习用品的1.04元。结存40.63元。

还暂借原白东15.00元。结存25.63元。

3月17日

大庆三月份工资给10.00元。结存35.63元。

给大方购买文具6.00元。结存29.63元。

3月19日

挂号、存车0.13元。

收上月结存下来3.06元。结存32.56元。

3月20日

支酱油三斤,盐一斤0.51元。

支豆腐四斤0.40元。

支冰糕0.10元。

支牙膏二个0.62元。结存30.93元。

支处理军用皮〈代〉带1.20元。

支存车0.02元。

支白菜十斤五两0.80元。

支饼子四斤1.10元。结存27.81元。

酒半斤0.65元。

肉冻0.20元。

大成看电影0.05元。结存26.91元。

3月23日

给林明3.00元。结存23.91元。

大成学费3.00元。结存20.91元。

3月24日

陈醋三斤(赵创业买)3.00元。结存17.91元。

3月25日

肉二斤1.92元。结存16.99元。

3月26日

大庆伙食费2.00元。

酒0.61元。结存13.38元。

3月27日

酱油、醋盐0.67元。

五台山一条2.50元。

汽车费0.25元。

乙级一条2.80元。

挂号0.05元。结存7.11元。

3月30日

茶叶一两0.30元。

松紧带0.30元。结存6.51元。

手帕、存车0.31元。

给大庆0.49元。结存5.71元。

收大成修建队工资11.88元。结存17.59元。

4月2日

给大方交四月份伙食、〈另〉零用12.00元。结存5.59元。

4月3日

饼子四斤1.10元。

食油0.45元。结存

4.04 元。

4月4日

借入 20.00 元。

购粮一百零八斤 17.43元。结存 6.61 元。

给大方 1.00 元。

给大成 0.76 元。结存 4.85 元。

4月5日

看《甲午风云》电影，3张票 0.30 元。结存 4.55 元。

给林明 0.70 元。结存 3.85 元。

4月8日

饼子四斤 1.10 元。结存 2.75 元。

醋 0.07 元。

猪肉 2.00 元。

给林明 1.00 元。

酒 0.52 元。

咸菜一袋 0.25 元。

给大庆 0.22 元。结存—1.31 元。

4月13日

吕新 4 月份工资(加车补等)70.60 元。

4 月份房租 1.62 元。结存 68.98 元。

还欠网套二个款 5.20 元。

还欠电表(1 安) 16.90 元。

还欠款 20.00 元。结存 26.88 元。

看病挂号，存车 0.07 元。

补欠款 3.00 元。

花差 0.06 元。结存 23.75 元。

4月14日

菠菜 0.20 元。

给奶奶寄 10.10 元。结存 13.45 元。

4月16日

肉 0.96 元。

菠菜 0.10 元。

油六两 0.45 元。结存 11.94 元。

4月17日

酒 0.26 元。结存 11.68 元。

4月18日

菠菜 0.20 元。结存 11.48 元。

4月20日

酒 0.26 元。

打竹帘子 2.28 元。

菠菜 0.20 元。结存 10.74 元。

4月24日

饼子 1.00 元。

酒 0.26 元。结存 9.48 元。

4月26日

指甲刀 1.01 元。

给大方 1.00 元。结存 7.47 元。

4月30日

糖三角 1.00 元。结存 6.47 元。

5月1日

油六两 0.44 元。

补肥皂等 0.26 元。结存 5.77 元。

猪肉二斤 1.80 元。

给大成 0.20 元。结存 3.77 元。

收糖三角 1.00 元。

支电影票三张 0.40 元。结存 4.37 元。

5月3日

林明交来 8.00 元。

借入王双 10.00 元。

给大方〈交〉缴伙食费 12.00 元。结存 10.37 元。

给大庆(去交城) 2.00 元。

《苦菜花》电影及存车0.23元。结存8.14元。

5月5日

蒸馍二次六斤 1.50 元。

婚礼〈分〉份子(老武二女儿)1.31 元。结存 5.33 元。

5月7日

韭菜 0.40 元。

肉(借罗)1.00 元。结存 3.93 元。

5月11日

卖瓶子 0.80 元。

买肉 0.30 元。

记账记错及花错 3.23 元。结存 1.20 元。

5月13日

5 月份工资(包括车补、粮补等)70.60 元。

5 月份房费 1.62 元。结存 70.18 元。

5月14日

肉一斤0.96元。

理发、存车0.30元。

黄瓜0.30元。

给奶奶寄款10.10元。结存58.52元。

5月15日

洗衣粉八袋,肥皂一块2.55元。

酱油四斤0.48元。

给林明寄饭票5.00元。

[扫]帚■把0.20元。

给大成0.10元。结存50.19元。

5月16日

咸菜共0.63元。

纸烟(天坛)一条,火柴一包,3.10元。

酒0.26元。

给大方1.00元。结存45.20元。

5月17日

菜0.57元。

酒、存车0.28元。结存44.35元。

5月18日

肉0.96元。结存43.39元。

5月20日

给林生活用5.00元。

肉半斤、盐一斤、酒二两、水萝卜1.05元。结存37.34元。

5月21日

煤末二百二十斤1.58元。

大庆裤子手工0.80元。

补肉皮、酒0.46元。结存35.30元。

5月24日

大方买烟云岗、白皮各一条5.20元。

大方〈另〉零用0.20元。

给林明生活用5.00元。结存24.80元。

食油六两0.45元。

给林生活费5.00元。结存19.35元。

收回大方云岗一条2.45元。结存21.80元。

5月27日

给大庆买饭票5.00元。

海带0.60元。

甜酱二斤0.64元。

酱油、醋0.60元。结存14.96元。

补给大方1.00元。结存13.96元。

5月28日

庆丰一支0.31元。

猪肉0.40元。

饼干0.29元。结存12.96元。

林[明]买猪肉二斤2.00元。

味精0.20元。

水萝卜、西〈胡〉葫[芦]0.48元。

饼子五个0.28元。结存10.00元。

5月29日

西〈胡〉葫〈卢〉芦0.32元。

烟一条、火柴一包3.00元。

盐一斤0.15元。结存6.53元。

借入大庆存款10.00元。

代垫宝宝《苦菜花》电影票3.00元。结存13.53元。

给林明生活费0.53元。结存13.00元。

代垫吕新药费1.04元。结存11.96元。

5月31日

两次买菜0.60元。

大方伙食费12.00元。结存—0.64元。

6月1日

毛选五卷0.78元。

收张还电影票3.00元。结存1.58元。

6月2日

冰糕0.20元。结存1.38元。

馍四斤1.00元。

西〈胡〉葫[芦]0.32元。

菠菜0.20元。

大庆购菜0.30元。结存—0.44元。

6月3日

临时借入20.00元。结存19.56元。

购粮17.16元。

买菜0.30元。结存2.10元。

6月4日

给大方1.00元。

买纸烟四盒,火[柴]一盒1.10元。结存0元。

馍四斤1.00元。

西〈胡〉葫[芦]0.30元。

〈尤〉油菜、咸菜、醋0.60元。结存—1.90元。

6月5日

垫支田兆瑞药1.00元。

赵购墨菊烟二条6.00元。结存—8.90元。

酒0.26元。结存—9.16元。

6月8日

大庆买菜、洗头粉及〈另〉零用0.70元。结存—9.86元。

6月10日

油、食油1.00元。结存—10.86元。

6月11日

西〈胡〉葫[芦]0.40元。

酒0.26元。

大方0.04元。结存—11.56元。

6月14日

西〈胡〉葫[芦]0.30元。

卫生纸0.80元。结存—12.66元。

6月份工资70.60元。结存57.94元。

6月份房费1.62元。结存56.32元。

三季度参考1.50元。

前账花丢0.70元。结存54.12元。

6月15日

酒三两、菜给大成0.10元,共支0.96元。结存53.16元。

6月16日

酒、菜0.36元。结存52.80元。

6月18日

寄款、汇费、邮票10.18元。结存42.62元。

煤末二百三十斤1.66元。

豆角、〈胡〉葫〈卢〉芦、茴子白、盐1.00元。

花椒0.20元、给大成0.15元,共0.35元。结存39.61元。

6月19日

墨菊烟三条(半代买)8.70元。

报回汽车费0.15元。

菜、酒等0.46元。结存30.60元。

6月20日

食油六两,酒二两,醋一斤,给大成六两,共0.90元。结存29.70元。

6月24日

酱油四斤0.48元。

大成书钱0.45元。结存28.77元。

6月28日

盐0.20元。结存28.57元。

6月29日

买黄瓜0.10元。

给大方7月份伙食费11.50元。结存16.97元。

6月30日

给大方买袜子、车钱1.50元。

点心0.52元。

存车0.02元。结存14.93元。

7月1日

火车吃饭、火柴0.32元。结存14.61元。

7月2日

菜、咸菜、酒共0.75元。结存13.86元。

7月3日

油0.45元、盐0.15元、菜0.20元、花卷0.60元,共1.40元。结存12.46元。

7月4日

买粮五十八斤10.38元。

醋一斤0.10元。

报回出差费0.50元。结存2.48元。

7月8日

垫汽车费0.30元,看电影(《金光大道》)0.50元。

存车0.04元。结存

1.94元。

7月10日

食油六两，醋、酒，2.00元。

借入大成买酱油四斤1.59元。结存2.35元。

前给田兆瑞买点心二斤1.56元。结存0.79元。

林明给0.50元。结存1.29元。

7月11日

武书记还给田兆瑞买点心二斤1.50元。结存2.79元。

西红柿五斤0.35元。结存2.44元。

7月13日

吕新7月份工资70.60元。结存73.04元。

扣7月份房费1.62元。结存71.42元。

还暂借款20.00元。

给奶奶寄10.10元。

蒸馍二斤0.50元。结存40.82元。

辣椒、西红柿0.50元。结存40.32元。

7月15日

煤末二百五十斤1.80元。

茴子白(大成理发)0.20元。结存38.82元。

7月16日

茴子白0.15元，酒、醋、盐共0.61元。

买粮四十五斤6.44元。结存31.27元。

7月17日

托给李莲香拿钱的小孩买花盆〈代〉带(已买)2.00元。结存29.27元。

7月18日

豆角0.40元，昨天买咸菜0.20元，理发0.20元，共0.80元。结存28.47元。

7月19日

豆角0.80元、西红柿0.30元，共1.10元。

还前借大成2.00元。

酒二次0.52元。结存24.85元。

7月20日

酒0.26元。

开会二天饭费0.60元。结存23.99元。

7月22日

垫汽车费0.10元。结存23.89元。

7月23日

乙级烟二盒、酒，剩余给大成0.88元。结存23.01元。

7月25日

借入大成1.00元。

买菜0.50元，酒0.52元，共1.02元。结存22.99元。

7月28日

粮食十九斤2.53元。结存20.46元。

7月29日

烟二盒0.56元。

给大方云岗纸烟二盒0.60元。结存19.30元。

7月30日

乙级烟二盒0.56元。

还借大成1.00元。结存17.74元。

大成买盐0.15元，买烟二盒，0.75元。结存16.99元。

8月1日

大光烟一条3.10元，葱头十斤0.70元，共3.80元。结存13.19元。

食油六两0.49元。

给大庆买饭0.40元。结存12.30元。

8月3日

林明拿去上灶3.00元。

给大方0.15元，垫买粮0.07元，共0.22元。结存9.08元。

8月7日

给大方1.00元。结存8.08元。

辣椒0.40元。结存7.68元。

8月10日

山药蛋0.45元，西红柿0.45元，共计0.90元。

垫汽车票0.20元。结存6.58元。

8月11日

代林明还五十斤苹果6.75元。

8月12日

糖块0.40元、打酱油0.11元,共计0.51元。结存0元。

8月13日

吕发8月份工资共70.60元。

房费1.62元。结存68.98元。

还临时借入3.00元。结存65.98元。

郭玉拿走捎大米款(五十斤)10.00元。结存55.98元。

醋香、大成0.26元。

8月14日

烟0.27元、牛奶0.20元、汽车0.15元、药费2.00元,共2.62元。结存53.10元。

8月17日

墨菊烟二条5.80元。结存47.30元。

8月18日

给奶奶寄邮票一枚10.18元。结存37.12元。

8月19日

煤末四百斤3.00元。结存34.12元。

8月20日

酱油四斤,熟油六两,1.28元。结存32.84元。

8月21日

大光烟一条,菜0.60元,3.90元。结存28.94元。

8月22日

汽车费0.06元,吃面二碗0.30元,共0.36元。

火柴一包0.20元。

打油四两0.30元,给林明3.00元。结存25.38元。

8月23日

买粮二十斤2.68元。

肉一斤1.00元。结存21.70元。

酒四两0.52元。结存21.18元。

8月24日

熟肉、酒类0.86元。结存20.32元。

托人买豆荚十斤1.10元。结存19.22元。

8月26日

盐一斤,醋一斤,肉一斤四两,酒半斤,共3.70元。结存15.52元。

8月29日

油0.15元,酒0.30元,共0.45元。结存15.07元。

8月30日

林明转来3.00元。结存18.07元。

西红柿二十斤(武根钰代买)1.40元。

蒸馍0.50元、糖三角1.00元、肉菜0.42元、面0.18元,共2.10元。结存14.57元。

8月31日

酒0.26元。

河捞面二斤0.80元。结存10.51元。

9月1日

买粮五十八斤10.12元。

酱油四斤,盐一斤0.63元。结存0.39元。

还大方垫酒钱0.40元,罚存车款0.60元,共1.00元。结存—0.61元。

郭玉托邢师傅捎大米50斤×0.14元,原〈代〉带款10元,找回3.00元。结存2.39元。

9月3日

油六两0.45元,酒四两0.52元,共0.97元。结存1.42元。

9月5日

给大方买牙膏0.40元。结存1.02元。

9月6日

买牙膏0.31元。

酒半斤0.65元。结存0.06元。

9月7日

老赵代购墨菊烟三盒,茴[子]白0.25元,红辣椒五斤,共2.00元。结存—1.94元。

酒0.26元。结存—2.20元。

9月8日

林明转来4.00元。结存1.80元。

9月10日

还王观宁买辣子款

0.50元。

收林明转来10.00元。结存11.30元。

9月11日

烟五盒1.25元。结存10.05元。

9月12日

买饼干、酒0.75元。结存9.30元。

9月13日

发9月份工资70.60元。结存79.90元。

9月份房租1.62元。

四季度《参考消息》1.50元。

收报车费0.76元。结存77.54元。

9月14日

买粮二十八斤4.40元。结存73.14元。

9月15日

茴子白0.70元。

给奶奶寄"黄金叶"一条2.60元。

酒二两0.26元。结存59.48元。

烟二盒0.52元。

进城劳动,坐汽车费0.35元。

给林明(还杜秀芳)10.00元。结存48.61元。

9月16日

盐一斤,酒0.41元。结存48.20元。

9月17日

给大方0.30元,大成0.20元,大庆看电影0.20元,共0.70元。

酒0.26元。

看[电]影存车0.02元。结存47.22元。

9月19日

大庆看电影0.30元,酒0.26元,共0.56元。结存46.66元。

9月20日

集体买苹果二十斤3.48元。结存43.18元。

给大成买学习用具(铅笔盒0.73元,小刀、橡皮、铅笔、■膜共0.34元),共1.00元。结存42.18元。

领号证0.08元。结存42.10元。

进城劳动蒸馍二斤0.50元。结存41.60元。

至此余额欠1.14元。结存40.46元。

大庆看《上甘岭》0.10元。结存40.36元。

9月22日

买粮二十斤2.64元。结存37.72元。

酒0.26元、上新车税1.00元,共1.26元。

冰糕0.05元、茶叶0.55元、白菜0.33元,共0.93元。结存35.53元。

给林明买白糖等5.00元。结存30.53元。

9月24日

给大成打油六两,酱油、醋共1.17元。结存29.36元。

9月25日

给林明〈代〉带去买月饼、烟8.00元。结存21.36元。

买纸烟0.25元,大光纸烟四盒1.24元,共1.49元。

给大成〈交〉缴学费(大众)4.00元。结存15.87元。

买菜(葱、冬瓜、茴子白)1.60元。结存14.27元。

买煤一千零五十斤7.56元。结存6.71元。

大成买本三个0.72元。结存5.99元。

林明退回买烟款2.00元。结存7.99元。

9月27日

林明又拿走4.00元。结存3.99元。

盐、熟肉0.75元。结存3.24元。

9月28日

黄金叶0.26元。结存2.98元。

9月30日

菠菜、〈尤〉油菜0.29元。

大光烟二盒0.62元。结存2.07元。

10月1日

借入原向东15.00元。结存17.07元。

买粮五十八斤10.12元。结存6.95元。

借给陈代表0.12元,买菜补0.05元,共0.17元。

食油六两0.51元,卤面饼0.28元,共0.80元。结存5.98元。

花丢0.15元。结存5.83元。

10月2日

买肉一斤0.90元。结存4.93元。

10月3日

乙级烟一盒,存车0.04元,共0.32元。结存4.61元。

10月4日

大成酱油四斤、醋一斤,0.60元。结存4.01元。

10月5日

借入会计(打借条)10.00元。

支大方10月份伙食费11.50元。结存2.51元。

白鹭烟一盒、酒,0.51元。结存2.00元。

10月6日

纸烟二盒0.66元。结存1.34元。

10月7日

盐一斤、大成本子0.85元。结存0.49元。

10月9日

发吕10月份工资70.60元。

还去津借会计(打条)10.00元。

1—7月电费9.74元。

房租1.62元。

还去天津借林[明](即去津〈代〉带)10.00元。结存39.24元。

10月20日

还借原白东15.00元。

林明拿去10.10元。结存14.14元。

茶叶一两0.58元。结存13.56元。

肉大成0.50元。

油、醋0.55元。结存12.51元。

肉一斤1.00元。结存11.51元。

去津〈另〉零用等1.00元。结存10.51元。

10月21日

补吕新分黎款[①]1.17元。

肉2.00元。

酱油0.48元、盐0.15元、存车0.04元,共0.67元。

煤末二百一十斤1.51元。结存5.16元。

10月24日

买粮三十斤(粮票借侯师〈夫〉傅)粮票1月11日,还清30元,共3.99元。

酒0.52元、肉0.30元,共0.82元。结存0.35元。

10月26日

林[明]给2.00元。结存2.35元。

10月27日

白菜0.49元。结存1.86元。

还回林明1.51元。结存0.35元。

10月31日

大葱二十多斤1.60元。

酒0.26元。

五台山[烟],大方0.30元。

林明〈代〉带走买五台山(〈另〉零用3.00元)2.50元。

给大庆买饭票5.00元。

茶叶、存车、锅刷0.44元。结存—9.75元。

11月1日

开会午饭0.20元,烟、火柴0.41元,共0.61元。

大方打油0.50元。结存—10.86元。

11月3日

林明买蒸馍1.00元。

醋、盐、花椒0.44元。

① 原文如此。

两次挂号0.10元。结存—12.40元。

11月6日

买烟(五台二盒、金鹿一盒、黄金叶一盒),1.07元。

给大方买〈另〉零件0.40元。结存—13.87元。

借入白梅梅山药蛋钱10.00元。结存—3.87元。

给大方交11月伙食11.50元。结存—15.37元。

11月12日

吕新工资,烤火费的86.60元。

扣房费1.62元。

7—10[月]4个月水费2.00元。

8—10[月]3个月电费1.45元。结存81.53元。

扣苹果钱七斤1.81元。

扣买白红面款6.42元。结存73.30元。

代买白菜三百斤(单价0.25元)7.50元。结存65.80元。

买煤末二百三十斤1.66元。

给大方0.04元。结存64.10元。

给林明补做衣欠款10.00元。

买肉1.00元。结存53.10元。

11月17日

油三两,盐、醋0.49元。结存52.61元。

11月18日

给奶奶寄10.10元。结存42.51元。

给姓吴的买烟筒三节(单价1.20元)拿走5.00元。结存37.51元。

11月19日

赴平遥出差,火车上吃饭、买茶叶0.76元。结存36.75元。

理发0.25元,烟、火柴0.29元,0.54元。结存36.21元。

11月22日

出差平遥三天,吃饭共用0.88元。结存35.33元。

买纸烟三盒,酒0.87元。结存34.46元。

11月25日

给林明家用3.00元。

补前给大庆买饭票5.00元。结存26.46元。

存给大方交12月伙食费11.50元。结存14.96元。

报回差旅补助4天2.00元。结存16.96元。

火车上吃饭0.30元。结存16.66元。

11月26日

给大方打油、酱油、醋、酱,〈另〉零花等给大成0.10元,共1.50元。

换茶壶底(自己料)0.50元。结存14.66元。

入报销汽车费等0.38元。结存15.04元。

11月28日

给林明0.50元。结存14.54元。

11月29日

报回药费3.04元。结存17.58元。

挂号费0.05元。结存17.53元。

12月1日

给林明2.00元。结存15.53元。

12月2日

还大庆1.00元。

卫生纸三包0.48元、牙膏一袋0.30元,0.78元。结存13.75元。

收劳动补助费7.20元。

支还王玉梅10.00元。

给林明买糖1.50元。结存9.45元。

12月4日

油六两、醋一斤、咸菜0.10元,[共]0.71元。结存8.74元。

12月6日

肉、酒,1.02元。结存7.72元。

补给林明1.50元。结存6.22元。

给大成、饼子等0.60元。

生肉一斤，熟肉共一斤五两。结存4.12元。

借入原白东15.00元。

购粮九十八斤16.47元。结存2.65元。

大方拿走1.00元。

林明给7.00元。

支醋、盐酒、花椒0.97元。结存7.68元。

12月11日

请雷福生安电表，买肉、菜、花卷，共0.90元。结存6.78元。

茶叶0.60元。结存6.18元。

补雷福生买电表2.50元，差款6.30元。结存－0.12元。

买生肉半斤0.50元。结存－0.62元。

大方还回1.00元。结存0.38元。

挂号费0.05元。结存0.32元。

12月13日

吕新工资68.50元。

车补1.40元。

粮差补0.20元。

福利费0.50元。结存70.92元。

扣房费(12月)1.62元。结存69.30元。

扣11月份电费0.74元。结存68.56元。

扣三百斤山药蛋12.57元。结存55.99元。

扣1978年一季度参考消息1.50元。结存54.49元。

12月14日

给家寄10.10元。

熟肉1.13元。

迎泽肥皂六条2.76元。

存入互助金2.00元。结存38.50元。

给林明1.00元。

大成买铅笔0.10元。结存37.40元。

12月15日

支还原向东15.00元。结存22.40元。

12月16日

茶叶一两0.44元。

给大庆买线，看电影、吃饭0.30元。结存21.66元。

12月18日

肉1.00元，豆瓣酱二斤0.40元，1.40元。

酒二两0.26元。结存20.00元。

12月19日

酒四两、火柴四盒，醋一斤，0.70元。

酱油三斤、醋，0.46元。

天坛0.29元。

食盐、食油0.65元。

酒0.26元。结存17.64元。

12月24日

烟三盒0.81元。结存16.83元。

12月25日

开会伙食费3天0.90元。

烟二盒0.62元。结存15.31元。

12月27日

烟三盒0.93元。

豆瓣酱、酒0.66元。

大油1.30元。结存12.42元。

12月28日

酒0.26元。

26日买粮三十斤3.99元。

给大庆上灶1.00元。结存7.17元。

1978年

1月1日

鸡蛋二斤1.80元。结存5.37元。

盐、醋0.25元。

酒四两、火柴四盒0.60元。结存4.52元。

林明给3.00元。结存7.52元。

大庆给奖金10.00元。结存17.52元。

买元月份粮一百二十斤21.80元。结存－4.28元。

补前买猪肉一斤0.90元。

补前买葱、酒二两，

0.61元。结存—5.79元。

借入公……记住?9.00元。结存3.21元。

1月5日

酱油、醋、油、肉等1.41元。结存1.80元。

1月6日

牙膏、牙刷二把0.97元。

1月8日

茶叶一包,存车、火柴0.69元。结存0.14元。

1月10日

林明给5.00元。结存5.14元。

1月11日

今日中午还贺玉莲买粮垫粮票三十斤。

1月12日

麻花0.30元。

1月13日

区民政科开会午饭0.30元。结存4.54元。

外出看电影、午饭1.18元。结存3.36元。

存车0.04元。结存3.32元。

吕新工资,元月份共70.60元。结存73.92元。

〈交〉缴购房租(元月)1.62元。结存72.30元。

扣电费(12月)1.86元。结存70.44元。

扣水费(12月)0.40元。结存70.04元。

1月15日

饼子四斤1.20元。

醋四斤0.40元。结存68.44元。

1月17日

酱油四斤、盐一斤、酒二两、火柴0.97元。结存67.47元。

给奶奶寄醋四斤,酒二两,10.76元。结存56.71元。

1月20日

给林明(借给大庆捎裤)20.00元。结存36.71元。

1月21日

花卷二斤0.60元。

给大成0.40元。结存35.71元。

姓吴的找回烟筒款1.40元。结存37.11元。

补还借服务队40元购天线(31.70元)下余款8.30元。结存28.81元。

1月22日

小王村买白菜二百斤10.00元。结存18.81元。

鞋油0.29元。结存18.52元。

大成看杨门女将0.20元。结存18.32元。

1月23日

公社分苹果十一斤3.41元。结存14.91元。

1月25日

看杨门女将存车、午饭等1.03元。结存13.88元。

买秋裤,裤口一〈付〉副0.59元。结存13.29元。

1月27日

食油六两0.45元。结存12.84元。

花丢0.60元。结存12.24元。

1月28日

购2月份粮九十斤(出部分款)(林出10.00元),共6.28元。结存5.96元。

1月29日

豆腐四斤0.40元。

生姜0.28元。结存5.28元。

盐0.15元。

正才买瓜子1.80元。结存3.33元。

2月1日

给林明2.20元。结存1.13元。

茶叶二两0.70元。结存0.43元。

……结存0元。

2月2日

提前发二月份工资(过春节)68.50元。

车子补助1.40元。

粮食补差0.20元。

福利费0.50元。结存70.60元。

二月份房费1.62元。

二月份电费(按电表

走 5.2 字)0.83 元。结存 68.15 元。

2 月 3 日

酒烟 0.52 元。结存 67.63 元。

烟四盒(纪念牌)1.16 元。

火柴 0.20 元。

购大料一包 0.14 元。结存 66.13 元。

鞋油 0.39 元、醋 5 斤、大成理发 0.20 元,1.09 元。

茶叶一两 0.87 元、给大成 0.04 元,0.91 元。结存 64.13 元。

2 月 4 日

酱油四斤 0.48 元、食油一斤二两 0.90 元,1.38 元。结存 62.75 元。

给大方买前进帽一顶 2.50 元。

给大方买万年历(黄山)一幅 2.00 元。结存 58.25 元。

2 月 5 日

张铎代买猪肉 10.60 元。结存 47.65 元。

咸带鱼 1.00 元。

白酒二斤 2.60 元。结存 44.05 元。

2 月 6 日

酱油二斤、盐一斤 0.39 元。

给大成、大方压岁钱 4.00 元。结存 39.66 元。

理发二人 0.40 元。结存 39.26 元。

2 月 11 日

还岳书记二瓶酒钱 4.90 元。

2 月 12 日

小花卷 1.60 元。结存 33.36 元。

2 月 13 日

买粮十斤 1.36 元。

2 月 15 日

给奶奶寄 10.10 元。

小花卷、火柴一盒 0.92 元。结存 20.98 元。

2 月 23 日

花卷 0.60 元。

大成买本 0.60 元。结存 19.78 元。

2 月 25 日

蒸馍四斤 1.20 元。结存 18.58 元。

2 月 28 日

蒸馍二斤、白菜 0.80 元。结存 17.78 元。

鞋油、牙膏 0.65 元。结存 17.13 元。

3 月 1 日

林明给购粮款 5.00 元。结存 22.13 元。

购粮一百零八斤 18.22 元。结存 3.91 元。

花差 0.19 元。结存 3.72 元。

3 月 4 日

糖三角二斤 1.00 元。

3 月 5 日

白菜 0.34 元。结存 2.38 元。

3 月 10 日

退回买麦子余款 2.00 元。结存 4.38 元。

〈另〉零购东西 0.94 元。结存 3.44 元。

给大方买油盐、酱醋、花卷 2.00 元。结存 1.44 元。

以上都花光,补买棉套等。结存 0 元。

吕新工资 68.50 元。

车补、粮补、福利 2.10 元。

3 月份房费 1.62 元。

水费 0.40 元。

2 月份电费 0.71 元。结存 67.87 元。

还大成购菜等物 1.25 元。结存 66.62 元。

红玫瑰烟二盒 0.54 元。

3 月 16 日

酒 1.20 元。结存 64.88 元。

烟 0.28 元。

3 月 17 日

开会午餐 0.30 元。结存 64.30 元。

上次大成买云岗二盒 0.40 元。

烟三盒 0.83 元。结存 63.07 元。

花椒 0.20 元,酱油四斤,共 0.68 元。

食油六两 0.45 元。

小花卷四斤 1.20 元。

3月18日

给奶奶寄10.10元。结存50.64元。

醋、盐0.25元。

大方鞋4.07元。

茶叶、存车0.36元。

买粮五十斤6.63元。

大成白网鞋4.08元。

大成0.02元。

订《参考消息》(二季度)1.50元。结存33.72元。

3月21日

白菜0.15元。

补前买酒0.52元。

3月25日

烟三盒0.84元。

3月26日

补理发0.06元。

3月27日

烟一盒0.24元、酒0.52元,共0.76元。

3月28日

给林明捎饼子三斤1.00元。结存30.39元。

3月29日

酒0.52元。结存29.87元。

3月31日

买大米、菜1.50元、滚珠0.40元,共1.88元。结存27.99元。

交小胡购鞋12.00元。结存15.99元。

大方买珠碗0.20元、闸阀0.10元、存车0.08元、烟0.28元、咸菜等共0.92元。结存15.07元。

酒、烟0.54元。

林明带0.55元。结存13.98元。

4月1日

食油三两0.23元。结存13.75元。

买粮九十八斤17.28元。结存—3.43元。

林明给公司粮10.00元。结存6.57元。

换粮本0.15元。结存6.42元。

4月2日

油0.45元、酱油0.36元、酒烟0.80元,共1.61元。结存4.81元。

补大庆买茶叶0.46元。

4月3日

给大方0.40元。结存3.95元。

烟0.28元、火柴一包0.48元。结存3.47元。

4月4日

临时借原白东2.00元。结存2.00元。

烟四盒1.00元。

酒0.26元。

菠菜0.10元。结存0.64元。

4月8日

临时借民政4.00元。结存4.64元。

给林明〈代〉带(猪肉、菠菜等)2.00元。

咸菜0.20元、酒0.26元,共0.46元。结存2.18元。

烟三盒0.78元。结存1.40元。

酱油0.48元、盐0.15元,共0.63元。结存0.77元。

4月9日

烟0.28元。结存0.49元。

给大成0.20元。结存0.29元。

4月10日

茶叶0.53元。

烟、酒0.52元。

给大方1.00元。

借入4.00元。结存2.24元。

4月12日

支食油六两0.45元,菠菜0.10元,共0.55元。

4月13日

烟二盒0.58元。结存1.11元。

酒二两、胶水0.40元。结存0.65元。

吕新工资68.50元。

车补1.40元。

粮差0.20元。

福利0.50元。

支房费1.62元。

支水费0.40元。

支电费0.77元。结存68.46元。

补给大方〈交〉缴4月份伙食11.50元。结存56.96元。

还前借民政10.00元,及原又还临时借入0.50元,结存46.96元。

又还临时借入0.50元。结存46.46元。

看病挂号、买本0.15元。结存46.31元。

存入互助金3.00元。结存43.31元。

4月14日

开会午饭0.66元。结存42.65元。

烟二盒0.54元。

垫汽车费0.20元。结存41.91元。

4月16日

烟二盒0.56元、酱油三斤0.36元,共0.92元。

给大方0.20元。结存40.79元。

买菠菜0.30元。

4月17日

给奶奶寄10.10元。结存30.39元。

4月18日

买粮二十五斤3.32元。

粉面一斤0.76元。结存26.31元。

4月19日

开会饭三天0.90元。

烟二盒0.56元。结存24.85元。

留给大方买煤3.00元。

给林明1.00元。结存20.85元。

4月21日

烟二盒0.59元。

开会(万柏林)汽车费0.30元。结存19.96元。

4月22日

借给刘青芳2.00元。结存17.96元。

给大庆买菜等1.00元。结存16.96元。

乙级二盒0.56元。结存16.40元。

火柴二盒、五台山一盒0.29元。结存16.11元。

花差0.06元。结存16.05元。

4月23日

酒0.26元。

给林明用0.50元。结存15.29元。

挂号费及瓶子押金0.25元。结存15.04元。

酒0.26元。结存14.78元。

4月26日

酒、洗头粉0.35元。

4月28日

带鱼五斤2.25元。结存12.18元。

酒0.52元。

4月30日

酱油、醋0.46元。结存11.20元。

酒半斤0.65元。

食油四两0.32元。结存10.23元。

大成买小葱0.20元。结存10.03元。

5月1日

林明给15.00元。结存25.23元。

买粮九十八斤17.97元。结存7.26元。

5月2日

给田俊昆贺礼0.50元。

5月3日

林明拿走1.00元。

大庆拿走0.30元。结存5.46元。

大庆去晋祠拿,大成去杏花岭〈代〉带,共1.00元。

看全国乙级排球赛买食物及存车0.34元。结存4.12元。

买小葱0.10元。

5月6日

开会午饭0.20元。

牙膏0.35元、盐0.15元,共0.50元。结存3.32元。

烟0.29元、食油0.30元、菜0.25元,共0.84元。结存2.48元。

补前给林明0.30元。结存2.10元。

5月9日

补买菜0.26元。

补买韭菜 0.26 元。结存 1.58 元。

补给林明 0.60 元。结存 0.98 元。

大方看《大刀记》和存车 0.24 元。结存 0.74 元。

5 月 11 日

大方买菠菜 0.20 元。结存 0.54 元。

5 月 12 日

发 5 月份工资、福利、粮补、车补共 70.60 元。

扣房租 1.62 元。

扣水费 0.57 元。

扣 5 月、4 月份电费 0.57 元。结存 68.01 元。

酱油五斤,盐0.78元。

5 月 13 日

给大方买机动饭票 2.50 元。

林明〈代〉带 0.50 元。

托王维强买粮 10.00 元。

购粮三十斤 4.07 元。结存 50.16 元。

5 月 14 日

吴变妮代购小米二十斤 7.20 元。结存 42.96 元。

醋、黄瓜、苍蝇拍 0.62 元。结存 42.34 元。

补给大成买便鞋(实价 3.67 元)1.67 元。结存 40.67 元。

5 月 15 日

刘青芳还借款 2.00 元。结存 42.67 元。

借给起云 0.60 元。结存 42.07 元。

5 月 16 日

李起云还 0.60 元。结存 42.67 元。

酒烟 0.52 元。

大成买书 0.20 元。

5 月 17 日

林明〈代〉带走 5.00 元。

给奶奶寄款及汇费 10.10 元。

5 月 18 日

退药瓶押金 0.20 元。

看病挂号 0.05 元。结存 27.10 元。

5 月 19 日

给林明磨麦子款 1.20 元。

买食油、醋、菜等 0.80 元。结存 25.10 元。

还前欠公款(赴京购电视机未报销款)10.00 元。结存 15.10 元。

5 月 20 日看篮球赛门票、存车 0.12 元。

吃饭(饼干)0.42 元。结存 14.56 元。

猪肉一斤 0.96 元。结存 13.60 元。

5 月 21 日

给大成照相 0.40 元。结存 13.20 元。

5 月 23 日

大成购洗衣粉二袋、肥皂一条 1.04 元。结存 12.16 元。

大成购回黄瓜 0.30 元。结存 11.86 元。

给林明 0.66 元。结存 11.20 元。

5 月 28 日

凑份子给田俊昆买婚礼(毛毯)5.00 元。

张英俊来买罐头一瓶,酒半斤[共]2.65 元。结存 3.55 元。

大成买菜 0.38 元。

牙膏 0.30 元。结存 2.87 元。

5 月 31 日

酒 0.26 元。

存车 0.04 元。结存 2.57 元。

6 月 1 日

借入杜慧仙买粮款 20.00 元。结存 22.57 元。

购粮共一百二十六斤 21.85 元。结存 0.72 元。

花差 0.02 元。结存 0.70 元。

6 月 13 日

工资等实收(购房租水电)68.16 元。结存 68.86 元。

酒四两 0.52 元。结存 68.34 元。

乙级二盒 0.56 元。

醋二斤 0.20 元。结存 67.58 元。

参考消息 1.50 元。

还 6 月 1 日借杜慧

仙购粮 20.00 元。

给奶奶寄 10.10 元。结存 35.98 元。

存放购粮 20.00 元。结存 15.98 元。

6 月 14 日

黄瓜二斤 0.30 元。

大成去游泳 0.40 元。

给林明家用 10.00 元。结存 5.28 元。

6 月 16 日

五台山烟一条 2.50 元。

开会买饭票 0.60 元。

肝半斤 0.55 元。

垫汽车费 0.45 元。

理发吹风 0.38 元。结存 0.80 元。

6 月 21 日

大成买讲义 0.70 元。结存 0.10 元。

看病挂号、火柴 0.10 元。结存 0 元。

6 月 22 日

收回买粮款 20.00 元。结存 20.00 元。

购粮四十斤 5.58 元。结存 14.42 元。

酒 0.26 元。

6 月 23 日

买菜、酱油、盐，0.63 元。

6 月 24 日

买〈芽〉菜、醋、牙膏、酒等 1.82 元。

6 月 26 日

食油、烟、买〈芽〉菜 1.00 元。

烟二盒 0.56 元。

大成 0.15 元。

买菜、烟等 1.93 元。结存 7.50 元。

7 月 4 日

借林明互助金 20.00 元。结存 27.50 元。

购 7 月份全日粮 20.57 元。结存 6.93 元。

给林明买菜家用 5.00 元。结存 1.93 元。

7 月 5 日

买烟酒、给大成买书等 1.93 元。结存 0 元。

7 月 6 日

林明给 0.6 元。

纸烟 0.25 元。

7 月 9 日

烟二盒 0.56 元。

收林明给 2.00 元。

烟一盒 0.39 元。

油食 0.60 元。

烟二盒 0.56 元。

7 月 11 日

烟乙级 0.28 元。

又收林明给家用 2.00 元。结存 0 元。

7 月 12 日

吕新工资 70.60 元。

房租 1.62 元。结存 68.98 元。

水费 0.40 元。结存 68.58 元。

电费 0.62 元。

大庆买面包三个 0.60 元。结存 67.36 元。

还大庆购西红柿 0.70 元。结存 66.66 元。

给奶奶寄 10.10 元。结存 56.56 元。

给林明 5.00 元。结存 51.56 元。

预存入购粮款 40.00 元。结存 11.56 元。

7 月 16 日

大成买肉一斤 0.80 元、酒半斤 0.65 元，买〈芽〉菜，共 2.00 元。

大成前拿款买〈芽〉菜 1.00 元。

前零碎买烟、酒、午饭等 2.00 元。结存 6.56 元。

7 月 20 日

参加高考买饭票五天 2.00 元。

乙级烟四盒 1.12 元。结存 3.44 元。

7 月 24 日

大成 0.20 元。

大庆买烟酒 1.00 元。结存 2.24 元。

7 月 27 日烟二盒 0.56 元。

买〈芽〉菜 0.53 元。结存 1.15 元。

大成拿 0.47 元。结存 0.68 元。

取出购粮款 40.00 元。结存 40.68 元。

7 月 30 日

麻叶一斤 0.60 元、酒 0.26 元、烟 0.28 元，

共1.14元。

大葱0.08元、酒0.26元、烟0.28元,共0.62元。结存38.92元。

7月31日

面袋四个2.20元。

食油、盐、烟(大成)1.00元。结存35.72元。

8月1日

购粮一百二十八斤20.72元。结存15.00元。

补支给林明7月20日拿购粮款10.00元。结存5.00元。

花差1.58元。结存3.42元。

8月2日

补买复习大纲差款0.70元。

烟(开封)0.26元。

酱油(大方)0.50元。结存1.96元。

8月4日

烟二盒0.56元,给大成0.10元,共0.66元。结存1.30元。

8月6日

烟乙级二盒0.56元。结存0.74元。

8月7日

烟一盒0.28元、酒0.26元、肉0.20元,共0.74元。结存0元。

报回汽车费0.75元。结存0.75元。

8月8日

大成买烟0.33元。结存0.42元。

林明给2.00元。结存2.42元。

8月9日

大庆买酒0.30元。

8月10日

大方买牙膏、茄子0.30元,共0.60元。结存1.52元。

8月11日

给大方买烟、火柴共0.39元。结存1.13元。

买烟等0.95元。结存0.18元。

8月12日

8月份工资(包括车补、粮差、福利)70.60元。结存70.78元。

扣房费1.62元、水费0.40元、电费0.59元,共2.61元。结存68.17元。

大方买纸烟,天坛一盒0.30元。结存67.87元。

给大成买西红柿二十斤(托老赵)1.00元。

给大成0.21元。结存66.66元。

林明给0.50元。结存67.16元。

给奶奶寄8月份款10.10元。结存57.06元。

补日前还郭克温借买被套款6.00元。结存51.06元。

补退报销出差款缺款10.70元。结存40.36元。

买小花卷三斤,大方冰糕1.00元。结存39.36元。

乙级烟一条、酒半斤3.32元。结存36.04元。

8月14日

给大方〈另〉零花,买〈芽〉菜1.15元。结存34.89元。

8月18日

报回出差请人吃饭,买糖等款(单位卖破烂款)6.72元。结存41.61元。

前天买西红柿二十一斤五两,1.08元。

代万主任垫西红柿十斤0.50元。结存40.04元。

又买西红柿十四斤0.70元。

8月19日

买苹果十斤2.20元。

给大方购点心、糖送人及买大腿〈肖〉销子3.00元。结存34.13元。

和大成划船0.60元。

8月20日

中午吃饭0.86元。结存32.67元。

迎泽公园门票及存车0.14元。

大成吃冰糕0.15元。

买盐0.15元。结存32.23元。

老万还购西红柿款

0.50元。结存32.73元。

8月21日

买粮三十斤4.29元。

老孙代买西红柿40斤×0.55,2.20元。

早点、酱油1.00元。

8月24日

麻叶1.00元。

又酒、肉0.56元。

8月27日

大方买花卷、菜等2.00元。

8月29日

购粮五十斤6.63元。

鸡蛋二斤1.80元。

肥皂二条0.86元。

花椒、醋、盐等0.45元。结存11.94元。

乙级0.82元。

大成书1.00元。结存10.12元。

8月31日

酒四两0.52元。结存10.00元。

9月1日

大方买溢价西红柿十斤1.00元,[买]牙膏,共1.30元。结存8.30元。

听辅导报告汽车费0.05元。结存8.25元。

9月2日

大成学费、书费5.45元。结存2.80元。

林[明]给12.00元。

9月9日

借王锡华12.00元。

购粮一百二十八斤21.19元。结存5.61元。

补开司法会议午饭费三天0.60元。结存5.01元。

借入大庆2.00元。结存7.01元。

买车锁子一只2.11元。结存4.90元。

开会看电影三场0.15元。结存4.75元。

开会购烟二盒0.56元。结存4.19元。

酒0.16元。结存4.03元。

前给大方0.50元,买烟0.50元,酒0.26元,共1.26元。结存2.77元。

烟0.28元、酒0.26元、存车0.02元,共0.56元。

给大庆0.20元,大成0.10元,共0.30元。

猪肉0.95元。

林明给(原给5.00元,退回2.00元),共3.00元。结存3.95元。

9月13日

茶叶0.74元、烟0.28元,1.02元。结存2.93元。

吕新9月份工资70.60元。结存73.53元。

扣房租1.62元、水费0.40元、电费0.52元,共2.54元。结存70.99元。

还王锡华买粮款12.00元。结存58.99元。

订参考消息1.50元。结存57.49元。

花差1.87元。结存55.62元。

9月14日

给30元,奶奶10元。加汇费,40.40元。结存15.62元。

纸烟0.28元。

9月15日

油0.51元、葱0.50元、大方电影0.40元、芹菜0.30元、葱0.20元,共1.91元。

酱油、醋、锉刀,0.72元。结存12.71元。

金钟一盒0.26元。

大成买本子0.50元。

9月21日

乙级烟0.28元。

大方住院伙食5.00元。

代捎来雨伞一把3.00元。

存车0.08元。

9月23日

牙膏两〈筒〉管0.60元。

林明给5.00元。

挂号0.05元。

买纸烟一条(欠大庆2.20元)共0.60元。

大成开药4.85元。结存0元。

10月10日

借入5.00元。

买白酒一斤配药1.30元。

大成买书一本0.85元。

垫车费0.10元,烟0.28元,共0.38元。

10月12日

花椒0.32元、存车0.02元,0.34元。

10月13日

烟0.28元。

葱头0.30元。

吕新工资68.50元。

车补1.40元、粮差0.20元、福利0.50元,共2.10元。结存72.15元。

购粮九十六斤,15.60元。结存56.55元。

购山药蛋三百斤18.00元。结存38.55元。

还临时借入5.00元。结存33.55元。

托李起云买煤〈代〉带30.00元。结存3.55元。

扣10月份房租1.62元、水0.40元、电0.83元,共2.85元。结存0.70元。

收回买山药蛋刨土钱1.29元。结存1.99元。

咸菜一斤0.36元。

补理发0.06元。

烟三盒0.84元。结存0.73元。

又临时借入5.00元。结存5.73元。

付中秋节买苹果十五斤3.90元。结存1.83元。

固体酱油0.46元。

莲菜0.30元。结存1.07元。

10月15日

烟一盒0.28元。

又借入5.00元。结存5.79元。

买红薯(六十斤)1.92元。结存3.87元。

纸烟一盒0.28元。结存3.59元。

10月20日

三天劳动(18—20日)午饭0.60元。

纸烟四盒1.12元。

给大方1.00元。结存0.87元。

10月23日

工地买饭(21—23日)0.60元。结存0.27元。

烟二盒0.59元。结存—0.32元。

林明给1.00元。结存0.68元。

10月25日

烟0.28元,饭钱0.20元。(山防开会)共0.48元。结存0.20元。

给大方烟0.20元。结存0元。

10月26日

又临时借入5.00元。结存5.00元。

烟三盒0.84元。结存4.16元。

10月27日

李起云代买炭三吨找回(单价9.60元),共1.20元。结存5.36元。

10月28日

上■劳动补助0.90元。结存6.26元。

油六两、盐一斤,0.60元。

烟四盒1.12元。结存4.54元。

10月29日

又借入原向东(前面共30元)15.00元。结存19.54元。

奶钱(9月23日—10月31日,共39斤×0.28)共10.92元。

茶叶0.53元、存车0.02元,共0.55元。结存8.07元。

10月30日

又借入小胡互助金(打条)还20.00元。结存28.07元。

白酒一斤、牙膏一袋1.60元。

给林明代买菜等3.00元。结存21.87元。

10月31日

烟三盒0.84元。结存20.97元。

11月1日

买粮九十八斤16.65

元。结存4.32元。

11月2日

白萝卜一百斤(0.035元)、红萝卜五十斤(0.04元),共5.50元。结存—1.18元。

大盐十斤1.40元、酱油四斤0.48元,共1.88元。结存—3.06元。

11月3日

林明给4.00元。结存0.94元。

烟二盒0.56元。结存0.38元。

又借入(11月13日还)5.00元。结存5.38元。

盐五斤、烟一盒,1.03元。结存4.35元。

11月6日

烟一盒0.28元。结存4.07元。

烟二盒0.56元。

领油证0.04元。结存3.47元。

白菜0.42元。结存3.05元。

11月10日

烟二盒(乙级)0.56元。结存2.49元。

烟二盒、酒二〈盒〉瓶0.60元。

11月12日

给大庆买纸0.40元。结存1.49元。

酱油0.48元、烟0.28元,0.76元。结存0.73元。

给大方〈另〉零花1.00元、大成0.20元,共1.20元。结存0元。

11月13日

吕新工资68.50元。

收车补0.50元、粮差0.20元、福利0.50元、烤火0.16元,共17.20元。结存85.70元。

扣房费1.62元、水费0.40元、电费1.29元,共3.31元。结存82.39元。

扣借互助金20.00元。结存62.39元。

扣大葱80斤×0.07,共5.60元。结存56.79元。

还岳书记红薯三十斤1.65元。结存55.14元。

还共借原白东款35.00元。结存20.14元。

派出所交马溱赔表款20.00元。结存40.14元。

11月14日

给奶奶寄(10、11月两个月的)20.20元。结存19.94元。

给林明5.00元。结存14.94元。

烟二盒0.56元。结存14.38元。

11月15日

买茴子白二十斤钱1.27元。结存13.11元。

11月16日

盐一斤、醋二斤、油六两、烟0.28元,共1.20元。结存11.91元。

大庆单位买白菜140斤×0.026,共3.92元。结存7.99元。

11月23日

白萝卜2.21元。结存5.78元。

11月24日

羊血、肝0.80元。

11月25日

醋0.20元。结存4.78元。

11月26日

肥皂8条×0.46,3.68元。结存1.10元。

11月27日

给大成0.42元。结存0.68元。

花差0.68元。结存0元。

收林[明]给大方发来的工资5.00元。

11月28日

醋0.20元。

酒、牛血0.65元。结存4.15元。

12月2日

收林[明]给买粮款20.00元。结存24.15元。

买12月份粮21.87元。结存2.28元。

12月4日

酒、肉2.28元。结

存0元。

12月5日

收借入李莲香5.00元。

12月6日

大方买羊油3.50元。结存1.50元。

12月7日

酱油0.22×4斤、子芳0.20元,1.00元。结存0.50元。

林明给1.10元。结存1.60元。

12月8日

食油0.51元、肝0.40元,共0.91元。结存0.69元。

烟二盒0.56元。结存0.13元。

12月9日

林明给10.00元。结存10.13元。

还李莲香5.00元。结存5.13元。

12月12日

住医院饭票3.00元。结存2.13元。

12月15日

烟0.70元。结存1.43元。

林[明]给8.00元。结存8.43元。

看《追捕》[1]二人0.60元。

发号证0.11元。结存7.72元。

12月26日

给大庆1.00元。结存6.72元。

醋二斤、盐一斤、烟二盒0.56元,[共]0.91元。

存车0.02元。结存5.79元。

给大成0.14元。

酒、猪头肉1.80元。结存3.85元。

麻叶二斤1.00元。结存2.85元。

12月27日

大光烟一条3.10元。结存-0.25元。

12月29日

购粮五十四斤8.95元。结存-9.20元。

购麻叶二斤1.00元。结存-10.20元。

12月31日

收林明给15.00元。结存4.80元。

牛映灯代买豆腐0.50元、白菜0.30元、酒0.65元,共1.45元。结存3.35元。

1979年

1月2日

给林明1.00元。结存2.35元。

吕[新]发等奖金10.00元。结存12.35元。

林明给买粮款20.00元。结存32.35元。

支购粮一百二十斤23.35元。结存9.00元。

支食油九两,盐一斤0.92元。结存8.08元。

支花生米、酒0.56元。结存7.52元。

支给大庆买扫帚二把1.00元。结存6.52元。

支给大庆做衣服手工2.00元。结存4.52元。

支前给大庆〈另〉零花1.00元。

支烟二盒0.56元、酒0.26元,0.82元。结存2.70元。

1月12日

元月份工资、粮差、福利69.20元。结存71.90元。

扣房租1.62元、水费0.40元、电费1.82元,共3.84元。结存68.06元。

枣5斤×0.45元,共2.25元。结存65.81元。

记账记差。

实余60.75元。

1月13日

乙级烟二盒0.56元。

大方、大成做裤二条手工3.72元。

---

① 电影名。

给大方0.28元。

给大庆0.19元。

收福利费16.00元。结存72.00元。

花生米2斤×1.45元，2.90元。结存69.10元。

小米30斤×0.38元，11.40元。结存57.70元。

酒半斤0.65元。结存57.05元。

给林明10.00元。结存47.05元。

开知青办会三天午饭1.00元。结存46.05元。

烟二盒0.56元。

1月15日

给奶奶寄10.10元。结存35.39元。

1月16日

黄豆三斤1.50元。结存33.89元。

烟二盒0.56元。

酒0.30元。结存33.03元。

给邹贻份买尼龙衣，共20.00元。结存13.03元。

上海捎裤13.00元。结存0.03元。

1月17日

林明给10.00元。

1月19日

王〈希〉锡华代买白菜40斤×0.07，2.80元。结存7.23元。

1月21日

油、醋、酱油等3.20元。结存4.03元。

1月22日

补前买油一斤1.30元。结存2.73元。

转售出裤子一条13.00元。结存15.73元。

1月25日

给大庆2.00元。

给大成1.00元。

别人捎面酱二斤0.40元。结存12.33元。

靳师傅代买杂拌二斤，鱼1元，3.40元。结存8.93元。

豆腐三斤(加三斤粮票)0.30元。结存8.63元。

给大方买馍四斤1.00元。结存7.63元。

2月5日

给大方5.00元。

给大成0.20元。

2月6日

买“未来世界”影展票0.20元。结存2.23元。

给大方三张电影票钱(《尤三姐》)0.60元。结存1.63元。

理发存车、纸烟二盒0.60元。

2月7日

三张《未来世界》影票0.40元。结存0.63元。

2月10日

吕新发工资69.20元。结存69.83元。

扣房租1.62元、水费0.40元，共2.02元。结存67.81元。

扣电费2.42元。结存65.39元。

给周贻芳买尼龙衣款(补五月份)12.76元。结存52.63元。

酱油、醋0.56元。

给大成0.20元。结存51.87元。

三张《流浪者》电影票1.20元。结存50.67元。

前给大庆补车用1.00元。结存49.67元。

2月11日

花丢0.07元。结存49.60元。

给大方1.00元。结存48.60元。

2月12日

买粮19.74元。结存28.86元。

大成〈交〉缴学费3.00元。结存25.86元。

2月13日

五台山[烟]四盒1.00元。结存24.86元。

给林明5.00元。结存19.86元。

2月16日

给奶奶寄10.10元。结存9.76元。

2月18日

白菜、韭菜0.88元。

海河烟二盒0.56元。

存车 0.04 元。

牙膏 0.30 元。

烟四盒 1.00 元。

给大成 0.30 元。结存 6.86 元。

买菜 1.00 元。结存 5.86 元。

2 月 25 日

给大庆换内胎一条 2.82 元。

茶叶一袋 1.06 元。

烟一盒 0.26 元。

酒 0.53 元。

2 月 28 日

给大成买本 0.60 元。结存 0.32 元。

借入 16.00 元。结存 16.32 元。

买白面五十斤 9.00 元。结存 5.56 元。

买袜子一双 1.76 元。结存 3.80 元。

给大方、大庆 2.00 元。结存 1.80 元。

林明给 10.00 元。结存 11.80 元。

圆领衫三个 4.92 元。

开会吃饭 2.00 元。结存 4.88 元。

电影 0.50 元。

茶叶 0.70 元。结存 3.68 元。

烟四盒共 1.26 元。结存 2.42 元。

垫汽车费 0.35 元。

2 月 18 日

给大庆 1.00 元。结存 1.07 元。

2 月 19 日

酒、烟共 0.84 元。结存 0.23 元。

收工资(已扣房水电款)65.90 元。结存 66.13 元。

数理自学丛书一套 11.95 元。结存 54.18 元。

还临时借入 16.00 元。结存 38.18 元。

醋、油 0.61 元。

2 月 20 日

给林明 10.39 元。结存 27.18 元。

2 月 21 日

给奶奶寄 10.10 元。

肉菜二个 0.90 元。结存 16.18 元。

酒一斤 1.30 元。结存 14.88 元。

2 月 24 日

红薯二十斤 1.40 元。

油、酱油、醋 1.35 元。结存 12.13 元。

2 月 28 日

五台山烟二盒 0.50 元。结存 11.63 元。

肉 0.58 元。

酒 0.26 元。

3 月 30 日

给林明 5.00 元。结存 5.79 元。

4 月 1 日

茶叶二袋 1.00 元。结存 4.79 元。

4 月 2 日

林明给开会 10.00 元。结存 14.79 元。

会议饭费 2.80 元。

上海烟一盒 0.50 元。

乙级烟四盒 1.12 元。

补书火柴 0.02 元。

乙级[烟]三盒 0.84 元。

乙级[烟]二盒 0.56 元。

借给李局长 2.00 元。结存 0 元。

4 月 14 日

4 月份工资 69.20 元。

扣房 1.62 元、水 0.40 元、电 1.79 元,共 3.81 元。结存 65.39 元。

给大方买军绿的确〈凉〉良外衣 15.30 元。结存 50.09 元。

给五斤鸡蛋款 4.00 元。结存 46.09 元。

酒一斤 1.30 元。结存 44.79 元。

烟六盒(乙级)1.68 元。结存 43.11 元。

肥皂五条(0.43 元)2.15 元。结存 40.96 元。

给大方还书款 1.00 元。结存 39.96 元。

收报回汽车票 1.00 元。结存 40.96 元。

存车 0.02 元。结存 40.94 元。

另给大成 0.90 元。结存 40.04 元。

4 月 16 日

酱油六斤、醋一斤、花椒 0.20 元、食油六两，1.41 元。结存 38.63 元。

买黄豆 2.70 元。结存 35.93 元。

给奶奶寄 10.10 元。结存 25.83 元。

菠菜 0.29 元。结存 25.54 元。

4 月 20 日

酒、肠子 0.82 元。结存 24.72 元。

烟 1.40 元。

豆腐 0.10 元。结存 23.22 元。

4 月 22 日

酒、肉、辣酱 1.12 元。

4 月 23 日

豆腐 0.20 元。结存 21.90 元。

林明拿 5.00 元。结存 16.90 元。

菠菜 0.20 元。结存 16.70 元。

肉 1.00 元。

韭菜 0.30 元。结存 15.40 元。

醋 0.10 元。结存 15.30 元。

酒 0.25 元。结存 15.05 元。

4 月 25 日

邮票 0.08 元。

《物理》上下册 1.06 元。结存 13.91 元。

开会三天饭费 0.60 元。

烟 0.56 元。结存 12.75 元。

李局长还款 2.00 元。结存 14.75 元。

给大庆买菜等 1.80 元。

支烟给 0.28 元。结存 12.67 元。

酒半斤 0.65 元。结存 12.02 元。

垫汽车票 0.10 元。结存 11.92 元。

给大庆 2 次买菜 1.10 元。结存 10.82 元。

4 月 6 日

烟四盒 1.12 元。

烟、酒各一 0.54 元。

理发存车 0.08 元。

韭菜 0.10 元。

给大方 0.50 元。

酒四两 0.52 元。结存 8.06 元。

4 月 14 日

吕新工资扣房水电后 65.62 元。

交林明 65.62 元。结存 8.06 元。

林给 1.20 元。结存 9.26 元。

8 月 14 日

吕新工资（扣完款）67.18 元。

借大方还振中 35.00 元。结存 32.18 元。

给奶奶寄 10.10 元。结存 22.08 元。

还临时借 5.00 元。结存 17.08 元。

给大成 0.50 元。结存 16.58 元。

烟四盒 1.12 元。结存 15.46 元。

8 月 16 日

买粮（八十斤）14.64 元。结存 0.82 元。

8 月 17 日

林明给 10.00 元。结存 10.82 元。

盐、醋、食油、味精、花椒 1.30 元。结存 9.52 元。

大庆买纸 0.50 元。结存 9.02 元。

大方准备买西瓜 3.50 元。结存 5.52 元。

纸烟 0.26 元。结存 5.26 元。

原账结存 1.76 元。结存 7.02 元。

8 月 18 日

林明给 5.00 元。结存 12.02 元。

支生肉 1.50 元。结存 10.52 元。

支白糖 0.80 元。

支熟肉 1.00 元。结存 8.72 元。

接家新车资 0.90 元。

车站吃早点 0.60 元。结存 7.22 元。

给大方 2.00 元。结

存5.22元。

大方交回借去还根中的35.00元。结存40.22元。

又支给大方买布鞋一双4.00元。

付大庆单位买麦子一百斤30.00元。结存6.22元。

8月25日

酒二两、煤糕0.31元。结存5.91元。

8月26日

二人上街吃天津包子共2.56元。结存3.35元。

车资0.25元。结存3.10元。

报回汇费等0.62元。结存3.72元。

庆丰牙膏二管0.60元。结存3.12元。

花差0.37元。结存2.75元。

8月27日

油等0.40元。

给大方0.50元,大成0.30元,共0.80元。

8月30日

冰棍0.20元。结存1.35元。

大庆退回买麦子款30.00元。结存31.35元。

给家生活20.00元。结存11.35元。

8月31日

粉面5斤×0.37元/斤,1.85元。

猪蹄、酒1.00元。

9月1日

大庆买麻叶1.00元。结存7.50元。

打油六两0.55元。

打球票0.05元。结存6.90元。

9月4日

酒四两0.40元。

鸡蛋1.80元。

醋0.10元。结存4.60元。

9月6日

葱头0.30元。

尧都烟二盒、火柴一盒,0.54元。结存3.76元。

看病挂号0.05元。结存3.71元。

9月10日

酒半斤0.50元,金钟烟0.26元,共0.76元。结存2.95元。

肝0.75元、酒0.40元、金钟烟0.26元,共1.41元。

9月12日

给大成(寄信)0.40元。结存1.14元。

9月13日

吕新工资(已扣房费等,电未扣)67.18元。结存68.32元。

9月14日

购9月份粮14.91元。结存53.41元。

酒0.50元。

垫车资0.30元。结存52.61元。

花差0.28元。结存52.33元。

9月16日

给大方理发用1.00元。

理发0.20元。结存51.13元。

9月17日

给奶奶寄款10.11元。结存41.02元。

9月18日

给大成看电影0.40元。

买两张电影票0.40元。

给家过日子30.00元。结存10.00元。

9月19日

给家买麻叶1.00元。

馍一斤0.25元。

9月20日

酒半斤、酱肉杂拌一斤,1.70元。结存7.05元。

汽车0.10元。

9月23日

洗衣粉一袋0.54元、茶叶一袋0.70元,1.24元。

9月24日

上白家庄午饭0.30元、车资0.05元,共0.35元。结存5.36元。

医院烤电挂号共0.25元。

9月26日

酱油、盐0.27元。结存4.84元。

白菜0.27元。

银行老曹代买梨十斤1.10元。

大庆买酒0.40元。结存3.07元。

9月29日

梨十斤1.02元。结存2.05元。

10月15日

吕新工资等69.20元。

扣电费2.40元。

水费0.40元。

电费1.62元。

牙膏、小毛巾0.60元。

山药蛋266斤×0.06元，15.96元。

扣公社处理煤末2.00元。

酒、花生0.56元。

给奶奶寄生活费10.12元。结存38.07元。

10月16日

给大成0.50元。

10月20日

猪血、头肉、酒，1.22元。结存36.35元。

10月21日

白菜等0.82元。

给林田0.20元。结存35.33元。

茶二袋1.20元，烟五盒1.40元，共2.26元。结存32.73元。

给大庆0.20元、大方0.19元、烟0.31元、酒0.26元、共0.96元。结存31.77元。

10月24日

花差（包括订体育报1.04元）2.30元。结存29.74元。

菜0.36元，酱油0.12元，盐0.15元，醋、葱0.20元，共0.83元。

10月25日

早点麻叶1.00元。结存27.64元。

出赵焕芝份子0.89元。结存26.75元。

10月26日

报回汽车费0.75元。结存27.50元。

麻叶0.30元、烟0.56元，共0.86元。结存26.64元。

肝0.40元、酒0.52元，共0.97元。结存25.72元。

10月28日

酱油等0.64元。结存25.08元。

10月29日

借给林明购议价粮五十斤10.00元。结存15.08元。

10月30日

给大庆买电二次0.54元。结存14.54元。

10月31日

乙级烟五盒1.40元。

白萝卜0.15元。结存12.99元。

11月1日

洗衣粉一袋0.78元。结存12.21元。

11月4日

花生0.90元，酒0.51元，共1.41元。

11月5日

给大方1.00元。结存9.80元。

11月6日

吃饺子买肉、酱油、菜等2.00元。

11月7日

给大成〈代〉带2.00元。

酒、豆腐干、酱油、醋等1.24元。结存4.56元。

买京剧团戏票五张1.50元。结存3.06元。

退雨天京剧票1.20元。结存4.26元。

11月8日

理发0.28元、存车0.02元、酒0.52元，共0.82元。结存3.44元。

借入10.00元。结存13.44元。

白菜一百二十斤3.12元。结存10.32元。

给大成〈代〉带1.50元。结存8.82元。

给林明1.00元。结存7.82元。

肉一斤、西红柿酱等2.00元。结存5.82元。

补8月买葱20斤×0.08元/斤,1.60元。结存4.22元。

11月12日

买大众自产铝炒锅一口2.00元。

买酒0.52元。结存1.70元。

11月13日

林明〈代〉带0.20元,酱油、醋0.22元,共0.42元。结存1.28元。

给林明0.35元。结存0.93元。

花丢0.87元。结存0.06元。

11月14日

11月份工资68.50元、福利0.50元、粮差0.20元,共69.20元。

烤火费16.00元。

副食差价补助5.00元。结存90.26元。

扣房费1.62元、水费0.40元、电费1.51元,共3.53元。结存86.73元。

还前借民款10.00元。结存76.73元。

给奶奶寄款10.11元。

11月15日

交林明捎物20.00元。结存46.62元。

11月19日

王队长捎麦子一百斤款25.00元。结存21.62元。

11月20日

酒0.50元。结存21.10元。

11月22日

大葱十斤0.50元。结存20.60元。

11月25日

给大成〈代〉带1.20元。

咸菜二斤0.44元。结存18.96元。

11月25日

甜面酱1.00元。结存17.96元。

11月29日

给林明购粮补3.00元。

酱油一斤、醋一斤、食油一斤、酒半斤,共1.67元。

花生米0.30元。结存12.99元。

12月5日

给大庆购白菜及买菜卷款5.00元。结存7.99元。

12月8日

给林明2.00元。

给大成2.00元。

花生0.20元。结存3.79元。

12月9日

酒0.65元。结存3.14元。

12月10日

收回购物款20.00元。结存23.14元。

12月12日

大方早点0.30元。

12月13日

猪头肉1.00元、酒0.52元、咸菜0.48元,共2.00元。

给林明5.00元。结存15.84元。

12月15日

豆腐0.25元、酒0.26元、大成早点0.40元,0.91元。结存14.93元。

季度挂号0.05元、存车0.02元,共0.07元。结存14.84元。

花丢或未记账林明拿4.27元。结存10.57元。

12月份工资68.50元,付车补5.00元,粮0.70元,74.20元。

房费1.62元、水费0.40元、电2.19元,共4.21元。

《参考消息》6.00元。结存74.56元。

又花差0.54元。结存74.02元。

12月16日

两次给大成0.90元。结存73.12元。

大庆买红萝卜0.42元。结存72.70元。

12月7日

给奶奶寄款10.11元。结存62.59元。

酒0.52元、酱油0.24

元，共0.76元。结存61.83元。

给大庆买酱油等1.00元。

12月21日

电影《画皮》0.20元。

给田兆瑞的女儿路费5.30元。

12月22日

茶叶一两0.70元。结存54.63元。

迎泽肥皂十条4.60元。结存50.03元。

酱油、酒、存车0.68元。结存49.35元。

大方买日用品、水果拿3.00元。结存46.35元。

大成看电影、存车0.23元。结存46.12元。

12月23日

大成买盐0.20元。

12月27日

补理发0.06元、存车0.02元、挂号0.10元，共0.18元。结存45.74元。

盘子二个0.64元。结存45.10元。

12月30日

酒一斤1.30元、酱油醋0.22元、味精0.40元、脾0.10元，共2.02元。结存43.08元。

食油0.43元、粮食八十二斤15.38元，共15.81元。结存27.27元。

1980年

1月1日

给林田0.40元。

给大成2.00元。

酒半斤0.65元。结存24.22元。

大方买菜1.00元。

酒、盐0.68元。结存22.54元。

羊肉、酒1.26元。结存21.28元。

洗衣粉、酱油一两，给大庆0.50，共1.64元。

1月12日

酒四两0.52元。结存19.64元。

1月13日

酱油、醋、食油、酒，1.15元。结存18.49元。

鞋油一盒0.48元。结存18.01元。

1月14日

本月工资69.08元。

交林明69.08元。结存18.01元。

1月15日

烟等1.92元。

1月17日

■、垫邮票0.60元。

1月20日

乙级烟0.56元、盐0.26元、油0.43元、酱油醋0.22元，共1.47元。

大成0.40元。

洗衣粉四袋2.24元。

1月21日

茶叶二两1.40元、烟三盒0.99元、存车0.04元，共2.43元。

给林[明]买物2.00元，大庆0.30元，2.30元。结存7.65元。

收大方手套十〈付〉副8.00元。

1月25日

纸烟三盒0.99元。结存6.66元。

1月29日

古马香烟三盒0.93元。结存5.73元。

酒半斤，酱油、醋，0.82元。结存4.91元。

1月30日

给大方0.30元。结存12.61元。

1月31日

花布被面十二尺，单价0.415元，共4.98元。结存7.63元。

天鹅油脂0.75元。结存6.88元。

买酒等1.05元。结存5.83元。

垫支汽车票、给林[明]买家用品等1.65元。结存4.18元。

2月6日

发二月份工资福利、〈付〉附福补74.20元。

房费1.62元、水0.40元、电2.03元，共4.05元。结存70.15元。

还临时借 3.98 元。结存 66.17 元。

还借老太太买肉款 2.00 元。结存 64.17 元。

上月结存 2.47 元。结存 66.64 元。

2 月 7 日

大庆买红枣十斤 3.80 元。结存 62.84 元。

2 月 8 日

给家生活用 10.00 元。结存 32.84 元。

2 月 11 日

白酒三斤 3.90 元,竹叶青小瓶 1.35 元,共 5.25 元。

大光烟一条 3.10 元,份烟五盒 1.70 元,共 4.80 元。

酱油二斤 0.24 元。

收去年高效生活补贴2.40元。结存24.95元。

2 月 13 日

王队长买花生五斤 3.00 元。

理发、洗澡 0.25 元,代小罗理发 0.20 元,0.45 元。

2 月 14 日

给奶奶寄及发信(霍四顺代)10.20 元。

2 月 24 日

给大庆 1.00 元。结存 8.30 元。

2 月 25 日

寄旅行包邮费 0.59 元。结存 7.71 元。

买梨二十斤 3.60 元。及订杂志 0.60 元等,共 6.25 元。结存 1.46 元。

3 月 11 日

3 月份工资,〈付〉附补、粮补、福利 74.20 元。

扣房租 1.62 元、水电 0.40 元、2.11 元,共 4.13 元。结存 70.07 元。

3 月 14 日

购 2、3 月份供应比例粮一百二十斤 19.49 元。

给家购物 0.51 元。结存 50.07 元。

给奶奶寄 10.11 元。结存 39.96 元。

3 月 16 日

买《城市之光》影票、存车 0.40 元。结存 39.56 元。

白菜 0.50 元、猪肉 1.20 元、醋 0.10 元,共 1.80 元。结存 37.76 元。

白酒 1.30 元、纸烟三盒 0.99 元,共 2.29 元。结存 35.47 元。

3 月 18 日

修锅 2.50 元。

鸡蛋、豆芽、韭菜共 1.85 元。

给林明 0.65 元。结存 30.47 元。

买肉 1.00 元。

白菜 1.80 元。

3 月 21 日

太原特曲 2.20 元、白酒 0.65 元,共 2.85 元。

兰花饭碗五个 1.50 元。

烟二盒 0.69 元。

姜 0.10 元。

茶叶 0.70 元。

肉二斤 2.20 元。结存 19.63 元。

乙级烟一条 2.80 元。结存 16.83 元。

3 月 24 日

开民政会七天,伙食费共 2.50 元。

烟 1.64 元。

外出吃早点 0.23 元。

开会汽车票 1.45 元。

茶叶 0.80 元。

开会看电影《芝麻官》《疯狂的贵族》《雪山泪》0.70 元。

看病医药费 1.95 元。

给林明买苹果送老王 2.00 元。

吕新四月份工资共 74.07 元。

给林明 2.00 元。

扣房水电费共■■[元]。

洗衣粉三袋■■[元]。

麻叶■■[元]。

给林明 10.00 元。

其他专项账目

分值卡

1976 年

8 月 18 日

上年转来分值卡。结存 9.9 张。

9 月 2 日

香皂一块 0.1 张。

9 月 5 日

收 1 张。

9 月 30 日

收借入公 25 张。结存 35.8 张。

10 月 16 日

新华香皂一块 0.1 张。结存 35.7 张。

11 月 27 日

天坛香皂一块 0.1 张。结存 35.6 张。

12 月 1 日

退回北京捎裤子一条分卡 0.4 张。

12 月 14 日

宝石花手表一只 10 张。结存 25.6 张。

1977 年

1 月 10 日

家中四人分值卡(大方在校发)4 张。

林明厂补 2 张。结存 31.6 张。

香皂二块(大庆)0.2 张。结存 31.4 张。

1 月 28 日

吕新单位补发分值卡 2 张。结存 33.4 张。

3 月 3 日

大方补分值卡 1 张。结存 34.4 张。

9 月 14 日

购永久 17 型自行车一辆 15 张。结存 19.4 张。

林明单位补发 2 张。结存 21.4 张。

9 月 21 日

全家分值卡四人(大方在校)4 张。结存 25.4 张。

9 月 26 日

吕新机关补 2 张。结存 27.4 张。

大方〈兰〉蓝的卡[①]中山服一件 0.7 张。结存 26.7 张。

大成、大方隐条的确良 9.5 尺 0.90 张。结存 25.8 张。

1978 年

1 月 18 日

香皂一块 0.1 张。结存 25.7 张。

1979 年

1 月 3 日

香皂二块 0.2 张。结存 25.5 张。

全家五人 5 张。结

---

① 的卡,用“的确良”织成的“卡其布”,也称“涤卡”。

存30.5张。

布证

1976年

8月17日

上册转来7.5尺。

实余1976年布证调整23.3尺。

11月20日

棉布鞋一双0.6尺。结存22.7尺。

1977年

1月10日

1977年四人布证(大方在校发)72尺。结存94.7尺。

1月18日

秋裤一条6.0尺。结存88.7尺。

大庆花布75.6尺。结存83.1尺。

大成购处理军衣一套8.0尺。结存75.1尺。

2月2日

林明〈兰〉蓝布7.0尺。结存68.1尺。

棉纸被里三丈(3寸)9.0尺。结存59.1尺。

2月3日

〈兰〉蓝短袖衫4.20尺。

白短袖衫2.80尺。结存52.1尺。

3月3日

大方1977年布证18.0尺。结存70.1尺。

又大庆花上衣4.7尺。结存65.4尺。

二股〈劲〉筋二件4.0尺。结存61.4尺。

过期0.7尺。结存60.7尺。

4月9日

大成85〈公分〉(厘米)汗衫一件2.3尺。结存58.4尺。

5月9日

大庆90〈公分〉(厘米)汗背心一件2.5尺。结存55.9尺。

5月11日

大成、大庆棉布裤料各7尺14.0尺。结存41.9尺。

送婚礼购物(武女)0.3尺。

大成背心90〈公分〉厘米二股〈劲〉筋1.7尺。结存40.2尺。

1978年

1月15日

大庆上衣花布7.0尺。结存33.2尺。

1978年四人布证72.0尺。结存105.2尺。

1月21日

〈兰〉蓝白格床单12.5尺。

裤〈叉〉衩布红花4.0尺。结存88.7尺。

2月23日

红裤〈叉〉衩布3.4尺。结存85.3尺。

2月28日

花布7.0尺。结存78.3尺。

3月30日

绿点布3.2尺。结存75.1尺。

5月10日

〈兰〉蓝点花布6.0尺。

背心、圆领袖二件4.6尺。结存64.5尺。

6月23日

100〈公分〉厘米背心2尺。结存62.5尺。

6月24日

又100〈公分〉厘米背心一件2.0尺。结存60.5尺。

毛〈兰〉蓝布1.0尺。结存59.5尺。

9月3日

大庆90〈公分〉厘米秋裤一条5.1尺。结存54.4尺。

9月5日

花〈吡〉哔叽被面12尺。

大庆〈兰〉蓝的卡6尺(0.40元)共2.4尺。结存40.0尺。

12月15日

95[厘米]秋裤一条4.4尺。结存35.6尺。

90[厘米]秋裤一条

4.2尺。结存31.4尺。

1979年

1月3日

领全家五口人(1.80)90.0尺。结存121.4尺。

1月10日

给大庆上衣6尺、公安〈兰〉蓝9尺5,6.2尺。结存115.2尺。

1月12日

白的确〈凉〉良二尺0.4尺。结存114.8尺。

1月14日

又白的确良二尺0.4尺。结存114.4尺。

又订背心共7.0尺。结存107.4尺。

2月3日

95[厘米]背心一件2.0尺。

90[厘米]背心一件2.3尺。

90[厘米]二股〈劲〉筋背心一件1.0尺。结存102.1尺。

5月18日

花〈叱〉哔叽12尺(黄花)12.0尺。结存90.1尺。

大方绿军衣一件2.5尺。结存87.6尺。

大方上衣的确良一件2.5尺。结存86.1尺。

7月15日

大庆的确良上衣一件2.0尺。

女背心一件(90公分[厘米])1.0尺。结存83.1尺。

8月20日

送囡囡、陶陶小衣服各一件共7.4尺。结存75.7尺。

吕新上衣布证2.5尺。结存73.2尺。

9月12日

大庆棉衣花布6.5尺。结存66.7尺。

9月18日

大成涤卡上衣一件2.0尺。结存64.7尺。

12月10日

发四人布证72.0尺。

补花吡叽(红花)14.0尺。结存122.9尺。

10月25日

红包涤棉布7.0尺。结存115.9尺。

喜喜上衣1.5尺。结存114.4尺。

1980年

1月3日

花布1.5尺。结存112.9尺。

1月19日

床单布二个12.6尺。结存100.3尺。

2月1日

又床单布6尺4寸。

花被面布12.0尺。结存81.9尺。

2月10日

大方去天津给吕新家10.0尺。结存71.9尺。

3月20日

褥单布10.8尺。结存61.1尺。

女背心一件1.2尺。

大成买秋衣一件6.0尺。结存53.9尺。

5月25日

大床单一条10.0尺。结存43.9尺。

大庆花布五尺5.0尺。结存38.9尺。

6月3日

大方背心1.0尺。结存37.9尺。

秋裤……

1981年

1月2日

五人棉布证90.0尺。结存90.0尺。

4月3日

去年转来17.4尺。结存107.4尺。

6月9日

男背心二,女背心二,共四个,6.2尺。结存101.2尺。

定期定额储蓄

1981年

10月15日

共存入一年定期

〈贮〉储蓄 400 元。

5 元票面有奖〈贮〉储蓄解放路,〈贮〉储蓄所 1982 年 5 月到期 50 元。

5 元票面有奖〈贮〉储蓄五一路〈贮〉储蓄所,1982 年 5 月到期 10 元。

5 元票面有奖〈贮〉储蓄河西区银行,1982 年 5 月到期 10 元。

12 月 15 日

5 元票面有奖〈贮〉储蓄河西区银行。1982 年 12 月到期 200 元。

1982 年

1 月 18 日

存入生活结存活期〈贮〉储蓄 150 元。

1 月 23 日

取出活期存款过年用二次共 100 元。

2 月 8 日

又取出活期存款买毛毯 130 元。

存入活期〈贮〉储蓄 100 元。

2 月 26 日

存入活期〈贮〉储蓄 60 元。

其中有奖 10 元,活期 50 元。

3 月 29 日

取出定期(李广买电视机借 100 元,家用 100 元)共 200 元。

5 月 4 日

取出定期存款(大方去北京)100 元。

5 月 15 日

取出解放路定期有奖〈贮〉储蓄 50 元。

取出五一路定期有奖〈贮〉储蓄 10 元。

取出河西银行定期有奖〈贮〉储蓄 10 元。

(以上购铁路自行车用)

5 月 25 日

取出活期存款 69 元。

5 月 29 日

取出定期存款(购自行车用)100 元。

12 月 1 日

取出河西银行 1982 年 12 月 31 日到期 200 元。(有奖〈贮〉储蓄)

取出河西银行 1982 年 12 月 31 日到期有奖一张 10 元。

1983 年大庆结婚开支

1984 年

1 月

存入活期 200 元。

3 月

取出活期 200 元。

4 月 5 日

存入活期 50 元。

5 月 15 日

存入活期 50 元。

8 月 20 日

取出存款给大庆结婚旅游 103.85 元。

给大庆 100 元。

给吕新 3.85 元。

毛巾被一床(自发)

双人床单一条(父发)

软缎、棉被面 7 尺 11.48 元。

缎背绉棉裤面 7 尺 7.49 元。

花布里子 6 尺 8 寸 3.73 元,粉红里子 7 尺 2.87 元,共 6.60 元。

14 寸黑白电视机一台 366.00 元。

电镀椅子二把 77.20 元。

洗脸盆二个 6.50 元。

牙杯二个 1.34 元。

牙刷二把 0.38 元。

牙膏二支 2.64 元。

化妆品 12.33 元。

首饰

红皮箱一个 41.06 元。

白市布被里 30 尺 12.30 元。

软缎被面二床 31.40 元。

裤衩一条 0.90 元。

衬衣一件 11.00 元。

纯毛毯一床 62.00 元。

〈帨〉枕巾一对 7.16 元。

照面圆镜 3.84 元。

特利灵枕套一对 6.80 元。

洗脸毛巾二条 1.94 元。

香皂 1.56 元。

染发露 0.54 元。

扣子 0.44 元。

花衬衣一件11.00元。

又工艺花镜一面 3.31 元。

存款。①

象骨筷子一把 2.10 元。

〈代〉带去套服二套 70.00 元。

毛衣一套 40.00 元。

衣裤数件。②

红绣花〈托〉拖鞋一双 1.80 元。

小手表一块 90.00 元。

雨鞋一双。

美加净、花露水一瓶 2.76 元。

粉拉毛女上衣一件。

粉蓬■纱三两。

花伞一把。

1994 年 12 月—1995 年 1 月两节

啤酒三捆 54.00 元。

玉米笋五瓶、蘑菇三筒共 21.00 元。

大葱 9.00 元。

花生、瓜子、洗洁精、蒜等 39.00 元。

果酱三瓶 9.00 元。

菜〈子〉籽油十斤 51.00 元。

白菜、萝卜、土豆共 12.00 元。

鸡一〈支〉只26.00元。

菜油、姜、石花菜共 13.10 元。

萝卜 1.20 元。

鸡蛋五斤 13.00 元。

肉三斤七两24.50元。

豆油四斤 16.00 元。

可乐一瓶 5.50 元。

雪碧二瓶 11.00 元。

高橙一瓶 4.20 元。

咸鸭蛋十五个 9.00 元。

粉丝二袋 3.60 元。

腐干、山楂饼7.20元。

蒜〈苔〉薹 8.00 元。

腐干 4.20 元。

豆腐 9.20 元。

银毫一盒 7.00 元。

糖 26.30 元。

1995 年 1 月 25 日

带鱼、鸡脯共 33.50 元。

酱牛肉 11.30 元。

辣酱一瓶 3.40 元。

高粱白一瓶 14.00 元。

银耳 10.80 元。

味精 2.20 元。

烟二条 32.50 元。

白萝卜、豆芽、白菜、蘑菇、大辣椒共 35.70 元。

大方那里肉菜297.00 元。

压岁钱三人 150.00 元。

香蕉六斤 18.00 元。

西红柿一瓶 2.80 元。

方便面 17.00 元。

饼干 5.00 元。

1996 年春节开支

1 月 20 日

花生五斤 13.00

瓜子四斤 12.00 元。

1 月 24 日

鸡蛋十斤40.00元。

苹果二十斤 26.00 元。

茶叶、紫菜、果仁张、软糖二袋共 31.30 元。

2 月 1 日

香油一瓶 11.50 元。

五香粉等 5.20 元。

① 原文如此。

② 同上。

玉米糕、豆角 12.00 元。

花椒 2.00 元。

水果糖等 39.20 元。

卫生皂一块 2.00 元。

杂粮 5.40 元。

红豆馅 3.30 元。

2 月 9 日

猪肉二十二斤 132.50 元。

腐干三袋 5.40 元。

小鸡腿二十个 62.00 元。

豆腐 11.90 元。

蒜〈苔〉薹、萝卜共 15.00 元。

2 月 11 日

糕面、调味等共 48.00 元。

蘑菇二斤 7.00 元。

饮料 32.40 元。

烧肉 38.00 元。

大白兔 6.00 元。

鸳鸯火锅 50.00 元。

烧肉 34.00 元。

饮料 32.40 元。

小食品 50.00 元。

牙签、餐巾纸 7.50 元。

馍类 30.00 元。

白酒二瓶■■元。

压岁钱 110.00 元。

羊肉卷 50.02 元。

■■、带鱼、牛百叶、雪碧、海蜇、虾肉、话梅糖共 90.00 元。

后　记

《林明生活账本(1976—2020)》一书的主编为刘建平,刘涛负责初稿的编校,任东峰、高嘉成、池展盈参与了二校工作。刘建平负责统编并终校。

本书的出版获得北京市社会科学理论著作出版基金的支持,特致谢忱!

编　者